O Contrato de Mediação

O Contrato de Mediação

2014

Higina Orvalho Castelo

O CONTRATO DE MEDIAÇÃO
AUTORA
Higina Orvalho Castelo
EDITOR
EDIÇÕES ALMEDINA, S.A.
Rua Fernandes Tomás, nºs 76-80
3000-167 Coimbra
Tel.: 239 851 904 · Fax: 239 851 901
www.almedina.net · editora@almedina.net
DESIGN DE CAPA
FBA.
PRÉ-IMPRESSÃO
EDIÇÕES ALMEDINA, S.A.
IMPRESSÃO E ACABAMENTO
PAPELMUNDE

Dezembro, 2014
DEPÓSITO LEGAL
385304/14

Apesar do cuidado e rigor colocados na elaboração da presente obra, devem os diplomas legais dela constantes ser sempre objecto de confirmação com as publicações oficiais.
Toda a reprodução desta obra, por fotocópia ou outro qualquer processo, sem prévia autorização escrita do Editor, é ilícita e passível de procedimento judicial contra o infractor.

 | GRUPOALMEDINA

BIBLIOTECA NACIONAL DE PORTUGAL – CATALOGAÇÃO NA PUBLICAÇÃO

CASTELO, Higina Orvalho

O contrato de mediação. - (Teses de doutoramento)
ISBN 978-972-40-5819-1

CDU   347

O texto que se segue corresponde, com pequenas alterações e atualizações, à dissertação de doutoramento em direito privado que entreguei na Faculdade de Direito da Universidade Nova de Lisboa em setembro de 2013 e que discuti em julho de 2014, perante um júri constituído pelos Profs. Doutores Jorge Bacelar Gouveia (presidente), António Pinto Monteiro, Manuel Januário da Costa Gomes (arguente), José João Abrantes, Maria Helena Brito (arguente), Margarida Lima Rego (arguente) e Rui Pinto Duarte. A todos renovo os meus agradecimentos.

Um agradecimento especial é devido ao Prof. Doutor Rui Pinto Duarte, que orientou o trabalho. Devo-lhe, antes do mais, a amável sugestão do tema, cuja investigação se revelou encorajadora e entusiasmante. Agradeço-lhe a generosa disponibilidade, o efetivo acompanhamento, as incontáveis sugestões e observações que me permitiram muitas melhorias.

Para a execução da dissertação benéficiei do estatuto de equiparação a bolseiro, de setembro de 2010 a agosto de 2011 e de janeiro a julho de 2012.

Agradeço à minha mãe, às minhas irmãs, Arlete, Carla e Cláudia, à minha tia Celita, à minha amiga Esteves e à minha colaboradora Filomena as suas presenças (também) neste período da minha vida. Sem elas, tudo teria sido mais difícil.

Last but not least, *ao João e aos nossos filhos, Nuno e Diogo, obrigada pela paciência com que encararam este percurso que, inevitavelmente, os sobrecarregou de várias formas.*
A eles dedico este livro.

SIGLAS, ABREVIATURAS E OUTROS ESCLARECIMENTOS

Procedi à atualização da legislação portuguesa até meados de julho de 2014, bem como à atualização de jurisprudência publicada neste ano.

Redigi o texto, incluindo os excertos de obras escritas e publicadas de acordo com grafias portuguesas anteriores, em conformidade com o Acordo Ortográfico da Língua Portuguesa (1990).

As traduções de trechos de textos estrangeiros citados são da minha autoria, salvo indicação em contrário. Tendencialmente, usei a língua portuguesa no texto principal e mantive os idiomas originais nas notas.

Nas citações dos autores, mantive as ênfases e as pontuações originais, com a seguinte exceção: nas efetuadas em nota de rodapé, suprimi os parágrafos. A introdução de novos itálicos está expressamente assinalada.

Nas notas de rodapé, as referências bibliográficas estão ordenadas pela ordem alfabética do último apelido dos autores, ou do penúltimo no caso de autores espanhóis, exceto quando outro critério se mostre relevante; e contêm o nome do autor e o título, por vezes abreviados, e, quando necessário, o volume e/ou a edição (na lista bibliográfica encontram-se todos os elementos necessários à cabal identificação das obras).

Além de outras de uso corrente, utilizei as siglas e abreviaturas que constam da lista que segue.

AAFDL	Associação Académica da Faculdade de Direito de Lisboa
AC	*Law Reports, Appeal Cases, House of Lords* (desde 1890)
All ER	*The All England Law Reports Annotated of cases decided in The House of Lords, The Privy Council, All Divisions of the Supreme Court and Courts of Special Jurisdiction*
AP	*Audiencia Provincial* (tribunal espanhol de 2ª instância)

O CONTRATO DE MEDIAÇÃO

ATF	Acórdão do Tribunal Federal (suíço)
BGB	*Bürgerliches Gesetzbuch*
BGH	*Bundesgerichtshof* (supremo tribunal alemão)
BMJ	Boletim do Ministério da Justiça
BOE	*Boletín Oficial del Estado*
BOMJ	Boletim Oficial do Ministério da Justiça
CB (NS)	*Common Bench Reports New Series* (1856-65)
CC	Código Civil
CCom	Código Comercial
Ch.	*Law Reports, Chancery Division* (desde 1890)
CJ	Colectânea de Jurisprudência
CJASTJ	Colectânea de Jurisprudência, Acórdãos do Supremo Tribunal de Justiça
CLY	*Current Law Yearbook*
CPC	Código do Processo Civil
CVM	Código dos Valores Mobiliários (aprovado pelo DL 486/99, de 13 de novembro, com vinte e sete alterações, até à introduzida pelo DL 88/2014, de 6 de junho)
DL	Decreto-Lei
EG	*Estates Gazette*
ERPL	*European Review of Private Law*
FDUL	Faculdade de Direito da Universidade de Lisboa
GSEJ	Gabinete do Secretário de Estado da Justiça
HGB	*Handelsgesetzbuch*
IR	*Irish Reports*
ISP	Instituto de Seguros de Portugal
JCP	*Jurisclasseur Périodique*
JORF	*Journal Officiel de la République Française*
JR	Jurisprudência das Relações
JT	*Journal des Tribunaux*
KB	*Law Reports, King's Bench Division* (1900-1952)
LCCG	DL 446/85, de 25 de outubro, com as alterações introduzidas pelos DL 220/95, de 31 de agosto, DL 249/99, de 7 de julho, e 323/2001, de 17 de dezembro
LJCh.	*Law Journal Reports, New Series, Chancery Division*
LR	*Law Reports*
LT	*Law Times Reports* (1859-1947)
MaBV	*Verordenung über die Pflichten der Makler, Darlehensvermittler, Bauträger und Baubetreuer*
MLR	*The Modern Law Review*
Nw. U. L. Rev.	*Northwestern University Law Review*
OLG	*Oberlandesgericht* (tribunal alemão de 2ª instância)
OIT	Organização Internacional do Trabalho
Port.	Portaria
QB	*Queen's Bench Reports* (1841-1852); *Law Reports, Queen's Bench Division* (1891-1901 e 1952 até à atualidade)

SIGLAS, ABREVIATURAS E OUTROS ESCLARECIMENTOS

RCA	Regime do Contrato de Agência (DL 178/86, de 3 de julho, alterado pelo DL 118/93, de 13 de abril)
RCDI	*Revista Crítica de Derecho Inmobiliario*
RCEJ	Revista de Ciências Empresariais e Jurídicas
RDC	*Rivista di Diritto Civile*
RDComm	*Rivista del Diritto Commerciale e del Diritto Generale delle Obbligazioni*
RDE	Revista de Direito e Economia
RDM	*Revista de Derecho Mercantil*
RDN	*Revista de Derecho Notarial*
RDP	*Revista de Derecho Patrimonial*
RFDUL	Revista da Faculdade de Direito da Universidade de Lisboa
RGD	*Revista General de Derecho*
RGICSF	Regime geral das instituições de crédito e sociedades financeiras (aprovado pelo DL 298/92, de 31 de dezembro, e objeto de várias alterações, até à produzida pelo DL 63-A/2013, de 10 de maio)
RGLJ	*Revista General de Legislación y Jurisprudencia*
RJ	Revista de Justiça
RJAMI	Regime jurídico da atividade de mediação imobiliária (aprovado pela Lei 15/2013, de 8 de fevereiro)
RJAMS	Regime jurídico da atividade de mediação de seguros ou de resseguros (DL 144/2006, de 31 de julho, com ulteriores alterações)
RJCS	Regime jurídico do contrato de seguro (DL 72/2008, de 16 de abril)
RLJ	Revista de Legislação e de Jurisprudência
ROA	Revista da Ordem dos Advogados
RSISP	Revista Semestral do Instituto de Seguros de Portugal
RT	Revista dos Tribunais
RTDC	*Revue Trimestrielle de Droit Civil*
SGB III	*Sozialgesetzbuch, Drittes Buch*
STJ	Supremo Tribunal de Justiça
TLR	*The Times Law Reports* (1884-1950)
TRC	Tribunal da Relação de Coimbra
TRE	Tribunal da Relação de Évora
TRG	Tribunal da Relação de Guimarães
TRL	Tribunal da Relação de Lisboa
TRP	Tribunal da Relação do Porto
v.	[nas citações de decisões inglesas] *versus*, pronunciando-se *and* ou *against*
Va. L. Rev.	*Virginia Law Review*
Wis. L. Rev.	*Wisconsin Law Review*
WLR	*The Weekly Law Reports*
WoVermRG	*Gesetz zur Regelung der Wohnungsvermittlung*
YLJ	*Yale Law Journal*

INTRODUÇÃO

Esta dissertação consiste num estudo jurídico de um modelo contratual nascido da prática negocial em sociedade, designado, nas últimas décadas, por *contrato de mediação*.

Se disser que se trata de um contrato pelo qual uma pessoa incumbe outra de lhe conseguir interessado para ser sua contraparte num outro contrato que pretende celebrar, prometendo-lhe remuneração, facilmente vem à ideia o contrato de mediação. Esta noção, ainda que por outras palavras e com outros pormenores, está presente noutras noções, gizadas, ou comummente utilizadas, pela doutrina e pelos tribunais. Seguem alguns exemplos.

> *Supõe, na sua essência, a incumbência a uma pessoa de conseguir interessado para certo negócio, a aproximação feita pelo mediador entre o terceiro e o comitente e a conclusão do negócio entre este e o terceiro em consequência da atividade do intermediário.*
> Acórdão do STJ de 17/03/1967, BMJ 165, p. 333.

> *Um contrato pelo qual uma das partes se obriga a conseguir interessado para certo negócio e a aproximar esse interessado da outra parte.*
> Vaz Serra, «Anotação ao Acórdão do STJ de 7 de Março de 1967», 1968, p. 343.

> *Contrato pelo qual uma das partes se obriga a promover, de modo imparcial, a aproximação de duas ou mais pessoas, com vista à celebração de certo negócio, mediante retribuição.*
> Lacerda Barata, «Contrato de mediação», 2002, p. 192.

O CONTRATO DE MEDIAÇÃO

Contrato pelo qual uma das partes (o mediador) se obriga, mediante remuneração, a promover negociações ou a indicar a contraparte para a formação de um contrato que a outra parte no contrato de mediação (o cliente) pretende celebrar.
CARLOS FERREIRA DE ALMEIDA, *Contratos*, II, 2007, p. 203.

Contrato inominado, nos termos do qual uma das partes fica obrigada a procurar um interessado para certo negócio e a pô-lo em contacto com a sua contraparte, podendo intervir ou não na fase de conclusão do negócio.
ANA PRATA, *Dicionário jurídico*, 2008, p. 380.

Contrato pelo qual uma parte – o mediador – se vincula para com a outra – o comitente ou solicitante – a, de modo independente e mediante retribuição, preparar e estabelecer uma relação de negociação entre este último e terceiros – os solicitados – com vista à eventual conclusão definitiva de negócio jurídico.
JOSÉ ENGRÁCIA ANTUNES, *Direito dos contratos comerciais*, 2009, p. 458.

Caracteriza-se pela intermediação entre o comprador e o vendedor, ou entre as partes num outro negócio que não a compra e venda, em que o intermediário – o mediador – aproxima as partes no negócio, põe-nas em presença, por vezes até intervém na negociação para o promover, mas não participa no negócio.
PAIS DE VASCONCELOS, *Direito Comercial*, I, 2011, p. 197.

A mediação costuma ser definida como um contrato pelo qual uma das partes se obriga a promover a aproximação de duas ou mais pessoas, com vista à conclusão de determinado negócio entre elas, mediante remuneração.
MARIA DE FÁTIMA RIBEIRO, «O contrato de mediação e o direito do mediador à remuneração», 2013, p. 78.

Colocando como hipótese que a locução *contrato de mediação* corresponde a uma espécie contratual autónoma, com uma estrutura própria, com características globalmente irrepetíveis nas outras espécies legal ou socialmente típicas, delimito o objeto da dissertação como um *contrato pelo qual uma pessoa se obriga a pagar a outra uma remuneração se estoutra lhe conseguir interessado para certo contrato e se a primeira vier a celebrar o desejado contrato com o contributo da atividade da segunda.* O enfoque será posto nas *atribuições principais* das partes, quer se trate de *prestações* principais, quer de *outros comportamentos contratuais não obrigatórios* mas sem os quais não

INTRODUÇÃO

nasce o direito à prestação principal da contraparte. De fora, sem prejuízo de considerações marginais, ficam os deveres laterais no âmbito da relação entre as partes, bem como as relações entre qualquer delas e os terceiros potenciais interessados ou os efetivamente angariados.

Proponho-me comprovar duas proposições. Primeiro e principalmente, que a expressão *contrato de mediação* é utilizada para referir um modelo contratual ao qual as pessoas recorrem com frequência no comércio do nosso e de outros ordenamentos contemporâneos, dotado das seguintes notas: possibilidade de o contrato não incluir uma vinculação do mediador a uma obrigação em sentido estrito; nascimento do direito à remuneração na dependência de um evento externo ao contrato, que não é controlável pelo mediador e que está dependente das vontades do cliente e de um terceiro; necessidade de um nexo causal entre a atividade de mediação e o evento de que depende o nascimento do direito à remuneração. Segundo, que a introdução neste modelo de uma cláusula de exclusividade altera a estrutura contratual no primeiro dos referidos aspetos e pode alterá-la nos demais.

Para a demonstração destas ainda hipotéticas asserções confluem as três partes da dissertação, nas quais momentos essencialmente descritivos, como os atinentes à evolução histórica e à dogmática do instituto em países próximos, alternam com outros eminentemente analíticos, como os que concernem à dissecação das atribuições das partes no direito português, à síntese comparativa e ao confronto com institutos afins.

Na primeira parte procedo à delimitação do *contrato de mediação* no campo mais vasto da intermediação e intento a descoberta do seu surgimento no fio da História. Sabendo que à expressão é amiúde atribuída uma mais lata aceção, inclusive por influência legislativa, faço a contextualização do contrato de mediação entre os contratos com função de intermediação (capítulo 1) e percorro as principais atividades de intermediação reguladas em Portugal (capítulo 2). Em seguida, procuro, com recurso a fontes históricas (principalmente compilações de preceitos jurídicos e, na história mais próxima, códigos e decisões dos tribunais), os antecedentes do instituto e o momento em que emerge a sua atual configuração (capítulo 3).

Na segunda parte, com o objeto devidamente circunscrito, desenvolvo um estudo de direito comparado, analisando o instituto funcionalmente equivalente em seis ordenamentos, com os quais o nosso mantém francas afinidades e relações jurídicas, no plano do direito positivo e/ou do trá-

13

fego comercial (capítulo 4). A análise que faço do contrato no nosso ordenamento é necessariamente mais aprofundada (capítulo 5). No entanto, a investigação paritária está garantida pelo estudo, nos vários sistemas, do mesmo conjunto de questões, baseado em fontes originárias, lidas à luz das doutrinas locais e dos parâmetros interpretativos de cada lugar. Termino com uma síntese comparativa (capítulo 6).

Ainda na segunda parte, efetuo o confronto do contrato de mediação com contratos cuja proximidade tem, pontual mas justificadamente, conduzido a dúvidas na solução jurídica de casos reais (capítulo 7).

A terceira parte é dedicada ao contrato de mediação imobiliária, como espécie mais frequente e paradigmática do contrato objeto da dissertação, além de única que no ordenamento português é dotada de um regime legal (capítulo 8).

Finalizarei com as conclusões gerais que validam as hipóteses inicialmente colocadas.

PARTE I
Delimitação e contextualização do tema

1. Mediação e intermediação

Mesmo cingindo-nos ao domínio dos contratos, o termo *mediação* anda associado a várias realidades que, por vezes, extravasam o modelo contratual objeto desta dissertação. Deparamo-nos ocasionalmente com a utilização da expressão *contrato de mediação* num sentido lasso, de contrato que desempenha uma função de intermediação, que aproxima pessoas com necessidades complementares, nomeadamente de oferta e de procura de bens ou serviços, independentemente de todas as demais características de que se revista. Este sentido frouxo, esbatido, e também abrangente, é propiciado pela existência de diplomas legais que regulam atividades que designam por *mediação* ou *intermediação* e que se desenvolvem através de diferentes modelos contratuais, aos quais correspondem regimes jurídicos diferenciados (desenvolvimento no capítulo 2). No curso da História, a corretagem foi uma atividade mercantil que podia ter na sua base contratos em que o corretor se limitava à aproximação de partes num futuro contrato no qual não intervinha, mas também contratos de comissão e outras prestações de serviços (desenvolvimento no capítulo 3).

Tendo em consideração a diversidade de modelos contratuais que estão na base de atividades legislativamente designadas por *mediação* ou *intermediação*, o título «contrato de mediação» poderia adaptar-se a um estudo abrangente de vários modelos contratuais acoplados em torno de uma função de intermediação, de aproximação de partes com vista a outro contrato, mas sem mais requisitos individualizadores (sendo indiferente, nomeadamente, se o contrato visado é celebrado com ou sem intervenção do intermediário, se este vai ou não intervir como representante do cliente, se a relação entre intermediário e cliente tem caráter ocasional ou estável, se a remuneração vai ou não depender de uma ocorrência a que é alheia a vontade do mediador e que depende, pelo menos em parte, da vontade do seu cliente, etc.).

Não é esse o caso do presente estudo.

Para o conjunto dos contratos em que uma das partes desenvolve uma atividade com vista à celebração de um contrato em que não é parte ou em que apenas o será por conta alheia, reservo a expressão *contratos de intermediação*.

Esta expressão é de uso frequente no registo jurídico – seja em instrumentos internacionais, europeus ou nacionais, seja em decisões dos tribunais, seja em textos da doutrina –, ainda que, em alguns casos, de modo indireto ou implícito, sendo a referência direta ou explícita efetuada à atividade de intermediação ou ao agente intermediário. Nem sempre a expressão *contratos de intermediação* é utilizada com a mesma amplitude ou com o mesmo sentido, mas sempre o seu significado passa por uma maior abrangência relativamente ao contrato de mediação e, concomitantemente, pela inclusão deste.

Lembro texto de JANUÁRIO GOMES segundo o qual são *intermediários* «todas as entidades, singulares ou coletivas que se interpõem no percurso do bem, entre a saída do produto e a sua aquisição para consumo direto», desde que «*não t[enham] com o «titular» da etapa anterior ou posterior, uma relação de subordinação*»[1]. No mesmo texto, conclui que entre essas entidades podemos encontrar, nomeadamente, «os representantes, os concessionários, os comissários, os agentes e subagentes, os mediadores, os distribuidores, os mandatários, etc.»[2].

Estamos aqui perante um conceito muito amplo, no qual o intermediário pode ser um auxiliar da contratação sem intervenção no contrato visado, mas pode ser também um contraente por conta de outrem (com ou sem poderes representativos), ou mesmo, ainda, alguém que contrata por sua própria conta, inserido num circuito de distribuição. Neste sentido,

---

[1] JANUÁRIO GOMES, «Da qualidade de comerciante do agente comercial», p. 18.
[2] JANUÁRIO GOMES, «Da qualidade de comerciante do agente comercial», p. 19.

com exceção do produtor e do consumidor, qualquer sujeito da cadeia de distribuição de bens ou serviços é um intermediário.

Ora, a qualificação dos contratos próprios das atividades dos intermediários, neste sentido amplo, como *contratos de intermediação* é desprovida de interesse jurídico, pois nenhuma regra comum caracteriza especificamente os contratos desse conjunto. Ou seja, se sob a designação *contratos de intermediação* incluirmos o contrato de mediação, o mandato, a comissão, a agência, a franquia, a concessão, o fornecimento, a simples compra e venda, etc., não logramos encontrar uma regra simultaneamente comum e exclusiva de todos estes contratos.

Partindo desta constatação, NICOLAS DISSAUX propõe, em tese de doutoramento dirigida ao tema, a restrição da qualificação de *intermediário* à pessoa que desenvolve a atividade de intermediário em vista de um contrato a concluir, podendo intervir na sua celebração por conta do cliente, defendendo que aos contratos do conjunto assim definido corresponde um regime próprio[3].

Esta delimitação parece-me profícua, até porque vai ao encontro de conceções implícitas em vários textos, nomeadamente, no da *Convenção sobre*

---

[3] NICOLAS DISSAUX, *La qualification d'intermédiaire dans les relations contractuelles*. Partindo da ambiguidade e polissemia da palavra *intermediário*, mas constatando simultaneamente o seu frequente uso no discurso jurídico, o Autor propõe-se averiguar se a qualificação como *intermediário* constitui uma categoria jurídica, ou seja, se é suscetível de fundar um regime específico. Encontra três aceções para o termo. Num sentido económico, é intermediário qualquer sujeito que se interpõe entre outros dois, numa etapa da circulação do bem ou serviço. Em sentido jurídico, é intermediário quem se interpõe tendo em vista a conclusão de um contrato; ou, num sentido mais lato, também quem se interpõe num contrato já celebrado (neste último caso, o cedente ou o subcontratante). A hipótese de trabalho do Autor (pp. 19-27) é que «seuls les intermédiaires dont l'activité porte sur un contrat à conclure – *le contrat principal* – sont donc susceptibles de constituer une véritable catégorie juridique» (p. 26). Exclui que os demais sentidos comportem um regime específico (pp. 27-90), observa a consagração legislativa e jurisprudencial do conceito (pp. 91 a 168), desvela traços inerentes à proposta qualificação como *intermediário* (pp. 169-326) e consequências (um regime jurídico próprio) dessa qualificação (pp. 327-587). A maior originalidade da tese está na simultânea consideração do intermediário como *parte*, no processo de conclusão do contrato, e como *terceiro*, face aos efeitos contratuais (pp. 169-326). Claro que, para tanto, tem de renovar os conceitos de *parte* e de *terceiro*, destinando o primeiro ao agente que *participa no processo de conclusão de um contrato* (mesmo que os efeitos do contrato não se produzam na sua esfera jurídica e que não suporte os custos e benefícios desse contrato). Uma abordagem resumida do problema pode ler-se no artigo do mesmo Autor, «La notion d'intermédiaire dans les relations contractuelles», pp. 119-32.

a lei aplicável aos contratos de mediação e à representação, concluída em Haia, a 14 de março de 1978, aprovada no nosso país pelo Decreto 101/79, de 18 de setembro, e vigente desde 1992. É relevante lembrar neste momento que nas versões oficiais da convenção não é utilizada a expressão *contratos de mediação*: o título do texto inglês é *Convention on the law applicable to agency* e o título da versão francesa é *Convention sur la loi applicable aux contrats d'intermédiaires et a la représentation*. Apenas na tradução portuguesa, incluída no DL 101/79, de 18 de setembro, os «*contrats d'intermédiaires*» foram traduzidos por «contratos de mediação». Como afirmado no seu art. 1º, a Convenção «determina a lei aplicável às relações de caráter internacional que se estabelecem quando uma pessoa, o intermediário, tem o poder de agir, age ou pretende agir junto de um terceiro, por conta de outrem, o representado», sendo, no entanto, «extensiva à atividade do intermediário que consista em receber e em comunicar propostas ou em efetuar negociações por conta de outras pessoas», e «aplica-se quer o intermediário atue em nome próprio ou em nome do representado quer a sua atividade seja habitual ou ocasional». *Intermediário* para efeitos da Convenção é, portanto, alguém que age por conta de outrem junto de um terceiro, tenha ou não poderes de representação, quer a sua atividade se limite à fase pré-contratual, quer inclua a celebração do contrato, e quer, ainda, se trate de atividade habitual ou ocasional. Incluem-se, assim, representantes, mandatários sem representação, comissários, mediadores, gestores de negócios; ficam de fora sujeitos que agem por conta própria – como concessionários, franquiados e outros distribuidores –, e que, de acordo com outras conceções, também são considerados *intermediários*[4].

Para o desenvolvimento do trabalho que me proponho não se torna necessário tomar posição sobre se a designação contratos de intermediação tem um alcance meramente descritivo ou se, mais que isso, tem também uma função normativa, dela decorrendo um regime próprio dos contratos que abarca.

Independentemente da sua natureza e, mesmo, da sua amplitude (tendo presentes as alternativas que têm sido consideradas), sempre a designação serve para dar nome a um conjunto de contratos entre os quais se encontra o contrato de mediação, a par de mandatos, comissões e agências.

---

[4] Sobre o âmbito de aplicação da Convenção, MARIA HELENA BRITO, *O contrato de concessão comercial*, pp. 122-3 e 125-6, e, da mesma Autora, *A representação nos contratos internacionais...*, p. 391-7.

2. Atividades de intermediação na lei portuguesa e modelos contratuais que as suportam

Apesar de não existir uma definição legal que contemple o *contrato de mediação*, em geral, nem um regime jurídico que o vise, certo é que vigoram vários diplomas que regulam diferentes atividades que designam por *mediação* e por *intermediação*.

Importa perceber se esses diplomas preveem e regulam os contratos que suportam as respetivas atividades, ou se, pelo contrário, se limitam a regular aspetos dessas atividades alheios aos contratos que as legitimam. Na primeira hipótese, impõe-se determinar se estamos em presença de tipos já consagrados, se perante novos tipos contratuais, e, em qualquer dos casos, que tipos. Na segunda, interessa, ainda assim, tentar perceber com base em que modelos contratuais legalmente atípicos se desenvolvem as atividades.

Desta maneira, pretendo identificar tipos legais de contratos de mediação e atividades reguladas que se desenvolvam normalmente com base em contratos de mediação, legalmente atípicos.

Essa identificação permitirá delimitar o universo dos contratos de mediação, dos universos de outros contratos de diferentes características, ainda que a prática ou a lei também tenham dado às atividades respetivas a designação de atividade de mediação.

2.1. Mediação de seguros
2.1.1. Mediação de seguros na legislação portuguesa

Em Portugal, designa-se por *mediação de seguros* o conjunto das atividades de preparação, celebração ou execução de um contrato de seguro, levadas a cabo por via de distribuição indireta, ou seja, por pessoas que não se qualificam como seguradoras. A expressão foi legalmente consagrada em 1979, pelo primeiro diploma que regulou a atividade, e manteve-se desde então[5]. Na doutrina, há quem a restrinja à atividade exercida por pessoa com a qualidade de mediador de seguros, designando por *intermediação de seguros* a atividade de mediação de seguros em geral, quer seja exercida

---

[5] V. art. 1º, nºs 1 e 2, do DL 145/79, de 23 de maio; art. 1º, nºs 1 e 2, do DL 336/85, de 21 de agosto, que sucedeu ao anteriormente referido; art. 2º do diploma seguinte – o DL 388/91, de 10 de outubro; finalmente, art. 5º, *c*), do vigente DL 144/2006, de 31 de julho. Descrição da evolução legislativa pode ler-se em MENEZES CORDEIRO, *Direito dos seguros*, pp. 398-401.

O CONTRATO DE MEDIAÇÃO

no âmbito do diploma regulador da atividade, quer fora dele[6]. Em países que nos são próximos, o *mediador de seguros* corresponde ao nosso *corretor de seguros*, utilizando-se a expressão *intermediário de seguros* para abarcar as várias categorias de profissionais do ramo[7].

De momento, interessa-nos perceber se, na regulação da atividade de mediação de seguros, se descortina algum tipo legal de contrato e, na positiva, se ele se assemelha ao tipo social identificado como contrato de mediação.

Em regra, o legislador faz acompanhar os regimes contratuais de definições nas quais descreve as características de cada tipo com o objetivo de facilitar a identificação dos casos concretos a que se aplicará o conjunto de regras que compõem a disciplina típica[8]. No diploma que regula a atividade de mediação de seguros, porém, não foi usada tal técnica. O DL 144/2006, de 31 de julho (alterado pelo DL 359/2007, de 2 de novembro, e pela Lei 46/2011, de 24 de junho), de ora em diante RJAMS, e nisso não diverge dos que o precederam, trata a mediação de seguros do ponto de vista da atividade desenvolvida e não a partir dos seus suportes contratu-

---

[6] Assim PAULA RIBEIRO ALVES, «Intermediação de seguros», pp. 33-7; SHEILA CAMOESAS, *Mediação de seguros*, pp. 22-3; LUÍS POÇAS, «Aspectos da mediação de seguros», pp. 120-1.

[7] A versão portuguesa da Diretiva 2002/92/CE, do Parlamento Europeu e do Conselho, de 9 de dezembro, relativa à mediação de seguros, usa os termos *mediação* e *mediador*, com duas únicas exceções, em que surge a palavra *intermediário*: no considerando 11 como claro sinónimo de mediador; e no final do art. 1º com referência a pessoas que exercem a atividade fora do domínio de aplicação da diretiva. Na versão francesa são usados os termos *intermédiation* e *intermediaire*. A palavra *courtier* (que, em geral, se traduz por mediador) é utilizada apenas quatro vezes, todas nos considerandos, por contraposição ao agente de seguros, para designar o corretor de seguros. Semelhante é a situação na versão italiana: são usados os termos *intermediazione* e *intermediario*. A palavra *mediator* é utilizada apenas aquelas quatro vezes para referir os corretores de seguros. Na versão espanhola, embora se refira *mediación*, já o agente da atividade é sempre referido por *intermediario*. O *corredor*, traduzido por mediador, é apenas utilizado no já referido local, para designar os corretores de seguros. Na versão alemã são usados os termos *Vermittlung* e *Vermittler* para o conjunto da atividade ou dos mediadores de seguros. A palavra *Versicherungsmakler* é utilizada apenas para o corretor de seguros. Os agentes de seguros são *Versicherungsagenten*, terminologia adotada também na lei austríaca, usando para estes a lei alemã o termo *Versicherungsvertreter*. Tendo a pensar que a opção da versão portuguesa da diretiva pela palavra *mediador* em vez de *intermediário* vem ao encontro de uma tradição que se quis manter, mas que não ajuda ao esclarecimento das funções dos mediadores de seguros e dos instrumentos contratuais que as suportam.

[8] Sobre o sentido e o valor das definições legais, RUI PINTO DUARTE, *Tipicidade e atipicidade dos contratos*, pp. 71-9; PAIS DE VASCONCELOS, *Contratos atípicos*, pp. 168-79.

ais. Não se vislumbram no diploma quaisquer definições que encerrem as características dos tipos correspondentes aos eventuais regimes contratuais que ali se possam encontrar.

A falta de definições pelas quais o legislador costuma *redefinir*[9] as características dos tipos que entende regular tende a dificultar, quer a tarefa casuística de fazer corresponder uma ocorrência contratual concreta ao seu modelo regulativo típico, quer a tarefa de identificação genérica de um tipo contratual legal num dado quadro legislativo. Tal falta não é, porém, impeditiva do reconhecimento de tipos legais, pois estes são, antes do mais, conjuntos de normas destinadas a serem aplicadas a dados contratos cujas características podem estar previstas de várias formas[10]. Nomeadamente, podem estar descritas sem designação e/ou disseminadas por diferentes disposições legais. Eventualmente, se o contrato regulado corresponder a uma prática social muito consolidada e genericamente reconhecida por um dado nome, poderá bastar a indicação deste.

Entremos no diploma. A *mediação de seguros* é definida como «qualquer atividade que consiste em apresentar ou propor um contrato de seguro ou praticar outro ato preparatório da sua celebração, em celebrar o contrato de seguro, ou em apoiar a gestão e execução desse contrato» (art. 5º, *c*), do RJAMS, ao qual pertencem todas as disposições indicadas neste subcapítulo 2.1, sem indicação de outra proveniência). Esta noção não fica completa sem a delimitação negativa inserta no art. 3º, nº 1, *a*), que exclui as atividades assimiláveis a mediação de seguros quando exercidas pela própria empresa de seguros (ou seu trabalhador subordinado), no que aos seus próprios produtos respeita. Na transcrita definição legal estão presentes três espécies de atividades distintas e que correspondem a três fases sucessivas da linha temporal dos contratos: negociação, celebração e execução.

Mediador de seguros, por seu turno, é *qualquer pessoa singular ou coletiva que inicie ou exerça, mediante remuneração, a atividade de mediação de seguros*

---

[9] A expressão *redefinição* (ou definição explicativa) foi usada por ANDREA BELVEDERE, *Il problema delle definizioni nel codice civile*, para transmitir a ideia de que o legislador não cria a definição legal *ex nihilo*, não determina um significado prescindindo dos significados já em uso, antes a compõe a partir do significado lexical da palavra definida (ou de um deles), para a tornar menos vaga ou ambígua, com o fim de delimitar os casos a que se aplicam determinadas estatuições (pp. 67-71).

[10] Sobre os modos de previsão legal dos contratos, RUI PINTO DUARTE, *Tipicidade...*, pp. 66-71. Também PAIS DE VASCONCELOS, *Contratos atípicos*, *maxime* pp. 90-1.

O CONTRATO DE MEDIAÇÃO

(art. 5º, *e*)). Distinguem-se três categorias de *mediadores*: mediadores de seguros ligados, agentes de seguros e corretores de seguros (art. 8º, *a*), *b*) e *c*), respetivamente). Qualquer deles pode dedicar-se a qualquer das espécies de atividades de mediação de seguros, as quais, por seu turno, podem surgir cumuladas ou isoladas numa relação contratual.

Nos arts. 28 a 34 são elencados direitos e deveres do *mediador* de seguros, sem excluir qualquer das categorias de mediadores. Entre eles destaco, por terem relevância para perceber a relação contratual que o *mediador* estabelece com a seguradora: o direito de receber atempadamente das empresas de seguros as remunerações respeitantes aos contratos da sua carteira cujos prémios não esteja autorizado a cobrar (art. 28, *c*)), e o direito de descontar, aquando da prestação de contas, as remunerações relativas aos prémios cuja cobrança tenha, com autorização, efetuado (art. 28, *d*)); o dever de celebrar contratos em nome da empresa de seguros quando esta lhe tenha conferido os poderes necessários (art. 29, *a*)); o dever de prestar contas à empresa de seguros nos termos legal e contratualmente estabelecidos (art. 30, *c*)).

Os *mediadores de seguros ligados* exercem a atividade sob responsabilidade de uma ou mais empresas de seguros e não podem receber prémios, nem somas destinadas aos tomadores de seguros, segurados ou beneficiários. Dividem-se em duas subcategorias: *i*) os que agem apenas em nome e por conta de uma empresa de seguros ou, com autorização desta, de várias empresas de seguros; ii) os que exercem a mediação de seguros em complemento da sua atividade profissional, quando o seguro é acessório do bem ou serviço fornecido no âmbito da atividade principal.

Na primeira subcategoria inscrevem-se, entre outros, os *angariadores de seguros* do revogado DL 388/91, de 10 de outubro, os quais foram oficiosamente integrados na categoria do mediador de seguros ligado – art. 101, nº 5, do RJAMS[11]. O *angariador* era um trabalhador vinculado a uma seguradora ou a um corretor por contrato de trabalho ou já reformado (*maxime*, arts. 30, nº 1, 31, nºs 1 e 3, e 35, nºs 1 e 4, do DL 388/91), embora a atividade de angariação fosse exercida no âmbito de um contrato paralelo ou acessório ao seu contrato de trabalho, quando ainda vigente (isto resultava dos arts. 34 e 35 do DL 388/91). O mediador ligado previsto na

---

[11] VICENTE MENDES GODINHO, «Balanço da implementação do novo regime jurídico da mediação de seguros», p. 48.

DELIMITAÇÃO E CONTEXTUALIZAÇÃO DO TEMA

subalínea *i)* da alínea *a)* do art. 8º do RJAMS não é necessariamente um trabalhador dependente: o atual diploma não o explicita e os *mediadores*, sem exceção, podem ser pessoas coletivas. A ser trabalhador dependente (de uma seguradora), a atividade de mediador de seguros ligado far-se-á igualmente ao abrigo de um contrato diferente do contrato de trabalho (art. 3º, nº 1, *a)*, *a contrario sensu).*

A segunda subcategoria serviu para integrar entidades que anteriormente intermediavam a comercialização de seguros fora das categorias de mediadores de seguros, como bancos, sociedades financeiras e CTT, e que, por imposição da Diretiva 2002/92/CE, do Parlamento Europeu e do Conselho, de 9 de dezembro, que o DL 144/2006 transpôs, passaram a estar sob a alçada do quadro legal da mediação de seguros[12]. Também nestes casos, e embora a subalínea ii) não o expresse, o mediador age em nome e por conta da empresa de seguros[13].

Os *agentes de seguros* exercem a atividade em nome e por conta de uma ou mais empresas de seguros, ou de outro *mediador* de seguros, nos termos dos contratos que celebrem com essas entidades.

O acesso à categoria de *mediador de seguros ligado* e o acesso à categoria de *agente de seguros* passam pela celebração de um contrato escrito com a seguradora, no qual, no caso do mediador de seguros ligado, a empresa de seguros assume responsabilidade pela atividade do mediador (arts. 15, nº 1, e 17, nº 1, al. *a)*, do RJAMS); a cessação dos contratos celebrados entre a empresa de seguros, por um lado, e o mediador ligado ou o agente de seguros, por outro, pode dar lugar a indemnização de clientela, verificados que estejam determinados requisitos semelhantes aos exigidos no regime

---

[12] Com a regulamentação da mediação de seguros operada pelo DL 144/2006, «como decorrência da diretiva e do correspondente imperativo de profissionalização e de garantia de condições idênticas à generalidade dos operadores, toda e qualquer atividade que consista em apresentar ou propor um contrato de seguro ou de resseguro, praticar outro ato preparatório da sua celebração, celebrar esses contratos ou apoiar a sua gestão e execução, independentemente do canal de distribuição – incluindo os operadores de banca--seguros –, passa a estar sujeita às condições de acesso e de exercício estabelecidas neste decreto-lei» – preâmbulo do DL 144/2006. Podemos dizer que, dada a vocação hegemónica do atual regime, pretendida na diretiva por ele transposta, a possibilidade de mediação de seguros lícita fora da alçada do diploma está limitada às situações residuais previstas no art. 3º.

[13] Neste sentido, JOSÉ VASQUES, *Novo regime jurídico da mediação de seguros*, p. 26.

O CONTRATO DE MEDIAÇÃO

geral do contrato de agência (art. 45)[14]; os demais conteúdos mínimos desses contratos são definidos em norma regulamentar do Instituto de Seguros de Portugal (arts. 15 e 17)[15]. A norma regulamentar vigente, em

---

[14] Cfr. art. 33 do regime jurídico do contrato de agência (DL 178/86, de 3 de julho, atualizado pelo DL 118/93, de 13 de abril).

[15] A definição daqueles conteúdos mínimos consta dos arts. 4º e 8º da Norma nº 17/2006-R, de 29/12, alterada pelas Normas nºs 8/2007-R, de 31 de maio, 13/2007-R, de 26 de julho, 19/2007-R, de 31 de dezembro, 17/2008-R, de 23 de dezembro, 15/2009-R, de 23 de dezembro, 23/2010-R, de 16 de dezembro, e 7/2011-R, de 8 de setembro:

Artigo 4º

Conteúdo mínimo do contrato de mediador de seguros ligado

1 – O conteúdo mínimo do contrato previsto no nº 1 do artigo 15º do Decreto-Lei nº 144/2006, de 31 de julho, é o seguinte:

a) Identificação das partes;

b) Ramos e modalidades, ou produtos a intermediar pelo mediador no âmbito do contrato;

c) Autorização, ou não, para o mediador exercer a atividade em nome e por conta de outras empresas de seguros;

d) Referência à outorga, ou não, de poderes para celebrar contratos de seguro em nome da empresa de seguros;

e) Montante, forma de cálculo e de atualização da remuneração;

f) Regras relativas à indemnização de clientela;

g) Período de vigência e âmbito territorial do contrato.

2 – Em caso de mudança de categoria do mediador que não determine a impossibilidade de prestar assistência aos contratos, se as partes pretenderem que os contratos de seguro integrantes da respetiva carteira passem a diretos, esse facto deve estar previsto no contrato.

3 – Quaisquer alterações posteriores ao contrato acordadas pelas partes são válidas desde que consignadas por escrito.

Artigo 8º

Conteúdo mínimo do contrato de agente de seguros

1 – O conteúdo mínimo do contrato previsto na alínea *a)* do nº 1 do artigo 17º do Decreto-Lei nº 144/2006, de 31 de julho, é o seguinte:

a) Identificação das partes;

b) Ramos e modalidades ou produtos, a intermediar pelo agente de seguros no âmbito do contrato;

c) Delimitação dos termos do exercício, incluindo, designadamente, a existência ou não de vínculos de exclusividade;

d) Possibilidade, ou não, do agente de seguros colaborar com outros mediadores de seguros;

e) Referência à outorga, ou não, de poderes para celebrar contratos de seguro em nome da empresa de seguros;

f) Referência à outorga, ou não, de poderes de cobrança e/ou de regularização de sinistros e modo de prestação de contas;

g) Montante, forma de cálculo e de atualização da remuneração;

h) Regras relativas à indemnização de clientela;

i) Período de vigência e âmbito territorial do contrato.

DELIMITAÇÃO E CONTEXTUALIZAÇÃO DO TEMA

explicitação do art. 29 do RJAMS, estabelece que estes contratos devem referenciar a outorga, ou não, de poderes para celebrar contratos de seguro em nome da empresa de seguros; devem clausular o período de vigência e o âmbito territorial do contrato; e, no caso do agente de seguros, devem também referir a outorga, ou não, de poderes de cobrança e/ou de regularização de sinistros e o modo de prestação de contas.

Finalmente, os *corretores* de seguros. Exercem a atividade de forma independente face às empresas de seguros, baseando-a numa análise imparcial de um número suficiente de contratos de seguro disponíveis no mercado que lhes permita aconselhar o cliente. O diploma não dispõe sobre os contratos com base nos quais o corretor de seguros desenvolve a atividade.

Para além da atividade de mediação de seguros, o diploma trata da atividade da *mediação de resseguros*, aplicando-se aos mediadores de resseguros as normas destinadas aos corretores de seguros (não se prevê que a intermediação de resseguros seja efetuada por agentes nem por mediadores ligados)[16].

2.1.2. Modelos contratuais que suportam as atividades de mediação de seguros

Tendo percorrido as normas que respeitam às relações entre os vários mediadores e as seguradoras, as comuns e as próprias de cada uma das categorias de mediadores, vejamos se elas são suficientes para caracterizar os, ou algum dos, contratos que estão na génese dessas relações. Como é sabido, as características que permitem que um contrato concreto se inscreva num tipo contratual variam. As enumerações genéricas dos aspetos que devem estar descritos para que o tipo esteja suficientemente identificado são apenas indicativas, sendo certos aspetos mais importantes nuns tipos que noutros, estando uns presentes na identificação de uns tipos e outros na identificação de outros[17].

---

2 – Em caso de mudança de categoria do mediador que não determine a impossibilidade de prestar assistência aos contratos, se as partes pretenderem que os contratos de seguro integrantes da respetiva carteira passem a diretos, esse facto deve estar previsto no contrato.
3 – Quaisquer alterações posteriores ao contrato acordadas pelas partes são válidas, desde que consignadas por escrito.
[16] Leiam-se as remissões dos artigos 21 e 36.
[17] Sobre as qualidades ou características individualizadoras dos tipos, Rui Pinto Duarte, *Tipicidade...*, *maxime* pp. 66-71; Mª del Carmen Gete-Alonso y Calera, *Estudios sobre el contrato*, pp. 64-74; e Pais de Vasconcelos, *Contratos atípicos*, pp. 113-60.

O CONTRATO DE MEDIAÇÃO

No caso que ora nos detém, as regras referentes aos contratos a celebrar entre agentes de seguros e mediadores de seguros ligados, por um lado, e seguradoras, por outro, são bastante pormenorizadas sobre as seguintes características: a qualidade das partes (de um dos lados destes contratos estão pessoas com especiais qualidades, administrativamente reconhecidas, de empresa de seguros, como decorre da conjugação dos arts. 15 e 17 do RJAMS com as condições e os procedimentos impostos pelo DL 94-B/98, de 17 de abril, sobre o regime de acesso e de exercício da atividade seguradora); a função socioeconómica do contrato (facilitar a celebração e/ou a gestão de contratos de seguro), presente nas normas que descrevem as atividades dos mediadores; o objeto mediato (atividade mediadora prevista no art. 5º, c), do RJAMS); a remuneração do mediador (arts. 5º, e), e 28, c) e d), do RJAMS); a execução continuada (expressa nos arts. 4º, nº 1, g), e 8º, nº 1, i), da Norma do ISP nº 17/2006-R). Os aspetos enunciados parecem suficientes para caracterizar os modelos contratuais utilizados pelos agentes de seguros e pelos mediadores de seguros ligados, nas suas relações com as seguradoras.

Os efeitos que o legislador instituiu como típicos destes contratos e que constam principalmente, dos artigos 8º, 28 a 30, 44 e 45 do RJAMS – embora nem todos os itens destes artigos respeitem a efeitos contratuais – afiguram-se também suficientemente completos para serem olhados como regimes jurídicos próprios. Entre eles destaco o regime da cessação do contrato, muito semelhante ao regime de cessação específico do contrato de agência, o qual se justifica por características próprias deste tipo contratual, nomeadamente pela intensidade da relação duradoura e pela repercussão positiva da atividade do agente na clientela do principal. Nomeadamente, lembro que a cessação dos contratos celebrados entre a empresa de seguros, por um lado, e o *mediador ligado* ou o *agente de seguros*, por outro, pode dar lugar a *indemnização de clientela*, verificados que estejam determinados requisitos semelhantes aos exigidos no regime geral do contrato de agência[18]. De recordar, ainda, o regime de responsabilidade

---

[18] Compare-se o art. 33, nº 1, RCA, com o art. 45, nº 2, do RJAMS. Note-se que, apesar de os requisitos da atribuição de indemnização de clientela serem semelhantes, o cálculo desta é muito mais favorável ao agente de seguros e ao mediador de seguros ligado que ao agente do regime geral. Enquanto o art. 34 do RCA estabelece um teto para a indemnização equivalente a uma indemnização anual, calculada a partir da média anual das remunerações recebidas pelo agente durante os últimos cinco anos; o art. 45, nº 4, do RJAMS estabelece que a indemnização

26

DELIMITAÇÃO E CONTEXTUALIZAÇÃO DO TEMA

da seguradora pelos atos do mediador (neste caso, de qualquer das três categorias) que, sem poderes de representação conferidos por escrito, age com aparência de os ter –, regime que se encontra expresso no art. 30 do DL 72/2008, de 16 de abril (RJCS), e que é idêntico ao regime previsto nos artigos 22 e 23 do RCA[19].

O conjunto destas facctas (conteúdo e regime)[20] permite concluir pela tipicidade daqueles contratos. Os tipos em análise (que servem as relações entre agentes de seguros e seguradoras, e entre mediadores de seguros ligados e seguradoras) têm características muito parecidas. Apenas o grau de vinculação à seguradora – num caso mais forte pela maior responsabilidade daquela pela atuação do mediador –, os distingue.

Duas características daqueles tipos afastam-nos do contrato de mediação: o mediador ligado e o agente de seguros exercem atividade em nome e por conta da seguradora, podendo até celebrar contratos em nome dela se autorizados a tal; as relações que mantêm com a seguradora destinam-se a prolongar-se no tempo. Representação (jurídica) e estabilidade – duas notas que tipicamente não constam do contrato de mediação.

---

será, no mínimo, equivalente ao dobro da remuneração média anual do mediador nos últimos cinco anos. Ou seja, no RJAMS, a indemnização de clientela é, no mínimo, correspondente ao dobro da indemnização máxima permitida no regime geral.

[19] O art. 30 do RJCS, epigrafado «Representação aparente», estabelece que «o contrato de seguro que o mediador de seguros, agindo em nome do segurador, celebre sem poderes específicos para o efeito é ineficaz em relação a este, se não for por ele ratificado, sem prejuízo do disposto no nº 3» (nº 1); considerando-se ratificado «se o segurador, logo que tenha conhecimento da sua celebração e do conteúdo do mesmo, não manifestar ao tomador do seguro de boa fé, no prazo de cinco dias a contar daquele conhecimento, a respetiva oposição» (nº 2). Estes dois números repetem, *grosso modo*, o estatuído para a representação sem poderes no contrato de agência (art. 22 do RCA, aprovado pelo DL 178/86, alterado pelo DL 118/93). O nº 3 do art. 30 do RJCS estabelece a eficácia do contrato de seguro celebrado pelo mediador em nome do segurador, mas sem poderes para tanto, «se tiverem existido razões ponderosas, objetivamente apreciadas, tendo em conta as circunstâncias do caso, que justifiquem a confiança do tomador do seguro de boa fé na legitimidade do mediador de seguros, desde que o segurador tenha igualmente contribuído para fundar a confiança do tomador do seguro». Trata-se de disciplina idêntica à consagrada para a representação aparente no art. 23 do RCA. Lembro que, antes da vigência do RJCS, alguns autores defendiam a aplicação desta norma do contrato de agência aos contratos de mediação de seguros (v. notas 21 e 24), não sendo essa, porém, a prática judiciária (v. 2.1.3).

[20] Mª DEL CARMEN GETE-ALONSO Y CALERA, *Estudios sobre el contrato*, p. 44, designa-as por *tipicidade de configuração* e *tipicidade de regulação*.

O CONTRATO DE MEDIAÇÃO

Vários autores pronunciaram-se no sentido de estarmos em presença de contratos de agência[21] ou de, pelo menos, não estarmos perante contratos de mediação[22]. Também me parece que a aproximação ao típico contrato de agência é evidente[23], pelo que tendo a dizer que os contratos que se estabelecem entre agentes de seguros ou mediadores ligados, de um lado, e seguradoras, do outro, são subtipos daquele contrato.

No que respeita ao corretor de seguros, o diploma não se refere expressamente à necessidade de uma relação contratual com as seguradoras, nem contém regras que permitam tipificar as relações contratuais do corretor, seja com as seguradoras, seja com os potenciais tomadores. No entanto, apesar de o diploma definir o corretor de seguros como a categoria em que a pessoa exerce a atividade de mediação de seguros de forma independente face às empresas de seguros, baseando a sua atividade numa análise imparcial de vários contratos de seguro que lhe permita aconselhar o cliente (art. 8º, al. *c*)), a ocorrência de uma relação contratual com

---

[21] No sentido de os agentes de seguros e os mediadores ligados atuarem ao abrigo de contratos de agência, MOITINHO DE ALMEIDA, «O mediador na conclusão e execução do contrato de seguro», pp. 24-5 e 29. Também LUÍS POÇAS, «Aspectos da mediação de seguros», pp. 182-3: «os traços típicos do contrato de agência – promoção da celebração de contratos, por conta de outrem, de modo autónomo e estável, e mediante retribuição – permitem a identificação da natureza jurídica do contrato de mediação de seguros, nas categorias mediador de seguros ligado e agente de seguros, com o contrato de agência. Acresce que, como no contrato de agência, estas duas categorias de mediação de seguros beneficiam igualmente do direito a uma indemnização de clientela em caso de cessação do contrato, para além de que normalmente as mesmas operam contratualmente pela atribuição de uma área territorial definida». Na mesma linha, ainda que escrevendo apenas sobre o DL 388/91, PEDRO ROMANO MARTINEZ, *Direito dos seguros*, p. 55: «Sendo o mediador agente de seguros, além do regime constante dos citados preceitos do Decreto-Lei nº 388/91, aplicar-se-á igualmente o regime jurídico do contrato de agência (Decreto-Lei nº 178/86, de 3 de julho); mesmo no caso de se tratar de um corretor de seguros, as normas do Decreto-Lei nº 388/91 deverão ser completadas pelas do regime da agência. Concretamente, importa atender ao facto de o mediador ter a representação (com ou sem poderes) da seguradora ou a aparência de representação (arts. 22º e 23º do Decreto-Lei nº 178/86) para efeitos de vinculação da seguradora por atos daquele».
[22] Assim, COUTINHO DE ABREU, *Curso de direito comercial*, I, p. 143, nota 117 – «entre os mediadores de seguros, somente o corretor de seguros merece a qualificação de mediador em sentido próprio. O mediador de seguros ligado e o agente de seguros vinculam-se a uma ou mais empresas seguradoras (v. os arts. 8º, *a*) e *b*), 15º-18º do DL 144/2006); o mediador de seguros ligado pode, inclusive, ser trabalhador de empresa seguradora (arts. 14º, 1, *a*), 32º, 1, *g*))». Também a afastar a simples recondução à mediação, CARLOS LACERDA BARATA, «Contrato de mediação»,

DELIMITAÇÃO E CONTEXTUALIZAÇÃO DO TEMA

as seguradoras, ainda que necessariamente sem exclusividade, não pode ser liminarmente afastada tendo presente, nomeadamente, que é remunerado pelas empresas de seguros (art. 28, al. *c*)), podendo estar autorizado por estas a cobrar os prémios (art. 28, al. *d*)), e a possibilidade de celebrar contratos em nome das empresas de seguros, se para isso lhe tiverem sido conferidos poderes (art. 29, *a*))[24]. Nestes últimos casos, a relação é de mandato ou dele se aproxima.

Os contratos que regem as relações entre corretores de seguros e tomadores, ou candidatos a tomador, têm sido entendidos como contratos de prestação de serviço[25] ou como contratos de mediação[26]. Creio que mesmo estes contratos (entre corretores e tomadores ou potenciais tomadores) têm características e produzem efeitos que os afastam do contrato de media-

---

p. 218. Embora o faça ao abrigo da legislação anterior, mantêm-se os pressupostos com base nos quais conclui: «É inegável que não se trata de mediação "pura e simples". Quer o agente, quer o angariador, quer o corretor de seguros, não se limitam a – de modo imparcial – aproximar contraentes, com vista à celebração de certo contrato de seguro. Acrescem outras prestações. Em alguns casos, só por si, não incompatíveis com a mediação; noutros, frontalmente inconciliáveis com esta». Segundo o mesmo Autor, a aferição da natureza jurídica do contrato de mediação de seguros deverá «fazer-se na consideração isolada de cada uma das categorias», pois trata-se de uma «figura híbrida» com traços de mediação (apresentação e preparação de contratos), agência com representação (celebração de contratos) e prestação de serviço (assistência, regularização de sinistros, consultadoria) – p. 217.

[23] Nos termos do art. 1º, nº 1, DL 178/86, de 3 de julho (atualizado pelo DL 118/93, de 13 de abril), «agência é o contrato pelo qual uma das partes se obriga a promover por conta da outra a celebração de contratos, de modo autónomo e estável e mediante retribuição, podendo ser-lhe atribuída certa zona ou determinado círculo de clientes». Podem, nos termos do nº 1 do art. 2º, ser conferidos ao agente poderes para celebrar contratos em nome do principal.

[24] Neste sentido, MOITINHO DE ALMEIDA, «O mediador...», pp. 31 e 54 – «casos existem em que dispõe de mandato desta para a prática de certos atos (concessão de cobertura provisória, recebimento de prémios)» (p. 54). Segundo o mesmo Autor, aplicar-se-ão, então, as normas sobre o contrato de agência no que respeita à responsabilidade da seguradora, mesmo que o mandato seja aparente: «Com efeito, o disposto no art. 23º do DL nº 178/86 deve considerar-se como refletindo um princípio geral, aplicável noutras situações e, designadamente, para determinar se, em determinadas circunstâncias, o corretor pode ser considerado como representante da seguradora» (pp. 54-5). Também JOSÉ VASQUES, *Novo regime jurídico da mediação de seguros*, pp. 64 e 68, lembra que os corretores podem atuar, quer por conta dos clientes-potenciais tomadores, quer por conta das empresas de seguros. A mesma ideia em PEDRO ROMANO MARTINEZ, *Direito dos seguros*, p. 55.

[25] MOITINHO DE ALMEIDA, «O mediador...», p. 30.

[26] COUTINHO DE ABREU, *Curso de direito comercial*, I, p. 143, nota 117; LUÍS POÇAS, «Aspectos da mediação de seguros», pp. 179, 194 e 234.

O CONTRATO DE MEDIAÇÃO

ção na sua configuração mais frequente: o serviço prestado pelo corretor ao cliente abrange, normalmente, a assistência no decurso da vigência do contrato de seguro; e a remuneração do corretor de seguros é paga pela empresa seguradora e não pelo cliente.

Para além das supra indicadas análises, alguns autores defendem a tipicidade do que designam por *contrato de mediação de seguros*, abrangente das várias modalidades de atividades desenvolvidas por mediadores de seguros. Enraízam a ideia na definição legal das atividades de mediação de seguros e nas regras comuns que se lhes aplicam. Já sobre o conteúdo atribuído ao designado tipo, sobre se a sua tipicidade é legal ou meramente social, sobre se é um tipo autónomo ou um subtipo do contrato de mediação geral, não existem consensos.

JOSÉ VASQUES define o *contrato de mediação de seguros* como aquele «*através do qual o mediador se obriga a, nos termos acordados com a empresa de seguros, apresentar ou propor um contrato de seguro ou praticar outro ato preparatório da sua celebração, em celebrar o contrato de seguro, ou em apoiar a gestão e execução desse contrato, em especial em caso de sinistro, em nome e por conta da empresa de seguros ou de forma independente, mediante remuneração*»[27]. De acordo com esta definição, um dos sujeitos do contrato é sempre uma empresa de seguros, nunca o tomador, pelo que o eventual contrato entre corretor e tomador não cabe nela. Segundo o mesmo Autor, o contrato em questão apresenta-se como legalmente típico «na medida em que a sua caracterização pode ser, com relativa facilidade, retirada da lei»[28], sendo, no entanto, um subtipo do contrato de mediação geral[29].

SHEILA CAMOESAS também autonomiza o *contrato de mediação de seguros*, conferindo-lhe uma noção próxima da anteriormente referida, que apenas contempla a possibilidade de ter como sujeitos um mediador de seguros e uma empresa de seguros: «*negócio jurídico celebrado entre um mediador e uma empresa de seguros, através do qual o primeiro, sendo remunerado para o efeito, se obriga a promover a celebração de contratos de seguro, a prestar-lhes assistência durante a sua execução ou mesmo a celebrá-los, quando para tal estiver autorizado, podendo agir, ou não, em nome e por conta da empresa de seguros*»[30].

---

[27] JOSÉ VASQUES, *Novo regime jurídico da mediação de seguros*, p. 58.

[28] JOSÉ VASQUES, *Novo regime jurídico da mediação de seguros*, p. 66.

[29] JOSÉ VASQUES, *Novo regime jurídico da mediação de seguros*, p. 72.

[30] SHEILA CAMOESAS, *Mediação de seguros*, p. 55.

DELIMITAÇÃO E CONTEXTUALIZAÇÃO DO TEMA

Perceciona-o também como modalidade da mediação geral[31]. Porém, ao contrário de JOSÉ VASQUES, entende-o como legalmente atípico, dotado de mera tipicidade social[32].

Em LUÍS POÇAS as várias possibilidades de contratos suporte de atividades de mediação de seguros são tratadas como subtipos de um mesmo tipo. Identifica sob a designação *contrato de mediação de seguros* um tipo contratual, que tanto será o celebrado entre o mediador de seguros ligado ou o agente de seguros, por um lado, e a seguradora, por outro, como o celebrado entre o corretor de seguros e o potencial tomador do seguro[33]. Para o mesmo Autor, o diploma contém em si «os aspetos fundamentais da disciplina do negócio em causa (...), permitindo identificar um tipo legal contratual de *mediação de seguros*»[34]. Reconhece, mais adiante, que tal tipo tem subtipos que dificilmente permitem configurá-lo «de forma coerente como uma figura unitária comum»[35], concluindo, a final, que «o contrato de mediação de seguros apresenta uma natureza jurídica plural atendendo à autêntica clivagem de características e regime que se verifica entre as categorias de mediador de seguros ligado e agente de seguros, por um lado, e de corretor de seguros, por outro»[36]. Apesar da homonímia da designação, entende que o contrato de mediação de seguros não é recondutível ao contrato de mediação geral[37].

Julgo que nenhuma das definições enunciadas corresponde a um tipo contratual, quer nos refiramos ao tipo como modelo regulativo construído pelo legislador para um dado tipo social, quer nos refiramos a este último.

---

[31] SHEILA CAMOESAS, *Mediação de seguros*, p. 53: «A mediação de seguros é uma modalidade especial da mediação "pura" ou em sentido próprio, por conseguinte, a própria noção de *contrato de mediação de seguros* encontra filiação na definição de *contrato de mediação*». Em idêntico sentido, PAULA RIBEIRO ALVES, «Intermediação de seguros», p. 75.

[32] SHEILA CAMOESAS, *Mediação de seguros*, p. 67: «entendemos ser de admitir uma tipicidade do ponto de vista social, já que é comum a referência a um contrato de mediação de seguros que se identifica na relação contratual que se estabelece entre o mediador e a seguradora por força da mediação, sem no entanto o legislador ter consagrado o tipo contratual».

[33] LUÍS POÇAS, «Aspectos da mediação de seguros», pp. 145-6.

[34] LUÍS POÇAS, «Aspectos da mediação de seguros», p. 164.

[35] LUÍS POÇAS, «Aspectos da mediação de seguros», p. 194.

[36] LUÍS POÇAS, «Aspectos da mediação de seguros», p. 234.

[37] LUÍS POÇAS, «Aspectos da mediação de seguros», p. 179: «não podemos reconduzir o contrato de mediação de seguros, no seu conjunto, a um verdadeiro contrato de mediação, já que, das categorias de mediação de seguros, apenas a de corretor se identifica, nos seus elementos essenciais, como um contrato de mediação».

O CONTRATO DE MEDIAÇÃO

Em qualquer delas cabem vários modelos de contratos suscetíveis de suportar as atividades dos mediadores das diferentes categorias, modelos esses que carecem de diferentes regimes. Ou seja, aquelas definições sustêm um grupo de contratos que têm de comum entre eles a natureza de uma das partes (um mediador de seguros) e o objeto da sua atividade (tendente à preparação, celebração ou execução de um contrato de seguro), pelo que melhor correspondem a uma classe ou categoria de contratos que a um tipo contratual[38].

2.1.3. Contributos da jurisprudência

Esta análise dos contratos de mediação de seguros sob o ângulo das suas possíveis relações com o contrato de mediação geral não dispensa uma passagem pela jurisprudência. Tal passagem, com uma exceção, parte de acórdãos que aplicaram o velho regime, introduzido pelo DL 388/91, pois, com a referida exceção, os poucos acórdãos que apreciaram casos a que foi aplicado o RJAMS (DL 144/2006) não se debruçaram sobre matéria relevante para o nosso tema.

Na maioria dos globalmente escassos casos judiciais sobre mediação de seguros, discutiu-se a responsabilidade da empresa seguradora pelos atos do mediador. A solução desta questão tem a montante a determinação do regime aplicável ao contrato de mediação de seguros em causa nos autos. Esta, por seu turno, está dependente da qualificação do contrato.

Com o material existente, condicionado pelo tempo dos factos, podemos dizer que a jurisprudência (nos casos em que o mediador carece de poderes de representação conferidos por escrito) seguiu maioritariamente, até há pouco tempo, duas linhas de argumentação que, no entanto, conduziram a uma idêntica solução de desresponsabilização da seguradora relativamente aos atos dos mediadores de seguros: ora encarando os contratos celebrados entre empresas de seguros e mediadores como contratos

---

[38] CARLOS FERREIRA DE ALMEIDA, em *Texto...*, p. 566, chegou, a respeito do *contrato de seguro*, a uma conclusão paralela: «O contrato de seguro não é portanto um tipo negocial simples, constituído por uma combinação constante de elementos, mas uma categoria tão geral como, por exemplo, a de operação bancária. Abrange mais do que um tipo, tendo todos em comum a natureza de uma das partes (empresa seguradora) e o modo de cálculo da prestação da outra (o prémio a pagar pelo segurado)». Sobre as distinções entre qualificação e classificação, tipo e categoria, *vide* CARLOS FERREIRA DE ALMEIDA, *Texto...*, pp. 407-16. Mais abreviadamente, do mesmo Autor, *Contratos*, II, pp. 25-6, e PAIS DE VASCONCELOS, *Contratos atípicos*, pp. 161-4.

DELIMITAÇÃO E CONTEXTUALIZAÇÃO DO TEMA

de mediação; ora limitando-se a aplicar as regras disponíveis nos diplomas sobre as atividades seguradora e de mediação de seguros, sem discutir o contrato em que se baseia a relação litigiosa. Num caso e no outro, recusou, quer a recondução a tipos legais preexistentes, quer a aplicação analógica de certas normas, nomeadamente das contidas no art. 23 do RCA sobre a representação aparente no âmbito do contrato de agência[39], e no art. 500 do CC sobre a responsabilidade do comitente.

Vejamos alguns acórdãos paradigmáticos.

- No Acórdão do STJ de 13/05/2003, proc. 03A1048, um contrato com um agente de seguros foi reconduzido a um contrato de mediação, afastando-se expressamente a sua qualificação como agência: «a atividade fundamental do mediador de seguros é a de conseguir interessado para certo seguro, que raramente conclui ele próprio: é mero intermediário. O contrato de mediação não se confunde com o contrato de agência, desde logo por isto: o agente atua por conta do principal, representa-o, o mediador age com independência, imparcialidade, no interesse de ambos, sem representar nenhum».

- No Acórdão do STJ de 28/03/2006, proc. 228/06-6 (não publicado, registado com o nº 193 no livro nº 1105 da 6ª Secção), afirma-se que «o mediador de seguros, no exercício de tal atividade, não age como representante, agente ou auxiliar da respetiva entidade seguradora, não decorrendo, portanto, desse exercício, a assunção de qualquer responsabilidade por parte daquela última – vide arts. 4º, nº 1, e 7º do DL nº 388/91, de 10/10». A fundamentação deste acórdão, a de facto e a de direito, não nos permite perceber em que categoria atuava o mediador dos autos.

- O Acórdão do STJ de 19/06/2007, proc. 1449/07-1 (não publicado, registado com o nº 78 no livro nº 1235 da 1ª Secção), redundou também na absolvição da seguradora. Vale a pena recordar os factos mais relevantes: um mediador de seguros colaborava com a seguradora ré, numa região geográfica determinada, disponibilizando-lhe esta impressos para propostas de seguros e recibos, em ambos os casos numerados e com o timbre da ré; em 1997, usando um desses

---

[39] Notando também a resposta negativa da jurisprudência à questão da aplicabilidade, aos agentes de seguros, das regras sobre representação aparente contidas no RCA, MENEZES CORDEIRO, *Direito dos seguros*, p. 411 e nota 765.

impressos, um cliente do mediador subscreveu uma proposta de seguro de vida, pela qual entregou ao mediador a quantia de 17.500.000$00; em troca, o mediador entregou-lhe um recibo timbrado da ré, assinado por si (mediador) e do qual constavam os dizeres pré-impressos «O recibo só será válido se rubricado pelo nosso colaborador»; a proposta e o dinheiro não deram entrada na ré. Revogando o acórdão do TRL[40], o STJ decidiu que o autor não merecia beneficiar da tutela da confiança, pois não tinha agido com a devida diligência ao entregar um cheque que não colocou à ordem da ré, sendo certo que não podia conhecer documento escrito a conferir poderes ao mediador para tal receção de quantias, dado que não existia; além disso, afastou expressamente a existência de uma relação de comissão entre seguradora e mediador.

– Em Acórdão do TRL de 13/12/2007, proc. 6576/2007-1, o tribunal recusou a aplicação analógica a uma relação de mediação de seguros das normas do regime jurídico do contrato de agência. Não se sabe em que modalidade agiu o mediador – angariação, agência ou corretagem –, pois refere-se sempre, e apenas, a *mediação* ou a *mediador de seguros*, e os factos não foram elencados, tendo-se remetido para os constantes da sentença da primeira instância. Fundamenta-se o afastamento na distinta natureza dos contratos, assente na diferenciação dos regimes do contrato de agência, por um lado, e do designado contrato de mediação de seguros, por outro, sendo o último tratado como uma espécie contratual e não como uma designação desdobrável em diferentes espécies autónomas. Lê-se neste acórdão que se vê «da diferente regulamentação de um e outro dos contratos em causa que no de mediação o mediador não age, em princípio, nem em nome nem por conta da seguradora, ao contrário do agente que age por conta do principal. Por outro lado, a atividade do agente deve ser desenvolvida de modo autónomo e estável, mediante retribuição. (...) Tal não sucede na mediação de seguros. Aqui, a lei não se refere, como elemento caracterizador do contrato de mediação, ao elemento estabilidade». No mesmo acórdão foi também afastada a analogia com a comissão. Na ausência de

---

[40] Acórdão do TRL de 14/12/2006, CJ 2006, V, 113, adiante referenciado.

normas do DL 388/91 que permitissem a vinculação da seguradora a atos do mediador, aquela foi absolvida.

– Com uma argumentação, no essencial, idêntica, o Acórdão do STJ de 18/12/2007, proc. 4305/07, afastou a recondução de um contrato entre uma seguradora e um mediador de seguros (também aqui não é dita a modalidade em que o mediador exerce a atividade, nem ela decorre com clareza dos factos elencados) quer a um contrato de comissão, quer a um contrato de agência, bem como a aplicação analógica de regras destes.

Podemos concluir que, na questão que ora nos ocupa, a jurisprudência assumiu uma posição distante da da doutrina da especialidade e, sustentando-se na designação legal da atividade – *mediação de seguros* – considerou os contratos que suportam esta atividade como contratos de mediação e, com base nesta qualificação, afastou a responsabilidade das seguradoras pelos atos dos mediadores de seguros, ainda que praticados com aparentes poderes de representação.

Entre os acórdãos proferidos na vigência do DL 388/91, encontra-se um com uma orientação diferente:

– No Acórdão do TRL de 14/12/2006, CJ 2006, V, 113, discutiu-se se o contrato celebrado entre seguradora e mediadora seria de mediação, se de agência. Argumentou-se que «[i]ndependentemente da qualificação contratual jurídica existente, merece proteção baseada na tutela da confiança e na boa fé o A. que confiou justificadamente na pessoa que se apresentava no mercado como representante da Ré seguradora, sendo por esta reconhecida, e assinando recibos com o respetivo logótipo e impressos numerados, "os quais só seriam válidos se contivessem a assinatura do "colaborador"». E decidiu-se que «[a] Ré seguradora é responsável pelo dano da confiança, em consequência do abuso de poderes do seu colaborador, devendo indemnizar o A. no quantitativo que este lhe entregou para a celebração do contrato de seguro».

Este Acórdão, porém, foi revogado pelo Acórdão do STJ de 19/06/2007, proc. 1449/07-1, acima referido.

A vigência do RJAMS determinará outras soluções. Os mediadores de seguros, nomeadamente os agentes de seguros e os mediadores de seguros

O CONTRATO DE MEDIAÇÃO

ligados, que constituem a larga maioria daqueles[41], dispõem no atual quadro legal de uma regulação mais pormenorizada e clara no que respeita à sua relação com a seguradora, e que deverá levar a que casos semelhantes aos mencionados venham a ser alvo de diferente fundamentação e decisão. Como vimos, o DL 144/2006 evidencia as características da representação e da estabilidade nas relações entre agentes de seguros e mediadores ligados, de um lado, e seguradoras, do outro – aqueles agem em nome a por conta destas e os contratos de que se valem estão obrigatoriamente sujeitos a prazo. Acresce que, como já mencionei anteriormente, o regime jurídico do contrato de seguro, aprovado pelo DL 72/2008, introduziu algumas regras sobre a atividade de mediação de seguros (nos artigos 28 a 31), no seu dizer, com mera «função de esclarecimento e de enquadramento, tendo em vista o melhor conhecimento do regime». Entre elas, a do artigo 30, epigrafado «Representação aparente», que vem facilitar a resolução das situações judicialmente mais debatidas.

Divergindo do raciocínio que acabo de expender, o Acórdão do TRP de 11/11/2013, proc. 640/09.2TTVNF-A.P1[42], absolveu a seguradora na seguinte situação:

- Em 03/12/2007 (na vigência do DL 144/2006 – RJAMS –, mas antes da vigência dos arts. 30 e 31 do RJCS – DL 72/2008), a entidade empregadora tomadora do seguro comunicou à seguradora, através da agente de seguros, a admissão de um dado trabalhador. Este vem a sofrer acidente em 20/12/2007. A comunicação de inclusão do trabalhador, efetuada por via da mediadora, apenas chega ao conhecimento da seguradora em 16/01/2008. O tribunal desresponsabilizou a seguradora com a seguinte argumentação: «[A]o contrário do que sucede com o citado D.L. nº 72/2008 de 16/04 (cláusulas 30ª e 31ª), o D. L. nº 144/2006 de 31/07, não contém qualquer previsão que regule a representação aparente (sem poderes específicos para o efeito) nem as comunicações através de

---

[41] VICENTE MENDES GODINHO, «Balanço...», pp. 49-50 – em dezembro de 2007, na sequência de cancelamento de inscrições de mediadores que não lograram regularizar a sua situação de acordo com o novo regime, «dos 37584 mediadores de seguros existentes à data da entrada em vigor do Decreto-Lei nº 144/2006, ficaram registados 13883 agentes de seguros, 10693 mediadores de seguros ligados e 98 corretores».

[42] Trata-se do caso que acima aludi como exceção por ser o único em que, considerando a data do contrato, era aplicável o RJAMS (DL 144/2006).

mediador de seguros, nomeadamente, no caso de este atuar em nome e com poderes de representação do segurador.

Desta forma, na falta de regulamentação específica, rege o artigo 268º do C.C. sobre a representação sem poderes, ou seja, "o negócio que uma pessoa, sem poderes de representação, celebre em nome de outrem é ineficaz em relação a este, se não for por ele ratificado"».

Na pendência do novo quadro legal foram proferidos dois acórdãos que determinaram a responsabilidade da seguradora por atos do mediador, apesar de ser aplicável aos respetivos casos (e de terem devidamente aplicado) a lei anterior ao RJAMS (2006). O fundamento da condenação da seguradora divergiu, sendo num caso a relação de comissão e no outro a aplicação analógica do regime da representação aparente previsto na lei para o contrato de agência (RCA):

- No Acórdão do TRL de 09/02/2012, proc. 960/07.0YXLSB.L1-2, a autora tinha celebrado, em 2003, dois contratos de seguro (um de vida e um de acidentes pessoais) com a seguradora ré, pelo prazo de um ano, através de uma mediadora de seguros a quem, inclusivamente, entregou a quantia do prémio, que chegou ao património da ré seguradora. Aquando do vencimento da segunda anuidade, a autora voltou a entregar o pagamento à mediadora, mas, desta feita, o valor não foi entregue à seguradora.
  O tribunal aplicou, como devia, o regime anterior ao RJAMS aprovado pelo DL 144/2006. Por certo por entender que a relação entre a seguradora e a mediadora não era de agência nem dela se aproximava, não aplicou o regime da representação aparente previsto no RCA. Responsabilizou a seguradora, sim, mas com base numa relação de comissão entre ela e a mediadora. Já é, de algum modo, um avanço face a outras decisões que recusam qualquer responsabilidade da seguradora por verem no contrato que se estabelece entre o segurador e o chamado mediador de seguros um simples contrato de mediação.
- No Acórdão do STJ de 01/04/2014, proc. 4739/03.0TVLSB.L2.S1, a segurada, autora na ação, havia celebrado no verão de 2001 dois contratos de seguro, pelo prazo de um ano, que cobriam as responsabilidades emergentes da utilização de duas embarcações e outros riscos do proprietário das mesmas, incluindo furto. Os contratos

O CONTRATO DE MEDIAÇÃO

foram celebrados através de uma sociedade agente de seguros (ré na ação). De imediato, a seguradora (também ré) emitiu as declarações provisórias de seguro e, pouco depois, as correspondentes apólices. No verão de 2002, a segurada solicitou a renovação dos contratos de seguro por fax remetido à agência de seguros, tendo esta confirmado que se encontravam em fase de emissão pela seguradora os «continuados» das embarcações. Em finais de 2002, pensando vender as embarcações, a segurada pediu a cessação dos contratos de seguro com efeitos a 31 de janeiro, mas entretanto repensou e pediu a sua vigência até final de março de 2003. Estas instruções foram aceites e confirmadas pela mediadora, tendo esta confirmado por fax que tinha dado o devido encaminhamento às mesmas. As embarcações vieram a ser furtadas em março de 2003. A agência de seguros não tinha poderes de representação da seguradora.

Apesar de este acórdão ter sido proferido em 2014, na vigência do RJAMS (DL 144/2006) e do RJCS (DL 72/2008), que introduziu uma norma sobre a representação aparente no âmbito dos contratos de seguro celebrados com intervenção de mediador de seguros, aplicava-se ao caso o complexo legislativo anteriormente vigente. Lembrando a nova legislação e a doutrina que já anteriormente se pronunciava no sentido de o regime da representação aparente consagrado no RCA ser aplicável a outros contratos de distribuição comercial, o tribunal aplicou analogicamente a norma do RCA e responsabilizou a seguradora. Não obstante, não deixou de expressar: «[o] mediador de seguros, ainda que designado agente, não está sujeito ao regime do contrato de agência, sendo distinta a mediação de seguros da agência».

Teremos de aguardar jurisprudência sobre a atual legislação para percebermos o impacto do RJAMS e dos arts. 28 a 31 do RJCS na solução dos casos judiciais.

Entretanto, podemos sumariar algumas conclusões:

- A expressão *contrato de mediação de seguros* (utilizada por doutrina e jurisprudência, mas não pela lei) não é significante de um tipo contratual, mas de uma classe ou categoria de contratos;
- As relações contratuais mantidas entre *agentes de seguros* e *mediadores de seguros ligados*, por um lado, e *empresas seguradoras*, por outro, são geradas por contratos legalmente regulados no RJAMS (e no

RJCS) que correspondem a subtipos do contrato de agência, e não do contrato de mediação;

– As relações contratuais entre *corretores de seguros* e *empresas seguradoras*, considerando as regras que o RJAMS e o RJCS lhes destinam, aproximam-se de contratos de mandato ou de agência;

– As relações contratuais entre *corretores de seguros* e *tomadores*, ou potenciais tomadores, não se mostram reguladas por lei, sendo improvável a sua qualificação como contratos de mediação, tendo em consideração a abrangência dos serviços e a própria relação dos corretores com as empresas seguradoras.

2.2. Mediação imobiliária

A Lei 15/2013, de 8 de fevereiro – de ora em diante RJAMI –, contém o atual regime jurídico da atividade de mediação imobiliária. A preocupação do legislador, na linha dos anteriores diplomas (o DL 211/2004, de 20 de agosto – alterado pelo DL 69/2011, de 15 de junho –, o DL 77/99, de 16 de março – alterado pelo DL 258/2001, de 25 de setembro –, e o DL 285/92, de 19 de dezembro), centrou-se nos requisitos de acesso do mediador à atividade e nas condições de exercício desta, numa ótica de melhorar o nível de profissionalização e garantir a qualidade dos serviços em benefício dos consumidores.

O contrato de mediação, reconhecendo-se embora que a atividade de mediação tem nele origem (art. 3º, nº 1[43]), é relegado para segundo plano e as suas características estão disseminadas por vários artigos do diploma.

Ainda que não exista uma definição do *contrato de mediação imobiliária* concentrada num só artigo, ela retira-se de um conjunto de normas contidas nos arts. 2º, nº 1 (conteúdo da prestação principal do mediador), 2º, nº 3, e 3º (especial qualidade de uma das partes no contrato), 16, nº 2, *c*), e 19, nº 1 (prestação do cliente).

Com base nelas, e seguindo de perto as palavras da lei, podemos definir o *contrato de mediação imobiliária* (tipificado no diploma) como aquele pelo qual uma empresa de mediação imobiliária procura destinatários para a realização de negócios que visem a constituição ou aquisição de direitos reais sobre bens imóveis, bem como a permuta ou o arrendamento dos mesmos, o trespasse ou a cessão de posição em contratos que tenham por

---

[43] Todos os artigos indicados nesta parte sem indicação de proveniência são do RJAMI.

objeto bens imóveis, mediante remuneração devida com a conclusão e perfeição do negócio visado pelo exercício da mediação.

Podemos dizer que a noção de contrato de mediação que se extrai do diploma se aproxima daquelas que já eram correntes, em consequência da frequente repetição deste contrato na prática comercial. Porém, com um relevante aspeto dissonante: a definição de que os tribunais mais se valiam referia que, por via do contrato de mediação, o mediador se obrigava a *conseguir interessado* para certo negócio[44], no que foi secundada pela primeira definição legal de atividade de mediação imobiliária (a do DL 285/92); os dois regimes subsequentes (instituídos pelos DL 77/99 e DL 211/2004) passaram a referir a obrigação da mediadora como de *diligenciar no sentido de conseguir interessado* na realização do negócio, portanto, uma nítida obrigação de meios; finalmente, o RJAMI abandona a referência a uma *obrigação*, passando a referir-se apenas à atividade como facto. Se tivermos em consideração que, entre os ordenamentos que nos são mais próximos e que regulam o contrato de mediação por via legislativa (refiro-me ao italiano, ao alemão e ao suíço[45]), a atribuição do mediador é maioritariamente entendida como não obrigatória (ressalvada estipulação em contrário, como se entende ser a cláusula de exclusividade), a alteração não pode ser vista como despicienda, e dela devem ser extraídas as necessárias ilações[46].

Para os contratos que alicerçam a atividade de mediação imobiliária, o diploma destina um conjunto apreciável de regras, contidas sobretudo nos artigos 16, 17 e 19, que, com pormenor, regem, nomeadamente, a forma do

---

[44] A título de exemplo, vejam-se as noções contidas nos Acórdãos do STJ de 07/03/1967, BMJ 165, p. 318, de 17/03/1967, proc. 61689, BMJ 165, p. 331, de 28/02/1978, proc. 66989, BMJ 274, p. 223, e de 09/03/1978, proc. 66824, BMJ 275, p. 183, todas elas no sentido de o contrato de mediação ser aquele pelo qual uma pessoa incumbe outra de *conseguir interessado* para certo negócio, e supor a aproximação, feita pelo mediador, entre o terceiro e o comitente, e a conclusão do negócio entre ambos como consequência adequada da atividade do mediador. Veja-se, ainda, também a título de exemplo e por ser recorrentemente citada, a definição de VAZ SERRA, na RLJ 100, p. 343 – «um contrato pelo qual uma das partes se obriga a conseguir interessado para certo negócio e a aproximar esse interessado da outra parte».

[45] Remeto a justificação para o que escrevo em 4.2.2, 4.3.2 e 4.4.2.

[46] Na minha leitura, o tipo legal passou a comportar qualquer vínculo do mediador, incluindo uma espécie de ónus, cabendo às partes contratantes acordarem a que melhor se adeque aos seus interesses, sem que a espécie de vinculação *in casu* assumida possa colocar o contrato fora do tipo legal. Desenvolvimento em 8.3.2.

DELIMITAÇÃO E CONTEXTUALIZAÇÃO DO TEMA

contrato e consequências da sua falta, o prazo, o regime de exclusividade, as menções do texto, os momentos em que a remuneração é devida, os deveres de averiguação e informação que envolvem a relação contratual. O conjunto das normas referidas é suficiente para fazer deste contrato um contrato legalmente típico. Aliás, desde o DL 285/92, de 19 de dezembro, que o contrato de mediação imobiliária tem sido referido como típico na jurisprudência e na doutrina[47]. Sobre ele, deter-me-ei mais adiante.

De notar que, de entre todos os diplomas legais que regulam atividades que designam por mediação ou intermediação, o RJAMI é o único que nomeia o contrato no qual assenta o exercício da atividade com a locução *contrato de mediação*.

2.3. Intermediação financeira

O Código dos Valores Mobiliários (CVM)[48] dispõe de um Título VI (artigos 289 a 351) no qual regula a *intermediação financeira*, assim designando as atividades e os serviços de investimento em instrumentos financeiros, os serviços auxiliares daquelas atividades e serviços, e a gestão de instituições de investimento coletivo e o exercício das funções de depositário dos valores mobiliários que integram o património dessas instituições (art. 289, nº 1).

As atividades de intermediação financeira (ainda que com exceções que a lei prevê) só podem ser exercidas, a título profissional, por intermediários financeiros (art. 289, nºs 2 e 3)[49]. O art. 293 elenca as subcategorias desses intermediários. Entre os registados na Comissão do Mercado de

---

[47] Referem-no expressamente, os Acórdãos do STJ de 09/12/93, proc. 083924, BMJ 432, p. 332; de 17/01/1995, proc. 85913, CJASTJ 1995, I, 25; de 15/11/2007, proc. 07B3569, acessível em www.dgsi.pt (neste sítio encontram-se também todos os acórdãos dos tribunais portugueses futuramente citados sem indicação de outra fonte). Na doutrina assim acontece, por exemplo, com António Menezes Cordeiro, *Direito comercial*, p. 682 (também em «Do contrato de mediação», pp. 517-54); Miguel Côrte-Real e Maria Mendes da Cunha, *A actividade de mediação imobiliária*, p. 30; Rui Pinto Duarte, *Tipicidade...*, p. 25, nota 34.

[48] Aprovado pelo DL 486/99, de 13 de novembro, alterado por vários diplomas até à sua 27ª versão produzida pelo DL 88/2014, de 6 de junho. Todos os artigos indicados nesta parte sem indicação de outra proveniência são do CVM.

[49] Sobre a validade dos contratos de conteúdo similar aos de intermediação financeira, mas em que a atividade não é prestada por um intermediário financeiro, e sobre as consequências da ausência de tal qualidade sobre a recondutibilidade ao tipo, v. Rui Pinto Duarte, «Contratos de intermediação no Código dos Valores Mobiliários», p. 359.

O CONTRATO DE MEDIAÇÃO

Valores Mobiliários avultam os bancos e as sociedades gestoras de fundos de investimento imobiliário, seguidos das sociedades gestoras de fundos de investimento mobiliário, das sociedades gestoras de patrimónios, das sociedades corretoras, das sociedades financeiras de corretagem, entre outras sem expressão[50].

O desenvolvimento da atividade faz-se com base em várias figuras contratuais que o Código prevê e regula nos Capítulos II e III (do Título VI). O Capítulo II, intitulado «Contratos de intermediação», prevê e regula os contratos de execução das ordens, gestão de carteira, assistência, colocação, tomada firme, colocação com garantia, recolha de intenções de investimento, registo e depósito. O Capítulo III intitula-se «Negociação por conta própria» e trata de contratos financeiros em que o intermediário atua como contraparte do seu cliente, usando a sua própria carteira para executar a ordem do cliente (art. 346), de contratos para fomento de mercado (art. 348), de contratos para estabilização de preços (art. 349) e de contratos de empréstimo de valores mobiliários (art. 350). A distância entre os contratos do Capítulo III e o contrato de mediação não carece de justificação, pelo que vou ater-me a uma breve análise dos do Capítulo II.

A receção, a transmissão e a execução de ordens são serviços prestados por conta de outrem (arts. 290, nº 1, *a*) e *b*), e 325 a 334 do CVM) ao abrigo de um negócio de cobertura, pelo qual o cliente concede ao intermediário os poderes necessários a receber, ou transmitir as ordens com vista à celebração dos negócios de execução que têm por objeto instrumentos financeiros. O negócio jurídico de cobertura é normalmente um contrato de mandato sem representação, podendo constituir também um mandato representativo[51]. O negócio de execução em que a ordem se integra é, por-

---

[50] A lista dos intermediários financeiros registados pode ser consultada em http://web3.cmvm.pt/sdi2004/ifs/app/pesquisa_nome.cfm?nome.

[51] CARLOS FERREIRA DE ALMEIDA, «As transações de conta alheia no âmbito da intermediação no mercado de valores mobiliários», p. 296 – «Os negócios jurídicos de cobertura podem conferir ou não ao intermediário financeiro poderes de representação. Geralmente ele age em nome próprio, mesmo quando realiza transações de conta alheia, uma vez que, por regra, não pode revelar à outra parte o nome dos seus clientes»; JOSÉ ENGRÁCIA ANTUNES, *Direito dos contratos comerciais*, p. 581 – o negócio de cobertura «constituirá usualmente um contrato de comissão»; PAULO CÂMARA, *Manual de direito dos valores mobiliários*, p. 443 – «A ordem (...) não só se dirige à celebração de contrato transmissivo, como também é resultado de um contrato de mandato, que a enquadra»; FÁTIMA GOMES, «Contratos de intermediação financeira...», pp. 582-3 – «Quanto ao negócio de cobertura, a doutrina entende tratar-se

tanto, celebrado por conta, eventualmente também em representação, do cliente, em cumprimento da obrigação assumida no negócio de cobertura.

A gestão de carteira é o «*contrato celebrado entre um intermediário financeiro (gestor) e um investidor (cliente) através do qual o último, mediante retribuição, confia ao primeiro a administração de um património financeiro de que é titular com vista a incrementar a respetiva rentabilidade*»[52] – arts. 290, nº 1, *c*), 335 e 336 do CVM.

Reconduz-se, habitualmente, a um contrato de mandato, que pode ser conferido com ou sem representação, mediante o qual o cliente confere ao intermediário poderes para gerir, por sua conta, uma carteira de ativos financeiros de que é titular[53].

A assistência consiste numa mera prestação de serviços auxiliares de caráter técnico, económico e/ou financeiro necessários à preparação, lançamento e execução de uma oferta pública relativa a valores mobiliários – arts. 291, *e*), e 337 do CVM[54].

Os contratos de colocação são «*celebrados entre um ou vários intermediários financeiros e um emitente, pelo qual aquele ou aqueles se obrigam, mediante remuneração, a colocar determinados instrumentos financeiros (“maxime”, valores mobiliários) no âmbito de uma oferta pública de distribuição*»[55].

---

de um mandato, normalmente sem representação, sujeito às prescrições da lei civil sobre o mandato (...) e comercial sobre a comissão (...)»; MENEZES LEITÃO, «Actividades de intermediação e responsabilidade dos intermediários financeiros», pp. 134-5 – «Em qualquer dos casos [refere-se quer ao negócio que permite a receção, transmissão e execução das ordens, quer ao contrato de gestão de carteira], o negócio de cobertura assim formado institui uma obrigação de o intermediário financeiro praticar atos jurídicos por conta doutrem, sendo por isso um contrato de mandato, que o Código de 1991 determinava que era normalmente exercido sem representação (...), embora pudesse haver atribuição de representação (...). O atual Código não contém um regime tão explícito. Em relação às ordens, a revelação do nome do ordenador fica dependente das condições por ele estabelecidas».

[52] JOSÉ ENGRÁCIA ANTUNES, *Direito dos contratos comerciais*, pp. 587-8.

[53] ANA AFONSO, «O contrato de gestão de carteira, deveres e responsabilidade do intermediário financeiro», p. 57, bem como a doutrina aí referida na nota 4; JOSÉ ENGRÁCIA ANTUNES, *Direito dos contratos comerciais*, p. 588; MENEZES LEITÃO, «Actividades de intermediação e responsabilidade dos intermediários financeiros», pp. 134-5. Admitindo a possibilidade de a gestão de carteira não se conformar sempre como mero mandato, nos casos em que as obrigações contratuais assumidas pelo gestor ultrapassam a prática de atos jurídicos, RUI PINTO DUARTE, «Contratos de intermediação...», p. 367.

[54] PAULO CÂMARA, *Manual de direito dos valores mobiliários*, p. 447; FÁTIMA GOMES, «Contratos de intermediação financeira...», pp. 589-90.

[55] JOSÉ ENGRÁCIA ANTUNES, *Direito dos contratos comerciais*, p. 584.

Subdividem-se em três modalidades: *a)* colocação simples, pela qual o intermediário financeiro se obriga «a desenvolver os melhores esforços em ordem à distribuição dos valores mobiliários objeto da oferta pública, incluindo a receção das ordens de subscrição ou de aquisição» (art. 338 do CVM); *b)* colocação com garantia, pela qual o intermediário financeiro se obriga, ainda, a «adquirir, no todo ou em parte, para si ou para outrem, os valores mobiliários que não tenham sido subscritos ou adquiridos pelos destinatários da oferta» (art. 340 do CVM); *c)* colocação com tomada firme, pela qual «o intermediário financeiro adquire os valores mobiliários que são objeto de oferta pública de distribuição e obriga-se a colocá-los por sua conta e risco» (art. 339 do CVM).

Em nenhum destes contratos se encaixa o de mediação. Na colocação simples o intermediário compromete-se a prestar serviços, incluindo a eventual prática de atos jurídicos – a receção das ordens que existam. Será, portanto, um misto de prestação de serviço e mandato, este condicionado pela existência futura e incerta de ordens. Na colocação com garantia, acresce a este quadro uma obrigação de aquisição condicional[56]. E a tomada firme consiste numa compra a que se cumulam determinados serviços, nomeadamente de promoção de ulteriores vendas[57].

O registo e o depósito constituem contratos auxiliares de prestação de serviço (arts. 291, nº *a)* e 343 do CVM)[58].

O CVM prevê, ainda, que os intermediários financeiros prestem outros serviços auxiliares, como, por exemplo, elaboração de estudos de investimento, recomendações e consultoria (art. 291, *c)* e *d)* do CVM), sem qualquer similitude com a mediação.

No entanto, os contratos de intermediação financeira previstos no CVM não esgotam os possíveis, na medida em que a lei não impôs um regime de taxatividade ou *numerus clausus* destes contratos, sendo possíveis outros além dos legalmente previstos[59].

---

[56] Rui Pinto Duarte, «Contratos de intermediação...», p. 370.

[57] Sobre a natureza mista destes contratos, Rui Pinto Duarte, «Contratos de intermediação...», p. 370.

[58] Fátima Gomes, «Contratos de intermediação financeira...», p. 595; Menezes Leitão, «Actividades de intermediação e responsabilidade dos intermediários financeiros», p. 138.

[59] Rui Pinto Duarte, «Contratos de intermediação...», p. 373; José Engrácia Antunes, *Direito dos contratos comerciais*, p. 598 (a respeito dos contratos de investimento), p. 614 (a respeito dos contratos auxiliares) e p. 674 (sobre os derivados).

DELIMITAÇÃO E CONTEXTUALIZAÇÃO DO TEMA

Consequentemente, nada impede que um investidor solicite a um intermediário financeiro que lhe encontre contraparte para uma dada transação a ser efetivada diretamente entre o investidor e o terceiro angariado. Esta possibilidade parece estar contemplada no nº 2 do art. 290 do CVM, quando refere que «a receção e transmissão de ordens por conta de outrem inclui a colocação em contacto de dois ou mais investidores com vista à realização de uma operação»[60] (sem que, no entanto, esta ou outras normas confiram um regime a tal contrato). Nesta situação, o intermediário financeiro atua, a solicitação do seu cliente, como mero mediador.

Todavia, o intermediário financeiro só poderá assumir esse papel em transações *fora de mercado*, vulgo OTC (*over the counter*), porquanto, quando a ordem deva ser executada em mercado regulamentado ou em sistema de negociação multilateral, o intermediário financeiro responde inevitavelmente pela execução da transação visada, em especial, pela entrega dos instrumentos financeiros adquiridos, pelo pagamento do preço dos alienados, e mesmo pela autenticidade, validade, regularidade e desoneração dos instrumentos financeiros adquiridos (art. 334 do CVM). Estas obrigações, a que não pode contratualmente escusar-se quando opera em mercado regulamentado ou em sistema de negociação multilateral (art. 334, nº 2, do CVM), são incompatíveis com um mero contrato de mediação, na sequência do qual as partes no futuro contrato contratam por elas.

Ainda que não existisse esta obrigação *del credere*, o próprio «acesso aos mercados e sistemas de negociação multilateral é necessariamente intermediado (art. 206º, nº 1), o mesmo sucedendo com o acesso aos sistemas de liquidação (art. 267º): a transmissão de ordem relativa a instrumentos financeiros faz-se, assim, perante intermediário financeiro habilitado à sua receção e/ou execução (arts. 290º, nº 1 *a*) e 325º, nº 1)»[61].

Importam-nos duas conclusões: *a)* à parte a possibilidade de, *fora de mercado*, transações sobre instrumentos financeiros poderem efetivar-se diretamente entre alienante e adquirente, e como tal poderem estes ter sido aproximados por um mediador, os contratos de intermediação financeira não são contratos de mediação; *b)* aos eventuais contratos de mediação que

---

[60] Neste sentido JOSÉ ENGRÁCIA ANTUNES, *Direito dos contratos comerciais*, p. 582, ao dizer que a receção e transmissão de ordens por conta alheia «pode também assumir a forma de um contrato de mediação, já que, nos termos do nº 2 do art. 290 do CVM, tal atividade "inclui a colocação em contacto de dois ou mais investidores, com vista à realização de uma operação"».

[61] PAULO CÂMARA, *Manual de direito dos valores mobiliários*, p. 353.

tenham por objeto transações sobre instrumentos financeiros não corresponde um regime legal específico.

2.4. Mediação monetária

As chamadas *sociedades mediadoras dos mercados monetário e de câmbios* são mencionadas no art. 293, nº 2, *d*), do Código dos Valores Mobiliários englobadas na categoria de *empresas de investimento em instrumentos financeiros*. Apesar da menção feita no CVM, o exercício desta atividade continua a ser regulado pelo DL 110/94, de 28 de abril. Uma vez mais, a referência à *mediação* é enganadora, pois também estes mediadores efetuam transações por conta dos seus mandantes (embora na maior parte das vezes sem divulgação do nome destes), o que decorre, nomeadamente, das seguintes normas do DL 110/94: «as sociedades mediadoras só podem agir por conta de outrem, sendo-lhes vedado efetuar transações por conta própria» (art. 1º, nº 3); são obrigadas a «certificar-se da identidade e da capacidade legal para contratar das pessoas singulares ou coletivas em cujos negócios intervierem» (art. 3º, nº 1, *a*); e a «comunicar imediatamente a cada mandante os pormenores dos negócios concluídos» (art. 3º, nº 1, *e*); nas operações que tenham por objeto títulos, «o mediador deve exigir do mandante, antes da execução da ordem recebida, a entrega dos títulos a vender» (art. 3º, nº 2, *a*); «o mediador a quem for conferido mandato deverá (...)» (art. 3º, nº 3).

Em regra, o mediador do mercado monetário e do mercado de câmbios atua como comissário (art. 266 do CCom). No entanto, não está descartada a hipótese de o contrato ser concluído diretamente pelos próprios interessados, caso em que a atuação poderá aproximar-se da mera mediação. Com efeito, o art. 3º, nº 1, *d*), parece contemplar esta hipótese ao referir que as sociedades mediadoras estão obrigadas a «não revelar os nomes dos seus mandantes, exceto para permitir a contratação, entre estes, dos negócios jurídicos negociados por seu intermédio».

A existir neste âmbito um contrato que se qualifique como mediação também ele não é objeto de regime legal específico.

2.5. Intermediação de crédito

O DL 133/2009, de 2 de junho, relativo aos contratos de crédito aos consumidores, na redação que lhe foi introduzida pelo DL 42-A/2013, de 28 de março, trata da figura do *intermediário de crédito* que define como «a pessoa, singular ou coletiva, que não atue na qualidade de credor e que, no

DELIMITAÇÃO E CONTEXTUALIZAÇÃO DO TEMA

exercício da sua atividade comercial ou profissional e contra remuneração pecuniária ou outra vantagem económica acordada: *i)* Apresenta ou propõe contratos de crédito a consumidores; *ii)* Presta assistência a consumidores relativa a atos preparatórios de contratos de crédito diferentes dos referidos na subalínea anterior; ou *iii)* Celebra contratos de crédito com consumidores em nome do credor» (art. 4º, nº 1, *f)*).

Na sua versão original, o DL 133/2009 referia-se ao *mediador de crédito*, que definia de modo idêntico ao do agora *intermediário de crédito*. A alteração terminológica vem ao encontro da terminologia desde sempre usada na diretiva transposta (a Diretiva 2008/48/CE, do Parlamento Europeu e do Conselho, de 23 de abril, entretanto alterada pela Diretiva 2011/90/EU, da Comissão, de 14 de novembro) e justifica-se, considerando os diversos conteúdos da atividade do intermediário de crédito[62].

Com efeito, a atividade da subalínea *i)* poderá ter na sua génese um contrato de mediação, mas também outras formas de prestação de serviço. O diploma não define uma espécie contratual para o exercício daquela atividade e dá abertura a que se exerça com recurso a vários modelos. Já a atividade da subalínea *ii)* – assistência relativa a atos preparatórios de contratos não propostos pelo intermediário – não se reconduz a um contrato de mediação. Finalmente, a atividade da subalínea *iii)* remete-nos para uma atuação do intermediário de crédito em representação do credor, poder que, em regra, é conferido no âmbito de contratos de mandato ou de agência.

No exercício das atividades das primeiras subalíneas, o cliente do intermediário de crédito pode ser o consumidor, o credor, ou ambos; no caso da terceira subalínea há, necessariamente, uma relação contratual com o credor. Várias normas do diploma respeitantes ao intermediário de crédito pressupõem casos em que a atividade assenta numa relação contratual com o credor: o art. 5º, nº 1, dispõe sobre a publicidade em que um credor *se serve de um intermediário de crédito* para a celebração de contratos de crédito; o art. 25 impõe aos intermediários as obrigações de indicar a extensão dos seus poderes – se atuam em exclusividade ou com mais de um credor, ou como independentes –, e de comunicar ao consumidor a eventual taxa a pagar como remuneração pelos seus serviços.

---

[62] A alteração tem, ainda, a vantagem de evitar confusão com o «mediador *do* crédito», mediador de conflitos junto do Banco de Portugal, instituído pelo DL 144/2009, de 17 de junho.

A atividade de intermediação de crédito pode ser exercida a título principal ou acessório – é este o caso quando os fornecedores de bens aos consumidores intermedeiam na celebração dos contratos de crédito necessários ao fornecimento –, havendo normas previstas para um caso (arts. 6º, 7º e 8º) e outro (art. 9º).

Das enunciadas normas resulta que o chamado *intermediário de crédito* se aproximará mais do mandatário ou do agente, que do mediador, tendo a caracterização do contrato que mantém com o credor de resultar de uma análise casuística.

A atividade profissional dos intermediários de crédito será objeto de legislação especial (art. 25, nº 2).

Cabe aqui uma referência à Instrução nº 11/2001, do Banco de Portugal, sob o assunto «Promotores», respeitante à celebração, por instituições de crédito ou sociedades financeiras, de contratos que visem a promoção, por terceiros, dos produtos e serviços que comercializam. Esta Instrução tem um campo de aplicação mais amplo que a promoção de crédito ao consumo, abrangendo contratos que visam a promoção de quaisquer produtos de instituições de crédito ou sociedades financeiras. No que for contrariada pelo disposto no DL 133/2009, ter-se-á por revogada, mas a sua maior amplitude permite, ainda, a sua aplicação a diversos casos.

De referir que o Banco de Portugal não tem competência para regular ou fiscalizar os prestadores de serviços de promoção de produtos comercializados pelas instituições de crédito ou sociedades financeiras (art. 17, *a contrario sensu*, da Lei Orgânica do Banco de Portugal[63]). Por essa razão,

---

[63] A LOBP, aprovada pela Lei 5/98, de 31 de janeiro, foi alterada pelos Decretos-Leis 118/2001, de 17 de abril, 50/2004, de 10 de março, 39/2007, de 20 de fevereiro, 31-A/2012, de 10 de fevereiro e 142/2013, de 18 de outubro. À data da Instrução 11/2001 do BP, o art. 17 da LOBP tinha a seguinte redação: «Compete ao Banco exercer a supervisão das *instituições de crédito, sociedades financeiras e outras entidades que lhe estejam legalmente sujeitas*, nomeadamente estabelecendo diretivas para a sua atuação e para assegurar os serviços de centralização de riscos de crédito, nos termos da legislação que rege a supervisão financeira» (ênfase minha). As alterações que sofreu por via do DL 31-A/2012 e do DL 142/2013 não alargaram o âmbito das entidades sujeitas à supervisão (embora tenham alargado os poderes exercíveis sobre essas entidades). É a seguinte a redação do art. 17 conferida pelo DL 142/2013: «1 – Compete ao Banco de Portugal exercer a supervisão das *instituições de crédito, sociedades financeiras e outras entidades que lhe estejam legalmente sujeitas*, nomeadamente estabelecendo diretivas para a sua atuação e para assegurar os serviços de centralização de riscos de crédito, bem como aplicando-lhes medidas de intervenção preventiva e corretiva, nos termos da legislação que rege a supervisão financeira. 2 – Compete ainda ao Banco de Portugal participar, no quadro

DELIMITAÇÃO E CONTEXTUALIZAÇÃO DO TEMA

fundamenta a Instrução nas regras de conduta das instituições de crédito – contraparte naqueles contratos de promoção –, e na supervisão que sobre elas tem (arts. 73 a 77 do RGICSF).

A Instrução impõe às instituições que queiram socorrer-se de terceiros para promover os seus produtos que o façam por escrito; que os prestadores do serviço sejam designados por *promotores*, sem o qualificativo *financeiro*; que lhes seja assinalada uma área de atuação e que não exerçam a atividade por conta de outra instituição; que os contratos tenham por objeto apenas a promoção de negócios, ficando vedada a realização de quaisquer operações bancárias e financeiras, bem como o recebimento ou entrega de valores; que as operações pretendidas pelos clientes sejam efetuadas diretamente junto da instituição; e que esta seja responsável por todos os atos praticados com o público, nomeadamente pelas informações sobre operações a realizar.

Estamos perante contratos em que o prestador de serviço se limita a uma atividade de promoção, ficando a celebração do contrato promovido inteira e diretamente a cargo das partes. No entanto, o facto de o promotor ser, ao que tudo indica, contratado para promover uma quantidade indeterminada de contratos, numa determinada área geográfica, com exclusividade, assumindo a instituição responsabilidade pelos seus atos, aproxima estes contratos de contratos de agência.

Para além da atividade de promoção vinda de mencionar, pratica-se ainda no mercado a prestação de serviços de consultoria e mediação financeira, que se oferece ao público em geral, sem vínculo às instituições de crédito. Estes prestadores apenas desenvolvem a atividade sob a alçada do DL 133/2009 quando esteja em causa intermediação de crédito a consumidores. A estes prestadores reporta-se o comunicado do Banco de Portugal de 23 de fevereiro de 2011, no qual afirma não ter supervisão sobre os prestadores de serviços de consultoria ou mediação financeira (que, naturalmente, não sejam *instituições de crédito, sociedades financeiras e outras entidades que lhe estejam legalmente sujeitas*, como é o caso das instituições de pagamento)[64]. Não existem dados que permitam afirmar que estes profis-

---

do Mecanismo Único de Supervisão, na definição de princípios, normas e procedimentos de supervisão prudencial de *instituições de crédito*, bem como exercer essa supervisão nos termos e com as especificidades previstas na legislação aplicável».

[64] O comunicado é consultável em http://www.bportugal.pt/pt-PT/OBancoeoEurosistema/ComunicadoseNotasdeInformacao/Paginas/combp20110223.aspx, e tem o seguinte teor:

O CONTRATO DE MEDIAÇÃO

sionais desenvolvem a atividade tipicamente com base neste ou naquele modelo contratual. Estarão provavelmente em causa vários modelos de prestação de serviço.

2.6. Agências privadas de colocação de trabalhadores

Uma atividade regulada por lei e que se suporta, habitualmente, em contratos de mediação, apesar de a lei não os referir, é a de mediação com vista à celebração de contratos de trabalho. Trata-se de uma das atividades reguladas pelo DL 260/2009, de 25 de setembro (alterado pela Lei 5/2014, de 12 de fevereiro[65]), que visa o exercício e licenciamento das atividades das empresas de trabalho temporário e das *agências privadas de colocação de candidatos a emprego*. Apenas as segundas nos interessam, pois as primeiras estão manifestamente longe de qualquer relação de mediação (a empresa de trabalho temporário celebra contratos de trabalho – a termo ou por tempo indeterminado para cedência temporária –, com os seus trabalha-

«Têm chegado ao conhecimento do Banco de Portugal diversas situações de pessoas coletivas e singulares que – apresentando-se junto do público como consultores ou mediadores financeiros – obtêm dos seus potenciais clientes a entrega de quantias em dinheiro (a título de comissões, adiantamentos, despesas, honorários, etc.), sem que aparentemente venha a verificar-se a contrapartida da prestação de qualquer serviço efetivo de consultoria ou mediação financeira.
Os casos mais frequentes relacionam-se com pedidos de crédito que não obtêm satisfação (em regra, com o pretexto de "não aprovação" da proposta apresentada), sem que se proceda a qualquer devolução das quantias já pagas pelo cliente.
A este respeito, o Banco de Portugal divulga os seguintes esclarecimentos e advertências:
a) A prestação de serviços de consultoria ou de mediação financeira é uma atividade lícita, mas as entidades que a exercem não se encontram sujeitas à supervisão do Banco de Portugal e não constam do registo de entidades por este autorizadas;
b) Consequentemente, o Banco de Portugal não tem competência para regular, fiscalizar ou sancionar tais entidades, nem para apreciar queixas ou reclamações relativas à sua atuação;
c) A prestação de serviços profissionais de consultoria ou mediação financeira não pode, em caso algum, envolver a concessão de crédito a qualquer título, pelo que a obtenção de empréstimos através destas entidades depende sempre de decisão de uma instituição autorizada e não pode resultar da simples assinatura de um contrato de consultoria ou mediação».
[65] O objeto da Lei 5/2014, segundo o seu art. 1º, consistiu na «simplificação do regime jurídico do exercício e licenciamento das agências privadas de colocação e das empresas de trabalho temporário (...) conformando este regime com o disposto no Decreto-Lei nº 92/2010, de 26 de julho, que transpôs a Diretiva nº 2006/123/CE, do Parlamento Europeu e do Conselho, de 12 de dezembro de 2006», relativa aos serviços no mercado interno.

dores, e celebra contratos de cedência temporária de trabalhadores com as suas clientes[66]).

A Convenção 181, de 19 de junho de 1997, da OIT, ratificada pelo Decreto do Presidente da República 13/2001, de 13 de fevereiro, motivou a alteração do quadro regulador das agências de emprego privadas, sobretudo para assegurar que ao candidato a emprego não será cobrada, direta ou indiretamente, qualquer importância (art. 23, nº 1, *f*), do DL 260/2009), ao contrário do que sucedia com o revogado DL 124/89, de 14 de abril.

Na versão inicial, os serviços que a chamada *agência* presta, os deveres da *agência*, e os direitos e deveres do candidato eram regulados sem que houvesse qualquer referência ao acordo entre a *agência* e a *entidade contratante*, que celebra o futuro e eventual contrato de trabalho com o candidato a emprego (arts. 14 e 23 a 28). De facto, originariamente, o legislador desinteressou-se do contrato a montante da colocação e que se celebra entre a futura entidade empregadora, que designa por *entidade contratante*, e a *agência*. Fê-lo assumidamente pois, conforme expressou no preâmbulo, «para salvaguardar o princípio da gratuitidade, enunciado pela Convenção, não é necessário regular as fontes de financiamento das agências, basta que as mesmas não cobrem aos candidatos a emprego qualquer pagamento pelos serviços prestados».

Com a alteração da Lei 5/2014 foi introduzida uma norma que faz expressa referência ao contrato a celebrar entre a agência e a entidade contratante, dispondo sobre a sua forma e conteúdo. O atual nº 5 do art. 26 estabelece que «[n]o contrato, a celebrar por escrito entre a agência e a entidade contratante, sujeito à lei portuguesa, deve ser feita expressa menção aos elementos que caracterizam a relação laboral oferecida por esta entidade, nomeadamente a categoria profissional, a remuneração mensal, o período normal de trabalho, o horário de trabalho, o local de trabalho, as condições de alojamento e o acesso a cuidados de saúde, bem como a outras condições de trabalho divulgadas na oferta de emprego».

Nada se refere sobre a remuneração da agência. Creio que esta poderá, tal como antes, prestar um serviço gratuito também à *entidade contratante*

---

[66] Sobre o contrato de trabalho temporário, v. *inter alia*, MARIA REGINA GOMES REDINHA, *A relação laboral fragmentada*; sobre a distinção entre trabalho temporário e colocação de trabalhadores, na mesma obra, v. pp. 147-52. Após o Código do Trabalho de 2009, v. MARIA DO ROSÁRIO PALMA RAMALHO, *Tratado de direito do trabalho*, II, pp. 273-89.

O CONTRATO DE MEDIAÇÃO

(nomeadamente se a *agência* não tiver fins lucrativos), ou um serviço contra retribuição.

Seja como for, a função da *agência* é a de mera aproximação do potencial trabalhador ao potencial empregador, sendo estes, partes no futuro contrato de trabalho, que o negociarão e celebrarão por si. Com efeito, estas *agências* privadas promovem *a colocação de candidatos a emprego, sem fazer parte das relações de trabalho que daí decorram* (art. 2º, *a*)), sendo o candidato a emprego diretamente contratado pela entidade sob a autoridade e direção da qual vai trabalhar (art. 2º, *e*)).

Quando a *agência* tenha fim lucrativo, o modelo do contrato de mediação é o que melhor serve a sua atividade[67], embora a lei não lhe confira um nome e designe por *intermediação*, em vez de *mediação*, a atividade de colocação (art. 2º, *a*), e título da Secção III do Capítulo III). Com efeito, é habitual, na atividade destas agências, a sua remuneração ser devida apenas se vier a ser celebrado o contrato desejado, celebração que se mantém na disponibilidade da entidade empregadora (salvo cláusula de exclusividade, circunstância em que o panorama se altera de forma semelhante à que veremos suceder no contrato de mediação imobiliária).

As empresas de *executive search* (vulgo *headhunting*) são normalmente agências privadas de colocação de trabalhadores, especializadas em quadros técnicos e superiores.

2.7. Intermediação por transitários

O acesso à atividade transitária e o seu exercício são hoje regulados pelo DL 255/99, de 7 de julho (entretanto alterado pela Lei 5/2013, de 22 de janeiro), que revogou o inicial DL 43/83, de 25 de janeiro. Como claramente resulta dos textos preambulares dos dois diplomas, a máxima preocupação consistiu na regulação das condições de acesso à atividade, de modo a impulsionar a prestação de um serviço de maior qualidade aos clientes, a bem da segurança de tráfego jurídico. Não obstante, a própria

---

[67] Em sentido aproximado, MARIA REGINA GOMES REDINHA, *A relação laboral fragmentada*, pp. 148-9 – a função da agência de colocação de trabalhadores «esgota-se no momento em que o trabalhador (...) e o empregador celebram entre si um contrato de trabalho. (...) A relação de trabalho constitui-se e desenvolve-se, direta e exclusivamente, entre o trabalhador e a entidade empregadora» – e nota 351 – «ao contrário do que a designação inculca, a prossecução do seu objetivo não pressupõe a existência de um contrato de agência, embora a função económica desempenhada seja semelhante. A atuação do intermediário na colocação de pessoal está mais próxima do contrato de mediação».

DELIMITAÇÃO E CONTEXTUALIZAÇÃO DO TEMA

definição da atividade regulada e algumas outras normas que a descrevem permitem perceber a configuração dos contratos com base nos quais ela é desenvolvida.

De acordo com o disposto no art. 1º, nº 2, do diploma vigente, a atividade transitária consiste na prestação de serviços de natureza logística e operacional que inclui o planeamento, o controlo, a coordenação e a direção das operações relacionadas com a expedição, receção, armazenamento e circulação de bens ou mercadorias, nos seguintes domínios de intervenção:

a) Gestão dos fluxos de bens ou mercadorias;
b) *Mediação* entre expedidores e destinatários, nomeadamente através de transportadores com quem celebre os respetivos contratos de transporte;
c) Execução dos trâmites ou formalidades legalmente exigidos, inclusive no que se refere à emissão do documento de transporte.

As empresas transitárias podem praticar todos os atos (logo, também contratos) necessários ou convenientes à prestação do serviço, bem como assumir em nome próprio ou em nome do cliente ou do destinatário dos bens, toda e qualquer forma legítima de defesa dos interesses correspondentes, podendo, para o efeito, celebrar contratos com terceiros em nome próprio, por conta do expedidor ou do dono da mercadoria, bem como receber em nome próprio ou por conta do cliente, as mercadorias que lhe são entregues pelo transportador e atuar como gestor de negócios (art. 13, nºs 1 e 2, do DL 255/99). A legitimidade da intervenção do transitário perante terceiros afere-se pelo título ou declaração que exiba (art. 13, nº 3, do DL 255/99). Se intervier como gestora de negócios, a empresa transitária é havida como dona dos bens e responde como tal (nº 4 do mesmo artigo e diploma). As empresas transitárias podem exercer o direito de retenção sobre mercadorias que lhes tenham sido confiadas em consequência dos respetivos contratos, pelos créditos deles resultantes (art. 14 do DL 255/99).

Este conjunto de normas evidencia uma atividade suscetível de ser alicerçada em contratos de diversas configurações, como comissões e mandatos, com ou sem poderes de representação[68], ou, eventualmente, em meras

---

[68] Sobre os contratos base da atividade transitária, que por terem por objeto a contratação de um serviço de transporte a favor do cliente se aglutinam sob a designação «contrato de trânsito» (também dito «de expedição»), JOSÉ ENGRÁCIA ANTUNES, *Direito dos contratos*

O CONTRATO DE MEDIAÇÃO

gestões de negócios. Com efeito, a atividade do transitário – em nome, ou apenas por conta, do cliente (eventualmente, na ausência de uma relação contratual prévia, apenas no interesse de terceiro) – consubstancia-se na celebração de contratos e na prática de atos jurídicos. Nunca está em causa apenas a aproximação entre partes que celebrarão por elas um futuro contrato. Aliás, geralmente, as partes intermediadas já celebraram entre si, em momento anterior ao contrato de expedição, o contrato que justifica os serviços solicitados ao transitário. A intermediação do transitário visa a execução do contrato celebrado entre as partes intermediadas, e não a celebração de um futuro contrato por estas.

Quando a alínea *b)* do nº 2 do art. 1º refere a *mediação entre expedidores e destinatários*, o termo está a ser usado num sentido amplo de ponte entre dois sujeitos que pode passar por uma quantidade alargada de intervenções, nomeadamente a celebração de contratos com terceiros, em nome ou por conta dos expedidores ou dos destinatários. O conteúdo da própria alínea concretiza uma das possibilidades dessa *mediação* entre expedidores e destinatários, dizendo que ela se efetua *nomeadamente através de transportadores com quem* [o transitário] *celebre os respetivos contratos de transporte*.

A atividade transitária não se desenvolve, portanto, a partir de contratos de mediação.

2.8. Intermediação das agências de viagens
Justifica-se ainda uma referência, igualmente breve, à intermediação levada a cabo pelas agências de viagens e turismo na celebração de contratos de

---

comerciais, pp. 731-2 – «o contrato de trânsito tem por sujeito um intermediário e por objeto o mandato conferido, quer para a celebração de um ou mais contratos de transporte, quer para a realização de um conjunto muito variado de operações materiais ou jurídicas associadas» (p. 731); NUNO MANUEL CASTELLO-BRANCO BASTOS, *Direito dos transportes*, pp. 80-4 – «podem ser distintos os papéis que o transitário pode desempenhar, ora de mero comissário, ora de verdadeiro transportador (contratual, ainda que não necessariamente efetivo)» (p. 80); MENEZES CORDEIRO, *Direito comercial*, pp. 814-6 – «Em sentido estrito, o contrato de expedição é, simplesmente, um mandato pelo qual o transitário se obriga a celebrar um (ou mais) contratos de transporte, por conta do expedidor» (p. 815), «pode, nos termos gerais, ser concluído com ou sem representação» (p. 816); FRANCISCO COSTEIRA DA ROCHA, *O contrato de transporte de mercadorias*, pp. 70-91 – «Em sentido estrito ou propriamente dito, o contrato de expedição é um mandato, pelo qual o transitário se obriga a celebrar um contrato de transporte por conta do expedidor-mandante» (p. 79), «Já em sentido lato, estamos perante um contrato de prestação de serviços, que poderá abranger a prática quer de operações materiais, quer de atos jurídicos, ligados a um contrato de transporte» (p. 80).

54

DELIMITAÇÃO E CONTEXTUALIZAÇÃO DO TEMA

viagem organizada, de outros contratos turísticos ou afins, e na reserva de serviços.

O exercício da atividade das agências de viagens e turismo encontra-se regulado pelo DL 61/2011, de 6 de maio (alterado pelo DL 199/2012, de 24 de agosto, e pelo DL 26/2014, de 14 de fevereiro). São agências de viagens e turismo as pessoas singulares ou coletivas cuja atividade consiste no exercício das seguintes atividades:

a) A organização e venda de viagens turísticas;
b) A *representação de outras agências* de viagens e turismo, nacionais ou estrangeiras, ou de operadores turísticos nacionais ou estrangeiros, bem como a *intermediação na venda dos respetivos produtos*;
c) A *reserva de serviços* em empreendimentos turísticos;
d) A *venda de bilhetes e reserva de lugares* em qualquer meio de transporte;
e) A receção, transferência e assistência a turistas.

A título acessório, podem as agências de viagens e turismo desenvolver outras atividades que o diploma também elenca, v.g., obtenção de documentação necessária à viagem, organização de eventos, *reserva e venda de bilhetes* para espetáculos, *intermediação no aluguer de veículos*, comercialização de seguros de viagem, organização de visitas a locais de interesse turístico. Estas atividades não são relevantes para a qualificação da agência (cfr. os arts. 1º, nº 3, e 3º, nºs 1 e 2).

Encontramos nestes dois grupos de atividades, nas exercidas a título principal e nas desenvolvidas a título acessório, várias em que a agência está numa posição de intermediária. Atendo-nos às atividades desenvolvidas a título principal, verificamos que, excluindo a da alínea *a)*, que se reporta à comercialização de viagens organizadas pela própria agência, e a da alínea *e)*, que engloba serviços materiais acessórios prestados aos turistas, nas restantes, a agência é uma intermediária entre o turista e as outras agências organizadoras de viagens, os empreendimentos turísticos, as transportadoras. Também nas atividades acessórias encontramos a agência como intermediária em contratos de venda e reserva de bilhetes para espetáculos e na celebração de contratos de aluguer de veículos.

Podemos, pois, afirmar que uma considerável parte do negócio das agências é de intermediação na celebração de contratos entre os turistas e outras entidades. Entre esses contratos, os mais significativos (quer do ponto de vista financeiro, quer na perspetiva da caracterização da ativi-

O CONTRATO DE MEDIAÇÃO

dade) são os de intermediação na comercialização de viagens organizadas por uma agência terceira (*operadora*, na terminologia da versão portuguesa da Diretiva 90/314/CEE, do Conselho, de 13 de junho de 1990, relativa às viagens organizadas, termo que é muito utilizado no comércio nacional).

No que respeita à matéria contratual, o DL 61/2011 limita-se a algumas normas sobre os contratos de «organização e venda de viagens turísticas» (referência ao art. 3º, nº 1, al. *a*)), nos quais a entidade comercializadora é simultaneamente organizadora, e sobre os contratos de «intermediação na venda» de viagens organizadas por outras agências (referência ao art. 3º, nº 1, al. *b*)). Trata destes contratos no art. 20 e seguintes, como se de apenas uma espécie se tratasse, sob o mesmo nome – contratos de viagens organizadas – e ditando-lhes as mesmas regras. Que, sob a designação *contratos de viagens organizadas*, acolhe os contratos em que a agência comercializa viagens por si organizadas, bem como aqueles em que intermedeia na comercialização de viagens organizadas por agência terceira, é claro logo na alínea *a*) do nº 1 do artigo 20. Refere-se aí que os contratos de venda de viagens organizadas devem conter o nome, endereço e registo da *agência vendedora* e da *agência organizadora* da viagem.

Crítico deste estado de coisas é MIGUEL MIRANDA quando asserta que «[e]fetivamente, não se pode afirmar que existe um contrato de venda de viagens organizadas. Este pretenso *nomen iuris* não corresponde a qualquer tipo contratual autónomo, nem legal nem extralegal. Sob esta denominação, o que, realmente, existe são dois contratos, um de organização de viagem, outro de intermediação de viagem organizada, perfeitamente individualizados, com sujeitos, objetos e direitos e obrigações das partes distintos, que não admitem um tratamento unitário»[69]. Crítica merece-lhe

---

[69] MIGUEL MIRANDA, *O contrato de viagem organizada*, p. 47. O Autor escrevia na vigência DL 209/97, de 13 de agosto, que, após várias alterações, veio a ser revogado pelo DL 61/2011. Para o que ora nos interessa, o panorama não se alterou substancialmente. As atividades das agências de viagens e turismo mantiveram-se, no essencial. Resultava então claro, como agora, que uma atividade é a dita «organização e venda de viagens turísticas» (art. 2º, nº 1, al. *a*), do DL 209/97) – prestação do serviço de viagem organizada pela empresa organizadora –, outra atividade distinta é a «representação de outras agências de viagens e turismo, nacionais ou estrangeiras, ou de operadores turísticos estrangeiros, bem como a intermediação na venda dos respetivos produtos» (art. 2º, nº 1, al. *d*), do DL 209/97) – intermediação na prestação do serviço de viagem organizada por empresa terceira. Não obstante, os contratos alicerce destas duas atividades eram então, tal como no presente, disciplinados como se de uma espécie apenas se tratasse e com o mesmo nome – «contratos de venda de viagens organizadas» (art.

DELIMITAÇÃO E CONTEXTUALIZAÇÃO DO TEMA

também, e acertadamente, a utilização do termo *venda* para este contrato, pois «quer no contrato de viagem organizada, quer no de intermediação de viagem organizada, não se verifica qualquer transmissão de propriedade, não sendo o objeto do contrato uma coisa ou um bem, mas antes uma prestação de serviços, consistente, no primeiro caso, na organização da viagem e, no segundo, na procura de um contrato de viagem organizada»[70]. De fazer apenas um reparo: face à lei e à prática social, o contrato de intermediação de viagem organizada não se limita à procura de um tal contrato, mas também à própria celebração do mesmo, como representante da empresa organizadora. Trata-se de contrato de intermediação, e não de mera mediação.

A prática (e basta uma leitura das condições gerais emitidas pelas agências e disponibilizadas nas suas brochuras em papel ou na internet) indica-nos que, não havendo coincidência entre *agência vendedora* e *agência organizadora* da viagem, a primeira não é uma simples mediadora que ponha partes em contacto, mas uma intermediária que intervém no contrato por conta e em representação da segunda. Além disso, boa parte das normas do diploma impõe-lhe fortes responsabilidades pelo cumprimento do contrato, solidariamente com a agência organizadora (art. 29, nº 3), sem prejuízo do direito de regresso perante esta última.

---

22 do DL 209/97). *A latere* sempre se dirá que a situação base da crítica verificava-se também no regime antecedente, o primeiro a regular a atividade das agências de viagens e turismo no nosso país: o DL 198/93, de 27 de maio, que transpôs a Diretiva 90/314/CEE, do Conselho, de 13 de junho de 1990, sobre regras de proteção dos consumidores no domínio das viagens organizadas. No artigo 24, o diploma de 1993 regulava os *contratos de venda de viagens organizadas*, incluindo nesta designação quer a comercialização de viagens organizadas pela própria agência, quer a comercialização de viagens organizadas por agências terceiras. Podemos dizer, como justificação, que as preocupações que levaram às sucessivas revogações e alterações legislativas foram externas ao campo contratual. O diploma de 2011, por exemplo, foi motivado pela necessidade de simplificar o acesso e o exercício da atividade, harmonizando o sistema com os princípios e critérios que devem ser observados pelos regimes de acesso e de exercício de atividades de serviços na União Europeia estabelecidos pela Diretiva 2006/123/CE, do Parlamento Europeu e do Conselho, de 12 de dezembro de 2006, transposta para a ordem interna pelo DL 92/2010, de 26 de julho. A alteração de 2012 ancorou-se nas «atuais condições de escassez de financiamento à economia», e limitou-se praticamente a ditar novas regras relativas à constituição e financiamento do fundo de garantia de viagens e turismo. O quadro contratual manteve-se inalterado.

[70] MIGUEL MIRANDA, *O contrato de viagem organizada*, p. 47.

O CONTRATO DE MEDIAÇÃO

Tenho-me referido ao contrato que uma agência celebra com o turista a quem *vende* uma viagem organizada por outra agência, como contrato em que claramente a agência dita *vendedora* intervém como representante da organizadora. De mencionar que nos contratos em que a agência comercializa viagens por si organizadas também foi entendido, em tempos, que a agência estaria neles como intermediária entre o turista e os vários fornecedores dos serviços (transporte, alojamento, e outros) integrantes da viagem. Esta visão tem sido afastada e não se compagina com a responsabilidade que a lei atribui à agência pela não prestação ou pela defeituosa prestação daqueles serviços[71].

2.9. Mediação dos jogos sociais do Estado

A Port. 313/2004, de 23 de março, aprovou um instrumento, entretanto alterado pela Port. 216/2012, de 18 de julho, e pela Port. 112/2013, de 21 de março, que designou por *Regulamento dos Mediadores dos Jogos Sociais do Estado* (de ora em diante *Regulamento*, sendo dele os artigos citados neste número). Tal Regulamento estabelece as normas da atividade de *mediador dos jogos sociais do Estado*, definindo-o como a pessoa singular ou coletiva que presta serviços de assistência com vista à celebração do contrato de jogo entre o Departamento de Jogos da Santa Casa da Misericórdia de Lisboa (de futuro, DJSCML) e o jogador, nomeadamente auxiliando este último na celebração do contrato de jogo, recebendo o preço das apostas e procedendo ao pagamento de prémios de jogo (art. 1º, nºs 1 e 2).

O Regulamento não define, nem regula de forma abrangente e sistemática, as relações que se firmam entre o mediador e o DJSCML, nem as que se estabelecem entre o mediador e o jogador. E se várias das suas normas descrevem essas relações ou ditam regras a elas dirigidas, fazem-no sem que com clareza se destrincem os dois tipos de relação em causa.

É-nos dito que o mediador presta serviços de assistência com vista à celebração do contrato de jogo, auxiliando o jogador na sua celebração (art. 1º, nº 2), e que a sua remuneração é efetuada pelo jogador relativamente aos serviços que lhe são prestados (art. 8º, nº 1), consistindo numa percentagem sobre o valor das apostas (art. 8º, nº 2). Decorre daqui uma simples prestação de serviço, afirmação que o disposto no art. 1º, nº 3, tende a aba-

---

[71] Sobre a natureza jurídica do contrato de viagem organizada, MIGUEL MIRANDA, *O contrato de viagem organizada*, pp. 59-67. É sobre este contrato, e não sobre o contrato de intermediação de viagem organizada de que antes falámos, que incide a obra.

DELIMITAÇÃO E CONTEXTUALIZAÇÃO DO TEMA

lar ao determinar que o mediador representa o jogador junto do DJSCML, e age exclusivamente nessa qualidade, não representando, em caso algum, o DJSCML junto daquele.

Porém, as normas que o Regulamento destina à relação entre o mediador e o DJSCML parecem aniquilar a referida relação de representação entre mediador e jogador. Vejamos as mais relevantes.

Nos termos do disposto no art. 2º, nº 1, do Regulamento, o exercício da atividade de mediador de jogos depende de autorização do DJSCML, a mesma entidade que pretende celebrar contratos de jogo e cujos contratos de jogo o mediador indiscutivelmente promove através da oferta da possibilidade de celebração desses contratos ou da facilitação dessa celebração, no seu estabelecimento aberto ao público. De acordo com o estabelecido na mesma disposição legal, o DJSCML tem o direito de impor ao mediador determinados objetivos a atingir em dado prazo, sob pena de revogação da autorização.

O mediador tem no seu estabelecimento o terminal de jogos que permite a celebração do contrato de jogo entre a DJSCML e o jogador, é o mediador quem opera com o equipamento, e quem por ele é responsável (art. 3º, *g*) e *h*)).

O mediador recebe o pagamento dos jogadores e paga a estes eventuais prémios de jogo, tendo para o efeito uma conta bancária, movimentável também pelo DJSCML (art. 3º, *e*)).

No que respeita às apostas mútuas, o contrato de jogo conclui-se quando o DJSCML aceita a proposta contratual apresentada através do terminal de jogos que, após registo e validação no sistema central, emitirá o recibo (art. 4º, nº 1). Mas esta aceitação é automática, não estando na disponibilidade do DJSCML recusar apostas que tenham dado entrada no sistema informático de forma regular ou fazer qualquer aferição casuística mais ou menos subjetiva sobre a oportunidade de as aceitar.

O *contrato de jogo* relativo à Lotaria Nacional e à Lotaria Instantânea conclui-se com a entrega do bilhete ou fração pelo mediador ao jogador e com a entrega do preço pelo jogador ao mediador (art. 4º, nº 2), ou seja, tal contrato conclui-se sem intervenção pessoal do DJSCML[72].

---

[72] No Acórdão do TRP de 29/04/2004, proc. 0432168, discutiu-se a qualificação jurídica do contrato pelo qual um jogador recebe de um mediador de jogos uma cautela da lotaria nacional. Ponderando as hipóteses de *contrato de jogo* e de *contrato de compra e venda*, o tribunal optou pela última. Simplificando, estava em causa um acordo entre um jogador e um mediador de jogos

As normas vindas de enunciar revelam uma relação contratual estreita entre o mediador e o DJSCML, no âmbito da qual o primeiro age por conta do segundo, não se limitando a facilitar a celebração dos contratos de jogo relativos às apostas mútuas, mas praticando inclusivamente atos jurídicos e contratos cujos efeitos se destinam à esfera do DJSCML (como no caso do contrato de jogo relativo à Lotaria Nacional).

O mediador de jogos desenvolve, sem dúvida, uma atividade de intermediação, mas nem o modelo contratual que o prende à DJSCML nem o que o une ao jogador corresponde ao contrato objeto desta dissertação e para o qual entendo que deve reservar-se a designação de *contrato de mediação*.

2.10. Mediação de conflitos

Nos últimos vinte e cinco anos, o termo *mediação* tem sido utilizado em Portugal, e cada vez com maior insistência, para designar uma *modalidade dos meios alternativos de resolução de litígios* e tem assento, com esse sentido, em variadíssimos diplomas legais.

Na definição da Lei 29/2013, de 19 de abril, que estabelece os princípios aplicáveis à mediação realizada em Portugal, bem como os regimes jurídicos da mediação civil e comercial, dos mediadores e da mediação pública, *mediação* é a «forma de resolução alternativa de litígios, realizada por entidades públicas ou privadas, através da qual duas ou mais partes em litígio procuram voluntariamente alcançar um acordo com assistência de um mediador de conflitos»; este, por seu turno, é definido como «um terceiro, imparcial e independente, desprovido de poderes de imposição aos mediados, que os auxilia na tentativa de construção de um acordo final sobre o objeto do litígio» (art. 2º). A mediação é sempre voluntária, passando pela assinatura por ambas as partes e pelo mediador de um protocolo de mediação (arts. 4º e 16). O mediador é remunerado nos termos

---

nos termos do qual este se comprometia a reservar para o jogador, semanalmente, uma cautela com determinado número e o primeiro se comprometia a pagar-lha, ainda que em momento ulterior à extração. Tudo correu bem até ao momento em que o número foi premiado sem que o jogador tivesse antecipadamente levantado a cautela. O tribunal qualificou o contrato como uma compra e venda de bem futuro e, julgando a apelação improcedente, manteve a condenação do réu a entregar ao autor o valor do prémio, descontado do valor da cautela. Deste acórdão foi interposta revista, julgada improcedente pelo STJ, em 03/02/2005, proc. 04B4380, louvando-se na mesma qualificação do contrato como compra e venda de bens futuros. Creio que a devida qualificação como contrato de intermediação num contrato de jogo não impedia que se alcançasse a mesma boa decisão.

DELIMITAÇÃO E CONTEXTUALIZAÇÃO DO TEMA

acordados entre ele e as partes, responsáveis pelo seu pagamento, sendo a remuneração fixada no protocolo, sem prejuízo do estabelecido para os sistemas públicos de mediação (arts. 29 e 42).

Os princípios e as regras positivados no referido diploma dão continuidade à anterior regulação sobre vários sistemas de mediação, clarificando situações, suprindo omissões, e permitindo uma visão globalizada do instituto.

Podemos afirmar que, enquanto meio de resolução de litígios, alternativo ao sistema judicial, a mediação atravessou, no nosso país, dois grandes períodos. Um primeiro, situado sobretudo na década de 1990, em que foi principalmente aplicada no âmbito dos conflitos de consumo. Foi uma fase marcada pelo despontar de centros de mediação de consumo, a culminar com o enquadramento legislativo fornecido pelo DL 146/99, de 4 de maio, que criou o sistema de registo voluntário de procedimentos de resolução extrajudicial de conflitos de consumo. Num segundo período, iniciado na primeira década do presente século e ainda em curso, assistimos à proliferação da regulação da mediação para resolver conflitos em vários domínios, alargando-se o instituto a praticamente todas as áreas de conflituosidade.

Esta expansão foi significativamente impulsionada pela Lei 78/2001, de 13 de julho (entretanto alterada pele Lei 54/2013, de 31 de julho), sobre a competência, organização e funcionamento dos julgados de paz, que estabeleceu o serviço de mediação com duas vertentes: como serviço complementar prestado no âmbito de um processo instaurado num julgado de paz; e como serviço autónomo para quaisquer litígios, ainda que excluídos da competência daqueles, com exceção dos que tenham por objeto direitos indisponíveis. Com a Lei 29/2013, que estabeleceu, como aludido, os regimes jurídicos da mediação civil e comercial, dos mediadores e da mediação pública, e com as alterações introduzidas pela Lei 54/2013 na Lei 78/2001, a mediação externa a processos (tramitados em julgado de paz ou noutros tribunais), passou a ser regulada pela Lei 29/2013.

Entre a Lei 78/2001, que pela primeira vez previu a mediação aplicável a quaisquer litígios sobre direitos disponíveis, e a Lei 29/2013, foram criados sistemas de mediação penal[73], familiar[74], laboral – seja para dirimir

---

[73] Lei 21/2007, de 12 de junho.
[74] Despacho 18778/2007, de 22 de agosto, do GSEJ.

O CONTRATO DE MEDIAÇÃO

conflitos emergentes de contrato individual de trabalho[75], seja para a resolução de conflitos coletivos[76] –, civil e comercial[77].

A mediação vem descrita nos vários diplomas a ela atinentes, ainda que por diferentes palavras, como um *processo* em que um *terceiro imparcial*, o mediador, promove a aproximação das partes com o *objetivo* de que as mesmas *cheguem a um acordo* que ponha *fim ao conflito* que as separa[78]. Também assim nas várias definições encontradas na doutrina[79].

Os serviços do mediador são sempre retribuídos e a remuneração é devida mesmo que as partes não cheguem a entender-se, podendo ser paga pelo Estado a parcela devida pela parte que beneficie de apoio judiciário[80].

Esta perfunctória incursão na mediação de conflitos serve-nos de base à aferição das eventuais semelhanças e diferenças relativamente ao objeto da dissertação.

Ambas as atividades de mediação têm na sua origem, por regra[81], um contrato, pese embora esse aspeto seja, quase sempre, esquecido no caso

[75] Por protocolo entre o Ministério da Justiça e a CAP, a CCP, a CGTP-IN, a CIP, a CTP e a UGT, em 5 de maio de 2006.

[76] Arts. 526 a 528 do Código do Trabalho, aprovado pela Lei 7/2009, de 12 de fevereiro; antes arts. 587 a 589 do Código do Trabalho aprovado pela Lei 99/2003, de 27 de agosto.

[77] Arts. 249-A a 249-C do CPC, introduzidos pela Lei 29/2009, de 29 de junho, que procedeu à transposição da Diretiva 2008/52/CE, do Parlamento e do Conselho, de 21 de março, e agora revogados pela Lei 29/2013.

[78] Art. 4º, nº 1, da Lei 21/2007, de 12 de junho; art. 7º, nº 1, do Despacho 18778/2007, de 22 de agosto, do GSEJ; art. 3º, *a*), da Diretiva 2008/52/CE do Parlamento Europeu e do Conselho, de 21 de maio de 2008 – «processo estruturado (...) através do qual duas ou mais partes em litígio procuram voluntariamente alcançar um acordo sobre a resolução do seu litígio com a assistência de um mediador»; art. 2º da Lei 29/2013.

[79] *V.g.*, ANA SOARES DA COSTA, *Julgados de paz e mediação*, p. 116; MARIANA FRANÇA GOUVEIA, «Meios de resolução alternativa de litígios: negociação, mediação e julgados de paz», p. 737; JOÃO SEVIVAS, *Julgados de paz e o direito*, p. 120; LÚCIA DIAS VARGAS, *Julgados de paz e mediação*, p. 55; JOSÉ VASCONCELOS-SOUSA, *Mediação*, pp. 14 e 19; DÁRIO MOURA VICENTE, «Mediação comercial internacional», p. 1082.

[80] Art. 13 da Lei 21/2007 e Despacho 2168-A/2008, de 22 de janeiro, do GSEJ; art. 6º, nº 2, do Despacho 18778/2007; cláusula 4ª do Protocolo de Mediação Laboral; Port. 10/2008, de 3 de janeiro; arts. 25, *b*), 29 e 42 da Lei 29/2013.

[81] Em Portugal, a mediação de conflitos ou é iniciada por solicitação dos desavindos ou, quando é sugerida por autoridade judicial ou administrativa, implica sempre o assentimento dos interessados (arts. 49, nº 1, e 16, nº 1, da Lei 78/2001, art. 3º, nºs 2, 5 e 7, da Lei 21/2007, art. 6º, nº 1, do Despacho 18778/2007 do GSEJ, art. 279-A do CPC, art. 4º da Lei 29/2013). A mediação de contratos tem origem no contrato de mediação, mas não se elimina a hipótese do seu início por uma espécie de gestão de negócios, o que justifica, também aqui, a expressão *em regra*.

DELIMITAÇÃO E CONTEXTUALIZAÇÃO DO TEMA

da mediação como meio alternativo de resolução de litígios[82]. Importa-nos, então, em particular, perceber se os contratos que dão vida a estas duas formas de mediação são do mesmo tipo, se de tipos diferentes.

Existem aspetos fundamentais que são comuns a ambos: o acordo que se estabelece entre as duas partes da relação tem de um dos lados o mediador, pessoa com especiais qualidades; o compromisso do mediador a desenvolver uma atividade orientada para um objetivo de aproximação de posições; a não participação do mediador no resultado visado pela sua atividade; o direito do mediador à remuneração.

Todavia, existem entre os dois contratos duas diferenças necessárias e essenciais. Uma provém de serem diferentes as situações sociais que os motivam: num caso, a existência de um conflito que se pretende dirimir e, no outro, a vontade de celebrar um contrato para o qual não se encontrou ainda contraparte. Em consequência, a função económico-social dos dois contratos é distinta: num caso pôr termo a um conflito por acordo entre os desavindos, e noutro celebrar um contrato (diferente de uma transação)[83].

A segunda diferença fundamental resulta de, na mediação de conflitos, o mediador ser retribuído apenas pela sua atividade, independentemente de os mediados virem a entender-se ou não, pelo que o contrato se reconduz a uma simples prestação de serviço. Já na mediação de contratos, o direito à remuneração só nasce com a celebração do contrato visado pelo contrato de mediação.

Podem, ainda, nomear-se outras diferenças que são, no entanto, apenas tendenciais: na mediação de conflitos, o contrato é normalmente celebrado entre as duas partes desavindas e o mediador, mas nada impede que seja celebrado apenas por uma delas, com o assentimento posterior da outra em sujeitar-se à atividade; na mediação de contratos, por seu turno, o contrato é normalmente celebrado com apenas um dos futuros contratantes, mas nada impede que sejam celebrados contratos de mediação com o mesmo mediador, sobre o mesmo objeto, pelos dois futuros contraentes.

---

[82] Assim como também não se nega que ambas as atividades se consubstanciam num procedimento ou conjunto de atos interligados entre si, com vista à consecução de um objetivo final.

[83] Sobre a relevância da causa enquanto função económico-social do contrato, RUI PINTO DUARTE, *Tipicidade...*, sobretudo pp. 96, 127, 165; PAIS DE VASCONCELOS, *Contratos atípicos*, pp. 125-6.

O CONTRATO DE MEDIAÇÃO

De acrescentar que o mediador de conflitos é equidistante das partes, sendo pressuposto da sua atividade uma atitude imparcial; o mediador de contratos, por seu turno, age no interesse do seu cliente (ainda que esta afirmação, como veremos, não mereça a concordância de todos).

2.11. Conclusão intercalar

Os termos *mediação* e *intermediação* que abundam em vários diplomas legais reportam-se sempre à atividade de uma pessoa que se interpõe entre outras com o objetivo de facilitar o desenlace de assunto que a estas outras respeita.

Excluindo a *mediação de conflitos* (que pode visar o contrato de transação, mas também negócios unilaterais, como a confissão ou a desistência), a atividade tem *sempre* por objetivo a *celebração de um contrato* cujos efeitos não se destinam à esfera do agente intermediário. O denominador comum a todas as atividades legalmente reguladas e a que o legislador atribuiu as designações de *mediação* e de *intermediação* corresponde ao denominador comum das atividades de intermediação.

Com exceção das atividades de *mediação imobiliária* e de *mediação com vista à celebração de contrato de trabalho*, os vários diplomas são reveladores de que as respetivas atividades se desenvolvem, podem desenvolver também, ou desenvolvem normalmente, com base em contratos já identificados como contratos de mandato, comissão, agência ou simples prestação de serviço.

Apenas no regime jurídico da mediação imobiliária encontramos suficientemente caracterizado e regulado um tipo contratual que corresponde ao objeto desta dissertação.

3. Manifestações históricas até à conformação atual do contrato de mediação

A compreensão de um instituto, mesmo quando se tem por objetivo conhecer a sua estrutura e as regras que regulam a sua vivência presente, não dispensa a procura das suas origens e evolução até à sua feição atual e que podem explicar soluções vigentes.

As tentativas de enraizamento histórico do contrato de mediação conduzem-nos a vários documentos nos quais são descritas situações, pelo menos, aparentadas com o contemporâneo contrato de mediação.

DELIMITAÇÃO E CONTEXTUALIZAÇÃO DO TEMA

3.1. No *Corpus Iuris Civilis*

Os textos mais antigos que são referenciados sobre o mediador e a sua atividade encontram-se no *Corpus Iuris Civilis*[84]-[85]. *O Título XIV do Livro L do Digesto intitula-se De Proxeneticis* e contém três fragmentos provenientes de diferentes obras de ULPIANO (falecido em 228) sobre matérias relativas à atividade, e sobretudo à remuneração, do *proxeneta*. É a seguinte a tradução castelhana do título em causa:

«Sobre la gratificación de los <mediadores o> proxenetas.

1. Se pueden reclamar lícitamente las gratificaciones por una mediación. (*Ulp. 42 Sab.*)

2. Si interviniera un mediador para encontrar un mutuario, como suele hacerse, cabe que nos preguntemos si puede quedar obligado como un mandante, y no lo creo, pues más que mandar lo que hace es recomendar el nombre de un posible mutuario; lo mismo afirmo si alguien cobró algo en concepto de gratificación: no se dará la acción de arrendamiento; claro que, si hubiera engañado dolosa y maliciosamente al acreedor, responderá con la acción de dolo. (*Ulp. 31 ed.*)

3. Acerca de la gratificación del mediador, <aunque es cosa vil,> suelen conocer los gobernadores, pero de modo que haya cierto límite en estos casos,

---

[84] Vários são os autores que, nas suas monografias sobre o contrato de mediação, o invocam: UMBERTO AZZOLINA, *La mediazione*, pp. 3-4; MASSIMO BRUTTI, «Mediazione (Storia)», pp. 12-33; ANTONIO CATRICALà, «La mediazione», pp. 403-4; JOSÉ GARRIDO ARREDONDO, «Mediación y mediadores en el tráfico jurídico romano», pp. 399-427; MANUEL SANPONS SALGADO, *El contrato de corretaje*, p. 21, nota 1; CARLO VARELLI, *La mediazione*, pp. 1-2; NICOLò VISALLI, *La mediazione*, pp. 1-3.

[85] *Corpus Iuris Civilis* foi a designação dada pelo romanista francês Dionísio Godofredo, em 1583, à edição que fez da obra jurídica empreendida por ordem de Justiniano I, ou «O Grande», designação que se mantém até hoje. Justiniano, imperador bizantino desde 527 até à sua morte, em 565, numa altura, portanto, em que o Império Romano do Ocidente estava extinto, «quis restaurar em toda a sua plenitude a tradição jurídica dos romanos (...). O esforço legislativo e restaurador de Justiniano, graças ao qual o Direito Romano pôde ser transmitido à Idade Média e chegar até nós, teve como resultado uma importantíssima compilação, constante das seguintes partes: 1) – as *Institutiones*, de nov. de 533, um manual de direito, que serve de introdução didática elementar às outras partes do «Corpus Iuris Civilis»; 2) – os *Digesta* ou as *Pandectae* (digesto ou pandectas), de dez. de 533, uma extensa coleção de fragmentos de obras de jurisconsultos notáveis (de *ius*), com a indicação do autor e livro de que procedem; 3) – o *Codex* (Código), de 534, coleção de constituições imperiais (de *leges*); 4) – as *Novellae* (Novelas), de 535 a 565, uma série de constituições novas ou Novelas (*leges* novas), que foram promulgadas depois do Codex e que não chegaram a ser recolhidas numa coleção oficial» – SEBASTIÃO CRUZ, *Direito Romano*, I, pp. 35-6. Sobre a compilação justinianeia, em língua portuguesa, v. também SANTOS JUSTO, *Direito privado romano*, I, pp. 94-7.

por la cuantía y por el tipo de negocio en el que han cumplido sus pequeños servicios y han realizado en cierto modo un trabajo. <Menos> fácilmente podrá reclamarse ante los gobernadores lo que los griegos llaman *hermeneutikon* <o interpretación>, que se da cuando alguien ha sido mediador en una condición, amistad, asesoramiento o cosa parecida, pues tales mediadores hasta tienen oficinas, como ocurre en esta gran ciudad. Hay, pues, un límite en los mediadores, que intervienen con eficacia y no inmoralmente en las compraventas, en el comercio, en los contratos lícitos. (*Ulp. 8 de omn. trib.*)»[86].

JUSTINIANO, numa sua lei nova, usa a palavra *mediatores* para se referir tanto aos *proxenetae*, como aos *argentarii*, permitindo-lhes prestar testemunho nos litígios pecuniários resultantes de negócios em que tenham intervindo[87].

As primeiras notícias de índole jurídica do *proxeneta* são as acima referidas. Mesmo nas fontes literárias, o termo não aparecerá antes do séc. I[88]. Referências tardias, portanto, considerando o grande desenvolvimento do comércio à época. GARRIDO ARREDONDO explica esse aparecimento tardio do *proxeneta* com a estrutura familiar romana, na qual escravos, eventualmente libertos, e familiares atuavam no interesse e por conta do *paterfamilias*[89].

---

[86] Tradução de A. D'ORS *et al.*, *El Digesto de Justiniano*, III, pp. 841-2. No original – consultado em *CORPUS IURIS CIVILIS*, I, *Institutiones, Digesta*, P. Krueger e T. Mommsen, pp. 907-8 – lê-se: «1. ULPIANUS *libro quadragesimo secundo ad Sabinum* Proxenetica iure licito petuntur. 2. IDEM *libro trigensimo primo ad edictum* Si proxeneta intervenerit faciendi nominis, ut multi solent, videamus an possit quasi mandator teneri. et non puto teneri, quia hic monstrat magis nomen quam mandat, tametsi laudet nomen. idem dico, et si aliquid philanthropi nomine acceperit: nec ex locato conducto erit actio. plane si dolo et calliditate creditorem circumvenerit, de dolo actione tenebitur. 3. IDEM *libro octavo de omnibus tribunalibus* De proxenetico, quod et sordidum, solent praesides cognoscere: sic tamen, ut et in his modus esse debeat et quantitatis et negotii, in quo operula ista defuncti sunt et ministerium qualequale accommodaverunt, facilius quod Graeci ἑρμηνευτικόν appellant, peti apud eos poterit, si quis forte conditionis vel amicitiae vel adsessurae vel cuius alterius huiuscemodi proxeneta fuit: sunt enim huiusmodi hominum (ut in tam magna civitate) officinae. est enim proxenetarum modus, qui emptionibus venditionibus, commerciis, contractibus licitis utiles non adeo improbabili more se exhibent».

[87] JOSÉ GARRIDO ARREDONDO, «Mediación y mediadores en el tráfico jurídico romano», p. 411 e nota 46, referindo-se a texto em *Novellae*, 90, 8, *De testibus*.

[88] GARRIDO ARREDONDO, «Mediación y mediadores en el tráfico jurídico romano», p. 410.

[89] GARRIDO ARREDONDO, «Mediación y mediadores en el tráfico jurídico romano», pp. 401-2. No fundo, a mesma explicação que é, por vários autores, avançada para o aparecimento tardio do mandato representativo: desnecessidade inicial da representação contratual, dado

DELIMITAÇÃO E CONTEXTUALIZAÇÃO DO TEMA

Os aludidos fragmentos romanos remetem-nos para a existência de alguém que intermediava em negócios alheios, mediante remuneração. Sobre as atividades desse intermediário, temos duas indicações: prestação de informação sobre potenciais interessados em receber empréstimos, e intervenção em «compras e vendas, comércios e contratos lícitos». Na época justinianeia, ao testemunho destas pessoas sobre negócios em que tivessem intervindo veio a ser atribuída uma fé especial. Verifica-se a preocupação de distinguir o negócio do *proxeneta* do mandato.

Os dados das fontes dão abertura a que o acordo entre *proxeneta* e cliente revestisse vários contornos, entre os quais algo equiparado ao atual contrato de mediação[90].

3.2. Nas Ordenações do Reino

«Nos tratos da vida civil, e maiormente nas operações de Comércio, muitas vezes intervém um terceiro, que se encarrega de procurar Vendedores, e Compradores dos efeitos circulantes, e conciliar os respetivos interesses aos mais equitativos, e convinháveis termos que possa ser, para efetuar-se a compra, e venda a aprazimento das partes. Nas grandes Praças acham-se para esse efeito estabelecidas várias pessoas espontaneamente, ou com Autoridade do Soberano com fé de Ofício público, e se chamam Corretores, que principal, e originariamente se destinaram a facilitar a extração, e saca das Mercadorias entre Mercadores Nacionais nos seus tratos com Estrangeiros»; é-lhes devido «salário, que se chama *corretagem*, pelo serviço de sua mediação, e diligência do negócio, em que interveio por comissão das partes»[91].

---

o papel do *procurator* ser assumido por familiares, escravos e libertos, fundado na posição hierarquicamente superior do representado. A dada altura passam a ser utilizados estranhos como *procuratoris*, pelo que se torna necessário fundar contratualmente esse poder de representação, encontrando-se no velho *mandatum* a figura para tanto adequada. Sobre este tema, Pedro de Albuquerque, *A representação voluntária em direito civil*, *maxime* pp. 44-6, 152-4 e 167; Giuseppe Provera, «Mandato (Storia)», pp. 313-4; Pedro Leitão Pais de Vasconcelos, *A procuração irrevogável*, pp. 21-31.

[90] Interpretação minuciosa dos referidos fragmentos de Ulpiano, em Garrido Arredondo, «Mediación y mediadores en el tráfico jurídico romano», *maxime* pp. 416-23; e em Massimo Brutti, «Mediazione (Storia)», pp. 12-33 (14-22).

[91] José da Silva Lisboa, *Princípios de direito mercantil e leis da marinha, para uso da mocidade portuguesa, destinada ao comércio*, V, pp. 56-7.

O CONTRATO DE MEDIAÇÃO

A atividade do corretor, *terceiro que se encarrega de procurar vendedores e compradores*, é a mais próxima que, durante vários séculos, encontramos da atividade do mediador.

Várias cartas régias do séc. XV solucionaram questões relativas à remuneração destes intermediários, vindo a ser reunidas no primeiro Regimento de Corretores, aprovado em 19 de janeiro de 1485[92].

As Ordenações Afonsinas, Manuelinas e Filipinas contêm, todas elas, referências, descritivas e pontuais, à figura. Destaco dois parágrafos. Um que nos diz não poder ser procurador «o que for dado por fiel entre as partes que deve dar testemunho por uma parte, ou por outra, assim como é o corretor: E isto em aquele feito, em que deve ser fiel e testemunha»[93]. Outro, segundo o qual não têm de se celebrar por escritura pública as «compras e vendas das mercadorias, que forem feitas por Corretores entre os estrangeiros e naturais do Reino, assim das que os estrangeiros venderem, como das que comprarem por Corretores, nem nas de mercadorias feitas entre os naturais do Reino, sendo feitas por Corretor para isso especialmente deputado (...); porque em tais casos se poderão provar os contratos pelo Corretor, que as mercadorias fez vender, com duas testemunhas dignas de fé, de maneira que sejam três, contando o Corretor por uma delas»; «quando o contrato da mercadoria for confessado pelas partes, e for entre eles diferença sobre a quantidade do preço, ou de outra alguma qualidade e circunstância, será crido o Corretor por juramento dos Evangelhos, que lhe será dado, além do juramento que fez, quando lhe foi dado o Ofício»[94].

Parcas e casuísticas referências à figura do corretor, sem qualquer definição ou caracterização global, seja da sua atividade, seja das relações contratuais que estabelecia com os seus clientes, portanto.

Observamos situações paralelas, por exemplo, nas *Ordonnances* francesas e nas Leis espanholas anteriores à codificação. A *Ordonnance de Louis XIV*

---

[92] ADRIANO ANTHERO, *Comentario ao Codigo Commercial portuguez*, I, p. 154; e DAVID JUSTINO, *Origens da Bolsa de Lisboa*, pp. 5-8.

[93] *ORDENAÇÕES FILIPINAS*, I – a citação está no título XLVIII, §21, p. 90. Idênticos dizeres encontravam-se nas *ORDENAÇÕES MANUELINAS*, I, título XXXVIII, §16, p. 240, e anteriormente nas *ORDENAÇÕES AFONSINAS*, I, título XIII, § 16, p. 90.

[94] *ORDENAÇÕES FILIPINAS*, II e III – a citação encontra-se no Livro III, título LIX, § 19, pp. 656-7. De forma idêntica dizia-se nas *ORDENAÇÕES MANUELINAS*, III, título XXXXV, §17, p. 167. A questão já vinha tratada da mesma maneira, ainda que por outras palavras, nas *ORDENAÇÕES AFONSINAS*, III, título LXIIII, § 17, p. 229.

sur le commerce, de 23 de março de 1673, não obstante conter um título dirigido aos *agens de banque et courtiers*, nos seus três artigos limita-se a proibi-los de comerciar por sua conta, e a proibir os falidos de exercer aquelas profissões[95]. Na *Novísima recopilacion de las Leyes de España, dividida en XII libros, mandada formar por el señor Don Carlos IV*, encontramos, no Livro IX, um Título VI dedicado aos *corredores* que agrupa quatro leis, dos séculos XV e XVI. Uma veda o ofício de corretor aos estrangeiros; outra proíbe o exercício do ofício em feiras, sem que tenha havido nomeação dos povos, nos locais onde isso era costume; uma terceira proíbe os corretores de comprarem para si coisas que lhes tenham dado para vender; uma última proíbe-os de comprar mercadorias e de vender e negociar as que sejam suas[96].

No *Dictionnaire Universel de Commerce*, publicado em 1726, lê-se que a corretagem é a profissão do que se intromete para fazer comprar, vender ou trocar mercadorias, ou emprestar dinheiro[97].

Meio século antes, JACQUES SAVARY escrevia que os comerciantes e banqueiros se servem não apenas de comissários para facilitar o seu comércio, como de agentes de banca e câmbio e de *courtiers* de mercadorias, que lhes facilitam as negociações[98]. O Autor explica extensamente a atividade destes profissionais e a sua utilidade no comércio. Relativamente aos corretores de mercadorias, lembra que muitos negócios não se fariam se não fosse a sua intervenção, pois estes corretores têm conhecimentos sobre os mercados, as mercadorias e os comerciantes interessados nelas, permitindo que se façam negócios entre estranhos ou estrangeiros e locais[99].

---

[95] PHILIPPE BORNIER, *Ordonnance de Louis XIV sur le commerce...*, pp. 31-8. A proibição de os *courtiers* contratarem por sua conta vem de anteriores *Ordonnances*: «Ordonnance de Louis XIII, art. 416, (par lequel il leur est défendu de faire aucun trafic de marchandise sous leur nom, ni aucunes commissions.) Il est encore défendu par la même Ordonnance, & par celle de Henri III, à Paris, en Septembre 1576, (aux Courtiers de Change de porter Bilan) que les Latins appellent *Scartafaccium*, ni de faire aucune commutation ni recherche de certaine monnoie d'or ou d'argent, ou billon, sous de grieves peines ; & par celle de Charles VII, du 19 Septembre 1439, il est défendu aux Courtiers de vin, d'acheter ni vendre des vins, tant en gros qu'en détail, pour leur compte particulier» (obra citada nesta nota, p. 33). «La raison est, d'autant que lorsqu'ils négocient eux-mêmes de la marchandise dont ils sont Courtiers, ils n'accommodent pas seulement leur entremise pour faire convenir les Parties, mais ils s'intéressent eux-mêmes dans le Traité» (p. 34).

[96] *NOVÍSIMA RECOPILACION DE LAS LEYES DE ESPAÑA*, t. IV, livros VIII e IX, pp. 258-9.

[97] JACQUES SAVARY DES BRUSLONS, *Dictionnaire universel de commerce*, «courtage», col. 1562.

[98] JACQUES SAVARY, *Le parfait négociant...*, I, p. 245.

[99] JACQUES SAVARY, *Le parfait négociant...*, I, pp. 270-1.

O CONTRATO DE MEDIAÇÃO

As imagens esparsas que são fornecidas pelas leis e pela literatura de outros tempos permitem-nos perceber que os corretores eram indivíduos que agiam nos mercados para facilitar negócios alheios, mediante uma remuneração. A sua necessidade advinha sobretudo do desconhecimento por parte de quem queria comprar ou vender, por vezes estranho ao meio no qual pretendia contratar, da contraparte ideal para o negócio desejado. Os dados não nos permitem perceber plenamente a exata configuração dos contratos entre o corretor e os seus clientes, e os seus efeitos, mas tudo indica que se limitavam a aproximar as partes ou, quando intervinham na celebração, era por conta dos clientes, mas sem representação.

Não sabemos ao certo quando surgiu o uso do termo corretor[100], nem quando é que o uso do termo *proxeneta*[101] *saiu definitivamente da intermediação comercial, mas a identidade de significados entre um e outro tem sido, em várias épocas, afirmada sem discussão*[102].

3.3. Nos Códigos de Oitocentos

Há nas suas cortesias rasgadas alguma coisa de artificial, que não ilude ninguém, e às vezes a menos cerimoniática familiaridade substitui até essas aparências de respeito. São espantosos de tenacidade a perseguirem em certos casos o comerciante, que em vão tenta fugir-lhes; passam-lhe da esquerda para a direita, da direita para a esquerda; atravessam-se-lhe no caminho; entram com ele nos portais, sobem com ele as escadas, invadem-lhe o ádito dos escritórios, transpõem a barreira dos mostradores, encostam-se sem cerimónia às escrivaninhas, batem-lhe amigavelmente nos ombros, colocam-lhe diante dos

---

[100] Segundo José Pedro Machado, *Dicionário etimológico da língua portuguesa*, II, p. 236, corretor vem do provençal *corratier*, «que corre; intermediário».

[101] De acordo com José Pedro Machado, *Dicionário etimológico da língua portuguesa*, IV, p. 451, o vocábulo vem «do gr. *proxenetés*, pelo lat. *proxeneta*, «o que intervém num negócio»». Em idêntico sentido, Antonio de Moraes Silva, *Diccionario da lingua portugueza*, II, p. 617.

[102] Adriano Anthero, *Comentario ao Codigo Commercial portuguez*, I, p. 154 – «Os corretores chamavam-se entre os Romanos *proxenetae* e *argentarii*». Philippe Bornier, *Ordonnance de Louis XIV sur le commerce...*, p. 33 – «Les Latins les appellent par emprunt des Grecs, *Proxenetas*, ou bien *Conciliatores* (...) & dans le Droit Canon ils sont appelés *Interventores* (...) ou *Mediatores*». José da Silva Lisboa, *Princípios de direito mercantil...*, V, p. 56 – «Já o Direito Romano legislou sobre esta matéria expressamente no Digesto tit. *de Proxenetis*, que era especialmente relativo aos Corretores de compras, e vendas: hoje eles também são de câmbios, Afretamentos, e Seguros». Antonio de Moraes Silva, *Diccionario da lingua portugueza*, p. 617 – «**Proxeneta,** s. m. (do Lat. *proxeneta*, do Gr. *proxenétes*, corretor) (t. jur.) Corretor, agente, intermediario. § (à má parte.) Alcoviteiro».

olhos garrafas, vidros, maços de fazenda, tabelas de preços, amostras de todos os géneros comerciáveis, de que andam constantemente munidos, e a custo se resolvem a soltar das mãos a vítima, que chegaram a atacar. – São estes os corretores e agentes de casas estrangeiras.

JÚLIO DINIS, *Uma Família Inglesa*, Cap. «Na Praça»

Chamam-se assim os agentes intermédios estabelecidos para facilitar as compras e vendas das mercadorias. Há corretores de fazendas – de seguros – intérpretes e fretadores de navios – e corretores de transporte por terra e água. Corretores de fazendas são os que facilitam a venda das mercadorias pertencentes a fabricantes e manufatores: poupam-lhes um tempo precioso e desarranjos.

JOSÉ FERREIRA BORGES, *Diccionario juridico-commercial*,
verbete «Corretor»

3.3.1. O Código Comercial de 1833

O corretor foi integrado no Código Comercial de Ferreira Borges, que lhe dedicou uma extensa secção com os artigos 102 a 140.

As operações dos corretores consistiam, conforme enumeração do artigo 103, «em comprar e vender para os seus comitentes mercadorias, navios, fundos públicos, e outros créditos, letras de câmbio, livranças, letras da terra, e outras obrigações mercantis; – em fazer negociações de descontos, seguros, contratos de risco, fretamentos, empréstimos com penhor ou sem ele; – e em geral em prestar o seu ministério nas convenções e transações comerciais». Nesta mole de operações, destrinçamos três áreas de atuação e três formas de atuar. As áreas: a corretagem de mercadorias e serviços associados (compra e venda de mercadorias e navios, efetuar fretamentos), a corretagem de seguros (fazer seguros e contratos de risco), e a corretagem financeira (compra e venda de fundos públicos e outros créditos, letras de câmbio, livranças, letras da terra e outras obrigações mercantis, negociação de descontos e empréstimos). As formas de atuação: contratos de comissão (comprar e vender para os seus comitentes), de mediação (fazer negociações) e outras prestações de serviço (prestar o seu ministério nas convenções e transações comerciais). Sintetizando, cabia ao corretor intermediar as transações de bens e direitos que, então, se efetuavam nas bolsas ou praças, podendo fazê-lo com suporte em várias figuras contratuais.

O CONTRATO DE MEDIAÇÃO

Era longa a lista de deveres do corretor, alguns dos quais transitaram para leis subsequentes, ou foram retomados, encontrando-se deveres aparentados no RJAMI, no RJAMS, no CVM, entre outros diplomas. Sem ser exaustiva, dizia o velho Código que o corretor tinha o dever de certificar-se da identidade e capacidade negocial das pessoas em cujos negócios intervinha (art. 111); verificar a autenticidade da firma do último cedente da letra de câmbio (art. 112); guardar sigilo (art. 115); assistir à entrega das coisas vendidas, quando exigido por qualquer dos contraentes (art. 117); receber e entregar os títulos e os preços (art. 118); fazer assento formal de todas as operações (art. 119); estar presente na assinatura de negócios que se devam celebrar por escrito (art. 126); não negociar por conta própria, nem adquirir para si as coisas que lhe deram para vender (arts. 127 e 132).

O exercício da função do corretor não era livre e era dotado de características de poder público. Só podia ser corretor quem, reunindo certos requisitos (sexo masculino, nacionalidade portuguesa, maior de vinte e cinco anos, experiência no comércio, não eclesiástico, nem militar, nem funcionário público), fosse investido no cargo. Embora os comerciantes pudessem contratar diretamente por si, ou por meio dos seus assalariados ou feitores, não podiam servir-se de quaisquer intermediários remunerados que não fossem corretores (art. 106). Só os corretores podiam «intervir e certificar legalmente os tratos e negociações mercantis» (art. 102).

3.3.2. O Código Comercial de 1888

No Código Comercial de Veiga Beirão, a matéria passou a constar dos artigos 64 a 81, mantendo-se, no essencial, as operações da competência dos corretores: «1º Comprar ou vender para os seus comitentes mercadorias, navios, fundos públicos, ações de sociedades legalmente constituídas, títulos de riscos marítimos, letras, livranças, cheques, e outros créditos e obrigações mercantis; 2º Fazer negociações de descontos, seguros, fretamentos e empréstimos; 3º Proceder às vendas de fundos públicos, ações ou obrigações de bancos ou companhias, ordenadas por autoridade da justiça da respetiva comarca; 4º Prestar em geral o seu ofício para todas as operações de bolsa, e em todos os casos em que a lei exija a sua intervenção» (art. 66). Identificamos, novamente, as três grandes áreas de atuação dos corretores – mercadorias, seguros e financeira – correspondentes aos bens e direitos que eram transacionados nas bolsas (praças comerciais).

DELIMITAÇÃO E CONTEXTUALIZAÇÃO DO TEMA

Mantiveram-se *grosso modo* idênticos os deveres dos corretores: certificar-se da identidade das pessoas em cujos negócios intervinham, propor com exatidão e clareza os negócios de que eram encarregados, guardar segredo do que dissesse respeito às negociações, não revelar os nomes dos comitentes quando a lei ou a natureza do negócio não o exigisse e aqueles não autorizassem (art. 68), entregar às partes uma cópia dos assentos lançados no seu caderno, no momento em que o contrato se tornasse perfeito (art. 70), entre outros. Manteve-se também a natureza pública do seu múnus: os seus documentos faziam especial fé em juízo e não podiam recusar-se a prestar os seus serviços (arts. 64 e 71 a 75). Estava-lhes vedado exercer o comércio por conta própria (art. 80). Intervindo um só corretor na negociação, a corretagem era paga por ambos os contraentes (art. 81) e era devida depois de concluída a operação, considerando-se esta ultimada quando entre as partes se estabelecia vínculo jurídico, condicional ou incondicional, quer os contraentes interviessem pessoalmente, quer fossem representados, ambos ou só um deles, pelo corretor, ou quer o corretor figurasse «como simples instrumento de mediação, quer como comissário»[103].

Das normas dos códigos comerciais do século XIX percebemos que o corretor podia limitar-se a negociar ou a aproximar as partes, mas também podia ir mais além, e provavelmente assim seria na maioria dos serviços, intervindo nos contratos visados, por conta dos clientes. Nas palavras de ADRIANO ANTHERO, «[o] contrato de corretagem é bilateral, e isento de fórmulas, e tanto que, ordinariamente, se estipula vocalmente. Tem por fim concluir uma transação comercial; e é acessório de outro contrato, que vem a ser aquele que o corretor é encarregado de concluir»[104]. Sobre as declarações contratuais das partes, escreve: «[o] cliente que dá a ordem ou faz a incumbência ao corretor, obriga-se a pagar a corretagem; e o corretor que recebe a ordem ou incumbência, obriga-se a empregar os devidos esforços, para que o negócio chegue à conclusão»[105]. As compras e vendas que o corretor fazia por conta dos comitentes podiam ser feitas no mercado (quando efetuadas com outro corretor a agir por conta da parte contrária),

---

[103] CUNHA GONÇALVES, *Comentário ao Código Comercial português*, I, pp. 163-4.
[104] ADRIANO ANTHERO, *Comentario ao Codigo Commercial portuguez*, I, p. 157.
[105] ADRIANO ANTHERO, *Comentario ao Codigo Commercial portuguez*, I, pp. 157-8.

ou por aplicação (quando dois clientes recorriam ao mesmo corretor para a realização das duas partes de uma transação)[106].

Repare-se que a enumeração das operações dos corretores não contemplava o mercado imobiliário (art. 66 do CCom), o que faz sentido, na medida em que os corretores eram auxiliares do comércio por grosso, entre comerciantes. Não quer dizer que eles não pudessem ser encarregados da venda de imóveis. O art. 351, ao relacionar os objetos dos contratos nas bolsas, contemplava a venda de bens imóveis e de direitos a eles inerentes. Porém, seriam casos de exceção, como dá a entender ADRIANO ANTHERO ao dizer, em anotação àquele artigo, que os imóveis, «em regra, não fazem objeto das transações comerciais. Mas aqui incluem-se todas as espécies de vendas, e, portanto, de compras, pelas vantagens que este mercado das bolsas pode oferecer»[107].

3.3.3. Declínio e transformação do corretor

Relembro os três grandes campos da intermediação dos corretores: mercadorias, seguros e títulos.

O DL 42.444, de 12 de agosto de 1959, considerou «extinta a obrigatoriedade de qualquer produto ser transacionado nas bolsas de mercadorias, quer em leilão, em concurso ou em particular, assim como a cobrança, pela Inspeção-Geral dos Produtos Agrícolas e Industriais, de taxas sobre mercadorias importadas, com o fundamento de não terem sido transacionadas nas mesmas bolsas» (art. 1º), revogando os diplomas que obrigavam à transação em bolsa de uma série de produtos – nomeadamente, géneros coloniais, bacalhau, arroz, café, algodão e trigo (art. 2º). Já então, segundo se lê no preâmbulo, as mercadorias não eram, em geral, negociadas na bolsa, à exceção daquelas que as leis em vigor obrigavam a que assim fossem transacionadas.

O DL 145/79, de 23 de maio, veio regular a atividade tendente à realização e/ou à assistência a contratos de seguro, entre tomadores e seguradoras, atividade a que chamou de mediação de seguros. A regulação desta atividade manteve-se até ao presente por via de vários diplomas que se foram sucedendo no tempo.

---

[106] ADRIANO ANTHERO, *Comentario ao Codigo Commercial portuguez*, I, p. 161.
[107] ADRIANO ANTHERO, *Comentario ao Codigo Commercial portuguez*, II, p. 299.

DELIMITAÇÃO E CONTEXTUALIZAÇÃO DO TEMA

Entretanto, o DL 8/74, de 14 de janeiro, tinha regulado a organização e o funcionamento das bolsas de valores, bem como a disciplina das operações nelas realizadas e estabelecido o Regimento do Ofício de Corretor das bolsas de valores. Em 1988, o DL 229-I/88, de 4 de julho, regulou a constituição e o funcionamento das sociedades corretoras (ou *brokers*, que operam apenas por conta de terceiros) e das sociedades financeiras de corretagem (ou *dealers*, que podem também operar por conta própria), permitindo todavia, em disposição transitória, que os corretores individuais continuassem a exercer a atividade até ao final de 1990 (este diploma de 1988 veio a ser revogado pelo DL 262/2001, de 28 de setembro, que hoje rege aquelas sociedades).

Finalmente, o Código do Mercado de Valores Mobiliários (anterior ao vigente Código dos Valores Mobiliários), aprovado pelo DL 142-A/91, de 10 de abril, veio revogar os arts. 64 a 81 do CCom «no que se refere às bolsas de valores, seus corretores e operações sobre valores mobiliários» (art. 24 do DL 142-A/91). Por esta altura, o campo de aplicação daqueles artigos já estava reduzido à intermediação financeira, pois a mediação de seguros tinha regulamentação própria, a corretagem de mercadorias obrigatória tinha sido abolida, e a livre de há muito que não era praticada. Consequentemente, não obstante a restrição expressa na disposição revogatória, os artigos 64 a 81 desapareceram das subsequentes edições do CCom.

Podemos dizer que, do corretor do CCom nasceram, sobretudo, os intermediários financeiros e os mediadores de seguros; com efeito, o termo *corretor* subsiste apenas nas leis sobre intermediação financeira[108] e sobre mediação de seguros[109] para designar uma atividade ou um profissional que trabalha com base em vários contratos.

---

[108] O art. 6º, nº 1, *a*) e *b*), do RGICSF identifica as sociedades financeiras de corretagem e as sociedades corretoras como espécies de sociedades financeiras; o art. 293, nº 2, *a*) e *b*), do CVM, epigrafado «Intermediários financeiros», classifica-as como empresas de investimento em instrumentos financeiros; o DL 262/2001, de 28 de setembro, delineia o seu regime jurídico.

[109] O corretor de seguros foi uma das categorias de mediadores de seguros, instituída pelo primeiro diploma que regulou a atividade – art. 3º do DL 145/79, de 23 de maio –, que se manteve nos diplomas posteriores, até ao presente DL 144/2006, de 31 de julho. Maiores desenvolvimentos sobre o corretor de seguros e os contratos que alicerçam a sua atividade em 2.1.1 e 2.1.2.

O CONTRATO DE MEDIAÇÃO

3.4. O despontar do contrato de mediação como tipo social

Entrado o século XX, começam a surgir com alguma frequência nos tribunais situações em que o autor reclama uma remuneração por, a pedido do réu (ou de um dos réus), ter encontrado contraparte na compra e venda de determinado *imóvel*. São casos em que o autor é uma entidade privada (não um corretor oficial) e o réu não é necessariamente um comerciante, sendo na maioria dos casos alguém que procura contraparte para um contrato da sua esfera civil. A incumbência do prestador do serviço circunscreve-se à busca de um interessado para um contrato, e, eventualmente, à sua negociação, não tendo o prestador intervenção no desejado contrato, nem sendo suposto que a tenha.

Assim se configuravam os casos dos Acórdãos da Relação de Lisboa, de 10/04/1935[110], e do Supremo Tribunal de Justiça de 09/02/1945, processo 52758[111], e de 04/11/1947[112].

> No primeiro, a situação de facto resume-se da seguinte forma: a autora era uma empresa que se dedicava ao comércio de [intermediação na] compra e venda de imóveis, cobrando dos compradores e dos vendedores, aquando da entrega do sinal, comissões de 2% e 3%, respetivamente, sobre o preço da transação; em junho de 1933, a ré-mulher procurou a autora em busca de casas; a autora mostrou-lhe várias de clientes seus que pretendiam vender, e explicou, a ambos os réus, a cobrança da comissão; os réus concordaram e escolheram uma das casas que a autora lhes mostrou; efetuou-se o contrato. Os réus foram condenados em primeira instância e absolvidos na Relação. Na fundamentação do acórdão da Relação, a situação foi enquadrada como mandato, em momento algum se invocando a corretagem ou a mediação. Em todo o caso, mandato apenas entre a autora e o vendedor, terceiro na ação. Por isso, julgou-se a ação improcedente contra os réus compradores: «não podendo deixar de considera-se as relações no uso do mandato limitadas ao mandante e mandatário, só desta forma se cumprindo eficazmente as obrigações do mandatário consignadas nos art. 1336 e 1337 do Código Civil (...), a exigência de 2% sobre a venda feita aos compradores, mesmo aceite, não podia ser objeto de contrato por força do nº 4 do art. 671, isto é, por contrário à moral pública e à obrigação imposta por lei ao mandante de remunerar o mandatário». Esta decisão obteve, em nota, a total concordância da Revista de Justiça.

---

[110] RJ, ano XX (1935), pp. 103-6.
[111] BOMJ, ano V, nº 27, março de 1945, pp. 53-5.
[112] BMJ 4, pp. 193-5.

DELIMITAÇÃO E CONTEXTUALIZAÇÃO DO TEMA

No segundo, o autor, ali referido como agente de compra e venda de bens imobiliários, ou agente de negócios, alegou ter sido encarregado pelo réu de promover a venda de um imóvel, mediante remuneração equivalente a 10% do valor da venda. A ação foi julgada improcedente com base na falta de cumprimento do mandato – o autor não demonstrou que a celebração do contrato se tivesse ficado a dever à sua atividade.

No terceiro, o autor, a pedido de um dos réus, encontrou interessado na aquisição de um imóvel; ulteriormente, o réu vendedor prescindiu dos serviços do autor e, mais tarde, vendeu à pessoa angariada pelo último e, nesta ação, também demandada. O tribunal qualificou o contrato como prestação de serviços inominada e julgou a ação improcedente por falta de intervenção do agente no contrato visado. Mais disse que, ainda que se considerasse mandato, o mesmo não tinha tido execução, pelo que a solução seria idêntica.

As relações contratuais relatadas nestes três acórdãos seriam hoje, sem hesitações, qualificadas como contratos de mediação. Neles assim não sucedeu, nem a expressão contrato de mediação alguma vez surge (corretagem tão-pouco). Os dois primeiros foram qualificados como contratos de mandato[113] e o terceiro como contrato de prestação de serviços inominado. O mediador é neles identificado com o termo «agente», ou «agência», no caso de sociedade.

Pela mesma altura, foi julgado pela Relação do Porto[114] um caso que mereceria hoje a qualificação de contrato de mediação, mas que então foi apenas apelidado de inominado. Desta feita o objeto do contrato visado eram *bens móveis*, mais precisamente, o material do caminho-de-ferro do Monte existente na Ilha da Madeira. O autor, tendo tido conhecimento

---

[113] Também na doutrina oitocentista, percebemos que operações comerciais que hoje seriam qualificadas como contratos de mediação o eram como contratos de mandato. Exemplo disso é o que escreve JOSÉ TAVARES, *Das emprezas no Direito Commercial*, que, apesar de afirmar que as operações das empresas a que se reposta o art. 230, nº 3, do CCom se resolvem todas na prestação de serviços por mandato ou comissão (p. 96), integra nelas as que se proponham oferecer ao público quaisquer serviços de informações sobre negócios e as de colocação de empregados ou criados (p. 145). O Autor mantém, no essencial, o texto, em *Sociedades e empresas comerciais*, pp. 721 e 757. Recordo o art. 1318 do Código de Seabra, então vigente: «dá-se o contrato de mandato ou procuradoria, quando alguma pessoa se encarrega de prestar, ou fazer alguma coisa, por mandado e em nome de outrem». O «prestar, ou fazer alguma coisa» deu azo a que se entendesse que o contrato podia ter qualquer ato por objeto, e não necessariamente um ato jurídico. Sobre esta questão veja-se a nota 843.

[114] Acórdão da RP de 16/03/1949, RT, ano 67 (1949), nº 1599, pp. 232-5.

O CONTRATO DE MEDIAÇÃO

que o Banco da Madeira desejava vender o material do caminho-de-ferro do Monte existente na mesma ilha, encontrou um adquirente que se propôs pagar-lhe 600.000$00 se o autor negociasse a compra com o banco de modo a adquirir por 1.500.000$00. O negócio veio a concretizar-se, para o que muito contribuiu a atuação do autor.

Em 1961, é publicado o primeiro diploma que visa disciplinar a atividade de mediação imobiliária – o DL 43.767, de 30 de junho de 1961. Em rigor, o diploma regula, simultânea e indistintamente, duas atividades: a atividade comercial de mediador na compra e venda de bens imobiliários e a atividade comercial de mediador na realização de empréstimos com garantia hipotecária. Partindo da constatação do incremento dessas atividades, considerando a sua importância na colocação de capitais alheios, e as perturbações que daí podem advir para os mercados financeiro e monetário, o diploma propõe-se discipliná-las e fiscalizá-las (considerandos preambulares).

O notório aumento da mediação imobiliária é provável consequência do movimento interno da população que, a partir da década de 1930, pressionou enormemente a cidade de Lisboa e arredores[115]. A atividade de mediação de empréstimos hipotecários terá sido potenciada pelo facto de o crédito a médio e a longo prazo ser um exclusivo dos institutos de crédito do Estado, vedado aos bancos comerciais[116], levando os particulares a financiarem-se em ambiente não institucional, através de empréstimos hipotecários entre eles. A regulação conjunta e indistinta das duas atividades de mediação – imobiliária e de empréstimos hipotecários –, manteve-se até ao DL 119/74, de 23 de março, que procedeu à regulação autónoma da mediação na realização de empréstimos com garantia hipotecária, estabelecendo, além do mais, a proibição da atividade quando o credor, o devedor, ou ambos sejam instituições de crédito. Com esta limitação e com a liberalização do sistema bancário a partir de finais da década

[115] V. o estudo João Evangelista e Instituto Nacional de Estatística, *Um século de população portuguesa (1864-1960)*, pp. 166-7.
[116] V. o art. 34 do DL 41.403, de 17 de novembro de 1957, que reservava aos institutos de crédito do Estado, bancos de investimento e outros estabelecimentos especiais de crédito, a concessão de crédito a médio e a longo prazo, nomeadamente de crédito predial. O crédito de médio prazo (um a cinco anos) foi possibilitado à banca comercial, e limitadamente, pelo DL 48.948, de 3 de abril de 1969, mantendo-se o crédito de longo prazo fora da sua margem de atuação. Sobre essa conjuntura, A. Ramos Pereira, *O sistema de crédito e a estrutura bancária em Portugal*, pp. 129-33.

DELIMITAÇÃO E CONTEXTUALIZAÇÃO DO TEMA

de 1980, pode dizer-se que a atividade de mediação de empréstimos já era socialmente inexistente quando o DL 119/74 foi revogado pelo DL 298/92, de 31 de dezembro (Regime Geral das Instituições de Crédito e Sociedades Financeiras).

O DL 43.767 reservou o exercício das atividades de mediação na compra e venda de imóveis e na realização de empréstimos hipotecários a pessoas singulares ou sociedades de reconhecida idoneidade, que tivessem obtido autorização prévia do Ministério das Finanças, mediante portaria (art. 1º). Para facilitar a fiscalização, a cargo do mesmo Ministério, impunha-se a existência de livros de escrituração e de registo de atos e contratos, e o envio anual de certa documentação (arts. 6º e 7º). Ainda no mesmo ano de 1961, o DL 43.902, de 8 de setembro, tornou obrigatória a prestação de caução pelas entidades autorizadas ao exercício daquelas atividades; caução que se destinava a garantir os pagamentos de penalidades, da quota de fiscalização e de prejuízos causados ao Estado (art. 2º). Os contratos suporte das atividades de mediação em causa não foram objeto de regulação.

Após a publicação do DL 43.767, ainda foram proferidos acórdãos nos quais relações contratuais de mediação foram qualificadas como mandatos[117], ou em que nada se disse sobre a espécie de contrato ali em causa[118].

---

[117] É o caso do Acórdão do STJ de 06/07/1962, BMJ 119, pp. 420-8: a autora foi encarregada pelo réu marido de conseguir empréstimo hipotecário sobre um imóvel, e, a dada altura, de, em vez disso, encontrar comprador para o mesmo imóvel; acordaram que à autora seria devida comissão de 3% sobre o preço de venda, a ser paga, em parte, com o sinal e, noutra parte, com a escritura; a autora encontrou comprador e o preço foi acordado entre réu marido e futuro comprador; o contrato visado não se celebrou porque, entretanto, a ré mulher arrependeu-se, dado ter encontrado comprador por preço mais elevado. Apesar de o BMJ ter intitulado o acórdão como «contrato de mediação (agência ou corretagem)», estes termos não são usados no texto. O contrato é, antes, qualificado como mandato: «o mandato concedido pelo réu marido à autora foi verbal e de natureza civil, estabelecido tão-somente para o agenciamento da venda da dita «Quinta», isto é, à obtenção de um interessado que se dispusesse a fazer aquela compra em condições aceitáveis para os vendedores» (p. 425); «obtido o comprador, nas ditas condições, muito embora a compra e venda da referida propriedade se não tenha efetivado, como não efetivou, por culpa exclusiva dos vendedores, visto estes não terem mantido e honrado os compromissos tomados, está cumprida a missão do agenciário e, assim, este terá direito à remuneração estipulada pelos serviços prestados» (pp. 425-6).

[118] Assim sucede no Acórdão do STJ de 14/01/1964, BMJ 133, pp. 441-5: o autor pede a condenação dos réus em comissão de 1,5% sobre o preço ajustado para uns prédios, na medida em que, a pedido dos réus, encontrou comprador para os mesmos; a comissão tinha sido acordada, a pagar à medida que o preço fosse sendo pago; o contrato-promessa de compra e venda foi

O CONTRATO DE MEDIAÇÃO

No entanto, pela mesma altura, a designação e o conceito de *contrato de mediação* surge na jurisprudência dos tribunais superiores e instala-se sem recuos. A partir de meados da década de 1960 (sem prejuízo de se poder discutir a qualificação em casos pontuais, como sucede em relação a qualquer contrato), os tribunais identificam claramente as situações que supõem «a incumbência a uma pessoa de conseguir interessado para certo negócio, a aproximação feita pelo mediador entre o terceiro e o comitente e a conclusão do negócio entre este e o terceiro em consequência da atividade do intermediário», como «contratos de mediação»[119]. A fronteira entre o contrato de mediação e os contratos de mandato e de comissão é estabelecida[120]. Embora na esmagadora maioria dos casos, o objeto do contrato visado pelo contrato de mediação seja um imóvel, nem sempre assim sucede[121].

Como já referi, as atividades de corretagem previstas nos códigos comerciais não contemplavam o mercado imobiliário e, por outro lado, possibilitavam, ou mesmo pressupunham, que o contrato visado fosse celebrado pelo corretor, por conta do comitente. Provavelmente, estes aspetos terão sido impeditivos, aquando da intensificação da atividade de mediação imobiliária, do estabelecimento de analogia com a corretagem, ou mesmo da prevalência do uso desta designação. Inicialmente, os contratos

---

celebrado, mas posteriormente quebrado pelos promitentes vendedores, que devolveram o sinal em dobro. O STJ deu razão ao autor, sem dar nome ao contrato, embora o BMJ tenha mencionado o contrato de mediação no título que deu ao acórdão.

[119] A frase citada é do Acórdão do STJ de 17/03/1967, BMJ 165, pp. 331-4 (333). A qualificação do contrato como mediação surge, ainda na década de 1960, e para dar apenas alguns exemplos, no voto de vencido do Acórdão do STJ de 12/06/1964, BMJ 138, pp. 334-6; no Acórdão do STJ de 09/02/1965, BMJ 144, pp. 174-6; no Acórdão do STJ de 07/03/1967, proc. 61538, BMJ 165, pp. 318-23.

[120] Um dos primeiros acórdãos a estabelecer essa distinção é o já citado Acórdão do STJ de 07/03/1967, BMJ 165, pp. 318-23; ainda assim com um voto de vencido no qual se escreve que «o contrato de mediação é fundamentalmente um mandato remunerado».

[121] Na situação do Acórdão da Relação de Lisboa de 13/12/1961, JR, ano 7 (1961), pp. 963-4, a mediadora procurava pessoas que se dispusessem a emprestar dinheiro aos seus clientes; no Acórdão do STJ de 09/02/1965, BMJ 144, pp. 174-6, a situação era similar, pretendendo o cliente do mediador alguém que lhe emprestasse dinheiro; no Acórdão do STJ de 28/02/1978, BMJ 274, pp. 223-32, estava em causa contraparte para um contrato de fornecimento de gás; no Acórdão do STJ de 02/05/1978, BMJ 277, pp. 171-4, o mediador procurava compradores para livros; o mesmo se passava na situação do Acórdão do STJ de 04/03/1980, BMJ 295, pp. 356-9.

DELIMITAÇÃO E CONTEXTUALIZAÇÃO DO TEMA

de mediação imobiliária foram integrados no mandato e, ulteriormente, foi autonomizado o conceito de contrato de mediação.

Importa, todavia, não deixar de dar nota de algumas vacilações terminológicas relativas ao nome deste contrato que agora se impõe como dogmaticamente autónomo.

Durante um período, foi habitual a expressão «corretagem, mediação ou agência», com o sentido de serem sinónimos os vários termos. Agente (e familiares: agência, agenciar, etc.) era, no séc. XIX, termo polissémico tendo, entre os seus sentidos, o de uma categoria de intermediários comerciais, que incluía corretores, feitores, caixeiros, comissários de transportes e recoveiros[122].

Agenciar, ensinava CUNHA GONÇALVES, «é, essencialmente, *aproximar* dois contraentes, *procurar* ou *descobrir* a uma pessoa, que deseja efetuar uma certa transação, o estipulante que lhe falta, ou que ele só por si não encontra»[123]. Dizia-o a propósito do art. 230, nº 3, do CCom, segundo o qual são comerciais as empresas que se propõem «agenciar negócios ou leilões por conta de outrem em escritório aberto ao público, e mediante salário estipulado». E para que não restassem dúvidas, logo acrescentava que os agentes de negócios a que se reporta o artigo não se confundem com os agentes representantes comerciais, pois estes «nunca podem ser havidos como *empresa de agências*; são simples mandatários». Embora previsse que estas agências de negócios se pudessem dedicar não apenas à simples mediação, mas também, e principalmente, à comissão: «*Agências de negócios* são, portanto, somente aquelas que, na qualidade de intermediárias, promovem compras e vendas, empréstimos, hipotecas, colocação de

---

[122] V. o art. 100 do CCom 1833: «Como agentes auxiliares empregados no comércio, e com relação às operações, que nessa qualidade lhes respeitam, são sujeitos às leis comerciais: – 1º os corretores: – 2º os feitores: – 3º os caixeiros: – 4º os comissários de transportes: – 5º os recoveiros». Na entrada «Agentes do comércio» em SOUSA DUARTE, *Diccionario de direito commercial*, lemos praticamente a mesma informação. Em FERREIRA BORGES, *Diccionario juridico-commercial*, verbete *Agente*: «Este nome pode adotar-se e convir a quatro diversas espécies de pessoas. Pode dizer-se e diz-se *agente* o mediador de Câmbios e de Seguros (...). (...) Além dos agentes de câmbio, e corretores, e dos que têm um mandato geral ou especial, há no comércio outra espécie de intermediários (...). Há entre estes os que obram em seu próprio nome, ou num nome social por conta dos comitentes, que se chamam no comércio *Expedicionários* e *Feitores*; e outros que obram somente em nome dos seus comitentes em virtude de poder especial, e estes chamam-se *Comissários*».

[123] CUNHA GONÇALVES, *Comentário ao Código Comercial português*, I, p. 599.

empregados, operários e serviços domésticos, anúncios, seguros, fretamentos, transportes ou passagens (...) porque, em todos estes casos, a empresa, em virtude de mandato expresso ou tácito, celebra contratos com diversas entidades, exercendo uma função análoga à dos corretores e comissários em relação a todos os negócios efetuados fora da Bolsa ou que por lei lhes não são proibidos, ou aproxima e põe em contacto os contraentes, um dos quais ela *agenciou* ou descobriu»[124]. No seu *Dos contratos em especial*, o Autor explica que os corretores do CCom eram *corretores oficiais*, e que os agentes do art. 230 do mesmo Código eram *corretores livres*[125].

Em meados do século XX, mediação, agência e *corretagem* surgem como equivalentes em alguma jurisprudência[126].

No seu *O mandato sem representação*, PESSOA JORGE tem uma alínea com o seguinte título «Preparação de contratos: mediação, agência, corretagem; contratos de agência e representação comercial»[127]. Neste capítulo, o Autor refere-se às atividades que, não consistindo numa declaração de vontade negocial, tendem para a realização de atos jurídicos e designa as pessoas que desenvolvem essas atividades, pondo-se de permeio entre outras, com o conceito amplo de *intermediários*. Não obstante a consciência das flutuações terminológicas que os vários termos do título vinham merecendo, o Autor reserva o termo *mediação*, em sentido estrito, para os casos em que «o mediador não está ligado a nenhuma das partes, atua com inteira inde-

---

[124] CUNHA GONÇALVES, *Comentário ao Código Comercial português*, I, p. 600.

[125] CUNHA GONÇALVES, *Dos contratos em especial*, pp. 101-7.

[126] No já citado Acórdão da Relação de Lisboa de 13/12/1961, JR, ano 7 (1961): «entre a Confidente e qualquer dos aludidos pretendentes de empréstimos se outorgou um contrato de prestação de serviços – chama-se-lhe corretagem, mediação ou agência –, prestação essa que se concretizava no emprego das diligências e serviços necessários à realização desses empréstimos, tais como avaliar os automóveis que serviriam de garantia, preparar a documentação necessária à outorga dos empréstimos e, encontrado o capitalista que se dispusesse à pretensão, aproximá-lo do pretendente, pondo-os em contacto. E no mesmo contrato ficou clausulado que este pagaria à Confidente a comissão de 10% sobre o valor do empréstimo que se obtivesse» (p. 963). Ao, também já mencionado, Acórdão do STJ de 06/07/1962, BMJ 119, pp. 420-8, o BMJ deu o título «contrato de mediação (agência ou corretagem)». A expressão «contrato de mediação, agência ou corretagem» encontra-se também na sentença de 12/11/1962, parcialmente publicada pelo seu autor, MANUEL SALVADOR, *Contrato de mediação*, p. 290. Embora logo em seguida refira que, «em um apuro de técnica, o primeiro deva distinguir-se do outro, como faz o Código Civil Italiano que, no artigo 1742, estatui sobre o contrato de agência e, no artigo 1754, sobre o de mediação».

[127] PESSOA JORGE, *O mandato sem representação*, p. 231.

DELIMITAÇÃO E CONTEXTUALIZAÇÃO DO TEMA

pendência, devendo ser absolutamente imparcial no cumprimento das suas funções: limita-se a fazer aproximar os dois possíveis contraentes»[128]. Duas páginas adiante, referindo-se à atividade dos corretores, afirma que ela não se reduz à mediação, podendo «pelo contrário, dizer-se que, em regra, os corretores intervêm como mandatários com ou sem representação». E explica que o corretor «pode efetuar uma transação entre dois clientes de interesses complementares: um, entregou-lhe títulos para vender, outro, manifestou-lhe vontade de adquirir títulos dessa natureza e valor. O corretor reúne as duas vontades e efetua só por si a transação: é a chamada *venda por aplicação*, que constitui no fundo uma modalidade de contrato consigo próprio. Tem, por isso, direito a receber a corretagem dos dois comitentes»[129]. O termo *agência*, por seu turno, prefere associá-lo à representação comercial, reservando-o para contratos que visam «fomentar os negócios do principal numa certa região»[130]. Esta exposição de Pessoa Jorge, para mais escrita numa altura em que o contrato de mediação ainda estava em processo de consolidação, é especialmente lúcida e clarividente.

A expressão *contrato de corretagem* como sinónima de *contrato de mediação* tem, presentemente, escasso uso no nosso país[131]. O termo *agência* ateve-se a outro significado (que na altura também já partilhava[132]). O termo *mediação* afirmou-se como nome de um contrato com determinadas características.

É indubitável que os velhos corretores tinham uma função de aproximação de partes e ninguém nega que, entre as suas formas de agir, pudessem limitar-se a essa aproximação, deixando a celebração do contrato visado para as partes colocadas em contacto. Por via desta possibilidade, vemos

---

[128] Pessoa Jorge, *O mandato sem representação*, p. 233.

[129] Pessoa Jorge, *O mandato sem representação*, pp. 235-6.

[130] Pessoa Jorge, *O mandato sem representação*, p. 238.

[131] Embora ainda hoje se encontre, como em Pais de Vasconcelos, *Direito comercial*, I, pp. 197-8 – «O contrato de mediação ou corretagem é tipicamente oneroso. O mediador negoceia com a parte que o contratou uma chamada «comissão» que é devida tipicamente se e quando o negócio for concluído. Se o negócio se não concluir, não haverá comissão a receber pelo mediador». No Brasil mantém-se a expressão *contrato de corretagem* como sinónima de *contrato de mediação*. Leiam-se os artigos 722 – «Pelo contrato de corretagem, uma pessoa, não ligada a outra em virtude de mandato, de prestação de serviços ou por qualquer relação de dependência, obriga-se a obter para a segunda um ou mais negócios, conforme as instruções recebidas» – e 725 – «A remuneração é devida ao corretor uma vez que tenha conseguido o resultado previsto no contrato de mediação, ou ainda que este não se efetive em virtude de arrependimento das partes» – do Código Civil brasileiro de 2002.

[132] Sobre este assunto, remeto para o subcapítulo 7.2.

O CONTRATO DE MEDIAÇÃO

em várias obras a invocação dos corretores como antecessores dos mediadores[133].

Noutra perspetiva, e sobretudo em obras do país vizinho sobre o contrato de mediação, encontramos a ideia de que este contrato nasceu no
século XX por desprendimento do mandato[134]. Entre nós, ENGRÁCIA
ANTUNES faz idêntica sugestão[135].

De tudo quanto fica dito, creio podermos muito sinteticamente concluir
que contratos com a função do atual contrato de mediação são gizados no
comércio desde os tempos da Roma Imperial; não obstante, a sua autonomização como espécie contratual pela dogmática jurídica, em Portugal,
situa-se em pleno século XX; e o percurso que, no pensamento dos juristas, conduziu à sua conceptualização foi influenciado por várias espécies
contratuais (designadamente comissões e mandatos), nas quais era antes
integrado.

[133] Assim, LACERDA BARATA, «Contrato de mediação», p. 190; MARIA HELENA BRITO,
O contrato de concessão comercial, pp. 115-6; MENEZES CORDEIRO, *Direito comercial*, pp. 671-4.
Ainda que logo se conclua que os corretores do Código Veiga Beirão, assim como já antes os do
Código Ferreira Borges, eram corretores oficiais, com incumbências que podiam desenvolver
através de vários contratos, nomeadamente de comissão, e dotados de poderes públicos, e
que os mediadores eram «corretores livres».

[134] SANPONS SALGADO, *El contrato de corretaje*, pp. 27-8 – «El mandato ha evolucio-
nado dando lugar a diversas especies distintas, como son la comisión mercantil, la
comisión de transportes, el mandato *ad litem*, (...) el *trust*, (...) la agencia (...) y el corretaje (...). El fundamento de éste está en que cuando una persona deseaba adquirir
o vender, hipotecar, arrendar, lograr créditos, etc., y la publicidad e información se
hacían insuficientes para lograr tales fines, haciéndose indispensable la gestión humana, directa e interesada, que anudase los intereses contrapuestos de las partes y
facilitase la ocasión para concluir un contrato, nombraba un mandatario para que le
prestase el servicio de ponerle en relación con el interesado en contratar con él. Esta
«puesta en relación» que hoy, en realidad social, se repite continuamente, dedicándo-
se a ella como actividad profesional un gran número de personas, adquiere un perfil
propio y acaba por convertirse en una figura *sui géneris* distinta del mandato». Depois
de SANPONS SALGADO, têm sido várias as manifestações de idêntico entendimento:
v.g., PURIFICACIÓN CREMADES GARCÍA, *Contrato de mediación o corretaje...*, pp. 55-6;
CARLOS CUADRADO PÉREZ, «Consideraciones sobre el contrato de corretaje», p.
2490; ANTONIO MILLÁN GARRIDO, «Introducción al estudio del corretaje», p. 695;
DANIEL RODRÍGUEZ RUIZ DE VILLA, *El contrato de corretaje inmobiliario...*, p. 309.
[135] JOSÉ ENGRÁCIA ANTUNES, *Direito dos contratos comerciais*, pp. 363-4, reportando-se ao
contrato de mandato mercantil, diz: «terá perdido o brilho de outros tempos no domínio do
comércio tradicional, em especial com o advento de novas figuras contratuais alternativas da
representação e distribuição comercial (*v.g.*, agência, mediação, etc.)».

PARTE II
Compreensão do contrato com incidência nas prestações principais

4. O instituto nalguns direitos estrangeiros
4.1. Justificação e objetivo

A ideia de me deter no estudo de direitos estrangeiros surgiu da curiosidade de perceber se as incisivas características do contrato de mediação vivido no nosso país têm equivalência noutros, e da esperança de extrair desse estudo algumas conclusões previamente intuídas e que considero particularmente interessantes. Acresce que noutros países, ao contrário do que se passa em Portugal, o contrato em causa tem uma forte e antiga consolidação espelhada na legislação principal (como sucede na Alemanha, na Suíça e na Itália), em alguns casos secular.

Com o estudo do contrato noutros ordenamentos viso a ulterior comparação dos direitos. No mundo economicamente *globalizado* em que vivemos, a importância da comparação jurídica no estudo de um contrato dispensa fundamentação. As clássicas funcionalidades – assentes nas necessidades de *conhecimento* do nosso e de outros ordenamentos, de descoberta de primeiras ou melhores *soluções* para novos ou velhos problemas, e de *coordenação* dos sistemas para aperfeiçoar a convivência internacional –[136], são

---

[136] Sobre as funções da comparação de direitos *vide*, por todos, Carlos Ferreira de Almeida, *Direito comparado, ensino e método*, pp. 66-71; Carlos Ferreira de Almeida e Jorge Morais Carvalho, *Introdução ao direito comparado*, pp. 16-9; Dário Moura Vicente, *Direito comparado*, I, pp. 22-32, doutrina aí indicada na nota 3 e nas pp. 54-60; e

agudizadas pela intensificação das relações económicas propiciada, a nível internacional, pela extrema agilidade de deslocação e de comunicação, e, a nível europeu, também pelo mercado aberto em que politicamente nos inserimos[137].

A estas conveniências acrescem outras de natureza mais prática. Por um lado, os factos de, em Portugal, o contrato de mediação geral não beneficiar de um regime jurídico próprio e de a regulação do contrato de mediação imobiliária deixar problemas em aberto intensificam as dificuldades de resolução de casos, hipotéticos ou concretos, levando a doutrina e a jurisprudência a procurar apoio em fontes de direitos estrangeiros[138]. Por outro

KONRAD ZWEIGERT e HEIN KÖTZ, *Introduction to comparative law*, pp. 13-31. Mais detidamente, LÉONTIN-JEAN CONSTANTINESCO, *Traité de droit comparé*, II, pp. 286-379.

[137] De referir que a previsão do nosso contrato não está ausente do *Draft Common Frame of Reference* (DCFR). As relações contratuais de mediação estão ali abrangidas pelos chamados *contratos de mandato*. Assim se refere no ponto 30 da introdução – «the chapter [on mandate] applies not only to contracts for the conclusion of a contract for the principal but also to contracts, for example with estate agents or brokers of various kinds, for the negotiation or facilitation of a contract to be concluded by the principal». Em conformidade, o art. 1:101 da parte D (Mandate contracts) do livro IV (Specific contracts and the rights and obligations arising from them), diz: «(1) This Part of Book IV applies to contracts and other juridical acts under which a person, the agent, is authorized and instructed (mandated) by another person, the principal: (c) to take steps which are meant to lead to, or facilitate, the conclusion of a contract between the principal and a third party or the doing of another juridical act which would affect the legal position of the principal in relation to a third party». O DCFR é uma codificação informal, não vinculativa, também dita de *soft law*, ainda que nascida da ambição de um dia vir a vigorar sob a forma de um código civil europeu. Lembrando brevemente a origem, em 1997, o Governo holandês organizou um simpósio sobre um futuro código civil europeu, tendo na sua sequência sido criado o *Grupo de Estudos sobre um Código Civil Europeu*, sob a direção de CHRISTIAN VON BAR – sobre a origem e objetivos do Grupo, *vide* CHRISTIAN VON BAR, «Le groupe d'études sur un code civil européen», pp. 127-39. O DCFR é fruto do trabalho deste Grupo e do *Grupo de Pesquisa sobre o Direito Privado vigente na União Europeia*, e integrou nos seus Livros II e III os *Princípios de Direito Europeu dos Contratos* (conhecidos por PECL, *Principles of European Contract Law*). Os PECL eram um trabalho de preparação para um código civil europeu, limitado, no que ao direito dos contratos respeita, a regras gerais; foi elaborado pela Comissão de Direito Europeu dos Contratos, dirigida por OLE LANDO e formada em 1982, com o apoio da Comunidade Europeia. O DCFR contém, sistematicamente organizadas em forma de código, disposições que visam situações de direito privado obrigacional, quer gerais, quer particulares das diversas fontes de obrigações, em especial das várias espécies contratuais. Tem o declarado propósito de servir de modelo a um *quadro de referência comum* em matéria de direito civil no seio da União Europeia.

[138] Na jurisprudência, v. os Acórdãos do STJ de 28/02/1978, BMJ 274, p. 223 (visava-se um contrato de fornecimento de gás, tendo o tribunal invocado, na fundamentação, além do mais,

COMPREENSÃO DO CONTRATO COM INCIDÊNCIA NAS PRESTAÇÕES PRINCIPAIS

lado, trata-se de um contrato frequentemente associado às relações comerciais internacionais, nas quais a distância e o desconhecimento (da língua, dos usos do comércio e dos próprios ordenamentos jurídicos) conduzem à procura de um especialista capaz de assessorar uma ou ambas as partes, quer na busca de contraparte, quer na negociação do futuro contrato[139].

Nem sempre os institutos jurídicos de um ordenamento encontram gémeos conceptuais nos demais ordenamentos, ou em todos eles. No entanto, se nos concentramos no problema da realidade social que o instituto visa resolver ou, dito de outra forma, na sua função socioeconómica, encontramos, quase sempre, um equivalente[140].

a regulação do contrato de mediação no Código das Obrigações suíço), de 31/03/1998, BMJ 475, p. 680, e do TRL de 16/10/2007, proc. 7541/2007-1, e de 27/01/2004, proc. 8291/2003-7, CJ 2004, I, 87. Na doutrina, v. sobretudo a já citada monografia de Manuel Salvador, que é ainda a obra mais extensa sobre o tema, com constantes apelos a direitos estrangeiros, nomeadamente ao italiano.

[139] Sinal da vivência internacional do contrato é o facto de a Câmara de Comércio Internacional dispor de um modelo de contrato, que designou por *Occasional Intermediary Contract*, utilizável na prestação dos seguintes serviços: *a)* simples fornecimento de informação sobre uma ou mais partes ou sobre um dado negócio, sem necessário contacto entre o intermediário e o terceiro, contra o pagamento de uma dada soma pela prestação do serviço; *b)* estabelecimento de contacto entre o cliente e o terceiro eventualmente interessado no negócio do cliente, sendo a remuneração normalmente paga apenas se o contrato for concluído com o terceiro; *c)* assistência durante a negociação, sendo a remuneração também normalmente dependente da conclusão do contrato com o terceiro; *d)* assistência durante a execução do contrato, sendo neste caso razoável que a retribuição seja devida apenas se o contrato for cumprido pelo terceiro – *The ICC model occasional intermediary contract*, pp. 10-1. Nos serviços descritos em *b)* e *c)* deparamos com o contrato sob investigação.

[140] A delimitação do objeto da comparação segundo um critério funcional é a mais utilizada e recomendada. Na doutrina portuguesa, v. Carlos Ferreira de Almeida, *Direito comparado, ensino e método*, pp. 114-7 (em geral) e 149-51 (na microcomparação); Carlos Ferreira de Almeida e Jorge Morais Carvalho, *Introdução ao direito comparado*, pp. 27-8; Rui Pinto Duarte, «Uma introdução ao direito comparado», pp. 780-1; e Dário Moura Vicente, *Direito comparado*, I, pp. 43-5. Foi Zweigert quem primeiro trabalhou a ideia de *funcionalidade* como princípio metodológico básico de toda a comparação, indispensável não só para a determinação do que é comparável, mas também no momento do apuramento das semelhanças e das diferenças entre as soluções, de modo que estas sejam vistas à luz da sua função de satisfação de dada necessidade – Konrad Zweigert e Hein Kötz, *Introduction to comparative law*, *maxime* pp. 34-6 e 44. O original teve a sua primeira edição em 1969. O conceito vem de escritos anteriores, *v.g.* Konrad Zweigert, «Méthodologie du droit compare», p. 589; exclusivamente sobre esta temática, Konrad Zweigert, «Des solutions identiques par des voies différentes (Quelques observations en matière de droit comparé)», pp. 5-18.

O CONTRATO DE MEDIAÇÃO

A *equivalência funcional* pressupõe também alguma *equivalência jurídica*, não sendo comparáveis duas realidades que, pese embora desempenhem em dois ordenamentos distintos a mesma função estritamente social e/ou económica, se desenvolvam num deles ao abrigo da lei, seja por via de contrato, seja de instituto de natureza diversa, e noutro ordenamento à margem dela, mais não constituindo que a previsão de um ilícito, criminal ou outro[141].

O nosso objeto consiste num contrato pelo qual uma das partes é incumbida de indicar um terceiro disposto a ser contraparte do seu cliente num contrato que este pretende celebrar, sem que intervenha na celebração deste último. Estamos, pois, perante um instituto contratual que visa a aproximação de partes num futuro contrato, através da ação de uma pessoa que não o celebrará.

Vista de uma perspetiva funcional com o sentido antes indicado, esta descrição serve-nos de referência ou *tertium comparationis*. Sem a perder de vista, procurei noutros espaços jurídicos institutos de cariz contratual, ou em que pelo menos a vontade dos envolvidos desempenha um papel relevante, destinados a regular situações nas quais uma pessoa desenvolve uma atividade de aproximação de outras para a celebração por estas de um futuro contrato, sem que neste intervenha, independentemente dos nomes que lhes são atribuídos, eventualmente nenhum, da arrumação que lhes é conferida entre os demais institutos, da relação que com eles têm, e, em certa medida, dos efeitos que a lei lhes destina.

Na seleção dos ordenamentos, cingi-me aos que têm uma matriz cultural europeia ocidental, afastando, por razões práticas, aqueles cujo estudo implicaria um prévio e prolongado investimento no conhecimento de línguas e de culturas que não domino, de todo ou de modo aceitável. Entre os elegíveis, procurei que satisfizessem um ou mais dos seguintes requisitos: especial proximidade comercial (Espanha, destacadamente, seguida de Alemanha e França), disciplina legal especialmente destinada ao contrato de mediação (Alemanha, Suíça e Itália), influência geral no nosso direito

---

[141] CARLOS FERREIRA DE ALMEIDA chama a atenção para a necessidade de a *aproximação funcional* incluir um fator de *enquadramento jurídico* – «Comparáveis serão apenas os institutos que, desempenhando funções equivalentes, intervenham na resolução de questões jurídicas através de instrumentos jurídicos de natureza semelhante» – *Direito comparado, ensino e método*, p. 151.

88

(França, Itália e Alemanha), e proveniência de uma família jurídica distinta da nossa (Inglaterra).

A análise paritária e sistemática do problema nas várias ordens jurídicas foi garantida pelo estudo em todas elas do mesmo conjunto de questões, tendo por base fontes originárias, inseridas na complexidade de cada ordenamento, respeitando a hierarquia das fontes e os métodos interpretativos de cada lugar.

4.2. Alemanha
4.2.1. Aspetos gerais de enquadramento e configuração do tipo

O contrato de mediação – *Maklervertrag*, mas no *Bürgerliches Gesetzbuch* ainda com a grafia de origem, *Mäklervertrag* – tem previsão e regulação como espécie contratual autónoma, nos §§ 652 a 656 do BGB.

O § 652, nº 1, 1ª frase, determina que quem promete remuneração pela indicação da oportunidade de celebrar um contrato ou pela mediação de um contrato apenas está obrigado a pagá-la se, em consequência dessa indicação ou dessa mediação, o contrato vier a ser celebrado[142]. É a partir desta disposição que se desenvolve praticamente toda a dogmática do contrato em causa.

O BGB, em vigor desde 1 de janeiro de 1900, entre as suas muitas alterações, foi objeto de importante reforma do direito das obrigações, vigente desde 2002, que lhe modificou disposições nucleares em matérias tão importantes como o incumprimento contratual, a prescrição e o contrato de compra e venda, além de lhe ter incorporado vários temas anteriormente tratados em leis avulsas, designadamente sobre condições contratuais gerais e proteção dos consumidores[143]. No que ao contrato

---

[142] O § 652 do BGB, epigrafado «Entstehung des Lohnanspruchs», tem o seguinte conteúdo: «(1) Wer für den Nachweis der Gelegenheit zum Abschluss eines Vertrags oder für die Vermittlung eines Vertrags einen Mäklerlohn verspricht, ist zur Entrichtung des Lohnes nur verpflichtet, wenn der Vertrag infolge des Nachweises oder infolge der Vermittlung des Mäklers zustande kommt. Wird der Vertrag unter einer aufschiebenden Bedingung geschlossen, so kann der Mäklerlohn erst verlangt werden, wenn die Bedingung eintritt. (2) Aufwendungen sind dem Mäkler nur zu ersetzen, wenn es vereinbart ist. Dies gilt auch dann, wenn ein Vertrag nicht zustande kommt». Toda a legislação alemã vigente e citada pode ser consultada em http://www.gesetze-im-internet.de

[143] Em 2008, o BGB contava 185 alterações, das quais 64 entre 1997 e 2008 – veja-se a introdução do Tradutor ALBERT LAMARCA na obra *Código Civil alemán y ley de introducción al Código Civil*, p. 15. Sobre a grande reforma do direito obrigacional no BGB levada a efeito pela

O CONTRATO DE MEDIAÇÃO

de mediação respeita, os cinco artigos iniciais mantiveram-se intocados no seu conteúdo, o que é lamentado por doutrina da especialidade[144]. As alterações em matéria de mediação limitaram-se a dividir o título (antes 8º, agora 10º) em três subtítulos: no primeiro (*Disposições gerais*), ficaram os §§ 652 a 655; no terceiro (*Mediação matrimonial*), o § 656; pelo meio, um segundo subtítulo (*Mediação de contratos de crédito ao consumo*) serviu para integrar nova regulação nos §§ 655-a a 655-e.

Evidencia-se assim que, a par do contrato de mediação geral ou simples, previsto e regulado no primeiro subtítulo, o BGB prevê e regula dois contratos de mediação especiais: a mediação de crédito ao consumo, para cuja celebração se exige a forma escrita, e que tem como grande desvio à regra geral o pagamento da remuneração apenas ser devido com a entrega do crédito ao consumidor, portanto, com o cumprimento da prestação do mutuante, e não com a mera celebração do contrato de mútuo, que é consensual, por via do disposto no § 488 do BGB (e não real *quoad constitutionem*); e a mediação para casamento, que não gera qualquer obrigação de pagamento.

Para além do contrato de mediação civil regulado no BGB, o ordenamento alemão prevê e regula o contrato de mediação comercial, nos §§ 93 a 104 do *Handelsgesetzbuch* (Código Comercial alemão, também vigente desde 1 de janeiro de 1900, de ora em diante HGB). Fá-lo em secção do Livro Primeiro intitulada *Handelsmakler* – mediador comercial ou corretor –, mas o que na realidade ali está em causa é o contrato de mediação comercial e não apenas a pessoa do profissional. Como KARSTEN SCHMIDT assinala, o direito do mediador comercial pertence sistematicamente ao Livro Quarto sobre os contratos comerciais (*Handelsgeschäfte*), e não às regras do Livro Primeiro sobre o comércio, os comerciantes e os seus auxiliares[145]. Com efeito, o mediador comercial não é mais *auxiliar independente do comerciante* que o comissário, o concessionário, o contabilista, o banco ou a agência de publicidade, nem menos empresário que estes; por outro lado, o que justifica a regulação é um certo tipo contratual e não quem dele se serve.

Diz-nos o § 93 que é mediador comercial quem, a título profissional, mas sem que disso seja encarregado de forma estável, se dedica à media-

---

Gesetz zur Modernisierung des Schuldrechts, aprovada em 2001 e entrada em vigor em 2002, v., em língua portuguesa, MENEZES CORDEIRO, «A modernização do direito das obrigações».

[144] SCHWERDTNER/HAMM, *Maklerrecht*, p. 1.

[145] KARSTEN SCHMIDT, *Handelsrecht*, pp. 510-1 e 706-8.

90

COMPREENSÃO DO CONTRATO COM INCIDÊNCIA NAS PRESTAÇÕES PRINCIPAIS

ção de contratos de compra e venda de mercadorias ou valores, de seguros de transporte de mercadorias, de fretamento de navios sem tripulação, ou de outros objetos do tráfico mercantil. Com esta disposição fica claro que os contratos de mediação comercial e civil se distinguem entre eles pelo título a que o mediador exerce a atividade (profissionalmente ou não), pelo tipo de bem que será objeto do contrato visado pelo cliente (objetos do tráfico comercial ou outros), e pela extensão da atividade (apenas a mediação de um contrato ou também a indicação da oportunidade de celebrar um contrato).

De realçar desde já que as regras do HGB sobre o mediador comercial não são aplicáveis à promoção de negócios distintos dos aí referidos, e, nomeadamente, não se aplicam à promoção de contratos sobre imóveis, mesmo quando levada a efeito por um mediador comercial (§ 93, nº 2, do HGB). Segundo SCHWERDTNER e HAMM, a razão dessa exclusão reside na circunstância histórico-sociológica de, até ao séc. XX, a propriedade ser encarada como «a base natural para o assentamento da população» e não como um objeto de comércio[146]. Apenas no período que se sucedeu ao início de vigência do BGB e do HGB, alterações sociais conduziram a que a propriedade (imóvel) passasse a ser frequente objeto contratual e, só a partir de então, também, a função do mediador passou a ser fundamentalmente a da mediação de imóveis[147].

Para além disso, outras regras previstas na regulação do mediador comercial permitem concluir que o contrato que este celebra com os seus clientes tem especificidades relativamente ao de mediação civil – vê-las-emos adiante a propósito das prestações de cada parte. Não obstante, o contrato de mediação comercial tem sido entendido como um tipo especial ao qual se aplicam subsidiariamente as regras do contrato de mediação regulado pelo BGB[148].

Entre os mediadores comerciais, merece destaque o de seguros (*Versicherungsmakler*), equivalente à figura que designamos por *corretor de seguros*, e que é encarregado pelo tomador do seguro de lhe encontrar e negociar

---

[146] SCHWERDTNER/HAMM, *Maklerrecht*, p. 6. Vários autores invocam o histórico fundamento da exclusão dos imóveis da mediação comercial: DIETER REUTER, «Maklervertrag», p. 20; HERBERT ROTH, «Mäklervertrag», p. 2175.

[147] SCHWERDTNER/HAMM, *Maklerrecht*, p. 6.

[148] *MÜNCHENER KOMMENTAR ZUM HANDELSGESETZBUCH*, p. 1475; SCHWERDTNER/ HAMM, *Maklerrecht*, p. 8.

O CONTRATO DE MEDIAÇÃO

determinado contrato[149]. O mediador de seguros (*Versicherungsmakler*) está ligado ao tomador ou futuro tomador por um contrato de mediação, não se confundindo com o agente de seguros (*Versicherungsvertreter*) que está ligado ao segurador por um contrato de agência[150]. Apenas o primeiro exerce a atividade com base em contratos de mediação.

Algumas espécies de contratos de mediação surgem reguladas noutros sítios do ordenamento alemão. Destaco, pela sua proximidade estrutural ao contrato de mediação geral, os contratos de mediação com vista à celebração de contrato de arrendamento habitacional e com vista à celebração de contrato de trabalho (duas áreas em que uma das partes é vista como mais desprotegida pela relevância que as ditas relações assumem na sua subsistência).

O contrato de mediação para arrendamento está regulado na *Gesetz zur Regelung der Wohnungsvermittlung* (WoVermRG), de 4 de novembro de 1971, mas com várias alterações desde então. No § 2º, nº 1, lê-se que a remuneração pela mediação ou pela indicação da oportunidade de concluir um contrato de arrendamento habitacional só é devida ao mediador quando, devido à sua mediação ou indicação, o contrato de arrendamento é celebrado. É evidente a referida proximidade estrutural. Três particularidades a assinalar: a remuneração tem um teto correspondente a dois meses

---

[149] Neste sentido, KARSTEN SCHMIDT, *Handelsrecht*, pp. 713-4 – «Wie der Bundesgerichtshof hervorgehoben hat, wird der Versicherungsmakler – im Gegensatz zum Versicherungsvertreter – regelmäßig nicht für das Versicherungsunternehmen tätig, sondern im Auftrag und im Interesse des Versicherungsnehmers (...). Nach Handelsbrauch oder Gewohnheitsrecht trägt allerdings, abweichend von § 99 HGB, das Versicherungsunternehmen die Provision»; MANFRED WANDT, *Versicherungsrecht*, p. 157 – «Das Geschäft eines Maklers besteht bekanntlich darin, künftige Vertragspartner zusammenzuführen. Der Versicherungsmakler führt also Versicherer und künftige Versicherungsnehmer zusammen. Rechtssystematisch ist seine Tätigkeit wie folgt einzuordnen: Für alle Maklerverträge gelten die §§ 652 ff. BGB. Für die »Handelsmakler«, die bestimmte Geschäfte des Handelsverkehrs vermitteln, gelten außerdem die besonderen Bestimmungen des Handelsgesetzbuches (vgl. §§ 93 ff. HGB). Die Versicherungsmakler sind eine Untergruppe der Handelsmakler»; *MÜNCHENER KOMMENTAR ZUM HANDELSGESETZBUCH*, pp. 1476-7.

[150] MANFRED WANDT, *Versicherungsrecht*, pp. 142 – «Ein **Versicherungsmakler** wird typischerweise aufgrund eines Maklervertrages mit dem potentiellen Versicherungsnehmer tätig, um ihm eine für seine Bedürfnisse passende Versicherungsdeckung zu suchen» – e 144 – «**Versicherungsvertreter** sind selbstständige (haupt- oder nebenberufliche) **Handelsvertreter** im Sinne der §§ 84, 92, 92b HGB. Der Versicherer ist mit seinem Versicherungsvertreter also durch einen **Handelsvertretervertrag** verbunden».

de renda (§ 3º, nº 2); a remuneração é paga pelo arrendatário (mesma disposição); o mediador apenas pode propor espaços habitacionais se tiver sido previamente encarregado pelo respetivo dono de o fazer (§ 6º, nº 1).

O contrato de mediação para celebração de um contrato de trabalho está previsto no § 296 do *Sozialgesetzbuch, Drittes Buch* (SGB III), como um contrato pelo qual o mediador se obriga a procurar e mediar um contrato de trabalho para alguém que procura trabalho, mediante retribuição (nº 1, 1ª frase), a qual só é devida quando o contrato de trabalho é celebrado em consequência da ação do mediador (nº 2, 1ª frase). Para além da assunção pelo mediador de uma obrigação em sentido técnico, dois aspetos há a assinalar: o contrato deve obedecer à forma escrita e a remuneração não deve ultrapassar 2.000,00 Euros, IVA incluído.

O exercício da profissão de mediador em determinados ramos, nomeadamente no imobiliário e no de crédito, está dependente de licença de entidade pública nos termos do § 34-c da *Gewerbeordnung*, abreviadamente GewO (lei de regulação do comércio e da indústria). A prática da atividade sem a devida licença constitui ilícito administrativo punível com multa (§ 144, (1), 1, *h*), e (4), da GewO), mas não afeta a validade do contrato celebrado entre o mediador profissional abrangido pela norma e o seu cliente[151]. Sobre os mediadores profissionais abrangidos pelo § 34-c da GewO impendem deveres regulados na *Verordenung über die Pflichten der Makler, Darlehensvermittler, Bauträger und Baubetreuer*, abreviadamente MaBV (regulamento dos deveres dos mediadores, mediadores de crédito e promotores imobiliários).

As vetustas disposições do BGB, ditadas para um paradigma económico-social assaz diferente daquele que hoje se vive, a escassez das disposições destinadas aos contratos de mediação regulados, e a ausência de regulação do contrato de mediação para negócios de alienação de imóveis, numérica e economicamente tão significativos, conduziram a uma rica jurisprudência sobre o tema, ao ponto de o direito da mediação já ter sido descrito como um *Richterrecht*[152].

---

[151] SCHWERDTNER/HAMM, *Maklerrecht*, p. 48 – «Der zwischen einem gewerblichen Makler und einem Auftraggeber abgeschlossene Maklervertrag ist auch beim Fehlen der Gewerbeerlaubnis nach § 34c GewO wirksam. Diese Norm hat nach der Rechtsprechung zu §34c GewO, der ohnehin die Zugangsvoraussetzungen viel zu großzügig regelt, fast jegliche Bedeutung verloren».

[152] HERBERT ROTH, «Mäklervertrag», p. 2169; SCHWERDTNER/HAMM, *Maklerrecht*, p. 1.

O CONTRATO DE MEDIAÇÃO

4.2.2. A atividade contratual do mediador

No contrato de mediação civil, a atividade do mediador é constituída pelos atos de preparação e de implementação da indicação da oportunidade de concluir um contrato ou da mediação de que foi encarregado. O contrato de mediação comercial nunca se limita à mera indicação da oportunidade de contratar[153], o que não significa que um *Handelsmakler* não possa celebrar um contrato com esse objeto, logo, de mediação civil[154]. Seja como for, a circunstância de ter sido prometida remuneração para uma ou outra das atividades não determina diferenças no regime contratual. Em qualquer dos casos, a atuação do mediador está na sua disponibilidade e, em ambos os casos, ela tem de ter uma relação causal com o contrato a final celebrado, para permitir o nascimento do direito à remuneração.

Com efeito, no tipo contratual especialmente visado no § 652 do BGB, e que a doutrina também designa por contrato de mediação simples (*einfacher Maklervertrag*), o mediador não assume qualquer obrigação. Esta asserção, que não oferece dúvidas à doutrina nem à jurisprudência alemãs, resulta clara da leitura da disposição legal que, por um lado, não prevê a assunção de uma obrigação e, por outro lado, afirma que o direito à remuneração surge com a celebração do contrato visado (e não com a atuação esperada do mediador), ainda que a atividade desenvolvida pelo mediador tenha de ter contribuído para aquele desenlace[155]. E assim é, mesmo no contrato de mediação comercial. Também por via deste contrato, o mediador

---

[153] *MÜNCHENER KOMMENTAR ZUM HANDELSGESETZBUCH*, p. 1480 – «Aufgrund der ausdrücklichen Beschränkung in Abs. 1 auf eine Vermittlungtätigkeit ist im Unterschied zum Zivilmakler (...) der Handelsmakler **nie bloßer Nachweismakler**»; DIETER REUTER, «Maklervertrag», p. 20 – «Bloße Nachweistätigkeit ist niemals Handelsmaklertätigkeit».

[154] Assim o defende KARSTEN SCHMIDT, *Handelsrecht*, p. 712 – «Gegenstand des Unternehmens eines Handelsmaklers ist die »Vermittlung« von Verträgen, auch wenn der Handelsmakler im Einzelfall einmal bloß nachgewiesen hat. Ob der Makler seinen Provisionsanspruch schon durch bloßen Nachweis oder nur durch Vermittlung verdient, hängt vom Inhalt des Vertrages ab, nicht vom Wortlaut des § 93 HGB. Im ersten Fall hat der Makler einen »Zivilmaklervertrag« nach § 652 BGB abgeschlossen».

[155] JÖRN EGGERT, *Die Maklerprovision bei Hauptvertragsstörungen und Pflichtverletzungen*, p. 27; OLAF JANSEN, *Die Nebenpflichten im Maklerrecht*, p. 7 – «Mit dem Abschluß des Maklervertrages entsteht zwischen den Vertragsparteien, weder eine Tätigkeitspflicht des Maklers noch eine Pflicht des Auftraggebers zur positiven Reaktion auf die vom Makler nachgewiesene oder vermittelte Vertragsgelegenheit»; HERBERT ROTH, «Mäklervertrag», p. 2169 – «Nach der Regelung des § 652 ist der Makler zu einer Tätigkeit für den Kunden **nicht verpflichtet**»; SCHWERDTNER/HAMM, *Maklerrecht*, pp. 11-2, 80.

COMPREENSÃO DO CONTRATO COM INCIDÊNCIA NAS PRESTAÇÕES PRINCIPAIS

não assume, na falta de acordo em contrário, qualquer obrigação em sentido técnico[156]. A não obrigatoriedade da atividade do mediador encontra equilíbrio na liberdade do cliente de celebrar o contrato indicado ou de celebrar o contrato visado com a pessoa indicada pelo mediador, e na circunstância de o direito à remuneração ter como pressuposto a celebração do contrato visado (e não apenas a atividade do mediador)[157].

A constatação de que, na prática comercial, as partes recorrem com frequência a um modelo contratual parecido ao contrato de mediação previsto no BGB, mas no âmbito do qual acordam uma cláusula de exclusividade, conduziu a doutrina e a jurisprudência a encontrarem um nome autónomo para este tipo social: *Alleinauftrag*. Este caracteriza-se pela assunção pelo cliente de um dever de se abster de recorrer a outros mediadores, durante um determinado período, ou até também (no caso do chamado *qualifizierte Alleinauftrag*[158]) de se abster, ele próprio, de encontrar contraparte para o contrato visado. O facto de se tratar de um contrato com prazo impossibilita a sua revogabilidade unilateral a todo o tempo, que é característica do contrato de mediação simples[159]. O incumprimento do dever de respeitar o direito de exclusividade do mediador confere a este último o direito à remuneração (ou a uma compensação de valor idêntico ao da remuneração), mesmo que a sua atividade em nada tenha contribuído para a celebração do contrato visado[160].

Mas o que principalmente opõe *Alleinauftrag* e *einfacher Maklervertrag* é a vinculação contratual do mediador a desenvolver a atividade, que se verifica

---

[156] *MÜNCHENER KOMMENTAR ZUM HANDELSGESETZBUCH*, p. 1487 – «Der Handelsmakler trifft auf Grund des abgeschlossenen Handelsmaklervertrags keine Pflicht zum Tätigwerden»; KARSTEN SCHMIDT, *Handelsrecht*, p. 716 – «Ohne entgegenstehende Abrede gibt es grundsätzlich keine Pflicht des Maklers zum Tätigwerden (...)» .

[157] Isto é sempre, de modo mais ou menos explícito, notado. JÖRN EGGERT, *Die Maklerprovision...*, p. 28 – «Gegen die Annahme einer Leistungsplicht des Maklers spricht allerdings, daß die Fälligkeit des Maklerlohns erst nach Abschluß des Hauptvertrags infolge der Tätigkeit des Maklers eintritt, der Maklerkunde aber nicht zum Abschluß des Hauptvertrags verpflichtet ist»; KARSTEN SCHMIDT, *Handelsrecht*, p. 716.

[158] A jurisprudência tem sido particularmente cautelosa na prova da existência de um contrato de mediação exclusivo qualificado, decidindo inclusivamente que uma tal cláusula é ineficaz se proveniente de cláusula contratual geral. A propósito, v. os seguintes Autores e jurisprudência por eles indicada: JÖRN EGGERT, *Die Maklerprovision...*, pp. 30-1; SCHWERDTNER/ HAMM, *Maklerrecht*, p. 243 e 255.

[159] DIETER REUTER, «Maklervertrag», p. 204.

[160] JÖRN EGGERT, *Die Maklerprovision...*, p. 31; DIETER REUTER, «Maklervertrag», p. 206

O CONTRATO DE MEDIAÇÃO

no primeiro e não segundo. Sobre esta obrigação principal do mediador no contrato de mediação com cláusula de exclusividade há unanimidade[161]. Discute-se, porém, se, ainda assim, o contrato de mediação com cláusula de exclusividade é bilateral, ou se se mantém unilateral[162] (questão abordada em 4.2.4).

Relacionados com a temática do contrato de mediação com obrigação do mediador estão os conceitos doutrinários de *Maklerdienstvertrag* e *Maklerwerkvertrag*. Os termos são utilizados com dois significados distintos[163], em ambos os casos para nós interessantes por dizerem respeito à estrutura do contrato.

Segundo uns, através destas figuras o prestador do serviço assume a obrigação de desenvolver uma atividade de mediação, ou de obter um dado resultado de mediação, contra remuneração, devida pela mera atividade ou pelo resultado. Quando os termos são entendidos com este sentido, os autores não hesitam em afirmar que o *Maklerdienstvertrag* e o *Maklerwerkvertrag* não são verdadeiros *Maklerverträge*, constituindo antes meros *Dienstverträge* ou *Werkverträge*, cuja única particularidade consiste na prestação característica ser orientada para a futura celebração pelo cliente do contrato por ele desejado[164].

Para outros, as expressões designam contratos de mediação cuja única especificidade relativamente ao contrato de mediação simples, previsto no BGB, consiste na assunção de uma obrigação, de atividade ou de resultado,

---

[161] JÖRN EGGERT, *Die Maklerprovision...*, pp. 30-1 – «Im Gegenzug zur Einräumung dieses Exklusivrechts ergibt sich eine Tätigkeitspflicht des Maklers» (p. 31); KARSTEN SCHMIDT, *Handelsrecht*, p. 716; SCHWERDTNER/HAMM, *Maklerrecht*, pp. 11-2 e 141-2.

[162] JÖRN EGGERT, *Die Maklerprovision...*, p. 31 – «Umstritten ist nun, ob der Alleinauftrag nur wirtschaftlich gesehen ein Gegenseitigkeitsverhältnis aufweist oder ob er aufgrund der Tätigkeitspflicht des Maklers zu einem gegenseitigen Vertrag wird».

[163] DIETER REUTER, «Maklervertrag», p. 14, faz uma alusão a esses dois significados.

[164] É com este sentido que as expressões são usadas por JÖRN EGGERT, *Die Maklerprovision...*, pp. 32-3 – «Beim eigentlichen Maklerdienstvertrag verpflichtet sich der Makler unmittelbar gegen eine Tätigkeitsvergütung zur Tätigkeit. Da die Provisionszahlungspflicht des Auftraggebers bei dieser Erscheinungsform des Maklerdienstvertrags nicht vom Zustandekommen des Hauptvertrags abhängig ist, bestehen keine Bedenken, diesen Vertragstyp dem Leitbild des Dienstvertrags zu unterstellen. Aufgrund der fehlenden Akzessorietät zwischen Maklerlohn und Hauptvertrag hat dieser Vertragstyp allerdings sämtliche charakteristischen Merkmale eines Maklervertrags verloren, so daß hier von einem echten Dienstvertrag gesprochen werden muß». Expende o mesmo raciocínio, *mutatis mutandis*, em relação ao *Maklerwerkvertrag* (p. 33).

pelo mediador; permanecendo, no entanto, a sua remuneração na dependência da celebração do contrato visado, e permanecendo esta celebração na disponibilidade do cliente. Neste caso, os termos designam meros tipos de *Maklerverträge*. É com este sentido que ROTH escreve que, de acordo com a maioria da doutrina, um contrato permanece, na sua essência, um contrato de mediação (na modalidade de *„Maklerdienstvertrag"*) se, apesar de ter sido estipulada uma obrigação de exercer a atividade de mediação, a liberdade de celebração do cliente permanece intocada e a obrigação de remunerar apenas nasce com aquela celebração[165].

Apenas os partidários deste entendimento enquadram o *Alleinauftrag* (contrato de mediação com cláusula de exclusividade) no *Maklerdienstvertrag* (no sentido de contrato mediação com obrigação principal do mediador). É o caso de SCHWERDTNER e HAMM[166] E DE ROTH[167].

Independentemente da assunção pelo mediador de uma obrigação em sentido técnico, de um dever principal de prestar, a sua atuação (eventualmente a sua omissão), durante a vida do contrato de mediação é pautada por uma quantidade de deveres laterais, de fonte legal ou contratual, decorrentes do dever geral de boa fé[168].

A propósito do modo como a atividade de mediação deve ser exercida, discute-se se o mediador tem um dever de imparcialidade ou neutralidade. A doutrina tende a afirmar que tal dever apenas existe quando ambas as partes são clientes do mediador (*Doppelauftrag*), não podendo ser genericamente afirmado[169]. Como escreve OLAF JANSEN, com o propósito de

---

[165] HERBERT ROTH, «Mäklervertrag», pp. 2179 e 2279 – «Nach ganz hL bleibt ein Vertrag gleichwohl „im Kern" Maklervertrag („Maklerdienstvertrag"), wenn es sich trotz einer vereinbarten Tätigkeitspflicht um eine Nachweis- oder Vermittlungtätigkeit des Maklers handelt, die Entschlussfreiheit des Kunden gewahrt bleibt und die Vergütungspflicht erfolgsbezogen ist» (2179).

[166] SCHWERDTNER/HAMM, *Maklerrecht*, pp. 12 e 242.

[167] HERBERT ROTH, «Mäklervertrag», p. 2279.

[168] Sobre estes deveres, e por todos, v. a já citada tese de doutoramento de OLAF JANSEN, *Die Nebenpflichten im Maklerrecht*.

[169] JÖRN EGGERT, *Die Maklerprovision...*, pp. 48 – «Wird eine doppeltätigkeit erlaubt, übernimmt der Makler damit die Pflicht zur Unparteilichkeit, mit der Maßgabe, keiner der beiden Parteien ein Mehr an Informationen zukommen zu lassen»; SCHWERDTNER/HAMM, *Maklerrecht*, p. 8 – «Der **Zivilmakler** ist **einseitiger Interessenvertreter** seines Auftraggebers, soweit kein Doppelauftrag vorliegt. Es ist daher unscharf, wenn der BGH feststellt, dass sich die Zurückhaltung und Unparteilichkeit, die jeder redliche Makler zu wahren habe, bereits aus dem Gesetz ergebe».

O CONTRATO DE MEDIAÇÃO

afastar a ideia de neutralidade como dever do mediador, primeiro e acima de tudo, o mediador está obrigado perante o seu cliente, ainda que não a uma obrigação principal (excetuando o contrato com cláusula de exclusividade), a uma série de deveres laterais, incluindo significativos deveres de proteção, cuja violação lhe traz responsabilidade[170].

4.2.3. A contrapartida
4.2.3.1. Autor do pagamento

Com a celebração do contrato de mediação, o cliente obriga-se a pagar uma quantia ao mediador no caso de vir a celebrar o contrato visado graças à indicação ou à mediação do mediador. Isto decorre claramente do primeiro artigo que o BGB dedica ao contrato e é recorrentemente afirmado sem discussão[171].

O mediador pode, todavia, ter como seus clientes ambas as partes no futuro contrato. O § 654 prevê essa possibilidade quando recusa remuneração, e mesmo compensação pelas despesas, ao mediador que, contrariando o contrato celebrado, tenha atuado para a outra parte. Impõe-se concluir que a atuação para ambas as partes é válida sempre que não seja excluída pelo primeiro contrato, nem resulte dessa atuação uma colisão entre os interesses das partes no futuro contrato[172].

As despesas, salvo estipulação em contrário, não são ressarcíveis, nem sequer quando o contrato desejado não chega a ser celebrado (§ 652, nº 2, do BGB).

Há contratos de mediação cuja regulação legal prevê expressamente que o mediador mantenha relações contratuais com ambas as partes no futuro contrato. É o caso do contrato de mediação de crédito ao consumo, que é celebrado, por escrito, entre o mediador de crédito e o consumidor (§§ 655-a e 655-b, nº 1, 1ª frase, do BGB). No § 655-b, nº 1, 2ª frase, lê-se

---

[170] OLAF JANSEN, *Die Nebenpflichten im Maklerrecht*, p. 93 – «Einer solchen Neutralitätstheorie, wie sie hin und wieder unter Berufung auf das Leitbild des Handelsmaklers anklingt, ist jedoch nicht vorbehaltlos zu folgen. Zunächst einmal ist der Makler seinem Auftraggeber verpflichtet, wenn auch nicht anfangs – abgesehen vom Alleinauftrag – bzgl. der Hauptflichten, immerhin jedoch mit einer ganzen Reihe von Nebenpflichten, einschließlich erheblicher Schutzpflichten, deren Verletzung ihn schadenersatzpflichtig machen kann».

[171] SCHWERDTNER/HAMM, *Maklerrecht*, pp. 11, 80.

[172] Sobre os pressupostos de admissibilidade do exercício da mediação para ambas as partes (*Doppeltätigkeit* ou *Doppelauftrag*), que jurisprudencialmente se foram desenvolvendo, v. HERBERT ROTH, «Mäklervertrag», pp. 2309-11; SCHWERDTNER/HAMM, *Maklerrecht*, pp. 218-20.

que o contrato deve conter indicação da remuneração do mediador, e, se o mediador também tiver convencionado remuneração com o empresário, também esta deve ser indicada. Ou seja, prevê-se que o mutuante, que não é parte neste contrato de mediação de crédito ao consumo, possa manter uma relação contratual remunerada com o mediador (cuja configuração terá de ser casuisticamente aferida).

O contrato de mediação para arrendamento habitacional, embora tenha como partes o mediador e a pessoa que procura habitação, sendo este quem paga a remuneração ao mediador (isso é claro, nomeadamente, da leitura dos §§ 2º, nº 3, e 3º, nº 2, da WoVermRG), pressupõe uma prévia relação com o futuro senhorio. Com efeito, de acordo com o disposto no § 6º, nº 1, do mesmo diploma, o mediador de arrendamentos habitacionais apenas pode propor habitações mediante autorização prévia do senhorio ou de outra pessoa com legitimidade para arrendar.

No contrato de mediação comercial, a regra é a da atuação no interesse de ambas as partes. A atividade do mediador comercial limita-se a objetos do tráfego comercial. Estes, muitas vezes, têm um preço definido pelo mercado, funcionando o mediador como uma ponte entre ordens de oferta e de procura (como sucede nos mercados, hoje em dia, sobretudo bolsas financeiras e centrais de compras), tarefa que lhe permite atuar para ambas as partes de modo imparcial[173]. Os §§ 94, 98 e 99 do HGB apontam para este tipo de atuação: o primeiro, ao estabelecer que o mediador deve entregar a cada parte, depois de concluir o negócio, um documento assinado onde faça menção da identidade das partes, do objeto transacionado, do preço, do prazo de entrega e de outras condições do negócio; o segundo, ao afirmar a responsabilidade do mediador perante cada uma das partes; e o terceiro, ao estatuir subsidiariamente o pagamento da remuneração por ambas as partes no contrato por fim celebrado.

4.2.3.2. Pressuposto do seu nascimento – celebração de um contrato eficaz

O direito do mediador à remuneração e, inerentemente, o correspondente dever do cliente nascem apenas com a celebração do contrato visado.

---

[173] *Münchener Kommentar zum Handelsgesetzbuch*, pp. 1485-6; Olaf Jansen, *Die Nebenpflichten im Maklerrecht*, p. 93.

Por seu turno, tal celebração mantém-se sempre na disponibilidade do cliente. Este não tem qualquer obrigação de celebrar o contrato proposto pelo mediador.

A jurisprudência e a doutrina são unânimes neste ponto[174]. A título exemplificativo, leiam-se as palavras de SCHWERDTNER e HAMM que assertivamente afirmam que o cliente permanece, em todas as configurações do contrato, incluindo no *Alleinauftrag*, «senhor do negócio». Está na sua disponibilidade decidir se quer celebrar o contrato com o interessado indicado pelo mediador ou com quem foi mantida a negociação, podendo recusar a conclusão do mesmo se tiver abandonado a sua intenção de alienar o objeto, se não aceitar a pessoa proposta ou se achar que consegue melhor preço[175].

A obrigação de remunerar só nasce, então, com a celebração do contrato que, por sua vez, está na disponibilidade do devedor. Daí que se diga

---

[174] OLAF JANSEN, *Die Nebenpflichten im Maklerrecht*, p. 44 – «In ständiger Rechtsprechung und aufgrund einhelliger Literaturmeinungen besteht der heute nicht mehr ernsthaft in Zweifel zu ziehende Grundsatz, daß der Auftraggeber gegenüber dem Makler keinerlei Verpflichtung hat, die vom Makler nachgewiesene Vertragsgelegenheit wahrzunehmen, d.h. den sog. Hauptvertrag abzuschließen. (...) Der Auftraggeber hat hier bis zum endgültigen Abschluß oder Nichtabschluß einen eigenen Entscheidungsspielraum. Dies soll auch für den Alleinauftrag». Em acórdão de 1956, o *Kammergericht* (OLG de Berlim), num contrato de mediação com cláusula de exclusividade, entendeu que o cliente não podia recusar arbitrariamente – «nur aus irgend einer Laune heraus» – a celebração do contrato. Este acórdão, sem outra fundamentação, é criticado por OLAF JANSEN, pela dificuldade de integrar aquele conceito e por tal dever contrariar o desenho legal do contrato de mediação, sem prejuízo da possibilidade de assunção contratual do mesmo dever ou de um direito a indemnização por via do disposto no § 826 do BGB, segundo o qual quem, agindo contra os bons costumes, infligir intencionalmente danos a outrem, deve indemniza-lo pelos danos causados (pp. 45-7).
[175] SCHWERDTNER/HAMM, *Maklerrecht*, pp. 80-1 – «Der Auftraggeber bleibt bei allen Vertragsgestaltungen einschließlich des Alleinauftrags **„Herr des Geschäfts"**. Es liegt also in seiner freien Entscheidung, ob er den Vertrag mit dem vom Makler vermittelten oder nachgewiesenen Interessenten abschließen will. Der Auftraggeber kann daher jederzeit den Abschluss verweigern, wenn er das Objekt nicht mehr veräußern will, wenn ihm die Person des zugeführten Interessenten nich zusagt oder wenn er meint, von anderer Seite einen höheren Kaufpreis zu erhalten». Também assim, KARSTEN SCHMIDT, *Handelsrecht*, p. 716 – «Grundsätzlich, sofern nicht in Gestalt eines Dienstvertrags die Tätigkeit als solche entgolten wird, wird die Provision erst mit dem Zustandekommen des Hauptvertrags fällig (vgl. § 652 I 1 BGB). Der Auftraggeber ist zu diesem Abschluß nicht verpflichtet. Die Einschaltung eines Maklers macht ihn nicht kontrahierungspflichtig, und zwar auch nicht im Verhältnis zum Makler».

COMPREENSÃO DO CONTRATO COM INCIDÊNCIA NAS PRESTAÇÕES PRINCIPAIS

que tal obrigação está dependente de uma condição[176], mais precisamente de uma condição potestativa[177].

E assim é, em qualquer das configurações do contrato. Mesmo no contrato de mediação com cláusula de exclusividade e obrigação do mediador (*Alleinauftrag*)[178] e no contrato de mediação comercial (*Handelsmaklervertrag*)[179].

Recordando aqui as figuras do *Maklerdienstvertrag* e do *Maklerwerkvertrag* e as suas duas aceções, é de sublinhar que, seja qual for o uso que a doutrina alemã lhes dê, todos concordam em que, para haver contrato de mediação, é essencial que o direito à remuneração seja dependente da celebração do contrato visado, a qual, por sua vez, deve permanecer na disponibilidade do cliente. Em consequência, o *Maklerdienstvertrag* e o *Maklerwerkvertrag* são distribuídos pela doutrina, ora pelo contrato de mediação, ora por contratos de prestação de serviço, consoante se entenda que incluem ou excluem aquela característica. A destrinça entre contrato de mediação e contratos de prestação de serviço, com ou sem obrigação de resultado, efetua-se com base na dependência ou independência da retribuição relativamente à celebração do contrato desejado. Enquanto no contrato de mediação, o direito à remuneração só nasce com aquela celebração, cuja efetivação permanece na disponibilidade do cliente, no contrato de prestação de serviço, a retribuição é devida pela execução da prestação[180].

---

[176] KARL LARENZ, *Lehrbuch des Schuldrechts*, II, *Besonderer Teil*, Parte 1, p. 397 – «Seine [des Auftraggebers] Verpflichtung ist also *aufschiebend bedingt*, und zwar einmal dadurch, daß der gewünschte Vertrag zustandkommt, und ferner dadurch, daß er „infolge" der Tätigkeit des Maklers zustandekommt»; SCHWERDTNER/HAMM, *Maklerrecht*, p. 12 – «Der Maklervertrag ist als **erfolgsbedingter Vertrag** strukturiert».

[177] OLAF JANSEN, *Die Nebenpflichten im Maklerrecht*, p. 9 – «Er ist daher durchaus mit einem aufschiebend bedingten Vertrag vergleichbar dergestalt, daß der Abschluß des Hauptvertrags durch den Auftraggeber eine sog. Potestativbedingung darstellt, deren Eintritt die Hauptleistungspflicht mit Förderungspflichten des Auftraggebers auslöst».

[178] OLAF JANSEN, *Die Nebenpflichten im Maklerrecht*, p. 44; MÜNCHENER KOMMENTAR ZUM HANDELSGESETZBUCH, p. 1479; SCHWERDTNER/HAMM, *Maklerrecht*, p. 249.

[179] MÜNCHENER KOMMENTAR ZUM HANDELSGESETZBUCH, p. 1489 – «Obwohl die Entstehung des Provisionsanspruchs an das Zustandekommen des vermittelten Geschäfts gebunden ist, behält der Auftraggeber seine volle Abschlussfreiheit. **Volle Abschlussfreiheit** bedeutet nicht nur, vertragliche Entscheidungsfreiheit über das „Ob" des Vertragsschlusses; vielmehr bleibt der **Auftraggeber** auch bezüglich des „Wie" **Herr des Geschäfts**».

[180] V. notas 164 e 165.

O CONTRATO DE MEDIAÇÃO

A celebração do contrato visado é necessária ao nascimento do direito à remuneração, mas não é suficiente. Esse contrato tem de ser juridicamente eficaz[181].

Não tem, todavia, de ter ultrapassado a fase do cumprimento (exceto no que ao contrato de mediação de crédito ao consumo respeita, como já mencionado), assunto que ao mediador não respeita. O incumprimento do contrato celebrado não afeta a remuneração do mediador, já recebida ou ainda devida, ao contrário do que sucede com o contrato de agência[182].

O requisito da eficácia é frequentemente visto como uma decorrência do teor do § 652 do BGB, e mais concretamente da 2ª frase do seu nº 1, que determina que se o contrato for celebrado sob condição suspensiva, a remuneração só será devida com a ocorrência da condição. A partir desta regra expressa, generalizou-se jurisprudencialmente a regra de que a remuneração só é devida quando o contrato celebrado reunir os requisitos necessários à sua eficácia, regra que tem sido aplicada a situações paralelas de contratos não total e imediatamente eficazes devido a causas distintas da sujeição a condição suspensiva.

Solução semelhante à do contrato sujeito a condição suspensiva é conferida ao contrato que possibilita o direito de revogação unilateral num prazo curto (arrependimento), por parte do consumidor, de que é um exemplo o contrato de venda porta-a-porta, consagrado no § 312 do BGB. Caso, na sequência de mediação, seja celebrado um tal contrato, o mediador só tem direito à remuneração quando já não for possível o exercício do direito de revogação, por esgotamento do respetivo prazo; e, caso entretanto a remuneração tenha sido paga, deve ser devolvida com o exercício

---

[181] JÖRN EGGERT, *Die Maklerprovision...*, p. 44 – «Für der Provisionsanspruch des Maklers ist es nach Wortlaut des §652 BGB notwendig, daβ der Hauptvertrag von vornherein wirksam entsanden ist»; DIETER REUTER, «Maklervertrag», p. 115 – «Der beabsichtigte Hauptvertrag muβ wirksam zustande kommen»; HERBERT ROTH, «Mäklervertrag», pp. 2237 e 2247-8 – «§ 652 Abs. 1 S. 1 macht das Entstehen des Provisionsanspruches nur vom wirksamen **Zustandekommen** des Hauptvertrages, nicht von dessen **Ausführung** abhängig» (p. 2237); SCHWERDTNER/HAMM, *Maklerrecht*, p. 115 – «Der Makler erwirbt nach § 652 Abs. 1 Satz 1 BGB nur dann einen Provisionsanspruch, wenn der angestrebte Vertrag **rechtwirksam** zustande kommt». Exclusivamente sobre esta matéria, existem na Alemanha algumas monografias, como as de BERND KEMPEN, *Der Provisionsanspruch des Zivilmaklers bei fehlerhaftem Hauptvertrag*, e de MARKUS WÜRDINGER, *Allgemeine Rechtsgeschäftslehre und Unvollkommenheiten des Hauptvertrages im Immobilienmaklerrecht*.

[182] Cfr. §§ 87, nº 3, e 87-a do HGB, e nota *supra*.

COMPREENSÃO DO CONTRATO COM INCIDÊNCIA NAS PRESTAÇÕES PRINCIPAIS

da revogação[183]. Uma outra situação que tem sido tratada pela regra da condição suspensiva é a do contrato a que falta uma licença administrativa para poder produzir efeitos[184].

A celebração do contrato visado sujeito a condição resolutiva, por seu turno, não impede o nascimento do direito à remuneração. Discutível é apenas se tal direito se mantém com a ocorrência condição. A jurisprudência tem decidido pela positiva, no sentido de que a ocorrência da condição resolutiva não afeta o direito à remuneração, mantendo, portanto, o mediador aquele direito intacto[185]. Na doutrina, encontram-se opiniões em sentidos divergentes – no sentido da manutenção e no da devolução[186].

Para a parte da doutrina que entende que a remuneração cai com a ocorrência da condição resolutiva, a argumentação corre aproximadamente como segue. É observado que o argumento *a contrario* extraído do § 652, nº 1, frase 2, do BGB apenas é válido para determinar o momento da aquisição do direito à remuneração, mas nada permite dizer sobre o que sucede se o acontecimento constitutivo da condição resolutiva ocorrer. A resposta à questão sobre se, dando-se tal ocorrência, a remuneração deve manter-se, deve obter-se por via da interpretação do contrato de mediação. Será que a análise do contrato permite afirmar que a remuneração foi prometida mesmo para a eventualidade de o contrato desejado ser celebrado sob uma condição resolutiva e de o facto condicionador ocorrer? Na dúvida, a resposta deve ser negativa, pois a condição resolutiva mantém o contrato, *ab*

---

[183] Neste sentido, SCHWERDTNER/HAMM, *Maklerrecht*, p. 47 – «Die Provision, soweit sie schon geleistet worden ist, ist im Übrigen auf jeden Fall zurückgewähren».

[184] DIETER REUTER, «Maklervertrag», p. 129 – «Hängt die volle Rechtswirkung des Hauptvertrages von einer Genehmigung ab, so entsteht der Provisionsanspruch erst, wenn die Genehmigung erteilt wird»; o mesmo afirmam SCHWERDTNER/HAMM, *Maklerrecht*, por coincidência também na p. 129.

[185] V. jurisprudência indicada por DIETER REUTER, «Maklervertrag», p. 125; e por SCHWERDTNER/HAMM, *Maklerrecht*, p. 127, nota 268, e p. 128, notas 273 e 274. Com exceção do acórdão de 1906, do OLG Celle (citado por JÖRN EGGERT, *Die Maklerprovision...*, p. 70, e por SCHWERDTNER/HAMM, *Maklerrecht*, p. 127, nota 270), todos os demais citados são no sentido da manutenção da remuneração.

[186] JÖRN EGGERT, *Die Maklerprovision...*, pp. 69-71 (manutenção); DIETER REUTER, «Maklervertrag», pp. 125-6 (perda, exceto quando do contrato de mediação resulte o contrário); HERBERT ROTH, «Mäklervertrag», p. 2249 (manutenção, sem prejuízo de acordo em contrário); SCHWERDTNER/HAMM, *Maklerrecht*, pp. 127-8 (manutenção).

initio, suscetível de terminar, e, a suceder tal cessação, o cliente do mediador não retira dele qualquer vantagem[187].

No sentido da manutenção da remuneração, os argumentos não são menos válidos. Por um lado, a ocorrência da condição resolutiva apenas tem efeitos *ex nunc* – esta a regra contida no § 158, nº 2, do BGB. Por outro lado, a estipulação de uma condição resolutiva aproxima-se à estipulação de um direito de resolução, devendo merecer idêntica solução (supondo-se nesta afirmação que a solução no caso de direito contratual de resolução é a que serve o direito de resolução legal, o que não é unanimemente aceite)[188].

O exercício do direito de resolução legal não belisca o direito à remuneração – neste aspeto há unanimidade[189]. E igual tratamento têm outras causas de cessação ou redução do negócio depois de o mesmo ter sido celebrado de forma totalmente válida e eficaz, como a adaptação do negócio por alteração significativa das circunstâncias que foram base do mesmo (§ 313 do BGB)[190]. *Idem* para a revogação, em sentido próprio (por acordo das partes), igualmente insuscetível de surtir qualquer efeito na remuneração do mediador[191].

A nulidade absoluta do contrato visado, por razões de fundo, não permite o nascimento do direito à remuneração do mediador[192]. Se se tratar de negócio suscetível de validação por confirmação, e caso esta se verifique, mantém-se o direito à remuneração[193]. A nulidade por falta de forma segue, em regra, o mesmo caminho, não dando lugar a remuneração, exceto se entretanto suprida[194].

---

[187] De perto, DIETER REUTER, «Maklervertrag», pp. 125-6.

[188] Seguindo SCHWERDTNER/HAMM, *Maklerrecht*, pp. 128-9.

[189] *V.g.*, DIETER REUTER, «Maklervertrag», p. 135; SCHWERDTNER/HAMM, *Maklerrecht*, pp. 122-3.

[190] JÖRN EGGERT, *Die Maklerprovision...*, p. 85; DIETER REUTER, «Maklervertrag», p. 135.

[191] JÖRN EGGERT, *Die Maklerprovision...*, p. 87; DIETER REUTER, «Maklervertrag», pp. 128-9; HERBERT ROTH, «Mäklervertrag», p. 2253.

[192] JÖRN EGGERT, *Die Maklerprovision...*, p. 57; DIETER REUTER, «Maklervertrag», p. 117; HERBERT ROTH, «Mäklervertrag», p. 2250; SCHWERDTNER/HAMM, *Maklerrecht*, p. 116.

[193] JÖRN EGGERT, *Die Maklerprovision...*, pp. 57-8; DIETER REUTER, «Maklervertrag», p. 117; HERBERT ROTH, «Mäklervertrag», p. 2250; SCHWERDTNER/HAMM, *Maklerrecht*, pp. 116-7.

[194] JÖRN EGGERT, *Die Maklerprovision...*, pp. 58-61 (o Autor indica também acórdãos que fogem ao afirmado padrão); DIETER REUTER, «Maklervertrag», p. 118 (embora tenha havido jurisprudência em sentido inverso, ali indicada); HERBERT ROTH, «Mäklervertrag», p. 2250; SCHWERDTNER/HAMM, *Maklerrecht*, p. 117.

COMPREENSÃO DO CONTRATO COM INCIDÊNCIA NAS PRESTAÇÕES PRINCIPAIS

Pode afirmar-se a regra de que o direito à remuneração nasce com a celebração válida e eficaz do contrato visado, e não é afetado pela eventual ineficácia superveniente e não retroativa do contrato[195].

No caso de ser exercido o direito de preferência na compra por um terceiro, a manutenção do direito do mediador à remuneração vai diferir consoante a parte ao serviço da qual o mediador se encontra. Caso o mediador tenha sido contratado pelo vendedor, a remuneração mantém-se, na medida em que é totalmente satisfeito o interesse do credor (neste caso, o desejoso vendedor); caso, pelo contrário, o mediador tenha sido contratado pelo comprador, não assiste ao mediador direito a qualquer remuneração, na medida em que não se celebra com o seu cliente o contrato por este pretendido[196].

A celebração de um contrato-promessa daquele que se pretende não gera o direito à remuneração, a menos que haja um acordo individualmente negociado nesse sentido; ou seja, não basta a inclusão no contrato de mediação de uma cláusula contratual geral que o permita[197]. Tal acordo nem sempre é possível: no caso da mediação de crédito ao consumo, há norma injuntiva a determinar a remuneração apenas após a efetiva receção da quantia mutuada e após o decurso do prazo de revogação pelo consumidor (§ 655-c do BGB).

Entre o contrato visado no contrato de mediação e o contrato efetivamente celebrado não tem de haver total identidade de características, nem sequer identidade do tipo jurídico, mas tem de haver uma equivalência económica (*wirtschaftliche Gleichwertigkeit*), no sentido de o interesse pretendido pelo cliente ser equivalente ao satisfeito pelo contrato celebrado. A aferição da equivalência vai depender, antes do mais, da configuração do contrato desejado, o qual (fora dos casos em que a lei exige a forma escrita) pode não ser posto por escrito, ou sê-lo de uma forma rudimentar. O primeiro problema consiste, portanto, no estabelecimento e interpretação

---

[195] HERBERT ROTH, «Mäklervertrag», p. 2248 – «Ist der Hauptvertrag einmal wirksam zustande gekommen, so schadet ein nachträgliches Unwirksamwerden ohne ex tunc Wirkung dem Provisionsanspruch des Maklers grundsätzlich nicht».

[196] JÖRN EGGERT, *Die Maklerprovision...*, pp. 88-90; DIETER REUTER, «Mäklervertrag», pp. 130-1; HERBERT ROTH, «Mäklervertrag», p. 2252; SCHWERDTNER/HAMM, *Maklerrecht*, pp. 130-5.

[197] DIETER REUTER, «Mäklervertrag», p. 116; HERBERT ROTH, «Mäklervertrag», pp. 2237-8; SCHWERDTNER/HAMM, *Maklerrecht*, p. 118.

O CONTRATO DE MEDIAÇÃO

das declarações do cliente relativamente ao contrato por si pretendido. Quanto maior for a pormenorização desse contrato transmitida pelo cliente ao mediador, menores são as possibilidades de equivalência. Por exemplo, geralmente, o facto de o contrato ser celebrado por um preço inferior ao desejado não afeta a remuneração do mediador. Porém, se no contrato de mediação as partes tiverem acordado que a venda por valor inferior a dado montante não gera remuneração, ou gera uma remuneração inferior, já o preço influi na determinação da equivalência entre os contratos. Só casuisticamente, a equivalência poderá ser aferida. Em geral, pode dizer-se que vários critérios assumem relevo na aferição, como o lapso temporal decorrido, a qualidade do terceiro (parte no contrato visado e no celebrado), os preços e os demais conteúdos dos contratos[198].

4.2.3.3. Nexo causal

Entre a atividade do mediador e a celebração do contrato visado tem de haver uma relação de causa e efeito. Não, porém, uma qualquer relação causal. Não basta, por exemplo, uma *conditio sine qua non* meramente formal. Exige-se, antes, que a atividade do mediador tenha sido substancialmente impulsionadora (*wesentlich gefördert*) do contrato celebrado[199].

Não carece, porém, de ter sido uma causa exclusiva, admitindo-se que tenha sido uma entre várias, pelo menos quando não se trate de mera indicação (pois nesta, a primeira indicação retira eficácia às subsequentes)[200].

A aferição do nexo causal é particularmente importante para decidir situações de pluralidade de causas e situações em que, tendo havido interrupção da atividade do mediador, o contrato vem ulteriormente a ser celebrado com a pessoa por ele indicada ou com quem ele tinha estabelecido contactos. A jurisprudência é cautelosa na aceitação de que a interrupção da causalidade iniba o direito à remuneração. Por si só, a circunstância de as negociações do mediador serem interrompidas não desobriga o cliente

---

[198] Sobre o tema e as soluções que têm sido casuisticamente conferidas pela jurisprudência alemã, JÖRN EGGERT, *Die Maklerprovision...*, pp. 92-107; DIETER REUTER, «Maklervertrag», pp. 104-15; HERBERT ROTH, «Mäklervertrag», pp. 2239-47.

[199] JÖRN EGGERT, *Die Maklerprovision...*, p. 45; HERBERT ROTH, «Mäklervertrag», pp. 2257-8, e também 2219 e 2221; SCHWERDTNER/HAMM, *Maklerrecht*, p. 136.

[200] JÖRN EGGERT, *Die Maklerprovision...*, p. 45; MÜNCHENER KOMMENTAR ZUM HANDELSGESETZBUCH, pp. 1491-2; DIETER REUTER, «Maklervertrag», pp. 148-50; HERBERT ROTH, «Mäklervertrag», pp. 2221 e 2258; SCHWERDTNER/HAMM, *Maklerrecht*, p. 141.

de pagar a remuneração se, mais tarde, vier a celebrar o contrato desejado, graças à atividade do mediador[201].

4.2.4. Relação entre as atribuições das partes

Os principais comportamentos contratualmente relevantes realizados pelas partes no âmbito do contrato de mediação simples – de um lado, uma atividade não obrigatória do mediador e, do outro, uma prestação pecuniária obrigatória do cliente – colocam este contrato na categoria dos contratos unilaterais ou não sinalagmáticos. O modelo contratual gizado pelo § 652 do BGB corresponde a um contrato oneroso, mas unilateral[202]. Também assim se passa com o contrato de mediação comercial, visto, de resto, como subespécie do de mediação civil[203].

Todavia, as particularidades da relação entre estes comportamentos permitem, ainda assim, identificar, entre a posição do mediador e a obrigação do cliente, uma especial relação de equivalência. Essa relação advém das seguintes especificidades. De um lado, no que toca ao mediador, se é certo que não está obrigado a desenvolver a atividade, não é menos certo que só terá direito à remuneração se a desenvolver, e de modo eficiente e proveitoso. De outro lado, no que se refere ao cliente, se é verdade que sobre ele impende uma obrigação de remunerar, não é menos verdade que o nascimento dessa obrigação está dependente de um acontecimento que está na sua disponibilidade. Como diz EGGERT, a equivalência das prestações resulta, por um lado, da liberdade contratual do cliente relativamente ao contrato inicialmente pretendido, e por outro, da presunção de que o cliente só utilizará a oportunidade resultante da atividade do mediador se daí esperar uma vantagem económica[204].

---

[201] V. jurisprudência indicada por DIETER REUTER, «Maklervertrag», p. 140; ou por SCHWERDTNER/HAMM, *Maklerrecht*, pp. 149-51.

[202] HERBERT ROTH, «Mäklervertrag», p. 2169 – «Der nach der gesetzlichen Modellvorstellung ausgestaltete Maklervertrag ist daher nach allgM **kein gegenseitiger Vertrag** iSd. §§ 320 ff., sondern ein entgeltlicher, einseitig verpflichtender Vertrag».

[203] *MÜNCHENER KOMMENTAR ZUM HANDELSGESETZBUCH*, p. 1489 – «Dennoch ist die Verpflichtung zur Entrichtung des Maklerlohns keine synallagmatische Pflicht iS der §§ 320 ff. BGB, da eine entgegengesetzte Verpflichtung des Maklers zum Tätigwerden üblicherweise zu keinem Zeitpunkt besteht». No mais, cfr. nota 148.

[204] JÖRN EGGERT, *Die Maklerprovision...*, p. 30 – «Die prinzipielle Gleichwertigkeit der Leistungen folgt zum einen aus der Vertragsabschlußfreiheit des Auftraggebers hinsichtlich des Hauptvertrags, zum anderen aus der Vermutung, daß der Maklerkunde nur dann die

No contrato de mediação com cláusula de exclusividade, não obstante haver consenso sobre a assunção de uma obrigação pelo mediador, a inter--relação entre as obrigações das duas partes tem sido discutida, tratando-se para uns de uma mera relação económica e para outros de uma interdependência jurídica que permite a classificação do contrato como bilateral ou sinalagmático[205].

Os que entendem o *Alleinauftrag* como contrato bilateral enfatizam que a prestação do cliente é uma remuneração da atividade do mediador, que tem apenas a especificidade de só ser devida com a celebração do contrato visado, para o qual a dita atividade contribuiu, e/ou que, durante o prazo de duração do contrato, não assiste ao cliente o direito de livre revogação[206].

Os que entendem que o *Alleinauftrag* é tão unilateral como o contrato de mediação simples relevam principalmente que o cliente mantém a liberdade de celebração do contrato visado e que só a celebração deste (e não a atividade do mediador) faz nascer o direito à comissão[207].

---

infolge der Maklertätigkeit vermittelte Vertragsgelegenheit in Anspruch nehmen wird, wenn er sich davon einen wirtschaftlichen Vorteil verspricht».

[205] Sobre as duas posições em confronto, JÖRN EGGERT, *Die Maklerprovision...*, pp. 31-2, ou DIETER REUTER, «Maklervertrag», p. 12.

[206] No sentido da bilateralidade, HERBERT ROTH, «Mäklervertrag», p. 2280 – «Während der Laufzeit des Alleinauftrags ist die ansonsten bestehende Widerrufsfreiheit des Kunden ausgeschlossen. Deshalb ist der Alleinauftrag ein gegenseitiger Vertrag iSd. §§ 320 ff. Im Gegenseitigkeitsverhältnis stehen die Tätigkeitspflicht des Maklers und die durch das Zustandekommen des Hauptvertrages bedingte Vergütungspflicht des Kunden».

[207] Neste sentido, entre outros, JÖRN EGGERT, *Die Maklerprovision...*, pp. 31-2 – «Wie beim einfachen Maklervertrag besteht auch beim Alleinauftrag ein Äquivalenzverhältnis zwischen Leistung und Gegenleistung nicht in der Vereinbarung entsprechender wechselseitiger Rechte und Pflichten, sondern ergibt sich aus der Wahlfreiheit des Auftraggebers zwischen der mit der Provisionszahlungspflicht verbundenen Vertragsgelegenheit des Maklers und konkurrierenden Vertragsgelegenheiten. Der Makler erhält auch beim Alleinauftrag seinen Maklerlohn nicht wegen seiner geleisteten Arbeit; nur der tatsächliche Abschluß des Hauptvertrags berechtigt zur Forderung der Provision». Em conclusão sobre o tema, na p. 54, «Der Maklervertrag ist als ein einseitig verpflichtender Vertrag zu qualifizieren, gleich ob es sich um einen einfachen Maklervertrag oder um einen Alleinauftrag handelt». Também assim, SCHWERDTNER/HAMM, *Maklerrecht*, p. 242 – «Der Alleinauftrag stellt einen Maklerdienstvertrag dar. Dieser Maklerdienstvertrag ist jedoch kein gegenseitiger Vertrag gem. §§ 320 ff. BGB. Die Verpflichtung des Maklers, tätig zu werden, und die Verpflichtung des Auftraggebers, im Falle des Zustandekommens des Hauptvertrages die Provision zu zahlen, stehen nicht in einem Gegenseitigkeitsverhältnis». *Idem* para DIETER REUTER, «Maklervertrag», pp. 13 e 207 – o Autor conclui que, no máximo, há uma relação entre o dever de agir do mediador e o dever lateral do cliente de se abster de contratar outros mediadores: «Allenfalls kann man

COMPREENSÃO DO CONTRATO COM INCIDÊNCIA NAS PRESTAÇÕES PRINCIPAIS

Note-se que, em qualquer dos casos (de contrato com cláusula de exclusividade), estamos em presença de um contrato com duas obrigações principais em sentido técnico, discutindo-se apenas se elas estão ou não numa relação de interdependência jurídica entre elas. Esta discussão apenas se encontra em autores alemães o que justifica que este apontamento apenas aqui seja feito.

4.3. Suíça
4.3.1. Aspetos gerais de enquadramento e configuração do tipo
O Código das Obrigações suíço, fruto da revisão de 1911, prevê e regula o contrato de mediação (*courtage, Mäklervertrag, mediazione*) nos arts. 412 a 418. Lembro que, na Suíça, as normas de direito privado estão distribuídas por dois códigos: o Código Civil – atinente às pessoas, à família, às sucessões e às coisas –, e o Código das Obrigações – que, além de disposições gerais, regula contratos em especial, sociedades comerciais, cooperativas, registo comercial e títulos de crédito. O Código das Obrigações destina-se a todas as obrigações de direito privado, não distinguindo entre civis e comerciais. Em consequência, e ao contrário do que vimos suceder na Alemanha, não há aqui lugar à distinção *ex vi lege* entre contrato de mediação civil e comercial, ou entre contrato de mediação profissional e ocasional.

Na sistematização do Código, o capítulo destinado ao contrato de mediação insere-se no Título XIII, destinado ao mandato. O contrato de mediação é, portanto, uma variedade do contrato de mandato, sem prejuízo de algumas particularidades que lhe conferem *un aspect unique et déconcertant*[208].

---

sagen, daß der Alleinauftrag einen um die **Nebenabrede wechselseitiger Pflichten** (der Tätigkeitspflicht des Maklers einerseits und der Pflicht des Auftraggebers zum Verzicht auf die Einschaltung weiterer Makler andererseits) ergänzten Maklervertrag darstellt» (p. 13).
[208] LUC THÉVENOZ e AUDE PEYROT, «Le contrat de courtage immobilier», p. 116. Sobre a mediação como subespécie do mandato, v. a título de exemplo, além dos anteriores (p. 115), também KARL DÜRR, *Mäklervertrag und Agenturvertrag*, p. 26; GEORG GAUTSCHI, «Kreditbrief und Kreditauftrag, Mäklervertrag, Agenturvertrag...», pp. 113-5 – «Die *Unterstellung* des Mäklervertrages unter die Vorschriften des einfachen Auftrages ist entsprechend dem Wortlaut von Art. 412 II OR eine *strikte im rechtstechnischen Sinne*. Es handelt sich nicht nur um eine analoge Anwendung» (p. 115); LOUIS-PIERRE MINOLA, *Le contrat de courtage*, p. 29; PIERRE TERCIER e PASCAL G. FAVRE, *Les contrats spéciaux*, p. 843; EMILE THILO, «Le courtage en immeubles et la rémunération du courtier», p. 35.

O art. 412, n.º 1, define-o como o contrato pelo qual o mediador é encarregado, mediante remuneração, de indicar à parte contrária a ocasião de concluir um contrato, ou de servir de intermediário na sua negociação[209].

A formação do contrato não oferece discussão à doutrina suíça: forma-se uma vez confiado e aceite o encargo, ainda que qualquer destas declarações possa expressar-se por atos concludentes, sem especificidades relativamente à generalidade dos contratos[210].

Doutrina e jurisprudência são concordantes em encontrar na norma duas modalidades de mediação: de *indicação* e de *negociação*. Na primeira, o mediador tem como única tarefa fornecer ao cliente um conhecimento que lhe falta, normalmente, a indicação de uma pessoa interessada em concluir o contrato que ele deseja; na segunda, o mediador negoceia o futuro contrato, além de, eventualmente, ter também indicado a contraparte[211]. Alguns autores identificam uma terceira modalidade regida pela

---

[209] No original: «Le courtage est un contrat par lequel le courtier est chargé, moyennant un salaire, soit d'indiquer à l'autre partie l'occasion de conclure une convention, soit de lui servir d'intermédiaire pour la négociation d'un contrat». Todos os artigos citados sem menção do diploma a que pertencem provêm do Código das Obrigações. Ressalvada outra indicação, toda a legislação suíça referida pode ser consultada em http://www.admin.ch/ch/f/rs/2.html

[210] Neste sentido pronunciam-se, entre outros, KARL DÜRR, *Mäklervertrag und Agenturvertrag*, pp. 23-4; GEORG GAUTSCHI, «Kreditbrief und Kreditauftrag, Mäklervertrag, Agenturvertrag...», p. 115; CHRISTIAN MARQUIS, *Le contrat de courtage immobilier et le salaire du courtier*, pp. 179-80 e 182-8; FRANÇOIS RAYROUX, «Du courtage», p. 2112 – «Le contrat est ainsi parfait dès que les parties se sont mises d'**accord sur tous les points (objectivement ou subjectivement) essentiels** du contrat de courtage»; PIERRE TERCIER e PASCAL G. FAVRE, *Les contrats spéciaux*, pp. 847-8 – «La conclusion du contrat de courtage obéit aux principes généraux sur la conclusion des contrats (CO 1 ss), complétés par les dispositions du mandat» (p. 847), «L'accord peut se fonder sur des manifestations de volonté expresses (orales ou écrites) ou résulter d'actes concluants» (p. 848); EMILE THILO, «Le courtage en immeubles et la rémunération du courtier», n.º 2, p. 43; PIERRE TURRETTINI, *Le contrat de courtage et le salaire du courtier*, p. 48.

[211] No sentido destes conteúdos CHRISTIAN MARQUIS, *Le contrat de courtage immobilier et le salaire du courtier*, p. 33; FRANÇOIS RAYROUX, «Du courtage», p. 2110 – «L'action du courtier indicateur consiste à indiquer un partenaire avec qui le mandant peut conclure un contrat, et celle du courtier négociateur à conduire les négociations avec le tiers pour le compte du mandant»; WERNER SCHWEIGER, *Der Mäklerlohn, Voraussetzungen und Bemessung*, pp. 24-6; PIERRE TERCIER, *La partie spéciale du Code des obligations*, p. 407; PIERRE TERCIER e PASCAL G. FAVRE, *Les contrats spéciaux*, p. 846 – «le courtier indicateur (...) qui se charge de trouver un partenaire avec qui le mandant pourra conclure un contrat; et le courtier négociateur (...) qui se charge (en plus) de conduire la négociation avec le tiers pour le compte du mandant»; PIERRE TURRETTINI, *Le contrat de courtage et le salaire du courtier*, pp. 15, 21 e 133-5. Na juris-

COMPREENSÃO DO CONTRATO COM INCIDÊNCIA NAS PRESTAÇÕES PRINCIPAIS

mesma disciplina, a meio caminho entre as anteriores: a chamada mediação de *apresentação*, pela qual o mediador conduz um terceiro a entrar em contacto com o cliente com vista à negociação de um contrato e o alicia para esse contrato[212].

Sendo a atividade do mediador de cariz eminentemente material – toda a sua atuação é anterior ao ato jurídico que visa facilitar e que é desejado pelo cliente –, rapidamente questionamos o fundamento da integração da matéria no título do contrato de mandato. A explicação torna-se evidente com a leitura do art. 394, que define o mandato como o contrato pelo qual o mandatário se obriga a gerir o negócio de que foi encarregado ou a prestar os serviços prometidos, mediante retribuição se assim tiver sido convencionado ou resultar dos usos[213], e com a constatação da ausência, no *Code des obligations*, de regulação autónoma para os contratos que designamos por «prestação de serviço», ou mesmo de alusão à sua existência como espécie diferenciada. A doutrina suíça qualifica como mandatos, entre outros, os contratos para prestação de serviços médicos, os contratos para prestação de serviços técnicos, como os de projetos de engenharia ou arquitetura, os contratos para prestação de serviços de ensino, ou os contratos para prestação de informações[214]. A expressão *prestação de serviço* é, no entanto, conhecida do legislador e da doutrina com um sentido amplo, seja para

---

prudência, e a título exemplificativo, os Acórdãos do Tribunal Federal nº 4C.367/2004, de 22 de março de 2005, e nº 4C.228/2005, de 25 de outubro de 2005, consultados em http:// vlex.com/source/tribunal-federal-2392, como todos os citados sem indicação de outra fonte.

[212] Assim KARL DÜRR, *Mäklervertrag und Agenturvertrag*, p. 16 – «Zuführen steht zwischen Vermitteln und Nachweisen und besteht darin, einen Dritten zu veranlassen, sich an den Geber zu wenden, mit diesem zu verhandeln»; FRANÇOIS RAYROUX, «Du courtage», p. 2110 – Depois de reconhecer a mediação de indicação e a de negociação, afirma que a prática distingue ainda um terceiro tipo de contrato de mediação, a mediação de apresentação, na qual a atividade do mediador «est d'amener un tiers à entrer en relation avec le mandant en vue de négocier un contrat». Também PIERRE TERCIER e PASCAL G. FAVRE, *Les contrats spéciaux*, p. 846, identificam o mediador apresentador, como uma categoria doutrinária, entre as previstas na lei – «La doctrine distingue un troisième type de courtier: le *courtier présentateur* (der Zuführungsmäkler), dont l'activité amène un tiers à entrer en relation avec le mandant en vue de négocier un contrat».

[213] Transcrevem-se os nºs 1 e 3 do art. 394: «Le mandat est un contrat par lequel le mandataire s'oblige, dans les termes de la convention, à gérer l'affaire dont il s'est chargé ou à rendre les services qu'il a promis»; «Une rémunération est due au mandataire si la convention ou l'usage lui en assure une».

[214] V. PIERRE TERCIER e PASCAL G. FAVRE, *Les contrats spéciaux*, pp. 803-30; PIERRE ENGEL, *Contrats de droit suisse*, pp. 497-503.

O CONTRATO DE MEDIAÇÃO

designar um conjunto de prestações que podem ser objeto de vários contratos[215], seja para designar uma classe que abrange vários contratos[216].

A amplitude do mandato conduz a que, no seu confronto com a mediação, os autores coloquem ênfase no objeto limitado da mediação, no caráter não obrigatório da prestação do mediador e (/ou, pois não há unanimidade quanto ao caráter não obrigatório da prestação do mediador) na sua necessária remuneração, mas apenas se atingido certo resultado – por contraposição, respetivamente, à abrangência do objeto do mandato, à obrigatoriedade da prestação do mandatário, ao seu possível caráter gratuito, e à independência da retribuição do mandato oneroso relativamente a um resultado externo à prestação –, e não na natureza material ou jurídica das atividades num caso e no outro, como vemos noutros ordenamentos[217].

---

[215] Parece-me ser com este sentido que a expressão é usada nos únicos artigos do *Code des obligations* que a contêm – 40f, 663 e 663a.

[216] Com este sentido, PIERRE TERCIER e PASCAL G. FAVRE, *Les contrats spéciaux*, p. 61, classificam os contratos, tendo por critério a prestação característica, em contratos de alienação, contratos de uso, contratos de trabalho, *contratos de serviço*, contratos de garantia, contratos de seguro, contratos de sustento e contratos de sociedade. Entre os contratos de serviço – pelos quais uma parte se compromete a, de forma independente, exercer uma atividade a favor da outra –, distinguem os contratos de resultado, que exemplificam com a empreitada (*contrat d'entreprise* – art. 363), e os contratos de meios, que exemplificam com o mandato. Também como termo de uma classificação (ainda que de conteúdo mais lato), PIERRE ENGEL, *Traité des obligations en droit suisse*, p. 70, ao discorrer sobre a obrigação de *facere*, diz: «Elle se rencontre dans les contrats de prestation de service, tel le contrat de travail, CO 319 ss, le mandat, CO 394 ss et les contrats apparentés». Este mesmo Autor, em *Contrats...*, p. 431: «D'une certaine façon, les contrats de travail sont des contrats de service. Dans un sens plus restreint, on entend par contrats de service ceux par lesquels une partie s'engage à titre indépendant à exercer une activité déterminée au profit d'une autre». Nestes distingue dois grupos: os de resultado, nos quais a parte que promete o serviço promete também o resultado (e exemplifica com o contrato de empreitada e o contrato de edição), e os de meios, nos quais a parte que presta o serviço promete apenas uma atividade em vista de um resultado, mas não este último (exemplifica com o contrato de mandato).

[217] PIERRE ENGEL, *Contrats...*, p. 521 – «Dans le mandat, le mandataire s'oblige à rendre un service ou à gérer une affaire. Dans le contrat de courtage, sauf convention contraire, le courtier ne s'engage pas à déployer une activité»; JOSEPH HOFSTETTER, «Le contrat de courtage», p. 157 – «il se distingue des autres mandataires car il n'assume aucune obligation d'intervenir»; CHRISTIAN MARQUIS, *Le contrat de courtage immobilier et le salaire du courtier*, p. 54 – «La particularité première du mandat de courtage, c'est qu'il n'autorise pas le mandant à actionner le courtier en exécution. Ce dernier, au contraire du mandataire (art. 394 al. 1 CO) n'a donc, sauf circonstances particulières, pas d'obligation d'agir. A la différence du courtage qui est un contrat essentiellement onéreux (art. 412 al. 1 CO), le mandat ordinaire est présumé

O art. 418 do Código das Obrigações, ainda no capítulo dedicado ao contrato de mediação, permite aos cantões legislar sobre intermediação financeira e mediação laboral, matérias que, no entanto, se encontram reguladas por leis federais[218]. À semelhança do que sucede noutros países, o intermediário financeiro executa transações por conta dos clientes, mas em nome próprio, agindo com base em contratos de comissão ou que deles se aproximam[219].

De outro lado, ao abrigo do disposto no art. 6º do Código Civil suíço, que permite aos cantões legislar em matéria de direito público, existem várias leis cantonais a disciplinar o acesso à profissão de mediador imobiliário e o exercício da respetiva atividade[220].

---

gratuit»; LOUIS-PIERRE MINOLA, *Le contrat de courtage*, pp. 29-30; FRANÇOIS RAYROUX, «Du courtage» – «si la relation contractuelle est qualifiée de mandat, le mandataire s'oblige à rendre un service, le cas échéant contre paiement d'une rémunération. En revanche dans le cadre d'un contrat de courtage, le courtier ne s'engage pas à déployer une activité: il est toutefois en droit d'exiger la rémunération promise en cas de succès de son intervention» (p. 2109); «Le contrat de courtage se distingue du **mandat** par son objet limité. En effet, l'objet du courtage est l'entremise dans la conclusion d'une ou de plusieurs affaires déterminées. Le contrat de courtage a un caractère nécessairement onéreux, alors que le mandat peut être gratuit (CO 394 III). Le courtier n'est rémunéré qu'en raison de son succès. Contrairement au mandat (CO 394 I), le courtier n'a – sauf convention contraire – pas l'obligation d'agir et ne peut être actionné en exécution» (p. 2114); PIERRE TERCIER, *La partie spéciale du Code des obligations*, p. 407; PIERRE TERCIER e PASCAL G. FAVRE, *Les contrats spéciaux*, p. 846 – «le mandataire a droit dans tous les cas à une rémunération s'il en est convenu une, alors que celle-ci dépend du résultat dans le cas du courtier»; PIERRE TURRETTINI, *Le contrat de courtage et le salaire du courtier*, p. 43 – «Le contrat de courtage se distingue du mandat par son caractère onéreux de principe, et, pour certains auteurs, parce que le courtier n'est pas obligé d'agir; qu'il n'a pas droit, sauf convention contraire, au remboursement de ses frais et qu'il ne peut engager son mandant».

[218] A intermediação financeira está regulada pela *Ordonnance sur les bourses et le commerce des valeurs mobilières* (OBVM), RS 954.11, de 2 de dezembro de 1996, e a mediação laboral pela *Loi fédérale du 6 octobre 1989 sur le service de l'emploi et la location de services* (LSE), RS 823.11.

[219] CHRISTIAN MARQUIS, *Le contrat de courtage immobilier et le salaire du courtier*, p. 37 – «L'art. 418 CO autorise les cantons à édicter des lois réglementant la pratique du courtage par les agents de change. (...) Le paradoxe, c'est qu'en Suisse (...) les agents de change, ou les banques qui jouent ce rôle, établissent avec leur clientèle des relations basées sur le contrat de commission ou de fiducie».

[220] Um estudo comparativo sobre as várias leis dos cantões em matéria de mediação imobiliária pode ler-se em CHRISTIAN MARQUIS, *Le contrat de courtage immobilier et le salaire du courtier*, pp. 78-131.

O CONTRATO DE MEDIAÇÃO

Os contratos de mediação imobiliária e laboral entroncam na mediação geral, aplicando-se-lhes as regras gerais do *contrat de courtage* (entre estas, a do art. 417 que lhes é especialmente dirigida, permitindo ao juiz, a requerimento do interessado, a redução equitativa da remuneração nos casos de mediação para celebração de contrato individual de trabalho ou para venda de imóvel). As várias leis dos cantões sobre mediação imobiliária têm meros fins de polícia, retomando a noção do contrato de mediação do Código das Obrigações[221]. E a atividade de mediação laboral descrita na lei federal que a rege – como atividade que consiste em colocar em contacto empregadores e candidatos a emprego, a fim de que estes possam celebrar um contrato de trabalho, sendo a comissão devida a partir do momento em que este seja concluído[222] –, encaixa-se nas características fundamentais do contrato de mediação geral.

Uma última palavra para uma referência à chamada «mediação para casamento», cuja evolução legislativa me parece ter na sua base razões que se prendem significativamente, se não com o conceito de contrato de mediação, pelo menos com a importância que nele tem a sua forma ímpar de remuneração. O art. 416 do *Code des obligations*, entretanto revogado, dizia que a negociação de um casamento não podia dar lugar a uma ação para pagamento da remuneração[223]. O Código reconhecia, portanto, a existência da figura e parecia aceitar a sua validade. Privava-a, no entanto, do direito de ação, considerando a retribuição como uma obrigação natural[224].

---

[221] CHRISTIAN MARQUIS, *Le contrat de courtage immobilier et le salaire du courtier*, p. 40, «toutes ces lois cantonales reprennent la notion de courtage immobilier telle que définie par le Code des obligations».

[222] Transcrevem-se, a propósito, os conteúdos dos arts. 2º, nº 1, e 9º, nº 2, da *Loi fédérale sur le service de l'emploi et la location de services (LSE) du 6 octobre 1989 (Etat le 1er avril 2011)*: «Quiconque entend exercer en Suisse, régulièrement et contre rémunération, une activité de placeur, qui consiste à mettre employeurs et demandeurs d'emploi en contact afin qu'ils puissent conclure des contrats de travail, doit avoir obtenu une autorisation de l'office cantonal du travail»; «La commission n'est due par le demandeur d'emploi qu'à partir du moment où le placement a abouti à la conclusion d'un contrat».

[223] Na versão original, consultada em GEORGES SCYBOZ e PIERRE-ROBERT GILLIÉRON, *Code civil suisse et Code des obligations annotés*, p. 187: «La négociation d'un mariage ne peut donner lieu à aucune action en paiement d'un salaire».

[224] Neste sentido, v. KARL DÜRR, *Mäklervertrag und Agenturvertrag*, pp. 62-4; PIERRE ENGEL, *Traité...*, p. 44; JOSEPH HOFSTETTER, «Le contrat de courtage», p. 170; CHRISTIAN MARQUIS, *Le contrat de courtage immobilier et le salaire du courtier*, p. 35; LOUIS-PIERRE MINOLA,

COMPREENSÃO DO CONTRATO COM INCIDÊNCIA NAS PRESTAÇÕES PRINCIPAIS

O art. 416 foi revogado pela Lei federal de 26 de junho de 1998 que, simultaneamente, introduziu os arts. 406a a 406h que passaram a formar o capítulo intitulado «Du *mandat* visant à la conclusion d'un mariage ou à l'établissement d'un partenariat». Ou seja, o contrato saiu da alçada do capítulo dedicado ao de mediação e passou a ser tratado como mandato.

É interessante pensar no porquê dessa transferência. Enquanto «mediação para casamento», a obrigação (natural) de retribuir só nascia com a celebração do casamento, por via do disposto no art. 413. Tal como configurado o novo contrato, a retribuição passou a ser devida pela mera atividade (arts. 406a, nº 1, e 406d[225]). Tal dado parece-me determinante para a deslocação do contrato. No relatório explicativo do anteprojeto da lei de 1998, a comissão de revisão toca a questão quando escreve: «O mandatário compromete-se a fornecer prestações de serviço, em geral, por longo período de tempo. É por isso que não se justifica fazer depender a remuneração do resultado obtido»[226]. Faltou talvez acrescentar, mas resulta implícito que, não dependendo a remuneração do resultado obtido, o contrato não pode ser tido por mediação, tendo de ser entendido como simples mandato (que na Suíça, como vimos, abrange a prestação de atos não jurídicos).

4.3.2. A atividade contratual do mediador

À luz do disposto no art. 412, e ressalvado acordo em contrário, a atividade que o mediador desenvolve no âmbito do contrato, e por causa dele, tem sido maioritariamente entendida, não como uma obrigação, mas como uma *Obliegenheit* (autores de língua alemã) ou uma *incombance* (autores

---

Le contrat de courtage, p. 70; FRANÇOIS RAYROUX, «Du courtage», p. 2128; PIERRE TURRETTINI, *Le contrat de courtage et le salaire du courtier,* p. 59.

[225] Do art. 406a, nº 1, consta: «Le mandat visant à la conclusion d'un mariage ou à l'établissement d'un partenariat est un contrat par lequel le mandataire s'oblige envers le mandant, moyennant rémunération, à lui présenter des personnes en vue de la conclusion d'un mariage ou de l'établissement d'un partenariat stable». Do art. 406d (corpo e alínea 2): «Le contrat n'est valable que s'il est établi en la forme écrite et contient les indications suivantes: le nombre et la nature des prestations que le mandataire s'engage à fournir, ainsi que le montant de la rémunération et des frais correspondant à chaque prestation, notamment les frais d'inscription».

[226] COMMISSION D'EXPERTS pour la révision du droit de la famille, Commission fédérale pour les questions d'état civil, *Rapport explicatif avec avant-projet (annexe) pour une révision du code civil (conclusion du mariage et divorce, état civil, filiation, dette alimentaire, tutelle, asiles de famille et courtage matrimonial),* p. 110.

O CONTRATO DE MEDIAÇÃO

de língua francesa). Em geral, escrevia DÜRR, ainda na década de 1950, a atividade do mediador não corresponde a uma obrigação, mas a uma *Obliegenheit* que constitui um mero pressuposto da aquisição do direito à remuneração; a omissão dessa atividade não gera um direito a uma indemnização por danos, tendo apenas por consequência a eliminação da remuneração[227]. O conceito da *Obliegenheit* tem sido maioritariamente utilizado para descrever o tipo de vinculação do mediador[228]. Mesmo quando não recorrem àquele vocábulo, os autores afirmam a ausência de uma obrigação do mediador de desenvolver a sua atividade, e descrevem a sua ligação contratual a essa atividade como uma possibilidade de a exercer no interesse próprio, já que é pressuposto da aquisição do direito à remuneração, para além de dar também satisfação a um interesse do cliente[229].

---

[227] KARL DÜRR, *Mäklervertrag und Agenturvertrag*, p. 18 – «In allgemeinen trifft den Mäkler keine weitgehende Tätigkeitspflicht. (...) Obliegenheiten, keine Vertragspflichten sind solche Handlungen, die lediglich die Voraussetzung zum Verdienen des Mäklerlohnes bilden. Ihre Unterlassung macht an sich nicht schadenersatzpflichtig, beseitigt nur den Mäklerlohn».

[228] CHRISTIAN MARQUIS, *Le contrat de courtage immobilier et le salaire du courtier*, p. 48 – «Il s'agit, d'après la doctrine récente, d'une «Obligenheit» ou «incombance», à savoir, le comportement que doit avoir une personne pour éviter un désavantage juridique. Ce n'est donc pas une obligation au sens propre, dans la mésure où celui qui refuse ou omet d'agir ne peut y être contraint, mais il perd par là le bénéfice de certains droits, en l'occurrence, pour le courtier, le droit conditionnel au salaire». FRANÇOIS RAYROUX, «Du courtage», p. 2115 – «L'obligation principale du mandant est la promesse de verser le salaire. Les obligations du courtier, en particulier l'obligation de fidélité, ne constituent que la prestation dépendante du courtage. Le courtier n'a pas l'obligation d'agir. L'activité qu'il est appelé à déployer n'est qu'une **incombance (Obliegenheit)**, et non une obligation au sens propre». PIERRE TERCIER, *La partie spéciale du Code des obligations*, p. 408. PIERRE TERCIER e PASCAL G. FAVRE, *Les contrats spéciaux*, p. 849 – «il ne prend pas l'engagement de rendre le service attendu. Il ne s'agit là que d'une sorte d'incombance dont le respect lui ouvrira, en cas de succès, le droit à une rémunération». LUC THÉVENOZ e AUDE PEYROT, «Le contrat de courtage immobilier», p. 116 – «En contrepartie du caractère aléatoire de sa rémunération, le courtier n'a en principe pas l'obligation de déployer une activité en faveur du mandant: il est tenu d'une simple incombance».

[229] JOSEPH HOFSTETTER, «Le contrat de courtage», p. 157 – «le courtier est autorisé à entreprendre les activités prévues par le contrat, mais il n'y est nullement obligé (...). Le fait que le courtier contribue à l'aboutissement d'une affaire ne constitue qu'une condition lui permettant de faire valoir un droit à la rémunération». LOUIS-PIERRE MINOLA, *Le contrat de courtage*, pp. 19-20 – «le contenu du contrat n'oblige en rien le courtier à exécuter le mandat conféré. Le contrat lui donne le droit d'être actif pour le mandant, mais ne l'oblige pas à être actif. De même, le contrat n'oblige pas le mandant à conclure l'affaire indiquée ou négociée par le courtier, et ainsi à rémunérer celui-ci». (...) «il ne s'agit pas ici d'une obligation, mais

A defesa da vinculação do mediador a uma obrigação principal (não concretamente estipulada) é claramente minoritária[230].

O conceito alemão e suíço de *Obliegenheit* ou *incombance* corresponde a um dever de menor intensidade e no próprio interesse, semelhante aos que designamos por ónus e encargos. MENEZES CORDEIRO chamou-lhe *encargo, ou ónus de direito material[231], expressão que também uso, a par de incumbência*, traduzida do francês *incombance*, e sugerida entre nós por HEINRICH HÖRSTER[232]. O conceito de *Obliegenheit*, oriundo sobretudo do direito dos seguros, foi identificado no espectro mais amplo do direito privado graças à obra de REIMER SCHMIDT, de meados do passado século[233]. Como afirmei, ainda na década de 1950, a doutrina suíça acolheu-o para designar o encargo do mediador no contrato de mediação, posição que mantém desde então.

Sem prejuízo do exposto, as partes podem convencionar a obrigatoriedade da atividade de mediação, entendendo-se que a cláusula de exclusividade importa essa convenção[234].

---

d'une condition à remplir par le courtier pour avoir droit à la provision». EMILE THILO, «Le courtage en immeubles et la rémunération du courtier», nº 2, p. 41 – «sous réserve de stipulations contractuelles – le courtier ne promet pas de s'occuper particulièrement activement, de faire toutes ses diligences ou même de donner tout son temps pour indiquer ou négocier uniquement le contrat désiré; par conséquent, le mandant n'a pas d'action contre le courtier». PIERRE TURRETTINI, *Le contrat de courtage et le salaire du courtier*, p. 21 (implicitamente) – «Si le courtier veut prétendre à sa rémunération, il faut qu'il exécute le mandat (...). Si le courtier entend exécuter fidèlement son mandat, il doit (...)».

[230] No sentido de, por força do contrato de mediação, o mediador ficar necessariamente vinculado a uma obrigação principal, GEORG GAUTSCHI, «Kreditbrief und Kreditauftrag, Mäklervertrag, Agenturvertrag...», p. 104 – «Durch den Anspruch auf Mäklerlohn, auch wenn dieser vom Erfolg der Mäklertätigkeit abhängig ist, wird der Mäklervertrag zu einem gegenseitigen Vertrag. (...) Der Mäkler ist *vorleistungspflichtig*».

[231] ANTÓNIO MENEZES CORDEIRO, *Tratado de direito civil*, I, pp. 918-9.

[232] HEINRICH HÖRSTER, *A parte geral do Código Civil português*, p. 234.

[233] REIMER SCHMIDT, *Die Obliegenheiten*. Exposições resumidas sobre o conceito podem ler-se em MENEZES CORDEIRO, *Tratado de Direito Civil*, I, pp. 918-9; JANUÁRIO GOMES, *Assunção fidejussória de dívida*, pp. 1204-7; HEINRICH HÖRSTER, *A parte geral do Código Civil português*, p. 234; KARL LARENZ e MANFRED WOLF, *Allgemeiner Teil des Bürgerlichen Rechts*, pp. 234-5.

[234] PIERRE ENGEL, *Contrats...*, p. 521; JOSEPH HOFSTETTER, «Le contrat de courtage», p. 169; PIERRE TERCIER, *La partie spéciale du Code des obligations*, pp. 408 e 410; PIERRE TERCIER e PASCAL G. FAVRE, *Les contrats spéciaux*, p. 849; LUC THÉVENOZ e AUDE PEYROT, «Le contrat de courtage immobilier», pp. 116 e 120. Acórdão do Tribunal Federal nº 4C.228/2005, de 25 de outubro de 2005 – «La jurisprudence a clairement posé que, dans un contrat de courtage,

Em qualquer dos casos, no exercício da atividade de mediação, o mediador está adstrito a uma série de deveres laterais de diligência e fidelidade. A importância dos deveres relacionados com o modo de agir durante a vida do contrato é bastante realçada. Em seu suporte invocam-se os arts. 398, nº 2 – o mandatário é responsável pela boa e fiel execução do mandato –, e 415 – o mediador perde o direito à remuneração quando age no interesse do terceiro contratante à revelia das suas obrigações, ou quando obtém do terceiro obrigação de remuneração em circunstâncias contrárias à boa fé[235].

Esses deveres, em regra auxiliares de um ónus de direito material (e não de uma obrigação), conduzem a que o contrato seja classificado pela doutrina maioritária e pela jurisprudência como *bilateral imperfeito*[236].

---

on doit inférer de la clause d'exclusivité liant les parties un devoir pour le courtier de déployer une activité en faveur du mandant (ATF 103 II 129 consid. 3 p. 133; plus récemment arrêt 4C.257/1999 du 17 janvier 2000, publié in SJ 2000 I p. 321, consid. 3a p. 322)».

[235] Sobre os deveres (acessórios da incumbência) do mediador, v. PIERRE ENGEL, *Contrats...*, pp. 529-30; JOSEPH HOFSTETTER, «Le contrat de courtage», p. 167; CHRISTIAN MARQUIS, *Le contrat de courtage immobilier et le salaire du courtier*, pp. 133-71; LOUIS-PIERRE MINOLA, *Le contrat de courtage* – «Le courtier s'engage à sauvegarder les intérêts du mandant au cours de ses démarches. Il devra chercher à obtenir de meilleurs conditions que celles qui lui ont été indiquées» (p. 22), «il y a lieu selon nous, d'exclure une obligation d'agir du courtier, et d'admettre seulement une obligation de bonne foi et de diligence» (p. 28); FRANÇOIS RAYROUX, «Du courtage», pp. 2115-7; PIERRE TERCIER, *La partie spéciale du Code des obligations*, p. 408; PIERRE TERCIER e PASCAL G. FAVRE, *Les contrats spéciaux*, pp. 849-50; LUC THÉVENOZ e AUDE PEYROT, «Le contrat de courtage immobilier», pp. 120-2; PIERRE TURRETTINI, *Le contrat de courtage et le salaire du courtier*, pp. 21 e 30-9. No Acórdão nº 4C.259/2005 do Tribunal Federal, de 14 de dezembro de 2005, a violação dos deveres acessórios de informação correta e completa foi determinante para o termo do contrato de mediação; não obstante os clientes terem vindo a celebrar o contrato desejado com os interessados indicados pelo mediador, entendeu-se ter havido quebra do nexo causal e que o fizeram graças à atividade de um segundo mediador.

[236] CHRISTIAN MARQUIS, *Le contrat de courtage immobilier et le salaire du courtier*, p. 46, embora este Autor coloque os contratos bilaterais imperfeitos dentro dos bilaterais, e não dentro dos unilaterais. FRANÇOIS RAYROUX, «Du courtage», p. 2115 – «n'est **pas un contrat bilatéral parfait** auquel **CO 107 à 109** et **CO 82** seraient applicables». EMILE THILO, «Le courtage en immeubles et la rémunération du courtier», nº 2, pp. 35, 42-3 – «On range le courtage dans les contrats bilatéraux dits imparfaits parce que (...) à la différence des contrats bilatéraux parfaits ou synallagmatiques (...) ils n'ont pas pour but l'échange de prestations réciproques, correspondant l'une à l'autre» (p. 35). PIERRE TURRETTINI, *Le contrat de courtage et le salaire du courtier*, p. 42 – «Le contrat de courtage nous apparaît comme un contrat onéreux, bilatéral imparfait, soumis aux règles du mandat sauf quelques dérogations et imposant au courtier, s'il veut gagner sa provision, de déployer son activité consciencieusement, en respectant

4.3.3. A contrapartida
4.3.3.1. Sujeito obrigado ao pagamento
A prestação do cliente do mediador está claramente identificada como obrigação pecuniária – *moyennant un salaire*[237] – que o cliente deve satisfazer quando conclui o contrato pretendido, na decorrência da indicação ou da negociação do mediador. A remuneração é um elemento objetivamente essencial do contrato de mediação[238].

Como vimos, a remuneração emerge da configuração legal do contrato de mediação como um elemento essencial; o caráter gratuito da intermediação afasta a qualificação como contrato de mediação[239].

---

les devoirs ou les obligations que nous avons examinés plus haut. Sitôt qu'il agit, le courtier encourt la même responsabilité que le mandataire».

[237] Embora a versão francesa do Código das Obrigações suíço utilize a palavra «salário» para designar a remuneração do mediador, essa remuneração não é função do tempo empregado ou da importância do esforço, mas sim da grandeza do resultado pretendido, normalmente uma percentagem do preço, sendo mais adequada a expressão «comissão» – neste sentido, entre outros, CHRISTIAN MARQUIS, *Le contrat de courtage immobilier et le salaire du courtier*, pp. 257-8, e FRANÇOIS RAYROUX, «Du courtage», p. 2119.

[238] Sobre este aspeto há unanimidade doutrinária e jurisprudencial. Na doutrina, *v.g.* GEORG GAUTSCHI, «Kreditbrief und Kreditauftrag, Mäklervertrag, Agenturvertrag...», p. 103 – «Damit ein Vermittlungsauftrag als *Mäklerauftrag* qualifiziert werden kann, muss er *entgeltlich* sein»; JOSEPH HOFSTETTER, «Le contrat de courtage», p. 157 – «La provision est un élément essentiel du contrat car, à défaut, le courtage ne créerait aucune obligation à la charge des parties»; CHRISTIAN MARQUIS, *Le contrat de courtage immobilier et le salaire du courtier*, p. 33-4, 257; FRANÇOIS RAYROUX, «Du courtage», p. 2111 – «La **rémunération** du courtier (...) est – contrairement au mandat – un **élément objectivement essentiel** du contrat de courtage»; WERNER SCHWEIGER, *Der Mäklerlohn, Voraussetzungen und Bemessung*, p. 27 – «Im Schweizer Recht ist unbestritten, dass der Mäklervertrag zwingend entgeltlich sein muss»; PIERRE TERCIER, *La partie spéciale du Code des obligations*, p. 407; PIERRE TERCIER e PASCAL G. FAVRE, *Les contrats spéciaux*, p. 845 e 847; LUC THÉVENOZ e AUDE PEYROT, «Le contrat de courtage immobilier», p. 122 – «il est essentiel que le contrat de courtage ait été conclu à titre onéreux, c'est-à-dire qu'il prévoie le principe d'une rémunération en faveur du courtier si ses démarches sont couronnées de succès»; PIERRE TURRETTINI, *Le contrat de courtage et le salaire du courtier*, pp. 16-7, 76 – «Le courtage est par essence onéreux» (p. 76). Na jurisprudência, v. a título de exemplo, os Acórdãos do Tribunal Federal nº 4C.367/2004, de 22 de março de 2005, e nº 4C.228/2005, de 25 de outubro de 2005, ambos com a mesma frase – «Le courtage doit présenter les deux éléments essentiels suivants: il doit être conclu à titre onéreux et les services procurés par le courtier, qu'il soit indicateur ou négociateur, doivent tendre à la conclusion d'un contrat».

[239] Além do que consta da nota 238, FRANÇOIS RAYROUX, «Du courtage», p. 2111 – «*En vertu du principe de la liberté des contrats, les parties peuvent convenir de missions d'intermédiaires à titre gratuit, et renoncer à une rémunération. Dans ce cas, l'accord conclu n'est pas un contrat de courtage,*

O CONTRATO DE MEDIAÇÃO

Em princípio, o contrato de mediação estabelece-se entre o mediador e apenas um dos contraentes no futuro e desejado contrato; além disso, a remuneração é uma obrigação estritamente contratual sendo, portanto, devida apenas pelo cliente do mediador. A dupla mediação é, no ordenamento suíço, uma situação excecional. Tal excecionalidade é propiciada pelo teor do art. 415, segundo o qual o mediador perde o direito à remuneração e ao reembolso das despesas se agir no interesse do terceiro ao arrepio das suas obrigações, ou se aceitar do terceiro obrigação de remuneração contra as regras da boa fé. Logo, somente numa situação em que os interesses de ambas as partes no futuro contrato não possam conflituar, e em que não haja proibição expressa ou tácita no primeiro contrato de mediação, poderá o mediador agir a favor das duas partes e aceitar remuneração de ambas. Tal ausência de conflito de interesses poderá verificar-se na mediação de indicação, mas não, ou só muito dificilmente, na *mediação de negociação*[240].

As despesas do mediador são reembolsáveis se assim tiver sido convencionado (art. 413, nº 3), pois de contrário elas são consideradas um risco da atividade, compensado pelos casos em que a remuneração é devida[241].

A contrastar com a obrigação de remunerar, é sempre lembrado que o cliente não tem qualquer obrigação de aceitar o contrato indicado ou negociado pelo mediador; a remuneração do mediador está assim subordinada a uma condição suspensiva potestativa, pois o nascimento da circunstância que a condiciona – a aceitação do contrato indicado ou negociado pelo mediador – depende da vontade de uma das partes[242], ou *relativamente*

---

mais doit être qualifié de mandat ordinaire». LUC THÉVENOZ e AUDE PEYROT, «Le contrat de courtage immobilier», p. 117 – «Un contrat qui prévoit que les services du courtier sont fournis à titre gratuit n'est pas un courtage, mais un mandat ordinaire».

[240] Sobre esta problemática, v., nomeadamente, CHRISTIAN MARQUIS, *Le contrat de courtage immobilier et le salaire du courtier*, pp. 160-71 e 480; LOUIS-PIERRE MINOLA, *Le contrat de courtage*, pp. 63-5; FRANÇOIS RAYROUX, «Du courtage», pp. 2126-7; LUC THÉVENOZ e AUDE PEYROT, «Le contrat de courtage immobilier», p. 128-130.

[241] PIERRE TURRETTINI, *Le contrat de courtage et le salaire du courtier*, p. 98 – «Le courtier calcule en général sa rémunération assez haut pour qu'il lui reste un bénéfice normal».

[242] GEORG GAUTSCHI, «Kreditbrief und Kreditauftrag, Mäklervertrag, Agenturvertrag...», pp. 110 e 150-1 – «Da der Abschluss der Zustimmung des Auftraggebers bedarf, ist der Mäklerlohnanspruch von Gesetzes wegen potestativ bedingt. (...) Der Auftraggeber kann seine Entschliessung jederzeit frei ohne Rücksicht auf das Verdienstinteresse des Mäklers treffen und abändern. (...) Auch eine grundlose Sinnesänderung bildet keine culpa in contrahendo» (p. 110); JOSEPH HOFSTETTER, «Le contrat de courtage», p. 158; FRANÇOIS RAYROUX,

potestativa, uma vez que o arbítrio do cliente se insere em circunstâncias que lhe escapam – a indicação ou a negociação do mediador e a vontade do outro contraente[243].

4.3.3.2. Evento de que depende o nascimento do direito à remuneração

O mediador tem direito à remuneração quando a indicação que dá ou a negociação que conduz resulta na *conclusão* do *contrato* – assim o expressa o art. 413, nº 1[244].

O *Code des obligations* dedica os seus primeiros dez artigos precisamente à *conclusão* do contrato, extraindo-se deles, como regra, que o contrato se conclui quando as partes manifestam a sua vontade, de modo expresso ou tácito, reciprocamente e de maneira concordante, sobre os seus pontos essenciais.

Para efeitos do disposto no art. 413, nº 1, a doutrina tem restringido a noção entrando em linha de conta com o estabelecido no nº 2 do mesmo artigo, segundo o qual, caso o contrato visado seja concluído sob condição suspensiva, a remuneração só é devida com a ocorrência da condição[245]. Com apoio nesta norma diz-se que o contrato ter-se-á por concluído quando produzir efeitos – «uma conclusão eficaz do contrato é necessária para fazer nascer o direito à remuneração»[246].

«Du courtage», pp. 2117 e 2120; WERNER SCHWEIGER, *Der Mäklerlohn, Voraussetzungen und Bemessung*, pp. 93-4 – «Ungeachtet der Ausgestaltung des Mäklervertrags im einzelnen steht es dem Auftraggeber jederzeit frei, mit einem vom Mäkler nachgewiesenen oder vermittelnd bearbeiteten Interessenten nicht abzuschliessen. Er bleibt „Herr des Geschäfts". (...) Der Abschluss des Hauptvertrages ist (gesetzliche) aufschiebende Potestativbedingung für die Entstehung des Provisionsanspruchs»; PIERRE TERCIER e PASCAL G. FAVRE, *Les contrats spéciaux*, p. 852.

[243] PIERRE ENGEL, *Traité...*, p. 571; CHRISTIAN MARQUIS, *Le contrat de courtage immobilier et le salaire du courtier*, p. 343, chama-lhe *simplesmente potestativa*, na medida em que a sua ocorrência não depende apenas de uma manifestação de vontade do devedor, mas também de um ato exterior a efetuar por este (por oposição à condição *puramente potestativa*, cuja ocorrência dependeria apenas de uma manifestação de vontade discricionária).

[244] No original: «Le courtier a droit à son salaire dès que l'indication qu'il a donnée ou la négociation qu'il a conduite aboutit à la conclusion du contrat».

[245] No original: «Lorsque le contrat a été conclu sous condition suspensive, le salaire n'est dû qu'après l'accomplissement de la condition». A condição tem-se por realizada quando é impedida contra as regras da boa fé, pela parte contrária – norma que o *Code des obligations* expressa no art. 156.

[246] LOUIS-PIERRE MINOLA, *Le contrat de courtage*, p. 39. No mesmo sentido, KARL DÜRR, *Mäklervertrag und Agenturvertrag*, p. 32 – «Der Vertrag muß zustandegekommen sein. Zustande

A lei suíça nada diz sobre a influência das condições resolutivas, das nulidades e das anulabilidades. As respostas não são unânimes, mas têm sempre no horizonte a ideia de eficácia. Assim, a estipulação de uma condição resolutiva não exclui o direito à remuneração, discutindo-se se a verificação da condição determina, ou não, a repetição do que foi pago. Parte da doutrina distingue consoante a condição resolutiva surta efeitos *ex nunc*, apenas para o futuro, ou efeitos *ex tunc*, retroativos à conclusão do negócio. Segundo o art. 154 do *Code des obligations*, a ocorrência da condição resolutiva não tem, por regra, efeitos retroativos. A norma é, portanto, inversa à do art. 276 do CC português. Tendo a condição resolutiva efeitos apenas a partir do momento da sua eclosão, como é regra, justifica-se o raciocínio *a contrario* extraído do art. 413, sendo a remuneração logo devida com a conclusão do contrato e mantendo o mediador o direito à mesma aquando da ocorrência do facto que determina a resolução[247]. Alguns autores, prevendo a hipótese de ser atribuído efeito retroativo à resolução, entendem que, nesse caso, o mediador é remunerado aquando da celebração do contrato mas, concretizando-se a condição, deve reembolsar o cliente[248]. Outros autores não distinguem consoante o momento da produção de efeitos, pronunciando-se, então, no sentido de a remuneração ser devida aquando da celebração do negócio, podendo, no entanto, ser repetida quando a condição se realiza[249].

---

kommen bedeutet i. allg. rechtsgültigen Abschluß»; PIERRE TURRETTINI, *Le contrat de courtage et le salaire du courtier*, p. 121 – «Il faut que le contrat déploie d'emblée ses effets, qu'il soit exécutable si non exécuté, qu'il soit valablement et définitivement conclu»; EMILE THILO, «Le courtage en immeubles et la rémunération du courtier», nº 2, pp. 37-8 – «La loi exige donc plus qu'un accord qui, dans la forme simplement, lie les parties. La conclusion doit être telle, qu'elle produit d'emblée des effets de fond, que le contrat doit être exécutable».

[247] JOSEPH HOFSTETTER, «Le contrat de courtage», pp. 161-2; FRANÇOIS RAYROUX, «Du courtage», p. 2120; WERNER SCHWEIGER, *Der Mäklerlohn, Voraussetzungen und Bemessung*, p. 112 – «Nicht geregelt ist der Abschluss unter auflösender Bedingung. Da der Eintritt der Bedingung nur ex nunc wirkt, wird die einmal entstandene Provision nicht berührt».

[248] Neste sentido, JOSEPH HOFSTETTER, «Le contrat de courtage», pp. 161-2; FRANÇOIS RAYROUX, «Du courtage», p. 2120.

[249] Assim, CHRISTIAN MARQUIS, *Le contrat de courtage immobilier et le salaire du courtier*, pp. 368-70 – o Autor começa por afirmar que o mediador tem direito à remuneração desde que o contrato produz efeitos, devendo restituí-la aquando da eclosão da condição resolutiva; no entanto, exceciona em seguida vários casos que permitem ao mediador manter a remuneração, entre os quais o de o fim visado pelo cliente ser atingido, apesar da produção do facto resolutivo, e o de convenção das partes. LOUIS-PIERRE MINOLA, *Le contrat de courtage*,

Já a nulidade, de forma ou de fundo, impede, em regra, o nascimento do direito à remuneração, devendo esta ser restituída se entretanto tiver sido satisfeita[250]. Esta regra comporta exceções (embora sobre elas não haja consenso doutrinário), nomeadamente nos casos da simulação relativa ou de execução do contrato nulo, muito em especial quando as irregularidades mais não são que expedientes para iludir a remuneração[251].

Sem prejuízo de acordo em contrário, a remuneração não depende da execução do contrato visado[252].

Tendo-se concluído incondicional, válida e eficazmente, o facto de ulteriormente lhe ser posto termo não tem qualquer influência no direito à remuneração já adquirido; idêntica solução para o caso de um terceiro exercer o direito de preferência[253].

---

p. 45 – «Le mandant pourra répéter ce qu'il a payé si la condition résolutoire se réalise». EMILE THILO, «Le courtage en immeubles et la rémunération du courtier», nº 2, p. 40 – «le salaire de courtage est dû, sauf stipulation contraire, mais doit être remboursé si la condition se réalise». PIERRE TURRETTINI, *Le contrat de courtage et le salaire du courtier*, p. 126, ainda que excecionando o caso de os objetivos do cliente estarem definitivamente adquiridos aquando da ocorrência da condição, permanecendo o mediador, então, com a remuneração.

[250] GEORG GAUTSCHI, «Kreditbrief und Kreditauftrag, Mäklervertrag, Agenturvertrag...», p. 152; CHRISTIAN MARQUIS, *Le contrat de courtage immobilier et le salaire du courtier*, pp. 350-1; LOUIS-PIERRE MINOLA, *Le contrat de courtage*, pp. 46-8; FRANÇOIS RAYROUX, «Du courtage», pp. 2120-1; WERNER SCHWEIGER, *Der Mäklerlohn, Voraussetzungen und Bemessung*, pp. 107-9; EMILE THILO, «Le courtage en immeubles et la rémunération du courtier», nº 2, pp. 40-1; PIERRE TURRETTINI, *Le contrat de courtage et le salaire du courtier*, pp. 114-5 (nulidade de forma) e 118 (nulidade de fundo).

[251] Sobre a matéria CHRISTIAN MARQUIS, *Le contrat de courtage immobilier et le salaire du courtier*, pp. 357-9 e 351-2; PIERRE TURRETTINI, *Le contrat de courtage et le salaire du courtier*, pp. 118, 120.

[252] KARL DÜRR, *Mäklervertrag und Agenturvertrag*, p. 36; JOSEPH HOFSTETTER, «Le contrat de courtage», p. 161; CHRISTIAN MARQUIS, *Le contrat de courtage immobilier et le salaire du courtier*, pp. 374-81; LOUIS-PIERRE MINOLA, *Le contrat de courtage*, p. 50; WERNER SCHWEIGER, *Der Mäklerlohn, Voraussetzungen und Bemessung*, p. 113 – «Von der Phase der Vertragsentstehung ist diejenige der Vertragserfüllung strikt zu unterscheiden. Grundsätzlich bleibt der Provisionsanspruch bestehen, auch wenn das wirksam abgeschlossene Geschäft nicht zur Ausführung gelangt»; PIERRE TURRETTINI, *Le contrat de courtage et le salaire du courtier*, p. 130 – «La doctrine et la jurisprudence admettent que le droit au salaire du courtier ne dépend pas de l'exécution du contrat».

[253] CHRISTIAN MARQUIS, *Le contrat de courtage immobilier et le salaire du courtier*, pp. 378 e 384-8 – no que respeita ao direito de preferência será assim nos casos em que o cliente do mediador é o vendedor e o direito de preferência tem as características comuns (diferente será o caso de o cliente do mediador ser o comprador ou de o direito de preferência conter limitações especiais, nomeadamente permitindo a aquisição pelo preferente por um valor inferior ao

O CONTRATO DE MEDIAÇÃO

O contrato celebrado, e este é um dado sobre o qual a doutrina e a jurisprudência suíças insistem, deve ser economicamente equivalente ao contrato visado, mas não mais que isso. Quer isto dizer que deve servir os mesmos propósitos, desempenhar a mesma função, permitir «la réalisation des désirs du mandant», não carece de ser juridicamente semelhante[254], nem sequer economicamente idêntico – o preço inicialmente transmitido, por exemplo, é, salva convenção em contrário, indicativo, correspondendo a remuneração devida, em regra, a uma percentagem do preço acordado[255].

Não existe consenso sobre o papel da subordinação da remuneração à conclusão do contrato visado. Segundo uns, trata-se de elemento essencial da espécie «contrato de mediação», sem o qual nenhuma ocorrência

proposto pelo terceiro interessado, encontrado pelo mediador). FRANÇOIS RAYROUX, «Du courtage», p. 2121. WERNER SCHWEIGER, *Der Mäklerlohn, Voraussetzungen und Bemessung*, pp. 113-4. EMILE THILO, «Le courtage en immeubles et la rémunération du courtier», nº 2, pp. 39 e 41 – «la révocation n'a d'effets que pour l'avenir. Elle laisse le courtier au bénéfice de son activité passée; il ne perd donc le droit au salaire, qui était virtuellement acquis lorsque le mandat a pris fin» (p. 39); «La résolution du contrat par suite de la demeure du tiers débiteur (...) ou de l'exercice du droit de préemption par un tiers (...) ne supprime pas le droit au salaire» (p. 41). PIERRE TURRETTINI, *Le contrat de courtage et le salaire du courtier*, p. 130 – «La doctrine et la jurisprudence admettent (...) que les parties ne peuvent l'en [le droit au salaire du courtier] priver en renonçant conventionnellement à son exécution ou en le résiliant pour cause d'inexécution».

[254] PIERRE TURRETTINI, *Le contrat de courtage et le salaire du courtier*, p. 105. V. também KARL DÜRR, *Mäklervertrag und Agenturvertrag*, pp. 30-1; CHRISTIAN MARQUIS, *Le contrat de courtage immobilier et le salaire du courtier*, pp. 397-418; FRANÇOIS RAYROUX, «Du courtage», p. 2122; PIERRE TERCIER e PASCAL G. FAVRE, *Les contrats spéciaux*, p. 852; LUC THÉVENOZ e AUDE PEYROT, «Le contrat de courtage immobilier», pp. 124-5; EMILE THILO, «Le courtage en immeubles et la rémunération du courtier», nº 2, p. 37 – «l'équivalence de fait est plus importante que l'identité juridique».

[255] Neste sentido, CHRISTIAN MARQUIS, *Le contrat de courtage immobilier et le salaire du courtier*, pp. 412-3; WERNER SCHWEIGER, *Der Mäklerlohn, Voraussetzungen und Bemessung*, pp. 101-3; PIERRE TURRETTINI, *Le contrat de courtage et le salaire du courtier*, pp. 112-4. Entende-se que o preço é determinante quando se acorda a remuneração apenas no que exceder determinado montante – foi a situação no Acórdão do Tribunal Federal nº 4A.483/2009, de 7 de dezembro de 2009: «la défenderesse a effectivement et expressément conclu un contrat de courtage, et promis une rémunération. Selon ce qui a été convenu, celle-ci ne dépendait pas seulement de la conclusion du contrat de vente voulu par la défenderesse, conformément à l'art. 413 al. 1 CO, mais aussi du dépassement d'un prix de vente minimum. Cette dernière clause est insolite mais on ne voit pas qu'elle soit contraire à une règle impérative régissant le contrat de courtage. En particulier, l'art. 417 CO protège le mandant qui a promis un salaire excessif, mais pas le courtier qui a stipulé un salaire trop modique».

COMPREENSÃO DO CONTRATO COM INCIDÊNCIA NAS PRESTAÇÕES PRINCIPAIS

concreta assim se qualifica. Para outros, trata-se de elemento meramente natural, cuja falta não impede a qualificação em causa.

Quando encarada como elemento essencial, a ausência desta característica (subordinação da remuneração à celebração do contrato desejado) afasta a possibilidade de manutenção do tipo. GAUTSCHI é, neste sentido, perentório quando afirma que, não apenas a onerosidade, mas também a dependência da remuneração relativamente a um resultado, constituem elementos essenciais do contrato de mediação; convencionando-se que a obrigação de retribuir é independente da celebração do contrato desejado, não estamos perante um contrato de mediação, mas perante um mandato simples[256]. Também para LUC THÉVENOZ e AUDE PEYROT, as cláusulas que garantem a remuneração independentemente da conclusão do contrato visado, seja pela mera atividade desenvolvida, seja pela mera indicação de um interessado no contrato visado, tendem a afastar o contrato do campo da mediação, para o aproximar do mandato[257]. No mesmo sentido FRANÇOIS RAYROUX quando escreve que «o contrato que não subordina a remuneração do mediador ao sucesso da sua intervenção, mas que a determina, por exemplo, em função do tempo despendido, não é um contrato de mediação, mas um mandato comum, ou, eventualmente, um contrato de trabalho»[258]. Para estes Autores, a norma contida no art. 413, nº 1, do *Code des obligations* é caracterizadora do tipo, como expressa GAUTSCHI ao dizer que o facto de estar num artigo à parte, e não no 412, é meramente redacional, e que a definição do contrato de mediação está no conjunto dos dois artigos[259]. Quando os tribunais foram confrontados com esta questão, decidiram-na em idêntico sentido. Leia-se, a título exemplificativo, um trecho do Acórdão do Tribunal Federal nº 4C.367/2004, de 22 de março de 2005: «O contrato que não subordina a remuneração do mediador ao

---

[256] GEORG GAUTSCHI, «Kreditbrief und Kreditauftrag, Mäklervertrag, Agenturvertrag...», pp. 105 e 106 – «Nicht nur die Entgeltlichkeit der Vermittlung, sondern die *Erfolgsbedingtheit* des Mäklerlohnanspruches bildet ein essentielles *Qualifikationsmerkmal* des Mäklerauftrages. (...) Eine Vergütungsvereinbarung, welche die Leistungspflicht für den *Mäklerlohn nicht an das Zustandekommen eines Vertrages* knüpft, kann nicht *Bestandteil* eines Mäklervertrages, wohl aber eines *einfachen Auftrages* sein».

[257] LUC THÉVENOZ e AUDE PEYROT, «Le contrat de courtage immobilier», p. 134 – «telles clauses tendent a éloigner le contrat de courtage pour le rapprocher du mandat».

[258] FRANÇOIS RAYROUX, «Du courtage», p. 2111.

[259] GEORG GAUTSCHI, «Kreditbrief und Kreditauftrag, Mäklervertrag, Agenturvertrag...», pp. 105 e 106.

O CONTRATO DE MEDIAÇÃO

sucesso da sua intervenção, mas que a fixa, por exemplo, em função do tempo que dedicou à atividade e dos esforços que desenvolveu, de modo que os honorários sejam devidos mesmo que o resultado procurado não seja obtido, não se qualifica como contrato de mediação, mas como mandato comum». Interessantes e ilustrativos são também os argumentos do Tribunal Federal no Acórdão nº 4A.45/2010, de 25 de março de 2010, no âmbito do qual foi debatida uma relação contratual em que tinha sido acordada uma comissão de 5% sobre as vendas e uma chamada comissão de "pilotage" de 2%, destinada a remunerar a mera atividade de promoção, independentemente de resultar ou não na desejada venda. No que respeita a esta última comissão, o tribunal inclinou-se a entender que foi acordada no âmbito de um contrato de mandato e não de mediação – «a comissão de *"pilotage"* destina-se a remunerar uma atividade que se situa a montante de uma venda particular e que tem por objeto dar a conhecer o imóvel e a faculdade de adquirir os apartamentos. Não dependendo essa remuneração da conclusão de uma venda em particular, o tribunal cantonal não violou regras de direito federal sobre a interpretação das cláusulas contratuais ao admitir que essa remuneração não exigia que o mediador tivesse tido um papel causal na conclusão de uma venda particular (...)»; «perante uma atividade desenvolvida a montante que não exige uma relação de causalidade com uma venda particular, podemos perguntar-nos se esse contrato, pelo seu objeto, não constitui um mandato (art. 394 CO), em vez de uma mediação (art. 412 CO)».

Como referi, não há unanimidade sobre a importância para a configuração do tipo da *dependência da remuneração relativamente ao contrato visado*, pelo que importa também dar nota da posição dos autores que não lhe atribuem caráter essencial. Na opinião de TURRETINI, havendo convenção pela qual o mediador é retribuído, total ou parcialmente, ou indemnizado quando o cliente recuse o contrato proposto, estamos ainda perante um contrato de mediação, mas de um género particular[260]. Assim será também para SCYBOZ e GILLIÉRON, argumentando com a natureza dispositiva da norma contida no art. 413[261]. A argumentação de WERNER SCHWEIGER é

---

[260] TURRETTINI, *Le contrat de courtage et le salaire du courtier*, pp. 150-1.

[261] GEORGES SCYBOZ e PIERRE-ROBERT GILLIÉRON, *Code civil suisse et Code des obligations annotés*, p. 185 – "L'art. 413 al. 1, qui subordonne le salaire du courtier au succès de son intervention, n'est *pas de droit impératif*, et il est normal que le courtier cherche à se protéger contre des conséquences très dures du caractère aléatoire du contrat». Imediatamente, no

COMPREENSÃO DO CONTRATO COM INCIDÊNCIA NAS PRESTAÇÕES PRINCIPAIS

semelhante à dos últimos, ao pretender extrair a desnecessidade daquela característica para a configuração do tipo, da natureza meramente supletiva do disposto no art. 413[262]. CHRISTIAN MARQUIS, quando escreve que o art. 413 não tem natureza imperativa, sendo as partes livres de abandonar a exigência da conclusão do contrato visado, implica também que um contrato possa ser qualificado como de mediação sem que a remuneração se subordine à celebração do contrato mediado[263]. Os argumentos de SCYBOZ e GILLIERON, de SCHWEIGER, e de MARQUIS não convencem, pois a essencialidade de uma característica na configuração de um tipo não advém da natureza imperativa da norma, mas da sua natureza caracterizadora do tipo. Não está em causa que as partes possam celebrar contratos, no mais, semelhantes ao de mediação, acordando, todavia, que a remuneração será devida pelo mero exercício de uma dada atividade ou pela apresentação de um interessado. O que se debate é se um tal contrato é qualificável como mediação, merecendo por isso a direta aplicação do regime para este contrato previsto, ou se se trata de um outro contrato, típico ou atípico.

DÜRR defende corretamente (do ponto de vista formal) a acidentalidade da característica, escrevendo que a disciplina do art. 413 pode ser

---

mesmo parágrafo, acrescentam: «La clause d'exclusivité, par laquelle le mandant s'interdit de recourir aux services d'un autre intermédiaire, est en soi valable».

[262] WERNER SCHWEIGER, *Der Mäklerlohn, Voraussetzungen und Bemessung*, pp. 29-30 – «OR 413 enthält dispositives, vertragslückenfüllendes Recht. Nur, falls die Parteien nichts anderes vereinbart haben, ist der Mäklerlohn erst verdient, wenn der Hauptvertrag zustandegekommen ist, also bei Erfolg der mäklerischen Bemühungen» (p. 29); «Erfolg ist aber lediglich subsidiär Provisionsvoraussetzung» (p. 30).

[263] CHRISTIAN MARQUIS, *Le contrat de courtage immobilier et le salaire du courtier*, p. 346 – «L'article 413 al. 1 CO n'est pas de nature impérative. Les parties sont ainsi libres soit d'abandonner l'exigence de conclusion du contrat principal, soit de la renforcer, par exemple en soumettant la naissance du droit au salaire à l'exécution du contrat principal». Debatendo, em seguida, as consequências das cláusulas de garantia de remuneração e a sua compaginação com a regra imperativa do art. 404 (segundo a qual o mandato pode ser revogado a todo o tempo, sem prejuízo de indemnização do dano causado, se efetuado em tempo inoportuno), aplicável à mediação por via do art. 412, nº 2, vem a concluir que, se o mandante põe fim ao contrato sem que tenha sido celebrado o contrato visado, a cláusula de garantia nos termos da qual deve pagar a remuneração é nula, sem prejuízo da indemnização a que haja lugar nos termos do art. 404, nº 2 (p. 468). A cláusula de garantia de remuneração será válida apenas nos casos em que o contrato visado é celebrado, ainda que graças à atividade de um terceiro ou do próprio mandante, equivalendo, então, a uma cláusula de exclusividade.

O CONTRATO DE MEDIAÇÃO

excluída, uma vez que a norma não tem natureza imperativa, nem contém elemento essencial do contrato[264].

JOSEPH HOFSTETTER toca o problema sem se comprometer com uma resposta: «Por acordo, a remuneração pode ser prometida pela mera atividade do mediador, independentemente do resultado que venha a produzir-se», nada mais acrescentando, nomeadamente nada dizendo sobre se nesse caso se mantém o tipo[265].

4.3.3.3. A exigência de um nexo psicológico

Como vimos, o art. 413, n.º 1, determina que o mediador tem direito à remuneração a partir do momento em que a indicação que dá, ou a negociação que conduz, resulta na conclusão do contrato. Esta norma tem ínsita a necessidade da atividade do mediador (não como prestação obrigatória, mas como condição do direito à remuneração) e de um nexo entre essa atividade e a conclusão do contrato.

No caso de mediação para indicação, bastará que tenha sido o mediador o primeiro a dar a conhecer ao cliente o cocontratante com quem vem a celebrar o contrato[266]. Na mediação de negociação não é necessário que o contrato concluído seja a consequência exclusiva ou preponderante da atividade desenvolvida, podendo ser uma causa longínqua ou indireta – um *nexo psicológico*[267].

---

[264] KARL DÜRR, *Mäklervertrag und Agenturvertrag*, pp. 42-3 – «Da Art. 413 nicht zwingend ist und auch kein Wesensmerkmal des Mäklervertrages enthält, kann er wegbedungen werden».

[265] JOSEPH HOFSTETTER, «Le contrat de courtage», p. 160.

[266] JOSEPH HOFSTETTER, «Le contrat de courtage», p. 165; CHRISTIAN MARQUIS, *Le contrat de courtage immobilier et le salaire du courtier*, pp. 219 e 437; FRANÇOIS RAYROUX, «Du courtage», p. 2123; WERNER SCHWEIGER, *Der Mäklerlohn, Voraussetzungen und Bemessung*, p. 82; PIERRE TURRETTINI, *Le contrat de courtage et le salaire du courtier*, p. 142.

[267] Sobre esta noção, PIERRE ENGEL, *Contrats...*, pp. 531-2; JOSEPH HOFSTETTER, «Le contrat de courtage», p. 163 – «L'activité du courtier n'a cependant pas besoin d'être le motif exclusif ou prépondérant. Le lien de causalité est de caractère psychique si le courtier est appelé à négocier, c'est-à-dire à exercer une influence sur la volonté de l'autre partie. Un lien indirect suffit»; CHRISTIAN MARQUIS, *Le contrat de courtage immobilier et le salaire du courtier*, pp. 441-5; FRANÇOIS RAYROUX, «Du courtage», pp. 2122-3, sendo a citação da 2122 – «Dans le contexte précis du contrat de courtage, la notion de «lien de causalité» doit être comprise au sens d'un **lien psychologique** qui doit exister entre les efforts du courtier et la conclusion du contrat principal. En pratique, l'application du concept du «lien psychologique», qui joue un rôle important dans le droit du contrat de courtage, peut être difficile»; WERNER SCHWEIGER, *Der Mäklerlohn, Voraussetzungen und Bemessung*, pp. 84-6; GEORGES SCYBOZ e PIERRE-RO-

Uma vez instalado, o nexo não se dissipa pelo facto de o cliente pôr termo ao contrato de mediação[268].

BERT GILLIÉRON, *Code civil suisse et Code des obligations annotés*, p. 186; PIERRE TERCIER e PASCAL G. FAVRE, *Les contrats spéciaux*, p. 853; LUC THÉVENOZ e AUDE PEYROT, «Le contrat de courtage immobilier», p. 127; PIERRE TURRETTINI, *Le contrat de courtage et le salaire du courtier*, p. 143. Na jurisprudência, v. o Acórdão nº 4C.259/2005 do Tribunal Federal, de 14 de dezembro de 2005 – «Il n'est pas nécessaire que la conclusion du contrat principal soit la conséquence immédiate de l'activité fournie. Il suffit que celle-ci ait été une cause même éloignée de la décision du tiers satisfaisant à l'objectif du mandant; en d'autres termes, la jurisprudence se contente d'un lien psychologique entre les efforts du courtier et la décision du tiers, lien qui peut subsister en dépit d'une rupture des pourparlers».

[268] KARL DÜRR, *Mäklervertrag und Agenturvertrag*, p. 28 – «Der Widerruf berührt die Verpflichtung des Gebers nicht, die im Zeitpunkt des Widerrufs infolge der Tätigkeit des Mäklers bereits entstandenen Verpflichtung zu erfüllen (...), namentlich die Zahlung von Mäklerlohn für Abschlüsse, auch wenn diese erst nach dem Widerruf zustande kommen, sofern nur die Bemühungen, die zum Abschluß führten, vor dem Widerruf liegen»; JOSEPH HOFSTETTER, «Le contrat de courtage», p. 162 – «le salaire du courtier ne dépend pas du fait que le contrat principal a été conclu durant le courtage ou après la fin de celui-ci. C'est l'existence d'un lien de causalité qui est décisive». CHRISTIAN MARQUIS, *Le contrat de courtage immobilier et le salaire du courtier*, p. 225, o Autor distingue duas situações: se as partes submeteram o fim do contrato a termo incerto ou a condição resolutiva, haverá que indagar se a sua vontade foi a de submeter o direito à remuneração à condição de que o contrato visado fosse celebrado antes do fim do contrato de mediação; «Si au contraire, le contrat a pris fin par résiliation (...), c'est-à-dire par une déclaration unilatérale et non un accord entre les parties, le courtier conserve son droit au salaire pour les démarches faites avant la révocation, même si le résultat de ces démarches ne se produit qu'après celle-ci»; e volta ao tema nas pp. 394-6. LOUIS-PIERRE MINOLA, *Le contrat de courtage*, p. 60 – «Malgré que le mandant ait au cours des pourparlers renoncé à ses services, le courtier a droit à la commission, lorsqu'il rapporte la preuve que l'affaire a été conclue avec l'amateur qu'il avait désigné». FRANÇOIS RAYROUX, «Du courtage», pp. 2113 e 2124 – «si le mandant tire profit des activités causales développées par le courtier avant la résiliation du contrat, et conclut le contrat principal après la date où celle-ci est devenue effective, il doit le salaire convenu» (p. 2113); «le courtier reste au bénéfice des **activités causales développées avant l'expiration, la résiliation ou la révocation du mandat**» (p. 2124). Sempre no mesmo sentido, WERNER SCHWEIGER, *Der Mäklerlohn, Voraussetzungen und Bemessung*, pp. 86-90; GEORGES SCYBOZ e PIERRE-ROBERT GILLIÉRON, *Code civil suisse et Code des obligations annotés*, p. 187; PIERRE TERCIER e PASCAL G. FAVRE, *Les contrats spéciaux*, p. 854; PIERRE TURRETTINI, *Le contrat de courtage et le salaire du courtier*, pp. 143-4. Também assim, o Acórdão do Tribunal Federal nº 4A.217/2010, de 6 de julho de 2010 – «Se prévalant de l'art. 413 al. 1 CO, le recourant conteste ensuite, à titre subsidiaire, le droit de l'intimée à la commission, au motif qu'il n'y aurait aucun rapport de causalité entre l'activité de celle-ci et la conclusion de la vente de son terrain à C. SA, en raison de la rupture définitive des pourparlers ; (...) la cour cantonale a considéré que le retard dans la conclusion de la vente, lié aux litiges relatifs aux autorisations de construire, n'avait pas rompu définitivement le rapport de causalité entre

O CONTRATO DE MEDIAÇÃO

A quem, e em que medida, é devida a remuneração no caso de vários mediadores terem intervindo nas atividades de *negociação* conducentes ao contrato, através de *contratos de mediação independentes*, é questão que tem merecido diferentes respostas – embora na fundamentação delas haja sempre apelo ao nexo de causalidade[269]. A jurisprudência oscilou entre diferentes soluções, tendo-se fixado no entendimento de que a remuneração deve ser repartida na proporção da contribuição de cada um para o sucesso do negócio[270]. No caso de mediação para *indicação*, como vimos, só o mediador que primeiro forneceu a informação terá direito à remuneração[271].

O nexo de causalidade pode ser atenuado mediante uma cláusula de exclusividade, que imponha ao cliente a obrigação de pagar a remuneração mesmo que o contrato seja celebrado por intermédio de outro mediador ou sem intermediação, ainda que por vezes se exija alguma atividade do mediador[272].

l'activité initiale de l'intimée et la conclusion de la vente par le recourant à C (...), «l'on ne voit pas que les juges cantonaux aient erré en admettant le rôle causal de l'activité de l'intimée dans la vente de la parcelle du recourant». V. o já citado Acórdão nº 4C.259/2005 do Tribunal Federal, de 14 de dezembro de 2005 (embora no caso ali em apreço tenha havido quebra do nexo causal, pois os terceiros indicados pelo mediador declararam-se insatisfeitos por causa de uma informação incompleta ou tardia sobre um projeto de construção e abandonaram as negociações, vindo a reatá-las mais tarde por intermédio de outro mediador).

[269] Sobre o tema, v. GEORG GAUTSCHI, «Kreditbrief und Kreditauftrag, Mäklervertrag, Agenturvertrag...», pp. 142-5; JOSEPH HOFSTETTER, «Le contrat de courtage», p. 165; CHRISTIAN MARQUIS, *Le contrat de courtage immobilier et le salaire du courtier*, pp. 213-9; LOUIS-PIERRE MINOLA, *Le contrat de courtage*, p. 58; THÉVENOZ e PEYROT, «Le contrat de courtage immobilier», p. 130; PIERRE TURRETTINI, *Le contrat de courtage et le salaire du courtier*, p. 168-170.

[270] Sobre a evolução da jurisprudência nesta matéria durante a primeira metade do séc. XX, v. EMILE THILO, «Le courtage en immeubles et la rémunération du courtier», nº 3, pp. 67-70; PIERRE TURRETTINI, *Le contrat de courtage et le salaire du courtier*, pp. 165-72. Segundo CHRISTIAN MARQUIS, *Le contrat de courtage immobilier et le salaire du courtier*, pp. 213-9, desde 1946, o Tribunal Federal mantém a solução da repartição da remuneração em função da medida da contribuição de cada um. Também no sentido de ser essa a atual (2006) posição do Tribunal Federal, FRANÇOIS RAYROUX, «Du courtage», p. 2123.

[271] V. nota 266.

[272] JOSEPH HOFSTETTER, «Le contrat de courtage», p. 168 – «Lorsque le courtier se fait donner un mandat exclusif, il écarte la concurrence d'autres intermédiaires. Il peut également se faire promettre que le mandant ne conclura pas le contrat principal sans sa collaboration. Ces clauses n'ont souvent pas vraiment pour but d'interdire au mandant de conclure par lui-même ou avec la collaboration d'autres courtiers; elles veulent bien plutôt assurer un droit a la provision indépendamment du lien de causalité, à la seule condition que le courtier ait entrepris des démarches dans l'intérêt du mandant»; CHRISTIAN MARQUIS, *Le contrat de*

4.4. Itália

4.4.1. Aspetos gerais de enquadramento e configuração – um tipo legal

Com data de 1942, o Código Civil italiano vigente procedeu à unificação das legislações civil e comercial. A mediação encontra-se ali disciplinada em doze artigos que compõem um capítulo integrado no título dos contratos em especial – artigos 1754 a 1765 do Livro IV (Das obrigações), Título III (Dos contratos em especial), Capítulo XI (Da mediação)[273].

A doutrina e a jurisprudência que incidem sobre a matéria são, e desde há muito, abundantes[274], ao que não será alheia a consagração legal do instituto e o seu concreto conteúdo.

Sem prejuízo da integração sistemática num título dedicado aos contratos em especial, certo é que o modo de previsão contrasta com o da quase totalidade dos demais capítulos desse título, que começam por descrever o respetivo contrato num primeiro artigo epigrafado *«Nozione»*. No caso da mediação, nenhuma norma confere de forma direta a definição do contrato. O primeiro artigo do capítulo define o mediador. Fá-lo como aquele

---

courtage immobilier et le salaire du courtier, sobretudo pp. 471-5 – «Lorsque la clause d'exclusivité peut s'analyser comme une garantie de provision, la mise en œuvre d'un tiers par le mandant ne constitue pas une contravention à une obligation de ne pas faire, mais il s'agit d'une renonciation à l'exigence du lien de causalité dans la garantie de provision au sens large» (p. 473); Pierre Tercier e Pascal G. Favre, *Les contrats spéciaux*, p. 853 – «Les parties peuvent ainsi convenir que le courtier a droit à sa commission dès que l'affaire est conclue par l'intermédiaire d'un tiers (...) voir sans intermédiaire (...). C'est le plus souvent le cas lorsque le contrat comprend une clause d'exclusivité»; Luc Thévenoz e Aude Peyrot, «Le contrat de courtage immobilier», pp. 132-3; Pierre Turrettini, *Le contrat de courtage et le salaire du courtier*, pp. 151-8. Também assim o Acórdão do Tribunal Federal nº 4C.228/2005, de 25 de outubro de 2005 – «une clause d'exclusivité, par laquelle le mandant s'interdit de recourir aux services d'un autre intermédiaire, est en soi parfaitement valable (ATF 103 II 129 consid. 1 p. 131; 100 II 361 consid. 3d p. 365; plus récemment arrêt 4C.223/1989 du 16 février 1990, consid. 1a), même si elle peut impliquer une renonciation à l'exigence du lien de causalité (ATF 100 II 361 consid. 3d p. 365 et consid. 4 p. 367; plus récemment arrêt 4C.223/1989 du 16 février 1990, consid. 1a) – le courtier ayant droit à son salaire bien que son activité d'indicateur ou de négociateur soit sans rapport avec la conclusion de l'affaire par le mandant (ATF 100 II 361 consid. 3d p. 365)».

[273] O Código Civil pode consultar-se em www.altalex.com.

[274] Vejam-se as indicações bibliográficas e os sumários e excertos de jurisprudência de que fundamentalmente se constituem os livros de Augusto Baldassari, *I Contratti di distribuzione: agenzia, mediazione, concessione di vendita, franchising*; Maurizio De Tilla, *Il diritto immobiliare: Trattato sistematico di giurisprudenza ragionata per casi*; Francesco Tamborrino, *La professione di agente immobiliare*; Bruno Troisi, *La mediazione*.

O CONTRATO DE MEDIAÇÃO

que *põe em contacto* duas ou mais partes com vista à conclusão de um negócio, *sem estar ligado a qualquer delas* por relações de colaboração, de dependência ou de representação[275].

A circunstância de o legislador ter tratado a mediação partindo do mediador e não do contrato, para mais divergindo da técnica usada para a generalidade das espécies contratuais, e o teor da descrição efetuada deram o mote a discrepâncias doutrinais sobre a natureza da mediação, discutindo-se, nomeadamente, se a atividade ali regulada tem origem num contrato ou noutro ato.

Tais dissídios perduram, ainda que atenuados na sequência de certa alteração do panorama legislativo introduzida pela Lei 39/1989, de 03/02/1989[276], sobre o registo de mediadores e características necessárias ao exercício de algumas atividades de mediação, de cujas normas resulta que a atividade mediadora se suporta, pelo menos normalmente, num contrato de mediação[277].

---

[275] Art. 1754 «Mediatore – È mediatore colui che mette in relazione due o più parti per la conclusione di un affare, senza essere legato ad alcuna di esse da rapporti di collaborazione, di dipendenza o di rappresentanza». Esta noção é replicada no Código Comercial de Macau, de 1999 (acessível em bo.io.gov.mo/bo/i/99/31/codcompt/), em cujo art. 708 se lê que «é considerado mediador quem põe em contacto dois ou mais interessados para a celebração de um negócio, sem estar ligado a qualquer dos interessados por uma relação jurídica de colaboração, de dependência ou de representação». Nos seus artigos 708 a 719, o Código macaense copia quase integralmente os doze artigos do *Codice* sobre o contrato de mediação.
[276] Consultável em www.normattiva.it, como todos os diplomas legais citados sem indicação de outra fonte. Veja-se, com alusão expressa ao contrato de mediação, o art. 5º, nº 4, da Lei 39/1989 – «Il mediatore che per l'esercizio della própria attività si avvale di moduli o formulari nei quali siano indicate le condizioni del contratto, deve preventivamente depositarne copia presso la Commissione di cui all'art.7». Segundo possível interpretação, também o art. 8º, nº 1 – «Chiunque esercita l'attività di mediazione, senza essere iscritto nel ruolo è punito con la sanzione amministrativa del pagamento di una somma (...) ed è tenuto alla restituzione alle parti contraenti delle provvigione percepite».
[277] Neste sentido, GIUSEPPE DI CHIO, «La mediazione», pp. 525-632 (559-61) – «L'antico e certamente intrincato problema della natura giuridica della mediazione – se sia un contratto oppure un'attività anegoziale – a me pare definitivamente risolto dallo stesso legislatore con la l. 3 febbraio 1989, n. 39. (...) Esistono (...) degli indizi, dei segnali forti al punto da ritenere che esso, pur non optando chiaramente per la scelta conttratuale, sicuramente mostra di rifiutare la tesi aconttratuale» (p. 559). Também assim MAURIZIO IRRERA, «Mediazione», p. 252 – «La novella legislativa, pur senza prendere espressamente posizione, contiene numerosi elementi a favore della soluzione contrattuale». De referir que posteriormente àquela lei apenas se encontra CATRICALÀ (1992) no sentido da natureza exclusivamente não contratual

COMPREENSÃO DO CONTRATO COM INCIDÊNCIA NAS PRESTAÇÕES PRINCIPAIS

Num estudo que pretende observar as características do contrato de mediação em vários países, com o objetivo de estabelecer semelhanças e diferenças entre eles, poderia pensar-se ser apenas necessário dar conta dos entendimentos predominantes em cada lugar e, sobretudo, do regime prevalentemente aplicado nos tribunais. Isso é, com efeito, fundamental. E quando as divergências são marginais, provavelmente não é necessário ir muito além. Sucede, porém, que, em Itália, para além da profusão doutrinária e jurisprudencial sobre o tema, as diferenças na abordagem de inúmeros parâmetros da conceção e do regime da relação de mediação são copiosas e profundas, tendo as correntes minoritárias também um peso não despiciendo. Daí que tenhamos de evidenciar as várias posições.

Tomando como critério a origem, contratual ou não contratual, da relação de mediação, podemos agrupar três classes de perspetivas[278]:

a) A relação de mediação tem sempre origem contratual;
b) A mesma relação nunca nasce de um contrato; e,
c) A relação de mediação pode ter ambas as origens, só casuisticamente se podendo aferir a do caso concreto.

Sobre a precedente classificação, cabe esclarecer que:

– Entre os que entendem haver um contrato envolvido na relação de mediação (alínea *a)* e, quando for o caso, *c)*), alguns pensam que pode existir previamente ao contrato de mediação uma relação entre mediador e uma ou ambas as partes no futuro contrato visado, à qual a lei atribui efeitos relevantes;
– Os autores que entendem a relação de mediação sempre de origem não contratual (al. *b)*) admitem a existência de relações de base contratual que têm alguns pontos de contacto com a relação de

---

da mediação. Não obstante, como veremos, muitos são aqueles que lhe atribuem uma origem mista ou a possibilidade de uma origem não contratual, a par da contratual.

[278] Normalmente, os autores tratam da *natureza* da relação de mediação reportando-se com tal expressão à sua *origem* contratual ou não. Quase sempre, *natureza* e *origem* (contratual ou não contratual da relação de mediação) são sinónimas. Mas nem sempre: há autores para quem a relação de mediação tem natureza contratual apenas por a lei lhe conferir efeitos similares aos emergentes de contratos, podendo ter origem não contratual quando nasce de uma relação de facto cuja recondução ao conceito de contrato negam em absoluto – é o caso de ALESSANDRO GIORDANO, «Struttura essenziale della mediazione», pp. 349-61 (embora admita também que a relação de mediação pode ser originada por contrato).

O CONTRATO DE MEDIAÇÃO

mediação (*v.g.*, contratos pelos quais uma das partes se compromete a remunerar a outra se esta lhe encontrar interessado para um contrato, comprometendo-se esta outra, ou não, a diligenciar com esse intuito) – simplesmente, entendem que tais relações provêm de contratos de prestação de serviço, ou outros, não constituindo relações de mediação; e,

– Entre os que admitem ambos os modos de formação da relação de mediação (al. *c)*), contratual e extracontratual, há os que pretendem que a mediação típica, aqui entendida como aquela que é regulada no Código Civil, é não contratual, os que defendem o contrário, e os que entendem que pode formar-se por qualquer dos modos.

Independentemente de entenderem que a relação de mediação tem ou não origem num contrato, há quem veja essa relação *a dois*, apenas entre o mediador e o primeiro interessado em celebrar um futuro contrato (ou entre o mediador e cada um dos interessados no futuro contrato – duas relações contratuais distintas), e quem a veja *a três*, integrando o mediador e ambas as partes no futuro contrato.

Sobre o momento do nascimento do contrato de mediação, podemos identificar quatro opiniões: o momento da aceitação do encargo conferido, o da execução da atividade de mediação sem oposição do(s) beneficiário(s) (para os autores que não identificam a execução da atividade e a consciente falta de oposição com declarações contratuais), o da aceitação da mediação pelo terceiro angariado pelo mediador, e o da celebração do contrato visado.

Ao nascimento da relação de mediação, para aqueles que entendem que ela não nasce de contrato, são atribuídos três momentos diferentes, que coincidem com os três últimos anteriores: o da execução da atividade de mediação sem oposição do(s) beneficiário(s), o da aceitação da mediação pelo terceiro angariado pelo mediador, e o da celebração do contrato visado.

Com tantas variáveis, as combinações são muitas. Agrupar o pensamento dos autores italianos sobre a natureza do contrato de mediação torna-se difícil e redutor.

Ainda assim, arrisco uma ilustração de várias posições relevantes, agrupadas em função da origem contratual.

A) *Existe um contrato na origem da relação de mediação*

A posição maioritária defende a natureza exclusivamente contratual da mediação[279], sem que, todavia, haja consenso quanto ao modo (declarações expressas ou tácitas de proposta e aceitação, ou, eventualmente além destas, outras circunstâncias), às partes intervenientes (apenas mediador e intermediado que confere inicialmente o encargo, mediador e cada uma das partes no contrato visado, em dois contratos de mediação autónomos, ou mediador e ambas as partes no futuro contrato, num só contrato de mediação) e ao momento da formação do contrato (momento da aceitação da primeira proposta, momento da execução da atividade de mediação sem oposição do(s) beneficiário(s) – para os autores que não identificam a execução da atividade e a consciente falta de oposição com declarações contratuais –, momento em que o terceiro entra na relação, ou momento da celebração do contrato visado).

Antes da vigência do Código de 1942, a doutrina conferia à mediação uma origem contratual clássica, sem se preocupar em discutir ou rebater pontuais e isoladas opiniões de sentido alternativo[280] – assim, e a título exemplificativo, VIVANTE[281], NAVARRINI[282] e BOLAFFIO[283]. Igual situação se vivia na jurisprudência[284].

Na vigência do atual Código Civil, a doutrina que confere uma moldura contratual à mediação é maioritária (embora já não ignore posições dife-

---

[279] Isto é afirmado por vários autores, independentemente do quadrante em que se inscrevem. A título de exemplo, v. LUIGI CARRARO, «Mediazione e mediatore», p. 477; ANTONINO CATAUDELLA, «Mediazione», p. 1; GIUSEPPE DI CHIO, «La mediazione», p. 549; ANGELO LUMINOSO, *La mediazione*, p. 37; ANNIBALE MARINI, *La mediazione*, pp. 10-2.

[280] Sobre estas, v. nota 297.

[281] CESARE VIVANTE, *Trattato di diritto commerciale*, I, p. 265 – «Il contratto di mediazione è un contratto accessorio, bilaterale, privo di forme, tanto privo di forme che per lo più si conchiude tacitamente, avente per iscopo di far concludere un affare commerciale».

[282] UMBERTO NAVARRINI, *Trattato teorico-pratico di diritto commerciale*, III, p. 63 – «Il contratto di mediazione è perfetto, nella sua struttura – non occorrendo alcuna formalità alla sua perfezione – non appena il mediatore è venuto a rapporto con una delle parti: i suoi elementi si affermano nella loro completezza, fin da questo momento».

[283] LEONE BOLAFFIO, «Dei mediatori», pp. 14-5 – define o contrato de mediação como aquele pelo qual o mediador é encarregado, pelas partes que pretendem concluir um contrato, de desenvolver atividade no sentido de conseguir que as mesmas cheguem a acordo, mediante remuneração. Trata-se, diz, de um contrato a três contraentes, sendo a chamada bilateralidade do encargo (no sentido de ser conferido pelas duas futuras partes) uma nota característica.

[284] Sobre jurisprudência de sentido inverso, v. nota 298.

O CONTRATO DE MEDIAÇÃO

rentes) – assim, VARELLI[285], STOLFI[286], BALDASSARI[287], MUSOLINO[288], DI CHIO[289], GALGANO[290], entre vários outros por aqueles citados. Mesmo quando admitem que a atuação do mediador possa preceder o encargo,

[285] CARLO VARELLI, *La mediazione*, pp. 4-10 – após fazer a crítica das teses que defendem a natureza não contratual da mediação, principalmente da de CARRARO, conclui: «nella prassi commerciale, le obbligazioni del mediatore e delle parti nascono reciproche dall'incontro delle loro volontà intese non solo a fissare la provviggione, ma anche a determinare le modalità dell'opera intermediatrice e a commisurare quella all'importanza di questa e trovano tutela giuridica nella legge; onde non può non concludersi che la fonte diretta del rapporto in esame è la volontà delle parti e non la legge».

[286] MARIO STOLFI, «Della mediazione» – v. toda a crítica que o Autor faz à tese que vê na mediação um contrato a três contraentes (pp. 13-9), concluindo que «il concorso della volontà del mediatore e di chi per primo gli ha dato l'incarico è sufficiente a far nascere il contratto di mediazione» (p. 18). Caso o terceiro angariado pelo mediador venha a aceitar os serviços deste, conferindo-lhe também o encargo de mediar o negócio, haverá dois contratos de mediação distintos (p. 18).

[287] AUGUSTO BALDASSARI, *I Contratti di distribuzione...*, pp. 339-40 – «Perché possa raffigurarsi un rapporto di mediazione è infatti necessaria, oltre al materiale esercizio di un'attività interpositiva, anche l'esistenza di una precisa volontà delle parti intermediate, la quale potrà manifestarsi sia attraverso un incarico conferito *expressis verbis*, sia attraverso un'accettazione dell'opera mediatizia».

[288] GIUSEPPE MUSOLINO, «La figura del mediatore fra codice civile e leggi speciali», p. 1038 – «Infatti la volontà dei soggetti che devono concludere un affare, volontà da cui il rapporto di mediazione nasce ed in cui trova il proprio fondamento, può manifestarsi con un incarico conferito esplicitamente oppure in maniera implicita, *per facta concludentia*. Nell'un caso come nell'altro dall'incontro delle volontà del mediatore, che si obbliga a prestarsi per la conclusione dell'affare, e dei soggetti intermediati, i quali si impegnano a pagare una provvigione, riteniamo che sorga un rapporto di natura negoziale, rientrante fra i contratti a prestazioni corrispettive».

[289] GIUSEPPE DI CHIO, «La mediazione», *maxime* pp. 554-9 – «il consenso delle parti è adunque l'ingrediente che permette alla combinazione degli elementi materiali di assumere i connotati della mediazione. L'attività materiale della messa in relazione delle parti sarebbe altrimenti priva di ogni effetto. Ovvero, considerando il problema da un altro punto di vista, in assenza della volontà delle parti, la messa in relazione praticata dal mediatore non svolgerebbe la funzione economico-sociale propria della mediazione, cosistente nello scambio tra la prestazione diretta a procurare alle parti intermediate la conclusione dell'affare e la provvigione cui ha diritto il mediatore» (p. 555).

[290] FRANCESCO GALGANO, *Diritto civile e commerciale*, II, p. 105-7 – «la mediazione è contratto che si forma con il conferimento dell'incarico al mediatore, ed è contratto unilaterale, con obbligazioni del solo proponente (...). Ciascuna delle parti del futuro affare conclude, con il mediatore, un unico contratto di mediazione: o con l'incarico che ciascuna di esse gli ha conferito (...) o con l'incarico di una e con l'accettazione, anche implicita, da parte dell'altra, della sua mediazione» (p. 107).

COMPREENSÃO DO CONTRATO COM INCIDÊNCIA NAS PRESTAÇÕES PRINCIPAIS

será ela entendida como proposta contratual, a ser confirmada, ainda que tacitamente, pelo cliente, ou pelas partes postas em contacto, entendendo- -se esta confirmação como aceitação de uma proposta contratual.

De entre os autores que perspetivam a atividade de mediação alicer- çada num contrato, dois assumem posições *sui generis*.

MARINI, não obstante afirmar inequivocamente a contratualidade da mediação, entende que a fonte constitutiva dessa relação contratual não se reconduz ao binómio consensual «proposta e aceitação». Em seu entender, o exercício da atividade, ainda que não precedido de proposta, pode ser um elemento constitutivo do contrato, sem que para o Autor isso se reconduza a uma proposta tácita, e, portanto, sem que se recon- duza ao esquema consensual tradicional[291]. Isto sem prejuízo de a ideia de que a execução da atividade de mediação cria o contrato ter de ser coordenada com o princípio da livre assunção de obrigações contratuais; assim, o efeito criador da execução daquela atividade pode ser paralisado pela expressa *prohibitio* do destinatário. Ou seja, para que haja contrato de mediação é necessário, não apenas que o contrato desejado se conclua por intervenção do mediador, mas também que o intermediado tenha consciência da atividade de mediação e não a tenha afastado pela *prohi- bitio*[292]. O contrato de mediação conclui-se no momento da celebração do contrato visado e tem por partes o mediador e as partes naqueloutro contrato[293].

CATAUDELLA, que antes via a mediação fora do domínio dos contratos, admite que a disciplina da Lei 39/1989 veio alterar os termos do debate ao pressupor que o desenvolvimento da atividade de mediação se faça com base na atribuição de um «encargo». Tal encargo não é, no entanto, segundo o mesmo Autor, suficiente para o nascimento da relação de media- ção. Para além dele é necessário que o mediador esteja inscrito no registo, que as partes sejam efetivamente postas em contacto e que a parte que não conferiu o encargo seja envolvida na relação, ou, alternativamente, que duas partes já em contacto uma com a outra confiram conjuntamente o

---

[291] ANNIBALE MARINI, *La mediazione*, pp. 28-32.

[292] ANNIBALE MARINI, *La mediazione*, p. 36.

[293] ANNIBALE MARINI, *La mediazione*, pp. 33-4 e 59 – a bilateralidade da mediação (no sentido de a relação do mediador se estabelecer com ambos os futuros contraentes, e não re- portada ao sinalagma, que, para o Autor, não existe) constitui dado essencial e caracterizador.

O CONTRATO DE MEDIAÇÃO

«encargo» a mediador inscrito. A mediação terá assim uma origem mista, com aspetos contratuais e não contratuais[294].

B) A relação de mediação não tem origem num contrato

O Código de Comércio de 1882, que regulava os mediadores nos artigos 29 a 35, não definia o contrato de mediação, nem sequer o mediador ou a sua atividade, mas referia-se, no artigo 30, ao *encargo* – «O mediador encarregado de uma operação não está só por isso autorizado a receber ou a fazer pagamentos, nem a receber ou dar cumprimento às outras obrigações dos contraentes, salvo usos do comércio em contrário». A fórmula não estimulava questões sobre o suporte contratual da atividade. Não obstante, durante a sua vigência, dois autores defenderam o nascimento não contratual da relação de mediação: GREGO e FINZI. O primeiro, em texto de 1890, encontra o fundamento do direito do mediador à remuneração na mera aceitação da sua prestação, implícita no facto de os contraentes se aproveitarem da sua atividade. Lembra a figura do *quase-contrato* e, em especial, a gestão de negócios.[295]. A posição do segundo parece não ser diferente quando escreve que a mediação resulta mais de uma operação que de um negócio, sendo a compensação monetária devida, não porque prometida ao mediador pelas partes no contrato mediado, mas porque imposta por lei a quem tenha beneficiado da atividade do mediador[296].

---

[294] ANTONINO CATAUDELLA, «Mediazione» – em síntese do raciocínio exposto na p. 2, afirma na p. 3: «La fattispecie alla quale la legge ricollega il nascere del rapporto di mediazione è composita e non costante perché (...) consta dell'accordo col quale viene conferito, da una delle parti o da entrambe, ma autonomamente, l'incarico a titolo oneroso di svolgere attività di mediazione a persona iscritta nel ruolo degli agenti di affari di mediazione nonché della messa in relazione delle parti ad opera del mediatore oppure del conferimento comune dell'incarico di mediazione a persona iscritta nel ruolo predetto ad opera di soggetti già in contatto tra loro».

[295] UMBERTO GREGO, «Dei mediatori», pp. 145-6 – a situação tem «analogia com quella che i commentatori davano del quasi contratto, ed in ispecial modo dell'*utilis negotiorum gestio*, derivandolo *ex re*, da un fatto lecito e volontario, producente obbligazione *in forza di una presunzione di consenso* secondo i principii di utilità e di equità».

[296] ENRICO FINZI, «Le disposizioni preliminari del codice di commercio nel progetto della commissione reale», p. 407 – «la mediazione risulti essenzialmente *ex re*, sia proprio una *operazione* e non tanto un *negozio*, per modo che il compenso, commisurato al valore dell'affare, cioè al vantagio, non spetta perchè fu *consentito e promesso* al mediatore dalle parti contraenti, ma perchè la *legge* impone ad esse di retribuire la mediazione di cui profittato».

COMPREENSÃO DO CONTRATO COM INCIDÊNCIA NAS PRESTAÇÕES PRINCIPAIS

Ambos são, ainda, recordados na doutrina[297]. Aparentemente não tiveram influência na jurisprudência; esta, para além de uma sentença a que CARRARO alude, sempre entendeu a mediação com origem contratual[298].

Na vigência do Código Civil de 1942, têm tido alguma expressão posições em defesa da natureza não negocial da mediação, quer as excludentes de outra origem, quer sobretudo as que a admitem como possibilidade alternativa à origem contratual.

CARTA terá sido o primeiro a negar, em absoluto, a existência de um contrato de mediação. Em seu entender, a mediação consiste num facto jurídico voluntário, cujos efeitos derivam *ex lege* da conclusão de um negócio por efeito da intervenção do mediador; quando a intermediação seja prestada por força de uma estipulação contratual, a atividade do mediador não é livre e independente, mas vinculada a um contrato que pode ser de mandato, comissão, prestação de serviço, agência, entre outros[299].

---

[297] MASSIMO BRUTTI, «Mediazione (Storia)», cita FINZI na p. 32, nota 83, como autor que nega que os atos que dão vida à relação de mediação constituam um negócio, e quanto a GREGO diz na p. 33: «Grego non respinge lo schema del negozio mediatorio, ma fa emergere in primo piano, come produttivo del rapporto, il fatto dell'intromissione. Non si esce dal quadro teorico della pandettistica. Il comportamento del mediatore è come quello del *negotiorum gestor*, nel senso che partecipa di un quasi-contratto». LUIGI CARRARO, *La mediazione*, p. 36 – «Era già stato avvertito, del resto, ancora quando si preparava la riforma del codice di commercio, che la mediazione è un'attività, per lo svolgimento della quale non si suppone l'esistenza di un negozio»; em nota (43) adiciona «Cfr. FINZI, *Le disposizione preliminari del codice di commercio nel progetto della commissione reale*, in Riv. dir. comm., 1928, I, p. 407 (...)». ANTONINO CATAUDELLA, «Note sulla natura giuridica della mediazione», pp. 361-2 – «al momento della redazione del codice civile, la natura contrattuale della mediazione non era stata ancora seriamente revocata in dubbio dalla dottrina»; na nota 3 acrescenta «Per una voce dissenziente cfr.: FINZI, *Le disposizione preliminari del codice di commercio (...)*». ANNIBALE MARINI, *La mediazione*, p. 10, depois de afirmar que, sob a vigência do Código de 1882, a tese da contratualidade da mediação beneficiava do favor da doutrina quase unânime, esclarece na nota 21: «Per isolate voci dissenzienti cfr. GREGO, *Dei mediatori*, in Arch. giur., 1890, XLV, p. 145 ss. che richiama la figura della *negotiorum gestio* e fa nascere il rapporto di mediazione della semplice intromissione di un soggetto nelle trattative per la conclusione di un determinato affare e FINZI, *Le disposizione preliminari del codice di commercio (...)*».

[298] Neste sentido ANNIBALE MARINI, *La mediazione*, p. 10. A aludida citação reporta-se à sentença *Cass. 13 luglio 1926, in Foro it., 1927, I, c. 75 ss.*, e encontra-se em LUIGI CARRARO, *La mediazione*, pp. 5-6.

[299] STANISLAO CARTA, «Mediazione di contratto, non contratto di mediazione», colunas 296-300, col. 296 – «Se la interposizione per la conclusione di un affare è prestata in forza di contratto, essa cessa di essere l'attività libera e indipendente, autonoma e imparziale, tipicamente propria del mediatore; cessa di essere mediazione, perchè è attività dovuta, e il

O CONTRATO DE MEDIAÇÃO

Também para GIUSEPPE FERRI, a relação de mediação nasce apenas com a conclusão do contrato visado pelas partes postas em contacto pelo mediador. O eventual encargo conferido ao mediador não produz quaisquer efeitos jurídicos[300].

É semelhante a posição de LEVI, para quem a relação jurídica de mediação surge com a conclusão de um contrato entre duas partes postas em contacto pelo mediador, e não em consequência de uma eventual incumbência; no momento desta poderá, quando muito, haver uma promessa unilateral revogável a todo o momento pelo intermediado[301].

CATAUDELLA, em escrito da década de 1970, entende que a relação de mediação não nasce de qualquer contrato que o mediador celebre com uma ou ambas as partes do contrato visado, mas antes com a circunstância de o mediador colocar as partes em contacto[302]. Para o Autor, a natureza jurídica da mediação inscrever-se-ia na tutela das atividades desenvolvidas sem autorização, mas no interesse de outrem, partilhando de algum modo uma natureza comum à gestão de negócios e ao enriquecimento sem causa[303].

contratto che la vincola sarà di mandato o di locazione di opera, di commissione o de agenzia, di spedizione od altro similare. La mediazione (...) è un fatto giuridico volontario che determina il diritto alla provvigione, la quale non deriva, adunque, da un così detto contratto di mediazione, ma *ex lege* dal fatto della conclusione dell'affare per effetto dell'intervento del mediatore».

[300] GIUSEPPE FERRI, *Manuale di diritto commerciale*, p. 765 – a relação jurídica de mediação «sorge con il determinarsi della situazione obbiettiva prevista dalla legge (conclusione di un contratto fra due parti messe in relazione dal mediatore), non anche in conseguenza di un incarico dato al mediatore a tal fine. (...) L'incarico dato al mediatore è soltanto un mezzo pratico per eccitare la sua attività, ma nessun effetto giuridico determina nè a carico del mediatore nè a carico di colui che l'incarico conferisce».

[301] GIULIO LEVI, «Il diritto del mediatore, alla provvigione, nei contratti preliminari condizionali», pp. 47-9.

[302] ANTONINO CATAUDELLA, «Note sulla natura giuridica della mediazione» (todo o texto é na defesa daquela ideia, no entanto, v. *maxime* pp. 363, 370, 373, 375). O próprio Autor, em escrito posterior, inscreve-se a si mesmo, com o anterior texto, entre os autores que negam natureza contratual à mediação – ANTONINO CATAUDELLA, «Mediazione», p. 1.

[303] ANTONINO CATAUDELLA, «Note...», p. 378 – «La soluzione data dal legislatore al problema posto dall'attività di mediazione non è, d'altro lato, singolare: chè, anzi, si inquadra coerentemente nel generale orientamento a tutela delle attività svolte senza autorizzazione, e anche non intenzionalmente, nell'interesse di altri. (...) L'attività del mediatore, lo abbiamo visto, non determina un arricchimento senza causa: d'altra parte, essa non configura una *negotiorum gestio*, giacché non comporta la gestione di affari altrui. Il richiamo alla gestione d'affari ed all'arricchimento senza causa vale tuttavia ad indicare significativi punti di emer-

Segundo CATRICALÀ, a tenuidade dos vínculos numa relação de mediação (como geralmente admitido, o mediador não está obrigado a desenvolver a atividade mediadora e os intermediados não estão obrigados a celebrar o negócio visado) permite duvidar da qualificação como contrato, pelo menos segundo o esquema tradicional elaborado na doutrina e recebido no sistema[304]. Termina aplaudindo a posição de CATAUDELLA (no escrito de 1978, pois, como já mencionado, a posição deste Autor foi posteriormente alterada), reconhecendo como única possível fonte da relação de mediação o ato de colocar as partes em contacto, mas não excluindo que a disciplina legal possa ser integrada ou até modificada por acordo das partes[305].

C) A relação de mediação pode ter ambas as origens, contratual ou não contratual

a) A mediação legalmente típica não tem origem num contrato (os contratos de mediação são legalmente atípicos, não sendo a eles dirigida a disciplina do Código):

Para CARRARO, o Código instituiu como fonte da mediação típica um ato jurídico em sentido estrito e não um contrato. O Autor reconhece a possibilidade de um contrato de mediação, mas em seu entender não é a ele destinado o regime jurídico do Código. Este tem outros pressupostos: colocar em contacto duas ou mais partes com vista à conclusão de um negócio, sem estar ligado a qualquer delas por relações de colaboração, de dependência ou de representação. Verificando-se esta factualidade, é indiferente um eventual acordo das partes sobre a atividade mediadora e a remuneração[306]. No entanto, admite serem frequentes na prática contratos reconduzíveis a uma figura geral de intermediação, mas privados

---

sione della rilevanza per l'ordenamento di attività svolte senza autorizzazione a vantaggio d'altri. Certo, la diversità delle fattispecie ha indotto il legislatore a dettare una disciplina profondamente differenziata nelle ipotesi segnalate».

[304] ANTONIO CATRICALÀ, «La mediazione», pp. 408-9.

[305] ANTONIO CATRICALÀ, «La mediazione», p. 411.

[306] LUIGI CARRARO, *La mediazione, maxime* pp. 12-5, 31-4, 60-5 – «avendo affermato più sopra che non può in astratto escludersi la contrattualità del rapporto di mediazione, mi sembra che, dato il valore normativo dell'art. 1754, la contrattualità del rapporto di mediazione tipica sia da ritenere incompatibile con la disciplina che lo stesso ha ricevuto nel vigente codice» (p. 34); LUIGI CARRARO, «Mediazione e mediatore», pp. 476-83 – «L'opinione che nega la natura contrattuale della mediazione tipica non sostiene l'impossibilità che il rapporto di mediazione abbia origine contrattuale, ma sostiene che dalla disciplina legislativa di quel

O CONTRATO DE MEDIAÇÃO

das características próprias da mediação típica, como são as hipóteses de *mediação unilateral* (aqui no sentido, bastante utilizado pela doutrina italiana, de contratada com apenas uma das partes no futuro contrato) e, por isso, *parcial*[307].

Também para ZACCARIA a mediação que está descrita e regulada no Código Civil italiano tem origem não negocial, sem prejuízo de haver também mediação com base contratual[308].

b) A mediação típica tem origem num contrato, embora também possam existir relações de mediação sem base contratual:

Segundo AZZOLINA, o Código de 1942 deu ao instituto a veste de contrato típico[309]. O Autor vai desvelando a sua visão enquanto rebate posições de outros juristas. No essencial, diz que a inserção da mediação no título destinado aos contratos em especial não deixa margem para dúvidas sobre a sua natureza; a circunstância de o art. 1754 não ter dado a noção de contrato, mas a de mediador, nada nos diz sobre a origem da relação, limitando-se a pôr em evidência a função típica e essencial do mediador que é a de instituir relações entre partes interessadas na conclusão de um negócio[310]. A relação contratual de mediação estabelece-se entre o mediador e quem lhe confere o encargo, não postulando necessariamente a intervenção do terceiro; este, se em vez de ficar indiferente à atividade do mediador, aceitar os serviços, conferindo-lhe expressa ou tacitamente o mesmo encargo que o mediador já tinha recebido do intermediado, será também parte numa relação de mediação, mas também ela a dois contraentes – existirão, no caso, dois contratos de mediação e não apenas um[311].

---

rapporto se ne argomenta la natura non negoziale: il Codice Civile ha cioè posto come fonte della mediazione tipica un atto giuridico in senso stretto e non un contratto» (p. 477).

[307] LUIGI CARRARO, *La mediazione*, pp. 79-132; LUIGI CARRARO, «Mediazione e mediatore», p. 478.

[308] ALESSIO ZACCARIA, «La "nuova" mediazione quale attività riservata», pp. 33-8. À mediação contratual refere-se, em seu entender, a expressão «agenti muniti di mandato a titolo oneroso» prevista no art. 2º, subsecção 2ª da Lei 39/1989. Para este Autor, a palavra «agentes» está ali empregada no sentido coloquial de «aquele que age» e a palavra «mandato» em idêntico registo, como «encargo» (pp. 28-32).

[309] UMBERTO AZZOLINA, *La mediazione*, p. 1 – «Solo il codice civile vigente ha dato ad esso per la prima volta, nella storia del diritto italiano, quella veste di contratto tipico».

[310] UMBERTO AZZOLINA, *La mediazione*, pp. 43-6.

[311] UMBERTO AZZOLINA, *La mediazione*, pp. 51-4.

O Autor não descarta, todavia, como hipótese excecional, a mediação de origem não negocial[312].

c) A mediação legalmente típica tanto pode ter origem em contrato como noutro facto jurídico (não sendo excluído que a disciplina do Código vise qualquer das hipóteses):

ASQUINI, vendo a mediação basicamente como instituto contratual, não exclui que se possa aplicar a mesma disciplina a relações nascidas de uma espécie de relação contratual de facto[313].

GIORDANO afirma que a relação de mediação tem sempre *natureza* contratual, mas pode não ter *origem* num contrato. Para este Autor a disciplina legal da mediação é contratual, embora a lei não exija a existência de um contrato para que a dita disciplina se aplique a uma dada situação. A ausência de prévio encargo revela, em seu entender, a inexistência de um elemento constitutivo do contrato em geral, mas não impede que as partes num contrato fiquem obrigadas a remunerar o mediador que as pôs em contacto, na medida em que a lei assemelha a um contrato a situação de facto em causa. Melhor explicando, o Autor entende que a disciplina legal da mediação pressupõe que ambas as partes no futuro contrato tenham incumbido um terceiro imparcial de agir no interesse objetivo da conclusão de um negócio, mas que tal pressuposto não está expressamente indicado na lei, pelo que a sua falta não exclui que os efeitos previstos na lei se apliquem naqueles casos em que a convergência de interesses que o contrato exprime e tende a realizar resulte de um comportamento dos interessados que seja considerado vinculativo pelos próprios[314]. GIORDANO,

---

[312] UMBERTO AZZOLINA, *La mediazione*, p. 40 – «È chiaro peraltro, che delle due ipotesi la prima [gli interessati che si accordano per regolare la materia delle rispettive prestazioni dando vita ad un contratto] costituisce la regola e la seconda [indipendentemente da ogni manifestazione di volontà negoziale si realizzi la fattispecie prevista dalla legge come determinante dell'obbligo di pagamento della provvigione] l'eccezione, in quanto quella riflette il *quod plerumque accidit* mentre questa si realizza solo in casi particolari».

[313] ALBERTO ASQUINI, «Recensione», p. 331 – «i casi di mediazione non contrattuale potrebbero far pensare alla oportunità di far posto anche nel diritto moderno a un concetto generale di rapporto contrattuale di fatto – reviviscenza del quasi-contratto? – per raccogliere alcune fattispecie che possono non essere contrattuali, ma a cui si attaglia la disciplina dei rapporti contrattuali analoghi. La mediazione non contrattuale potrebbe essere una di queste fattispecie».

[314] ALESSANDRO GIORDANO, «Struttura essenziale della mediazione», pp. 360-1 – «se la duplicità dell'incarico, avente per oggetto la messa in relazione delle parti ad opera di un

O CONTRATO DE MEDIAÇÃO

à semelhança de ASQUINI, situa a possibilidade de mediação não contratual nas chamadas relações contratuais de facto[315] – relações qualificáveis como contratuais apesar de derivadas de um contacto social que prescinde do contrato, mas a que se aplica um regime contratual[316].

MESSINEO elogia a tese da mediação *acontratual* de CARRARO, não excluindo, todavia, que a atividade possa basear-se em contrato[317].

Segundo MINASI, o instituto disciplinado no direito positivo compreende ambos os tipos de mediação, pois se, por um lado, a lei não faz depender o nascimento da relação da mediação da celebração de um contrato, mas apenas do exercício de uma atividade com dadas características e não

---

terzo ausiliare che non si trovi in alcuna delle condizioni impeditive stabilite nell'art. 1754, è elemento decisivo per la produzione degli effetti contrattuali predisposti dalla legge, la mancanza dell'elemento stesso non esclude che analoghi effetti contrattuali vengano ad esistenza, nei casi in cui quella convergenza di interessi, che la duplicità dell'incarico esprime e tende a realizzare, risulti, nella tipicità sociale, realizzata attraverso un comportamento degli interessati stessi, nella sua oggettiva concludenza, considerato ed interpretato dal punto di vista delle vedute della coscienza collettiva, come impegnativo per gli interessati medesimi».

[315] Parece ser esta também a posição de PIETRO RESCIGNO, «Note a margine dell'ultima legge sulla mediazione», pp. 243-52, embora o Autor não seja categórico, pois prefere a análise do ponto de vista do profissional que da relação, nem atribua à questão grande relevência prática – «Quanto all'attività il discorso tradizionale cadeva sulla qualificazione come contratto o come fatto o somma di fatti: disquisizione elegante ma di prevalente rilevanza costruttiva più che di valore pratico. La tesi che dal legislatore speciale si sia recepita la prospettiva contrattualistica non sembra corrispondere al programma perseguito, ed anzi contraddice alla scelta operata col valorizzare il momento dello *status* professionale del soggetto» (p. 249); «Ma per il civilista il tema più suggestivo rimane il rapporto di fatto, dove entrano in gioco principi che qualche appassionato intervento ha iscritto tra i fondamenti della civiltà giuridica, in primo luogo la disciplina dell'obbligazione naturale» (p. 250).

[316] Sobre as relações contratuais de facto no ordenamento italiano, v., entre outros, MASSIMO BIANCA, *Diritto civile*, III, *Il contratto*, pp. 40-3, e RODOLFO SACCO, *Il contratto*, pp. 86-99. Este último exemplifica com a mediação uma hipótese de regulação legal de uma relação contratual de facto.

[317] FRANCESCO MESSINEO, *Manuale di diritto civile e commerciale*, V – referindo-se à tese segundo a qual o esquema típico da mediação é não contratual, afirma que a mesma «semplifica non poco il problema della natura giuridica della mediazione, che, se concepita come contratto, presenta non-lieve difficoltà, sulle quali si sono travagliati molti Autori, sotto il codice abrogato e anche sotto il vigente (...). *Peraltro*, non potendosi escludere che, quanto meno, in virtù della fattispecie, posta concretamente in essere dal mediatore e da (almeno) una delle future possibili parti del c. d. Contratto principale, la mediazione assuma profilo contrattuale» (p. 73); «noi riteniamo che, ove la mediazione assuma il profilo del contratto, essa sia da considerare come contratto (definitivo)» (p. 74).

COMPREENSÃO DO CONTRATO COM INCIDÊNCIA NAS PRESTAÇÕES PRINCIPAIS

refutada pelo seu beneficiário, por outro lado, a sistematização da matéria, a alusão à possibilidade de um contrato no art. 1756, e a prática comercial não afastam a hipótese da mediação contratual[318]. Para o autor, é o efetivo desenvolvimento da atividade que marca o início da relação de mediação, mesmo nos casos da contratual, constituindo aqui o início da atividade a aceitação da proposta de contrato[319].

Também para VISALLI, a mediação que o Código regula pode ter origem no prévio contrato de mediação ou na mera atividade de mediação, não expressamente afastada pelo beneficiário, o que, segundo o Autor, corresponde a poder ter origem contratual e origem não contratual[320]. A natureza da mediação ter-se-á mantido inalterada com a Lei 39/1989, cuja finalidade foi assegurar o controlo da atividade, reservando-a a operadores inscritos num registo após aferição das suas aptidões profissionais para o exercício da atividade descrita no art. 1754 do Código Civil[321]. Havendo

[318] MARCELLO MINASI, «Mediazione», pp. 33-8 – «Vero è che l'istituto disciplinato dal nostro diritto positivo comprende entrambi i tipi di mediazione: in pratica, qualora venga a mancare la manifestazione di intento negoziale basta che sussista la pura e semplice attività non negoziale avente i caratteri tipici determinati dalla legge, perchè si verifichino gli effetti della mediazione».

[319] MARCELLO MINASI, «Mediazione», p. 39 – «È da dire piuttosto che gli obblighi del mediatore non sorgono, ed il contratto non è perfetto, prima dell'effettivo svolgimento dell'attività, e pertanto è l'inizio di questa che costituisce l'accettazione della proposta di contratto (incarico), e non la conclusione dell'affare».

[320] NICOLÒ VISALLI, *La mediazione*, pp. 83-98 – «È significativa al riguardo le sedes materiae (...) fra i singoli contratti. Tale elemento sistematico, che si associa strettamente a quello psicologico – inteso quale espressione della volontà del legislatore –, sembrerebbe rivelare che l'intento dei compilatori sia stato quello di riconoscere alla mediazione natura contrattuale» (p. 83). Por outro lado, «[l]'art. 1754 non ha riguardo ad una obbligazione di origine contrattuale, ma si limita a dare la definizione della figura del mediatore in base all'attività da lui svolta, sicché questa – avendo carattere materiale – non presuppone necessariamente una fonte negoziale. (...) Il che rende possibile, a mio avviso, che la mediazione tipica abbia una fonte negoziale o non negoziale, secondo i casi» (pp. 84-5).

[321] NICOLÒ VISALLI, *La mediazione*, 1992, pp. 98-130 – «A ben riflettere, l'elemento fattuale su cui ruota questa normativa corrisponde – salva l'estensione di cui si è fatta menzione – all'attività che il codice civile delinea nell'art. 1754 nel dare la definizione del mediatore e che la nuova legge disciplina allo scopo di riservare la stessa ad operatori in possesso di rigorosi requisiti di idoneità professionale e morale. Pertanto restano inalterati i risultati raggiunti con l'esame della disciplina codicistica e l'impostazione construttiva della natura giuridica della mediazione tipica, a suo tempo delineata, in base alla quale questa ha natura alternativa (contrattuale o non contrattuale, secondo i casi)» (pp. 129-30).

O CONTRATO DE MEDIAÇÃO

contrato de mediação o mesmo tem apenas duas partes, não incorporando o terceiro na sua formação[322].

Numa linha parecida, PERFETTI diz-nos que a mediação pode ter uma estrutura contratual normal, quando as partes incumbem o mediador de desenvolver a atividade; ou, alternativamente, na falta de acordo prévio, pode nascer por via do significado socialmente típico que se imputa ao comportamento do mediador e das partes que dele se aproveitam ao celebrar o contrato mediado[323].

Segundo LUMINOSO, os elementos mínimos da mediação não incluem uma incumbência, limitando-se à atividade mediadora de aproximação de sujeitos, à consciência pelo interessado (ou pelos interessados) da atividade do mediador e à falta de proibição dessa atividade por parte dos beneficiários. Em seu entender, estes elementos configuram a origem da mediação como não contratual. Não obstante reconhece que, na realidade social, são frequentes os contratos de mediação e que os dados legislativos (nomeadamente o art. 5º, subsecção 4ª, da Lei 39/1989) preveem essa modalidade[324].

A jurisprudência dominante tem tratado os casos de mediação encontrando neles uma base contratual, ainda que a iniciativa possa ser de qualquer das partes e as declarações possam ser tacitamente transmitidas e aceites[325].

Duas notas finais.

O exercício da atividade mediadora em Itália tornou-se livre em 1913 (Lei 272, de 20/03/1913). Com a Lei 253, de 21/03/1958, reguladora da atividade profissional de mediação, manteve-se livre o exercício ocasional da atividade. A partir da vigência da Lei de 39/1989, a atividade passou a ser publicamente controlada – todos os que desenvolvam ou tencionem desenvolver aquela atividade, ainda que com caráter descontínuo ou ocasional, passaram a carecer de estar previamente inscritos num registo, cumprindo

---

[322] NICOLÒ VISALLI, *La mediazione*, p. 132.

[323] UBALDO PERFETTI, *La mediazione...*, p. 270.

[324] ANGELO LUMINOSO, *La mediazione, maxime* pp. 44-58. Conclui: «Deve ritenersi che, ove si riesca a superare – come sembra sia possibile – l'ostacolo rappresentato dalla presenza, nella figura in esame, di un vincolo (inter partes) particolarmente tenue, si possa ammettere, in via di principio, oltre ad una fattispecie mediatizia extranegoziale anche una fattispecie contrattuale» (p. 56).

[325] V. jurisprudência resenhada em: AUGUSTO BALDASSARI, *I Contratti di distribuzione...*, pp. 335-40; ANTONIO CATRICALÀ, «La mediazione», pp. 401-39 (406); BRUNO TROISI, *La mediazione*, pp. 21-8; MAURIZIO DE TILLA, *Il diritto immobiliare...*, pp. 506-9, 529-34; FRANCESCO TAMBORRINO, *La professione di agente immobiliare*, pp. 207-8.

COMPREENSÃO DO CONTRATO COM INCIDÊNCIA NAS PRESTAÇÕES PRINCIPAIS

antecipadamente os necessários requisitos, sob pena de não lhes assistir o direito à remuneração, além de incorrerem em sanções de caráter administrativo[326]. Nos termos do art. 6º, nº 1, têm direito à comissão apenas os que estejam inscritos no registo[327].

Neste quadro, a jurisprudência pronunciava-se, maioritária mas não unanimemente, no sentido da nulidade do contrato de mediação celebrado por pessoa não inscrita no registo[328]. Também na doutrina havia manifestações nesse sentido[329].

O Decreto legislativo 59, de 26/03/2010, sem revogar a lei de 1989, suprimiu o registo dos mediadores. Na sua vez, instituiu a obrigação de declaração de início de atividade, e determinou que as referências ao registo se entendam efetuadas para a declaração de início de atividade[330]. Tudo

---

[326] De acordo com o art. 2º, nº 1, «Presso ciascuna camera di commercio, industria, artigianato e agricoltura e' istituito un ruolo degli agenti di affari in mediazione, nel quale devono iscriversi coloro che svolgono o intendono svolgere l'attivita' di mediazione, anche se esercitata in modo discontinuo o occasionale». A inscrição no registo dependia do cumprimento de uma série de requisitos elencados no nº 3 do mesmo artigo. E, segundo o art. 8º, o exercício da atividade sem prévia inscrição no registo é punido com coima e com uma sanção penal à terceira ocorrência – «1. Chiunque esercita l'attività di mediazione senza essere iscritto nel ruolo è punito con la sanzione amministrativa del pagamento di una somma compresa tra lire un milione e lire quattro milioni ed è tenuto alla restituzione alle parti contraenti delle provvigioni percepite. Per l'accertamento dell'infrazione, per la contestazione della medesima e per la riscossione delle somme dovute si applicano le disposizioni di cui alla legge 24 novembre 1981, n. 689; 2. A coloro che siano incorsi per tre volte nella sanzione di cui al comma 1, anche se vi sia stato pagamento con effetto liberatorio, si applicano le pene previste dall'art. 348 del codice penale, nonchè l'art. 2231 del codice civile».

[327] «Hanno diritto alla provvigione soltanto coloro che sono iscritti nei ruoli».

[328] GIUSEPPE BORDOLLI, «La provvigione nella mediazione immobiliare», pp. 517-9; MAURIZIO DE TILLA, *Il diritto immobiliare...*, pp. 598-605.

[329] ANNIBALE MARINI, *La mediazione*, p. 69 – «Non puo, quindi, dubitarsi che la conseguenza della mancata iscrizione nel ruolo debba ravvisarsi, in analogia a quanto ritenuto per l'ipotesi di cui all'art. 2231 c.c., nella nullità del contratto di mediazione per contrarietà a norme imperative (art. 1418 c.c.)». GIUSEPPE MUSOLINO, «La figura del mediatore...», p. 1046 – para o Autor, a inscrição no registo constitui um elemento essencial dos contratos estipulados com os clientes e a sua falta comporta a nulidade da relação. Tal nulidade é devida, não a um defeito de capacidade do mediador, que apenas comportaria a anulabilidade do contrato, o qual produziria efeitos até à eventual sentença de anulação, mas à ilicitude da causa do negócio, por contrariedade a norma imperativa. A falta de inscrição no registo determina a nulidade absoluta, conhecível *ex officio*. Na base da norma estão razões de ordem pública, de tutela dos mediadores e dos seus clientes

[330] O Decreto legislativo 59/2010, de 26 de março, transpôs na ordem jurídica italiana a Diretiva 2006/123/CE, do Parlamento Europeu e do Conselho, de 12 de dezembro, relativa ao

O CONTRATO DE MEDIAÇÃO

indica que se manterão as posições relativamente aos contratos celebrados por pessoas que não declararam o início de atividade mediadora, sendo ainda cedo para o afirmar com certeza.

Uma segunda nota para consignar que, sendo o objeto desta tese o contrato de mediação enquanto modelo geral, o estudo de (sub)tipos legais especiais interessa-nos sobretudo nos casos em que o contrato de mediação geral não é dotado de disciplina legal. Nessas circunstâncias, os regimes legais de tipos especiais de mediação podem ajudar na descoberta do tipo social geral, quer por o legislador nele se ter inspirado, quer pela influência que os regimes legais possam ter na disciplina aplicada pelos tribunais a outros casos de mediação. Por outro lado, havendo regulação da mediação geral, torna-se menos provável a regulação de certos casos de mediação que, não obstante serem de prática muito frequente, encontram disciplina adequada no regime geral. Nas várias áreas de atividade em que é usual o recurso a contratos de mediação (nomeadamente imobiliária e de mercadorias), eles têm sido vistos como contratos de mediação geral, que obedecem às regras instituídas no Código Civil e às constantes da Lei 39/1989.

4.4.2. A atividade contratual do mediador

Lembremos o disposto no art. 1754 do Código Civil italiano: *é mediador aquele que põe em contacto duas ou mais partes com vista à conclusão de um negócio...*

O legislador terá dito menos do que queria, admitindo-se que seja igualmente mediador quem indica contraparte para o negócio a celebrar e quem negoceia ou aproxima interesses no negócio entre partes já em contacto[331].

A obrigatoriedade da atividade contratual do mediador é discutida.

Para os autores que afastam a natureza contratual da mediação (ou, pelo menos, da mediação a que se destina a disciplina do Código), a questão não se coloca – não há fonte para semelhante obrigação. A existência de uma relação contratual que imponha uma obrigação ao intermediário

---

exercício da liberdade de estabelecimento dos prestadores de serviços no espaço europeu. Interessa-nos o art. 73, nº 6, do Decreto legislativo 59/2010: «Ad ogni effetto di legge, i richiami al ruolo contenuti nella legge 3 febbraio 1989, n. 39, si intendono riferiti alle iscrizioni previste dal presente articolo nel registro delle imprese o nel repertorio delle notizie economiche e amministrative (REA)».

[331] Neste sentido, *v.g.*, ANGELO LUMINOSO, *La mediazione*, pp. 16-7; MARCELLO MINASI, «Mediazione», pp. 39-40; UBALDO PERFETTI, *La mediazione...*, pp. 2-3. V. também a jurisprudência aí indicada na sequência.

COMPREENSÃO DO CONTRATO COM INCIDÊNCIA NAS PRESTAÇÕES PRINCIPAIS

não se qualifica como mediação[332], ou não se qualifica como mediação típica[333].

Para os autores, que são a maioria, que entendem que a atividade mediadora tem, ou pode ter, fundamento num contrato, a questão é debatida. Deparam-se-nos três possibilidades: *a)* a atividade mediadora integra uma prestação em sentido estrito; *b)* a atividade mediadora constitui uma faculdade ou, quando muito, um ónus; *c)* a atividade mediadora não constitui um efeito contratual, mas um elemento do processo formativo do contrato de mediação.

No sentido de o mediador estar vinculado a uma obrigação principal que nasce do contrato, AZZOLINA[334], CATAUDELLA em escrito da década de 1990[335], MUSOLINO[336], NAVARRINI[337], VARELLI[338],

---

[332] STANISLAO CARTA, colunas 296, 298, 299; GIUSEPPE FERRI, *Manuale di diritto commerciale*, p. 765; GIULIO LEVI, «Il diritto del mediatore, alla provvigione, nei contratti preliminari condizionali», p. 48.

[333] LUIGI CARRARO, *La mediazione*, pp. 88-95 e 133-8; LUIGI CARRARO, «Mediazione e mediatore», pp. 478-9 – a existência de uma obrigação do intermediário no sentido de desenvolver dada atividade exclui por si só a presença de uma relação de mediação, podendo, então, haver um contrato de prestação de serviço; o mediador não é obrigado a desenvolver a atividade mediadora, mesmo em casos em que as partes tenham solicitado a sua intervenção, e conclui: «L'intermediario non è dunque obbligato a svolgere attività mediatizia: puo pertanto disinteressarsi della conclusione dell'affare, sebbene le parti abbiano sollecitato il suo intervento» (p. 479). ALESSIO ZACCARIA, «La "nuova" mediazione quale attività riservata», pp. 23-5, 35, 52-3 – a prestação do mediador nunca é obrigatória, pelo que afasta da relação de mediação típica aqueles casos em que o mediador se obriga, seja a desenvolver uma atividade, seja a conseguir um resultado constituído pela mera possibilidade de concluir um negócio.

[334] UMBERTO AZZOLINA, *La mediazione*, pp. 74-8. Na p. 84, define o contrato de mediação como aquele pelo qual «il mediatore promette all'intermediato di fargli concludere l'affare, e l'intermediato a sua volta promette al mediatore di corrispondergli un'adeguata retribuzione del servizio».

[335] ANTONINO CATAUDELLA, «Mediazione», p. 7 – considerando o teor da Lei 39/1989, diz que a passividade do mediador contrastaria com o princípio da execução de boa fé, dados os aspetos que terão acompanhado a atribuição do encargo.

[336] GIUSEPPE MUSOLINO, «La figura del mediatore...», p. 1039 – «In questo scambio, in questa bilateralità degli obblighi attraverso cui si realizza il sinallagma, va individuata la causa del contratto, intesa oggettivamente come funzione economico-sociale».

[337] UMBERTO NAVARRINI, *Trattato teorico-pratico di diritto commerciale*, III, p. 62 – «Esiste un rapporto, e precisamente un contratto bilaterale; il mediatore ha aderito o ha fatta la proposta, accettata, di volgere la sua attività alla conclusione del contratto, e questa costituisce appunto l'obbligazione che ha assunta».

[338] CARLO VARELLI, *La mediazione*, nomeadamente, pp. 25 («la prestazione del mediatore non è condizionata alla volontà dello stesso, ma è dovuta») e 49-50 (onde expõe que as obrigações das partes são perfeitamente sinalagmáticas).

VIVANTE[339]. Entre estes, parecem partilhar a ideia de que o cumprimento da obrigação do mediador exige um dado resultado: VIVANTE[340], AZZOLINA[341] e MUSOLINO[342]. No sentido de o mediador se obrigar apenas a desenvolver a sua atividade tendo em vista a conclusão do contrato, colocando a prestação como obrigação de meios: NAVARRINI[343] e VARELLI[344].

---

[339] CESARE VIVANTE, *Trattato di diritto commerciale*, I, p. 265 – «Chi dà l'incarico, sia che prenda l'iniziativa dell'affare sia che attenda l'iniziativa del mediatore, si obbliga a pagare la provvigione se l'affare si conclude; chi assume l'incarico, cioè il mediatore, si obbliga di adoperarsi perchè si riesca alla sua conclusione».

[340] CESARE VIVANTE (1902), *Trattato di diritto commerciale*, I, p. 265, nota 1 – «Se si dovesse ascrivere a una categoria di contratti riconosciuti dal diritto romano e dal diritto comune il contratto di mediazione dovrebbe figurare come una *locatio operis*, perchè l'oggetto del contratto non è il lavoro del mediatore ma il resultado del suo lavoro». Embora acrescente que a mediação se distingue claramente da *locatio operis* na medida em que quem confere o encargo é sempre livre de aceitar ou não o contrato encontrado pelo mediador.

[341] UMBERTO AZZOLINA, *La mediazione*, p. 68 – «Il sensale – infatti – secondo la comune intenzione delle parti (lo stesso mediatore incluso) che stipulano la mediazione, deve far concludere il contratto, e solo se vi riesce acquista il diritto alla provvigione; il che equivale a stabilire che egli adempie la propria obbligazione precisamente ed esclusivamente in tal caso». Não obstante, o Autor entende que o mediador não é responsável pelo seu insucesso e tenta compatibilizar ambas as ideias dizendo, nomeadamente, que nem todas as obrigações são geradoras de responsabilidade (*maxime* pp. 71 e 74).

[342] GIUSEPPE MUSOLINO, «La figura del mediatore...», p. 1041 – «Quantunque la mediazione non possa considerarsi organicamente una forma de *locatio operis*, condivide con essa la caratteristica di comportare l'assunzione di una obbligazione che può dirsi di risultato, anche se rispetto alle obbligazioni di risultato tipiche si differenzia per il maggior grado di alea».

[343] UMBERTO NAVARRINI (1920), *Trattato teorico-pratico di diritto commerciale*, III, p. 74 – «il mediatore è obbligato a spiegare la sua attività per la conclusione dell'affare».

[344] CARLO VARELLI, *La mediazione*, p. 47 – «La prestazione deve quindi considerarsi data quando il mediatore ha fatto tutto quanto in lui ed in modo efficace ed idoneo per agevolare le parti nella conclusione, anche se questa non segua. (...) Se il mediatore promettesse la conclusione dell'affare, cioè il fatto di un terzo, dovrebbe rispondere dei danni in caso d'inadempimento, mentri egli, per la comune prassi e per la legge, non ne risponde affatto».

COMPREENSÃO DO CONTRATO COM INCIDÊNCIA NAS PRESTAÇÕES PRINCIPAIS

No polo oposto – para BOLAFFIO[345], DI CHIO[346], GALGANO[347], LUMI-NOSO[348], MESSINEO[349], MINASI[350], STOLFI[351], TUMEDEI[352], VISALLI[353] –, a atividade que o mediador desenvolve no âmbito do contrato, e por causa dele, é facultativa.

MARINI assume uma posição especial na medida em vê na atividade do mediador, não um efeito do contrato, mas um ato integrante do seu processo formativo[354]. Um contrato em que o prestador do serviço assuma

---

[345] LEONE BOLAFFIO, «Dei mediatori», p. 32 – «Il nostro pensiero è per ciò il seguente: alla piena libertà delle parti di non concludere l'affare, si contrappone la libertà del mediatore di non più occuparsene».

[346] GIUSEPPE DI CHIO, «La mediazione», p. 609 – «Il mediatore è infatti libero di condurre la sua opera come meglio ritiene opportuno è può in qualsiasi momento abbandonare l'attività di interposizione, senza che la parte o le parti intermediate possano pretendere da parte sua l'adempimento di una prestazione che non rientra tra i requisiti che caratterizzano la fattispecie mediatizia. Ovviamente láffermazione va temperata, sia in considerazione dei principi generali in materia di obbligazioni, sia in relazione alle eventuali norme pattizie che possono di volta in volta determinare il contenuto dell'attività».

[347] FRANCESCO GALGANO, *Diritto civile e commerciale*, II, p. 106.

[348] ANGELO LUMINOSO, *La mediazione*, pp. 27-8, 75-6. «La libertà, caratteristica della posizione dell'intermediario, di attivarsi per la conclusione dell'affare impedisce infatti di riconoscere un'obbligazione principale a carico dello stesso. Deve pertanto escludersi la natura di rapporto a prestazioni corrispettive o bi-vincolante. La circostanza che si abbia, nella specie, un rapporto uni-vincolante non esclude tuttavia che esso possa essere qualificato come rapporto a titolo oneroso, dal momento che la prestazione del mediatore, sebbene «*in condicione*» e non *in obligatione*, è sicuramente correlata alla provvigione, che di essa costituisce il corrispetivo» (pp. 75-7).

[349] FRANCESCO MESSINEO, *Manuale di diritto civile e commerciale*, p. 74 – «ove la mediazione assuma il profilo del contratto, essa sia da considerare come contratto (definitivo) a prestazioni corrispettive, *unilateralmente vincolante* (...) in quanto il comportamento del *mediatore* ha *carattere potestativo* (...), *laddove il suo cliente* (futura parte nel contratto principale) *si vincola*».

[350] MARCELLO MINASI, «Mediazione», p. 41.

[351] MARIO STOLFI, «Della mediazione», p. 22.

[352] CESARE TUMEDEI, «Del contratto di mediazione», p. 140.

[353] NICOLÒ VISALLI, *La mediazione*, pp. 144-8 – «La mediazione negoziale non è un contratto con prestazioni corrispettive, ma è un contratto unilaterale in considerazione della sua tipologia. L'obbligazione delle parti, che si giovano dell'opera del mediatore di pagare la provvigione (...) non trova corrispondenza, come si è detto, in un obbligo di costui di curare l'affare» (p. 145).

[354] ANNIBALE MARINI, *La mediazione*, p. 43 – «Una volta esclusa l'esistenza di una obbligazione del mediatore di far concludere l'affare all'intermediato si spiega, altresì, come delle due prestazioni fondamentali riferibili al contratto di mediazione, di far concludere l'affare e di pagare la provvigione, solo la seconda sia in obbligazione, essendo l'esecuzione della prima rimessa all'iniziativa del mediatore quale atto costitutivo della sequenza del procedimento

O CONTRATO DE MEDIAÇÃO

a obrigação de desenvolver a atividade, sendo por esta retribuído, independentemente da conclusão do negócio visado, não será um contrato de mediação[355]. Creio que, no seu raciocínio, o Autor exclui a possibilidade de haver obrigação de desenvolver a atividade e, simultaneamente, a remuneração ser dependente da celebração do contrato visado.

A jurisprudência maioritária vai no sentido de o mediador não ter obrigação de desenvolver a atividade, tendo apenas o ónus de o fazer para poder vir a ter direito à remuneração[356].

A fisionomia geral do instituto não resulta alterada pela introdução de um pacto de exclusividade, ponto sobre o qual parece haver consenso[357]. Este entendimento está provavelmente na origem do facto de o pacto em causa ser rara ou sumariamente abordado. Os autores que negam que o contrato de mediação seja fonte de uma obrigação para o mediador, afirmam que ele permanece igualmente livre perante um acordo de exclusividade[358]. Os intermediados, por seu turno, mantêm também na sua disponibilidade

formativo del contratto»; e p. 44 – «Può, quindi, conclusivamente affermarsi che le due prestazioni fondamentali che caratterizzano il contratto, quella del mediatore e dell'intermediato, pur essendo, economicamente in relazione de corrispettività, non stanno in un rapporto di sinallagmaticità in quanto mentre la prima rientra nel procedimento di conclusione del contratto, la seconda costituisce un semplice effetto contrattuale di natura obbligatoria ed è, quindi, logicamente, successiva alla prima».

[355] ANNIBALE MARINI, La mediazione, pp. 92-3 – «Qualora, pertanto, un soggetto prometta una ricompensa all'intermediario per l'attività che questi si obbliga a svolgere indipendentemente dalla successiva conclusione dell'affare (per esempio: per la ricerca anche infruttuosa di un interessato alla conclusione dell'affare o per l'attività anche infruttuosa di persuasione svolta dall'intermediario verso un terzo) il problema che si pone non è quello della derogabilità del principio fissato nella prima parte dall'art. 1755 c.c., bensì ed esclusivamente quello dell'individuazione del tipo, necessariamente diverso dalla mediazione, cui, nella specie, far riferimento».

[356] V. jurisprudência em AUGUSTO BALDASSARI, I Contratti di distribuzione..., pp. 368-70; e em BRUNO TROISI, La mediazione, pp. 75-7.

[357] ANGELO LUMINOSO, La mediazione, p. 134 – «l'inserimento di uno dei patti esaminati [irrevocabilità ed esclusiva] o di entrambi non altera gli elementi essenziali della mediazione, di guisa che l'encarico mediatizio è in questi casi riconducibile al modello disegnato dagli artt. 1754 e ss.»; ANNIBALE MARINI, La mediazione, pp. 42-3; CARLO VARELLI, La mediazione, p. 106; NICOLÒ VISALLI, La mediazione, p. 92.

[358] V.g., NICOLÒ VISALLI, La mediazione, p. 91-2 – «In entrambi i casi [incarico in esclusiva e patto di irrevocabilità] il mediatore, da un canto, è libero di occuparsi dell'affare e, dall'altro, la parte intermediata, come espressamente riconosce la giurisprudenza, non è vincolata in alcun modo a concludere il futuro contratto, sicché, nonostante queste clausole, rimane immutata la connotazione della mediazione tipica».

COMPREENSÃO DO CONTRATO COM INCIDÊNCIA NAS PRESTAÇÕES PRINCIPAIS

a celebração do contrato visado[359]. Na Itália, a cláusula de exclusividade apenas gera para o intermediado a obrigação de não celebrar o contrato com recurso a outros mediadores, ou por si, sob pena de ter de indemnizar o mediador exclusivo com valor idêntico ao da acordada comissão[360].

Independentemente do que se entenda sobre a obrigatoriedade da prestação principal do mediador, há sempre deveres acessórios decorrentes da lei (informação, controlo da autenticidade das assinaturas, dever de não agir no interesse de pessoa notoriamente insolvente, dever de revelação do nome do cliente[361]), e pode também havê-los decorrentes de estipulação contratual. Estes, dado o seu caráter acessório não são aptos a determinar a bilateralidade do contrato.

Alguns autores têm entendido ser inerente à relação de mediação, como elemento essencial, a *imparcialidade* do mediador. Fundamentam-se sobretudo na expressa falta de ligação de qualquer das partes ao mediador por laços de colaboração, de dependência ou de representação (art. 1754); por vezes, também no dever de pagamento por ambas as partes do contrato mediado (art. 1755); e, ainda, nos deveres do mediador previstos nos arts. 1759 e 1760. Neste sentido, podemos citar IRRERA[362], GALGANO[363], GIORDANO[364] e VARELLI[365]. Outros afirmam a imparcialidade como ele-

---

[359] ANGELO LUMINOSO, *La mediazione*, p. 133 – «È importante sottolineare che senza conclusione dell'affare, in nessun caso potrebbe configurarsi una trasgressione del patto da parte del cliente»; ANNIBALE MARINI, *La mediazione*, p. 42 – «Certo, conservando l'intermediato, nonostante il patto di esclusiva, la libertà di concludere o non concludere l'affare, non potrebbe considerarsi illecita, ma al contrario doverosa, la comunicazione al mediatore della estinzione dell'interesse a concludere l'affare»; CARLO VARELLI, *La mediazione*, p. 106 – «i contraenti si obbligano a non trattare l'affare nè con altri mediatori, nè da soli e a non revocare l'incarico, pur restando evidentemente liberi di (...) abbandonare l'affare»; NICOLÒ VISALLI, *La mediazione*, p. 91-2, nota anterior; ALESSIO ZACCARIA, «La "nuova" mediazione quale attività riservata», p. 84 – «l'incaricante, cioè, rimane libero di decidere se concludere o no l'affare nei termini propostigli dal mediatore, ma non può concludere l'affare con persona da lui direttamente scelta, o con l'ausilio di altro mediatore».

[360] Sobre este ponto, consensual, vejam-se os Autores e locais da nota anterior.

[361] Os artigos 1759, 1760 e 1762 impõem ao mediador determinados deveres, uns gerais (art. 1759), outros em função da categoria profissional do mediador (art. 1760), ou em função de certa forma de atuação (art. 1762).

[362] MAURIZIO IRRERA, «Mediazione», p. 253 – a imparcialidade é constitutiva da mediação, servindo para a distinguir do *procacciamento di affare*.

[363] FRANCESCO GALGANO, *Diritto civile e commerciale*, II, p. 105.

[364] ALESSANDRO GIORDANO, «Struttura essenziale della mediazione», pp. 355-6 e 360.

[365] CARLO VARELLI, *La mediazione*, pp. 22 – a imparcialidade do mediador nasce da sua posição contratual perante os dois futuros contraentes, os quais, para o Autor, são ambos

O CONTRATO DE MEDIAÇÃO

mento natural – CARRARO[366] e MINASI[367]. A importância da imparcialidade na mediação é antiga, como se pode ver em BOLAFFIO[368], NAVARRINI[369] e VIVANTE[370]. No entanto, muitos são também os autores que a têm afastado como elemento do contrato, imputando aos primeiros alguma confusão com a independência, esta sim estrutural por imposição do art. 1754. A imparcialidade será, quando muito, um modo de desenvolver a atividade sem prejudicar qualquer das futuras partes e contribuindo ativamente para uma comunicação verdadeira entre elas. Entre estes, contam-se AZZO-LINA[371], DI CHIO[372], MARINI[373], PERFETTI[374], STOLFI[375] e VISALLI[376].

necessariamente contraparte do mediador no contrato de mediação –, e 58 – a imparcialidade serve para distinguir o contrato de mediação de outros afins.

[366] LUIGI CARRARO, *La mediazione*, pp. 143-52 – segundo o Autor, a configuração legislativa típica do mediador é a de um intermediário imparcial: «l'unità della fattispecie costitutiva del rapporto di mediazione tipica e la conseguente identità di obblighi del mediatore verso le parti dell'affare siano anche la fonte dell'imparzialità con cui egli deve svolgere la sua funzione: si può dunque affermare che l'obbligo dell'imparzialità è un effetto naturale del rapporto di mediazione tipica» (p. 143); LUIGI CARRARO, «Mediazione e mediatore», pp. 476 e 477 – a imparcialidade «risulta fondamentalmente dalla seconda parte dell'art. 1754, dove si esclude la qualità di mediatore nell'intermediario che sia legato ad una delle parti», bem como «costituisce d'altra parte il fondamento della norma dell'art. 1755 C. Civ., secondo cui il mediatore ha diritto alla provvigione da ciascuna delle parti dell'affare».

[367] MARCELLO MINASI, «Mediazione», p. 41 – «la cosiddetta imparzialità del mediatore cioè l'assenza di rapporti di dipendenza e di collaborazione, che costituisce una qualità típica dell'attività svolta nell'ipotesi di mediazione non negoziale, è solo un elemento naturale del contratto di mediazione».

[368] LEONE BOLAFFIO, «Dei mediatori», p. 15.

[369] UMBERTO NAVARRINI, *Trattato teorico-pratico di diritto commerciale*, III, p. 74.

[370] CESARE VIVANTE, *Trattato di diritto commerciale*, I, pp. 267 e 269 (elemento não essencial, mas natural).

[371] UMBERTO AZZOLINA, *La mediazione*, pp. 24 e 96.

[372] GIUSEPPE DI CHIO, «La mediazione», p. 566 – «La dottrina, da tempo, ha correttamente denunciato l'errore di fondo in cui incorre chi ritiene il dovere di imparzialità elemento essenziale pela la stessa configurazione del rapporto di mediazione. L'imparzialità infatti non indica un modo oggettivo di essere del mediatore rispetto alle parti, ma molto piú semplicemente la maniera in cui dovrebbe essere svolta l'attività del mediatore».

[373] ANNIBALE MARINI, *La mediazione*, p. 55 – «Riferita al mediatore la c.d. imparzialità vale solo ad esprimere la sua terzietà e cioè la posizione di terzo rispetto alle parti dell'affare o, secondo una diversa formulazione, l'inconciliabilità della posizione di mediatore con quella di parte dell'affare».

[374] UBALDO PERFETTI, *La mediazione...*, pp. 50-7 – «Le osservazioni sin qui svolte debbono condurre senz'altro a privilegiare l'opinione di quella parte della dottrina per la quale va escluso che l'imparzialità svolga un ruolo quasiasi o nel senso della caratterizzazione della fattispecie o nell'altro di condizionare almeno il diritto alla provvigione» (p. 57).

[375] MARIO STOLFI, «Della mediazione», pp. 5-7.

[376] NICOLÒ VISALLI, *La mediazioni*, pp. 38-42.

Parte significativa da jurisprudência tende a enfatizar a imparcialidade do mediador como elemento essencial da relação de mediação[377] e, como decorrência, a afastar dos casos de mediação típica aqueles em que o intermediário é encarregado por uma das partes de mediar o negócio, designando a pessoa em causa por *procacciatore d'affari*[378]. A partir daqui delineiam-se duas correntes jurisprudenciais. De acordo com uma orientação, o mediador e o *procacciatore d'affari* são duas figuras distintas, que se distinguem porque o primeiro é imparcial e o segundo age por incumbência de apenas uma das partes no futuro negócio, só dela podendo exigir a remuneração; não se aplicando ao *procacciatore d'affari* a exigência de inscrição no registo (Lei 39/1989) ou, desde o Decreto legislativo 59/2010, a exigência de declaração de início de atividade, para que lhe seja devida remuneração.

Segundo outro entendimento, também na hipótese da chamada mediação atípica ou *procacciamento di affari* tem aplicação a Lei 39/1989, que determina que a remuneração só é devida a profissionais inscritos no registo (ou, a partir do momento em que aquele registo foi abolido pelo Decreto legislativo 59/2010, a profissionais que tenham declarado início de atividade)[379].

4.4.3. A contrapartida
4.4.3.1. A quem incumbe a remuneração
Em geral, os autores italianos não discutem a natureza obrigatória da prestação dos intermediados (ou pelo menos de um deles, nos casos em que o terceiro se mantenha estranho ao contrato, como quando beneficia da cláu-

---

[377] V. jurisprudência sumariada em Augusto Baldassari, *I Contratti di distribuzione...*, pp. 354-65; Maurizio De Tilla, *Il diritto immobiliare...*, pp. 500-2, 564-70; Francesco Tamborrino, *La professione di agente immobiliare*, pp. 191-7; Bruno Troisi, *La mediazione*, pp. 58-65.

[378] V. jurisprudência em Maurizio De Tilla, *Il diritto immobiliare...*, pp. 564-70; Francesco Tamborrino, *La professione di agente immobiliare*, pp. 196-7; Bruno Troisi, *La mediazione*, pp. 186-91. Posteriormente, v. o Acórdão nº 16147, de 8 de julho de 2010, da 3ª Secção Cível da *Corte di Cassazione* (disponível em www.ricercagiuridica.com/sentenze/), no qual o tribunal entende que um intermediário incumbido por uma das partes de mediar um negócio, contra comissão devida aquando da celebração deste, não é um mediador, mas um *procacciatore d'affari*. Não obstante, aplica a ambas as figuras o regime da mediação e nega o direito à comissão a um *procacciatore d'affari* não inscrito no registo de mediadores.

[379] Foi esta última a orientação do citado Acórdão nº 16147, de 8 de julho de 2010, da 3ª Secção Cível da *Corte di Cassazione*, o qual cita jurisprudência sobre ambas as opiniões.

O CONTRATO DE MEDIAÇÃO

sula «livre de mediação»)[380]. A obrigatoriedade do pagamento da comissão está, normalmente, latente nos discursos. Por vezes explicita-se que a remuneração é o efeito fundamental e constante do contrato de mediação[381], e que com a sua exclusão o sentido económico do contrato muda profundamente a ponto de não ser identificado como mediação[382].

O regime do contrato de mediação em Itália é diferente daquele que tem sido prática em Portugal, desde logo porque a remuneração do mediador está ali, em regra, a cargo de ambas as partes do contrato mediado. Esta disciplina, introduzida na lei pelo art. 1755, subsecção 1ª, do Código Civil de 1942 – «o mediador tem direito à remuneração de cada uma das partes, se o negócio se concluir por efeito da sua intervenção» –, já era usual no domínio da legislação anterior, apesar de o Código de Comércio de 1882 não a expressar[383]. No tempo da vigência deste último, BOLAFFIO escrevia não poder duvidar-se que o direito à comissão, sem prejuízo de acordo ou usos em contrário, é devido por cada uma das partes[384]. Tal doutrina, incorporada no Código Civil, não tem sido sujeita a grandes polémicas. De uma maneira geral, o art. 1755 tem sido entendido como norma dis-

---

[380] Em sentido algo contrário, por admitir a mediação gratuita, embora como mediação atípica, NICOLÒ VISALLI, *La mediazione*, p. 182.Também para MARCELLO MINASI, «Mediazione», p. 47, nota 62, a onerosidade é apenas um elemento natural da mediação.

[381] ANNIBALE MARINI, *La mediazione*, pp. 43-4 – «l'effetto fondamentale che dal contratto discende è di natura obbligatoria e si identifica nelle sola obbligazione di pagare la provvigione»; e trata-se de um efeito constante (p. 44), pois como vimos, o contrato de mediação, para este Autor, conclui-se no momento da celebração do contrato visado. Na mesma esteira, BRUNO TROISI, *La mediazione*, p. 87 – «secondo l'orientamento assolutamente prevalente, sia in dottrina sia in giurisprudenza, l'effetto essenziale e caratterizzante del contratto di mediazione è di natura obbligatoria e si identifica nella sola obbligazione dei soggetti intermediati di pagare la provvigione al mediatore».

[382] ALESSIO ZACCARIA, «La "nuova" mediazione quale attività riservata», pp. 26, 32, 35, 53-4, sendo a citação da p. 26 – «il senso economico della vicenda muta profondamente, al punto da renderla irriconoscibile come mediazione». Outros autores pronunciam-se, igualmente, pela impossibilidade de mediação gratuita, excluindo tal relação da qualificação como mediação: UMBERTO AZZOLINA, *La mediazione*, p. 78 (convencionando-se a exoneração da obrigação de pagamento, não se dará um válido contrato de mediação, por defeito de causa, porquanto faltará a contraprestação da prestação do mediador); UBALDO PERFETTI, *La mediazione...*, p. 166.

[383] Sobre a matéria, o Código de Comércio de 1882 dizia apenas, no seu art. 32: *Al mediatore non compete il diritto di mediazione, se l'affare non è stato conchiuso.*

[384] LEONE BOLAFFIO, «Dei mediatori», p. 75 – «*non può esser dubbio che il diritto di mediazione a la provvigione – tranne convenzione od uso contrario – è dovuta da ciascun contraente*».

positiva, que permite às partes estipulação em contrário, nomeadamente pela introdução da cláusula chamada *«franco provvigione»* que serve para exonerar do pagamento da comissão aquele a favor de quem é estipulada. Na falta de tal acordo, a obrigação de pagar ao mediador cabe a ambas as partes no contrato a final celebrado, seja por se entender que, tendo havido encargo de apenas uma delas, a outra, ao usufruir da atividade do media-dor, aceitou-a, ainda que tacitamente, seja por se entender que ambas as partes no contrato visado são contrapartes do mediador num mesmo con-trato de mediação ou em dois contratos de mediação distintos[385].

O reembolso das despesas, que nos demais países analisados consti-tui situação excecional, tem aqui uma disciplina controversa. O assento legal da matéria foi uma novidade do Código de 1942. Sob a vigência do Código de Comércio de 1882, a lei nada dizia a respeito, e a doutrina e a jurisprudência consideravam sem percalços que, salvo acordo ou usos em contrário, as despesas inerentes à atividade de mediação não eram reem-bolsáveis – eram instrumentais do desenvolvimento da atividade e faziam parte do normal risco desta[386].

O Código Civil, no seu art. 1756, estabelece que, salvaguardado acordo ou usos em contrário, o mediador tem direito ao reembolso das despesas, por parte da pessoa por encargo de quem as fez, mesmo quando o negócio não se tenha concluído. A letra da lei permite com facilidade uma orienta-ção diversa da norma que era antes prática corrente. Esta circunstância, por

---

[385] Sobre esta matéria, Augusto Baldassari, *I Contratti di distribuzione...*, p. 388 – «va precisato che l'obbligo di pagare le provvigione incombe su entrambe le parti, sempreché non sai intervenuta un'espressa derroga (...), anche se il rapporto di mediazione sai sorto per incarico di una sola di esse»; Giuseppe Bordolli, «La provvigione nella mediazione immobiliare», pp. 523-4, e jurisprudência aí indicada; Antonino Cataudella, «Media-zione», p. 12; Giuseppe Di Chio, «La mediazione», p. 621; Francesco Galgano, *Diritto civile e commerciale*, II, pp. 107-8; Annibale Marini, *La mediazione*, p. 104-8; Francesco Messineo, *Manuale di diritto civile e commerciale*, p. 79; Marcello Minasi, «Mediazione», p. 46. Segundo Azzolina, *La mediazione*, p. 169, as partes referidas no art. 1755 são aquelas que concluíram o contrato de mediação assumindo a veste de sujeitos intermediados. O terceiro que se mantém estranho à relação de mediação, nada tem de pagar; mas se, ao invés, intervém na relação, torna-se contraente do mediador, ficando frente a este na mesma posição do primei-ro intermediado. Nicolò Visalli, *La mediazione*, p. 133 – o fundamento do pagamento pelo terceiro, que tirou partido da mediação, sem a recusar, encontra-se numa relação de mediação de origem não negocial (como vimos, para este Autor, a relação de mediação típica pode ter ambas as origens, contratual ou não, e o contrato de mediação tem apenas duas partes).
[386] Cesare Vivante, *Trattato di diritto commerciale*, I, p. 277.

O CONTRATO DE MEDIAÇÃO

si só, propicia a tentativa de encontrar uma interpretação que possa acomodar a regra não escrita que antes era aplicada sem discussão. Para parte da doutrina, o conteúdo do art. 1756 não contradiz a doutrina anterior de exclusão do direito do mediador ao reembolso de despesas exclusivamente provenientes da atividade de mediação, o que se extrai do segmento que alude à pessoa por encargo da qual as despesas são efetuadas[387].

Para outros, a regra é a de que todas as despesas são reembolsáveis, e não apenas aquelas para que tenha havido autorização ou encargo explícito, sem prejuízo de deverem ser efetuadas segundo critérios de justa proporcionalidade e adequada instrumentalidade[388].

4.4.3.2. Evento de que depende o nascimento do direito à remuneração

De acordo com o disposto no art. 1755 do Código Civil italiano, o mediador tem direito à comissão de cada uma das partes *se o negócio se concluir por efeito* da sua intervenção. Patenteia-se assim que a conclusão do negócio visado – evento que permanece na disponibilidade do intermediado, mesmo na mediação com cláusula de exclusividade[389] – constitui o marco que determina o nascimento do direito à remuneração.

A opção do legislador pela palavra *negócio* (no original, *affare*), em vez de *contrato*, tem sido assinalada pela doutrina e pela jurisprudência. De modo geral, a doutrina diz que *affare*, no art. 1755, tem um sentido corrente ou social, correspondendo largamente a contrato, mas indo além do seu sentido estrito, abarcando todas as relações jurídicas vinculativas de natureza patrimonial[390] e cujo cumprimento seja assegurado pelo ordenamento jurídico. Pretende-se, assim, abranger as operações com complexos de contratos ou de negócios unilaterais coligados e destinados a realizar um único interesse económico[391].

---

[387] Neste sentido, ANNIBALE MARINI, *La mediazione*, p. 114; NICOLÒ VISALLI, *La mediazioni*, p. 339 – «il rimborso in questione presuppone uno specifico incarico al compimento dell'attività che importa l'effettuazione della spesa, non quello generico a svolgere opera di mediazione».

[388] Com esta orientação, UMBERTO AZZOLINA, *La mediazione*, p. 126; MARCELLO MINASI, «Mediazione», p. 43.

[389] V. nota 359 e texto que a suporta.

[390] A natureza patrimonial do negócio tem sido uma constante e é utilizada, nomeadamente, para excluir a possibilidade de mediação matrimonial – por todos, v. UBALDO PERFETTI, *La mediazione...*, pp. 38-49.

[391] É com este sentido que o «affare» é entendido em UMBERTO AZZOLINA, *La mediazione*, pp. 131-2; GIUSEPPE BORDOLLI, «La provvigione nella mediazione immobiliare», pp. 509-11; LUIGI CARRARO, *La mediazione*, pp. 258-69; LUIGI CARRARO, «Mediazione e mediatore»,

A possibilidade de mediação para um único negócio unilateral parece excluída por quase todos, pois mesmo quando a tal fazem referência, os exemplos dados são de situações de negócios unilaterais coligados[392]. Uma só exceção: MESSINEO afirma a possibilidade de o *affare* abranger negócios unilaterais (sem alusão à sua pluralidade e coligação)[393].

Para além do referido aspeto, a doutrina e a jurisprudência italianas afirmam, insistentemente, que o contrato preliminar é realidade subsumível ao conceito de negócio previsto no artigo. Por si só, a afirmação parece uma evidência. Sucede que com ela pretendem, quase unanimemente, mais que isso, significar que, mesmo nos casos em que foi pretendido que a atividade mediadora se dirigisse à celebração de um contrato definitivo, a celebração do preliminar correspondente tem a mesma relevância, desde que permita a execução específica da obrigação de celebrar o contrato definitivo, ou ação de indemnização para ressarcimento dos danos[394].

Na jurisprudência, o entendimento de *affare* é semelhante ao da doutrina maioritária – operação económica, que pode ser integrada por um ou vários contratos ou por vários negócios jurídicos coligados, geradora de vínculos jurídicos que habilitam as partes a agir em caso de incumprimento[395].

---

pp. 476-83 (481); GIUSEPPE DI CHIO, «La mediazione», p. 623; ANGELO LUMINOSO, *La mediazione*, pp. 87-9; ANNIBALE MARINI, *La mediazione*, pp. 47 e 50; MARCELLO MINASI, «Mediazione», p. 45; GIUSEPPE MUSOLINO, «La figura del mediatore...», p. 1043; MARIO STOLFI, «Della mediazione», p. 26, nota 1; CARLO VARELLI, *La mediazione*, p. 77; NICOLÒ VISALLI, *La mediazione*, pp. 264 e 271.

[392] *V.g.*, LUIGI CARRARO, *La mediazione*, p. 261; UBALDO PERFETTI, *La mediazione...*, p. 32 e nota 74.

[393] FRANCESCO MESSINEO, *Manuale di diritto civile e commerciale*, p. 72 – «Tuttavia, si ritiene che sia possible *oggetto di mediazione*, anche la conclusione di negozi unilaterali». Embora cite CARRARO, este último apenas reconhece que «anche due negozi unilterali, fra loro collegati, possono costituire lo strumento per la realizzazione di un affare nel senso dell'art. 1754» (LUIGI CARRARO, *La mediazione*, p. 261).

[394] V. doutrina indicada na nota anterior e jurisprudência nela citada. Especificamente sobre esta matéria e pronunciando-se no mesmo sentido positivo, também GIULIO LEVI, «Il diritto del mediatore, alla provvigione, nei contratti preliminari condizionali», p. 52. Apenas em AZZOLINA, *La mediazione*, p. 146, encontramos diferente opinião, ao afirmar que haverá que ver caso a caso se o contrato preliminar foi considerado pelos sujeitos como um ato conclusivo, que exaura o interesse do intermediado, ou como um ato preparatório, irrelevante se não seguido do contrato principal.

[395] V. jurisprudência sumariada em MAURIZIO DE TILLA, *Il diritto immobiliare...*, pp. 493-4, 502-3, 536; FRANCESCO TAMBORRINO, *La professione di agente immobiliare*, pp. 201-2; BRUNO TROISI, *La mediazione*, pp. 88-100.

O CONTRATO DE MEDIAÇÃO

O momento da conclusão do negócio tem sido entendido como um mínimo, ou seja, o resultado final de que depende a remuneração não poderá ser-lhe anterior, admitindo-se que as partes estipulem, ao abrigo do princípio da autonomia privada, as chamadas «cláusulas *salvo buon fine*». Estas permitem transpor o direito à remuneração para a última conclusão de uma pluralidade de contratos globalmente dirigidos a realizar um único interesse económico, ou para a ocasião da execução do contrato, ou, ainda, para um determinado momento dessa execução[396].

Já a estipulação segundo a qual o pagamento da remuneração é independente da conclusão do negócio (com o sentido amplo antes elucidado), ou de qualquer outro evento posterior, tem determinado o afastamento do caso, pelo menos, do contrato de mediação típico. No sentido de a subordinação da remuneração à conclusão do negócio ser um elemento natural do contrato de mediação, cuja falta remete para um contrato de mediação atípico, ANGUISSOLA[397], AZZOLINA[398], BORDOLLI[399], LUMINOSO[400], VARELLI[401] e VISALLI[402].

---

[396] V. jurisprudência citada por FRANCESCO TAMBORRINO, *La professione di agente immobiliare*, pp. 221-4, e por GIUSEPPE BORDOLLI, «La provvigione nella mediazione immobiliare», p. 523.

[397] PIETRO BERETTA ANGUISSOLA, *Contratti di mediazione...*, pp. 15-6. O Autor relata que, apesar do disposto no Código Civil sobre o nascimento do direito à comissão apenas com a conclusão do negócio, tem sido recorrente na prática contratual a aposição nos formulários de contratos de mediação imobiliária de uma cláusula que prevê que a comissão seja paga em momento anterior à celebração do contrato (mesmo do eventual contrato preliminar), logo quando o mediador apresenta ao cliente uma proposta de aquisição conforme ao previsto. Estas cláusulas, chamadas de *mediação atípica*, geraram controvérsia, tendo por vezes sido consideradas abusivas pelos tribunais – v. jurisprudência sumariada na p. 23.

[398] UMBERTO AZZOLINA, *La mediazione*, p. 187.

[399] GIUSEPPE BORDOLLI, «La provvigione nella mediazione immobiliare», p. 525 – «sebbene nello schema tipico il diritto al compenso consegue al verificarsi della *conditio iuris* della conclusione dell'affare per effetto dell'intervento di costui, è consentito alle parti, nell'ambito dei poteri di privata autonomia, di rendere atipica la mediazione, dando al rappporto una regolamentazione diversa».

[400] ANGELO LUMINOSO, *La mediazione*, pp. 7-8, 130.

[401] CARLO VARELLI, *La mediazione*, p. 114 – no caso de intermediário unilateral, a não subordinação da remuneração à conclusão do negócio, remete a situação para a prestação de serviço; não assim no caso do mediador (necessariamente imparcial, para o Autor), «che resta tale anche se, per patto espresso, quest'elemento di alea sia stato eliminato dal sinallagma. Questo è quindi un elemento naturale al contrato di mediazione ma non necessario».

[402] NICOLÒ VISALLI, *La mediazione*, pp. 181-2.

COMPREENSÃO DO CONTRATO COM INCIDÊNCIA NAS PRESTAÇÕES PRINCIPAIS

Outros autores vão mais longe e afastam perentoriamente a possibilidade de haver mediação nos casos em que o intermediário é retribuído independentemente da conclusão do contrato. A regra do pagamento da comissão apenas aquando da conclusão do negócio, diz STOLFI ainda na década de 1960, deve ter-se por essencial à mediação; não se exclui com isso a possibilidade de um contrato em que se promete ao intermediário uma recompensa pela atividade desenvolvida, independentemente da conclusão do negócio, mas exclui-se que se trate de mediação, porque a autonomia privada não pode alterar um contrato na sua causa típica[403]. Para MARINI, um contrato que reconheça ao mediador o direito à remuneração pela atividade desenvolvida, quando encontrar um contraente disposto a aceitar a proposta do seu cliente, independentemente da efetiva conclusão do contrato, é um contrato atípico, diverso do contrato de mediação[404]. Segundo ZACCARIA, havendo acordo de remuneração pela simples atividade, ou pelo resultado constituído pela possibilidade de concluir o negócio, por exemplo de encontrar comprador para o bem que o cliente quer vender, estamos em presença de um contrato situado no campo da intermediação, mas que não se qualifica como mediação[405]. PERFETTI, após detida análise, conclui que todas as cláusulas que ligam a remuneração apenas ao exercício da atividade, prescindindo completamente de qualquer ligação à conclusão do negócio, dão azo a um contrato que nada tem a ver com mediação, e que antes remetem para o contrato de prestação de serviço[406], «uma vez que a dependência da remuneração em relação ao evento futuro e incerto é elemento indeclinável do tipo»[407].

À interpretação da expressão *conclusão do negócio* têm sido chamadas as normas contidas no art. 1757: quando o contrato é sujeito a condição

---

[403] MARIO STOLFI, «Della mediazione», p. 27.

[404] ANNIBALE MARINI, *La mediazione*, pp. 43 e 92-3 (sendo a citação destas últimas) – «Qualora, pertanto, un soggetto prometta una ricompensa all'intermediario per l'attività che questi si obbliga a svolgere indipendentemente dalla successiva conclusione dell'affare (per esempio: per la ricerca anche infruttuosa di un interessato alla conclusione dell'affare o per l'attività anche infruttuosa di persuasione svolta dall'intermediario verso un terzo) il problema che si pone non è quello della derogabilità del principio fissato nella prima parte dall'art. 1755 c.c., bensì ed esclusivamente quello dell'individuazione del tipo, necessariamente diverso dalla mediazione, cui, nella specie, far riferimento».

[405] ALESSIO ZACCARIA, «La "nuova" mediazione quale attività riservata», pp. 23-5, 27, 35.

[406] UBALDO PERFETTI, *La mediazione..., maxime*, pp. 107-15.

[407] UBALDO PERFETTI, *La mediazione...*, p. 170.

O CONTRATO DE MEDIAÇÃO

suspensiva, o direito à comissão surge no momento em que se verifica a condição (subsecção 1ª); quando é sujeito a condição resolutiva, o direito à comissão não se extingue com a verificação da condição (subsecção 2ª)[408]; e quando o contrato é anulável ou rescindível[409], sem que o mediador conheça a causa da invalidade, o direito à comissão mantém-se com a anulação ou a rescisão (subsecção 3ª).

Subjacente a estas normas está a ideia de que a remuneração é devida quando o contrato produz os seus efeitos normais e a partir do momento em que os produz, sendo indiferente se, tendo sido eficaz, deixa de o ser[410].

Os casos não diretamente previstos têm seguido esta orientação, aplicando-se a disciplina da subsecção 1ª aos casos de ineficácia, como a nulidade absoluta[411], e de eficácia suspensa[412]; e a da subsecção 2ª aos casos em que um negócio originariamente válido e eficaz, perde *a posteriori* a eficácia por resolução convencional ou legal ou por mútuo acordo[413].

Estas normas são aplicadas pelos tribunais, com variantes de pormenor, desde tempos anteriores à sua consagração legal no Código de 1942[414].

---

[408] Trata-se de exceção à regra da retroatividade dos efeitos da condição, consagrada no direito italiano – art. 1360 do Código Civil italiano.

[409] A rescisão está prevista nos arts. 1447 a 1452 do Código Civil como uma forma de cessação da relação contratual que pode ser utilizada por quem assumiu obrigações iníquas, por necessidade, conhecida da parte contrária, de evitar perigo atual de um dano na sua pessoa ou na de terceiros, ou por quem assumiu prestação elevadamente desproporcionada por necessidade de que a parte contrária se aproveitou.

[410] Neste sentido pronunciam-se vários autores, *v.g.*, AUGUSTO BALDASSARI, *I Contratti di distribuzione...*, p. 412; MARCELLO MINASI, «Mediazione», pp. 45-6; UBALDO PERFETTI, *La mediazione...*, p. 126.

[411] UMBERTO AZZOLINA, *La mediazione*, p. 137; GIUSEPPE BORDOLLI, «La provvigione nella mediazione immobiliare», p. 521, e jurisprudência aí indicada; LUIGI CARRARO, *La mediazione*, p. 270; ANTONINO CATAUDELLA, «Mediazione», p. 11; FRANCESCO MESSINEO, *Manuale di diritto civile e commerciale*, p. 80; UBALDO PERFETTI, *La mediazione...*, p. 123; MARIO STOLFI, «Della mediazione», p. 41.

[412] ANTONINO CATAUDELLA, «Mediazione», p. 11; ANGELO LUMINOSO, *La mediazione*, pp. 104-5; NICOLÒ VISALLI, *La mediazioni*, p. 282.

[413] GIUSEPPE BORDOLLI, «La provvigione nella mediazione immobiliare», p. 519 e jurisprudência aí indicada. No mesmo sentido, LUIGI CARRARO, *La mediazione*, p. 271 e 276-283; ANTONINO CATAUDELLA, «Mediazione», p. 11; ANGELO LUMINOSO, *La mediazione*, p. 108.

[414] V. o que dizem LEONE BOLAFFIO, «Dei mediatori», pp. 84-9, e CESARE TUMEDEI, «Del contratto di mediazione», pp. 118-20. Sobre a jurisprudência ulterior, AUGUSTO BALDASSARI, *I Contratti di distribuzione...*, pp. 412-9, e BRUNO TROISI, *La mediazione*, pp. 112-9.

A falta de execução do negócio que se deva ter por concluído não contende com o direito à remuneração, sem prejuízo dos casos em que os costumes comerciais, a vontade das partes ou a natureza continuada dos contratos determinem o contrário[415].

4.4.3.3. Exigência de um nexo entre a atividade de mediação e a ocorrência de que depende o direito à remuneração

Para que surja o direito à remuneração não basta a conclusão do negócio, sendo também necessário que entre essa conclusão e a atividade do mediador exista um nexo causal: é o que se extrai da parte final da 1ª subsecção do art. 1755 que estatui que o mediador tem direito à comissão se o negócio se concluir *por efeito* da sua intervenção. Este nexo tem sido entendido de forma atenuada, como contribuição *útil* (Carraro), não sendo necessário que a atividade do mediador tenha sido a causa única do contrato, ponto sobre o qual parece haver unanimidade doutrinária[416] e jurisprudencial[417]. Sob o domínio da legislação anterior ao Código Civil vigente, já se entendia que o direito à remuneração pressupunha uma relação de causa e efeito entre a intervenção do mediador e a conclusão do negócio[418].

O estabelecimento do nexo causal não é abalado por algumas diferenças entre o contrato concluído e o inicialmente projetado. A identidade entre os negócios idealizado e concluído há de fundar-se não tanto em aspetos jurídico-formais, mas em aspetos económicos: haverá que averiguar se o

---

[415] Umberto Azzolina, *La mediazione*, pp. 143-5; Carlo Varelli, *La mediazione*, p. 78; Mario Stolfi, «Della mediazione», p. 30.

[416] Umberto Azzolina, *La mediazione*, pp. 151-60; Augusto Baldassari, *I Contratti di distribuzione...*, pp. 400-12; Giuseppe Bordolli, «La provvigione nella mediazione immobiliare», pp. 511-3; Luigi Carraro, *La mediazione*, pp. 286-97; Luigi Carraro, «Mediazione e mediatore», p. 482; Antonino Cataudella, «Mediazione», pp. 11-2; Giuseppe Di Chio, «La mediazione», pp. 626-7; Maurizio Irrera, «Mediazione», p. 252; Angelo Luminoso, *La mediazione*, p. 90; Annibale Marini, *La mediazione*, pp. 100-1; Marcello Minasi, «Mediazione», pp. 33-47; Francesco Messineo, *Manuale di diritto civile e commerciale*, p. 78; Ubaldo Perfetti, *La mediazione...*, pp. 150-4; Mario Stolfi, «Della mediazione», pp. 32-3; Carlo Varelli, *La mediazione*, pp. 84-5; Nicolò Visalli, *La mediazioni*, pp. 274-81.

[417] V. os acórdãos citados pela doutrina acima referenciada.

[418] Leone Bolaffio, «Dei mediatori», pp. 78-80; Cesare Tumedei, «Del contratto di mediazione», p. 121.

O CONTRATO DE MEDIAÇÃO

negócio concluído satisfaz o interesse económico pretendido aquando do recurso ao mediador[419].

Na prática judiciária, o nexo causal tem tido um papel primordial na defesa da remuneração em casos da chamada *fraude ao mediador*[420] – expressão empregada sem descurar que alguns autores clarificam que não é necessário atribuir relevo autónomo à fraude das partes, sendo suficiente o estabelecimento do nexo causal para que seja devida a comissão[421]. As situações são as mais variadas. A título exemplificativo, entre as mais recorrentes: o termo do contrato pelo cliente que, ulteriormente, vem a celebrar contrato com o terceiro que lhe foi dado a conhecer pelo mediador, à revelia deste; a falsa invocação de que o contrato foi celebrado graças a fatores estranhos à intervenção do mediador, designadamente graças à atividade de outro mediador; a celebração com o interessado encontrado pelo mediador de um contrato diferente daquele para o qual o mediador foi solicitado, mas que serve o mesmo fim. Enfim, «a prática é uma clínica inesgotável de casos patológicos»[422], mas a jurisprudência tem-se encarregado de repelir os diferentes meios de fraude argumentando com o indelével estabelecimento do nexo de causalidade previamente estabelecido.

O nexo causal é também a base de explicação da norma contida no art. 1758, segundo a qual, se o negócio se concluir graças à intervenção de vários mediadores, cada um deles tem direito a uma quota da comissão. A medida dessa quota há de ser encontrada em função da medida da contribuição, ou da *utilidade*, de cada um[423].

---

[419] GIUSEPPE BORDOLLI, «La provvigione nella mediazione immobiliare», p. 513 e jurisprudência aí indicada; ANGELO LUMINOSO, *La mediazione*, p. 92; CARLO VARELLI, *La mediazione*, p. 88.

[420] UMBERTO AZZOLINA, *La mediazione*, pp. 162-4; LEONE BOLAFFIO, «Dei mediatori», pp. 80-1; ANNIBALE MARINI, *La mediazione*, pp. 103-4; CESARE TUMEDEI, «Del contratto di mediazione», pp. 128-9; CARLO VARELLI, *La mediazione*, pp. 89-91. De notar que a expressão e a sua associação ao necessário nexo causal entre *atividade do mediador* e *contrato visado* são antigas, sendo já corrente a sua presença em escritos da década de 1920 (BOLAFFIO e TUMEDEI).

[421] Assim, LUIGI CARRARO, *La mediazione*, pp. 241-6, *maxime* p. 242; MARIO STOLFI, «Della mediazione», pp. 33-4; NICOLÒ VISALLI, *La mediazione*, pp. 325-32, *maxime* p. 330.

[422] UMBERTO AZZOLINA, *La mediazione*, p. 163.

[423] LUIGI CARRARO, *La mediazione*, pp. 297-9; UBALDO PERFETTI, *La mediazione...*, pp. 154-5; CARLO VARELLI, *La mediazione*, p. 94.

4.5. França
4.5.1. Aspetos gerais de enquadramento e configuração
4.5.1.1. Tipicidade social do contrato de mediação geral

Em França, o contrato de mediação não é regulado por lei[424]. Não obstante, verifica-se o reconhecimento doutrinário e jurisprudencial do contrato, o reconhecimento legal da *opération de courtage* em geral, o reconhecimento legal de vários tipos de *courtiers*, e, ainda, a regulamentação legal das atividades de alguns destes – quatro planos de enquadramento com importância para a compreensão do estado do contrato naquele país.

Embora sem a insistência e a densidade que se verificam noutros espaços, a doutrina e a jurisprudência francesas identificam o *courtage* como um contrato em que o *courtier* se limita a aproximar pessoas que desejam contratar e, eventualmente, a tentar que elas cheguem a um consenso sobre o contrato que elas próprias querem celebrar, sem intervir neste ato[425].

---

[424] Mantêm atualidade as observações de Guy Duranton, «Courtiers», p. 4, § 12 – «Aucun texte n'a été adopté pour préciser les conditions et les effets du contrat de courtage en général»; ou de Philippe Devesa, *L'opération de courtage...*, p. 48 – «le contrat de courtage échappe à toute règlementation spécifique tenant à des conditions de fond ou de forme relativement à sa conclusion».

[425] Philippe Devesa, *L'opération de courtage...*, p. 284 (entre muitas outras passagens) – «Le courtier est un simple intermédiaire qui se borne à mettre en rapport les parties qui ont recours à ses services. Il laisse ces dernières contracter directement, si elles le désirent, sans intervenir à l'acte. Il ne traite pas lui-même l'opération (...), il ne rend pas l'affaire définitive»; Guy Duranton, «Courtiers», pp. 2-3, § 2 – «Le courtier est un intermédiaire qui, à titre de profession et contre le versement d'une rémunération, met en rapport des personnes désireuses de contracter entre elles»; François Collart Dutilleul e Philippe Delebecque, *Contrats civils et commerciaux*, 8ª ed., p. 559 – «se borne à rapprocher des personnes qui veulent traiter ensemble une opération»; Didier Ferrier, *Droit de la distribution*, p. 116 – «Sa mission est de mettre en rapport l'entreprise donneur d'ordres et le client par lequel elle souhaite faire acquérir ses produits, sans intervenir lui-même à la conclusion de l'opération»; Valérie Guedj, «Contrat de courtage», p. 3 – «le courtier est un intermédiaire dont la mission est de rapprocher deux personnes en vue de les amener à contracter. Le courtier se borne à rapprocher les parties»; Jérôme Huet, *Les principaux contrats spéciaux*, p. 1089 – «a pour seule mission de rapprocher les parties, et d'essayer de faire en sorte qu'elles parviennent à un accord: il n'a pas le pouvoir de conclure les actes juridiques pour la négociation desquels on recourt á ses services»; Alfred Jauffret, *Droit commercial*, p. 379 – «Il se borne à rechercher, pour son client, un cocontractant, à préparer la conclusion du contrat en s'efforçant de rapprocher les parties pour les amener à un accord, mais il laisse ensuite les parties conclure le contrat elles-mêmes»; Philippe Malaurie, Laurent Aynès e Pierre-Yves Gautier, *Les contrats spéciaux*, p. 285 – «se borne à rapprocher les parties et n'est donc pas un représentant»; G. Ripert e R. Roblot, *Traité de droit commercial*, II, p. 699 – «Le cour-

O CONTRATO DE MEDIAÇÃO

O *courtage* é normalmente tratado pela doutrina nos manuais sobre contratos, de forma secundária, quase sempre dentro do capítulo dedicado ao mandato ou à comissão e sobretudo para o distinguir destes[426]. A distinção é aí feita principalmente com base no critério da materialidade dos atos do *courtier*, por oposição à juridicidade dos praticados pelo mandatário e pelo comissário – o *courtier*, ao contrário do mandatário e do comissário, não intervém no contrato visado, o qual é concluído pelas partes por si aproximadas[427].

Todavia, muitos dos chamados *courtiers* têm funções que vão além da estrita mediação e desenvolvem as suas atividades com base noutros contratos, típicos ou atípicos. Nomeadamente, profissionais com aquela designação são, com alguma frequência, incumbidos também da prática de atos jurídicos. Usa-se, então, a expressão *courtier-mandataire*. Isto acontece, quer por acordo pontual das partes, quer por os usos do comércio ou as leis conferirem a certos *courtiers* funções mais extensas[428]. Havendo cúmulo de funções, elas submetem-se a regimes distintos[429].

---

tier est un commerçant dont la profession consiste à rapprocher des personnes qui désirent contracter». A doutrina francesa usa fundamentar as suas afirmações em jurisprudência que sempre indica, e para a qual também sempre se remete, sem necessidade de aqui a repetir.

[426] François Collart Dutilleul e Philippe Delebecque, *Contrats civils et commerciaux*, 8ª ed., pp. 559-66; Didier Ferrier, *Droit de la distribution*, pp. 116-9; Georges Hubrecht, Alain Couret e Jean-Jacques Barbiéri, *Droit commercial*, p. 76; Jérôme Huet, *Les principaux contrats spéciaux*, pp. 1089-92; Jean-Pierre Le Gall, *Droit commercial*, p. 48; Philippe Malaurie, Laurent Aynès e Pierre-Yves Gautier, *Les contrats spéciaux*, pp. 285-6.

[427] Paul-Henri Antonmattei e Jacques Raynard, *Droit civil, contrats spéciaux*, p. 351-2; Alain Bénabent, *Droit civil, les contrats spéciaux civils et commerciaux*, p. 429; François Collart Dutilleul e Philippe Delebecque, *Contrats civils et commerciaux*, 8ª ed., p. 559; Didier Ferrier, *Droit de la distribution*, p. 116; Jérôme Huet, *Les principaux contrats spéciaux*, p. 1089; Philippe Malaurie, Laurent Aynès e Pierre-Yves Gautier, *Les contrats spéciaux*, p. 285.

[428] Valérie Guedj, «Contrat de courtage», p. 4 – «le courtier peut occasionnellement recevoir du donneur d'ordres un mandat. (...) Le courtier peut également se voir imposer la qualité de mandataire en application de son statut propre ou d'usages commerciaux». G. Ripert e R. Roblot, *Traité de droit commercial*, t. II, p. 701 – «Certains courtiers font de la représentation et de la commission. D'où une confusion de dénomination. On la trouve même parfois dans la loi: les agents de change ont été depuis longtemps distingués des courtiers, car ils agissent comme des commissionnaires; mais les anciens coulissiers avaient reçu le nom de courtiers en valeurs mobilières dans la loi du 14 février 1942, alors qu'ils exerçaient une profession semblable à celle des agents de change et ne faisaient pas de courtage». Sobre o

COMPREENSÃO DO CONTRATO COM INCIDÊNCIA NAS PRESTAÇÕES PRINCIPAIS

A jurisprudência francesa pouco se tem debruçado sobre o contrato de mediação em si, sendo raras as decisões que o consideram enquanto tal[430]. Efetivamente, podemos constatar que a jurisprudência citada pela doutrina francesa é antiga, na sua maioria anterior à década de 1970. No presente século, a maioria dos acórdãos publicados com alusões ao contrato de *courtage* respeitam a situações de corretagem de seguros, intermediação imobiliária e centrais de compras – todas estas com particularidades que muitas vezes as afastam da simples mediação. Mesmo no ramo imobiliário, o chamado *agent immobilier* tem, em França, por vezes, poderes de praticar atos jurídicos sendo, nesses casos, um mandatário. Ainda assim, os tribunais desenvolveram regras mínimas que constituem um direito comum a todas as formas de mediação[431], e que evidenciarei mais adiante.

Apesar de não definir nem regulamentar o contrato de mediação, o *Code de commerce*[432] *identifica a opération d'intermédiaire* e a *opération de courtage* como atos de comércio e enumera diversas categorias de *courtage*. O art. L110-1, alíneas 3ª e 7ª, do *Code de commerce* diz que são atos de comércio *toutes opérations d'intermédiaire pour l'achat, la souscription ou la vente d'immeubles, de fonds de commerce, d'actions ou parts de sociétés immobilières* e *toute opération de courtage*. Constituindo o contrato de mediação um ato de comércio, ele está sujeito às regras gerais que a esses atos se aplicam.

---

corretor de seguros como *courtier-mandataire*, JEAN BIGOT e DANIEL LANGÉ, *Traité de droit des assurances*, II, *L'intermédiation d'assurance*, pp. 563-76.

[429] Sobre esta temática, PHILIPPE DEVESA, *L'opération de courtage...*, pp. 175-206. Sintetizando a ideia: «La complexité de la vie des affaires appelle aussi le recours à des formules d'intermédiaires métissées. Il y a, en fait, plutôt qu'un véritable mélange, une distribution des régimes juridiques en concours lorsque le courtier, en cours de mission ou une fois sa mission accomplie, reçoit un mandat de conclure» (pp. 175-6). No mesmo sentido, GUY DURANTON, «Courtiers», p. 10, § 63 – «Le cumul de ces fonctions ne conduit pas à considérer l'existence d'un tout indivisible et chacune d'elles demeure soumise à son régime juridique particulier (...). Ainsi, la rémunération attachée à l'entremise du courtier ne se confond pas avec la rémunération due au titre du mandat salarié». VALÉRIE GUEDJ, «Contrat de courtage», p. 4, afirma que o cúmulo das qualidades de *courtier* e mandatário «conduit à appliquer à l'intéressé pour chacune de ses activités le régime spécifique à l'une ou à l'autre de ces activités».

[430] Assim o nota também GUY DURANTON, «Courtiers», p. 3, § 6 – «Si la jurisprudence a façonné le courtage durant le XIXe siècle, force est de constater la rareté des décisions le considérant en soi, hormis en matière d'assurances et de référencement».

[431] GUY DURANTON, «Courtiers», p. 4, § 14.

[432] Consultável em www.legifrance.gouv.fr, como todos os diplomas legais sem indicação de outra fonte.

O CONTRATO DE MEDIAÇÃO

Segundo o art. L121-1 do mesmo Código, é comerciante quem, dedicando-se à prática de atos de comércio, faz dela profissão habitual. Assim, não obstante o contrato de mediação ter sempre natureza comercial, só será comerciante a pessoa que exercer a atividade de mediador a título profissional[433].

O *Code de commerce* dedica aos *courtiers* os artigos L131-1, L131-3, L131-5 e L131-11. Estes limitam-se a afirmar que existem várias espécies de *courtiers* – *courtiers de marchandises, courtiers interprètes et conducteurs de navires, courtiers de transport par terre et par eau* –, proíbem os últimos de exercer as funções dos anteriores e proíbem a atuação quando haja interesse pessoal no negócio, sem que isso seja comunicado à contraparte. Nada dispõem sobre o contrato que o *courtier* em geral, ou qualquer daqueles que o Código enumera em particular, celebra com o seu cliente.

4.5.1.2. Alguns casos de *courtiers* e os contratos que suportam as suas atividades

O termo *courtier* é, portanto, usado para um conjunto amplo de atores. Desde logo, para os que o *Code de commerce* identifica como tais. Acrescentam-se vários outros que a lei nomeia da mesma forma, como os *courtiers assermentés*, os *courtiers en vins et spiritueux*, também ditos *de campagne*, os *courtiers d'assurances*. Finalmente, a doutrina costuma identificar também como *courtiers*, entre outros, os mediadores com vista à celebração de contrato de trabalho, as agências matrimoniais, as centrais de compras, as agências de viagens e os agentes imobiliários[434].

---

[433] PHILIPPE DEVESA, *L'opération de courtage...*, pp. 51-2. No mesmo sentido, GUY DURANTON, «Courtiers», p. 5, § 18 – «si l'acte de courtage est objectivement commercial, le courtier n'est un commerçant que s'il fait profession habituelle de l'exercice des opérations de courtage». Também assim, por exemplo, DIDIER FERRIER, *Droit de la distribution*, p. 116 ; JEAN HÉMARD, *Traité théorique et pratique de droit commercial...*, II, p. 141; G. RIPERT e R. ROBLOT, *Traité de droit commercial*, II, p. 704. No sentido de que todos os *courtiers* são comerciantes, FRANÇOISE DEKEUWER-DÉFOSSEZ, *Droit commercial*, p. 44.

[434] Em geral, PHILIPPE DEVESA, *L'opération de courtage...*, pp. 10-36; JÉRÔME HUET, *Les principaux contrats spéciaux*, p. 1089; PHILIPPE LE TOURNEAU et al., *Droit de la responsabilité et des contrats*, p. 1309, § 5560; G. RIPERT e R. ROBLOT, *Traité de droit commercial*, II, pp. 702-5. Sobre as centrais de compras, normalmente referidas nos manuais franceses como um exemplo de estrutura que opera ou pode operar com base em contratos de mediação, além dos anteriores v. ALAIN BÉNABENT, *Droit civil, les contrats spéciaux civils et commerciaux*, p. 203, e DIDIER FERRIER, *Droit de la distribution*, pp. 334-40.

COMPREENSÃO DO CONTRATO COM INCIDÊNCIA NAS PRESTAÇÕES PRINCIPAIS

Vejamos, ainda que brevemente, as várias categorias de *courtiers* identificadas nas leis e os *agents immobiliers* (dada a importância que os congéneres nacionais têm na temática do contrato de mediação), com o objetivo de perceber se alguma das legislações identifica e regula alguma espécie de contrato de *courtage*.

Courtier de mercadorias

A atividade de *courtier de marchandises* tem raízes profundas em França, tendo sido instituída como ofício e sujeita a *numerus clausus* ainda no século XVI[435]. As *ordonnances* do séc. XVII continham regras sobre o exercício da profissão[436]. Desde a lei de 18/07/1866, a atividade é livremente exercida, sem que nenhuma disposição legal, codificada ou avulsa, a regule, nem ao contrato que a anima (ou aos contratos que a animam). O art. L 131-1 do *Code de commerce* limita-se a dizer que existe.

Courtier ajuramentado ou inscrito

Mantendo embora que a mediação de mercadorias pode ser efetuada por qualquer comerciante, o Decreto 64-399, de 29/04/1964[437] reservou o exercício de algumas operações a mediadores que, tendo prestado provas da sua competência profissional em dada categoria de mercadorias,

---

[435] Em 1572, Carlos IX criou como título de ofício os «agentes de câmbio, banca e *courtiers* de mercadorias» em todas as cidades do reino onde houvesse pessoas que se dedicassem à mediação; em 1595, Henrique IV regulou toda a sorte de *courtiers* nas cidades do reino com muito comércio e limitou estes profissionais a um *numerus clausus* – JACQUES SAVARY, *Le parfait négociant...*, p. 247.

[436] O art. 2º do título II da *Ordonnance* de Luís XIV, de 23 de março de 1673, proibia-os de comerciar por sua conta – PHILIPPE BORNIER, *Ordonnance de Louis XIV sur le commerce...*, p. 32. Já anteriormente, a *Ordonnance* de Luís XIII, também conhecida por *Code Michau*, no seu art. 416, impedia-os de comerciar mercadorias em seu nome, ainda que por conta de terceiro – PHILIPPE BORNIER, p. 33. *A contrario*, parece que os *courtiers* sempre puderam comprar e vender por conta e em nome de terceiro, e, com a referida *Ordonnance* de Luís XIV, por conta alheia, ainda que em nome próprio. O que não significa que o contrato de *courtage* não se limitasse à mediação sem intervenção no contrato visado. Já então, o comércio por conta de outrem, mas em nome próprio, se dizia comissão. V. JACQUES SAVARY DES BRUSLONS, *Dictionnaire universel de commerce*, «courtage», col. 1562, e «commerce par commission», col. 1324.

[437] O Decreto 64-399, de 29/04/1964, sobre os *courtiers de marchandises assermentés*, publicado no *JORF* de 07/05/1964, foi modificado pelo Decreto 94-728, de 19/08/1994, pela *Ordonnance* 2000-912, de 18/09/2000, pelo Decreto 2001-650, de 19/07/2001, e pela *Ordonnance* 2005-428, de 06/05/2005.

O CONTRATO DE MEDIAÇÃO

tenham sido ajuramentados perante o tribunal de segunda instância da sua área e tenham sido inscritos na lista oficial anual criada para o efeito. Estes *courtiers assermentés ou inscrits* têm alargadas funções, designadamente, efetuam avaliações e outras perícias judiciais (art. 10º), certificam o estado de mercadorias cotadas em bolsas (arts. 11 e 12), recompram e revendem mercadorias em bolsa em caso de inexecução de um contrato (art. 13), procedem às vendas públicas em processos administrativos e judiciais (arts. 14 a 17). Para além da sua função de *courtiers* de mercadorias ajuramentados, eles podem exercer a sua profissão habitual, nomeadamente de comissário, mediador ou agente comercial (art. 20), mas enquanto no exercício da sua função oficial eles são peritos e intermediários, mais de mediadores. O diploma que os regula nada dispõe sobre os contratos que celebram.

Courtier intérprete e condutor de navios
Os *courtiers* intérpretes e condutores de navios referidos no art. L131-1 do *Code de commerce* são também referenciados em vários diplomas legais, nomeadamente no capítulo I do título I da Lei 2001-43, de 16/01/2001, alterado pela Lei 2005-845, de 26/07/2005, que retirou à profissão o privilégio de monopólio que lhe tinha sido atribuído pelo art. 91 da Lei de 28/04/1816. Estes *courtiers*, sem equivalente fora do território francês[438], efetuam tradução de documentos, conduzem os navios estrangeiros à entrada e à saída dos portos, e realizam leilões, nomeadamente de partes de navios encalhados, nos portos em que trabalham.

Courtier de transporte por terra e água
Entre os *courtiers* de transporte por terra e água, aos quais também se refere o art. L131-1 do *Code de commerce*, contam-se os de frete fluvial, cuja profissão está regulada no Decreto 96-488, de 31/05/1996. Nos termos do seu art. 1º, tem a qualidade de mediador de frete fluvial a pessoa singular ou coletiva mandatada para pôr em contacto os seus clientes e os transportadores públicos de mercadorias por barco de navegação interior, com vista à conclusão entre eles de um contrato de transporte. Esta noção do profissional consiste na referência mais próxima ao contrato que ele celebra com os seus clientes que, apesar da expressão «mandatada», tem os ingredientes necessários para se poder qualificar como mediação. No mais,

---

[438] GUY DURANTON, «Courtiers», p. 28, §204.

o diploma regula a inscrição do mediador no registo próprio e os necessários requisitos e formalidades para que seja feita, nada dizendo sobre a formação, conteúdo e efeitos do contrato que o profissional celebra com os seus clientes.

Courtier em vinhos e espirituosos

A profissão dos *courtiers en vins et spiritueux, dits «courtiers de campagne»* é regulada pela Lei 49-1652, de 31/12/1949[439], que, no art. 1º, diz serem assim considerados os *courtiers* que, nas regiões de produção, e mediante uma remuneração de *courtage*, põem em contacto os produtores ou vendedores de vinhos, espirituosos e derivados, com os comerciantes. O art. 2º, § 5º, proíbe-os de comprar e vender vinho por sua conta[440] (poderão comprar e vender por conta dos clientes[441]), e o art. 5º diz que a remuneração é devida a partir do momento em que compradores e vendedores estão de acordo. Nenhumas outras disposições nos ajudam a identificar o contrato que estes *courtiers* estabelecem com os seus clientes.

Corretor de seguros

O *Code des assurances* dispõe de um livro dedicado aos intermediários de seguros no qual os define como pessoas que, contra remuneração, se dedicam a apresentar, a propor ou a ajudar a celebrar contratos de seguro ou resseguro ou a realizar outros trabalhos preparatórios á sua celebração. Identifica três tipos de intermediários – o corretor ou sociedade corretora de seguros, o agente geral de seguros e o mandatário não agente geral de seguros –, figuras que correspondem, respetivamente, ao corretor de seguros, ao agente de seguros e ao mediador de seguros ligado previstos no art. 8º do DL 144/2006, de 21 de julho. Com efeito, e começando pelos últimos, os *mandataires non agents généraux d'assurance* exercem a sua atividade em nome e por conta de uma empresa de seguros e sob a

---

[439] Esta lei foi modificada pela Ordonnance 2005-1091, de 01/09/2005, pela Ordonnance 2008-507, de 30/05/2008, e pela Lei 2008-776, de 04/08/2008.

[440] A referência aos *courtiers de vin* e a proibição de comprarem e venderem vinhos por sua conta remonta à *Ordonnance* de Carlos VII, de 19 de setembro de 1439 – V. Philippe Bornier, *Ordonnance de Louis XIV sur le commerce...*, pp. 33-4.

[441] Guy Duranton, «Courtiers», p. 20, § 141 – «Les courtiers de campagne ne doivent jouer qu'un rôle d'intermédiaire et ils sont soumis aux obligations générales des autres courtiers, soit qu'ils se bornent à rapprocher les négociants et producteurs en vins, soit qu'ils agissent comme mandataires de l'un d'eux».

sua inteira responsabilidade (art. L550-1 do *Code des assurances*). Os *agents généraux d'assurances* obedecem ao estatuto aprovado pelo Decreto 96-902, de 15/10/1996, e exercem uma atividade independente de distribuição e de gestão de produtos e serviços de seguros ao abrigo de um mandato escrito conferido por uma ou mais empresas de seguros. Finalmente, o *courtier* (ou *société de courtage*) tem como cliente o tomador do seguro, para o qual procura a cobertura de seguros que mais se adequa às suas necessidades e acompanha-o ao longo da vida do contrato. No entanto, tem também relações privilegiadas com certas seguradoras, com quem pode ter relações de mandato com poderes mais ou menos extensos destinados à subscrição, receção de prémios e/ou gestão de sinistros[442]. O contrato entre o corretor e o tomador (ou candidato a tomador) pode corresponder a uma mediação – à procura da cobertura ideal para o seu cliente –, ou ficar-se na análise de riscos, ou estender-se à elaboração do contrato, à gestão de sinistros e à intermediação entre as partes durante toda a vida do contrato de seguro[443].

Dos vários intermediários de seguros, o *courtier* é, portanto, o único cuja atividade pode assentar num contrato de mediação, sem que, no entanto, a lei diga algo sobre o seu regime.

Mediador imobiliário

Cabe, finalmente, uma referência à mediação imobiliária. Certos aspetos da atividade de mediação imobiliária são regulados na Lei 70-9, de

---

[442] JEAN BIGOT e DANIEL LANGÉ, *Traité de droit des assurances*, II, nomeadamente, pp. 563 («il peut également dans certaines situations être le mandataire de l'assureur»), 567 («Le mandat peut être conféré par l'assureur au courtier soit pour la souscription des contrats, soit pour la gestion de ceux-ci»), 581 (fora dos casos de mandato haverá «au moins un accord cadre préalable entre l'assureur et le courtier avec lequel il accepte de travailler, concrétisé par l'ouverture d'un code courtier permettant de suivre la traçabilité des commissions dues au courtier»); JEAN-CHARLES NAIMI, *Le courtage d'assurance*, pp. 114 e 123; CHRISTOPHE PARDESSUS, ISABELLE MONIN LAFIN, JAMES LANDEL *et al.*, *L'intermédiation en assurance*, p. 78.

[443] JEAN BIGOT e DANIEL LANGÉ, *Traité de droit des assurances*, II, pp. 592-5; JEAN-CHARLES NAIMI, *Le courtage d'assurance*, p. 124. CHRISTOPHE PARDESSUS, ISABELLE MONIN LAFIN, JAMES LANDEL *et al.*, *L'intermédiation en assurance*, pp. 77-8, discutem a qualificação deste contrato, parecendo afastar as hipóteses de mandato e de prestação de serviço, e optando pela de contrato *sui generis*. PHILIPPE LE TOURNEAU *et al.*, *Droit de la responsabilité et des contrats*, p. 1192, § 4797, afirmam que a relação entre o corretor de seguros e o seu cliente segurado é de mandato, e admiram-se com o facto de os especialistas em Direito dos Seguros nunca colocarem em causa a designação de *courtier*.

02/01/1970[444], mais conhecida por *Loi Hoguet*. Esta, porém, regula o exercício não apenas da mediação (*entremise*), mas também da gestão, e não apenas de operações sobre imóveis, mas também sobre estabelecimentos comerciais (*fonds de commerce*), sendo ainda aceite que ao ali chamado *agent immobilier* possa ser conferido um mandato expresso para intervenção em atos jurídicos, nomeadamente no contrato de compra e venda por conta e em representação do cliente. Na regulação conjunta das atividades *d'entremise et de gestion*, e no sentido amplo que se dá à primeira, reside, provavelmente, a razão pela qual o legislador optou por chamar «mandato» à relação do profissional – mediador, mandatário ou gestor – com o cliente (*v.g.*, nos arts. 5º e 6º reporta-se, respetivamente, às obrigações decorrentes do *mandato* e ao *mandato* com cláusula de exclusividade)[445].

Apesar disso, a doutrina e a jurisprudência francesas têm chamado *courtiers* aos profissionais em questão, e *courtage* aos contratos que estabelecem com os seus clientes[446], reconhecendo que a atividade *d'entremise* do agente imobiliário, na falta de mandato expresso conferindo poderes para a prática de dado ato jurídico, será um simples contrato de mediação[447]. Por defeito, o *agent immobilier* não tem poderes para a prática de atos jurídicos, tendo estes que constar expressos no contrato escrito. Vários casos são levados a juízo por se discutir precisamente a existência desses poderes, decidindo sempre os tribunais que o mero mandato aparente não releva[448].

---

[444] Modificada por uma vintena de diplomas, até à Lei nº 2014-366, de 24/03/2014.

[445] Alguns autores manifestam discordância em relação ao uso da palavra mandato na Lei Hoguet. Assim, PHILIPPE MALAURIE, LAURENT AYNÈS e PIERRE-YVES GAUTIER, *Les contrats spéciaux*, p. 286; JÉRÔME HUET, *Les principaux contrats spéciaux*, pp. 1089-90.

[446] PHILIPPE DEVESA, *L'opération de courtage...*, pp. 16-8, trata da mediação imobiliária em alínea intitulada «courtage "immobilier"»; GUY DURANTON, «Courtiers», p. 31, §§ 231-2, fá-lo sob o título «courtiers libres en matière immobilière»; G. RIPERT e R. ROBLOT, *Traité de droit commercial*, II, p. 705, tratam da mediação imobiliária em número intitulado «autres courtages».

[447] MOUSSA THIOYE, *Droit des intermédiaires immobiliers*, p. 150, nota 3, pp. 159-60.

[448] Assim os Acórdãos da Cour de Cassation nº 97, de 31/01/2008, proc. 05-15.774 da 1ª sala civil (embora neste caso o contrato escrito conferisse efetivamente poderes para a venda, o tribunal de segunda instância não tinha atentado nisso, fundamentando a sua decisão na irrelevância do mandato aparente, decisão que a Cour de Cassation vem a revogar, apenas por a decisão anterior assentar em pressuposto que não se verificava); nº 639, de 05/06/2008, proc. 04-16.368 da 1ª sala; e nº 796, de 17/06/2009, proc. 08-13.833 da 3ª sala, todos disponíveis em www.courdecassation.fr, como todos os que forem indicados sem menção de outra

O CONTRATO DE MEDIAÇÃO

A natureza jurídica do contrato que o *agent immobilier* celebra com o seu cliente dependerá, portanto, de caso para caso: se lhe for confiada a celebração de um contrato ou a gestão de bens será um mandatário, se, pelo contrário, for apenas incumbido de encontrar contraparte para um contrato e de o negociar, haverá um mero contrato de *courtage*[449] *ou um mandat d'entremise*, expressão que também tem sido usada na doutrina e na jurisprudência francesas para contratos de mediação imobiliária (sem que o prestador do serviço tenha poderes para aceitar propostas ou celebrar o contrato)[450].

Apesar de a Lei 70-9 não definir o contrato de mediação, nem qualquer outro, ela regula alguns aspetos contratuais importantes. Desde logo, as atividades previstas no art. 1º só podem ser exercidas por pessoas singulares ou coletivas titulares de uma carta profissional conferida por entidade administrativa (art. 3º). O contrato deve ser escrito e conter determinadas menções; nomeadamente, deve discriminar as condições em que o mediador fica autorizado a receber, depositar ou entregar dinheiro ou bens, deve conter as condições de determinação da remuneração e a indicação da parte que a deve pagar (art. 6º). Ainda de acordo com o mesmo artigo, nenhuma remuneração, em dinheiro ou em espécie, é devida ao profissional, nem por ele pode ser aceite, antes da celebração do contrato visado (art. 6º, I, antepenúltimo §). O contrato entre o agente imobiliário e o cliente está sujeito a prazo, sob pena de nulidade (art. 7º). Estas regras aplicam-se a quaisquer contratos destinados ao exercício não apenas da atividade de *entremise*, qualquer que seja a sua amplitude, mas também da atividade de gestão sobre bens alheios e relativas aos contratos mencionados no art. 1º. Sendo assim, são regras que se aplicam não apenas aos contratos de mediação imobiliária, mas também a contratos de mandato, e a contratos de gestão imobiliária (quando aplicável, o que não será o caso do antepenúltimo § do art. 6º, *I*), sejam estes últimos mandatos ou prestações

---

fonte. Este último tmabém em *Recueil Dalloz*, Paris, nº 40 (2009) pp. 2724-7, com anotação de NICOLAS DISSAUX, adiante citada.

[449] PHILIPPE LE TOURNEAU *et al., Droit de la responsabilité et des contrats*, p. 1198, § 4826.

[450] Reportando-se à expressão «mandat d'entremise», tão usada na prática, MOUSSA THIOYE, *Droit des intermédiaires immobiliers*, p. 159, diz que ela contém uma contradição ao remeter para dois contratos diferentes, com regimes jurídicos tradicionalmente dissociados – o mandato e a mediação.

de serviços. Em todo o caso, podemos dizer que o contrato de mediação imobiliária encontra aqui um regime ainda que incompleto.

Em síntese:

Grande parte dos chamados *courtiers* desenvolve a sua atividade com base em vários contratos, sendo o de mediação apenas um deles. Apesar de o contrato de mediação (*contrat de courtage*) estar suficientemente delimitado pela doutrina e pela jurisprudência, a palavra *courtier* é utilizada para uma extensa gama de intermediários.

Por outro lado, não obstante serem várias as leis que regulam atividades de profissionais que elas designam por *courtiers*, nenhuma estabelece o regime de um qualquer subtipo do contrato de mediação, de forma mais ou menos completa, direta ou indiretamente.

No caso da mediação imobiliária, decorre do regime legal e dos contributos da doutrina e da jurisprudência que um dos contratos base da atividade do *agent immobilier* é de *courtage*, apesar de a lei assim não o nomear. O regime que a lei lhe destina permite identificar um tipo legal, ainda que incompleto.

4.5.2. A prestação do mediador

Tem sido afirmada sem reservas a assunção pelo mediador de uma obrigação principal que justifica a obrigação de remuneração assumida pelo cliente.

A obrigação principal do mediador consiste, segundo maioritária doutrina francesa, em levar a cabo a atividade necessária a encontrar contraparte para o seu cliente e a favorecer a conclusão do contrato visado[451]. Se o mediador se abstiver de procurar contraparte para o seu cliente ou se

---

[451] Assim, para PHILIPPE DEVESA, *L'opération de courtage...*, p. 108 – «L'obligation principale du courtier consiste à favoriser la conclusion du contrat objet-conséquence de l'accord de courtage, à chercher un co-contractant à la partie qui l'a contacté». Nas palavras de GUY DURANTON, «Courtiers», p. 9, § 50: «a pour obligation essentielle de favoriser par ses démarches la conclusion du contrat pour lequel il s'entremet mais sans traiter lui-même l'opération». Em idêntico sentido, FRANÇOIS COLLART DUTILLEUL e PHILIPPE DELEBECQUE, *Contrats civils et commerciaux*, 8ª ed., p. 560; DIDIER FERRIER, *Droit de la distribution*, pp. 117-8; VALÉRIE GUEDJ, «Contrat de courtage», p. 7 – «L'obligation principale du courtier: obligations de chercher un cocontractant»; JEAN HÉMARD, *Traité théorique et pratique de droit commercial...*, II, p. 144 – «il doit faire les démarches nécessaires pour arriver à lui trouver un vendeur ou un acquéreur»; ALFRED JAUFFRET, *Droit commercial*, p. 380 – «Le courtier doit: 1º Se conformer

O CONTRATO DE MEDIAÇÃO

lhe fornecer uma insuscetível de vir a cumprir as obrigações do contrato pretendido, incorre em responsabilidade contratual[452].

A prestação do mediador ora é apresentada sem discussão como correspondendo, habitualmente, a uma obrigação de meios[453], ora isso mesmo parece decorrer das descrições que dela são feitas[454].

Lembro que a classificação que distingue obrigações de meios e obrigações de resultado, cuja paternidade se atribui a RENÉ DEMOGUE[455], tem em França uma especial importância prática, na medida em que aí se entende que a lei civil destina regimes diferentes sobre o ónus da prova dos factos geradores de responsabilidade civil a uma e a outra das espécies de obrigações. Nas de resultado, provada pelo credor a existência da obrigação, verifica-se uma presunção do incumprimento do devedor, e da sua consequente responsabilidade, ao contrário do que se passa nas de meios, em que essa presunção não existe. O aprofundamento da questão tem sido propiciado por aquilo que tem sido entendido como uma dificuldade de articulação entre dois artigos do Código Civil francês – 1137 e 1147. Segundo o último, o devedor é condenado pelo incumprimento ou pela mora «sempre que não justifique que a inexecução provém de causa que não lhe pode ser imputada». De acordo com o primeiro, a obrigação de velar pela conservação da coisa «sujeita aquele que dela está encarregado, a fazê-lo com todos os cuidados de um bom pai de família». Para compaginar estas disposições, parte da doutrina francesa reserva o 1147 para as

---

aux instructions reçues; 2º Faire les démarches nécessaires pour trouver une contrepartie à son client; 3º S'efforcer de repprocher les parties; 4º Rendre compte de sa mission».

[452] PHILIPPE DEVESA, *L'opération de courtage...*, p. 108 – «Dans l'exécution de cette mission fondamentale et inhérente à son activité, le courtier commettra une négligence dont il sera tenu pour responsable lorsqu'il ne recherche pas de partenaire contractuel pour son donneur d'ordres ou lorsqu'il lui en fournit un non susceptible de remplir les obligations attendus par ce dernier ou lorsqu'il fournit à son donneur d'ordres un professionnel n'exprimant pas la volonté de contracter». FRANÇOIS COLLART DUTILLEUL e PHILIPPE DELEBECQUE, *Contrats civils et commerciaux*, 8ª ed., p. 561; GUY DURANTON, «Courtiers», pp. 10-1, § 64; PHILIPPE LE TOURNEAU *et al.*, *Droit de la responsabilité et des contrats*, p. 1308, § 5557.

[453] FRANÇOIS COLLART DUTILLEUL e PHILIPPE DELEBECQUE, *Contrats civils et commerciaux*, 8ª ed., p. 593; JÉRÔME HUET, *Les principaux contrats spéciaux*, p. 1091; PHILIPPE LE TOURNEAU *et al.*, *Droit de la responsabilité et des contrats*, p. 1308, § 5557.

[454] V. nota 451.

[455] RENÉ DEMOGUE, *Traité des obligations en général*, I, *Sources des obligations (Suite et fin)*, t. V, pp. 536-44.

obrigações de resultado e o 1137 para as obrigações meios[456]. Mesmo os autores que não distribuem os artigos 1147 e 1137 pelas obrigações de resultado e de meios entendem com outro fundamento que a umas e a outras correspondem regimes de ónus da prova diferentes[457].

A imprevisibilidade do resultado da atividade do mediador – entendido como a descoberta de um interessado em ser parte no contrato pretendido pelo seu cliente –, o facto de a remuneração do mediador estar normalmente associada a um outro resultado – a celebração de um contrato a que é alheio –, e o avultado relevo dado em França à classificação das obrigações ora referida, poderiam perspetivar alguma controvérsia em torno da obrigação do mediador. Não é, no entanto, assim. Como afirmado, não se hesita em entender que a obrigação do mediador se limita a uma prestação de meios, ou, pelo menos, nunca se entende que a mesma abrange a obtenção de um dado resultado.

A atenção da doutrina, no que à prestação do mediador respeita, centra-se normalmente no elenco e na análise de vários deveres comportamentais laterais que dizem respeito ao modo de execução da prestação, entre os quais se destacam o dever de agir no interesse comum das partes e os deveres de colher informações e de informar corretamente (*v.g.*, informar-se sobre a existência, a identidade e a provável solvabilidade da contraparte que indica, informar o seu cliente, apresentar as condições do negócio e as propostas das futuras partes com toda a precisão)[458].

A atividade do mediador no âmbito de um contrato de mediação está, em regra, sujeita à concorrência da atividade de outros mediadores a quem o mesmo cliente recorra. No âmbito da mediação imobiliária, é comum a contratação de uma cláusula de exclusividade. A sua aplicabilidade depende de estipulação escrita, expressa, e em caracteres «*très apparents*», num contrato do qual um exemplar fique na posse do cliente (cfr. art. 6º,

---

[456] *V.g.*, ALAIN BÉNABENT, *Droit civil, les obligations*, p. 290; YVAINE BUFFELAN-LANORE e VIRGINIE LARRIBAU-TERNEYRE, *Droit civil, les obligations*, pp. 425-6 ; JACQUES FLOUR, JEAN-LUC AUBERT e ÉRIC SAVAUX, *Les obligations*, I, pp. 31-2; STÉPHANIE PORCHY-SIMON, *Droit civil, les obligations*, pp. 11 e 225-6.

[457] Assim, por exemplo, HENRI MAZEAUD, LÉON MAZEAUD, FRANÇOIS CHABAS *et al.*, *Leçons de droit civil*, t. II, vol. I, pp. 442-4, 677, 684-5; ANDRÉ PLANCQUEEL, «Obligations de moyens, obligations de résultat», pp. 334-40; ANDRÉ TUNC, «La distinction des obligations de résultat et des obligations de diligence», artigo 449, ponto 6.

[458] V. GUY DURANTON, «Courtiers», pp. 9-11, §§ 51-67; VALÉRIE GUEDJ, «Contrat de courtage», pp. 7-9.

O CONTRATO DE MEDIAÇÃO

parte I, da Lei 70-9, e art. 78 do Decreto 72-678, de 20 de julho de 1972, na redação introduzida pelo Decreto 2005-1315, de 21 de outubro de 2005).

4.5.3. A contrapartida
4.5.3.1. Sujeito obrigado ao pagamento

Sem prejuízo de acordo ou usos em contrário, o pagamento da remuneração do mediador está a cargo não apenas do seu cliente, contraparte no contrato de mediação, mas também da contraparte no contrato visado – esta tem sido a posição da doutrina francesa maioritária[459].

Em abono desta posição argumenta-se que a atividade do mediador é benéfica não apenas para o seu cliente mas também para a outra parte no contrato visado, terceiro relativamente ao contrato de mediação[460].

Para além deste argumento, nada é normalmente adiantado sobre o fundamento jurídico da dívida do terceiro. Com exceções: segundo PHILIPPE DEVESA, o fundamento encontra-se numa relação contratual entre o *terceiro* e o mediador, relação essa que poderá ser de mediação ou outra[461]; também PHILIPPE LE TOURNEAU afirma ser traço específico da mediação a existência de dois contratos, um com cada uma das partes no futuro

---

[459] Assim, por exemplo, FRANÇOIS COLLART DUTILLEUL e PHILIPPE DELEBECQUE, *Contrats civils et commerciaux*, 8ª ed., p. 561; DIDIER FERRIER, *Droit de la distribution*, p. 114 – «Le donneur d'ordres doit rémunérer le courtier. Cette obligation est souvent partagée avec le cocontractant qui lui est présenté, voire mise à la charge de ce dernier»; VALÉRIE GUEDJ, «Contrat de courtage», p. 10 – «En principe, la rémunération du courtier incombe aux deux parties»; JEAN HÉMARD, *Traité théorique et pratique de droit commercial...*, II, p. 152 – «Le courtage doit être payé par les deux parties, puisque le service rendu par le courtier l'a été à l'une comme à l'autre, chacune en versant la moitié».

[460] PHILIPPE DEVESA, *L'opération de courtage...*, p. 207 – «l'activité d'entremise du courtier s'est faite aussi bien en faveur d'une partie que de l'autre, le courtage sera généralement dû par les deux parties mises en rapport, ces dernières ayant toutes deux profité de l'intervention du courtier». GUY DURANTON, «Courtiers», p. 11, § 69: a remuneração será devida pelas duas partes «puisque l'entremise aura été utile à chacune d'elles». VALÉRIE GUEDJ, «Contrat de courtage», p. 10 – «... puisque le donneur d'ordres comme son cocontractant ont bénéficié de l'intervention du courtier».

[461] PHILIPPE DEVESA, *L'opération de courtage...*, pp. 265 e ss. Valendo-se, sobretudo, da relação que se estabelece entre fornecedores e centrais de compras, afirma: «Les contrats de la grande distribution ne font qu'indiquer l'existence d'un principe général: la relation BC établie entre le courtier et un tiers, ne se limite pas à l'exécution matérielle du contrat de courtage AB conclu entre le donneur d'ordres et le courtier, mais, créatrice d'obligations, elle se caractérise par l'existence d'un rapport contractuel» (p. 266).

COMPREENSÃO DO CONTRATO COM INCIDÊNCIA NAS PRESTAÇÕES PRINCIPAIS

contrato[462]. Para estes Autores, a remuneração é devida por ambos, não apenas porque a atividade a ambos beneficie, mas porque ambos são clientes do mediador.

Sintomático de que é característica habitual do contrato de mediação, em França, a remuneração ser devida por ambas as partes no contrato visado é o facto de ter chegado a vigorar um diploma (*Arrêté* de 5 de novembro de 1946[463]) que determinava expressamente, no seu art. 32, que a remuneração do mediador «é suportada, salvo acordo ou usos contrários, metade pelo vendedor, metade pelo comprador». Este diploma foi anulado por decisão do Conselho de Estado, de 30 de abril de 1948[464], por motivos formais (falta de lei de autorização legislativa).

Apesar do exposto, não há unanimidade sobre a identidade do devedor da remuneração. G. RIPERT e R. ROBLOT pronunciam-se no sentido de a remuneração ser, em princípio, devida apenas pelo cliente do mediador, única contraparte no contrato de mediação[465].

A mediação imobiliária constitui um caso à parte uma vez que tem este aspeto regulado por lei – as condições da remuneração e a indicação da parte que a pagará têm de constar do contrato (art. 6º da Lei 70-9)[466].

4.5.3.2. Evento de que depende o direito à remuneração

Sem prejuízo de acordo em contrário, o mediador tem direito à remuneração quando o contrato visado é concluído, sendo irrelevante a sua eventual inexecução[467].

---

[462] PHILIPPE LE TOURNEAU *et al., Droit de la responsabilité et des contrats*, pp. 1307-8, § 5555 – «il y a ici deux donneurs d'ordres et, dès lors, deux contrats de courtage. C'est un trait spécifique du courtier, qui ne se retrouve chez aucun autre intermédiaire de la distribution».

[463] JORF, 13/11/1946, nº 265, pp. 9576-8.

[464] Consultável em *Recueil des arrêts du Conseil d'État statuant au contentieux et des décisions du Tribunal des Conflits*, Paris, Librairie du Recueil Sirey, 1948, p. 183.

[465] *Traité de Droit Commercial*, II, p. 702 – «En principe, le courtage est dû par le donneur d'ordres, seule partie au contrat de courtage».

[466] No Acórdão da Cour de Cassation nº 568, de 09/05/2008, proc. 07-12.449 do plenário, foi improcedente a pretensão de remuneração do mediador, dirigida contra os interessados por si angariados para o seu cliente, apesar de estes terem vindo a celebrar o contrato pretendido, por contacto direto com o cliente do mediador, não obstante terem tomado contacto com o imóvel por intermédio deste, a quem se apresentaram sob uma falsa identidade.

[467] PHILIPPE DEVESA, *L'opération de courtage...*, p. 244 – «l'obligation de rémunération du donneur d'ordres ne prenne pas en compte l'exécution du marché, le courtier limitant son intervention au seul rôle d'intermédiaire, à un simple rapprochement: le contrat objet-consé-

Assim tem sido afirmado e decidido relativamente aos contratos de mediação desprovidos de regras legais. No caso da mediação imobiliária, a lei exige, para que a remuneração seja devida, não apenas a conclusão do contrato visado, mas ainda a redução a escrito do acordo das partes[468]. Este escrito, porém, não carece de ser autêntico: nem a validade da venda está dependente de documento autêntico (a conclusão do contrato ocorre com o acordo das partes sobre os elementos essenciais do contrato – arts. 1138, 1583 e 1589 do Código Civil francês), nem a Lei Hoguet exige essa formalidade para que o mediador seja remunerado[469].

Embora as regras sejam as enunciadas – remuneração logo após a conclusão do contrato visado e, no caso do imobiliário, prova escrita dessa conclusão –, são notados casos em que a remuneração é devida num momento diferente ou não é de todo devida. Podemos agrupar esses casos de acordo com a razão que lhes subjaz: acordo entre os contraentes; incertezas relativas ao objeto mediato do contrato; ineficácia do contrato concluído.

O acordo das partes (mediador e cliente, entenda-se) em contrário – decorrência do princípio da liberdade contratual – é possibilidade sempre afirmada e, no caso do imobiliário, contemplada no art. 6º da Lei. Tal acordo poderá consistir em transferir a remuneração do mediador para quando a contraparte no contrato visado cumpra a sua obrigação. Contudo, a doutrina francesa admite também a hipótese de, uma vez mais com

quence de l'accord de courtage ayant été conclu, le courtier a alors correctement exécuté la mission pour laquelle il doit être rétribué». FRANÇOIS COLLART DUTILLEUL e PHILIPPE DELEBECQUE, *Contrats civils et commerciaux*, 8ª ed., p. 561 – «Il ne faut pas oublier que le courtier perçoit une rémunération – un courtage – dont le principe est acquis dès l'instant où ayant rapproché les parties, celles-ci ont passé leur contrat. Il importe donc peu que par la suite ce contrat ne soit pas exécuté». Sempre no mesmo sentido, e com indicação de jurisprudência, GUY DURANTON, «Courtiers», p. 11, § 70; VALÉRIE GUEDJ, «Contrat de courtage», p. 10; JEAN HÉMARD, *Traité théorique et pratique de droit commercial...*, II, p. 152; ALFRED JAUFFRET, *Droit commercial*, p. 380; PHILIPPE MALAURIE, LAURENT AYNÈS e PIERRE-YVES GAUTIER, *Les contrats spéciaux*, p. 285; G. RIPERT e R. ROBLOT, *Traité de droit commercial*, II, p. 702.

[468] Art. 6º, parte I, da Lei 70-9, modificado pela Lei 2006-872, de 13 de julho: «(...) Aucun bien, effet, valeur, somme d'argent, représentatif de commissions, de frais de recherche, de démarche, de publicité ou d'entremise quelconque, n'est dû aux personnes indiquées à l'article 1er ou ne peut être exigé ou accepté par elles, avant qu'une des opérations visées au dit article ait été effectivement conclue et constatée dans un seul acte écrit contenant l'engagement des parties. (...)».

[469] Assim o Acórdão da *Cour de Cassation* nº 1132, de 09/12/2010, proc. 09-71.205 da 1ª sala civil.

COMPREENSÃO DO CONTRATO COM INCIDÊNCIA NAS PRESTAÇÕES PRINCIPAIS

apoio em situações julgadas, a remuneração ser logo devida, assumindo em tal caso o *courtier* uma obrigação *del credere*, garantindo a boa execução do contrato visado.

Para além dos desvios que a criação contratual das partes possa introduzir na regra, assinalam-se casos em que a remuneração é diferida para um momento ulterior ao da conclusão do contrato visado pela própria natureza deste. Os exemplos mais frequentes são os de venda de imóvel por construir e os de contratos-quadro cuja execução implique uma sucessão de vendas de quantidade, eventualmente qualidade, e preço *ab initio* indeterminados.

A venda de imóvel por construir é aquela pela qual o vendedor se obriga a edificar um imóvel num determinado prazo, podendo ser concluída *à terme ou en l'état futur d'achèvement* (art. 1601-1 do Código Civil francês). Na *vente à terme*, o vendedor obriga-se a entregar o imóvel quando a construção estiver concluída e o comprador obriga-se a recebê-lo e a pagar o preço, transferindo-se a propriedade pela constatação em documento autêntico da construção completa do imóvel, com efeitos retroativos ao dia da venda (art. 1601-2). Na *vente en l'état futur d'achèvement*, o vendedor transfere imediatamente para o adquirente os direitos sobre o solo e a propriedade das construções existentes, tornando-se as obras a construir propriedade do adquirente à medida da sua execução, e devendo o preço ser pago à medida do avanço dos trabalhos (art. 1601-3). Nestes casos, a remuneração do mediador só será devida depois do fecho definitivo das contas no contrato visado, ou à medida da sua execução[470].

No caso de contratos que implicam vendas sucessivas, a remuneração será devida sobre o montante do preço de cada entrega[471].

Finalmente, casos existem em que a remuneração não é devida porque, pese embora ter sido concluído, o contrato está atingido de uma causa de ineficácia, temporária ou permanente: seja por estar sujeito a uma condição

---

[470] PHILIPPE DEVESA, *L'opération de courtage...*, pp. 358-60; DIDIER FERRIER, *Droit de la distribution*, pp. 118-9.

[471] VALÉRIE GUEDJ, «Contrat de courtage», p. 11; JEAN HÉMARD, *Traité théorique et pratique de droit commercial...*, II, p. 153 – «d'autre part, la nature même du marché peut emporter cette conséquence lorsque le prix des marchandises vendues varie suivant leur qualité. Le droit du courtier à sa rémunération ne prend naissance qu'à chaque livraison, celle-ci seule permettant de la déterminer avec précision»; G. RIPERT e R. ROBLOT, *Traité de droit commercial*, II, p. 702.

O CONTRATO DE MEDIAÇÃO

suspensiva ainda não verificada[472], seja por estar em curso prazo que permite a retratação[473], seja por ser nulo[474].

Já a sujeição do contrato a uma condição resolutiva será, em princípio, irrelevante[475], não obstante a regra geral de direito francês ser a de que a verificação da condição retroage os seus efeitos à data do contrato (art. 1179 do Código Civil francês).

4.5.3.3. Exigência de uma intervenção essencial ou determinante

A propósito dos contratos de mediação imobiliária, e principalmente para resolver os problemas ligados à tentativa de não pagamento e à intervenção de vários mediadores, tem-se afirmado que a remuneração (só) será devida se o mediador tiver tido uma *intervenção essencial* ou *determinante* na atividade que lhe foi confiada e que resultou no contrato celebrado. Esta norma tem várias decorrências. Por exemplo, se vem a ser celebrado, com a pessoa angariada pelo mediador, um contrato que não é exatamente igual ao inicialmente idealizado, isso, por si só, não afasta o direito à remuneração[476]. Ou, quando um vendedor vem a contactar diretamente com pessoa

---

[472] FRANÇOIS COLLART DUTILLEUL e PHILIPPE DELEBECQUE, *Contrats civils et commerciaux*, 8ª ed., p. 596 – «De même, un agent immobilier ne peut percevoir de rémunération tant que la condition suspensive qui affect la vente qu'il a conclue ne s'est pas réalisée ou encore lorsque le contrat conclu par son entremise contient une clause de dédit». O mesmo acontecendo na mediação imobiliária: MOUSSA THIOYE, *Droit des intermédiaires immobiliers*, pp. 220-2.

[473] Nota anterior. Também assim, na mediação imobiliária: MOUSSA THIOYE, *Droit des intermédiaires immobiliers*, pp. 219-20.

[474] GUY DURANTON, «Courtiers», p. 11, § 70 – «Il est requis que le contrat résultant de l'intervention du courtier ait été valablement conclu pour que la rémunération soit due»; FRANÇOIS COLLART DUTILLEUL e PHILIPPE DELEBECQUE, *Contrats civils et commerciaux*, 8ª ed., p. 596. A solução é idêntica na mediação imobiliária: MOUSSA THIOYE, *Droit des intermédiaires immobiliers*, p. 224.

[475] JEAN HÉMARD, *Traité théorique et pratique de droit commercial...*, II, p. 152: a remuneração é devida, sem prejuízo de convenção em contrário, desde que as partes no contrato visado o celebram «quel que fût le sort ultérieur du contrat passé, qu'il fût ou non exécuté, en toute ou en partir, à la seule condition que le courtier ne fût pas responsable de l'inexécution; il en est de même si le marché a été passé sous condition résolutoire». Idêntica solução tem sido dada na mediação imobiliária: MOUSSA THIOYE, *Droit des intermédiaires immobiliers*, pp. 223-4.

[476] Assim o decidiu, por exemplo, o Acórdão da *Cour de Cassation* nº 386, de 08/04/2010, proc. 09-14.597 da 1ª sala civil: o mediador encontrou uma interessada na compra do imóvel que o seu cliente queria vender, interessada que inclusivamente subscreveu um documento aceitando comprar por 195.000,00 €; ulteriormente, essa interessada retrata-se e, mais tarde, vem a celebrar um contrato em que adquire o usufruto para si e a nua propriedade para os

a quem o mediador imobiliário tinha mostrado o imóvel em venda, vindo a concretizar-se o contrato, considera-se que a mediação foi eficaz e que o mediador tem direito à remuneração[477].

Havendo vários mediadores, tem-se entendido que a intervenção determinante é apenas a daquele por intermédio do qual o contrato foi concluído, ainda que outro tivesse anteriormente apresentado o imóvel ao interessado[478].

4.6. Espanha
4.6.1. Aspetos gerais de enquadramento e configuração
4.6.1.1. Tipicidade social do contrato de mediação

A legislação espanhola não prevê nem regula uma figura contratual que partilhe das características fundamentais do contrato de mediação genericamente considerado, pelo que podemos dizer que este contrato não é ali dotado de tipicidade legal geral.

No entanto, um contrato pelo qual uma das partes se encarrega de indicar à outra interessado para certo contrato que esta quer celebrar, contra remuneração que receberá com a conclusão do contrato pretendido, é repetidamente celebrado, sendo usualmente designado por contrato de *mediación o corretaje*.

A frequência deste contrato é notória, desde logo pelos inúmeros casos judiciais que têm por base litígios dele emergentes. A prática judiciária

---

seus filhos, à revelia do mediador. A 2ª instância não deu razão ao mediador, mas a Cour de Cassation entendeu que estava em causa uma fraude tendente a pôr em cheque os direitos do mediador e anulou o acórdão da 2ª instância.

[477] V. jurisprudência citada por Moussa Thioye, *Droit des intermédiaires immobiliers*, p. 217, nota 35; e por François Collart Dutilleul e Philippe Delebecque, *Contrats civils et commerciaux*, 8ª ed., p. 596, nota 5.

[478] Moussa Thioye, *Droit des intermédiaires immobiliers*, p. 217 e jurisprudência aí indicada. Assim se decidiu também no Acórdão da *Cour de Cassation* nº 1068, de 25/11/2010, proc. 08-12.432 da 1ª sala civil – «Attendu que lorsque le mandant a donné à un mandataire le mandat non exclusif de rechercher un bien, il n'est tenu de payer une rémunération qu'à l'agent immobilier par l'entremise duquel l'opération a été effectivement conclue, au sens de l'article 6 de la loi du 2 janvier 1970, et cela, même si le bien lui avait été précédemment présenté par le mandataire initial, sauf à ce dernier à prétendre à l'attribution de dommages et intérêts en prouvant une faute du mandant qui, par abus de sa part et compte tenu des diligences accomplies, l'aurait privé de la réalisation de l'acquisition».

O CONTRATO DE MEDIAÇÃO

sobre tais litígios tem sido abundante e consistente, havendo, por isso, referências à *tipicidade jurisprudencial* do contrato[479].

A maioria das decisões judiciais espanholas descreve-o como aquele cujo núcleo consiste em facilitar a aproximação entre comprador e vendedor, pondo-os em relação, com vista a conseguir a celebração do contrato final[480], ou como aquele pelo qual «uma das partes (o mediador) se compromete a indicar à outra (o cliente) a oportunidade de concluir um negócio jurídico com terceiro ou a servir-lhe de intermediário em troca de uma retribuição»[481]. Um contrato em que «o mediador há de limitar-se a pôr em relação os futuros comprador e vendedor de um objeto determinado»[482], «cuja essência reside na prestação de serviços dirigidos à busca, localização e aproximação de futuros contraentes»[483]. Refere-se, ainda, que está sujeito, «quanto ao momento do nascimento da obrigação de pagamento, à condição suspensiva da celebração do contrato pretendido, salvo acordo expresso em contrário»[484]. Estas frases provêm amiúde de anteriores decisões judiciais cuja invocação lhes serve de fundamento, e são recorrentemente citadas pela doutrina que também as adota, normalmente sem tentar criar definições suas[485].

---

[479] Tal expressão surge na década de 1950, pela pena de José María Martínez Val, para aludir à fonte na qual o tipo «contrato de mediação» estava a tomar forma em Espanha (*El contrato de corretaje*, p. 14); mais recentemente, Daniel Rodríguez Ruiz de Villa, *El contrato de corretaje inmobiliario...*, p. 209.

[480] Acórdão do Tribunal Supremo nº 1127/2010, de 18/03/2010, no recurso nº 638/2006, consultável em http://vlex.com/libraries/jurisprudencia-2, como toda a jurisprudência espanhola citada sem indicação de outra fonte.

[481] Acórdão nº 265/2010 da Audiência Provincial de Madrid, Secção 21ª, de 01/06/2010, no recurso nº 7/2008.

[482] Acórdão nº 525/2009 da AP de Valência, Secção 11ª, de 23/09/2009, no recurso nº 466/2009; Acórdão nº 219/2010 da AP de Cáceres, Secção 1ª, de 25/05/2010, no recurso nº 224/2010; Acórdão nº 375/2010 da AP de Madrid, Secção 12ª, de 07/06/2010, no recurso nº 421/2009; Acórdão nº 322/2010 da AP de Madrid, Secção 12ª, de 18/05/2010, no recurso nº 301/2009.

[483] Acórdão do Tribunal Supremo nº 3491/2009, Secção 1ª, de 25/05/2009, no recurso nº 283/2005; Acórdão nº 6/2010 da AP de Madrid, Secção 10ª, de 15/01/2010, no recurso nº 514/2009.

[484] Acórdão nº 322/2010 da AP de Madrid, Secção 12ª, de 18/05/2010, no recurso nº 301/2009.

[485] *V.g.*, Tasende Calvo, «El contrato de mediación inmobiliaria en la compraventa de vivienda», p. 2311 – «La jurisprudencia ha definido la mediación o corretaje como un contrato, en virtud del cual una persona, el oferente o mediado, encarga a otra, el corredor o mediador, que le informe acerca de la oportunidad de concluir un negocio jurídico con un tercero o que le sirva de intermediario, realizando las oportunas gestiones para conseguir el acuerdo de voluntades encaminado a su perfección, a cambio de una retribución».

COMPREENSÃO DO CONTRATO COM INCIDÊNCIA NAS PRESTAÇÕES PRINCIPAIS

Enfatizando um ou outro aspeto do contrato, a comercialística espanhola usa tratá-lo entre os contratos de colaboração[486], de gestão[487], de intermediação[488], de serviços de gestão e intermediação[489] ou de distribuição[490], não obstante sob as várias categorias não se incluírem sempre os mesmos tipos contratuais. Para além do tratamento que é dado ao contrato em obras sobre contratos comerciais e sobre contratos civis[491], nos últimos anos houve um crescimento da atenção dispensada pela doutrina exclusivamente a este contrato[492].

A atipicidade legal do contrato é continuamente afirmada na jurisprudência[493], não havendo praticamente decisão sobre o contrato de mediação

---

[486] GUILLERMO J. JIMÉNEZ SÁNCHES et al., Derecho mercantil, pp. 289-91; ADOLFO RUIZ DE VELASCO, Manual de derecho mercantil, pp. 849-51; FERNANDO SÁNCHEZ CALERO, Instituciones de derecho mercantil, II, pp. 245-7; RODRIGO URÍA, Derecho mercantil, pp. 742-3; RODRIGO URÍA et al., Curso de derecho mercantil, t. II, pp. 172-4.

[487] FRANCISCO VINCENT CHULIÁ, Introducción al derecho mercantil, II, pp. 1304-5.

[488] MANUEL BROSETA PONT, Manual de derecho mercantil, II, pp. 119-22; EDUARDO VALPUESTA GASTAMINZA, «Contratos de intermediación», pp. 671-761.

[489] RODRIGO BERCOVITZ RODRÍGUEZ-CANO (dir.), Tratado de contratos, t. III, pp. 3076-98.

[490] ALBERTO BERCOVITZ RODRÍGUEZ-CANO e MARÍA ÁNGELES CALZADA CONDE (coord.), Contratos mercantiles, pp. 635-711.

[491] Tem sido afirmada a possibilidade de o contrato de mediação ter natureza civil ou comercial. Alguns, invocando analogia com o artigo 244 do Código de Comércio – «se reputará comisión mercantil el mandato, cuando tenga por objeto un acto u operación de comercio y sea comerciante el agente mediador del comercio el comitente o comisionista» –, afirmam que a mediação terá natureza mercantil quando alguma das partes seja comerciante e o contrato objeto do contrato de mediação seja mercantil (GUILLERMO J. JIMÉNEZ SÁNCHES et al., Derecho mercantil, p. 290; ADOLFO RUIZ DE VELASCO, Manual de derecho mercantil, p. 849). Outros dizem apenas que o caráter mercantil do contrato de mediação deriva da natureza comercial dos contratos que o mediador promove ou facilita (RODRIGO URÍA, Derecho mercantil, p. 742; RODRIGO URÍA et al., Curso de derecho mercantil, p. 172). Em sentido diferente, PURIFICACIÓN CREMADES GARCÍA conclui que o contrato de mediação tem sempre natureza civil, quer porque é indiferente para o contrato de mediação a natureza do contrato visado pelo cliente do mediador, e no qual o mediador não tem qualquer intervenção, quer porque o mediador, podendo prestar o seu serviço a título profissional ou não profissional, nunca é um comerciante (Contrato de mediación o corretaje..., pp. 41-6).

[492] Deixando de lado as pequenas monografias publicadas em revistas, podemos dizer que após a obra de MANUEL SANPONS SALGADO da década de 1960, o silêncio quebra-se no presente século com as monografias de DANIEL RODRÍGUEZ RUIZ DE VILLA, LAURA GÁZQUEZ SERRANO, MARTA BLANCO CARRASCO e PURIFICACIÓN CREMADES GARCIA.

[493] Apenas a título exemplificativo, e para além dos muitos que a doutrina tem citado, v. os Acórdãos nº 1127/2010 do Tribunal Supremo, de 18/03/2010, no recurso nº 638/2006;

O CONTRATO DE MEDIAÇÃO

que não o caracterize como atípico, ou, alternativamente, como inominado ou *sui generis*, a ponto de se ter dito que tais epítetos são utilizados como uma cláusula de estilo, e não como uma circunstância que vá determinar concretas consequências[494].

Apesar da sua grande frequência social, a conceptualização do tipo é relativamente recente. Vários autores identificam a sentença da Sala 1ª do Tribunal Supremo de 10 de janeiro de 1922[495] como um marco na autonomização do contrato de mediação, sendo a partir dela que este contrato foi, cada vez com maior frequência, configurado como distinto dos demais (antes, a jurisprudência tratava as realidades que lhe correspondem como comissão mercantil ou mandato civil)[496]. Esta sentença foi a primeira que, em Espanha, considerou uma situação em que uma das partes se limitou às diligências necessárias para pôr em contacto partes interessadas num futuro contrato, sem intervir neste, não como um contrato de comissão ou de mandato, mas como um contrato *inominado, «facio ut des», principal, consensual e bilateral*. Desde então, estas característi-

---

nº 265/2010 da AP de Madrid, Secção 21ª, de 01/06/2010, no recurso nº 7/2008; nº 375/2010 da AP de Madrid, Secção 12ª, de 07/06/2010, no recurso nº 421/2009; nº 322/2010 da AP de Madrid, Secção 12ª, de 18/05/2010, no recurso nº 301/2009.

[494] CUADRADO PÉREZ, «Consideraciones sobre el contrato de corretaje», pp. 2492-3.

[495] *In Colección Legislativa de España*, Primeira Série, Jurisprudência Civil, t. LXXIII, vol. I de 1922, Madrid, Ed. Reus, 1924, pp. 78-92.

[496] Assim o afirmam quase todos os autores espanhóis que escreveram sobre o assunto. Sem pretender esgotar o elenco, JOSÉ BONET CORREA, «El contrato de corretaje o mediación. Sentencia 3 de junio de 1950», p. 1617 e nota 3; PURIFICACIÓN CREMADES GARCÍA, *Contrato de mediación o corretaje...*, pp. 55-6; CUADRADO PÉREZ, «Consideraciones sobre el contrato de corretaje», p. 2490; MILLÁN GARRIDO, «Introducción al estudio del corretaje», p. 695; MARÍA ROCÍO QUINTÁNS EIRAS, «Problemas suscitados en la dogmática del contrato de corretaje...», p. 97; DANIEL RODRÍGUEZ RUIZ DE VILLA, *El contrato de corretaje inmobiliario...*, p. 209; SANPONS SALGADO, *El contrato de corretaje*, p. 42 – «Desde la sentencia de 10 de enero de 1922, el Tribunal Supremo ha mantenido el criterio uniforme de que la intervención de una persona reducida a analizar las gestiones necesarias para poner en relación a otras dos para la celebración de un contrato, sin contratar aquélla en nombre propio ni en el de su pretendido comitente, no puede calificarse de comisión mercantil y sí debe considerarse como innominado, *facio ut des*, principal, consensual y bilateral, que impone a las partes derechos y obligaciones recíprocas; es la figura propia del contrato de corretaje»; TASENDE CALVO, «El contrato de mediación inmobiliaria en la compraventa de vivienda», p. 2312. LAURA GÁZQUEZ SERRANO, *El contrato de mediación o corretaje*, pp. 59-61, situa a autonomização face ao mandato, nas decisões dos tribunais de meados do século XX.

COMPREENSÃO DO CONTRATO COM INCIDÊNCIA NAS PRESTAÇÕES PRINCIPAIS

ticas têm sido repetidas em praticamente todas as sentenças referentes ao tema[497].

Neste quadro de atipicidade legal, mas de frequente repetição no comércio jurídico, cedo começou a expressa afirmação da sua tipicidade social. JORDANO BAREA incluía-o, no início da década de 1950, nas principais figuras conhecidas de contratos atípicos, referindo-se aqui à tipicidade legal, única que, dizia, tem relevância para saber se um contrato é típico ou não, «pois a qualificação técnico-jurídica é a que arrasta a disciplina consequente de modo automático»[498]. A forte tipicidade social do contrato tem conduzido a que muitos reclamem a sua regulamentação legal[499]. Tanto mais que a concordância relativa à tipicidade social e ao seu significado geral não tem implicado unanimidade nas características atribuídas ao afirmado tipo. Em BONET CORREA, esta dissonância torna-se patente, afirmando o Autor, em meados do anterior século, que a *tipicidade normativa* que se estava a implantar pela caracterização que o Tribunal Supremo fazia do contrato como «*facio ut des*, principal, consensual e bilateral» não espelhava a *tipicidade social*. No entender deste Autor, que dedicou vários escritos ao assunto, os contratos de mediação que se praticavam no comércio jurídico caracterizavam-se por serem «unilaterais, acessórios, condicionais e consensuais»[500]. Ou seja, por muito arreigada que esteja a prática de um contrato, a apreensão deste pela doutrina e pela jurisprudência está muito mais sujeita a divergências se ele for legalmente

---

[497] A título exemplificativo, os Acórdãos nº 375/2010 da AP de Madrid, Secção 12ª, de 07/06/2010, no recurso nº 421/2009, e nº 322/2010 da AP de Madrid, Secção 12ª, de 18/05/2010, no recurso nº 301/2009.

[498] JUAN-BAUTISTA JORDANO BAREA, «Los contratos atípicos», pp. 92, 90, 62-3.

[499] JOSÉ BONET CORREA, «El corretaje o mediación. Conclusiones críticas a la obra de Azzolina», p. 336, chamava, na década de 1950, a atenção para a «necesidad de que el contrato de mediación (...) adquiera dentro de nuestro cuerpo legislativo una realidad normativa que configure, prevea y resuelva sus más arduos conflictos»; SANPONS SALGADO, *El contrato de corretaje*, pp. 37-8, foca o mesmo aspecto na década de 1960 – «cuando un contrato adquiere gran importancia económica y su frecuencia se hace de todo un pueblo tan conocida, como es el caso del corretaje, debe ser incorporado a la Ley». No presente século, e perante a manutenção do *status quo*, MARTA BLANCO CARRASCO, *El contrato de corretaje*, p. 72; CUADRADO PÉREZ, «Consideraciones sobre el contrato de corretaje», p. 2497; DANIEL RODRÍGUEZ RUIZ DE VILLA, *El contrato de corretaje inmobiliario...*, pp. 210 e 228; ENRIQUE VILLA VEGA, «Contrato de corretaje o mediación», pp. 637-8.

[500] JOSÉ BONET CORREA, «El contrato de corretaje o mediación. Sentencia 3 de junio de 1950», p. 1619.

O CONTRATO DE MEDIAÇÃO

atípico, do que se tiver sido incorporado na lei e se nesta for indicado o regime que o deve nortear.

4.6.1.2. A atividade do Agente de Propriedade Imobiliária

Em Espanha, nenhuma subespécie do contrato de mediação encontra regime na lei, nem diretamente, nem por remissão para o de outro contrato.

Seria ocioso dar aqui conta das sentenças espanholas que caracterizam o contrato de mediação como atípico, mesmo nos casos judiciais em que está em causa uma atividade regulada como a de mediação imobiliária, que também ali é a que maior número de litígios judiciais produz. Vários são os autores espanhóis que já indicaram essa longa e persistente jurisprudência, e para eles remeto[501].

A regulamentação existente sobre a atividade de mediação imobiliária tem caráter meramente administrativo, não podendo dela extrair-se, nem sequer de forma incompleta, qualquer parcela de regime contratual.

O Real Decreto 1294/2007, de 28 de setembro, do *Ministerio de Vivienda*[502], aprovou os Estatutos Gerais dos Colégios Oficiais de Agentes da Propriedade Imobiliária e do seu Conselho Geral, e revogou o Decreto 3248/1969, de 4 de dezembro, do mesmo Ministério[503] – que continha o Regulamento dos Colégios Oficiais de Agentes da Propriedade Imobiliária e da sua Junta Central, Regulando o Exercício da Profissão de Agente da Propriedade Imobiliária –, mantendo, no entanto, vigente o seu artigo 1º. Nesta disposição diz-se serem funções próprias dos chamados agentes da propriedade imobiliária a mediação e corretagem nas operações de: *a)* compra e venda e permuta de prédios rústicos e urbanos; *b)* empréstimos com garantia hipotecária sobre prédios rústicos e urbanos; *c)* arrendamentos rústicos e urbanos, cessão e trespasse[504] destes últimos; *d)* forne-

---

[501] V., por exemplo, o apêndice de sumários de jurisprudência de tribunais de segunda instância espanhóis (Audiências Provinciais) sobre o de contrato de mediação, em LAURA GÁZQUEZ SERRANO, *El contrato de mediación o corretaje*, pp. 161-75; e DANIEL RODRÍGUEZ RUIZ DE VILLA, *El contrato de corretaje inmobiliario...*, p. 224, nota 112.

[502] BOE de 3 de outubro de 2007, nº 237, acessível em www.boe.es, como todos os diplomas legais espanhóis adiante citados sem indicação de outra fonte.

[503] BOE de 23 de dezembro de 1969, nº 306.

[504] A palavra castelhana *traspaso*, que traduzi por *trespasse*, assume vários sentidos no direito espanhol. Em alguns diplomas legais, e parece ser o caso deste, o *traspaso* corresponde à cessão, mediante retribuição, de um contrato de arrendamento de um local de negócio, sem existências, feita pelo arrendatário a um terceiro sem necessidade de consentimento do

COMPREENSÃO DO CONTRATO COM INCIDÊNCIA NAS PRESTAÇÕES PRINCIPAIS

cimento de informações sobre o valor da venda, cessão ou trespasse dos bens antes referidos.

O diploma de 2007 não contém qualquer norma sobre o regime contratual. No quase totalmente revogado diploma de 1969 descortinavam-se algumas regras soltas relevantes para o regime dos contratos a estabelecer entre os agentes da propriedade imobiliária e os seus clientes. Assim, o artigo 23 estabelecia sobre o montante dos honorários, e o artigo 30 aconselhava à celebração do contrato por escrito (designando-o por *nota de encargo*) e dispunha sobre as indicações a constar do mesmo, além de instituir um prazo supletivo para a sua duração.

Apesar disso, a doutrina era, já então, quase unânime em considerar o contrato de mediação imobiliária como legalmente atípico. O desinteresse do legislador pela figura era apontado, dizendo-se não existir regulação legal que regesse a mediação imobiliária, na medida em que o Decreto de 4 de dezembro de 1969 trataria alguns aspetos do contrato, mas somente de uma perspetiva corporativa, não contratual[505].

---

senhorio. O art. 29 do decreto 4104/1964, de 24 de dezembro (consultável em http://noticias. juridicas.com), que aprovou o texto refundido da Lei dos Arrendamentos Urbanos, continha a seguinte noção de *traspaso*: «El traspaso de locales de negocio consistirá, a efectos de esta Ley, en la cesión mediante precio de tales locales, sin existencias, hecha por el arrendatario a un tercero, el cual quedará subrogado en los derechos y obligaciones nacidos del contrato de arrendamiento». A Lei dos Arrendamentos Urbanos 29/1994, de 24 de novembro (BOE 0282, 25/11/1994), que revogou a de 1964, não contém qualquer definição. No entanto, das alusões ao *traspaso* feitas no preâmbulo, do art. 32 e da disposição transitória 3ª, resulta que a noção se mantém. Sobre esta problemática e com este sentido, pode ler-se ALBERTO BERCOVITZ RODRÍGUEZ-CANO, *Apuntes de derecho mercantil*, pp. 254-6, GUILLERMO J. JIMÉNEZ SÁNCHES, *Lecciones de derecho mercantil*, pp. 75-6, e AURELIO MENÉNDEZ *et al.*, *Lecciones de derecho mercantil*, pp. 90-3. Todavia, outros diplomas legais espanhóis têm usado o termo *traspaso* com outro significado, que se aproxima do que se entende por trespasse no direito português. Assim, lê-se em FRANCISCO VICENT CHULIÁ, *Introducción al derecho mercantil*, p. 237 – «La compraventa de "establecimiento" (o de "empresa": *"asset deal"*) recibe frequentemente en el tráfico y en la legislación el nombre de "traspaso". "Traspaso de empresa" decían los arts. 928 Cdeco [Código de Comercio] y 14-7 de la Ley de suspensión de pagos, *derogados por la Ley 22/2003, concursal*, la Directiva de 14 de febrero de 1977, modificada por la 98/50/CE de 29 de junio, sobre información de los trabajadores en la cesión de empresa y el art. 1.5 del Estatuto de los Trabajadores. La STS 13 marzo 1995 (R. 2426) se refiere indistintamente, en relación con una farmacia, a "contrato privado de traspaso", "escritura pública de venta" y "negocio de cesión" o "contrato de cesión". Con estas expresiones se identifica un único contrato, de *transmisión definitiva del establecimiento* al adquirente a cambio de un precio».

[505] DANIEL RODRÍGUEZ RUIZ DE VILLA, *El contrato de corretaje inmobiliario...*, pp. 29, 225-6, 228-9; PEDRO NAVARRO VILARROCHA, «El corretaje de los bienes inmuebles», p. 878.

O CONTRATO DE MEDIAÇÃO

O Real Decreto 1294/2007, agudizando a omissão respeitante ao contrato que suporta a atividade dos ditos agentes da propriedade imobiliária, não alude a qualquer aspeto do mesmo, tendo desaparecido as referências aos honorários, à nota de encargo, às menções dela constantes ou ao prazo do encargo. O diploma de 2007 regula apenas os colégios oficiais de agentes da propriedade imobiliária, os requisitos que os agentes devem reunir para pertencerem aos colégios e o regime disciplinar.

Acresce, ainda, que este diploma manteve a liberalização da atividade provinda do artigo 3º do Real Decreto-lei 4/2000, de 23 de junho (alterado pela Lei 10/2003, de 20 de maio[506]), que estabeleceu que as operações enumeradas no artigo 1º do Decreto 3248/1969 poderão ser exercidas, quer pelos agentes da propriedade imobiliária de acordo com os requisitos da sua qualificação profissional, quer por pessoas singulares ou coletivas sem necessidade de possuírem qualquer título, nem de pertencerem a qualquer colégio oficial.

Já antes da liberalização, a jurisprudência maioritária aceitava a validade e a eficácia dos contratos de mediação que tinham por finalidade a celebração de contratos enumerados no artigo 1º do Decreto de 1969, mas celebrados por pessoas não dotadas da qualidade de agente da propriedade imobiliária[507]. Na doutrina, porém, defendia-se que a mediação imobiliária se encontrava reservada exclusivamente àqueles agentes[508].

---

[506] BOE de 21 de maio de 2003, nº 121.

[507] Sobre esta temática, indicando vasta jurisprudência anterior a 2000, bem como os argumentos por ela utilizados, Purificación Cremades García, *Contrato de mediación o corretaje...*, pp. 136-48. Também Tasende Calvo, «El contrato de mediación inmobiliaria en la compraventa de vivienda», p. 2314.

[508] Neste sentido, Luis Pozo e Diego L. Lozano Romeral, «El carácter exclusivo de la profesión de Agente de la Propiedad Inmobiliaria», pp. 1477-81 – valendo-se sobretudo do interesse público subjacente às normas que exigem uma série de requisitos para a outorga do título de *agente da propriedade imobiliária*, invocando jurisprudência (ainda que não unânime), bem como a sentença de 28/01/1992 do Tribunal de Justiça das Comunidades Europeias (que afirmou que a Diretiva 67/43/CEE, do Conselho não se opõe a uma regulação que reserve certas atividades, incluídas no sector dos negócios imobiliários, a pessoas que exerçam a profissão regulada de agente da propriedade imobiliária), os Autores defendiam que a mediação imobiliária se encontrava reservada exclusivamente aos API. Daniel Rodríguez Ruiz de Villa, *El contrato de corretaje inmobiliario...*, reconhecia que o direito praticado, nomeadamente desde o Acórdão do Tribunal Supremo de 31/01/1990, era no sentido de a atividade mediadora no sector imobiliário não estar limitada aos agentes da propriedade imobiliária (*maxime* p. 50), embora, na sua opinião, a interpretação das competências próprias dos API, elencadas no

COMPREENSÃO DO CONTRATO COM INCIDÊNCIA NAS PRESTAÇÕES PRINCIPAIS

A liberalização da atividade introduzida em 2000, e mantida em 2003 e em 2007, continua a ser contestada[509].

De mencionar que, em 1981, com o Real Decreto 1613/1981, de 19 de junho, do Ministério de Obras Públicas e Urbanismo[510], houve uma tentativa de regulação da mediação imobiliária que introduziu várias regras relativas ao regime contratual. Lia-se no artigo 23 daquele diploma que a atuação do agente da propriedade imobiliária se iniciava com o encargo de alguma das operações enumeradas no artigo 1º e com a aceitação expressa da sua intervenção; que o direito à remuneração surgiria com a perfeição do negócio visado, e não decairia com a resolução, com a cessação por acordo, nem com o incumprimento de uma das partes, a menos que a resolução fosse imputável ao agente; e que, no caso de ser conferida exclusividade, o encargo devia constar por escrito e ser acordado o prazo de duração que, na falta de outra indicação, seria de 4 meses. No entanto, o Real Decreto 1613/1981 teve uma vigência fugaz, tendo sido *anulado* pela sentença do Tribunal Supremo (Sala 4ª – contencioso administrativo), de 22/12/1982, que repôs a situação imediatamente anterior à sua aprovação, o que resultou na repristinação do diploma de 1969.

Fora do ramo imobiliário, também não se encontram em Espanha tipos legais de contratos de mediação. A situação é muito semelhante à que se passa em Portugal: algumas atividades de intermediação desenvolvem-se com base em contratos que correspondem a outras figuras, nomeadamente mandatos, comissões e prestações de serviços, e outras, podendo embora ser suportadas em contratos de mediação, são regidas por leis que não se ocupam dos regimes dos contratos que lhes dão vida[511].

---

artigo 1º do Decreto de 4 de dezembro de 1969, como não exclusivas, conduzisse à inutilidade prática daquele Decreto (p. 46).

[509] Assim, por exemplo, DANIEL RODRÍGUEZ RUIZ DE VILLA, «La sentencia de la *Corte Suprema di Cassazione, Sezione Terza Civile*, de 5 de septiembre de 2006 (Un ejemplo para el corretaje inmobiliario español)», pp. 151-8 – o Autor elogia a sentença da Corte de Cassação italiana, de 5 de setembro de 2006, que julgou improcedente a ação intentada por um mediador não inscrito no correspondente registo, na qual reclamava a remuneração pela mediação na compra e venda de um restaurante e outros imóveis, com o argumento de que, de acordo com o artigo 6º da lei italiana de 6 de fevereiro de 1989, a remuneração dos mediadores é um direito que só assiste aos que, exercendo com êxito a mediação, estejam inscritos no registo de mediadores.

[510] BOE de 31 de julho de 1981, nº 182. Este diploma revogou totalmente o Decreto 3248/1969 e o Decreto 55/1975, de 10 de janeiro, que tinha modificado o artigo 3º daquele.

[511] Para se poder chegar a esta conclusão, v., quanto à intermediação financeira, DANIEL RODRÍGUEZ RUIZ DE VILLA, *El contrato de corretaje...*, pp. 201-8; sobre a mediação de seguros,

4.6.2. A atividade contratual do mediador
4.6.2.1. Natureza tendencialmente obrigatória

Em Espanha, a origem contratual da relação de mediação não é posta em crise, sendo amiúde expressamente afirmada pelos autores quando contrapõem alguma doutrina italiana[512]. Assente que se trata de um contrato, logo se discute a natureza da atividade que o mediador exerce nesse âmbito, começando-se por aferir se se trata de uma prestação contratual, ou seja, de um comportamento a que o mediador se obriga perante o cliente. Uma vez que o contrato é legalmente atípico, está em causa o tipo social de contrato de mediação, tal como apreendido pela comunidade jurídica.

A obrigação do cliente não é posta em causa – no momento da celebração do contrato de mediação, o cliente assume a obrigação de pagar ao mediador uma dada quantia, normalmente uma percentagem do preço do contrato visado, caso venha a verificar-se um dado evento (a celebração do contrato visado). Já sobre a prestação do mediador assinalam-se divergências.

Há autores para quem o mediador é absolutamente livre de atuar, não podendo o cliente exigir-lhe qualquer prestação. Na década de 1950, Martínez Val escrevia que apenas três circunstâncias garantem o cliente: a boa fé do mediador; a preocupação do mediador com o seu prestígio profissional, que depende do feliz resultado das suas mediações; e o desejo

---

Marta Blanco Carrasco, *El contrato de corretaje*, pp. 360-73, e Laura Gázquez Serrano, *El contrato de mediación o corretaje*, pp. 138-50; sobre a mediação com vista à celebração de contrato de trabalho, ainda Marta Blanco Carrasco, pp. 376-86.

[512] V. por exemplo, Purificación Cremades García, *Contrato de mediación o corretaje...*, p. 49; Millán Garrido, «Introducción al estudio del corretaje», p. 702; Daniel Rodríguez Ruiz de Villa, *El contrato de corretaje...*, pp. 222-4; Sanpons Salgado, *El contrato de corretaje*, pp. 32-5. Encontramos apenas um apontamento de sentido diferente em Luis Díez-Picazo e Antonio Gullón, *Sistema de derecho civil*, II, p. 426 – «Sin embargo, no siempre es contractual la fuente de la mediación. A veces, el mediador, sin encargo previo, indica a las partes la oportunidad de concluir un negocio y éstas, efectivamente, lo concluyen aprovechándose de la actividad desplegada por el mediador». Porque esta frase não vem acompanhada de outra fundamentação, fica a dúvida sobre se os Autores entendem que, em tais casos, não obstante o primeiro impulso não ser contratual, o contrato vem a formar-se com a aceitação da gestão. Recordando aquela frase de Díez-Picazo e Gullón, José Puig Brutau, afirma: «seguramente en este caso ha de entenderse que esta efectiva celebración del contrato definitivo implica la aceptación de la oferta de mediación hecha por el corredor» – *Fundamentos de derecho civil*, t. II, vol. II, p. 482.

COMPREENSÃO DO CONTRATO COM INCIDÊNCIA NAS PRESTAÇÕES PRINCIPAIS

de obter a recompensa[513]. Pela mesma altura, BONET CORREA manifestava idêntica posição e congratulava-se com o facto de o italiano STOLFI defender também a natureza não obrigatória da atividade do mediador e, por consequência, a natureza unilateral do contrato de mediação[514].

A maioria da doutrina espanhola, e designadamente a comercialista, configura o contrato de mediação como um tipo contratual (social ou jurisprudencial) mediante o qual ambas as partes assumem obrigações mútuas[515]. Ouçam-se, exemplificativamente, as palavras BROSETA PONT: «não podemos aceitar a opinião dos que afirmam que, pelo contrato de mediação, o mediador nem sequer se obriga a desenvolver a atividade no sentido de encontrar o contraente desejado, alegando que ninguém pode comprometer-se a prestar uma atividade cuja retribuição depende da von-

[513] JOSÉ MARÍA MARTÍNEZ VAL, *El contrato de corretaje*, p. 28 – «la independencia del corredor es absoluta. Nada puede imperarle o exigirle su oferente o mediado. No puede imponerle ni una mínima actividad. Solo tres cosas le garantizan, por así decirlo: 1) la buena fe del corredor; 2) su cuidado por el prestigio profesional que depende del feliz resultado de sus mediaciones; y 3) el deseo de ganancia de la prima. Ninguna responsabilidad patrimonial asume el corredor si es inactivo o si su actividad resulta infructuosa. Promete; no se obliga. Eso es todo. Si tal es la realidad social, el concepto doctrinal del corretaje es obvio que debe recaer sobre la unilateralidad».

[514] JOSÉ BONET CORREA, «El contrato de corretaje o mediación. Sentencia 3 de junio de 1950», p. 1620; JOSÉ BONET CORREA, «Stolfi, fiorentino, D'Onofrio y Fragali: Mediazione...», pp. 228-31.

[515] JOSÉ MANUEL BUSTO LAGO, «Contrato de mediación o corretaje», p. 3077; PURIFICACIÓN CREMADES GARCÍA, *Contrato de mediación o corretaje...*, p. 50; CARLOS LASARTE, *Principios de derecho civil*, t. III, p. 384 – «atendiendo a la *atipicidad legal* del contrato y teniendo en cuenta los datos de hecho de mayor parte de los supuestos, probablemente lo más seguro es afirmar la *bilateralidad* del corretaje»; MARÍA ROCÍO QUINTÁNS EIRAS, «Problemas suscitados en la dogmática del contrato de corretaje...», pp. 98-9 – «adelantamos nuestra convicción de que el contrato de corretaje genera también obligaciones a cargo del corredor, cuya mediación en sentido económico supone también un deber jurídico contractual»; RODRIGO URÍA, *Derecho mercantil*, p. 743; RODRIGO URÍA et al., *Curso de derecho mercantil*, pp. 172-3; ADOLFO RUIZ DE VELASCO, *Manual de derecho mercantil*, p. 849; EDUARDO VALPUESTA GASTAMINZA, «Contratos de intermediación», p. 695; ENRIQUE VILLA VEGA, «Contrato de corretaje o mediación», p. 660; FRANCISCO VINCENT CHULIÁ, *Introducción al derecho mercantil*, II, p. 1305. Especificamente no contexto da mediação imobiliária, DANIEL RODRÍGUEZ RUIZ DE VILLA, *El contrato de corretaje inmobiliario...*, p. 244 – «Nuestro modesto entender es que nos encontramos siempre, haya o no exclusiva, ante un contrato bilateral, en el que el API, en cuanto que *profesional* que es, se compromete y obliga a desplegar su actividad profesional». No mesmo sentido, F. JAVIER GARCÍA GIL e LUIS ANGEL GARCIA NICOLÁS, *Manual práctico de la intermediación inmobiliaria*, p. 20.

O CONTRATO DE MEDIAÇÃO

tade do seu beneficiário. (...) Quando o mediador aceita o encargo, cria uma aparência e esperança de gestão, que devem ser correspondidas com a obrigação de desenvolver uma diligente atividade. Se a sua gestão chega ou não a bom porto e, por isso, se receberá ou não a sua retribuição, é questão distinta que faz parte do risco inerente à atividade da sua empresa. Em consequência não se partilha do pretendido caráter unilateral do contrato de mediação»[516].

Há autores que põem a hipótese de poder ser celebrado com ou sem prestação obrigatória do mediador. Entre estes, uns fazem depender a obrigatoriedade da prestação do mediador apenas do acordo das partes[517]. Outros atribuem relevância ao exercício profissional e ao pacto de exclusividade: tendencialmente, na mediação eventual a atuação do mediador não incorporaria uma obrigação, sendo apenas uma condição para a obtenção da remuneração prometida, mas na mediação profissional sim, haveria, pelo menos, um compromisso tácito de desenvolvimento da dita atividade mediadora, sobretudo quando acordada a exclusividade do mediador, caso em que o contrato seria sempre bilateral[518]. Para os autores que entendem

---

[516] MANUEL BROSETA PONT, *Manual de derecho mercantil*, II, p. 121.

[517] MILLÁN GARRIDO, «Introducción al estudio del corretaje», pp. 705-6; JOSÉ PUIG BRUTAU, *Fundamentos de derecho civil*, t. II, vol. II, p. 481. Provavelmente neste caso, também LUIS RIERA AÍSA, «Corretaje», p. 812: «Por regla general no está obligado a desarrollar ninguna actividad en relación con el encargo recibido. (...) El corredor inicialmente, y en casos normales, a nada se obliga».

[518] MARTA BLANCO CARRASCO, *El contrato de corretaje*, pp. 151-3. Também neste sentido parece apontar SANPONS SALGADO, *El contrato de corretaje*, p. 45 – «cuando el corredor no es profesional, sus obligaciones se reducen a las que le confiere el artículo 1.258, aplicable a todos los contratos (incluso los unilaterales), pero cuando es profesional está obligado a actuar diligentemente y, en su actuación, debe comunicar a las partes las circunstancias conocidas por él relativas a la valoración y a la seguridad del negocio y que puedan influir sobre la conclusión del mismo»; ou pp. 129-30 – «poco podemos hablar de las obligaciones de un corredor adventicio; de aquél a quien, sin dedicarse habitualmente a ello, se le encarga que, de conocer una ocasión de concluir un contrato, lo haga saber al oferente, gratificándosele por su servicio. La responsabilidad que se puede exigir a este corredor por sus actos en nada se diferencia de la responsabilidad extracontractual, a menos que se hubiese obligado a cualquier cosa determinada. (...) Un corredor profesional, al que acude el oferente no por su amistad o para recibir un favor, sino por sus aptitudes o situación para que le ponga en relación con un tercero para la conclusión de un negocio, debe observar una determinada conducta que, de no ser exigible, sería causa de inseguridad en el tráfico. Por esto es necesario distinguir las obligaciones del corredor profesional de las del ocasional, sin destruir la unidad de la naturaleza del contrato de corretaje».

que a atividade de mediação corresponde sempre a uma prestação contratual, o pacto de exclusividade afeta apenas as obrigações do cliente, não as do mediador[519].

Na jurisprudência, a invocação da bilateralidade do contrato pode considerar-se unânime, pois uma ou outra decisão de diferente sentido que eventualmente exista não tem expressão entre as centenas que afirmam a natureza bilateral do contrato de mediação. Assim tem sucedido desde a já referida decisão do Tribunal Supremo de 10 de janeiro de 1922, como se pode ver nas constantes citações feitas pela doutrina. Constatamos que na mais recente jurisprudência a situação mantém-se inalterada[520].

4.6.2.2. Conteúdo da prestação

O artigo 1088 do CC espanhol afirma que toda a obrigação consiste em dar, fazer ou não fazer alguma coisa. Com esta classificação das obrigações, a doutrina usa cruzar a que as divide em obrigações de resultado e obrigações de meios (na doutrina espanhola, também frequentemente ditas «de atividade»). Uma obrigação de *dar* é sempre uma obrigação de *resultado*, mas uma obrigação de *fazer* pode ser de *resultado* ou de *meios*. Sendo a obrigação do mediador uma nítida obrigação de fazer alguma coisa, segue-se como natural a questão de *o quê*.

A distinção entre *obrigações de resultado* e *obrigações de meios* respeita precisamente ao conteúdo da prestação do devedor, consoante se verifica «a inclusão ou não na prestação do devedor da realização daquele *interesse primário* do credor que subjaz à constituição do vínculo obrigatório. Quando se inclui, encontramo-nos perante uma prestação de resultado, quando não, perante uma de meios ou de simples atividade»[521].

A relevância da classificação dá-se no domínio da determinação do cumprimento e, logo, do incumprimento, pressuposto da responsabilidade, sendo, no entanto, irrelevante no que tange ao ónus da prova. Como escreve

---

[519] Assim o afirma DANIEL RODRÍGUEZ RUIZ DE VILLA, *El contrato de corretaje inmobiliario...*, pp. 588-9.

[520] *V.g.* – além dos já citados Acórdãos da Audiência Provincial de Madrid nº 6/2010, Secção 10ª, de 15/01/2010, nº 375/2010, Secção 12ª, de 07/06/2010, e nº 322/2010, Secção 12ª, de 18/05/2010, e dos também já citados Acórdãos do Tribunal Supremo nº 3491/2009, de 25/05/2009, no recurso nº 283/2005, e nº 1127/2010, de 18/03/2010, no recurso nº 638/2006 –, o Acórdão nº 224/2009 da AP da Corunha, Secção 4ª, de 08/05/2009, no recurso nº 100/2009, e o Acórdão nº 467/2009 da AP de Biscaia, Secção 3ª, de 26/11/2009, no recurso nº 372/2009.

[521] FRANCISCO JORDANO FRAGA, «Obligaciones de medios y de resultado», p. 7.

O CONTRATO DE MEDIAÇÃO

LOBATO GÓMEZ, secundando JORDANO FRAGA (ambos com extensas obras sobre a classificação em causa), «não será a distinta distribuição do ónus da prova a consequência que produz a distinção entre obrigações de meios e obrigações de resultado, mas sim o distinto conteúdo das mesmas, em razão da diferença de conteúdo da prestação»[522].

A doutrina espanhola tem tratado de arrumar a obrigação do mediador na classificação que distingue obrigações de meios e de resultado, optando por uma das espécies. E quando a questão é pensada, o resultado que se tem presente é o contrato pretendido pelo cliente do mediador, o que conduz a que os autores que querem fazer este encaixe fiquem num dilema: por um lado, o mediador só é remunerado quando ocorre aquele resultado, o que quadra com as obrigações de resultado; mas, por outro lado, o mediador não se obriga àquele resultado, não responde por ele, ou seja, o facto de aquele resultado não ser atingido não gera para o mediador qualquer responsabilidade, circunstância que se adapta melhor a uma obrigação de meios.

A dificuldade é evidente. Alguns autores afirmam claramente que o mediador só pode responder pela sua atividade, a mais não se obrigando por não depender da sua vontade, e, não obstante, concluem que, estando a remuneração dependente de um resultado, a obrigação do mediador deve enquadrar-se nas obrigações de resultado[523].

---

[522] MIGUEL LOBATO GÓMEZ, «Contribución al estudio de la distinción entre las obligaciones de medios y las obligaciones de resultado», p. 729.

[523] Assim, MARTA BLANCO CARRASCO, *El contrato de corretaje*, p. 165 – «La actividad, como tal, debe ser entendida como una *actividad de medios*, puesto que el mediador sólo puede responder de su actividad de *facilitación o procuración* del resultado querido por el oferente. La perfección o conclusión del contrato pretendido no depende de su voluntad (...). Sin embargo es cierto que, a pesar de no estar en su mano, la posibilidad de obtener el premio está condicionada a la obtención de un resultado. No se valorará simplemente el haber realizado una gestión diligente, sino que debe además cumplir la condición, siendo de su riego y ventura el desarrollo de dicha actividad. En este sentido, desde nuestro punto de vista, el contrato de corretaje debe encuadrarse en una *obligación de resultado*». Também, TASENDE CALVO, «El contrato de mediación inmobiliaria en la compraventa de vivienda», p. 2322 – «Contemplada aisladamente y en sí misma, podríamos decir que la obligación del corredor es de medios y no de resultado, dado que su prestación se agota en el desarrollo diligente de una actividad encaminada a un fin, cuyo logro o consecución no forma parte en principio de su contenido obligacional (...). Sin embargo, desde la perspectiva de la recíproca obligación del oferente de pagar los honorarios del mediador, debemos considerar que el corretaje implica una obligación de resultado, identificando éste con la estipulación o perfección del contrato que se busca

COMPREENSÃO DO CONTRATO COM INCIDÊNCIA NAS PRESTAÇÕES PRINCIPAIS

É maioritária a doutrina que (ainda que, por vezes, ressalvando pacto em contrário[524]) afirma que o mediador apenas se obriga ao desenvolvimento da atividade, e não à obtenção do contrato visado, que não está na sua mão, sem prejuízo de apenas ser remunerado quando tal contrato se celebrar[525].

A jurisprudência tem-se pronunciado maioritariamente no sentido de o mediador apenas se comprometer a desenvolver a atividade necessária a promover a conclusão do contrato, não se obrigando a obter o resultado desejado. É apenas, afirma-se, uma obrigação de meios – «o resultado não está, logicamente, *in obligatione* de forma que o cumprimento ou incumprimento são independentes desse resultado, e só dependem da atuação diligente ou negligente do devedor»[526].

---

promover». Entre os autores que enquadram a obrigação do mediador como de resultado, contam-se também Francisco Vincent Chuliá, *Introducción al derecho mercantil*, II, p. 1304, e Carlos Lasarte, *Principios de derecho civil*, t. III, p. 384.

[524] V. sobretudo, Sanpons Salgado, *El contrato de corretaje*, p. 137, pese embora reconheça que a assunção pelo mediador da obrigação do resultado, tido este como o contrato a celebrar entre o seu cliente e o terceiro, «representaría, de ser eficaz, el absurdo jurídico que supone el que un contratante pueda exigir responsabilidad al otro por actos que dependen sólo de la voluntad de aquél». Parece ser esta também a posição de Enrique Villa Vega, «Contrato de corretaje o mediación», p. 654 – «El corredor no se compromete a obtener el resultado por las futuras partes, esto es, la conclusión del contrato (...). Sin embargo, las partes, al amparo de la libertad de pactos (artigo 1255 CC), pueden pactar expresamente que el corredor se obligue a lograr o conseguir un resultado determinado, esto es, la realización de un contrato específico (...). Sin embargo, un pacto de este sentido sería poco eficaz». Mais adiante, p. 658 – «Hay que entender el «facio» como una actividad de resultado que se compromete a desarollar el corredor pero sin obligarse a ese resultado mismo según ya hemos visto».

[525] Assim, Manuel Broseta Pont, *Manual de derecho mercantil*, II, p. 121; Purificación Cremades García, *Contrato de mediación o corretaje...*, p. 83; F. Javier García Gil e Luis Angel García Nicolás, *Manual práctico de la intermediación inmobiliaria*, p. 28 – «De la doctrina jurisprudencial antes expuesta se extrae como nota característica del contrato de mediación o corretaje que el corredor sólo se compromete a desplegar la actividad necesaria para promover la conclusión del contrato, pero no se obliga a obtener el resultado deseado, pues no depende de su voluntad que el contrato llegue o no a celebrarse; sin embargo, sólo tendrá derecho a obtener la retribución pactada en caso de que se perfeccione el contrato que él promovió»; Rodrigo Uría, *Derecho mercantil*, p. 742; Rodrigo Uría et al., *Curso de derecho mercantil*, p. 173; Daniel Rodríguez Ruiz de Villa, *El contrato de corretaje inmobiliario...*, p. 337; Adolfo Ruiz de Velasco, *Manual de derecho mercantil*, p. 849.

[526] Acórdão nº 467/2009 da AP de Biscaia, Secção 3ª, de 26/11/2009, no recurso nº 372/2009. No mesmo sentido, o Acórdão nº 224/2009 da AP da Corunha, Secção 4ª, de 08/05/2009, no recurso nº 100/2009, e o Acórdão nº 55/2009 da AP de Madrid, Secção 14ª, de 21/01/2009, no recurso nº 636/2008.

O CONTRATO DE MEDIAÇÃO

Quer se configure a obrigação como de meios, quer como de resultado, sempre o mediador terá de desenvolver uma atividade. A diferença reside em essa atividade coincidir com a sua obrigação, ou ser apenas um instrumento através do qual o mediador vai alcançar o resultado que incorpora a sua obrigação.

A respeito do modo como a atividade há de ser desenvolvida, é por vezes discutido o dever de *imparcialidade*. O debate tem por base posições de autores italianos, não se vendo na doutrina espanhola o entendimento de que o mediador deva pautar o seu comportamento pela bitola da imparcialidade[527]. Quando tomam posição expressa, os autores espanhóis fazem-no no sentido de negar um tal dever ao mediador, dizendo que a prática é totalmente avessa a essa teoria[528].

Diferente será apenas naqueles casos em que ambas as partes no futuro contrato são clientes do mediador, quer porque ambas separadamente o encarregaram de procurar interessado para esse contrato, que pretendem celebrar cada uma com a sua posição, quer porque ambas conjuntamente o encarregaram de tentar aproximar as suas posições[529].

4.6.3. A contrapartida
4.6.3.1. Sujeito obrigado ao pagamento

Em Espanha, o contrato de mediação tem como partes apenas o *mediador* e o *cliente*, e considera-se celebrado pelo mero acordo sobre os seus elementos essenciais[530]. A única voz contrastante parece ser a de GARCÍA--VALDECASAS Y ALEX. Este Autor constrói o contrato de mediação em

---

[527] MARTA BLANCO CARRASCO, *El contrato de corretaje*, pp. 168-72, e PURIFICACIÓN CREMADES GARCÍA, *Contrato de mediación o corretaje...*, pp. 189-91. Ambas citam autores italianos no sentido de o mediador dever ser imparcial, e autores espanhóis de entendimento contrário. Nenhuma das Autoras toma posição expressa.

[528] MILLÁN GARRIDO, «Introducción al estudio del corretaje», p. 722; SANPONS SALGADO, *El contrato de corretaje*, p. 138.

[529] ENRIQUE VILLA VEGA, «Contrato de corretaje o mediación», pp. 682-3.

[530] A título meramente exemplificativo, JOSÉ MANUEL BUSTO LAGO, «Contrato de mediación o corretaje», p. 3077; MILLÁN GARRIDO, «Introducción al estudio del corretaje», p. 714; DANIEL RODRÍGUEZ RUIZ DE VILLA, *El contrato de corretaje inmobiliario...*, p. 392; ENRIQUE VILLA VEGA, «Contrato de corretaje o mediación», p. 669 – «El contrato de corretaje que se celebra entre el corredor y su cliente sólo existe como tal contrato produciendo todos sus efectos jurídicos entre las partes a partir de su perfeccionamiento y éste se produce por el simple consentimiento de las partes».

duas fases, incorporando o *terceiro*, como *parte*, na formação do contrato de mediação: numa primeira fase são atores apenas o mediador e o cliente inicial que o encarrega de encontrar interessado para dado contrato; e numa segunda fase, que se inicia se o mediador encontrar o tal interessado e se este aceitar o serviço de mediação, são partes os três intervenientes. A primeira fase tem dois desfechos: ou culmina no contrato de mediação propriamente dito, ou não passa de um contrato de prestação de serviço ou de mandato. A mediação nasce com a incorporação do mediatário e só a partir daí se pode exigir ao mediador o cumprimento das suas obrigações de mediação[531]. A remuneração, segundo o mesmo Autor, será assegurada por ambas as partes no contrato – cliente inicial e mediatário que vem a aceitar a mediação.

Esta é, porém, posição única. Para a doutrina e para a jurisprudência em geral, as partes no contrato de mediação são apenas o mediador e o cliente que o encarrega de encontrar interessado para um contrato, e só este cliente se obriga ao pagamento da remuneração[532].

Tanto não significa que não se admita também a possibilidade de ambas as partes no contrato pretendido terem celebrado contratos de mediação com o mesmo mediador, tendo em vista a celebração de um mesmo contrato com posições diferentes. Neste caso, há quem se pronuncie no sentido de ambos os clientes terem de pagar ao mediador a remuneração acordada em cada contrato de mediação[533], e quem entenda que o mediador só tem direito a uma remuneração da responsabilidade conjunta das partes[534].

---

[531] FRANCISCO JAVIER GARCÍA-VALDECASAS Y ALEX, *La mediación inmobiliaria...*, sobretudo pp. 46-54.

[532] ENRIQUE VILLA VEGA, «Contrato de corretaje o mediación», pp. 694-5.

[533] CARLOS LASARTE, *Principios de derecho civil*, t. III, p. 384; SANPONS SALGADO, *El contrato de corretaje*, p. 184 – «El débito no será único ni, por tanto, común a ambas partes, sino que se tratará de dos débitos distintos, cada uno a cargo de cada contratante. Razón por la que, entre ellos, no se establecerá la responsabilidad solidaria por esta base»; TASENDE CALVO, «El contrato de mediación inmobiliaria en la compraventa de vivienda», pp. 2316-7.

[534] PURIFICACIÓN CREMADES GARCÍA, *Contrato de mediación o corretaje...*, p. 128 – «Parece que el criterio más equitativo es que dado que las gestiones del corredor tienden a la formalización de un único contrato principal, sean ambas partes del mismo quienes tengan que repartirse el pago de honorarios, en principio a partes iguales, y sin que exista excepcional solidaridad entre ellas, de manera que si el Agente de la Propiedad Inmobiliaria tiene que reclamar el importe de la comisión, no puede hacerlo indistintamente contra cualquier de las mismas, sino que a cada una podrá reclamarle la parte que le corresponda».

O CONTRATO DE MEDIAÇÃO

Normalmente, não se reconhece ao mediador o direito de ser reembolsado pelas despesas efetuadas, o que é atribuído a uma nota de aleatoriedade e a uma especial distribuição do risco características deste contrato[535].

4.6.3.2. A celebração do contrato visado como condição necessária ao nascimento do direito à remuneração

Como sucede com a generalidade dos contratos, os tribunais são chamados a decidir quando o credor entende que já devia ter sido pago, não o tendo sido. O que há de peculiar no contrato de mediação é que a sua configuração permite, em tese, identificar três momentos em que o pagamento poderia ser devido: aquele em que o mediador completa a sua prestação, concluindo a atividade a que se obrigou (para a maioria que defende que a mais não se obriga) ou apresentando interessado no contrato visado; o momento da perfeição do contrato desejado pelo seu cliente; e, finalmente, o momento do cumprimento desse contrato.

Tem sido afastado que o direito à remuneração nasça no primeiro momento e reconhece-se como específico do contrato de mediação que a remuneração seja devida apenas com a ocorrência de um dado evento. A afirmação mais generalizada é a de que o direito do mediador à remuneração nasce com a perfeição do contrato visado pelo cliente, sem prejuízo de acordo em contrário[536].

A transmissão desta ideia é feita pela doutrina e pela jurisprudência espanholas com recurso aos conceitos de *perfeição* e de *consumação* do contrato. «Segundo o critério jurisprudencial maioritário, a condição para que se produza o nascimento do direito à mesma [retribuição] é a perfei-

---

[535] José Manuel Busto Lago, «Contrato de mediación o corretaje», p. 3088; Purificación Cremades García, *Contrato de mediación o corretaje...*, pp. 267-8; Sanpons Salgado, *El contrato de corretaje*, p. 186.

[536] Marta Blanco Carrasco, *El contrato de corretaje*, p. 194; Manuel Broseta Pont, *Manual de derecho mercantil*, II, pp. 121-2; José Miguel Cortés, «Compraventa de inmueble y contrato de mediación o corretaje inmobiliario», pp. 14-5; Purificación Cremades García, *Contrato de mediación o corretaje...*, p. 119; Luis Díez-Picazo e Antonio Gullón, *Sistema de derecho civil*, II, p. 427; F. Javier García Gil e Luis Angel García Nicolás, *Manual práctico de la intermediación inmobiliaria*, pp. 114-5; Laura Gázquez Serrano, *El contrato de mediación o corretaje*, p. 108; Millán Garrido, «Introducción al estudio del corretaje», pp. 724-5; Tasende Calvo, «El contrato de mediación inmobiliaria en la compraventa de vivienda», p. 2319; Eduardo Valpuesta Gastaminza, «Contratos de intermediación», p. 693; Enrique Villa Vega, «Contrato de corretaje o mediación», p. 690.

ção do contrato principal. E para que se produza, o cliente tem de dar o seu consentimento ao dito contrato principal, pelo que se não o faz, não se cumpre a condição e portanto não nasce o direito à remuneração do mediador»[537]. A consumação do contrato, por seu turno, respeita à sua execução ou cumprimento e não é necessária. A explicação várias vezes avançada é a de que «a consumação compete exclusivamente aos contraentes e, por isso, não deve afetar os direitos, já adquiridos, do mediador, que permanece à margem da mesma»[538].

Na década de 1950, MARTÍNEZ VAL pronunciou-se em sentido contrário, entendendo que a remuneração dependia da consumação do contrato para o qual o cliente recorreu aos préstimos do mediador[539]. Na década subsequente, a voz de SANPONS SALGADO acompanhou a posição da consumação apenas na aparência: «Em termos gerais, não é apenas necessária a perfeição, mas também a consumação do contrato – resultado positivo apetecido – para que o mediador tenha direito a ser remunerado»; porém, logo acrescentava «a menos que o contrato não chegue a consumar-se por razões inimputáveis ao mediador (...) ou que o cliente se negue a concluí-lo com propósito fraudulento, casos em que terá igualmente direito a cobrar a remuneração que lhe corresponde»[540]. Ora, bem vistas as coisas, a não consumação do contrato visado só por hipótese rara poderá ser imputável ao mediador; afinal, em princípio, o mediador nada tem a ver com o cumprimento ou incumprimento desse contrato.

A jurisprudência é claramente maioritária no sentido de o direito à remuneração do mediador nascer quando, graças à sua intervenção, se conclui o contrato visado, ou seja, quando os contraentes chegam a acordo sobre os seus elementos essenciais, a não ser que no contrato de mediação se haja estipulado expressamente que o mediador só cobrará a remuneração quando o contrato visado se cumpra[541].

---

[537] PURIFICACIÓN CREMADES GARCÍA, *Contrato de mediación o corretaje...*, p. 119.
[538] MILLÁN GARRIDO, «Introducción al estudio del corretaje», p. 724.
[539] JOSÉ MARÍA MARTÍNEZ VAL, *El contrato de corretaje*, pp. 37-9.
[540] SANPONS SALGADO, *El contrato de corretaje*, p. 150.
[541] Acórdão nº 229/2010 da AP de Alicante, Secção 8ª, de 13/05/2010, no recurso nº 154/2010. No mesmo sentido o Acórdão nº 73/2008 da AP de Barcelona, Secção 19ª, de 19/02/2008, no recurso nº 555/2007; o Acórdão nº 294/2009 da AP de Baleares, Secção 5ª, de 03/09/2009, no recurso nº 323/2009; o Acórdão nº 604/2009, da AP de Pontevedra, Secção 1ª, de 09/12/2009, no recurso nº 673/2009; o Acórdão nº 525/2009, da AP de Valência, Secção 11ª, de 23/09/2009,

O CONTRATO DE MEDIAÇÃO

De acordo com o disposto no artigo 1258 do CC espanhol, os contratos concluem-se (*se perfeccionan*) pelo mero consentimento. O artigo 1450, sobre o caso específico da compra e venda, dispõe que a venda conclui-se entre comprador e vendedor, e será obrigatória para ambos, se tiverem acordado sobre a coisa objeto do contrato e no preço, ainda que nem uma nem o outro tenham sido entregues.

A distinção entre a conclusão (perfeição) e a consumação é particularmente importante no sistema espanhol, uma vez que a transferência da propriedade, que constitui o interesse do comprador no contrato de compra e venda (sendo este aquele que com maior frequência é visado no contrato de mediação), não se dá apenas por efeito do contrato, sendo necessário um novo ato, a entrega, que pode não ocorrer no momento daquele[542].

O contrato de compra e venda tem ali meros efeitos obrigacionais, gerando para o vendedor a obrigação de entregar a coisa (e com isso transmitir a propriedade) e para o comprador a obrigação de pagar o preço (artigo 1445 do CC espanhol). O direito de propriedade só é transmitido quando ao contrato de compra e venda acresce a tradição, real ou fictícia, da coisa (art. 609 do CC espanhol). No caso de a compra e venda vir a ser formalizada por escritura pública, a celebração desta equivale à entrega, salvo se da escritura resultar o contrário (artigo 1462 do CC espanhol).

Não obstante, o contrato de compra e venda, ainda que sobre imóveis, torna-se perfeito por mero efeito do acordo das partes sobre o bem e o preço, ainda que não venha a outorgar-se a escritura pública de compra e venda e que as partes venham a revogar o contrato concertado. A outorga da escritura pública de compra e venda faz parte da execução, cumprimento ou consumação do contrato, ficcionando a entrega que permite transmitir a propriedade[543].

---

no recurso nº 466/2009; o Acórdão do Tribunal Supremo nº 3627/2008, de 12/06/2008, no recurso nº 1073/2001, bem como jurisprudência neles citada.

[542] Sobre a relação entre a transferência da propriedade e o contrato de compra e venda nos direitos português e espanhol, ASSUNÇÃO CRISTAS e MARIANA FRANÇA GOUVEIA, «Transmissão da propriedade de coisas móveis e contrato de compra e venda», pp. 13-137.

[543] De referir, uma vez mais, o Acórdão nº 229/2010 da AP de Alicante, Secção 8ª, de 13/05/2010, particularmente claro em várias passagens (não obstante a situação de facto que esteve na sua base corresponder a uma exceção, na medida em que as partes tinham acordado que a remuneração do mediador só se venceria com a celebração da escritura pública, que não veio a ocorrer, motivo pelo qual a pretensão do mediador improcedeu) – «En el caso de la compraventa, cuando se hubiere convenido en la cosa objeto del contrato y en el precio,

Em termos gerais, podemos dizer que *perfeição*, *celebração* e *conclusão* se equivalem (enquanto a consumação respeita ao cumprimento, que na compra e venda se dá com o pagamento e a entrega da coisa)[544]. As três palavras têm sido usadas como sinónimas também na literatura espanhola[545].

No entanto, nem sempre o contrato se considera perfeito com a sua celebração, como também tem sido notado a propósito do contrato que nos ocupa. O contrato afetado de nulidade absoluta não pode considerar-se perfeito[546]. E o celebrado sob condição suspensiva só assim se considerará com a verificação da condição[547]. Já a ocorrência da condição resolutiva não terá influência na perfeição do contrato, entretanto ocorrida, nem consequentemente na remuneração, entretanto devida[548], não obstante

---

aunque ni la una ni el otro se hayan entregado, según señala el artigo 1450 CC. Ello es así porque la actividad mediadora concluye cuando se otorga el contrato. Este otorgamiento equivale a la consumación del contrato de corretaje. La ejecución consumativa del contrato final, -aquí, el otorgamiento de la escritura pública de compraventa-, es competencia exclusiva de los contratantes, quedando al margen el corredor, por lo que no puede hacerse depender de aquélla él percibo de su remuneración, salvo que se hubiese pactado expresamente».

[544] José Miguel Cortés, «Compraventa de inmueble y contrato de mediación o corretaje inmobiliario», pp. 14-5 – «Debe distinguirse el momento de la perfección del contrato, producido por la coincidencia del consentimiento sobre la cosa y el precio, y el de la consumación, emanante de la tradición real o ficta de la cosa, mediante el cual se transmite el dominio de lo comprado».

[545] Neste sentido Daniel Rodríguez Ruiz de Villa, *El contrato de corretaje inmobiliario...*, p. 514.

[546] Marta Blanco Carrasco, *El contrato de corretaje*, p. 195 (a Autora exceciona, no entanto, o caso da simulação sem a conivência do mediador); Millán Garrido, «Introducción al estudio del corretaje», p. 726; Sanpons Salgado, *El contrato de corretaje*, pp. 150-1.

[547] Marta Blanco Carrasco, *El contrato de corretaje*, p. 199; Laura Gázquez Serrano, *El contrato de mediación o corretaje*, p. 101; Millán Garrido, «Introducción al estudio del corretaje», p. 726 (este Autor posiciona-se diferentemente, no sentido de ter de se averiguar a vontade das partes no caso); Sanpons Salgado, *El contrato de corretaje*, pp. 155-6; Enrique Villa Vega, «Contrato de corretaje o mediación», p. 688 – «Cuando el contrato pretendido se ha realizado bajo una condición suspensiva, el pago de la retribución se efectuará cuando se cumpla la condición; de manera que mientras no se cumpla la condición el contrato no se perfeccionará y no existirá la obligación de retribuir el corretaje».

[548] Marta Blanco Carrasco, *El contrato de corretaje*, p. 198 – «Cuando se trata de condición *resolutoria*, la doctrina es pacífica puesto que se considera que el corredor tendrá derecho a la remuneración desde la conclusión del contrato, *no debiendo reembolsar* dicha cantidad una vez que se cumpla la condición establecida»; Millán Garrido, «Introducción al estudio del corretaje», p. 726; Sanpons Salgado, p. 157; Enrique Villa Vega, «Contrato de corretaje o mediación», p. 688 – «Pero si el contrato se ha celebrado bajo condición resolutoria

O CONTRATO DE MEDIAÇÃO

a regra no direito civil espanhol ser a da retroatividade dos efeitos da condição[549].

Como referido, as partes podem acordar que o acontecimento necessário à remuneração seja outro, anterior ou posterior ao momento da perfeição do contrato visado. Os casos mais comuns serão o da antecipação da remuneração para o momento da celebração de um contrato preliminar ou para o momento da entrega de um sinal[550], ou o do diferimento da remuneração para o momento da consumação do contrato mediado.

Finalmente, cabe referir que na mediação de certos contratos se apresenta como natural que a remuneração dependa de ocorrência distinta da celebração do contrato visado. Por exemplo, no caso de um contrato de mediação com vista à celebração de um contrato de fornecimento, que virá a ser integrado por várias entregas que se sucederão no tempo e relativamente às quais não estão determinadas, à partida, a quantidade e o valor, parece que a remuneração só poderá ser devida com a execução do contrato ou à medida dessa execução.

4.6.3.3. Nexo entre a atividade contratual do mediador e o evento de que depende o direito à remuneração

Uma dada ocorrência – em regra, a perfeição do contrato visado, e por isso a ela me refiro primordialmente – é, portanto, necessária à remuneração. Mas não suficiente. Desde cedo, a doutrina e a jurisprudência advertiram para a necessidade de haver um elo entre a atividade desenvolvida pelo mediador e aquele acontecimento, sob pena de não se entender efetuada a prestação do mediador indispensável ao nascimento do direito à remuneração.

---

la obligación de retribuir que surge con la perfección del contrato no decae al cumplirse la condición».

[549] O Código Civil espanhol estabelece como regra geral a retroatividade dos efeitos da condição resolutiva, cabendo aos tribunais, no caso de condição resolutiva a que esteja sujeita uma obrigação de fazer, determinar, caso a caso, os concretos efeitos dessa retroatividade (2º § do art. 1120 – *En las obligaciones de hacer y no hacer los Tribunales determinarán, en cada caso, el efecto retroactivo de la condición cumplida* –, *ex vi* do 3º § do art. 1123 – *En cuanto a las obligaciones de hacer y no hacer, se observará, respecto a los efectos de la resolución, lo dispuesto en el párrafo segundo del artículo 1120*).

[550] Marta Blanco Carrasco, *El contrato de corretaje*, p. 201; Millán Garrido, «Introducción al estudio del corretaje», pp. 726-7; Sanpons Salgado, *El contrato de corretaje*, pp. 157-60.

COMPREENSÃO DO CONTRATO COM INCIDÊNCIA NAS PRESTAÇÕES PRINCIPAIS

O primeiro problema que se coloca neste campo é o da profundidade exigida a esse elo, habitualmente designado por nexo causal. As descrições que dele se têm feito são variadas, apontando no entanto quase todas no sentido de que o labor do mediador não tem que ser a única causa da conclusão do contrato, mas tem de ser uma causa *próxima e determinante*, sem a qual este não teria sido concluído[551].

A teorização sobre o nexo causal tem importância prática sobretudo nos casos de concorrência da atividade de vários mediadores e de reequilíbrio do contrato perante a tentativa do cliente de se furtar ao pagamento da remuneração (nomeadamente, através da quebra do vínculo ou da celebração de contrato diferente do inicialmente previsto, mas que serve os mesmos propósitos). A doutrina espanhola cedo chamou a atenção para estas hipóteses, tomando como chave para a sua solução o nexo de causalidade entre a atividade do mediador e o contrato celebrado.

Em meados do século passado, Bonet Correa referia-se a um acórdão que comentava como representando um caso muito frequente na mediação em que, para se furtar ao pagamento da remuneração, o cliente aparta-se do mediador, renunciando à conclusão do negócio proposto, seja pondo termo ao encargo, seja interpondo uma pessoa para o celebrar diretamente com o terceiro[552]. Pela mesma altura, Riera Aísa escrevia que por vezes, mesmo sem a celebração do contrato visado na forma proposta pelo mediador, este ganha direito à remuneração, quando os contraentes dão ao contrato uma forma jurídica distinta da proposta pelo mediador apenas com o fito de frustrar o seu direito à comissão[553]. Pouco depois, Sanpons Salgado alertava que o tipo de fraude mais simples e frequente ocorria mediante o exercício da faculdade de pôr termo ao contrato e a simulação de um interesse superveniente para concluir o contrato à revelia do mediador. A solução era dada sem hesitações: «a revogabilidade da mediação não impede que o mediador possa reclamar os seus honorários, quando cumpriu a sua prestação e conseguiu os propósitos do cliente»[554]. Outro tipo de fraude,

---

[551] F. Javier García Gil e Luis Angel García Nicolás, *Manual práctico de la intermediación inmobiliaria*, p. 31; Sanpons Salgado, *El contrato de corretaje*, pp. 172-5; Enrique Villa Vega, «Contrato de corretaje o mediación», p. 689.

[552] José Bonet Correa, «El contrato de corretaje o mediación. Sentencia 3 de junio de 1950», p. 1617.

[553] Riera Aísa, «Corretaje», p. 815.

[554] Sanpons Salgado, *El contrato de corretaje*, pp. 165-6.

O CONTRATO DE MEDIAÇÃO

dizia, dá-se quando o cliente nega o nexo de causalidade entre a atividade do mediador e a conclusão do contrato visado, sustentando, por exemplo, que este se deve à intervenção de terceiros[555].

Estes ensinamentos tiveram sólida aplicação prática ao longo dos anos, como o demonstram as muitas decisões judiciais citadas em obras já do presente milénio[556].

4.7. Inglaterra
4.7.1. Aspetos gerais de enquadramento e configuração
4.7.1.1. Enquadramento e apreciação dos casos equivalentes ao contrato de mediação

Tenhamos presente que o direito inglês nasceu e continua a crescer a partir dos casos submetidos a julgamento[557], sendo sobretudo integrado pelas soluções a eles conferidas. As regras de direito de fonte jurisprudencial, ou *case law*, são constituídas pelas decisões dos tribunais superiores com força de precedente vinculativo[558].

---

[555] SANPONS SALGADO, *El contrato de corretaje*, pp. 166-7.

[556] V., por exemplo, e sempre suportando as suas afirmações em jurisprudência, MANUEL BROSETA PONT, *Manual de derecho mercantil*, II, p. 122; LUIS DÍEZ-PICAZO e ANTONIO GULLÓN, *Sistema de derecho civil*, II, p. 427 – «En consecuencia, el oferente no puede aprovecharse de las gestiones llevadas a cabo por el mediador antes de la revocación y concluir el negocio por sí mismo sin pagar la retribución. Ese fraude al mediador se sanciona con el percibo por éste de la retribución cuando se demuestre el nexo de causalidad entre la celebración del negocio y la actividad que desplegó antes de la revocación (S. de 1 de diciembre de 1986)»; F. JAVIER GARCÍA GIL e LUIS ANGEL GARCÍA NICOLÁS, *Manual práctico de la intermediación inmobiliaria*, p. 31 – «Entre la intervención del mediador y la celebración del negocio ha de mediar una relación de causa a efecto; la labor del corredor debe operar como causa próxima y determinante de la conclusión del contrato, debiendo ser satisfecho el corretaje aún después de extinguido o revocado el encargo conferido al mediador, siempre que se acredite que la celebración de contrato encargado fue posible mereced a la actividad que durante su vigencia desarrolló el corredor».

[557] Sobre as características e a evolução do direito inglês podem consultar-se, por todos, CARLOS FERREIRA DE ALMEIDA e JORGE MORAIS CARVALHO, *Introdução ao direito comparado*, pp. 76-98; RENÉ DAVID e CAMILLE JAUFFRET-SPINOSI, *Les grands systèmes de droit contemporains*, pp. 225-99; DÁRIO MOURA VICENTE, *Direito comparado*, I, pp. 244-98; KONRAD ZWEIGERT e HEIN KÖTZ, *Introduction to comparative law*, pp. 180-204. Para maiores desenvolvimentos, vejam-se as obras inglesas S.H. BAILEY e M.J. GUNN, *Smith & Bailey on the modern English legal system*, pp. 1-454, e DENIS KEENAN, *Smith & Keenan's English Law*, pp. 1-177.

[558] As sentenças são constituídas pelas tenções (*speeches*) dos vários juízes que, por seu turno, se compõem por quatro partes: os factos provados, os argumentos que constituem a razão da

COMPREENSÃO DO CONTRATO COM INCIDÊNCIA NAS PRESTAÇÕES PRINCIPAIS

Para além do *case law* (cujos precedentes provêm do *common law* em sentido estrito e da *equity*[559]), *o direito inglês tem como fonte cada vez mais relevante, até por causa da integração europeia, o statute law*, formado pelos diplomas legais emanados do parlamento. Havendo conflito, a relação entre a jurisprudência e o direito legislado não é simples. Se, por um lado, prevalece a fonte legal, por outro lado, esta pressupõe em muitos casos o *common law*, destinando-se apenas a completá-lo.

No nosso caso, debalde se procura um diploma legal que vise um instituto com as funções do contrato de mediação, como modelo contratual geral. Existem, no entanto, diplomas que regulam sectores de atividade que provavelmente se desenvolvem com base em contratos de mediação, como o *Estate Agents Act*, de 1979, ou o *Accommodation Agencies Act*, de 1953[560].

Por via do seu crescimento casuístico, o direito inglês apresenta-se-nos como um corpo pouco sistematizado, algo disperso, com regras muito pormenorizadas e dificilmente dissociáveis das particularidades de cada caso. Mesmo o *statute law*, mercê provavelmente do ambiente de *common law*, praticamente milenar, no seio do qual o legislador inglês é formado, é composto por regras dotadas de elevado nível de concretização, distantes daquelas com que estamos familiarizados nos direitos continentais. Os livros de direito são essencialmente constituídos por relatos de casos judiciais e das respetivas soluções jurídicas, agrupados em torno de determinados tópicos, mas sem a tentativa de elaboração e de coordenação de conceitos a que a construção doutrinária continental nos habituou. As afirmações feitas nos livros, incluindo as definições jurídicas, nasceram

---

decisão – *rationes decidendi* ou *holding of the case* –, outros argumentos em acréscimo – *obiter dicta* ou *things said by the way* –, e a decisão. Apenas as *rationes decidendi* das sentenças dos tribunais superiores formam precedentes vinculativos, mas os *obiter dicta* não deixam de representar jurisprudência persuasiva.

[559] O *common law*, em sentido estrito, é o direito constituído pelas decisões judiciais proferidas pelos tribunais comuns desde o séc. XI. Era, inicialmente, um direito pouco flexível, assente num *numerus clausus* de ações (*writs*), que amiúde deixavam insatisfeitas as pessoas que recorriam aos tribunais. A partir do séc. XV, as partes, inconformadas com as decisões proferidas com base no *common law*, começaram a apelar para o rei. Foi, então, criado um tribunal real (*Court of Chancery*) e as regras deste emanadas tomaram o nome de *equity*. No último quartel do séc. XIX todos os tribunais passaram a ser competentes para aplicar a *equity*, a qual foi perdendo autonomia, passando as suas regras a integrar o *common law*.

[560] Consultáveis em http://www.legislation.gov.uk/, como toda a legislação citada sem indicação de outra fonte.

O CONTRATO DE MEDIAÇÃO

na jurisprudência e têm fundamento num precedente judicial, que é ali prontamente invocado. A forma de criação e de desenvolvimento do direito inglês conduziu a institutos e conceitos que dificilmente se emparelham com os da família romano-germânica.

Os litígios emergentes de casos em que uma das partes é incumbida de procurar um interessado para um contrato ou de o negociar, contra uma remuneração devida com a celebração desse contrato, são tratados pelos tribunais ingleses como casos de *agency*[561]. O enquadramento dogmático dos mesmos casos é efetuado de uma forma pontual e, por vezes, quase despercebida, nas obras inglesas sobre *agency*.

A *agency* é um mundo cuja redução a uma definição breve e consistente deixará inevitavelmente de fora casos que, em dadas circunstâncias, nela se incluem. Alguns autores não arriscam uma definição[562]. Convém-nos avançar que a *agency* respeita à atuação de uma pessoa com repercussão na posição jurídica de outra perante terceiros, tendo equivalente funcional, mas não completa sobreposição, no instituto continental da representação jurídica[563].

Em BOWSTEAD *and* REYNOLDS *on agency*, ela é definida, numa primeira abordagem sujeita a desenvolvimentos e exceções, como «a relação fiduciária que existe entre duas pessoas, em que uma delas, expressa ou implicitamente, consente em que a outra aja por sua conta de modo a afetar as suas relações com terceiros, e em que a outra consente em assim agir ou age»[564]. Trata-se de uma noção assumidamente inspirada no *Restatement*

---

[561] A jurisprudência é vasta. Para além da especialmente citada neste texto, veja-se a relacionada em HALSBURY's *Laws of England*, I, § 103, pp. 76-8.

[562] Ocorre-me transcrever uma frase de B.S. MARKESINIS e R.J.C. MUNDAY, a qual, além do que diretamente diz, é elucidativa sobre o papel que a doutrina inglesa assume e ao qual já fiz referência – «Definitions (...) prove invaluable, for example, when construing contracts or statutory enactments, for in such cases they can help delimit the terms used in these documents. But they are of doubtful validity in books or lecture courses; and they can be misleading, especially if they attempt to compress an entire subject into a single sentence intended to be both concise and meaningful. This is certainly true of agency (...)» – *An outline of the law of agency*, p. 3.

[563] Sobre a *agency*, para além das várias obras citadas neste capítulo, leia-se, em língua portuguesa, MARIA HELENA BRITO, *A representação nos contratos internacionais...*, pp. 229-59.

[564] BOWSTEAD *and* REYNOLDS *on agency*, p. 1. A primeira edição do livro que REYNOLDS vem atualizando desde a 13ª (1968) data de 1896, intitulado então «A Digest of the Law of Agency», «was written as a code at a time when codification had been in fashion» (prefácio da 16ª ed., p. vi). A noção acima transcrita consta do artigo 1, nº 1.

of the Law Second, Agency 2nd, cuja influência se estende aos vários ordenamentos da família anglo-americana, e que define *agency* como «a relação fiduciária resultante do consentimento que uma pessoa dá a outra para que esta aja por sua conta e sujeita ao seu controlo, e do consentimento da outra em assim agir»[565].

Na mesma linha, os autores da 30ª edição de *CHITTY on contracts*: «Segundo a análise ortodoxa e aceite, a relação paradigmática entre principal e agente surge quando uma parte, o principal, consente que a outra parte, o agente, aja por sua conta, e o agente consente em assim agir. Diz-se que este consentimento autoriza o agente (confere-lhe *authority*); e desta autorização (*authority*) surge o seu poder (*power*)»[566].

Transferindo a tónica do *consent* para a *authority*, os autores da 5ª edição de *HALSBURY's Laws of England* escrevem que *agency* conota a relação que existe quando uma pessoa tem *authority* ou capacidade para criar relações jurídicas entre a sua contraparte e terceiros[567].

Estas noções têm sido criticadas uma vez que os muitos casos de *agency* sem que tenha existido acordo, autorização ou concessão de poderes por parte do afetado não podem ser entendidos como excecionais.

Alternativamente, vários são os Autores que caracterizam a *agency* como uma relação de *power-liability*, criada por lei, que pode ser iniciada por acordo das partes (normalmente sê-lo-á), mas também por outros factos estranhos ao consenso (*v.g.*, por uma situação de emergência – *agency of necessity* – ou por o principal agir ostensivamente como se tivesse confe-

---

[565] *Restatement of the Law Second, Agency 2nd*, I, § 1, p. 7. Os «*Restatements*» são compilações americanas de *soft law* que contêm de forma sistematicamente organizada regras gerais extraídas do *case law*. Têm por finalidade relatar o *case law* para facilitar o seu conhecimento e a sua aplicação, sem qualquer tentativa de o melhorar ou atualizar. Da tarefa foi incumbido o *American Law Institute*, fundado em 1923 pela *American Bar Association*, em conjunto com juízes e professores de Direito. A primeira edição do Restatement of Agency data de 1933. Em 2006 foi publicado o *Restatement of the Law Third, Agency 3rd*, I, que no § 1.01 confere a seguinte definição de agency: «Agency is the fiduciary relationship that arises when one person (a "principal") manifests assent to another person (an "agent") that the agent shall act on the principal's behalf and subject to the principal's control, and the agent manifests assent or otherwise consents so to act».

[566] *CHITTY on contracts*, II, p. 5. É também REYNOLDS quem escreve o capítulo dedicado à *agency* nesta obra, embora isso apenas esteja expresso no índice.

[567] *HALSBURY's Laws of England*, § 1, p. 5 – «'agency' is used to connote the relation which exists where one person has an authority or capacity to create legal relations between a person occupying the position of principal and third parties».

O CONTRATO DE MEDIAÇÃO

rido os poderes de representação – *agency by estoppel*). Entre eles contam-
-se, a título exemplificativo, DOWRICK[568], FRIDMAN[569], MARKESINIS e
MUNDAY[570]. Enquanto o poder conferido e aceite da *authority* se traduz
numa *situação de facto*, o poder ínsito na *power-liability relationship* constitui um *conceito jurídico* – «power may exist where authority is lacking»[571].

Porém, reconhecem, nem todas as relações de poder-responsabilidade
são relações de *agency*. O que há de especial nesta é o facto de o poder de
uma parte de alterar as relações jurídicas da outra parte ser uma reprodução do poder desta última de alterar a sua própria posição jurídica – «the
power conferred by law on the agent is a facsimile of the principal's own
power»[572].

Ulteriormente, MUNDAY vem a explicitar uma conceção mais alargada
– «o que está fora de discussão é que o agente tem o poder de alterar as
relações jurídicas do seu principal perante terceiro»[573]. Para além disto
afasta, não apenas o consentimento e a *authority*, mas também a relação

---

[568] F.E. DOWRICK, «The relationship of principal and agent», p. 36 – «The essential characteristic of an agent is that he is invested with a legal power to alter his principal's legal relations with third persons: the principal is under a correlative liability to have his legal relations
altered. It is submitted that this power-liability relation is the essence of the relationship of
principal and agent». Segundo o Autor (nota 63), a teoria de que a característica essencial
de um representante é o seu poder de alterar as relações jurídicas do seu representado com
terceiros foi primeiro avançada por HOHFELD (v. na tradução portuguesa, WESLEY NEW-
COMB HOHFELD, *Os conceitos jurídicos fundamentais aplicados na argumentação judicial*, pp. 60-1)
e desenvolvida por SEAVEY (WARREN A. SEAVEY, «The rationale of agency»), é um dos
pilares do *Restatement of the Law of Agency* (§ 6 do *Restatement First of Agency*, 1933, igual no
Second – «A power is an ability on the part of a person to produce a change in a given legal
relation by doing or not doing a given act»), mas não alcançou popularidade entre a doutrina
e a jurisprudência inglesas.

[569] G.H.L. FRIDMAN, *The law of agency*, pp. 8-13 e 117 (sendo a citação da p. 8) – «Agency is
the relationship that exists between two persons when one, called the agent, is considered
in law to represent the other, called the principal, in such a way as to be able to affect the
principal's legal position in respect of strangers to the relationship by the making of contracts
or the disposition of property».

[570] MARKESINIS e MUNDAY, *An outline of the law of agency*, pp. 8-9 – «one must agree that
Professor Dowrick is right in identifying as the *essential* characteristic of agency the fact that
the 'agent is... invested with a *legal power* to alter his principal's legal relations with third
persons' and that 'the principal is under a correlative liability to have his relations altered'».

[571] MARKESINIS e MUNDAY, *An outline of the law of agency*, p. 9.

[572] DOWRICK, «The relationship of principal and agent», p. 37; MARKESINIS e MUNDAY,
An outline of the law of agency, p. 11.

[573] RODERICK MUNDAY, *Agency, law and principles*, p. 9.

210

poder-responsabilidade, como traços essenciais do instituto – sem prejuízo de os considerar mais ou menos habituais[574]. É que o entendimento da *agency* como uma relação poder-responsabilidade implica que o *principal* seja afetado pelos atos do *agent* como se tivesse sido ele a praticá-los; ora, nem sempre, existe essa exata correlação entre o poder do *agent* e a responsabilidade do *principal*. Exemplifica com casos a que chamaríamos de interposição real de pessoas ou de mandato sem representação[575].

Podemos agora confirmar que as noções de *agency* estão associadas ao poder de agir por conta de outrem e de produzir alterações na sua esfera jurídica.

Não obstante, a consulta de qualquer obra sobre *agency* evidencia que as suas regras não se reduzem à regulação do ato representativo, regulando amplamente as relações que lhe andam associadas, anteriores, contemporâneas ou posteriores. As normas da *agency* regulam as relações de representação, quer as internas (entre *agent* e *principal*), quer as externas (entre cada um daqueles e o terceiro), independentemente da sua fonte, contratual, meramente negocial, ou outra, e, no primeiro caso, do tipo de contrato que as suportam[576], e regulam também esse contrato em tudo o que respeita às relações não representativas ou para-representativas que se estabelecem em vista do ato representativo. A abrangência da *agency* permite, por exemplo, que o contrato de mandato não tenha autonomia em *common law*; um contrato com as características daquele a que chamamos de mandato é ali integralmente regulado por regras de *agency*. São também elas que governam as relações entre as partes respeitantes à atividade meramente material do *agent*, a montante do ato representativo[577]. A ati-

---

[574] RODERICK MUNDAY, *Agency, law and principles*, pp. 10-4.
[575] RODERICK MUNDAY, *Agency, law and principles*, p. 14.
[576] São muitos os contratos nos quais pode surgir uma relação de representação. Entre eles, o contrato de agência ou agência comercial, cuja conceção era estranha ao direito inglês até à transposição que *The Commercial Agents (Council Directive) Regulations 1993* fez da Diretiva 86/653/CEE do Conselho, de 18 de dezembro. O regime da agência comercial visa situações antes reguladas pelas regras da *agency* se, e na medida em que, o agente representasse o principal. No entanto, a noção de agente comercial não estava individualizada e as regras referentes à indemnização de clientela não tinham equivalente em *common law*. Sobre a questão, CHITTY on contracts, II, pp. 11-3, MARKESINIS e MUNDAY, *An outline of the law of agency*, pp. 14-6, RODERICK MUNDAY, *Agency, law and principles*, pp. 6-9.
[577] Esta particularidade é notada por MARIA HELENA BRITO, *A representação nos contratos internacionais...*, p. 262 – «a *agency* tem um âmbito consideravelmente mais amplo do que a

O CONTRATO DE MEDIAÇÃO

vidade do *agent* consome a atividade do mediador, sendo isto que explica que sejam aplicáveis ao mediador as regras que regulam aquela parte da atividade material do *agent* que antecipa o ato jurídico. Trata-se de boa parte do acervo de regras que rege as relações internas, já pouca relevância terão as regras que regem as relações externas, e que, na sua maioria, pressupõem a afetação das relações jurídicas do *principal*.

Nas obras destinadas à *agency* encontram-se duas formas de abordagem do tema. Por vezes, os autores referem o nosso contrato, enquadrando-o num instituto que não corresponde a verdadeira *agency*. A maior parte das vezes, porém, os autores não abordam, de forma genérica, as situações equivalentes ao contrato de mediação, ainda que, por vezes, ao relacionarem os vários tipos de *agent*, identifiquem o *estate agent* ou o *canvassing agent*, como alguém que normalmente fica no limiar do contrato visado pelo cliente, contrato que vem a ser celebrado diretamente por este último. Seja qual for a situação, sempre sucede que muitos dos casos judiciais que citam ou relatam reportam-se a situações de mera mediação e consideram regras de *agency* as regras tiradas desses casos, nomeadamente em litígios sobre a remuneração de mediadores imobiliários.

REYNOLDS qualifica as situações que designamos por contratos de mediação como *incomplete agency*, na medida em que têm de comum com a *agency* a faceta das relações internas, não já a faceta das relações externas, pois o *incomplete agent*, podendo embora ter uma relação fiduciária com o cliente, não tem o poder de afetar a relação deste com terceiros; o ator central desta modalidade é o *canvassing or introducing agent*, um intermediário que não celebra contratos, limitando-se a apresentar duas partes que desejam contratar entre elas. O exemplo mais óbvio deste intermediário é o *estate agent*, também referido como *real estate broker*, o que, segundo o mesmo Autor, pode ser enganador uma vez que a palavra *broker* denomina pessoas que celebram contratos para os seus clientes, como os *commodity brokers, insurance brokers* e *stockbrokers*[578].

---

representação nos direitos romano-germânicos, pois, além da realização de atos jurídicos – que é característica da representação –, pode dizer ainda respeito à prática de atos materiais e à prática de atos ilícitos com efeitos para o *principal*».

[578] *BOWSTEAD and REYNOLDS on agency*, p. 1, art. 1º, nº 4, e comentários das pp. 8-9; *CHITTY on contracts*, II, pp. 2-3.

SEALY e HOOLY referem haver certos tipos de *agents* com poderes muito limitados, que não englobam o poder de alterar as relações jurídicas do seu cliente, dos quais os *estate agents* são exemplo[579].

ANSON[580], FRIDMAN[581], HALSBURY[582], HANBURY[583], MARKESINIS e MUNDAY[584] identificam entre os vários tipos de *agents* os e*state agents* ou *house agents*, os quais, quando incumbidos de encontrar comprador para o imóvel que o cliente quer vender, não têm poder para celebrar a venda (a menos que tal poder lhes seja expressamente conferido).

Entre as várias classes de *agents* é sempre indicado o *broker*, definido como representante mercantil cuja atividade empresarial consiste em negociar e celebrar contratos para compra e venda de bens que não se encontram na sua posse, transacionando sempre por conta do seu cliente[585]. Parece

---

[579] L.S. SEALY e R.J.A. HOOLEY, *Commercial law*, p. 106 – «There are other types of 'agent' who may have little or no power to change their principal's legal relations with third parties but nevertheless owe fiduciary obligations to their principal. Estate agents are an example of this type of agent, for their powers are extremely limited. Whilst they may have power to make representations about property (...), they have no power to make a contract between their client and the prospective purchaser, unless specifically authorized to do so (...). Such agents do not fit into the power-liability analysis of agency outline by Professor Dowrick (...) and have been described by one commentator as 'anomalous' (*Fridman*, p 13 fn) and by another as 'incomplete' (*Bowstead and Reynolds*, para 1-019)».

[580] *ANSON's Law of Contract*, p. 558 – «A house or land agent, who is employed to find a purchaser for property, has implied authority to make representations or give warranties relating to the property. But he has no authority to effect an actual contract for the sale of the property unless expressly authorized so to do».

[581] FRIDMAN, *The law of agency*, pp. 29 e 100.

[582] *HALSBURY's Laws of England*, § 13, p. 13 – «An estate agent is a person who, in connection with the acquisition or disposal of any land or other premises, brings together or takes steps to bring together the person wishing to dispose thereof and a person prepared to acquire it, or undertakes to do either of those things, or who acts or undertakes to act as auctioneer, or, in the case of a proposed transaction, negotiates or undertakes to negotiate as to the terms on behalf of either party».

[583] HAROLD GREVILLE HANBURY, *The principles of agency*, pp. 117-8.

[584] MARKESINIS e MUNDAY, *An outline of the law of agency*, p. 14 – «Estate agents, despite their name, are agents sui generis. Although they may have the right to make certain representations about the property they have been asked to dispose of, they normally have no power to make a contract between their client and the prospective purchaser».

[585] *BOWSTEAD and REYNOLDS on agency*, p. 31, art. 2º, nº 10, e p. 35; *CHITTY on contracts*, II, pp. 6-7; FRIDMAN, *The law of agency*, p. 27; *HALSBURY's Laws of England*, §12, p. 12 – «a 'broker' is a mercantile agent who in the ordinary course of his business is employed to make contracts

O CONTRATO DE MEDIAÇÃO

assim pouco adequada a identificação entre *broker* e mediador, por vezes feita na nossa doutrina.

4.7.1.2. Algumas atividades de mediação reguladas no *statute law*

Encontramos no *statute law* inglês diplomas reguladores de aspetos de atividades que relacionamos com contratos de mediação, mas nenhum que autonomize e regule um tal contrato.

O *Estate Agents Act*, de 1979, aplica-se à atividade desenvolvida por qualquer pessoa que, no exercício de atividade comercial ou profissional (ainda que na qualidade de empregado), seguindo instruções de um cliente que quer dispor ou adquirir um direito sobre imóvel, apresente ao cliente um terceiro interessado na aquisição ou disposição do mesmo direito, e, após essa apresentação, atue no sentido de o contrato vir a concretizar-se (art. 1º). Nesta caracterização do destinatário da lei e da sua atividade cabe, como figura central, o mediador imobiliário que presta um serviço alicerçado num contrato de mediação. Mas não está excluída a aplicação a outros sujeitos, como trabalhadores ou mandatários, que ajam ligados a terceiro por contrato de trabalhado subordinado, ou no âmbito de contrato que lhes permita celebrar o contrato visado. Isto vem ao encontro da noção que em *common law* se estabeleceu do *estate agent*, como alguém cuja atividade, por defeito, se situa apenas no período que antecede a celebração do contrato visado, mas a quem podem ser expressamente conferidos poderes para o celebrar[586].

A maioria das normas do diploma visa apenas o controlo administrativo da atividade. As poucas que se relacionam com aspetos contratuais não são caracterizadoras de uma só espécie contratual, tendo aplicação independentemente de o contrato que em cada caso suporta a atividade do *estate agent* ser qualificável como mediação, mandato ou outra prestação de serviço.

---

for the purchase or sale of property or goods of which he is not entrusted with possession or documents of title»; HAROLD GREVILLE HANBURY, *The principles of agency*, pp. 13-21.

[586] Vejam-se os casos citados em *CHITTY...*, II, p. 9, notas 62 e 63, nos quais se decidiu que, na falta de poderes *expressamente* conferidos para o efeito, o *estate agent* não pode celebrar contratos de arrendamento – *Thuman v. Best* (1907) LT 239, *Walsh v. Griffiths-Jones* (1980) 259 EG 331 –, nem de compra e venda – *Hamer v. Sharp* (1874) LR 19 Eq. 108, *Chadburn v. Moore* (1892) 61 LJCh. 674, *Keen v. Mear* (1920) 2 Ch. 574, *Rosenbaum v. Belson* (1900) 2 Ch. 269, *Wragg v. Lovett* (1948) 2 All ER 968, *Law v. Robert Roberts & Co* (1964) IR 292, *Spiro v. Lintern* (1973) 1 WLR 1002, e *Jawara v. Gambian Airways* (1992) CLY 95.

Além do artigo 1º, com o conteúdo já referido, têm incidência contratual os artigos 10º, sobre o dever do *estate agent* de proteger certas informações do cliente, 12 a 16, sobre as quantias entregues ao *estate agent* em vista do futuro contrato, e 18, sobre a informação pré-contratual a prestar pelo *estate agent* ao cliente, sobretudo em matéria de remuneração, e sobre os acordos de alteração durante a vida do contrato.

Os deveres de reserva e de informação não suscitavam grandes litígios. Já a qualidade em que o *estate agent* recebia quantias do terceiro interessado em adquirir – se como representante do cliente, se como depositário (ainda que depositário também no interesse do vendedor, no caso da venda se concretizar) –, foi alvo de várias decisões e sofreu alguma oscilação no *common law*[587]. O precedente estabilizou-se no sentido de o dinheiro ser recebido, não na qualidade de representante do vendedor, mas como depositário, com obrigação de o entregar ao vendedor quando o contrato se celebra ou ao comprador se este o reclamar até àquele momento[588]. Assim, é o *estate agent,* e não o seu cliente, o responsável pela entrega do dinheiro à parte contrária sempre que ela deva ocorrer. O *Estate Agents Act* legislou respeitando o sentido da regra de *common law*[589].

As regras acabadas de referir não são suficientes para identificar um tipo legal de contrato de mediação, embora permitam dizer que os contratos celebrados pelos estate agents com os seus clientes tendem a ser uma espécie dele.

---

[587] Sobre a polémica inicial e as suas implicações, AUBREY L. DIAMOND, «Estate agents' authority», pp. 437-41; INGRID PATIENT, «Implied authority», pp. 419-23.

[588] *HALSBURY's Laws of England*, § 248, pp. 192-3 – «It is now settled that, unless otherwise agreed, an agent, including an estate agent, receives a deposit as a 'stakeholder' and not as agent for the seller. Thus, at any time until contract the purchaser has a right to demand the return of the deposit from the agent, and if the agent becomes insolvent or otherwise defaults the seller is not liable to the purchaser» (p. 192); «The term [stakeholder] is used here in the loose sense of a person who holds money for two persons pending the happening of a particular event» (p. 193, nota 10). Cita o caso *Sorrell v. Finch* (1977) AC 728, (1976) 2 All ER 371, HL. No mesmo sentido *CHITTY...*, II, pp. 8-9 e nota 61, citando o mesmo caso, que explicou *Ryan v. Pilkington* (1959) 1 WLR 403, e alterou o precedente de *Goding v. Frazer* (1967) 1 WLR 286.

[589] Art. 13 (1): «It is hereby declared that clients' money received by any person in the course of estate agency work in England, Wales or Northern Ireland (a) is held by him on trust for the person who is entitled to call for it to be paid over to him or to be paid on his direction or to have it otherwise credited to him, or (b) if it is received by him as stakeholder, is held by him on trust for the person who may become so entitled on the occurrence of the event against which the money is held». Diferente será na Escócia, onde o dinheiro é detido «as agent for the person who is entitled to call for it to be paid over to him or to be paid on his direction or to have it otherwise credited to him» (nº 2 do mesmo artigo).

O CONTRATO DE MEDIAÇÃO

Um outro diploma legal que dispõe sobre uma atividade normalmente assente em contratos de mediação é o *Accommodation Agencies Act*, de 1953. O diploma limita-se a elencar atos que constituem ilícitos penais e outros que se consideram lícitos. É significativo que se considere ilícito o pedido ou aceitação de pagamento pelo registo de uma pessoa que procura casa para tomar de arrendamento ou pelo fornecimento de informações sobre casas para arrendar (art. 1º, nº 1). Embora tal não seja mencionado, ter-se-á querido que a remuneração seja devida apenas com a celebração do contrato de arrendamento. O *case law*, por seu lado, diz ser lícito o acordo entre a agência e o cliente pelo qual a primeira aceita pagamento de comissão devida «se a agência encontrar alojamento aceitável e o cliente vier a ocupar esse alojamento»[590].

No *common law* existem regras dirigidas a contratos celebrados por *estate agents*, que incidem sobretudo nas questões relacionadas com a remuneração. Grande parte dessas regras foi dita em litígios emergentes de contratos que identificamos como contratos de mediação imobiliária. São, no entanto, como é próprio do *common law*, regras de casos. Não se vê qualquer tentativa de construção doutrinária nesta matéria. Por vezes, compilam-se num capítulo as regras destinadas aos contratos dos *estate agents*, sem que, no entanto, se caracterize ou até denomine aquele com base no qual mais comummente desenvolvem a atividade.

4.7.2. A atividade contratual do mediador

Os casos judiciais ingleses que tiveram origem numa relação contratual de mediação situam-se maioritariamente no campo da mediação imobiliária. São deles extraídas as regras que a seguir se enunciam.

Ao contrário do que sucede com os contratos geradores de *agency* propriamente dita[591], a jurisprudência e a doutrina inglesas tendem a ver o contrato de mediação celebrado pelos *estate agents* com os seus clientes como um contrato por via do qual o mediador não assume uma obrigação.

Nas já citadas edições de BOWSTEAD *and* REYNOLDS... e de CHITTY... afirma-se que o *estate agent* e os outros *canvassing agents* não têm, geralmente,

---

[590] *Saunders v. Soper* (1975) AC 239, (1974) 3 All ER 1025, HL, citado em HALSBURY'S *Laws of England*, § 300, p. 228.

[591] HALSBURY'S *Laws of England*, § 74, p. 55 – «The primary duty of an agent is to carry out, generally in person, the business he has undertaken, or to inform his principal promptly if it is impossible to do so» –, e jurisprudência aí indicada nas notas 1 a 3, pp. 55-6.

COMPREENSÃO DO CONTRATO COM INCIDÊNCIA NAS PRESTAÇÕES PRINCIPAIS

qualquer dever de agir, sendo os contratos que os ligam aos seus clientes, nesses casos, contratos unilaterais[592]. Também assim em *HALSBURY...*[593]. *A posição é repetida por MARKESINIS e MUNDAY*[594]. *UM EXEMPLO TÍPICO DE CONTRATO UNILATERAL, DIZ ATIYAH, consiste na obrigação assumida perante um estate agent* de lhe ser paga uma comissão no caso de encontrar um comprador para um dado imóvel. Em regra, acrescenta, estes contratos não são rotulados pelas partes como unilaterais ou bilaterais, e se a intenção das partes relativamente a uma vinculação do mediador a agir não costuma estar neles expressa, também é certo que não costuma ser afastada. Todavia, os tribunais têm recusado ver nestes contratos uma obrigação implícita de o mediador agir[595].

---

[592] *BOWSTEAD and REYNOLDS on agency*, p. 174 – «the normal contract of an estate agent is unilateral, i.e. the agent only earns commission by performing the act entitling him to it. Until then he is under no duty to act». No mesmo sentido em *CHITTY on contracts*, II, pp. 88-9 (as páginas dedicadas à *agency* são, como já mencionado, da autoria de REYNOLDS). E também *CHITTY on contracts*, I, p. 188 (texto da autoria de D.H. TREITEL) – podemos estar em presença de um contrato unilateral quando um mediador imobiliário é encarregado de negociar a venda de uma casa; cita o caso *Luxor (Eastbourne) Ltd. v. Cooper* (1941); o contrato será bilateral no caso de ter sido acordada a exclusividade do mediador; mesmo o mediador não exclusivo pode comprometer-se (e na prática compromete-se com frequência) a desenvolver a atividade mediadora «though the question whether a promise to use best endeavours is sufficiently certain to have any legal effect may still be an open one».

[593] *HALSBURY's Laws of England*, § 103, p. 75.

[594] MARKESINIS e MUNDAY, *An outline of the law of agency*, p. 126 – «The contract which a vendor enters into with an estate agent is, in virtually every case, a unilateral contract. The agent is not contractually bound to do anything. There is merely an agreement whereby the vendor promises to pay him a commission on the happening of a stipulated event – normally the sale of the property».

[595] P.S. ATIYAH, *An introduction to the law of contract*, p. 43 – «A typical example of a unilateral contract is a promise to pay commission to an estate agent if he finds a buyer for the seller's house, followed by the actual finding of the buyer. (...) In the estate agency case, for instance, the agent is not actually bound to find a buyer; indeed, he may not be *bound* to do anything at all. But if he does find a buyer, then the promisor is bound to pay the commission. (...) But in practice it is often unclear what the parties intended. As we have seen, a contract with an estate agent is usually interpreted as a unilateral contract, but why should this be the case? (...) Does the contract bind the agent to do anything? He can hardly be bound *to find* a buyer, for he clearly does not guarantee success in his search. But it could be argued that the agent 'impliedly' promises to do *something* to find a buyer, to prepare particulars, to advertise, and so on. In fact the courts have refused in general to make that implication».

O caso paradigmático, por todos citado, é o de *Luxor (Eastbourne) Ltd v. Cooper*[596]. *Estava em causa um nítido contrato de mediação pelo qual um estate agent* tinha sido incumbido pelos donos de quatro cinemas, interessados em vendê-los, de encontrar comprador por valor não inferior a £185,000, mediante remuneração no montante de £10,000, a pagar no momento da *completion*[597]. *Na sentença, foi analisada a natureza do habitual contrato de estate agent*, ao qual pertenceria o espécimen dos autos, tendo-se entendido que tal contrato é constituído apenas pela obrigação do cliente de pagar uma dada quantia quando suceder certa ocorrência que envolve a prestação de um serviço pelo mediador, dele não resultando qualquer obrigação de agir para o último, sem prejuízo de acordo em contrário[598].

O vulgar contrato do *estate agent* é, portanto, um contrato unilateral. Assim não sucede, porém, quando o mediador beneficia de uma cláusula de exclusividade, caso em que se entende vinculado a um dever de agir[599].

No desenvolvimento da sua atividade, seja ela obrigatória ou não, o mediador tem deveres laterais, nomeadamente de informação e diligência[600]. No que respeita à mediação imobiliária, o legislador tipificou como ilícito penal, punível com multa, as declarações falsas ou enganadoras emi-

---

[596] (1941) 1 All ER 33-65; ou, (1941) AC 108.

[597] Sobre esta fase contratual, leia-se 4.7.3.2.

[598] (1941) 1 All ER 33-65 (44) – «Contracts by which owners of property, desiring to dispose of it, put it in the hands of agents on commission terms are not (in default of specific provisions) contracts of employment in the ordinary meaning of those words. No obligation is imposed on the agent to do anything. The contracts are merely promises binding on the principal to pay a sum of money upon the happening of a specified event, which involves the rendering of some service by the agent».

[599] P.S. ATIYAH, *An introduction to the law of contract*, p. 43; BOWSTEAD and REYNOLDS on agency, p. 174 – «He is only under such a duty if a bilateral contract can be inferred, which will normally be so if he is a "sole" or "exclusive" agent. The same reasoning may be applied to other canvassing agents acting on commission». Sobre a cláusula de exclusividade e consequências da sua violação – em regra, indemnização –, v. também pp. 309-10. No mesmo sentido: CHITTY on contracts, II, pp. 88-9; HALSBURY's Laws of England, § 103, p. 75.

[600] BOWSTEAD and REYNOLDS on agency, pp. 180-1 – «An agent is, in general, under a duty to keep his principal informed about matters which are of his concern (...). An estate agent must notify his principal of offers received up to the time of exchange of contracts» (p. 181); «An agent employed for the purpose of effecting a contract between the principal and a third party must use due skill and care in making that contract. Thus, (...) an estate agent must use reasonable care to ascertain the general solvency of tenants» (p. 180). HALSBURY's Laws of England, § 103, p. 75, e jurisprudência indicada na nota 4, p. 76.

tidas no decurso da atividade de mediação imobiliária – *Property Misdescriptions Act*, de 1991.

4.7.3. A contrapartida
4.7.3.1. O sujeito devedor

O pagamento da remuneração do mediador é encargo de quem o contrata, não sendo colocada outra possibilidade.

Para além da remuneração, em regra, o cliente do mediador nada mais tem de pagar. As despesas do *estate agent* são tidas por não reembolsáveis, fazendo parte do risco do negócio a cargo do mediador. Com efeito, tem-se entendido que o elevado valor da remuneração permite, nos casos em que é auferida, compensar as despesas efetuadas no âmbito dos contratos que não a geram[601].

4.7.3.2. Evento de que depende o nascimento do direito à remuneração

Nos casos em que o *agent* é retribuído através de comissão, o direito à remuneração surge com a ocorrência de um resultado que o cliente pode impedir[602]. Os tribunais têm entendido que, nada dizendo as partes, ou sendo elas ambíguas quanto a esta matéria, a sua intenção é de que a remuneração saia do preço do desejado contrato, sendo a celebração deste o resultado do qual a remuneração depende[603].

---

[601] Neste sentido, BOWSTEAD and REYNOLDS on agency, p. 327 – «It should be borne in mind that in many cases the right of reimbursement of *expenses* will not apply, because any expense incurred is taken to be covered by the remuneration. Thus in some areas estate agents do not seek to recover the cost of advertising, for this is taken to be included in their commission, if earned, and if no commission is earned the expenditure is a business loss in respect of which no reimbursement can be claimed». Também assim, RAPHAEL POWELL, *The law of agency*, p. 279 – «In normal cases of agency, the agent, as we have seen, is entitled to claim reimbursement for the expenses of executing his authority. The estate agent, however, impliedly waives his right to indemnity for his expenses in return for the substantial remuneration he is promised if he succeeds in doing the act he is asked to do».

[602] ANSON's Law of Contract, p. 564 – «Where the employment of an agent is on a commission basis, the commission being payable on results, there is no general rule which prevents the principal from taking a step which deprives the agent of his opportunity to earn commission» –, com apoio na jurisprudência aí citada nas notas 5, 6 e 7: *Boots v. Christopher* (1952) 1 KB 89, *McCallum v. Hicks* (1950) 2 KB 271, e *Luxor (Eastbourne), Ltd. v. Cooper* (1941) AC 108, 124.

[603] No Acórdão *Midgley Estates Ltd v. Hand* (1952) 2 QB 432, afirma-se: «prima facie the intention of the parties to a contract of this type is likely to be that the commission stipulated for should only be payable in the event of an actual sale resulting» – citado por BOWSTEAD and

O CONTRATO DE MEDIAÇÃO

No que à compra e venda de imóveis respeita, este ponto requer uma explicação adicional. Um tal contrato passa por três fases. Uma fase preliminar, na qual o terceiro faz uma proposta *subject to contract* e na qual o vendedor aceita essa proposta. Durante esta primeira fase, as declarações das partes não as vinculam, podendo qualquer delas retirá-las. Segue-se a fase do *contract*, na qual as partes trocam documentos escritos com as suas declarações (*contracts*). Após essa troca, existe um contrato que vincula as partes e cujo cumprimento podem exigir. Em terceiro e último lugar, a fase da *completion* na qual o vendedor entrega ao comprador o título que faz prova da propriedade (*the title deeds*), em troca do preço da compra[604].

Geralmente, os tribunais têm entendido que é apenas com a celebração do contrato, com a *exchange of contracts* que vincula as partes ao cumprimento das suas declarações, que nasce o direito à remuneração do mediador[605].

Os mediadores têm tentado garantir a sua remuneração através da introdução de cláusulas contratuais que visam antecipar o nascimento daquele direito para o momento em que encontram *a purchaser* ou *a willing purchaser*.

Os tribunais, por seu turno, têm interpretado essas cláusulas com dureza. O simples «encontrar um comprador» tem sido entendido que só se efetiva quando o interessado em comprar se converte em comprador, ao celebrar um contrato com o vendedor. A regra é, pois, a de que a remuneração é devida apenas com o contrato, e qualquer exceção que as partes lhe queiram introduzir deve ser acordada através de expressões inequívocas[606].

Reynolds on agency, p. 285. «The usual understanding is that the commission is to come out of the purchase price» – *Aris-Bainbridge v. Turner Manufacturing Co.* (1951) 1 KB 563, citado por Harold Greville Hanbury, *The principles of agency*, p. 62 e nota 77.

[604] Sobre as várias fases da compra e venda de imóveis e a sua importância na mediação destes contratos, v. *Bowstead and Reynolds on agency*, pp. 286-7; Markesinis e Munday, *An outline of the law of agency*, pp. 126-7.

[605] *Bowstead and Reynolds on agency*, p. 287; Markesinis e Munday, *An outline of the law of agency*, p. 127.

[606] As várias cláusulas que têm sido usadas nos contratos com a finalidade de assegurar a remuneração em momento prévio ao contrato e as respetivas soluções judiciais podem ver-se em *Anson's Law of Contract*, p. 564; *Bowstead and Reynolds on agency*, pp. 286-96; *Chitty on contracts*, II, pp. 85-8; Fridman, *The law of agency*, pp. 293-9; *Halsbury's Laws of England*, §103, p. 76, e jurisprudência indicada nas notas 17 a 22, pp. 77-8; Harold Greville Hanbury, *The principles of agency*, pp. 59-62; Markesinis e Munday, *An outline of the law of agency*, pp. 129-30; Raphael Powell, *The law of agency*, pp. 286-95.

Nem sempre assim foi. Em 1934, no caso *Trollope (George) & Sons v. Martyn Bros.*[607], *o Court of Appeal*, por maioria, decidiu que os mediadores – que tinham sido incumbidos de encontrar comprador para dado imóvel, contra remuneração devida aquando da venda, e que tinham encontrado pessoa disposta a adquirir –, deviam ser indemnizados em valor igual ao da remuneração acordada, na medida em que a venda só não se tinha concretizado por os clientes terem desistido, injustificadamente, de vender.

Em 1941, a jurisprudência inverteu-se no emblemático e já referido caso *Luxor (Eastbourne) Ltd v. Cooper*[608]. *Recordo que o mediador tinha sido incumbido de encontrar comprador para quatro cinemas, contra uma remuneração de £10,000, a pagar no momento da completion*, se a compra fosse por valor não inferior a £185,000. O mediador encontrou interessado que ofereceu a pretendida soma, *subject to contract*. Os vendedores desistiram antes da *exchange of contracts*. O mediador demandou os vendedores, pedindo indemnização dos prejuízos. A *House of Lords* decidiu, por unanimidade, que o vendedor é completamente livre de abandonar as negociações em qualquer momento até à *exchange of contracts*. Um dos argumentos utilizados foi o de que a remuneração acordada é de tal maneira elevada, quando confrontada com a atividade desenvolvida pelo mediador, que o risco da quebra das negociações está incluído na normal atividade deste.

O cumprimento do contrato visado – no caso da compra e venda de imóvel, a *completion* –, já não terá influência na remuneração do mediador[609].

4.7.3.3. A atividade mediadora como causa efetiva da celebração do contrato desejado

A celebração do contrato visado, quando seja condição da remuneração – como, em regra, sucede nos contratos de mediação –, por si só não basta

---

[607] (1934) 2 KB 436.

[608] V. nota 596.

[609] Caso *Alpha Trading Ltd v. Dunnshaw-Patten Ltd* (1981) QB 290, sumariado em BOWSTEAD and REYNOLDS *on agency*, pp. 314-5 – «Agents introduced buyers to sellers, who entered into a contract of sale. A contract between agents and sellers provided, in consideration for the introduction, for commission calculated per metric ton sold on performance of the sale contract (...). The sellers failed to perform the contract (...). Held, a term was to be implied that "the vendors will not deprive the agents of their commission by committing a breach of the contract between the vendors and the purchaser which releases the purchaser from its obligation to pay the purchase price"». Na jurisprudência mais antiga, v. a indicada por FRIDMAN, *The law of agency*, p. 297.

para que nasça o aludido direito. É também necessário que o mediador tenha sido *the effective cause* dessa transação[610].

Sobre esta temática existe um importante corpo de *case law*, havendo algumas situações particularmente ilustrativas. Nos casos *Toulmin v. Millar*[611] e *Millar v. Radford*[612], o mediador foi encarregado de encontrar comprador ou arrendatário para um dado imóvel. Encontrou arrendatário e recebeu a acordada comissão. Mais tarde, o arrendatário comprou e o mediador reclamou a comissão referente à venda. O tribunal entendeu que não lhe assistia o direito por não ter dado causa ao segundo contrato. No caso *Green v. Bartlett*[613], um leiloeiro e mediador imobiliário foi incumbido de vender um imóvel em leilão. Tentou-o, sem sucesso, tendo, no entanto, uma das pessoas que assistiu ao leilão perguntado o nome do dono da propriedade, informação que o leiloeiro forneceu. O imóvel veio a ser adquirido por esta pessoa, sem outra intervenção do leiloeiro. O tribunal entendeu que a venda foi efetuada graças à atuação do leiloeiro e reconheceu-lhe o direito à comissão.

Também em Inglaterra a atividade do mediador não carece de ser causa imediata do contrato para que lhe assista o direito à remuneração, bastando que exista conexão suficiente entre a sua atuação e o contrato celebrado[614].

Tendo sido a causa do contrato desejado, o mediador tem direito à remuneração ainda que aquele contrato seja celebrado depois de findo o contrato de mediação[615].

A cláusula de exclusividade é apontada como uma forma de garantir a remuneração, dispensando, portanto, o nexo causal[616].

---

[610] *Chitty on contracts*, II, p. 89; HAROLD GREVILLE HANBURY, *The principles of agency*, p. 53.

[611] (1887) 58 LT 96, citado em FRIDMAN, *The law of agency*, p. 132.

[612] (1903) 19 TLR 575, citado em *Chitty on contracts*, II, pp. 89-90.

[613] (1863) 14 CB (NS) 681, citado em HAROLD GREVILLE HANBURY, *The principles of agency*, p. 53.

[614] *Chitty on contracts*, II, p. 90.

[615] *Halsbury's Laws of England*, § 103, pp. 75-6 – «Commission is payable upon completion of a sale to a purchaser introduced by the agent notwithstanding the fact that instructions were withdrawn beforehand» – e jurisprudência indicada na nota 8, p. 77.

[616] FRIDMAN, *The law of agency*, p. 300.

5. O contrato de mediação na ordem jurídica portuguesa
5.1. Ideias gerais

Consolida-se na década de 1960 (como vimos no subcapítulo 3.4) a autonomização do contrato de mediação, como entidade dotada de notas próprias e que merece regime diferenciado. É publicada a já citada monografia de MANUEL SALVADOR, *Contrato de mediação*, única de grande dimensão existente até à data no nosso país. Surgem vários textos sobre o tema, em comentário de acórdãos[617].

Em anotação a acórdão do Supremo Tribunal de Justiça de 7 de março de 1967, VAZ SERRA define o contrato de mediação como «um contrato pelo qual uma das partes se *obriga* a *conseguir interessado* para certo negócio e a aproximar esse interessado da outra parte»[618]. Em acórdão do Supremo, prolatado pela mesma altura, lê-se que o contrato de mediação «supõe, na sua essência, a *incumbência* a uma pessoa de *conseguir interessado* para certo negócio, a aproximação feita pelo mediador entre o terceiro e o comitente e a conclusão do negócio entre este e o terceiro em consequência da atividade do intermediário»[619].

Estas noções fizeram eco constante na jurisprudência até ao presente[620].

Hoje em dia, a doutrina não discute a tipicidade social do contrato de mediação, definindo-o com fórmulas próximas umas das outras: «contrato pelo qual uma das partes (o mediador) se obriga, mediante remuneração, a promover negociações ou a indicar a contraparte para a formação de um contrato que a outra parte no contrato de mediação (o cliente) pretende celebrar»[621]; «contrato pelo qual *uma parte – o mediador – se vincula para com a outra – o comitente ou solicitante – a, de modo independente e mediante retribuição,*

---

[617] JOSÉ GABRIEL PINTO COELHO, «Anotação ao Acórdão do STJ de 14 de Janeiro de 1964», pp. 268-72; MANUEL SALVADOR, «Contrato de mediação», *Justiça Portuguesa*, pp. 129-33; MANUEL SALVADOR, «Contrato de mediação», ROA, pp. 5-24; VAZ SERRA, «Anotação ao Acórdão do STJ de 7 de Março de 1967».

[618] VAZ SERRA, «Anotação ao Acórdão do STJ de 7 de Março de 1967», p. 343. Itálicos acrescentados por mim.

[619] Acórdão do STJ de 17/03/1967, BMJ 165, pp. 331-4 (333). Itálicos acrescentados por mim.

[620] V., a título exemplificativo, os seguintes acórdãos: TRP de 22/02/1974, BMJ 234, p. 343 (apenas sumário); TRL de 19/12/1975, BMJ 254, p. 237 (apenas sumário); STJ de 28/02/1978, BMJ 274, p. 223; STJ de 09/03/1978, BMJ 275, p. 183; STJ de 04/03/1980, BMJ 295, p. 356; STJ de 09/12/1993, BMJ 432, p. 332; STJ de 28/05/2002, proc. 02B1609; STJ de 19/01/2004, proc. 03A4092, CJASTJ 2004, I, 27; e STJ de 15/11/2007, proc. 07B3569.

[621] CARLOS FERREIRA DE ALMEIDA, *Contratos*, II, p. 203.

preparar e estabelecer uma relação de negociação entre este último e terceiros – os soli-citados – com vista à eventual conclusão definitiva de negócio jurídico[622]; «contrato pelo qual uma das partes se obriga a promover, de modo imparcial, a apro-ximação de duas ou mais pessoas, com vista à celebração de certo negócio, mediante retribuição»[623]; contrato pelo qual «uma pessoa – o mediador – se obriga a prestar uma atividade de intervenção, mediante remuneração, nas negociações entre duas ou mais pessoas, com vista à conclusão de deter-minado negócio jurídico»[624]; contrato pelo qual «uma pessoa ou entidade (*mediador*) coloca em contacto dois interessados em concluir um determi-nado contrato – nomeadamente de compra e venda –, contribuindo para o esclarecimento das partes sobre o âmbito e escopo do negócio e favore-cendo, desse modo, a respetiva conclusão, mediante uma retribuição»[625]; «contrato pelo qual uma das partes se obriga a promover a aproximação de duas ou mais pessoas, com vista à conclusão de determinado negócio entre elas, mediante remuneração»[626]; «caracteriza-se pela intermediação entre o comprador e o vendedor, ou entre as partes num outro negócio que não a compra e venda, em que o intermediário – o mediador – aproxima as partes no negócio, põe-nas em presença, por vezes até intervém na nego-ciação para o promover, mas não participa no negócio»[627].

As noções gizadas pela doutrina para o contrato de mediação circuns-crevem a prestação do mediador à fase anterior à celebração do contrato desejado pelo cliente[628]. Não obstante, alguns autores incluem a inter-mediação financeira e a mediação de seguros nos textos que dedicam ao

---

[622] José Engrácia Antunes, *Direito dos contratos comerciais*, p. 458; ou, do mesmo Autor, «Os contratos de distribuição comercial», p. 30, encontrando-se também neste último texto as referências que forem feitas às páginas 435 a 467 do primeiro.

[623] Carlos Lacerda Barata, «Contrato de mediação», p. 192.

[624] Miguel J. A. Pupo Correia, *Direito comercial*, p. 109.

[625] Paulo Olavo Cunha, *Lições de direito comercial*, p. 200.

[626] Maria de Fátima Ribeiro, «O contrato de mediação e o direito do mediador à re-muneração», p. 78.

[627] Pais de Vasconcelos, *Direito comercial*, I, p. 197.

[628] Encontrei uma exceção na noção de Ana Prata, *Dicionário jurídico*, que define o contrato de mediação como aquele «nos termos do qual uma das partes fica obrigada a procurar um interessado para certo negócio e a pô-lo em contacto com a sua contraparte, *podendo intervir ou não na fase de conclusão do negócio*». O sublinhado é meu. Parece-me provável que esta noção tenha querido abranger todos os contratos que suportam atividades designadas por lei como mediação, como é o caso dos chamados contratos de mediação de seguros, aos quais é feita uma referência na mesma entrada.

COMPREENSÃO DO CONTRATO COM INCIDÊNCIA NAS PRESTAÇÕES PRINCIPAIS

contrato de mediação, sem que fique claro se com essa inclusão querem significar que os contratos com base nos quais esses intermediários desenvolvem a atividade são também contratos de mediação, nos moldes em que antes o definiram, se, pelo contrário, estão a reportar-se a uma atividade (à qual, como expus no capítulo 1, prefiro chamar de intermediação) que pode ser exercida com base em vários contratos.

O contrato de mediação geral, considerado como modelo contratual que possibilita a sua utilização em qualquer ramo de atividade e com vista à celebração de um qualquer contrato, mantém-se legalmente atípico. A recorrente atribuição da nota da atipicidade mostra-se sempre integrada num contexto de implícito reconhecimento da sua tipicidade social[629].

5.2. A atividade contratual do mediador

5.2.1. Uma visão compreensiva e algumas opções terminológicas

O contrato não se reduz à obrigação em sentido estrito que o Código Civil, por influência do BGB, erige em paradigma das relações privadas interpessoais vinculativas, que exaustivamente disciplina, e em cuja sistemática aferrolha os modelos de contratos em especial que regula. Geralmente, uma relação contratual pressupõe e contém, além do(s) binómio(s) débito-crédito reportado(s) à prestação principal, outros estados passivos e ativos, como estados de sujeição, direitos potestativos, ónus e encargos, deveres acessórios, deveres de conduta não prestacionais, expectativas e outros comportamentos relevantes para a plena satisfação do interesse contratual das partes. A consciencialização da pluralidade de situações geradas pelo contrato, *ab initio* ou no decurso da sua vigência, do relacionamento entre elas, e do seu papel no processo conducente à satisfação do fim contratual, conduziu à descoberta, no primeiro quartel do séc. XX, da *relação contratual*,

---

[629] Vejam-se, entre outros, os Acórdãos STJ de 09/12/1993, BMJ 432, p. 332 – «o contrato de mediação se não encontra regulado na nossa lei. É um contrato inominado ou atípico»; STJ de 31/05/2001, CJASTJ 2001, II, 108 – «Trata-se de um contrato atípico que, fora dos termos prescritos no DL 285/92, de 19 de dezembro, encontra a sua caracterização nos subsídios que a doutrina e a jurisprudência vêm elaborando e nos termos em que as partes resolvem vincular-se, sem prejuízo do recurso às normas que se encontram previstas na lei e que possam integrar lacunas»; TRL de 11/11/2004, proc. 5439/2004-8 – «A jurisprudência há muito que definia a mediação como sendo o contrato inominado "pelo qual..."; TRL de 09/01/2007, proc. 4849/2006-1; TRP de 03/02/2005, proc. 0433049; TRP de 24/11/2009, proc. 573/1999. P1; TRC de 03/05/2005, proc. 317/05; TRG de 19/12/2007, proc. 2138/07-2 – «o contrato de mediação é "um contrato inominado que supõe..."».

ou *relação obrigacional complexa*, ou em sentido amplo[630]. Acresce que uma relação contratual, estando radicada numa realidade espácio-temporal, embrenhada numa teia de relações sociais, e sujeita aos embates produzidos pelas modificações da realidade socioeconómica, não se reduz a uma soma de situações jurídicas estáticas[631]. A dogmática tem-se adaptado a

[630] Sobre as primeiras aportações da doutrina alemã, ainda no primeiro quartel do séc. XX (LITTEN, KLEIN e, em especial, SIBER), para a criação do conceito de relação contratual ou relação obrigacional em sentido amplo, CARLOS ALBERTO DA MOTA PINTO, *Cessão da posição contratual*, pp. 323-30; outras informações sobre o ulterior reconhecimento do conceito nas doutrinas de língua alemã e italiana, na nota 2 que se inicia na p. 291; na defesa da necessidade da noção e sobre o seu conteúdo, v. o mesmo Autor e obra, *maxime* pp. 281-386. Na base da citada obra está o entendimento de que certos aspetos do regime da cessão da posição contratual revelam a imprescindibilidade do quadro conceitual da relação obrigacional complexa, na medida em que através da cessão do contrato se transferem vínculos que os processos de transferência de relações singulares (cessão de direitos e assunção de dívidas) não abrangem – sobretudo pp. 389-98 e 429-45. O Autor aprofunda, ainda, outras soluções jurídicas que apenas se compreendem no quadro da relação obrigacional complexa, entre outras, a responsabilidade contratual por violação de deveres de comportamento não prestacionais, a permanência de deveres após a denúncia ou a resolução do contrato, os contratos com eficácia de proteção para terceiros – pp. 398-429. A distinção entre a obrigação em sentido estrito, ou técnico, e a obrigação em sentido lato, ou obrigação complexa, e os termos desta (abrangendo, além da primeira, outros deveres jurídicos, estados de sujeição e ónus) estão claramente explicitados na doutrina portuguesa: MANUEL DE ANDRADE, *Teoria geral das obrigações*, pp. 1-10; ANTÓNIO MENEZES CORDEIRO, *Tratado de direito civil*, I, pp. 914-23; ANTÓNIO MENEZES CORDEIRO, *Tratado de direito civil português*, II, *Direito das obrigações*, t. I, nomeadamente pp. 441-95; ALMEIDA COSTA, *Direito das obrigações*, pp. 65-9; RIBEIRO DE FARIA, *Direito das obrigações*, I, pp. 17-28; MANUEL A. CARNEIRO DA FRADA, *Contrato e deveres de protecção*, pp. 36-44; EDUARDO DOS SANTOS JÚNIOR, *Direito das obrigações*, I, pp. 57-62; MENEZES LEITÃO, *Direito das obrigações*, I, pp. 13-5; PEDRO ROMANO MARTINEZ, *Direito das obrigações*, p. 32; NUNO MANUEL PINTO OLIVEIRA, *Direito das obrigações*, I, pp. 11-84; INOCÊNCIO GALVÃO TELLES, *Direito das obrigações*, pp. 9-11; ANTUNES VARELA, *Das obrigações em geral*, I, pp. 51-64.

[631] A consciencialização dessa complexa rede de fatores e interdependências é bem evidenciada pelo trabalho que IAN MACNEIL vem desenvolvendo desde a década de 60, e que ele próprio batizou com a expressão «*Relational Contract Theory*». O Autor começou por pôr em relevo o que designou por *relational contract* (tendencialmente um contrato de duração prolongada, no qual a relação entre as partes vai evoluindo, gerando a necessidade de se adaptar a novas circunstâncias não inicialmente previstas), contrapondo-o ao que designou por *discrete contract* (o mais isolado possível, tendencialmente uma transação instantânea, na qual as partes não se conheciam antes nem tencionam vir a relacionar-se, e que exige o mínimo de relacionamento possível). Em rigor, MACNEIL afirma que todos os contratos são relacionais. Simplesmente, uns são mais que outros e usa para os analisar a figura de um espectro que tem num dos polos o *discrete contract* e no outro polo o *relational contract*. No entanto, mesmo o contrato mais

COMPREENSÃO DO CONTRATO COM INCIDÊNCIA NAS PRESTAÇÕES PRINCIPAIS

esta perceção, aprofundando institutos e conceitos que promanam, ou que apenas ganham sentido no quadro, de uma relação contratual complexa e socialmente integrada (categoria dos contratos duradouros, conceitos de contrato relacional, contrato incompleto, contrato-quadro, modificação ou resolução do contrato por alteração das circunstâncias, cumprimento defeituoso por violação de deveres laterais, relação de liquidação *et cetera*). Também nas legislações, ainda que mais timidamente, encontramos solução para os novos problemas do contrato[632].

isolado exige uma matriz social que providencie, pelo menos, meios de comunicação para que as partes se compreendam, um sistema de ordem que lhes permita trocar em segurança, e, atualmente, um sistema monetário e mecanismos coercivos. E esta contextualização faz com que em cada contrato existam relações entre as partes que vão muito para além da emissão e aceitação de propostas contratuais – IAN R. MACNEIL, «Values in contract, internal and external», pp. 340-418 (344 e *passim*). Para permitir a diferenciação entre o adjetivo *relational* aplicável a todos os contratos e o mesmo adjetivo quando referido aos contratos mais relacionais, a data altura, MACNEIL chamou aos *relational contracts, intertwined contracts* (contratos entrelaçados), mas a expressão não teve sucesso por ser já tarde para mudar – IAN R. MACNEIL, «Relational Contract Theory, challenges and queries», p. 895. Tentando evitar a confusão de outra forma, chama ultimamente aos *discrete contracts, as-if-discrete* (última obra citada, pp. 895 e ss.). A RCT, mais que (ou além de) uma *teoria sobre o contrato relacional* é uma *teoria relacional sobre o contrato*, que o quer analisar de uma forma integral, sem o reduzir aos aspetos legais e às declarações de vontade como, segundo MACNEIL, fazem as *discrete theories*, aquelas que analisam o contrato como ente isolado ou descontínuo, desgarrado da maioria dos seus aspetos sociais (v. IAN R. MACNEIL, «Values in contract, internal and external», pp. 382 e ss.). Isto é também enfatizado em RANDY E. BARNETT, «Conflicting visions: a critique of Ian Macneil's Relational Theory of Contract», uma entre as várias visões críticas da RCT, que, reconhecendo-lhe embora acuidade descritiva – nas afirmações de que os contratos envolvem teias de relações muito mais extensas que aquelas que a *teoria clássica* isola e analisa, e de que, antes de serem governados pela lei (e por outras normas externamente impostas), são sobretudo governados por normas inerentes ao comportamento contratual –, lhe negam valia na prescrição de normas especiais para os ditos contratos mais relacionais. Acompanho esta visão. Sobre a RCT, entre entusiastas e críticos, v. MELVIN A. EISENBERG, «Why there is no law of relational contracts»; JAY M. FEINMAN, «Relational Contract Theory in context»; CHARLES J. GOETZ e ROBERT E. SCOTT, «Principles of relational contracts»; ROBERT W. GORDON, «Macaulay, Macneil, and the discovery of solidarity and power in contract law»; STEWARD MACAULAY, «Relational contracts floating on a sea of custom? Thoughts about the ideas of Ian Macneil and Lisa Bernstein»; ROBERT E. SCOTT, «The case for formalism in relational contract»; RICHARD E. SPEIDEL, «The characteristics and challenges of relational contracts»; WILLIAM C. WHITFORD, «Ian Macneils's contribution to contracts scholarship». Em língua portuguesa, acurada exposição sobre o tema em FERREIRA PINTO, *Contratos de distribuição*, pp. 111-8.

[632] No ordenamento legislativo português determina-se a não retroatividade dos efeitos da resolução e da condição resolutiva nos contratos de execução continuada ou periódica (arts.

O CONTRATO DE MEDIAÇÃO

Estas aproximações do direito à realidade social não significam que os processos de apreensão, criação, explicação e aplicação do direito (e não se vejam aqui quatro processos estanques e distintos, mas antes vários processos nos quais se imbricam atos de diferentes naturezas) possam prescindir do isolamento de aspetos particulares da complexa realidade. Importante será o esforço de interligação das análises parciais e da sua compreensão numa perspetiva mais global e, por isso, também mais próxima da vida.

Em 5.2.2 centraremos a atenção na *atividade principal do mediador*, ou seja, na *atividade que o mediador desenvolve no âmbito do contrato e por causa dele, apta a resultar na satisfação do interesse contratual do cliente*, interesse que consiste na obtenção de um interessado no contrato desejado. Esta atividade materializa-se num conjunto de atos, maioritariamente, de publicitação e promoção do objeto mediato do contrato que o cliente deseja celebrar, bem como de divulgação das condições pretendidas. No plano dos factos, para conseguir tais desideratos, o mediador pratica atos muito diversificados (visitas, mostras, afixação de placas publicitárias, contratação de anúncios, recolha de informações e de documentos, prestação de informações, entrevistas e reuniões, entre outros), todos eles a montante do contrato que o cliente pretende celebrar. Por isso, usa dizer-se que a prestação do mediador é constituída por atos materiais, fazendo-se neste particular o contraponto com o contrato de mandato, cuja prestação é constituída pela prática de um ou mais atos jurídicos. Clarifique-se desde já que entre os vários atos que o mediador pratica no âmbito do contrato de mediação, e por causa dele, podem encontrar-se alguns de natureza jurídica (contratação de anúncios, pedido de certidões, apresentação de documentos a entidades oficiais, etc.), ponto é que tais atos sejam acessórios ou instrumentais do ato final que satisfaz o interesse contratual do cliente.

Tem-se discutido se a atividade que o mediador exerce no âmbito de um contrato de mediação constitui uma prestação contratual em sentido estrito, ou seja, se o mediador se obriga perante o cliente a desenvolvê-la. Falamos em *prestação* em sentido próprio, técnico ou restrito, para designar aquela para que remete a noção de *obrigação* e podemos defini-la, no

---

434, nº 2, e 277, nº 1, do CC), consagra-se a possibilidade de modificação ou resolução do contrato por alteração anormal das circunstâncias (art. 437 do CC), bem como se prevê, nos regimes de certos contratos de duração indeterminada, a faculdade de qualquer das partes, ou de uma delas, lhes pôr termo unilateral e discricionariamente (arts. 1002, 1170, 1201,1229 do CC e art. 28 do RCA).

contexto dos artigos 397 a 401 do Código Civil, como o comportamento, ativo ou omissivo, ao qual alguém se obriga para com outra pessoa e que realiza o interesse do credor ou é dirigido a essa realização. Vimos que, ressalvando sempre estipulação em contrário, na Alemanha a atividade do mediador é entendida como facultativa, na Itália também, por significativa parte da doutrina, e na Suíça tende a ser vista como um ónus de direito material. Em qualquer daqueles ordenamentos, o contrato de mediação é legalmente típico. Em países onde ainda não beneficiou de um regime legal, a questão também tem sido debatida. Em Portugal, embora a orientação maioritária vá no sentido de o mediador estar obrigado a uma prestação, a polémica não passou em claro. Em alguns lugares, por alguns autores, foi, ainda, defendida a tese de que a atividade de mediação seria um elemento formativo do contrato e não um seu efeito[633].

Perante os vários enquadramentos jurídicos possíveis da *atividade contratual principal*, chamemos-lhe assim, do mediador – que ele desenvolve por causa do contrato de mediação e na esperança de com ela satisfazer o cliente a ponto de este celebrar o contrato pretendido e, assim, ficar vinculado à remuneração –, a questão que agora se coloca é a do nome a dar a essa atividade quando a ela o mediador não se obriga.

A *prestação* é essencialmente conotada com o conteúdo da *obrigação*. A constatação de que, em ambiente contratual, os estados de desvantagem juridicamente relevantes não se limitam às *obrigações*, e as ações (ou omissões) esperadas não se limitam às *prestações, em sentido estrito*, tem conduzido à busca de outras palavras para designar conceitos mais amplos das situações jurídicas desvantajosas e/ou dos comportamentos que lhes correspondem. Assim sucede com o termo *atribuição* (ou com a equivalente expressão *atribuição patrimonial*), que tem sido utilizado para aludir a comportamentos contratuais que importam uma *desvantagem patrimonial* para

---

[633] ANNIBALE MARINI, *La mediazione*, mormente pp. 31-3 – para o Autor, o exercício da atividade mediadora, ainda que não precedido de proposta, pode criar o contrato de mediação, não porque aquele exercício seja visto como uma proposta contratual de facto, mas porque o legislador o reconhece como apto a fazer nascer o direito à remuneração, e considera contratual a *fattispecie*. Um tanto diferente, é a posição de GARCÍA-VALDECASAS Y ALEX, *La mediación inmobiliaria...*, sobretudo pp. 46-54 – para este Autor, a formação do contrato de mediação compreende várias fases, começando por configurar-se como um mandato ou prestação de serviço, pelo qual o mediador se compromete a procurar contraparte para dado contrato e a ulteriormente o mediar (em contrapartida, o cliente assume o compromisso de vir a submeter-se à mediação); só com o sucesso desta primeira fase e com a incorporação do mediatário nasce o contrato de mediação.

O CONTRATO DE MEDIAÇÃO

o seu ator, independentemente de constituírem o conteúdo de uma obrigação. O que está em causa é um comportamento (ativo ou omissivo) que importa a tal desvantagem (cujo sentido pode ser mais ou menos amplo) para o agente atribuinte e uma correspondente vantagem (não necessariamente um direito) para o atribuído. Vejamos alguns exemplos.

No discurso sobre a classificação que opõe contratos onerosos e contratos gratuitos, o termo tem sido comummente utilizado neste sentido de comportamento que é patrimonialmente desvantajoso para o seu autor, e vantajoso para a contraparte, ainda que esse comportamento não se reconduza a uma prestação (obrigatória, passe o pleonasmo)[634].

Simples atribuição é também a entrega da coisa nos contratos reais *quoad constitutionem*. Por exemplo, a entrega do *tantundem* no mútuo real quanto à sua constituição, ato que não executa uma obrigação do mutuante, sendo mero elemento constitutivo da formação do contrato[635].

Também na dogmática do contrato a favor de terceiro em geral, o termo tem uso frequente, não só porque o comportamento que os contraentes

---

[634] Utilizam o termo *atribuição*, ou a expressão *atribuição patrimonial*, neste contexto, por exemplo, ALMEIDA COSTA, *Direito das obrigações*, pp. 367-70; RIBEIRO DE FARIA, *Direito das obrigações*, I, pp. 238-48; EDUARDO SANTOS JÚNIOR, *Direito das obrigações*, I, pp. 184-7; JOÃO DE CASTRO MENDES, *Teoria geral...*, II, pp. 480-3; MENEZES LEITÃO, *Direito das obrigações*, I, pp. 210-1; INOCÊNCIO GALVÃO TELLES, *Manual dos contratos em geral*, pp. 491-2; ANTUNES VARELA, *Das obrigações em geral*, I, pp. 404-7. Ainda no domínio da onerosidade e gratuitidade dos contratos, merece destaque a precoce utilização do conceito de atribuição em ANTUNES VARELA, *Ensaio sobre o conceito do modo, maxime* pp. 131-46 – o Autor trabalha o conceito de atribuição patrimonial, na esteira de autores de língua alemã, como «o ato jurídico por meio do qual uma pessoa proporciona a outrem, intencionalmente, uma vantagem de caráter patrimonial» (p. 141), incluindo situações em que tal é feito gratuitamente, e mesmo sem que a isso se esteja vinculado.

[635] Sobre este ponto há consenso: exemplificativamente, JOÃO REDINHA, «Contrato de mútuo», pp. 194-205; GALVÃO TELLES, *Manual dos contratos em geral*, p. 491. Dissenso existe sobre a questão subsequente de saber se, além desta atribuição, o mutuante está ainda vinculado a uma prestação constituída pela renúncia temporária ao aproveitamento do bem. A resposta positiva conduzirá à classificação do mútuo oneroso como contrato sinalagmático (assim, JOÃO REDINHA, «Contrato de mútuo», *maxime* pp. 245-55), a negativa a mantê-lo no domínio dos contratos unilaterais (doutrina maioritária, da qual é um exemplo GALVÃO TELLES, *Manual dos contratos em geral*, p. 492). No sentido da sinalagmaticidade do mútuo oneroso, por interdependência entre a cessão temporária de um valor patrimonial (vista como atribuição principal do mutuante, ainda que não uma prestação em sentido técnico) e o pagamento dos juros, v. MARIA DE LURDES PEREIRA e PEDRO MÚRIAS, «Sobre o conceito e a extensão do sinalagma», pp. 382, nota 5, 389.

acordam entre eles que um deles efetua a favor do terceiro nem sempre se submete ao conceito de prestação, conteúdo de um direito de crédito (podendo consistir na liberação de um débito, ou na constituição, modificação ou extinção de um direito real)[636], mas principalmente porque a vantagem patrimonial obtida pelo terceiro corresponde a uma atribuição patrimonial indireta do promissário[637]. Esta atribuição do promissário ao terceiro nunca corresponde a uma prestação, o promissário não se obriga perante o terceiro a efetuá-la e o terceiro não pode exigir-lha.

Outras aplicações do termo *atribuição* visam comportamentos contratuais que correspondem a estados de sujeição e a ónus, como sucede com a cobertura ou suportação do risco, no contrato de seguro, e mesmo com o pagamento do prémio no chamado *regime especial* previsto nos arts. 58 a 61 do RJCS, condição de eficácia do mesmo contrato[638].

Mais uma realidade na qual se dá uso ao termo consiste no comportamento correspondente à chamada *obrigação natural*[639], que materialmente poderá revestir qualquer das formas da finada obrigação.

A utilidade da *atribuição* ultrapassa as fronteiras contratuais, nomeando também vantagens proporcionadas no âmbito do enriquecimento sem causa, não abrangidas pelo conceito de prestação[640].

---

[636] MENEZES LEITÃO, *Direito das obrigações*, I, p. 273 – «O contrato a favor de terceiro pode ser definido como *o contrato em que uma das partes (o promitente) se compromete perante outra (o promissário) a efetuar uma atribuição patrimonial em benefício de outrem, estranho ao negócio (o terceiro)*. Essa atribuição patrimonial consiste normalmente na realização de uma prestação (art. 443º, nº 1), mas pode igualmente consistir na liberação de uma obrigação, ou na cessão de um crédito, bem como na constituição, modificação, transmissão ou extinção de um direito real (art. 443º, nº 2)»; GALVÃO TELLES, *Direito das obrigações*, p. 171; ANTUNES VARELA, *Das obrigações em geral*, I, pp. 410, 413, e *passim*.

[637] DIOGO LEITE DE CAMPOS, *Contrato a favor de terceiro*, pp. 22, 72; MENEZES LEITÃO, *Direito das obrigações*, I, p. 274; ANTUNES VARELA, *Das obrigações em geral*, I, pp. 410 e 418 e *passim*.

[638] MARGARIDA LIMA REGO, *Contrato de seguro e terceiros*, socorre-se do termo «atribuição» para incluir a cobertura e o pagamento do prémio no aludido caso (v. sobretudo pp. 310-1, 314-5 e 340-2).

[639] ANTUNES VARELA, *Das obrigações em geral*, I, p. 118 – «as obrigações naturais não são *obrigações civis*, não constituem *deveres jurídicos*, mas simples *deveres morais ou sociais* juridicamente reconhecidos (como tais). O reconhecimento desses deveres pelo Direito traduz-se, fundamentalmente, no facto de a lei os considerar causa bastante da *atribuição patrimonial* realizada por influxo deles».

[640] MENEZES LEITÃO, *O enriquecimento sem causa no direito civil*, pp. 530-608 (em edição de 1996, do Centro de Estudos Fiscais, pp. 549-631). JÚLIO GOMES, *O conceito de enriquecimento...*, pp. 665-733, trata da insuficiência do conceito de prestação e de um conceito específico de prestação no âmbito do enriquecimento sem causa, sem contudo recorrer à atribuição.

O CONTRATO DE MEDIAÇÃO

Procurando as origens, encontramos o conceito de atribuição incorporado na literatura jurídica de língua alemã (*Zuwendung*), se não antes, pelo menos nas primeiras décadas do século passado, como abrangente de qualquer ato por virtude do qual alguém, onerosa ou gratuitamente, permite a outrem um benefício patrimonial, que pode consistir num aumento patrimonial ou na remoção de uma ameaça de diminuição[641]. De mencionar, no entanto, que, na Alemanha (tal como verificamos em Portugal), o conceito é aproveitado sobretudo para referir atribuições que não constituem prestações obrigacionais (o que se compreende, na medida em que para estas existe palavra específica), designadamente, para nomear contribuições patrimoniais de um cônjuge para o património comum e outras contribuições gratuitas familiarmente motivadas, nomeadamente dos filhos aos pais[642], bem como atribuições patrimoniais na doação e no enriquecimento sem causa[643].

O termo não tem sido aproveitado apenas para desenvolver o conceito de *prestação*. Em MARIA DE LURDES PEREIRA e PEDRO MÚRIAS, o termo *atribuição* surge para alargar o conceito de *obrigação*, designando o conjunto das situações jurídicas que produzem ou podem produzir efeitos jurídicos, no qual as obrigações são apenas as mais frequentes e paradigmáticas[644].

---

[641] Vejam-se, nomeadamente, ARNOLD LIEBISCH, *Das Wesen der unentgeltlichen Zuwendungen unter Lebenden im bürgerlichen Recht und im Reichssteuerrecht*, *maxime* pp. 6-27 – «Zuwendungen sind alle erlaubten Handlungen, durch die jemand einem anderen einen Vorteil verschaft» (p. 19); WERNER FLUME, *Allgemeiner Teil des bürgerlichen Rechts*, II, sobretudo pp. 135, 152-8, 180-2 – «Unter Zuwendung versteht man dabei jedwede Bereicherung des Vermögens einer anderen Person. Die Zuwendungsgeschäfte werden wiederum unterschieden nach entgeltlichen und unentgeltlichen Zuwendungsgeschäften» (p. 135); A. VON TUHR, *Derecho civil*, III, pp. 45-135 (§§ 72 a 74), que dá como exemplo de uma atribuição patrimonial diferente de uma obrigação, precisamente a atividade do mediador – «el premio del mediador corresponde a una actividad que se efectúa en cumplimiento, no de una obligación, sino de una condición de que depende la aquisición de la pretensión» (p. 66, nota 64); MICHAEL FISCHER, *Die Unentgeltlichkeit im Zivilrecht*, pp. 186-9. No dicionário etimológico-jurídico alemão, a palavra assume semelhante significado amplo – «Hingabe (eines Vermögensgegenstandes von) einer Person an eine andere», séc. XVII (GERHARD KÖBLER, *Etymologisches Rechtswörterbuch*).

[642] Por exemplo, em FRANK WERTHMANN, *Die unbenannte Zuwendung im Privatrechtssystem*, e OLIVER MÜNSTER, *Unbenannte Zuwendungen*.

[643] Em várias obras de Direito das Obrigações, exemplificativamente, JOSEF ESSER e HANS-LEO WEYERS, *Schuldrecht*, II, *maxime* pp. 120 e 429-38.

[644] PEDRO MÚRIAS, «Um conceito de atribuição para o direito do não cumprimento» – define a atribuição como «uma norma válida que, dadas duas pessoas, qualifica como satisfatório para uma delas o acontecimento que preencha certa descrição sendo imputável à outra, e como não

Os conceitos de *atribuição*, quer o que amplia o plano factual da prestação, quer o que amplia o plano jurídico da obrigação, adequam-se a abranger a atividade desenvolvida pelo mediador no âmbito do contrato de mediação, mesmo quando não corresponda a uma obrigação, e o estado jurídico que lhe equivalha. Pese embora a minha preferência pelo termo *atribuição* para referir a atividade que o mediador desenvolve por causa do contrato, com vista à satisfação do interesse do seu cliente, mas também no seu próprio interesse (quando não corresponde a uma obrigação ou quando abrange também casos em que essa correspondência não existe), não deixo de usar para a mesma realidade a expressão *prestação, em sentido amplo* (ainda que a secção posterior à vírgula seja omitida quando claramente resulte do contexto a realidade a que me refiro). Com efeito, o termo *prestação* está mais enraizado na linguagem jurídica, mesmo para comportamentos não obrigatórios. Apesar de o Código Civil português definir a *obrigação* como o vínculo por virtude do qual uma pessoa fica adstrita para com outra à realização de uma prestação, desta definição não resulta necessariamente a definição da prestação apenas como conteúdo da obrigação. E o certo é que o termo *prestação* é utilizado pela lei não apenas como *conteúdo da obrigação*, mas também num sentido mais amplo, que a lei não define, e que *inclui atribuições não obrigatórias*. Assim sucede em relação ao conteúdo das obrigações naturais (art. 403 do CC), em relação ao atribuído sem causa no instituto do enriquecimento sem causa (art. 475 a 478 e 480), relativamente à realização da *prestação* por terceiro (art. 767) ou à *prestação* de coisa diversa da que for devida (art. 837).

Mesmo quando o mediador não assume a obrigação de diligenciar no sentido de satisfazer o interesse contratual do cliente, ou seja, mesmo quando a atividade de mediação levada a cabo no âmbito de um contrato de mediação e por causa dele corresponde a uma espécie de ónus (como sucede no tipo legal configurado nalguns ordenamentos, e como se admite

---

satisfatória a sua ausência» (p. 798); «deve ser uma figura genérica capaz de abranger qualquer elemento do «conteúdo», dos «efeitos» ou porventura do «objeto imediato» de um contrato (ou outra fonte), pelo menos quando é esse o elemento principal do contrato e, quanto a ele, podem suscitar-se problemas de não cumprimento ou análogos aos do não cumprimento, ou seja, as restantes «perturbações» da atribuição» (p. 804). No texto em coautoria com Maria de Lurdes Pereira, «Sobre o conceito e a extensão do sinalagma», o conceito volta a ser trabalhado, propondo os Autores um conceito alargado de sinalagma que abranja a correspetividade de quaisquer atribuições e não apenas de obrigações.

noutros ao abrigo do exercício da liberdade contratual), a par da sua atribuição principal e com vista à consecução das suas finalidades (obtenção de um interessado em dado contrato), o mediador pode vincular-se a *prestações secundárias, acessórias, da atribuição principal*. Imagine-se um contrato por via do qual o cliente se obriga a pagar ao mediador uma determinada quantia se este lhe encontrar contraparte para um contrato, acordando ambos, mediador e cliente, que o primeiro é livre de diligenciar por encontrar a desejada contraparte, com exceção de um específico anúncio que fará publicar num jornal, a expensas suas. À parte aquele anúncio predeterminado e isolado, o mediador desenvolverá a atividade se o entender, sabendo, no entanto, que só poderá vir a auferir a remuneração se a desenvolver eficazmente (condição necessária, ainda que não suficiente). O anúncio contratado, e cuja obrigação de prestar assumiu, não tem autonomia, não constitui objeto de um segundo contrato, quer porque a sua função é apenas a de facilitar que a atividade principal, não obrigatória, chegue a bom porto, quer porque a sua retribuição (na falta de estipulação em contrário) é indissociável da remuneração global prometida no âmbito do contrato de mediação. Temos assim como, no âmbito de um contrato, podem existir prestações obrigatórias (passe, em rigor, a redundância) secundárias, *in casu*, acessórias, de uma atribuição principal não obrigatória.

Concomitantemente – e independentemente da natureza da atribuição principal e da existência de deveres de prestação secundários –, o mediador está sujeito a deveres de conduta não prestacionais, decorrentes do dever geral de boa fé. LARENZ chamou a tais deveres não prestacionais *outros deveres de conduta* (*weitere Verhaltenspflichten*), na medida em que os deveres de prestação são, também eles, deveres de comportamento[645]. A sua primitiva identificação deve-se HEINRICH STOLL, que lhes chamou

---

[645] KARL LARENZ, *Lehrbuch des Schuldrechts*, I, *Allgemeiner Teil*, 2ª ed., p. 6 – «Wir bezeichnen die Pflichten, die sich danach über die eigentliche und engere Leistungspflicht hinaus – auf deren Erfüllung regelmäßig geklagt werden kann –, sei es aus den getroffenen Abmachungen, sei es aus dem Sinn und dem Zweck des Schuldverhältnisses oder aus dem Gebot von Treu und Glauben, und zwar je nach der besonderen Situation für beide Teile ergeben können, als **weitere Verhaltenspflichten**, da sie das gesamte Verhalten, das mit der Durchführung des Schuldverhältnisses in irgendeinem Zusammenhang steht, betreffen können». A expressão manteve-se nas edições subsequentes; v. por exemplo a 14ª, de 1987, p. 10 e *passim* (na 1ª edição, de 1953, tinha-lhes chamado simplesmente *Verhaltenspflichten*).

deveres de proteção (*Schutzpflichten*)[646]. Outras expressões têm sido utilizadas, como *deveres laterais, deveres de cuidado, deveres acessórios de conduta*[647]. Tais deveres têm, em regra, fonte legal[648], e visam proteger as partes e/ou terceiros que se relacionem com a obrigação, de danos, nas suas pessoas ou patrimónios, potenciados ou gerados pela atividade de execução do contrato, ou pela destinada à sua celebração. São deveres radicados no princípio geral da boa fé (positivado no art. 762 para a execução contratual), cuja existência extravasa a relação contratual, efetivando-se também na pré-contratual (que o nosso Código Civil também acautela no art. 227) e mesmo num plano que ultrapassa a relação contratual entre dois sujeitos, vinculando em relação a um universo indeterminado de pessoas com as quais não se perspetiva sequer o estabelecimento de uma relação negocial. O RJAMI descreve e impõe ao mediador imobiliário um conjunto de deveres de conduta não prestacionais para proteção do cliente e dos terceiros potenciais interessados (art. 17). Decorrendo embora do exposto, sublinho que tais deveres tanto podem integrar-se numa relação contratual ou obrigacional complexa, como existir em relações sociais extracontratuais ou paracontratuais[649].

Segundo entendo, são apenas deveres de conduta não prestacionais que estão em causa no frequentemente invocado *dever de imparcialidade* do mediador. O facto de a atividade do mediador implicar um relacionamento próximo não apenas com o cliente, mas também com a pessoa, de interesses contrapostos, que será justamente contraparte do seu cliente no

---

[646] Citado por LARENZ, *Lehrbuch des Schuldrechts*, I, 14ª ed., pp. 10-1 – «Heinrich *Stoll*, der zuerst die Sonderung dieser Pflichten von den Leistungspflichten durchgeführt hat, bezeichnete sie als "Schutzpflichten"».

[647] V. LARENZ, *Lehrbuch des Schuldrechts*, I, 14ª ed., pp. 6-15. Na doutrina portuguesa, v. sobretudo a obra de CARNEIRO DA FRADA, *Contrato e deveres de protecção*. Abordagens mais breves em MENEZES CORDEIRO, *Tratado de direito civil português*, II, *Direito das obrigações*, t. I, pp. 465-85 (que lhes chama *deveres acessórios*); MENEZES LEITÃO, *Direito das obrigações*, I, pp. 123-32 (usa a expressão *deveres acessórios de conduta*); NUNO MANUEL PINTO OLIVEIRA, *Direito das obrigações*, I, sobretudo pp. 57-61 e 71-7 (deveres acessórios de conduta); ANTUNES VARELA, *Das obrigações em geral*, I, pp. 123-8 (deveres de conduta ou deveres acessórios de conduta).

[648] Para CARNEIRO DA FRADA, *Contrato e deveres de protecção*, sobretudo pp. 55-69, os deveres de proteção têm sempre fonte legal; a sua estipulação contratual transfere-os para o campo dos deveres de prestação, dos comportamentos contratualmente devidos.

[649] No Acórdão do TRP de 01/07/2013, proc. 2764/11.7TBVNG.P1, CJ 2013, III, 179, a mediadora foi condenada por danos causados ao terceiro angariado, e que veio a celebrar o contrato visado com o seu cliente, por informações inexatas sobre as características do imóvel.

O CONTRATO DE MEDIAÇÃO

contrato que este pretende celebrar, leva a que muitos entendam pender sobre o mediador um dever de *imparcialidade ou neutralidade* no relacionamento com os dois sujeitos, cliente e angariado, entre os quais serve de ponte.

Encontramos frases fortes a sublinhar a imparcialidade do mediador, em parte significativa da doutrina portuguesa. Na mediação *stricto sensu*, escreve PESSOA JORGE, «o mediador não está ligado a nenhuma das partes, atua com inteira independência, devendo ser absolutamente imparcial no cumprimento das suas funções (...) não toma qualquer posição de defesa dos interesses de um em relação ao outro»[650]. No mesmo sentido, ENGRÁCIA ANTUNES – «o mediador é um profissional independente, que atua por conta própria e com imparcialidade relativamente aos contraentes que aproxima»[651] –, MARIA HELENA BRITO – «a atitude imparcial que ele deve assumir obriga-o a defender os interesses de ambas as partes»[652] –, LACERDA BARATA – o contrato de mediação é aquele «pelo qual uma das partes se obriga a promover, de modo imparcial, a aproximação (...)»[653] –, JANUÁRIO GOMES – «o mediador é *tipicamente imparcial*»[654]. Diferente será dizer simplesmente que «a mediação exige que o mediador não represente nenhuma das partes a aproximar e, ainda, que não esteja ligado a nenhuma delas por vínculos de subordinação»[655].

A difundida (ainda que não de forma unânime[656]) imparcialidade do mediador costuma ser justificada com a invocação do artigo 1754 do

---

[650] PESSOA JORGE, *O mandato sem representação*, pp. 232-3.

[651] JOSÉ ENGRÁCIA ANTUNES, *Direito dos contratos comerciais*, pp. 459-60.

[652] MARIA HELENA BRITO, *O contrato de concessão comercial*, p. 129.

[653] LACERDA BARATA, «Contrato de mediação», p. 192.

[654] JANUÁRIO GOMES, «Da qualidade de comerciante do agente comercial», p. 28. A nota da imparcialidade é referida pelo mesmo Autor em «Apontamentos sobre o contrato de agência», p. 19, e em *Contrato de mandato*, p. 40, neste último como característica tendencial.

[655] MENEZES CORDEIRO, *Direito comercial*, p. 661.

[656] CARLOS FERREIRA DE ALMEIDA, *Contratos*, II, p. 204 – «não merece apoio a afirmação de que o mediador não age nem por conta nem no interesse do seu cliente. (...) Não se pode por isso compartilhar a ideia generalizada no sentido da neutralidade e imparcialidade do mediador». MARIA DE FÁTIMA RIBEIRO, «O contrato de mediação e o direito do mediador à remuneração», p. 91 – «a posição exposta [imparcialidade do mediador] não pode ser sufragada: sobretudo na mediação contratada unilateral (ou seja, quando o mediador tenha celebrado um contrato de mediação apenas com uma das partes interessada no negócio), a atuação do mediador não abstrai, nem pode abstrair, dos interesses do comitente».

COMPREENSÃO DO CONTRATO COM INCIDÊNCIA NAS PRESTAÇÕES PRINCIPAIS

Código Civil italiano ou de doutrina estrangeira, sobretudo italiana[657], nunca havendo, no entanto, apelo a dados da prática contratual que permitam confirmá-la, seja a título de estipulação contratual, seja a título de uso do comércio.

Não creio adequado dizer-se que impende sobre o mediador um dever de conduta *imparcial ou neutral*. Nem da lei (seja da geral, seja da que regula o contrato de mediação imobiliária), nem da jurisprudência, nem dos usos do comércio, podemos extrair uma tal norma. Podemos, sim, dizer que a especificidade da atividade do mediador – com a sua faceta de ponte entre polos de interesses alheios, e como tal de recetor, portador e transmissor de declarações alheias –, lhe impõe redobrados deveres de informação, cooperação e lealdade, decorrentes do dever geral de boa fé, no seu relacionamento com clientes, potenciais clientes e potenciais contrapartes nos contratos visados pelos seus clientes.

5.2.2. A atribuição do mediador
5.2.2.1. Obrigação ou ónus?

Estamos perante um modelo contratual que, em geral, é legalmente atípico, tendo regulação legal somente nos casos em que visa a celebração de um contrato sobre imóvel, e apenas desde 1992. A sua frequência no mercado conduziu ao seu reconhecimento pela jurisprudência, pela academia, e parcialmente pela lei. E esse reconhecimento passou, quase sempre, pela identificação, na estrutura do contrato, de uma obrigação principal assumida pelo mediador.

A identificação de uma obrigação do mediador como característica do tipo contratual de mediação (quer nos refiramos ao tipo apreendido pela jurisprudência, quer ao descrito na lei) deverá ser o produto da repetida verificação dessa qualidade na maioria dos contratos que se celebram no comércio e que, tendo em consideração as demais características que lhes assistem, podem qualificar-se como contratos de mediação. Nas palavras de LARENZ, «os tipos de relações jurídicas, em especial os tipos contratuais, são *tipos jurídico-estruturais* surgidos na realidade jurídica, que se referem à estrutura particular de cada uma das criações jurídicas»; na sua maioria, e nomeadamente «todos os tipos de contratos obrigacionais, devem

---

[657] Sobre a característica da imparcialidade no direito italiano, vejam-se as páginas da segunda metade de 4.4.2.

O CONTRATO DE MEDIAÇÃO

o seu surgimento ao tráfego jurídico. O legislador regulamentou-os, porquanto os encontrou previamente na realidade da vida jurídica, apreendeu-os na sua tipicidade e adicionou-lhes as regras que considerou adequadas para um tal tipo de contrato. Não os «inventou», mas «descobriu-os»»[658]. As descrições de modelos de contratos pelo legislador e pelos tribunais resultam, pois, de um processo mental que implica a apreensão dos dados da realidade social e a identificação das características estruturantes das suas configurações mais frequentes. Tanto não significa que os modelos jurisprudenciais e legais sejam, ou pretendam ser, um espelho da realidade. Por razões diversas, a sua radicação no campo dos eventos sociais poderá ser mais ou menos sólida.

Facto é que a jurisprudência maioritária entende a prestação do mediador como obrigatória, ainda que, por vezes, esse entendimento resulte apenas implícito da caracterização do contrato como bilateral, vendo-se neste conceito uma correspetividade de obrigações[659]. No que ao contrato de mediação imobiliária diz respeito, e é sobre ele que incide a maioria dos acórdãos, isso era quase inevitável, pois tal característica afirmou-se *ex lege* como integrante do conteúdo do contrato, desde a vigência do primeiro diploma que o regulou (o DL 285/92, de 19 de dezembro) até ao RJAMI aprovado pela Lei 15/2013 (excluindo este último). Porém, já anteriormente a 1992 assim sucedia[660].

Foram pontuais os casos em que os tribunais superiores entenderam que, por via do contrato de mediação, o mediador não se vincula a uma prestação, ou que a obrigatoriedade de exercício da atividade tem de resultar de estipulação das partes, não podendo, na sua falta, presumir-se.

No primeiro caso encontra-se o Acórdão do STJ de 28/02/1978, que distingue o contrato de mediação do contrato de prestação de serviço pelo

---

[658] KARL LARENZ, *Metodologia da ciência do direito*, p. 663.

[659] Vejam-se os Acórdãos do TRL de 27/01/2004, proc. 8291/2003-7, CJ 2004, I, 87; de 11/11/2004, proc. 5439/2004-8; de 24/05/2007, proc. 3613/2007-6; de 28/06/2007, proc. 4604/2007-8; de 16/10/2007, proc. 7541/2007-1; de 17/01/2008, proc. 10606/2007-8; e o Acórdão do TRP de 02/11/2009, proc. 1913/08.7TJPRT.P1.

[660] Por exemplo o Acórdão do STJ, de 09/03/78, proc. 66824, BMJ 275, p. 183, que afirma a obrigação do mediador e caracteriza o contrato como bilateral e oneroso; ou o Acórdão STJ de 17/03/1967, BMJ 165, p. 331, no qual a mediadora, tendo embora inicialmente diligenciado a aproximação das partes, vem a dificultar a realização do contrato com a retenção indevida de certas quantias. Conclui-se, então, que «não cumpriu integralmente os seus deveres funcionais e, deste modo, assiste aos réus o direito de deixar, por sua vez, de cumprir o contrato em causa».

COMPREENSÃO DO CONTRATO COM INCIDÊNCIA NAS PRESTAÇÕES PRINCIPAIS

critério da natureza, obrigatória ou facultativa, da atividade: «[a] mediação envolve uma prestação de serviços, mas não se confunde com o contrato desta natureza em que, nos termos do artigo 1154º do Código Civil, uma das partes se obriga a proporcionar à outra certo resultado do seu trabalho intelectual ou manual, com ou sem retribuição. A atividade do mediador não se integra nessa disposição, pois o mesmo, além de não se obrigar concretamente a realizar certo trabalho, apenas procura exercer determinada atividade sem contrair qualquer responsabilidade se desistir ou se nada conseguir»[661].

No segundo caso, os arestos encontrados seguiram o seguinte raciocínio: quando a remuneração do mediador está dependente da celebração do contrato querido pelo cliente, o mediador não assume uma obrigação de desenvolver a atividade; quando o mediador tem direito à retribuição pela mera atividade, ainda que o contrato visado não se conclua, então a sua prestação é obrigatória. O primeiro acórdão (dos publicados em texto integral) neste sentido foi o do STJ de 09/12/1993[662], segundo o qual o contrato pode ser celebrado com obrigação do mediador ou sem obrigação do mediador (dá-se por assente que o cliente, esse sim, assume sempre, por força do contrato, uma obrigação constituída por uma prestação pecuniária). No entanto, infere-se das palavras do acórdão que, quando o mediador se obriga a prestar a sua atividade, contra retribuição independentemente da celebração do contrato visado, o contrato de mediação corresponde a uma espécie de prestação de serviço; quando, pelo contrário, o mediador só ganha direito à remuneração com a conclusão do contrato visado, então ele não se compromete ao exercício da atividade. Trata-se, lê-se no mesmo acórdão, de «um contrato que pode revestir uma dupla natureza: *a)* a de contrato bilateral – com a feição de um contrato de prestação de serviços e constituindo uma modalidade do que se prevê no artigo 1154 do Código Civil – quando por via dele uma pessoa incumbe outra de conseguir interessado para certo negócio com vista à realização deste, mediante o pagamento de uma remuneração, na medida em que, enquanto o mediador se obriga a um procedimento conducente a obter um interessado no negócio e a aproximá-lo do comitente, também este (o dador do encargo) se obriga a pagar a remuneração àquele; e *b)* a de contrato [unilateral], quando, por

---

[661] BMJ 274, p. 230 (início do acórdão na p. 223).
[662] Proc. 083924, BMJ 432, p. 332.

O CONTRATO DE MEDIAÇÃO

virtude do mesmo, só uma das partes (o comitente) se obriga realmente – comprometendo-se a pagar a remuneração acordada – perante a outra. Neste segundo caso, quem recebe o encargo não se obriga a nada, mas o comitente, salvo acordo em contrário, também só se obriga para a hipótese de o serviço a prestar vir a ter êxito, isto é, a conduzir a um resultado positivo». Entendeu-se, portanto, que um contrato em que o profissional apenas tem direito à remuneração no caso de vir a ser celebrado o contrato querido pelo cliente é um contrato em que o profissional não assume qualquer obrigação principal. De dizer que, apesar de estar em causa uma mediação imobiliária, os factos são anteriores ao primeiro diploma que regulou o contrato.

A doutrina deste acórdão, e que apenas encontrei noutras duas decisões[663], corresponde aos ensinamentos de autores alemães, entre outros, de ENNECCERUS-LEHMANN e de LARENZ, recolhidos nas suas traduções espanholas, para mencionar os que foram nele citados. Para estes Autores, o contrato de mediação «puro» é unilateral, não gera para o mediador uma obrigação a prestar, sendo a atividade do mediador apenas um requisito (mas não único) para obter a remuneração. Quando o mediador assume uma obrigação, então o contrato de mediação é bilateral e aproxima-se de um contrato de prestação de serviço ou de um contrato de empreitada, consoante a obrigação assumida seja de atividade ou de resultado[664]. O entendimento destes Autores tem, como vimos, raízes na sua lei natal, e nomeadamente no § 652, nº 1, do BGB que aponta para um contrato unilateral de mediação. Esta disposição, porém, não encontra equivalente em

[663] No Acórdão do TRP de 11/07/2002, proc. 0230753, o contrato de mediação em discussão nos autos tinha sido celebrado em 2 de abril de 1999 (na vigência, portanto, do DL 285/92), pelo prazo de tês meses. Nos termos desse contrato (facto assente nº 3), o cliente comprometeu-se a pagar à mediadora, «como compensação e contrapartida dos serviços prestados, uma comissão correspondente a 4% do valor da venda, acrescida do respetivo I.V.A., sendo o preço base pretendido (...) para a referida venda de esc. 33.500.000$00, negociável até aos 32.000.000$00». No entanto, foi entendido que o contrato dos autos era unilateral com o seguinte argumento: «Em nenhuma das cláusulas insertas no contrato em análise (...) se contém qualquer estipulação no sentido de que o Réu marido pagará qualquer retribuição pelos serviços a prestar pela Autora, independentemente do resultado das diligências a levar a cabo, quer no que respeita à efetivação da venda como no tocante aos serviços conexos». Para além dos dois acórdãos referidos, encontrei apenas um sumário em idêntico sentido – Acórdão do TRL de 11/11/1993, proc. 0072652.

[664] KARL LARENZ, *Derecho de obligaciones*, II, p. 332; e LUDWIG ENNECCERUS, *Derecho de obligaciones*, II, pp. 313-4.

Portugal, os regimes jurídicos do contrato de mediação imobiliária que se sucederam até ao RJAMI estabeleciam em sentido inverso, e a prática judiciária maioritária tem atribuído aos contratos de mediação a assunção de uma obrigação pelo mediador.

Também a doutrina portuguesa tem identificado no contrato de mediação um vínculo à realização de uma prestação por parte do mediador. MANUEL SALVADOR defendeu perentoriamente que a prestação do mediador constitui uma verdadeira e própria obrigação, negando a possibilidade de um contrato de mediação unilateral, pelo qual apenas o cliente de obrigue, entendendo que o vínculo do mediador é essencial ao contrato[665]. Em quase todas as noções avançadas pela doutrina encontramos a afirmação de que *o mediador se obriga ou se vincula, mediante remuneração*[666].

Apesar do exposto, atrevo-me a pensar que a situação passiva do mediador num contrato de mediação simples, desprovido de cláusulas especiais e nomeadamente da que lhe concede exclusividade, não equivale a uma obrigação em sentido estrito. Com efeito, o mediador não está sujeito a ver-se compelido a desenvolver a sua atividade de promoção do contrato desejado, nem a ter de pagar uma indemnização caso não a desenvolva. À situação passiva do mediador num contrato de mediação simples não corresponde um direito do cliente de exigir a prestação, ou a sua execução por terceiro a expensas do mediador, ou indemnização substitutiva. Esta relativa liberdade do mediador tem o seu contraponto na liberdade do cliente de contratar outros mediadores e na sua liberdade de celebrar o contrato com a pessoa encontrada pelo mediador, sem prejuízo de responder por um eventual abuso da sua parte.

O que se passa no contrato de mediação simples é que o mediador tende a desenvolver a atividade necessária a satisfazer o interesse do cliente no seu

---

[665] MANUEL SALVADOR, *Contrato de mediação*, mormente pp. 59-63.

[666] As definições acima reproduzidas nas notas 621 a 624 e 626 vão neste sentido. MIGUEL CÔRTE-REAL e MARIA MENDES DA CUNHA, *A actividade de mediação imobiliária*, pp. 22-3, referindo-se, nestas passagens, ao contrato de mediação em geral, admitem as duas possibilidades: «propende-se a entender que o contrato de mediação assume uma clara feição bilateral (...), sendo o mediador um verdadeiro e próprio prestador de serviços que, nessa exata qualidade, se obriga a uma concreta atividade»; «Não obstante quanto antecede, qualquer concreta solução casuística dependerá sempre dos resultados da interpretação do contrato de mediação celebrado, pois nele as partes poderão convencionar que o mediador fica obrigado a essa atividade positiva, ou não, assumindo, neste caso, o contrato uma feição meramente unilateral».

O CONTRATO DE MEDIAÇÃO

próprio interesse também, pois a efetiva e bem sucedida atividade é condição necessária, ainda que não suficiente, para que aufira a remuneração.

Esta situação passiva corresponde melhor a uma *Obliegenheit* (figura com que nos deparámos no direito suíço da mediação) que a uma obrigação. As *Obliegenheiten* foram definitivamente colocadas na teoria do direito privado alemão, em 1953, por obra de REIMER SCHMIDT[667]. Partindo da constatação, por um lado, da existência na ordem jurídica de determinadas normas que impõem comportamentos sem que sancionem a sua inobservância com as sanções das normas que impõem obrigações, nomeadamente, sem que confiram direito de ação ao titular, e, por outro lado, da utilização em alguns locais do ordenamento do termo *Obliegenheit* para referir vinculações de intensidade inferior à das obrigações, o Autor propôs-se responder às questões de saber se há um grupo de normas de comportamento com uma eficácia reduzida, se é cientificamente consistente e praticamente útil gizar um conceito para tal grupo, e, finalmente, se a palavra *Obliegenheit* é apropriada para o designar[668]. À data, a palavra era usada no BGB apenas uma vez, no § 2217, para descrever as atribuições do testamenteiro; no direito comercial, a palavra surgia no sentido de dever oficial ou dever de serviço, no mesmo sentido em que se fala do dever do funcionário; no direito privado dos seguros, o termo estava enraizado, sendo usado desde a primeira metade do séc. XIX para designar deveres dos tomadores dos seguros. Em todas as situações, estava em causa um dever de grau inferior ao da obrigação. Após análise de várias normas do sistema[669], o Autor vem a responder afirmativamente às questões enunciadas[670].

De mencionar que o dicionário etimológico-jurídico encontra o termo no séc. XVII, como comando jurídico no interesse próprio (por exemplo, o dever de, no âmbito de um contrato de seguro, reportar um aumento do risco)[671].

---

[667] REIMER SCHMIDT, *Die Obliegenheiten*.

[668] REIMER SCHMIDT, *Die Obliegenheiten*, pp. 102-3.

[669] A propósito do contrato de mediação, analisou o § 654 do BGB, segundo o qual a remuneração e mesmo o ressarcimento das despesas estão excluídos se o mediador tiver atuado para a outra parte, em violação do contrato de mediação. Para o Autor, estamos perante uma *Obliegenheit* pois, apesar de o seu cumprimento não poder ser exigido, o incumprimento tem como consequência uma perda para o vinculado (ob. cit., pp. 193-5).

[670] REIMER SCHMIDT, *Die Obliegenheiten*, pp. 312-9.

[671] GERHARD KÖBLER, *Etymologisches Rechtswörterbuch*: «**Obliegenheit**, F., »Rechtsgebot im eigenen Interesse (z.B. Meldung einer gefahrerhöhenden Veränderung im Versicherungsrecht)«, Stieler 1691, s. obliegen, heit.».

COMPREENSÃO DO CONTRATO COM INCIDÊNCIA NAS PRESTAÇÕES PRINCIPAIS

A *Obliegenheit* é, portanto, uma entidade do plano das normas jurídicas de constrangimento a um comportamento, como a *obrigação*, mas que se distingue desta pelas diferentes consequências da sua inobservância. Enquanto o incumprimento da obrigação confere ao credor direito de ação para execução específica, compensação em dinheiro e/ou indemnização dos danos, a inobservância da *Obliegenheit* gera para o vinculado um inconveniente ou a não obtenção de um benefício, mas não confere à parte contrária o direito de exigir o comportamento ou de se ressarcir pelo não desempenho. Por outro lado, a sua observância é favorável a ambas as partes (ao contrário do que sucede com os ónus processuais, cuja inobservância é desfavorável ao onerado e favorável à parte contrária).

O termo tem sido traduzido entre nós por *ónus material*[672] ou *encargo*[673], e também por *incumbência*[674]. Os primeiros têm a vantagem de serem termos jurídicos enraizados para situações estruturalmente parecidas às *Obliegenheiten*. O último permite estimular a diferenciação entre os vários conceitos. Noto que nem as realidades para as quais mais usamos o termo *encargo* (encargos da herança, doação com encargos), nem aquelas para as quais mais usamos a palavra *ónus* (ónus processuais – alegação, prova, impugnação, formulação de conclusões) são designadas por *Obliegenheiten* nos direitos alemão e suíço. Observo, ainda, que na jurisprudência sobre contratos de mediação é comum o uso do verbo *incumbir*, em alusão à encomenda de atividade feita ao mediador, e a referência à *incumbência do mediador* (apesar de na mesma jurisprudência se atribuir uma obrigação ao mediador, como disse)[675].

---

[672] ANTÓNIO MENEZES CORDEIRO, *Tratado de direito civil*, I (2012), pp. 918-9. JANUÁRIO GOMES, *Assunção fidejussória de dívida*, maxime pp. 1206-7.

[673] ANTÓNIO MENEZES CORDEIRO, *Tratado de direito civil*, I, pp. 918-9.

[674] HEINRICH HÖRSTER, *A parte geral do Código Civil português*, p. 234.

[675] Vejamos alguns exemplos (itálicos meus): Acórdão do STJ de 28/02/1978, BMJ 274, p. 223 – «O contrato de mediação supõe, na essência, a *incumbência* a uma pessoa de conseguir interessado para certo negócio (...)» (p. 229); Acórdão do TRE de 24/03/1994, proc. 446, CJ, 1994, II, p. 260 – «Tal contrato inominado supõe os seguintes requisitos: *a)* a incumbência a uma pessoa (mediador) de conseguir interessado para certo negócio»; Acórdão do TRC de 23/04/2002, CJ 2002, II, 30 – «o contrato de mediação imobiliária pressupõe a *incumbência* ao mediador de conseguir interessado para certo negócio (...)», «Temos, assim, que o mediador se *obriga* a uma atividade, que não a um resultado»; Acórdão do TRC de 23/03/2004, proc. 102/04 – «O contrato de mediação pressupõe, essencialmente, a *incumbência* a uma pessoa de conseguir interessado para certo negócio»; Acórdão do TRC de 16/10/2007, proc.

O CONTRATO DE MEDIAÇÃO

A figura da *incumbência ou ónus material* não tem tido grande atenção na nossa praça. Na origem deste facto está provavelmente a consideração dos correspondentes estados como *obrigações*, podendo disso ser exemplo a atribuição do mediador em certos contratos de mediação simples.

5.2.2.2. Relação entre a prestação do mediador, o interesse contratual do cliente e a finalidade do contrato de mediação
A partir do momento em que se entende que a atividade exercida pelo mediador, em execução do contrato, é obrigatória, surge necessidade de concretizar a prestação devida. Neste âmbito, interessa perceber se a prestação a que o mediador se *obriga* inclui o resultado que satisfaz direta e cabalmente o interesse contratual do seu cliente (prestação de resultado) ou se se fica por um conjunto de atos adequados à produção daquele resultado (prestação de meios). Seja como for, no contrato de mediação, a prestação tem uma relação estreita, não apenas como o interesse contratual do credor, mas também com a finalidade do contrato, que consiste na celebração do contrato visado.

5.2.2.2.1. Interesse contratual do cliente e finalidade do contrato de mediação
Utilizo a expressão *interesse contratual do cliente* como concretização no contrato de mediação do *interesse do credor*, no sentido técnico-jurídico subjacente às normas do Código Civil que a ele se reportam. Recordo-as: a prestação, não necessitando embora de ter valor pecuniário, deve corresponder a um *interesse do credor*, digno de proteção legal (art. 398, n.º 2); a impossibilidade do cumprimento só é temporária enquanto se mantiver o *interesse do credor* (art. 792, n.º 2); tornando-se a prestação parcialmente impossível, o credor que não tenha, justificadamente, *interesse no cumprimento* parcial da obrigação, pode resolver o negócio (art. 793, n.º 2); o credor não pode resolver o negócio se a impossibilidade parcial da prestação, atendendo ao *interesse do credor*, tiver escassa importância (art. 802, n.º 2); se, por causa da mora, o credor perder o *interesse na prestação*, esta considera-se não cumprida (art. 808, n.º 1); a perda do *interesse na prestação* é apreciada objetivamente (art. 808, n.º 2).

408/05.5TBCTB.C1, CJ 2007, IV, 33 – «O contrato de mediação pressupõe, essencialmente, a *incumbência* a uma pessoa de conseguir interessado para certo negócio».

COMPREENSÃO DO CONTRATO COM INCIDÊNCIA NAS PRESTAÇÕES PRINCIPAIS

O *interesse do credor* corresponde, na interpretação destas normas, ao *resultado em vista do qual o credor contrata* e que simultaneamente constitui o conteúdo da obrigação do devedor, se à sua obtenção este se tiver vinculado, ou constitui o objetivo suscetível de ser diretamente alcançado pela prestação, se o devedor se tiver obrigado apenas a diligenciar por obtê-lo. A *prestação* pode, portanto, equivaler ao resultado que dá satisfação ao interesse do credor ou ser constituída pelos atos necessários e adequados à obtenção daquele resultado. O *interesse do credor* corresponde sempre àquele resultado[676].

Por vezes fala-se de prestação num sentido alargado[677] ou concreto[678], *Leistungserfolg* na doutrina alemã[679], necessariamente abrangente do resul-

---

[676] Não me parece, portanto, inteiramente certo João Calvão da Silva, *Cumprimento e sanção pecuniária compulsória*, quando afirma que o que está em causa é o «interesse cuja satisfação (...) se obtém pela realização da prestação a que o devedor se encontra vinculado» (pp. 75-6); nem quando escreve que «só há cumprimento, em sentido estrito e tecnicamente rigoroso, quando o *próprio devedor* realiza efetivamente a prestação a que se encontra adstrito e proporciona certo resultado útil ao credor (...): como o vínculo obrigacional se dirige justamente à satisfação do interesse do credor a que a relação obrigacional está colimada, o cumprimento como atuação da prestação (...) a que o devedor está adstrito, abrange não apenas a conduta ou ação de prestar do devedor (*Leistungshandlung*) mas também o resultado da prestação (*Leistungserfolg*)» (p. 78). Ora, nem sempre a realização da prestação a que o devedor se encontra vinculado produz a satisfação do interesse do credor. Há obrigações nas quais o devedor não garante (em regra, porque tal garantia o faria incorrer num risco desproporcionadamente elevado na economia do contrato) o resultado correspondente ao interesse do credor, obrigando-se apenas à realização dos seus melhores esforços para o obter. É o que se passa nas chamadas obrigações de meios ou de mera atividade que, portanto, podem cumprir-se sem que se produza o resultado que visam e que satisfaz o interesse do credor. Simplesmente, tal cumprimento, *per se*, não as extingue. Para que uma obrigação de meios se extinga pelo cumprimento é, ainda, necessário que se produza o resultado, que tenha decorrido o prazo de vigência da relação contratual sem a sua obtenção, ou que o mesmo se torne impossível.

[677] João Baptista Machado, «Risco contratual e mora do credor», pp. 264-73; Nuno Manuel Pinto Oliveira, *Direito das obrigações*, I, pp. 119-22.

[678] Maria de Lurdes Pereira, *Conceito de prestação e destino da contraprestação*, explica as duas aceções da ação de prestar como conduta em abstrato e como comportamento concreto, sobretudo nas pp. 16-7, 28-9, 309.

[679] Sobre o tema, Franz Wieacker, «Leistungshandlung und Leistungserfolg im bürgerlichen Schuldrecht», pp. 783-813. Constatando que o termo prestação (*Leistung*) surge no direito das obrigações ora como comportamento a que o devedor se obriga, ora como ocorrência que satisfaz o interesse do credor, explora os vários institutos em que o termo incorpora um e outro significado e conclui que a relação obrigacional tem uma dupla faceta: ela aspira à realização do interesse do credor e é simultaneamente uma ordem de comportamento para o devedor. Conclui pela ambivalência do termo prestação, como *Leistungshandlung* quando está

O CONTRATO DE MEDIAÇÃO

tado que dá satisfação ao interesse contratual do credor. É com este sentido alargado que o termo surge na disciplina da impossibilidade originária da prestação (art. 401 do CC) e na da impossibilidade do cumprimento (artigos 790 a 797 e 801 a 803 do CC)[680]. Neste sentido, *prestação e interesse do credor* são duas faces da mesma moeda ou duas perspetivas possíveis da mesma realidade.

No caso do contrato de mediação, *o interesse contratual do cliente do mediador* é o de que o mediador lhe encontre interessado para dado contrato e/ou que o terceiro interessado se convença a aceitar uma determinada proposta negocial. Estes são *os resultados que a atividade do devedor visa diretamente satisfazer* e a cuja eclosão ele pode efetivamente obrigar-se, embora, em regra, a sua obrigação se fique pelo exercício da atividade apta a produzi-los.

Do *interesse do credor*, também dito *primário ou final*, temos de distinguir o fim ou a *finalidade da obrigação* (*interesse secundário* ou *fim de emprego*)[681] que, no caso do nosso contrato, é a celebração do contrato visado. Esta nunca pode ser o resultado que o mediador se obriga a tentar causar (muito menos a causar), pois não é suscetível de emergir diretamente da realização da atividade prestacional. Com efeito, tal evento depende sumamente da vontade do cliente e da vontade do terceiro angariado.

Normalmente, as vicissitudes relativas à finalidade da obrigação são indiferentes à própria obrigação. Num exemplo de escola, se A arrenda uma garagem a B, por um ano, para aí guardar o seu veículo automóvel e, entretanto, este é totalmente destruído num acidente e o A não o vai subs-

---

em causa a ação a que o devedor se vincula e como *Leistungserfolg* quando referida à ocorrência que realiza o interesse do credor.

[680] Neste sentido NUNO MANUEL PINTO OLIVEIRA, *Princípios de direito dos contratos*, pp. 510-1, e *Direito das obrigações*, I, p. 121; MARIA DE LURDES PEREIRA, *Conceito de prestação e destino da contraprestação, maxime*, pp. 85-6 e 121, 309-11, ou na crítica que faz ao sentido restrito defendido por Baptista Machado na obra citada, e que o levaria a entender como lacunosa a resposta a situações que um conceito alargado de prestação permite acolher nos artigos 790 e 795 do CC (pp. 13-6, 87-90).

[681] Sobre a relação entre o *interesse do credor* e o *fim da relação de dívida*, ADRIANO VAZ SERRA, «Impossibilidade superveniente por causa não imputável ao devedor e desaparecimento do interesse do credor», *maxime* pp. 134-42. Ainda sobre o interesse do credor, MENEZES CORDEIRO, *Tratado de direito civil português*, II, *Direito das obrigações*, t. I, pp. 325-34; ALMEIDA COSTA, *Direito das obrigações*, pp. 109-13; RIBEIRO DE FARIA, *Direito das obrigações*, I, pp. 48-52; PAULO MOTA PINTO, *Interesse contratual negativo e interesse contratual positivo*, I, pp. 491-2; GALVÃO TELLES, *Direito das obrigações*, pp. 13-5; ANTUNES VARELA, *Das obrigações em geral*, I, pp. 157-60.

COMPREENSÃO DO CONTRATO COM INCIDÊNCIA NAS PRESTAÇÕES PRINCIPAIS

tituir, o desaparecimento do fim que motivou o contrato de arrendamento não tem influência nas obrigações emergentes deste contrato.

No contrato de mediação, porém, a *finalidade, fim de emprego* ou *interesse secundário* assume um especial papel no contrato, por duas vias: por um lado, o seu sucesso é condição do nascimento do direito à remuneração do mediador (desenvolvimento em 5.3.2); por outro, a prestação do mediador tem de o ter em atenção, na medida em que lhe é pedido que encontre interessado para um contrato com determinadas características únicas, nomeadamente com um determinado objeto mediato, cuja celebração constitui o fim do contrato de mediação (desenvolvimento em 5.3.3).

A interdependência que no contrato de mediação se observa entre a atividade a que o mediador se vincula, o resultado para que ela se orienta (encontrar um interessado) e a finalidade do contrato (celebração do contrato visado) é estreita ao ponto de a impossibilidade da celebração do contrato visado ter uma repercussão direta no interesse contratual (primário) do cliente e, consequentemente, na prestação. Assim, se a celebração do contrato visado deixa de poder ser atingida (por exemplo, porque o objeto mediato do contrato visado desaparece num incêndio), ou é obtida por um acontecimento externo à relação de mediação (o cliente celebra o contrato com terceiro por si encontrado ou angariado por outro mediador), isso tem como consequência a impossibilidade da prestação do mediador, com o sentido amplo que tem no âmbito do art. 790 do CC, e a consequente extinção da sua obrigação. Com efeito, apesar de, em abstrato, ainda ser possível ao mediador encontrar um interessado para um contrato com determinadas características, já não lhe será possível encontrar um interessado no concreto contrato que era visado no contrato de mediação, uma vez que a sua celebração deixou de ser possível, dado o seu objeto mediato já não estar na titularidade do cliente (seja porque materialmente desapareceu, seja porque o cliente já dispôs dele).

A circunstância de a finalidade do contrato de mediação (celebração do contrato desejado) ter uma conexão tão estreita com a prestação, não se repete, pelo menos tipicamente, noutros contratos[682] e tem conduzido

---

[682] A situação tem semelhanças com a de contratos em que se acorda a retribuição, ou parte dela, na dependência de um resultado que o devedor não garante – cláusula comumente designada por *success fee*. Porém, noutros contratos nos quais tal cláusula é praticada, nomeadamente com mandatários forenses, o resultado de que depende a retribuição (normalmente o ganho de causa), ainda que não *in obligatione* dada a dificuldade prática de o assegurar,

O CONTRATO DE MEDIAÇÃO

a alguma turbulência analítica. Veremos em seguida a frequência com que se coloca o contrato de mediação no campo dos contratos com obrigação de resultado, entendendo-se a celebração do contrato visado como esse resultado[683], e as razões por que não concordo com tal posicionamento.

Ultrapassada a distinção, no âmbito do contrato de mediação, entre o *interesse do credor* (interesse final ou primário) e a *finalidade da relação contratual* (interesse secundário ou fim de emprego), vislumbram-se duas hipóteses alternativas de relacionamento entre o primeiro e a *prestação*: ou o mediador se obriga a uma prestação que satisfaz direta e imediatamente o interesse contratual do cliente, ou o mediador limita a sua obrigação a uma atividade adequada a produzir o resultado que satisfaz aquele interesse.

5.2.2.2.2. Prestação do mediador e interesse contratual do cliente

A satisfação que a prestação dá ao interesse do credor pode ser direta ou imediata, quando a obrigação consiste na obtenção do resultado de encontrar o interessado disposto a celebrar o contrato visado, ou pode ser indireta ou mediata, quando o mediador apenas se obriga à execução de um conjunto de atos adequados a encontrar o tal interessado, sem se comprometer com este resultado.

Evidenciam-se aqui dois tipos de obrigações para os quais as designações mais utilizadas têm sido as de *obrigações de resultado* e *obrigações de meios*. Chamemos *classificação* ao conceito que agrupa estes tipos, mas apenas por facilidade de expressão, pois os seus dois termos não se arrumam em compartimentos estanques e excludentes, melhor se representando como polos de um plano que engloba muitos matizes[684]. A classificação que

---

constitui o interesse primário do credor. No contrato de mediação (simples), por seu turno, a retribuição não depende do resultado suscetível de ser alcançado com a prestação (obtenção de um interessado), mas sim do interesse secundário ou fim de emprego (celebração do contrato desejado dependente da vontade do titular do interesse e de um terceiro). Diferente pode ser o caso do contrato de mediação com cláusula de exclusividade, no qual a remuneração pode depender apenas do resultado para que se orienta a prestação do mediador (encontrar interessado no contrato visado) – sobre esta situação remeto para o que escrevo em 8.6.

[683] Notas 710 a 713, textos que as suportam e passim.

[684] Esta ideia, que hoje é recorrentemente repetida, está de há muito latente na consciência de que as obrigações de meios não prescindem do resultado a que tendem, e as de resultado não prescindem de uma atividade cuja diligência melhor o assegurará. No sentido de que o resultado é imprescindível, MANUEL GOMES DA SILVA, *O dever de prestar e o dever de indemnizar*, p. 239 – «é um erro prescindir inteiramente da ideia de resultado para caracterizar certas

assim aparta as obrigações tornou-se inevitável na teoria geral das obrigações a partir do momento em que foi elaborada por DEMOGUE, ainda no
primeiro quartel de século XX[685]. Já anteriormente outros autores tinham
posto em evidência a distinção das obrigações segundo a maior ou menor
correspondência entre o seu objeto e o resultado esperado pelo credor[686];
foi, no entanto, DEMOGUE quem atribuiu aos dois tipos de obrigações
as designações pelas quais ainda hoje são mais conhecidos e que deu o
mote a inúmeros estudos e desenvolvimentos sobre eles e suas repercus-
sões na explanação e na aplicação do direito. O Autor gizou a classificação de modo incidental, ao discorrer sobre as diferenças relativas ao ónus
da prova na responsabilidade aquiliana e na responsabilidade contratual.
Opondo-se às posições de SAINCTELETTE e de GRANDMOULIN (para
quem as diferenças se colocavam ao nível da fonte da obrigação – lei ou
contrato –, para o primeiro, ou ao nível do conteúdo positivo ou negativo
da obrigação, para o segundo), conclui que o sistema de prova é o mesmo,
quer a responsabilidade seja contratual ou delitual, e quer a obrigação seja
positiva ou negativa. As diferenças dependeriam apenas de a obrigação do
devedor consistir em atingir um resultado ou em adotar os meios aptos a
atingi-lo. No primeiro caso, constatada a obrigação e a sua inexecução, o
credor obteria ganho de causa, a menos que o devedor provasse a impossibilidade do cumprimento por caso fortuito ou de força maior; no segundo
caso, caberia ao credor provar que o devedor não adotou as medidas que

---

obrigações. Quando ao devedor se exigem simples cautelas, simples atos de prudência e de diligência, é o fim em vista a diretriz que o orienta na determinação dos atos que deve praticar».
Enfatizando a omnipresença da diligência, ANDRÉ TUNC, «La distinction des obligations de
résultat et des obligations de diligence», ponto 3 – «au fond, toute obligation contractuelle
a pour objet une certaine diligence du débiteur, à la seule exception de l'obligation, très
exceptionnelle, de donner, au sens latin du mot, c'est-à-dire de transférer la propriété d'un
bien (...) e, si l'on veut, de l'obligation de ne pas faire». Lembrando a necessidade de ambos,
resultado e diligência, ANDRÉ PLANCQUEEL, «Obligations de moyens, obligations de résultat», p. 334 – «C'est qu'il est rationnellement impossible de séparer, d'isoler le résultat, le but
à atteindre, des moyens qui doivent y conduire. L'acceptation d'une obligation, quelle que
soit sa nature, quel que soit son objet, vise nécessairement à l'atteinte d'un certain résultat,
celui que les parties au contrat ont en vue».

[685] RENÉ DEMOGUE, *Traité des obligations en général*, I, *Sources des obligations (Suite et fin)*, t. V,
pp. 536-44.

[686] Sobre esses antecedentes J. MIGUEL LOBATO GÓMEZ, «Contribución al estudio de
la distinción entre las obligaciones de medios y las obligaciones de resultado», pp. 660-3;
RICARDO LUCAS RIBEIRO, *Obrigações de meios e obrigações de resultado*, pp. 24-7.

O CONTRATO DE MEDIAÇÃO

devia ter adotado e que normalmente seriam aptas a produzir o resultado[687]. Embora a classificação tenha nascido com a alargada aspiração de colocar sob a sua alçada todas as obrigações, independentemente da sua origem contratual ou extracontratual, é no domínio da responsabilidade contratual que a sua análise se tem revelado mais intensa, havendo quem negue a sua operacionalidade no campo extracontratual[688]. Só o primeiro nos interessa.

A classificação teve um forte desenvolvimento em vários países, em sentidos variados e, por vezes, com terminologias distintas[689]. O seu sucesso mais contundente localiza-se em França, onde está associado ao entendimento generalizado de que as regras sobre o ónus da prova dos factos geradores de responsabilidade são diferentes nas duas espécies de obrigações – nas obrigações de resultado, constatada a inexistência deste, presume-se a responsabilidade do devedor, enquanto nas obrigações de meios cabe ao credor a prova da *faute* do devedor[690]. Boa parte da doutrina francesa entende que essa diferença é imposta por lei, decorrendo de várias disposições do *Code civil*.

Já na legislação portuguesa não encontramos arrimo para essa diferença de regime (como melhor veremos em 5.2.2.2.3), o que justifica a escassa atenção que a maioria da doutrina tem prestado à classificação. Sem prejuízo de alguns escritos mais detidos[691], a maioria limita-se a fazer-lhe breves

---

[687] René Demogue, *Traité des obligations en général*, I, *Sources des obligations (Suite et fin)*, t. V, sobretudo pp. 537-9.

[688] É o caso de Ricardo Lucas Ribeiro, *Obrigações de meios e obrigações de resultado*, pp. 43 e 166.

[689] Por exemplo, obrigações de *prudência* ou de *diligência* (em vez de *meios*) e obrigações *determinadas* (na vez de *resultado*) – Henri Mazeaud, Léon Mazeaud, François Chabas *et al.*, *Leçons de droit civil*, t. II, vol. I, p. 13; obrigações de *diligência* e obrigações de *resultado* – André Tunc, «La distinction des obligations de résultat et des obligations de diligence», ponto 1. As diferentes terminologias não passam disso, não tendo qualquer reflexo nos respetivos conceitos ou efeitos jurídicos – assim o nota também Lobato Gómez, «Contribución al estudio de la distinción entre las obligaciones de medios y las obligaciones de resultado», p. 657.

[690] Desenvolvimento em 5.2.2.2.3.

[691] Ainda na vigência do Código de Seabra, com o mérito de ter sido o primeiro a aprofundar a classificação no nosso país, Manuel Gomes da Silva, *O dever de prestar e o dever de indemnizar*, pp. 205-7 e 233-48. O Autor escreveu num fundo legislativo em que não havia diferenças de ónus da prova baseadas no tipo de responsabilidade, contratual ou extracontratual, nem regras fixas num caso e no outro; foi crítico da classificação, concluindo que nas obrigações ditas *de resultado* não está em causa um dever de prestar mais intenso, mas sim o facto de o devedor

COMPREENSÃO DO CONTRATO COM INCIDÊNCIA NAS PRESTAÇÕES PRINCIPAIS

referências, em larga medida, no contexto da promessa de facto de terceiro ou da impossibilidade subjetiva do cumprimento[692].

No que ao contrato que nos ocupa diz respeito, e ao contrário do que tem sido a prática (talvez apenas excecionada também no âmbito da responsabilidade contratual por ato médico), a classificação tem vindo a lume com alguma constância, o que parece justificar-se pelo papel de particular peso que um dado evento – em regra, a celebração do contrato visado – assume na consumação do contrato de mediação. Por vezes, confunde-se esse evento com o resultado que o mediador se obriga a causar ou a tentar causar, e, com base nisso, classifica-se a obrigação do mediador como *obrigação de resultado* ou *obrigação de meios*[693].

«assumir, ao lado do dever de efetuar a prestação, um dever especial de indemnizar» e que «o defeito básico da noção de obrigação de resultado é precisamente (...) o de confundir o dever de prestar com esse dever de garantia» (p. 242). Perante o quadro legislativo atual, v. ANTÓNIO MENEZES CORDEIRO, *Tratado de direito civil português*, II, *Direito das obrigações*, t. I, pp. 443-54; PEDRO MÚRIAS e MARIA DE LURDES PEREIRA, «Obrigações de meios, obrigações de resultado e custos da prestação»; NUNO MANUEL PINTO OLIVEIRA, *Direito das obrigações*, I, pp. 143-59, e *Princípios de direito dos contratos*, pp. 32-42 (nesta última obra, o Autor revê a sua posição, negando que nas obrigações ditas de resultado o devedor se obrigue a prestar o dito, ao invés obrigar-se-ia, tal como nas de meios, a «um comportamento diligente concretizado na mais elevada medida de cuidado exterior», o dever de prestar um resultado seria «tão-só o *dever de indemnizar* o dano causado pela falta do resultado prometido»); RICARDO LUCAS RIBEIRO, *Obrigações de meios e obrigações de resultado*.

[692] Breves referências de caráter geral, em EDUARDO DOS SANTOS JÚNIOR, *Direito das obrigações*, I, pp. 109-11; MENEZES LEITÃO, *Direito das obrigações*, I, pp. 141-2; PEDRO ROMANO MARTINEZ, *Direito das obrigações*, pp. 181-4. Curtas referências a propósito da promessa de facto de terceiro e/ou da impossibilidade subjetiva do cumprimento não imputável ao devedor, em ALMEIDA COSTA, *Direito das obrigações*, pp. 695, 1039 e 1040; GALVÃO TELLES, *Direito das Obrigações*, p. 42; ANTUNES VARELA, *Das obrigações em geral*, I, p. 86, nota 2, e *Das obrigações em geral*, II, pp. 73-4. De mencionar que, para alguns autores, a impossibilidade subjetiva apenas pode exonerar o devedor se a obrigação for de meios (não se for de resultado). No fundo, reservam a disciplina do art. 791 para as obrigações de meios. É o caso, claramente, de ALMEIDA COSTA, *Direito das obrigações*, pp. 1039-40. ANTUNES VARELA, *Das obrigações em geral*, II, pp. 73-4, refere o problema, mas não adere à posição descrita. Não creio que a disciplina do art. 791 do CC se destine apenas e exclusivamente a obrigações de meios. O que ali está em causa é a infungibilidade da obrigação (assim também NUNO MANUEL PINTO OLIVEIRA, *Direito das obrigações*, I, pp. 152-4), que tendencialmente se verifica numa obrigação de meios. No entanto, há prestações de resultado infungíveis, cuja impossibilidade subjetiva conduz à exoneração do devedor (por exemplo, a pintura de um quadro por um pintor famoso que entretanto fica sem o braço com que pinta).

[693] No que toca ao ordenamento português, v. 5.2.2.2.3. Sobre a situação em Espanha, onde a questão tem sido especialmente colocada e respondida, v. as notas 523 e 524 a 526.

O CONTRATO DE MEDIAÇÃO

Em ordem a perceber como se classifica (entre meios e resultado) a obrigação do mediador (que não tem por objeto a celebração do contrato visado), e que importância essa classificação tem, se é que tem alguma, no regime do contrato, aprofundemos, sucessivamente, a classificação e o conteúdo (ou os possíveis conteúdos) da obrigação do mediador.

A partição é, numa primeira abordagem, simples de descrever. Se o devedor se obriga a obter o resultado que satisfaz direta e imediatamente o interesse final ou primário do credor, estamos em presença de uma obrigação de resultado. Se o devedor se obriga apenas à prática dos atos adequados a produzir aquele resultado, não se comprometendo com este último, estamos em presença de uma obrigação de meios. O critério da dicotomia é, portanto, referente ao objeto imediato da relação obrigacional, e nisso coincide com a partição romana das obrigações em *dar, fazer* ou *não fazer*. Mas enquanto esta se reporta à natureza da prestação em si mesma considerada, a que ora nos ocupa separa as obrigações de acordo com o relacionamento entre a prestação e o interesse final ou primário do credor: se a prestação, por si mesma, o satisfaz, a obrigação é de resultado; se a prestação conclui apenas um processo apto a fazer emergir o resultado que satisfaz o interesse do credor, a obrigação é de meios.

A clivagem entre obrigações de resultado e obrigações de meios ressalta apenas no âmbito das obrigações *de facere*, que são as obrigações típicas dos contratos de prestação de serviço – as *de dare* e as de *non facere* são de resultado. Os exemplos encontrados em todas as monografias sobre a dicotomia em análise são de contratos pertencentes à categoria da prestação de serviço, sendo quase sempre recordado o de prestação de serviço médico[694], que inclusivamente esteve na base da primeira posição da jurisprudência francesa sobre o problema[695]. Os casos judiciais e as obras sobre prestação de serviço médico têm sido palco privilegiado das referências à classificação, em Portugal[696].

---

[694] René Demogue, *Traité des obligations en général*, I, *Sources des obligations (Suite et fin)*, t. V, pp. 539-40.

[695] Acórdão da *Cour de cassation* de 20/05/1936, por quase todos referido, *v.g.*, por André Tunc, «La distinction des obligations de résultat et des obligations de diligence», ponto 1.

[696] A título de exemplo, vejam-se os Acórdãos do STJ de 19/06/2001, proc. 01A1008, de 17/02/2002, proc. 02A4057, de 11/07/2006, proc. 06A1503, de 18/09/2007, proc. 07A2334, de 04/03/2008, proc. 08A183, de 15/10/2009, proc. 08B1800, de 17/12/2009, proc. 544/09.9YFLSB, de 07/10/2010, proc. 1364/05.5TBBCL.G1.S1, de 24/05/2011, proc. 1347/04.2TBPNF.P1.S1, de 15/12/2011, proc. 209/06.3TVPRT.P1.S1. Na doutrina, Carlos Ferreira de Almeida,

COMPREENSÃO DO CONTRATO COM INCIDÊNCIA NAS PRESTAÇÕES PRINCIPAIS

A facilidade de descrição no plano teórico dos dois tipos de obrigações não encontra paralelo na transposição para os casos da vida. Pensemos no caso do médico que intervenciona o doente com o objetivo de lhe remover um tumor. Se as partes tiverem convencionado o concreto conteúdo e alcance da obrigação, por aí nos guiaremos. Estamos em campo dominado pela liberdade contratual, nada impedindo, como regra, que as partes alarguem ou restrinjam a obrigações típicas e, em consequência, a medida da indemnização ou as circunstâncias em que será devida[697]. O problema surge quando as partes nada dizem sobre a questão. É para essas situações que a doutrina busca critérios seguros para o estabelecimento da diferenciação. Simplificando, podemos dizer que, não sendo o contrato claro sobre o conteúdo da obrigação, o grau de aleatoriedade do resultado tem sido o critério mais utilizado[698]. Retomando o mesmo caso, imaginemos que nada era estipulado (situação hoje rara). O juízo sobre o alcance da obrigação do médico vai depender da concreta dificuldade de remoção do tumor e esta prende-se com vários fatores entre os quais avultam a situação física do tumor, o demais estado clínico, nomeadamente cardiovascular, do paciente, a perícia daquele profissional e de outros que o assistam, a acuidade dos equipamentos. Os fatores em jogo podem ser múltiplos, mas a sua relevância prende-se sempre com o domínio que seja exigível ao devedor ter sobre o resultado, ou seja, com o grau de aleatoriedade deste.

«Os contratos civis de prestação de serviço médico», *máxime* pp. 110-2; RIBEIRO DE FARIA, «Novamente a questão da prova na responsabilidade civil médica – reflexões em torno do direito alemão», sobretudo pp. 115-8; MIGUEL TEIXEIRA DE SOUSA, «Sobre o ónus da prova nas acções de responsabilidade civil médica», *máxime* pp. 125-6.

[697] Sobre este ponto vejam-se as detidas análises de RICARDO LUCAS RIBEIRO, *Obrigações de meios e obrigações de resultado*, pp. 62-79.

[698] Para uma exposição pormenorizada dos vários critérios propostos para a distinção dos dois ramos da classificação, JOSEPH FROSSARD, *La distinction des obligations de moyens et des obligations de résultat*, pp. 128-64. Para o Autor, a solução está na ponderação de vários critérios, nenhum servindo isoladamente (163-4). Encontramos também soluções ecléticas em LOBATO GÓMEZ, «Contribución al estudio de la distinción entre las obligaciones de medios y las obligaciones de resultado», pp. 697-706; e RICARDO LUCAS RIBEIRO, *Obrigações de meios e obrigações de resultado*, pp. 61 e 79-86. Com opção pelo critério da aleatoriedade do resultado (seja como critério único, seja como critério preponderante), ALAIN BÉNABENT, *Droit civil, les obligations*, p. 293; FRANCISCO JORDANO FRAGA, «Obligaciones de medios y de resultado», p. 10; ANDRÉ PLANCQUEEL, «Obligations de moyens, obligations de résultat», pp. 339-40; STÉPHANIE PORCHY-SIMON, *Droit civil, les obligations*, pp. 11 e 227; ANDRÉ TUNC, «La distinction des obligations de résultat et des obligations de diligence», ponto 6.

O CONTRATO DE MEDIAÇÃO

Analisada a execução do contrato a partir de fora, as diferenças entre os dois tipos de obrigação não são visíveis. Em ambos os casos, o devedor tem de atuar, tem de desenvolver alguma atividade, e em ambos, também, existe um resultado ao qual aquela atividade se dirige e para o qual ela deve ser apta, resultado esse que satisfaz o interesse primário do credor, sem prejuízo de outros interesses que ele possa ter. Sem prejuízo de partilhar a opinião maioritária de acordo com a qual, no nosso ordenamento, os termos da classificação não se refletem num regime diferenciado de ónus da prova, reconheço-lhe a vantagem de facilitar a perceção do conteúdo da obrigação e do alcance e momento do cumprimento. Apenas nas obrigações de resultado, o devedor se obriga à obtenção do resultado que dá satisfação direta ao interesse (primário ou final) do credor; consequentemente, em tais obrigações, o cumprimento identifica-se com a obtenção desse resultado. Nas obrigações de meios, pelo contrário, o devedor vincula-se apenas a tentar obter o resultado que satisfaz o interesse do credor, pelo que pode haver cumprimento da obrigação, realização da prestação, sem que esse resultado seja atingido.

De notar que, apesar de a classificação não estar legalmente prevista, nem no ordenamento jurídico português, nem nos dos demais países analisados[699], ela está presente em significativos instrumentos internacionais de *soft law*.

Os princípios do Instituto Internacional para a Unificação do Direito Privado (UNIDROIT) relativos aos contratos do comércio internacional, contemplam-na no seu artigo 5.1.4., epigrafado «Obrigação de resultado e obrigação de meios». Quando a obrigação de uma parte envolva o dever de obtenção de um resultado específico, essa parte está obrigada a alcançá-lo (nº 1); e, quando a obrigação de uma parte envolva o dever de melhores esforços no cumprimento de uma atividade, essa parte está obrigada a empreendê-los, como uma pessoa razoável, com as mesmas qualificações, e nas mesmas circunstâncias (nº 2)[700]. A matéria vem da primeira versão,

---

[699] O *Avant-projet de reforme du droit des obligations (Articles 1101 à 1386 du Code civil) et du droit de la prescription (Articles 2234 à 2281 du Code civil)*, apresentado ao Ministro da Justiça francês, pelo Prof. Pierre Catala, em 22 de setembro de 2005, consagra a dicotomia no art. 1149. O *Avant-projet* é consultável em http://www.justice.gouv.fr/art_pix/RAPPORTCATALASEP-TEMBRE2005.pdf.

[700] A versão de 2010, em língua portuguesa, pode consultar-se em www.unidroit.org/english/principles/contracts/principles2010/translations/blackletter2010-portuguese.pdf.

de 1994, onde se encontrava no artigo 5.4. Em comentário a este último lê-se, muito acertadamente, que os termos da classificação correspondem a «dois graus frequentes e típicos de intensidade na assunção de uma obrigação contratual, sem todavia cobrir todas as situações possíveis»[701]. Como já deixei expresso, partilho da visão, que me parece subjazer ao comentário, segundo a qual as duas espécies da classificação correspondem a dois polos de um plano suscetível de várias gradações e não a dois conceitos estanques nos quais possamos subsumir, sem mais, toda e qualquer obrigação concreta.

Também o *Draft Common Frame of Reference* (DCFR), na parte C do Livro IV, dedicada aos contratos de serviços, tem dois artigos destinados a estas obrigações, um epigrafado «Obrigação de destreza e cuidado» e outro epigrafado «Obrigação de obter um resultado»[702].

A integração da classificação que nos ocupa nos princípios do UNIDROIT e no DCFR é ilustrativa da sua importância em muitos ordenamentos nacionais, pois aqueles princípios e regras refletem os conceitos encontrados em numerosos sistemas jurídicos e têm por objetivo estabelecer um conjunto equilibrado de regras destinadas a ser utilizadas em todo o mundo, no primeiro caso, ou a nível europeu, no segundo[703].

No que ao contrato de mediação respeita, o interesse contratual do cliente do mediador é o conseguimento de um interessado para certo contrato. O *resultado* que em concreto satisfizer o interesse do credor equivale à *prestação* se a ele o devedor se tiver obrigado (caso em que estamos perante uma obrigação de resultado) ou será apenas o *paradigma* pelo qual se aferirá a bondade da prestação quando o devedor apenas aos melhores esforços para o conseguir se tenha vinculado (caso em que estamos perante uma obrigação de meios).

---

[701] Tradução minha a partir da versão francesa do comentário ao art. 5.4, redação de 1994, consultável em www.unidroit.org/french/principles/contracts/principles1994/1994fulltext-french.pdf.

[702] V. arts. IV.C. – 2:105: *Obligation of skill and care*, e IV.C. – 2:106: *Obligation to achieve result*. Sobre o DCFR em geral, v. nota 137.

[703] V. nos princípios UNIDROIT, a introdução à versão de 1994, e no DCFR, os nºs 6 e 7 da introdução.

O CONTRATO DE MEDIAÇÃO

5.2.2.2.3. Irrelevância prescritiva do modo mediato ou imediato como a prestação do mediador satisfaz o interesse contratual do cliente

Estabelecida a relevância descritiva dos conceitos de *obrigação de meios* e de *obrigação de resultado* – na medida em que obrigações concretas podem corresponder, ou correspondem tendencialmente, a um ou a outro daqueles tipos de obrigações –, importa averiguar a sua relevância prescritiva.

Já sabemos que a classificação nasceu para facilitar a resolução de problemas de ónus da prova no ordenamento jurídico francês. Ali, o *Code* tem duas disposições aparentemente discordantes e para cuja articulação a doutrina tem destinado as duas espécies de obrigações em causa. De um lado, o artigo 1147 estabelece que o devedor é condenado pelo incumprimento ou pela mora *sempre que não justifique que a inexecução provém de uma causa estranha que não lhe pode ser imputada*; ou seja, assente a inexecução ou a mora, o devedor é responsável por elas, a menos que prove que elas se deveram a caso fortuito ou de força maior. De outro, o artigo 1137 parece conferir uma solução diferente no que respeita à obrigação de velar pela conservação de uma coisa, dizendo que tal obrigação *submete aquele que a ela está vinculado a usar de todos os cuidados de um bom pai de família*. Deste segmento da norma, a doutrina infere que cabe ao credor a prova de que o devedor não agiu com os cuidados de um bom pai de família. Apesar de estes artigos corresponderem à versão originária do Código, de 1804, e de a classificação de que tratamos só ter sido idealizada mais de um século depois, parte da doutrina francesa vem a compaginar uns e outra, reservando o 1147 para as obrigações de resultado e o 1137 para as obrigações meios[704]. Diga-se em abono da verdade que mesmo os autores que não distribuem as obrigações de resultado e de meios pelos artigos 1147 e 1137 sempre entendem, por outras vias, que a umas e a outras correspondem regimes de ónus da prova diferentes[705].

---

[704] *V.g.*, ALAIN BÉNABENT, *Droit civil, les obligations*, p. 290; YVAINE BUFFELAN-LANORE e VIRGINIE LARRIBAU-TERNEYRE, *Droit civil, Les obligations*, pp. 425-6 ; JACQUES FLOUR, JEAN-LUC AUBERT e ÉRIC SAVAUX, *Les obligations*, I, pp. 31-2; STÉPHANIE PORCHY-SIMON, *Droit civil, les obligations*, pp. 11 e 225-6.

[705] Assim, por exemplo, HENRI MAZEAUD, LÉON MAZEAUD, FRANÇOIS CHABAS *et al.*, *Leçons de droit civil*, t. II, vol. I, pp. 442-4: o art. 1147 aplica-se à responsabilidade contratual em geral, independentemente do âmbito ou extensão da obrigação do devedor, e o art. 1137 visa apenas o caso particular da obrigação de conservar uma coisa. Não obstante, entendem que nas obrigações de resultado presume-se a imputação do incumprimento ao devedor e que nas obrigações de meios não existe idêntica presunção (pp. 677, 684-5). No mesmo sentido,

COMPREENSÃO DO CONTRATO COM INCIDÊNCIA NAS PRESTAÇÕES PRINCIPAIS

No sistema português, onde o pano de fundo francês não tem paralelo, o facto de o devedor se obrigar a prestar um resultado ou, apenas, a prestar a atividade apta à sua eclosão não determina diferenças no regime do ónus da prova, seja do cumprimento, seja da culpa. Neste sentido manifesta-se também a maioria da doutrina portuguesa que sobre a questão se debruça (alguma, implicitamente, por via da irrelevância que, em todo o plano, atribui à distinção)[706].

Num caso e no outro, o Código Civil fornece as mesmas regras sobre a prova, respetivos ónus e presunções (*maxime*, artigos 342, 344 e 799). Num caso e no outro incumbe ao cliente a prova dos factos constitutivos do direito que pretende fazer valer e que podem resumir-se ao contrato de que emerge a obrigação do mediador (incumprimento *tout court*) ou podem ter de abranger também as falhas da execução (cumprimento defeituoso). E cabe ao mediador a prova dos factos impeditivos, modificativos ou extintivos do direito do cliente, por exemplo, a prova de que executou a presta-

---

ANDRÉ PLANCQUEEL, «Obligations de moyens, obligations de résultat», pp. 334-40 – generalizando embora a aplicação do art. 1147 a todas as obrigações, entende que o mesmo contém uma disposição não imperativa e que, portanto, será afastada expressa ou tacitamente pelas partes sempre que o grau de aleatoriedade da obrigação impeça a presunção de responsabilidade do devedor (*maxime*, pp. 339-40). Este Autor diz, com muita propriedade, que aquando da feitura do *Code*, as obrigações a que hoje se chama de meios eram praticamente ignoradas – «Il n'y avait pas alors de contrat au sens juridique du terme entre médecins et malades, avoués ou avocats et plaideurs; la civilisation de cette époque n'était pas encore celle du machinisme et des dangers qu'il devait créer pour la personne humaine et la société d'alors ne se livrait guère aux loisirs d'aujourd'hui, les promenades à cheval, les fréquentations de piscines, la pratique du ski...». Também ANDRÉ TUNC, «La distinction des obligations de résultat et des obligations de diligence», ponto 6, não partilha a ideia de atribuição do art. 1147 apenas às obrigações de resultado e do art. 1137 apenas às de meios. Entende, todavia, que umas e outras beneficiam de regimes de ónus da prova distintos por via da interpretação do art. 1315: «La différence entre les deux catégories d'obligations résulte des circonstances, et non, en principe, d'une différence de degré ou d'intensité de l'obligation. Mais cette différence de circonstances entraîne un renversement dans la charge de la preuve: justifiée pour les obligations de résultat par la présomption que la diligence du débiteur obtiendra le résultat voulu, la règle de preuve de l'article 1315, alinéa 2, cesse de l'être pour les obligations de pure diligence».

[706] Assim, ANTÓNIO MENEZES CORDEIRO, *Tratado de direito civil português*, II, *Direito das obrigações*, t. I, sobretudo pp. 447-54; EDUARDO DOS SANTOS JÚNIOR, *Direito das obrigações*, I, p. 110; MENEZES LEITÃO, *Direito das obrigações*, I, p. 142; PEDRO ROMANO MARTINEZ, *Direito das obrigações*, p. 182; JOÃO CALVÃO DA SILVA, *Cumprimento e sanção pecuniária compulsória*, nota 154, pp. 80-1; MANUEL GOMES DA SILVA, *O dever de prestar e o dever de indemnizar*, pp. 205-7 e 238-48.

O CONTRATO DE MEDIAÇÃO

ção devida (caso lhe seja assacada falta de cumprimento ou mora), assim como lhe cabe a prova de que o incumprimento em que tenha incorrido não lhe é imputável a título de culpa.

Apesar de as regras sobre o ónus da prova e sobre presunções serem as mesmas para obrigações de meios e obrigações de resultado, a efetivação da prova apresenta diferenças na prática. Essas diferenças resultam de os conteúdos das obrigações serem materialmente distintos, o que conduz a que o cumprimento e o incumprimento sejam, também eles, diferentes e, logo, na mesma medida, diferente a prova que aquele a quem ela incumbe tem que fazer deles. Acrescem, ainda, as diferenças decorrentes do tipo de incumprimento que em concreto fundamenta a ação.

Estando em causa o *incumprimento definitivo* ou a *mora* numa obrigação de *resultado* – por exemplo, falta de pagamento de um preço, de entrega de uma coisa, de produção de uma obra –, o credor prova a fonte da obrigação (contrato) e o devedor prova o seu cumprimento mediante a mera prova da produção do resultado – nos casos mencionados, mediante a prova de que efetuou o pagamento, entregou a coisa ou produziu a obra. Não sendo efetuada prova do cumprimento, presume-se culposo o incumprimento, cabendo ao devedor a prova de que nele não teve culpa.

Se o fundamento do pedido for o *cumprimento defeituoso* de uma obrigação de *resultado*, cabe ao credor provar, não apenas a fonte da obrigação primitiva, mas também o defeito do resultado, por exemplo, que as notas com que foi pago eram falsas, que a coisa que lhe foi entregue estava danificada, que a obra não cumpre os requisitos necessários à sua função. Para se eximir da responsabilidade pelo defeito, o devedor terá de provar que o mesmo não lhe é imputável a título de culpa.

Se se trata de uma ação emergente do *incumprimento definitivo* ou do *atraso* no cumprimento de uma obrigação de *meios*, cabe de igual forma ao credor a prova da fonte da obrigação e ao devedor a prova da execução da prestação. Simplesmente, para conseguir tal desiderato não tem o devedor que provar o resultado, cuja obtenção a sua prestação ambicionava, mas a que não se obrigou. Cabe-lhe, sim, a prova de que desenvolveu a atividade apta à consecução do resultado que satisfaz o interesse do credor. Isto pressupondo que o resultado desejado não foi atingido, pois se o tiver sido, tanto melhor, basta-lhe a prova deste. Afinal, era o resultado o pretendido pelo credor e em vista do qual contratou, pouco interessando ao credor se foi alcançado através dos atos mais capazes ou não. Lembro que o resultado que satisfaz o interesse do credor não é diretamente prometido apenas porque no seu conseguimento intervêm fatores que escapam ao controlo do devedor, fazendo com que lhe seja particularmente penoso e desequilibrado assumir essa obrigação. Não sucedendo o devedor na prova do cumprimento, presume-se culposo o incumprimento, cabendo-lhe a prova de que nele não teve culpa. De acrescentar que uma obrigação de meios não se extingue pela mera execução do comportamento; não tendo dado origem ao resultado que satisfaz o interesse do credor, a obrigação de meios apenas se extinguirá quando esse resultado se tornar impossível, ainda que por ter cessado a relação contratual sem a sua obtenção (decurso do prazo de vigência do contrato).

Finalmente, se a causa de pedir integrar o *cumprimento defeituoso* de uma obrigação de *meios* tem também o credor (à semelhança do que sucede para uma obrigação de resultado) de provar a fonte da obrigação originária e os defeitos do cumprimento. Mas não poderá fazê-lo pela prova de um resultado defeituoso, pois o devedor não se obrigou à produção do resultado. A prova do cumprimento defeituoso de uma obrigação de meios passa pela demonstração de que não foi produzida a atividade apta a desencadear o resultado correspondente ao interesse do credor, ou, por outras palavras, de que existe uma divergência objetiva entre os atos praticados e aqueles que seriam adequados àquele resultado.

E é nisto que consiste a grande diferença, que na prática do direito se revela, entre uma obrigação de *resultado* e uma obrigação de *meios*. Na primeira, a prova do cumprimento e a do cumprimento defeituoso fazem-se, respetivamente, pela demonstração de que o resultado foi atingido, ou de que o resultado apresenta defeitos. Na segunda, a prova do cumprimento concretiza-se com a demonstração do comportamento apto à emergência do resultado que satisfaz o interesse primário do credor; e a prova do cumprimento defeituoso efetua-se pela demonstração de que o devedor praticou atos inadequados a atingi-lo. Num caso e no outro, não provado o cumprimento ou provado o cumprimento defeituoso, presume-se a culpa do devedor no incumprimento ou no cumprimento defeituoso, cabendo, portanto, ao devedor, a prova de que aqueles foram produzidos sem culpa da sua parte.

O que escrevi nos últimos parágrafos, sendo a minha visão pessoal, é também a consentânea com a doutrina maioritária que nega relevância prática à distinção[707].

---

[707] Além da doutrina indicada na nota 706, v. CARLOS FERREIRA DE ALMEIDA, «Os contratos civis de prestação de serviço médico», pp. 117-8; JORGE FIGUEIREDO DIAS e JORGE

O CONTRATO DE MEDIAÇÃO

Esta aparente simplicidade tem sido posta em causa por doutrina para a qual, na obrigação de meios, a prova da prestação implica a prova de uma atuação diligente, e a prova do defeito da prestação implica a prova de uma atuação negligente. A diligência está *in obligatione*, afirma-se. Logo, os factos relativos à prestação contêm um certo grau de diligência, sem prejuízo de, para além da culpa contida na ilicitude das obrigações de meios, haver ainda, como pressuposto de responsabilidade pela violação das mesmas obrigações, uma culpa autónoma, *atitude pessoal interior de descuido ou leviandade perante a norma de comportamento*[708].

Sinde Monteiro, «Responsabilidade médica em Portugal», pp. 45-6; António Silva Henriques Gaspar, «A responsabilidade civil do médico», pp. 344-5; André Gonçalo Dias Pereira, *O consentimento informado na relação médico-paciente*, pp. 425-6.

[708] Ricardo Lucas Ribeiro, *Obrigações de meios e obrigações de resultado, maxime* pp. 125-31: «Neste tipo de responsabilidade [pela violação de obrigações de meios], temos para nós que a ilicitude encerra um significado diferente relativamente à "ilicitude de resultado", pois, segundo cremos, ela recebe elementos tradicionalmente de culpa» (p. 125). O Autor, embora parta da asserção de que a presunção de culpa do art. 799 vale também para as obrigações de meios (pp. 109-10), acaba por inutilizar parcialmente essa presunção com a consideração de que a prova do cumprimento defeituoso de uma obrigação de meios inclui a prova de uma atuação negligente por parte do devedor. Esta visão é comum a vários autores. Francisco Jordano Fraga, «Obligaciones de medios y de resultado», sobretudo pp. 26-32: «en las obligaciones de medios, siempre que nos hallemos ante un supuesto de inexacto cumplimiento, nos encontramos ante el juego sucesivo de la diligencia en sus dos conocidas funciones: 1) como criterio de cumplimiento, para establecer que la conducta del deudor no se ajustó al patrón de diligencia debida, según la concreta obligación de que se trate (...); y 2) como criterio general de imputación, en el seno de la prueba liberatoria (...), para establecer, si, existiendo imposibilidad de prestar la diligencia debida, por una concreta causa, ésta, en su origen, es o no referible a la negligencia-culpa del deudor» (p. 31). Lobato Gómez, «Contribución al estudio de la distinción entre las obligaciones de medios y las obligaciones de resultado»: «En las obligaciones de resultado el asunto [que se entiende por incumplimiento de la obligación] no plantea, desde este punto de vista, grandes problemas. El incumplimiento de la obligación en sentido material viene determinado, como entiende toda la doctrina, por la no obtención del resultado prometido» (p. 716); «En las obligaciones de medios, por el contrario, la determinación del incumplimiento es mucho más compleja en atención al mayor grado de indeterminación de la prestación. La cuestión estriba, en principio, en determinar si la diligencia empleada por el deudor es aquella que el acreedor podía esperar de un deudor cuidadoso en el desempeño de la actividad que constituye el objeto de la obligación» (p. 717); «no será la distinta distribución de la carga de la prueba la consecuencia que produce la distinción entre obligaciones de medios y obligaciones de resultado, sino, más bien, el distinto contenido de la misma en razón a la diferencia de contenido de la prestación» (p. 729); «la exigencia de la prueba de la culpa del deudor por parte del acreedor para determinar el incumplimiento de las obligaciones de medios, no supone propiamente una inversión

COMPREENSÃO DO CONTRATO COM INCIDÊNCIA NAS PRESTAÇÕES PRINCIPAIS

Uma terceira posição é manifestada por Ribeiro de Faria, para quem, nas obrigações de meios, fazendo a atuação diligente parte da obrigação, não chega a atuar a presunção de culpa do art. 799. A quem couber a prova do cumprimento ou do incumprimento, caberá a prova da ausência de culpa ou da culpa[709].

As posições que entendem necessária à prova do defeito da prestação de meios a prova de uma atuação negligente (seja totalmente, seja em certo grau ou medida) geram graves dificuldades ao credor, e não são, na minha ótica, as que melhor se adaptam ao nosso ordenamento com a sua cisão entre ilícito (*in casu* contratual) e culpa.

Trazendo a classificação para o domínio do contrato de mediação, e centrando-nos nos casos em que o mediador se vincula a prestar, colocam-se duas possibilidades. Numa, o mediador obriga-se a conseguir um interessado para o desejado contrato (recordo que o DL 285/92, primeiro a tipificar o contrato de mediação imobiliária, descrevia assim a obrigação do

---

de la carga de la prueba, sino únicamente la necesidad de probar el incumplimiento de la prestación en sentido material, determinando, al probar la culpa del deudor, que no se ha empleado la diligencia prometida en su actuación por el deudor al contraer la obligación» (p. 733). Nuno Manuel Pinto Oliveira, *Direito das obrigações*, I, p. 159: «[A presunção de culpa] aplica-se de forma diferente na responsabilidade contratual pelo não cumprimento das obrigações de resultado e na responsabilidade contratual pelo não cumprimento das obrigações de meios: na primeira (...) a presunção de culpa do art. 799º combina-se com um critério de tipicidade/ilicitude referido ao resultado, pelo que exonera o credor (lesado) do ónus de alegar e de provar a omissão do cuidado (exterior ou interior) exigível; na segunda (...) a presunção de culpa combina-se com um critério de tipicidade/ilicitude estritamente referido à conduta, pelo que não exonera o credor do ónus de demonstrar a omissão da mais elevada medida de cuidado exterior».

[709] Ribeiro de Faria, «Novamente a questão da prova na responsabilidade civil médica – reflexões em torno do direito alemão» – nas obrigações de meios «a dívida é reduzida a um tipo ou modelo de atividade. O que está em jogo é realizar ou comportar-se de um dado modo – o que incorpore a diligência exigível no tráfego e, por isso mesmo, que o desvalor seja, a existir, um mero desvalor da conduta» (pp. 116-7); «se a ilicitude é a infração de um dever de diligência, o que sucede é que se subjetivou o tipo, como os finalistas pretendem, e, como estes também dizem, a menos que se adote uma culpa concreta para o devedor, a sobreposição dos dois conceitos (ilicitude e culpa) é inevitável» (p. 117). Este pensamento já estava de algum modo presente em Ribeiro de Faria, *Direito das Obrigações*, II, p. 405 – «Na responsabilidade contratual, a culpa do devedor presume-se (artº 799º). Isto quer dizer que ao credor incumbe provar a ilicitude e ao devedor que ela não procede de culpa sua. Positivamente que, se a obrigação é apenas de proceder com a diligência exigível, o credor terá de provar que não teve lugar um procedimento nessas circunstâncias e não apenas que um dado resultado se não produziu (obrigação de meios)».

mediador), situação que me parece improvável, mas que não é de descartar, dado nada impedir que haja acordo das partes nesse sentido. Noutra, que será a mais frequente, o mediador apenas se vincula a desenvolver os melhores esforços no sentido de conseguir aquele resultado (os regimes da mediação imobiliária instituídos pelos Decretos-Leis 77/99 e 211/2004 descreviam a obrigação do mediador neste nível). No primeiro caso, estamos nesta perante uma obrigação de resultado; no segundo, perante uma obrigação de meios.

Cruzando estes dois tipos de obrigações com a falta de cumprimento, definitivo ou atempado, e com o cumprimento defeituoso, colocam-se-nos quatro hipóteses.

Primeira hipótese: o mediador compromete-se com um resultado e não o obtém. Neste caso, cabe ao cliente a prova do contrato, fonte da obrigação, e ao mediador a prova de que a não obtenção do interessado ficou a dever-se a causa que não lhe é imputável. Por exemplo, porque a pessoa que logrou angariar faleceu imediatamente antes da sua apresentação ao cliente.

Segunda hipótese: o mediador compromete-se a um resultado e cumpre defeituosamente pois, por exemplo, apresenta ao cliente um interessado que está insolvente. Cabe ao cliente a prova do contrato e do defeito do cumprimento (insolvência do angariado), e ao mediador a prova de que não teve culpa no cumprimento defeituoso, porque se informou nos locais ao seu dispor sobre a situação do angariado, e até obteve documentação sobre a sua situação financeira que não indiciava a realidade depois verificada.

Terceira hipótese: o mediador vincula-se a diligenciar por conseguir interessado para o contrato que o cliente quer celebrar e nada faz. Cabe ao cliente a prova do contrato de que emerge a obrigação e cabe ao mediador a prova de que não atuou por razão que não lhe é imputável, porque, por exemplo, foi sequestrado ou esteve inesperadamente hospitalizado durante o período de vigência do contrato.

Quarta e derradeira hipótese: o mediador vincula-se a diligenciar por conseguir interessado para o contrato que o cliente quer celebrar e cumpre defeituosamente. Por exemplo, publica anúncios com informação errada. Cabe ao cliente a prova do contrato e do defeito do cumprimento (anúncio desacertado), e ao mediador a prova de que não teve culpa no cumprimento defeituoso, porque forneceu à editora as informações corretas.

Podemos concluir que a classificação que bifurca as obrigações entre *resultado* e *meios* é interessante por permitir uma melhor descrição do conteúdo da obrigação, mas não tem, no ordenamento jurídico nacional, consequências no regime do ónus da prova.

5.2.2.2.4. Síntese intercalar

No contrato de mediação, além do resultado que satisfaz o interesse contratual do cliente (que pode ser um *resultado-prestação* se o mediador se tiver obrigado a causá-lo, ou um *resultado-paradigma* se se tiver vinculado apenas a desenvolver os melhores esforços no sentido de o obter), há um evento – a celebração do contrato visado – que, não obstante ser externo à prestação, condiciona o direito à contraprestação. A celebração do contrato visado nunca constitui o resultado que satisfaz o interesse do credor, pois o mediador não pode obrigar-se a causar nem sequer a tentar causar um acontecimento que está fora da sua esfera de controlo e não é sequer suscetível de ser diretamente gerado pela atividade prestacional. O facto de alguns autores pretenderem ver naquela celebração o resultado que satisfaz o interesse primário ou final do credor gera perplexidades e inconsistências.

No contrato de mediação observam-se três níveis de acontecimentos relevantes para o seu desfecho: a atividade de mediação; o resultado que satisfaz o interesse contratual do cliente; e o evento de que depende a remuneração.

No primeiro nível desenrola-se a *atividade* do mediador tendente a encontrar um terceiro interessado em celebrar o contrato que o cliente deseja. Este nível da atividade existe sempre, quer o mediador se tenha obrigado apenas a tentar causar o resultado que satisfaz o interesse do credor, sem se comprometer com a obtenção deste, quer o mediador se tenha obrigado a obter o mesmo resultado. No primeiro caso, atividade e *prestação* coincidem – a obrigação é de meios[710]. No segundo caso, a atividade é mero *instrumento* para a chegada ao resultado – a obrigação é de resultado. Os regimes jurídicos da atividade de mediação imobiliária instituídos pelos

---

[710] No sentido de que o mediador se vincula apenas a desenvolver a atividade necessária para que o resultado se concretize, LACERDA BARATA, «Contrato de mediação», p. 194; MIGUEL CÔRTE-REAL e MARIA MENDES DA CUNHA, *A actividade de mediação imobiliária*, p. 23. Na jurisprudência, v. os Acórdãos: TRC de 23/04/2002, CJ 2002, II, 30; TRE de 29/03/2007, proc. 2824/06-3; TRE de 03/12/2008, CJ 2008, V, 254; STJ de 28/04/2009, proc. 29/09.3YFLSB; TRP de 02/11/2009, proc. 1913/08.7TJPRT.P1; TRE de 17/03/2010, proc. 898/07.1TBABF.E1, CJ 2010, II, 241; TRL de 14/04/2011, proc. 5500/05.3TJLSB.L1-6 (estes acórdãos estão elencados em 8.3.1, acompanhados de trechos que sumariamente transmitem a ideia em causa).

O CONTRATO DE MEDIAÇÃO

DL 77/99 e DL 211/2004 caracterizaram a obrigação do mediador neste nível, estabelecendo que a empresa de mediação se *obrigava a diligenciar* no sentido de conseguir interessado na realização de dado contrato.

Num segundo nível, situa-se o *resultado* que dá satisfação ao interesse do credor – encontrar interessado em aceitar certa proposta negocial –, e que constitui a *prestação*, se a ele o mediador se tiver obrigado[711]. Caso a sua obrigação tenha sido apenas de meios, tal resultado serve de *paradigma* para aferição da bondade ou adequação dos meios empregados para o produzir. O primeiro diploma que caracterizou a obrigação do mediador imobiliário (o DL 285/92) fê-lo a este nível, dizendo que a mediadora se *obrigava a conseguir* interessado para dado negócio. Apenas um destes dois primeiros níveis de acontecimentos pode coincidir com a prestação, ou seja pode ser o conteúdo da obrigação. O mais frequente será a prestação do mediador ser integrada por um conjunto de atos variados e, *a priori*, indeterminados, tendentes à consecução do resultado que satisfaz o interesse do credor, sem a este se vincular – uma obrigação de meios, portanto. No entanto, estamos no campo em que a autonomia privada impera, pelo que haverá que averiguar caso a caso o que as partes acordaram.

Num terceiro nível, temos o contrato desejado que, no típico contrato de mediação, é condição necessária do nascimento do direito do mediador à remuneração. Este acontecimento está fora da disponibilidade do mediador, dependendo do conjunto das vontades do cliente e do terceiro angariado. Os atos praticados pelo mediador, por mais diligentes e eficazes que sejam, nunca são aptos a, *per se*, gerar o evento em questão. Não obstante, este acontecimento tem sido entendido por alguma doutrina[712] e por alguma jurisprudência[713] como o resultado que o mediador deve obter.

---

[711] O Acórdão do TRP de 23/09/2008, proc. 0824116 (melhor analisado em 8.3.1), situou a obrigação do mediador neste segundo nível.

[712] Na doutrina portuguesa, assim o referem MARIA DE FÁTIMA RIBEIRO, «O contrato de mediação e o direito do mediador à remuneração», p. 93 – «o mediador obriga-se a causar certo resultado, resultado esse que define a prestação, pelo que apenas existe cumprimento se o resultado vier a ocorrer em consequência da atuação do mediador» – e MANUEL SALVADOR, *Contrato de mediação*, p. 71, mas v. sobretudo pp. 53-8 – «[a] principal obrigação do mediador é a de, como resulta da sua definição, alcançar a conclusão do negócio para o seu comitente». A definição que refere é a de *mediador* no Código Civil italiano, pois no nosso país a lei não fornecia tal enunciado.

[713] Exemplificativamente, os seguintes acórdãos, todos sumariados em 8.3.1: TRC de 16/10/2007, proc. 408/05.5TBCTB.Cl, CJ 2007, IV, 33; TRP de 03/03/2009, proc. 0827745;

COMPREENSÃO DO CONTRATO COM INCIDÊNCIA NAS PRESTAÇÕES PRINCIPAIS

Apesar de entender que o acontecimento deste terceiro nível nunca se identifica com a prestação contratual, ele não é totalmente alheio à obrigação, dependendo o nascimento do direito à remuneração da possibilidade de estabelecimento de um nexo entre a prestação a que o mediador se obriga e a celebração do desejado contrato.

5.3. A contrapartida
5.3.1. Sujeito e conteúdo

O contrato que reiteradamente se pratica na vida e que foi identificado como *contrato de mediação* pela jurisprudência e pela doutrina – e, em certa medida, também pela legislação – é *oneroso*, pois a par da atribuição patrimonial do mediador (que no nosso ordenamento tem sido maioritariamente entendida como obrigatória), obriga-se a contraparte (ainda que condicionalmente, veremos em que sentido) a uma prestação pecuniária[714]. Com efeito, nunca um contrato gratuito levado a juízo foi apelidado de contrato de mediação. Todos os contratos fonte de litígio que os tribunais qualificaram como contratos de mediação eram contratos onerosos. Aliás, quase sempre, o que está em causa é uma ação do mediador com vista ao cumprimento da contraprestação do cliente. Claro que nem sempre os contratos qualificados como mediação são expressamente classificados como onerosos, pois a fundamentação das decisões muitas vezes não passa, nem tem de passar, por essa classificação. Mas quando passa, é como oneroso que o contrato é classificado[715]. A doutrina também não

---

TRP de 15/07/2009, proc. 2187/07.2TBVRL.P1; TRE de 15/09/2010, proc. 2439/07.1TBPTM. E1; TRL de 14/04/2011, proc. 761/07.6TCFUN.L1-2; TRP de 02/06/2011, proc. 141/09.9TB-MAI.P1, CJ 2011, III, 196.

[714] Sobre a classificação que opõe contratos onerosos e gratuitos, e também como pontos de partida para outros desenvolvimentos, v. por exemplo, MENEZES CORDEIRO, *Tratado de direito civil português*, II, *Direito da obrigações*, t. II, pp. 201-3; ALMEIDA COSTA, *Direito das obrigações*, pp. 367-70; RIBEIRO DE FARIA, *Direito das obrigações*, I, pp. 238-48; EDUARDO SANTOS JÚNIOR, *Direito das obrigações*, I, pp. 184-7; MENEZES LEITÃO, *Direito das obrigações*, I, pp. 210-1; GALVÃO TELLES, *Manual dos contratos em geral*, pp. 491-2; ANTUNES VARELA, *Das obrigações em geral*, I, pp. 404-7.

[715] A título exemplificativo, lembro o Acórdão do STJ de 09/03/1978, BMJ 275, pp. 183-90, onde se lê: «Trata-se de um contrato *acessório* – no sentido de que se destina a dar vida a um outro contrato (o final) a obter através das diligências do mediador –, *aleatório*, consistindo a «alea» em ser ou não conseguido o negócio mediato, *bilateral* e *oneroso*, já que o mediador assume a obrigação de praticar uma certa atividade ou encargo e, correspetivamente, o comitente desta o de prestar uma remuneração pelo êxito dessa atividade» (p. 187). Após a tipificação legal

O CONTRATO DE MEDIAÇÃO

hesita – «enquanto contrato socialmente típico, a mediação é um contrato oneroso»[716]. Foi, ainda, como contrato oneroso que o legislador tipificou, ainda que de forma indireta, o contrato de mediação imobiliária, estabelecendo, nomeadamente, que as condições de remuneração têm de constar do contrato, sob pena de nulidade (art. 16 do RJAMI).

O devedor da remuneração

Nos casos mais frequentes, o mediador é *contratado por uma das partes* no futuro contrato e *apenas a esta incumbe o pagamento* da remuneração. Isto é evidenciado pelo facto de, nos casos litigiosos, o mediador dirigir a ação apenas contra uma das partes no contrato desejado, e entretanto celebrado, coincidente com aquela que solicitou os seus serviços[717].

A regra que tem vigorado por via da prática jurídica, nomeadamente judiciária, é, portanto, a de que a remuneração incumbe a quem contratou os serviços do mediador. Observam-se algumas manifestações doutrinárias neste sentido. É o caso de MANUEL SALVADOR – «incumbe apenas ao comitente (...) o pagamento da comissão, visto esta ter base no contrato de mediação a que o comprador foi estranho»[718] –, MARIA DE FÁTIMA RIBEIRO – o mediador tem «direito a receber uma comissão, que lhe é devida pela parte que o contratou (pelo que o seu pagamento pode ser-lhe devido por uma das partes, ou por ambas, consoante se trate de mediação

---

do contrato de mediação imobiliária, sendo desta área a maioria dos casos judiciais, tornou--se comum na fundamentação dos acórdãos dos tribunais superiores integrar o contrato na classificação agora em causa – *v.g.*, Acórdãos do STJ de 27/05/2010, proc. 9934/03.0TVLSB. L1.S1, CJASTJ 2010, II, 88; do TRL de 28/02/2012, proc. 658/08.2TJLSB.L1-7; do TRC de 16/10/2007, proc. 408/05.5TBCTB.C1, CJ 2007, IV, 33; do TRE de 03/12/2008, CJ 2008, V, 254.

[716] LACERDA BARATA, «Contrato de mediação», p. 201. No sentido da onerosidade, ainda, e a título exemplificativo, MANUEL SALVADOR, *Contrato de mediação*, pp. 20-1; JOSÉ ENGRÁCIA ANTUNES, *Direito dos contratos comerciais*, p. 462; MENEZES CORDEIRO, *Direito comercial*, pp. 629 e 703; MARIA DE FÁTIMA RIBEIRO, «O contrato de mediação e o direito do mediador à remuneração», p. 92. Encontrei apenas a manifestação de uma opinião de sentido inverso: «No que diz respeito à remuneração, pode-se admitir não é um elemento fundamental do contrato de mediação». A frase encontra-se em PAULA RIBEIRO ALVES, «Intermediação de seguros», p. 74, e não é acompanhada de fundamentação.

[717] A este panorama conhecem-se apenas duas exceções, ambas da primeira metade do século XX: o Acórdão da Relação de Lisboa de 10/04/1935, RJ XX (1935), p. 103, e o Acórdão do STJ de 04/11/1947, BMJ 4, p. 193.

[718] MANUEL SALVADOR, *Contrato de mediação*, p. 144.

COMPREENSÃO DO CONTRATO COM INCIDÊNCIA NAS PRESTAÇÕES PRINCIPAIS

unilateral ou bilateral)»[719] – e PAIS DE VASCONCELOS – a remuneração «é devida pela parte que contratou o mediador ou por ambas quando tenha sido por ambas contratado»; acrescenta, sem que isso contrarie o antes afirmado, que «nas relações internas entre as partes pode ser convencionado qual delas custeia a mediação ou a partilha entre ambas de tal custo, mas o crédito do mediador tem, em princípio, como devedor a parte que o contratou»[720].

Outros autores, porém, têm colocado a hipótese de a remuneração ficar *a cargo de ambos* os contraentes no contrato a final celebrado, independentemente de apenas um ter contratado o mediador. Assim encontramos LACERDA BARATA – «A (normal) ausência de uma relação de dependência e a característica da imparcialidade explicam que devedor da retribuição possa ser um e/ou outro dos eventuais futuros contraentes»[721] –, MARIA HELENA BRITO – «Esta característica de imparcialidade reflete--se na forma de remuneração que, frequentemente, incumbe a ambas as partes»[722] –, JANUÁRIO GOMES – «pode vir a ser remunerado quer por quem o incumbiu da intermediação, quer pelos dois interessados»[723] –, e PINTO MONTEIRO – «Limita-se a aproximar duas pessoas e a facilitar a celebração do contrato, podendo a sua remuneração caber a ambos os contraentes, ou apenas àquele que recorreu aos seus serviços»[724].

Isolada surge a posição de PAULO OLAVO CUNHA, nos termos da qual o pagamento da remuneração, por defeito, está a cargo do adquirente[725].

Segundo entendo, perante o direito português vigente, no âmbito do modelo contratual que é objeto desta dissertação, a remuneração do mediador está a cargo da pessoa que o contratou e as hipóteses de ela ser devida por ambas as partes hão de enquadrar-se num dos seguintes grupos:

---

[719] MARIA DE FÁTIMA RIBEIRO, «O contrato de mediação e o direito do mediador à remuneração», pp. 92-3.

[720] PAIS DE VASCONCELOS, *Direito comercial*, I, p. 198.

[721] LACERDA BARATA, «Contrato de mediação», p. 202.

[722] MARIA HELENA BRITO, «O contrato de agência», pp. 123-4.

[723] JANUÁRIO GOMES, «Apontamentos sobre o contrato de agência», pp. 19-20.

[724] ANTÓNIO PINTO MONTEIRO, «Contrato de agência (Anteprojecto)», p. 85. O Autor mantém a posição em *Contratos de distribuição comercial*, 3ª reimp., Coimbra, Almedina, 2009, p. 104.

[725] PAULO OLAVO CUNHA, *Lições de direito comercial*, p. 200 – no contrato de mediação, o mediador atua «mediante uma retribuição, normalmente calculada percentualmente sobre o valor do negócio e a suportar pelo adquirente, se não for convencionada diferente forma de proceder à repartição do pagamento devido ao mediador».

a) contratos de mediação distintos e sucessivos com as futuras partes tendo em vista o mesmo contrato; *b)* um único contrato de mediação com ambas as futuras partes no contrato desejado; *c)* acordo, ulterior ao contrato de mediação, entre as futuras partes e o mediador (ou eventualmente entre o terceiro angariado e o cliente do mediador, ou entre o terceiro angariado e o mediador) no sentido da assunção cumulativa ou da novação da dívida.

Quando as futuras partes num contrato que ambas (ou todas) desejam com posições diferenciadas tenham, *sucessivamente, celebrado distintos contratos de mediação* com o mesmo mediador, incumbindo-o de procurar contraparte para o visado contrato, se o mediador vier a ser bem sucedido nas apresentações recíprocas destas pessoas e elas efetivarem a celebração do pretendido contrato, por qual delas deve ser paga a remuneração? De acordo com cada contrato de mediação individualmente considerado, a remuneração é devida pelos vários clientes, sem prejuízo de cláusula que, prevendo a situação, estipule em contrário, bem como do que a lei especialmente determina para áreas reguladas, como sucede com a mediação imobiliária e com a colocação de trabalhadores[726]. A regra de cada contrato, considerada isoladamente e à luz do momento da sua celebração, levaria a que o mediador recebesse o dobro da remuneração que previu receber para a mesma bem-sucedida tarefa. Sucede que, durante a vida de ambos os contratos, a atividade de mediação que é deles objeto sobrepõe-se; e o contrato desejado em cada um daqueles contratos de mediação, finalidade da atividade mediadora, vem a concretizar-se num só. Esta sobreposição da atividade contratual do mediador (sua prestação ou, pelo menos, sua atribuição) e da finalidade dessa atividade (interesse secundário do cliente, mas que no contrato de mediação tem a preponderância que já vimos), sobreposição que não existia no momento da celebração de cada contrato, mas que vem a resultar do desenvolvimento dos acontecimentos que integram o seu cumprimento no decurso da sua vigência, conduz a que as contraprestações também tenham de se sobrepor, devendo ser proporcionalmente reduzidas.

No segundo grupo de situações que podem gerar o pagamento da remuneração a cargo de ambas as partes no contrato visado, *as futuras partes*

---

[726] No que respeita à mediação imobiliária, remeto para o que escrevo em 8.4.1. Quanto à colocação de trabalhadores, o disposto no art. 23, nº 1, *f),* do DL 260/2009, de 25 de setembro, impõe à agência «assegurar a gratuitidade dos serviços prestados ao candidato a emprego, não lhe cobrando, direta ou indiretamente, quaisquer importâncias em numerário ou em espécie».

contratam conjuntamente o mediador para facilitar a negociação entre elas. Apesar de casos destes serem objeto de contratos de mediação legalmente regulados noutros ordenamentos, e de estarem subjacentes a várias das noções de contrato de mediação fornecidas por autores portugueses, não conheço um único caso judicial com estas características e o diploma que regula a atividade de mediação imobiliária não os prevê como objeto do respetivo contrato (leia-se o art. 2º, nº 1, do RJAMI). No entanto, estamos no domínio da liberdade contratual, nada impedindo contratos com uma tal configuração. Em tais ocorrências, e salvo acordo em contrário, a remuneração (única) será devida por ambas as partes.

Finalmente, acordos entre o angariado e qualquer das, ou ambas as, partes no contrato de mediação, podem determinar a corresponsabilização do angariado por parte da remuneração ou, solidariamente com o cliente, por toda ela. A dívida do angariado pode nascer por *novação*, objetiva e parcialmente subjetiva[727], ou por *adesão à dívida, assunção cumulativa ou coassunção de dívida*, a qual pode fazer-se por contrato *entre as futuras partes no contrato visado*, ou *entre o angariado e o mediador* (sem prejuízo de norma imperativa em contrário)[728].

---

[727] Arts. 857 e 858 do CC. *Novação objetiva* da obrigação do devedor originário (o cliente do mediador), extinguindo-se a sua obrigação inicial e surgindo uma nova de valor inferior; e *novação parcialmente subjetiva* na medida em que um novo devedor (o angariado) substitui parcialmente o antigo devedor, contraindo uma nova obrigação de valor correspondente a uma parte do valor da anterior. Sobre a novação, entre outros, ANTÓNIO MENEZES CORDEIRO, *Tratado de direito civil português*, II, *Cumprimento e não cumprimento, transmissão, modificação e extinção, garantias*, t. IV, pp. 367-71; ALMEIDA COSTA, *Direito das obrigações*, pp. 1110-4; MENEZES LEITÃO, *Direito das obrigações*, II, pp. 217-23; VAZ SERRA, «Novação»; ANTUNES VARELA, *Das obrigações em geral*, II, pp. 229-42.

[728] Art. 595 do CC. Situação diferente é a da *assunção liberatória de dívida* (ou transmissão de dívida, propriamente dita) por via da qual o cliente do mediador fica exonerado do pagamento, ficando este exclusivamente a cargo do terceiro. Foi um tal caso que deu vida ao Acórdão do TRC de 16/10/2007, proc. 408/05.5TBCTB.C1, CJ 2007, IV, 33. Sobre a assunção de dívida (liberatória e cumulativa), v. ANTÓNIO MENEZES CORDEIRO, *Tratado de direito civil português*, II, *Cumprimento e não cumprimento...*, t. IV, pp. 235-44; ALMEIDA COSTA, *Direito das obrigações*, pp. 828-33; RIBEIRO DE FARIA, *Direito das obrigações*, II, pp. 575-621; MENEZES LEITÃO, *Direito das obrigações*, II, pp. 51-74; FERNANDO AUGUSTO CUNHA DE SÁ, «Transmissão das obrigações», pp. 837-53; VAZ SERRA, «Assunção de dívida – cessão de dívida, sucessão singular na dívida»; ANTUNES VARELA, *Das obrigações em geral*, II, pp. 358-83. Sobre o tema, do ponto de vista da aproximação da assunção cumulativa à função de garantia, JANUÁRIO GOMES, *Assunção fidejussória de dívida*, pp. 104-5.

O CONTRATO DE MEDIAÇÃO

O quantum

Nos contratos de mediação imobiliária em que o cliente se proponha vender, e que são os que praticamente monopolizam os casos judiciais, a remuneração é, em regra, percentual, constituída por uma percentagem do valor do preço do contrato desejado.

Na mediação para celebração de contratos duradouros com prestações periódicas constantes – designadamente naqueles que são mais frequentes na prática, como os contratos de arrendamento e de trabalho – a remuneração é habitualmente constituída por quantia igual a uma a duas vezes a retribuição mensal do contrato visado. A título de curiosidade, lembro que o legislador alemão colocou um teto de dois meses de renda na mediação para arrendamento habitacional (§ 3º, nº 2, do WoVermRG) e outro de 2.000,00 € na mediação para contrato de trabalho (§ 296, nº 3, do SGB III), valores que vão, em certa medida, ao encontro da prática do nosso país.

De outros casos, dada a escassez com que geram litígios judicialmente dirimidos, não temos dados para extrair uma regra – lembro a mediação para um contrato de fornecimento, na qual as partes acordaram que a retribuição do mediador seria de um dado montante por tonelada de matéria que viesse a ser fornecida, ou a mediação para a venda de livros, na qual a remuneração do mediador era de certa quantia por livro vendido[729].

À acordada remuneração não acresce, sem prejuízo de acordo em contrário, o pagamento de *despesas*. Trata-se de um ponto em que a doutrina não hesita em afastar as regras do mandato, com simples invocação dos usos, da economia do contrato ou da natureza aleatória do mesmo[730].

5.3.2. A remuneração na dependência da celebração do contrato visado – condição ou álea?

Na generalidade dos contratos onerosos (como é o caso do de mediação) em que uma das partes assume uma obrigação de retribuição (como tam-

---

[729] Acórdãos do STJ de 28/02/1978, BMJ 274, p. 223, e de 02/05/1978, BMJ 277, p. 171, respetivamente.

[730] Lacerda Barata, «Contrato de mediação», p. 207; Maria de Fátima Ribeiro, «O contrato de mediação e o direito do mediador à remuneração», pp. 99-100; Manuel Salvador, *Contrato de mediação*, p. 112.

bém sucede no contrato de mediação), o direito à prestação de retribuição está apenas dependente do cumprimento da prestação característica[731].

No contrato de mediação (pondo, em certa medida, de lado o dotado de cláusula de exclusividade, cujas particularidades adiante serão vistas) não é assim. Aqui, o nascimento do direito à remuneração não depende apenas do cumprimento, depende também da ocorrência do resultado que satisfaz o interesse do credor[732], da ocorrência do contrato visado ou de um seu sucedâneo (evento externo à prestação) e, ainda, do estabelecimento de um nexo entre a atividade de mediação e o contrato a final celebrado.

Diz a nossa doutrina que «a retribuição só é devida com a conclusão do contrato definitivo: não bastam esforços nesse sentido»[733]. Ou, noutras palavras, que apenas «com a verificação de um "resultado útil" – a realização do negócio – da atuação do mediador, este ganha o direito à retribuição. Está em causa mais do que a mera exigibilidade; é da própria constituição do direito que se trata»[734].

---

[731] O conceito de «prestação característica» nasceu e desenvolveu-se durante o precedente século no domínio do direito internacional privado. Teve por objetivo primordial servir de critério à determinação da lei aplicável aos contratos internacionais. Foi positivado em várias ordens jurídicas, mas foi com o seu acolhimento pela *Convenção de Roma sobre a Lei Aplicável às Relações Contratuais* que ganhou maior projeção. Tem na sua base a ideia de que em cada tipo contratual há uma prestação fundamental que espelha a sua função económico-social, servindo para o caracterizar e contradistinguir dos demais tipos. Nos contratos em que uma das partes efetua uma prestação contra pagamento ou retribuição, é aquela a prestação característica. Exposição e análise do conceito em causa, em Eugénia Galvão Teles, «A prestação característica...».

[732] O que se autonomiza para os casos, que são a maioria, em que este resultado não está *in obligatione*.

[733] Menezes Cordeiro, *Direito comercial*, p. 700.

[734] Lacerda Barata, «Contrato de mediação», pp. 202-3. Em sentido contrário encontrei apenas Januário Gomes, «Apontamentos sobre o contrato de agência», p. 20, na frase: «sendo a remuneração em princípio independente – ao contrário do que sucede com o agente – da efetiva celebração do contrato». À data em que escrevia, a aquisição do direito à comissão pelo agente dependia efetivamente apenas da celebração do contrato, embora só se tornasse exigível com o cumprimento (art. 18 do DL 178/86, de 3 de julho, na redação original). Com a alteração introduzida pelo DL 118/93, de 13 de abril, a aquisição do direito à comissão pelo agente passou a depender do cumprimento do contrato potenciado pela agência. Independentemente desta alteração das regras do contrato de agência, a posição de que a remuneração do mediador é, em princípio, independente da efetiva *celebração* do contrato, é única, pois normalmente o que se afirma é que é independente do *cumprimento*, mas não da celebração do contrato visado, sem prejuízo da atribuição de relevância a outro momento por acordo das partes, pelos usos, ou pela natureza do contrato, como melhor veremos.

O CONTRATO DE MEDIAÇÃO

No contrato de mediação imobiliária, esta dependência é afirmada pela própria lei, desde o regime de 1999 (art. 19, nº 1, do RJAMI, art. 18, nº 1, do DL 211/2004, e art. 19, nº 1, do DL 77/99), mas já anteriormente era essa a regra jurisprudencial – «para que o mediador tenha direito à retribuição, não basta o acordo estabelecido para a realização de determinado negócio jurídico, nem o desenvolvimento de qualquer atividade por aquele: é indispensável que o negócio jurídico tido em vista seja concluído»[735]. No entanto, estamos no domínio da liberdade de estipulação, podendo as partes escolher um resultado menos exigente, em regra, um mero contrato-promessa[736]. Indiferente será, em princípio, a consumação, cumprimento ou execução do contrato efetivamente celebrado, cuja falta não afetará a remuneração do mediador[737].

O contrato celebrado carece, ainda, de ser eficaz, sob pena de ser inapto para originar o direito à remuneração. Vejamos alguns exemplos. Quando o contrato é celebrado sob condição suspensiva, o direito à remuneração só nasce quando a condição se verifica[738]; e quando enferma de invali-

---

[735] Acórdão do TRL de 21/02/1975, BMJ 244, p. 308 (sumário). Entre os acórdãos, anteriores a 1999, segundo os quais, de modo explícito ou implícito, a remuneração só é devida havendo celebração do contrato visado, destaco: STJ de 17/03/1967, BMJ 165, pp. 331-4; TRL de 19/12/1975, BMJ 254, p. 237 (sumário); STJ de 28/02/1978, BMJ 274, pp. 223-32; STJ de 09/03/1978, BMJ 275, pp. 183-90; TRL de 24/06/1993, proc. 5390, CJ 1993, III, pp. 139-42; TRE de 24/03/1994, proc. 446, CJ 1994, II, pp. 260-2; STJ de 18/03/1997, proc. 700/96, CJASTJ 1997, I, pp. 158-60. Sobre esta matéria, remeto também para 8.4.2.

[736] Foi esse o caso julgado pelo Acórdão do TRE de 24/03/1994, proc. 446, CJ 1994, II, pp. 260-2, numa altura em que a lei era omissa sobre a matéria. Presentemente, o RJAMI (e já antes os regimes de 2004 e de 1999) prevê expressamente essa possibilidade, no art. 19, nº 1.

[737] Assim, LACERDA BARATA, «Contrato de mediação», pp. 202-3; MENEZES CORDEIRO, *Direito comercial*, p. 700; ANTÓNIO PINTO MONTEIRO, «Contrato de agência (Anteprojecto)», p. 85 – «A remuneração do mediador, por outro lado, é independente do cumprimento do contrato (diversamente do que sucede com a remuneração do agente, como veremos), podendo exigi-la logo que o mesmo seja celebrado» –, e também em *Contratos de distribuição comercial*, p. 104; MANUEL SALVADOR, *Contrato de mediação*, p. 148 – «Na falta de estipulação, a remuneração é devida desde a conclusão do contrato que o mediador se encarregou de negociar ou indicar» –, e p. 153 – «ainda que uma das partes não cumpra, já que conclusão do contrato e seu cumprimento, ou execução, são coisas diferentes. O objetivo do intermediário não pode ir além daquela, porque isso era de algum modo considerá-lo garante das obrigações de uma das partes e, nem a tradição nem os fins propostos pela mediação ou a razoabilidade, alcançam tão longe».

[738] LACERDA BARATA, «Contrato de mediação», p. 205. MANUEL SALVADOR, *Contrato de mediação*, p. 175 – «nos contratos sujeitos a condição suspensiva, os intermediários não têm direito à percentagem senão no momento em que se verifica a condição».

dade absoluta, o mediador não tem direito a ser remunerado[739]. No caso de o contrato visado ser celebrado sob condição resolutiva, as opiniões expressas são no sentido de ela operar a «extinção retroativa do negócio (...), acarretando – mercê da acessoriedade – a destruição retroativa dos efeitos da mediação»[740]. Estes casos apontam no sentido de, para além da *conclusão* do contrato, ser também necessário que o mesmo *não seja (ou, eventualmente, não venha a ser considerado* – caso da verificação da condição resolutiva) *ab initio absolutamente ineficaz*. Nesta expressão estão abrangidas a invalidade absoluta, a ineficácia em sentido estrito absoluta (cuja principal figura será a pendência de condição suspensiva) e a ineficácia *a posteriori* mas com efeitos retroativos à conclusão do contrato (verificação da condição resolutiva)[741]. Como explico em 8.4.2, creio que é à *eficácia* que o art. 19, nº 1, do RJAMI se reporta quando refere a *perfeição do negócio visado* como pressuposto do direito à remuneração.

Concentremo-nos na dependência da remuneração relativamente a um acontecimento diverso do cumprimento. Com frequência, é ela qualificada como uma *condição*, suspensiva, naturalmente[742]. Por vezes, como

---

[739] LACERDA BARATA, «Contrato de mediação», p. 204. MANUEL SALVADOR, *Contrato de mediação*, p. 177.

[740] LACERDA BARATA, «Contrato de mediação», p. 205. MANUEL SALVADOR, *Contrato de mediação*, p. 176 – «afigura-se-nos que a restituição está de harmonia com os princípios já que a verificação da condição resolutiva conduz à eliminação retroativa dos efeitos jurídicos».

[741] Sobre a ineficácia e invalidade dos contratos (ou mais amplamente dos negócios jurídicos), v., entre outros, MANUEL DE ANDRADE, *Teoria geral da relação jurídica*, II, pp. 411-37; MENEZES CORDEIRO, *Tratado de direito civil português*, I, *Parte geral*, t. I, pp. 853-88; CARVALHO FERNANDES, *Teoria geral...*, II, em capítulo intitulado «Ineficácia do negócio jurídico», sobretudo, para o que agora interessa, pp. 485-512 e 542-5; MOTA PINTO, *Teoria geral...*, *maxime*, para o que agora releva, pp. 615-21, 625-7; PAIS DE VASCONCELOS, *Teoria geral...*, pp. 735-53.

[742] LACERDA BARATA, «Contrato de mediação», p. 203 – «o direito à remuneração está sujeito a condição suspensiva: a celebração do negócio». Na jurisprudência, v. os Acórdãos do STJ de 19/01/2004, CJASTJ 2004, I, 27, e de 28/04/2009, proc. 29/09.3YFLSB; do TRL de 11/11/2004, proc. 5439/2004-8 (este com o entendimento de se tratar de uma condição legal ou imprópria); do TRP de 15/07/2009, proc. 2187/07.2TBVRL.P1, e de 02/11/2009, proc. 1913/08.7TJPRT.P1; do TRC de 23/03/2004, proc. 102/04; do TRE de 17/03/2010, proc. 898/07.1TBABF.E1, CJ 2010, II, 241. De dizer que, nos primórdios, houve dois acórdãos do STJ que tinham na sua base contratos que hoje seriam qualificados como contratos de mediação (na altura também foram assim intitulados pelo BMJ que os publicou, mas não pelo Supremo, que qualificou um como mandato e não batizou o outro), e nos quais o STJ entendeu que a cláusula segundo a qual a remuneração seria paga, parte, com o contrato-promessa e, noutra parte, com a escritura consistia num termo e não numa condição. Em ambos os casos, foi

O CONTRATO DE MEDIAÇÃO

condição *potestativa*, ainda que não meramente potestativa, ou arbitrária[743]. MANUEL SALVADOR, para além de entender aquela sujeição como uma condição potestativa, entendia-a também como uma *condição essencial*, no que tem sido secundado por alguma jurisprudência[744].

A par da consideração da *dependência da remuneração relativamente ao contrato visado* como uma *condição*, tem também sido considerado que, pela mesma razão, agora aliada também à explicitação de que o cliente não é obrigado a aceitar a pessoa ou as circunstâncias contratuais indicadas

---

celebrado contrato-promessa de compra e venda com o terceiro angariado pelo mediador, tendo o promitente vendedor acabado por não celebrar o contrato definitivo. O primeiro desses acórdãos data de 06/07/1962, BMJ 119, p. 420. Comentando-o, MANUEL SALVADOR, «Contrato de mediação», *Justiça Portuguesa*, discordou da solução, escrevendo «o comitente tem a mais ampla liberdade de concluir ou não o negócio de que encarregou o mediador; esta característica faz parte da natureza da mediação, contribuindo para lhe dar o *facies* inconfundível justificativo da sua autonomia perante os demais contratos», e acrescenta, citando TURRETTINI, que «a remuneração do mediador depende de uma condição eminentemente potestativa: a aceitação do contrato pelo mandante» (p. 132). O segundo dos ditos acórdãos tem data de 14/01/1964, BMJ 133, p. 441. Em anotação, a *Revista dos Tribunais*, ano 82, nº 1792, junho de 1964, pp. 278-9, concordou com a solução, por entender que os promitentes vendedores tinham ultrapassado os limites do seu direito, mas não com a qualificação da cláusula como termo, optando por condição. Discutiu a questão, mas concordou inteiramente com o Tribunal, JOSÉ GABRIEL PINTO COELHO, «Anotação ao Acórdão do STJ de 14 de Janeiro de 1964». Posteriormente, não se encontram textos, doutrinários ou jurisprudenciais, a considerar tais cláusulas como termos.

[743] MANUEL SALVADOR, *Contrato de mediação* – «a conclusão do negócio é condição essencial para que o mediador tenha direito à remuneração» (p. 91); mais adiante, citando concordantemente TURRETTINI, «Segundo os princípios afirmados em matéria de mediação, «o mandante é absolutamente livre de aceitar ou recusar o contrato para o qual o mediador serviu de intermediário, mesmo se, fazendo isso, se prejudica ou recusa uma oferta vantajosa. A remuneração do mediador depende duma condição eminentemente potestativa: a aceitação do contrato pelo mandante»» (p. 135); páginas à frente, acrescenta que, em todo o caso, não se trata de condição meramente potestativa ou arbitrária (p. 157 e nota 181).

[744] Além da nota *supra*, v. Acórdão do STJ de 19/01/2004, proc. 03A4092, CJASTJ 2004, I, 27 – «A conclusão do negócio é condição essencial para que o mediador tenha direito à remuneração»; Acórdão do TRP de 02/11/2009, proc. 1913/08.7TJPRT.P1 – «a remuneração do mediador está dependente duma condição essencial, que alguns apelidam de condição suspensiva, que se traduz na realização do negócio objeto do contrato de mediação»; Acórdão do TRC de 23/03/2004, proc. 102/04, e de 16/10/2007, proc. 408/05.5TBCTB.C1, CJ 2007, IV, 33 – «também para os restantes contratos de mediação [não imobiliária] se entende que a conclusão do negócio é condição essencial para que o mediador tenha direito à remuneração».

COMPREENSÃO DO CONTRATO COM INCIDÊNCIA NAS PRESTAÇÕES PRINCIPAIS

pelo mediador, o contrato de mediação se classifica como *aleatório*[745]. Em boa parte da jurisprudência e da doutrina da especialidade, o contrato de mediação é simultaneamente considerado como *sujeito a condição e aleatório*[746].

Efetivamente, entre os *contratos condicionais* e *parte dos contratos aleatórios*[747] há campo comum – *a influência de um acontecimento futuro e incerto nos efeitos negociais*. Por isso, muitos são os autores que se têm atarefado sobre as fronteiras entre ambos[748].

---

[745] LACERDA BARATA, «Contrato de mediação», p. 209 – «o mediador só verá constituir--se na sua esfera jurídica o direito à remuneração se o negócio visado vier a ser celebrado, o que, obviamente, constitui um facto de verificação meramente eventual. A mediação é, nesta medida, um *contrato aleatório*»; MENEZES CORDEIRO, *Direito comercial*, p. 703 – «Trata--se, fundamentalmente, de uma prestação de serviços materiais, onerosa, aleatória e *intuitu personae*»; MARIA DE FÁTIMA RIBEIRO, «O contrato de mediação e o direito do mediador à remuneração», p. 98 – «se o mediador conseguir interessar um terceiro no negócio, mas o comitente decidir que não quer celebrar o contrato assim promovido, deve entender-se que o mediador não tem direito à remuneração (a menos que seja de considerar ter havido, no caso, um comportamento abusivo). Daqui decorre que este contrato costuma ser qualificado como aleatório»; MANUEL SALVADOR, *Contrato de mediação*, p. 22 – o Autor caracteriza o contrato como aleatório, citando TURRETTINI, CARVALHO NETO e MATOS PEIXOTO, e acrescenta ter «importância focar esta característica para salientar que as elevadas percentagens, que porventura possam impressionar no caso concreto, se justificam pela frustração em muitos outros». Na jurisprudência, a título de exemplo, os Acórdãos do STJ de 09/03/1978, BMJ 275, p. 183, de 28/04/2009, proc. 29/09.3YFLSB, e de 16/12/2010, proc. 1212/06.9TBCHV.P1.S1; do TRP de 02/11/2009, proc. 1913/08.7TJPRT.P1 e de 08/09/2011, CJ 2011, IV, 165; do TRC de 17/01/2012, proc. 486/10.5T2OBR.C1; do TRE de 17/03/2010, CJ 2010, II, 241.

[746] Vejam-se as coincidências parciais entre a doutrina e a jurisprudência indicadas na nota anterior e nas três notas que a antecedem.

[747] A álea dos contratos aleatórios nem sempre provém da influência de um acontecimento futuro e incerto. Pode provir de um acontecimento passado mas desconhecido das partes (cfr. art. 44, nº 2, do RJCS); e pode decorrer de um acontecimento apenas incerto quanto ao momento da sua ocorrência (cfr. art. 1238 do CC). Nestes casos, o contrato aleatório não se confunde com o contrato condicional.

[748] Entre os autores que, seja a propósito de determinados tipos contratuais, seja de uma das categorias em causa, seja ainda em termos gerais, sentiram necessidade de estabelecer a destrinça, v. (a par de tantos outros neles citados), RAFAEL ÁLVAREZ VIGARAY, «Los contratos aleatorios», pp. 616-21; ALDO BOSELLI, «Alea», p. 472; LUCA BUTTARO, *Del giuoco e della scommessa*, pp. 73-4; ALMEIDA COSTA, *Direito das obrigações*, p. 371, nota 1; PURIFICACIÓN CREMADES GARCÍA, *Contrato de mediación...*, pp. 52-3; CARLO ALBERTO FUNAIOLI, *Il giuoco e la scommessa*, p. 53; FRANÇOIS GRUA, «Les effets de l'aléa et la distinction des contrats aléatoires et des contrats commutatifs», pp. 269-70; MARIA INÊS DE OLIVEIRA MARTINS, *O seguro de vida enquanto tipo contratual legal*, pp. 243-4; GIANGUIDO SCALFI, «Considerazioni

O CONTRATO DE MEDIAÇÃO

Os critérios de distinção são variados: predomina o entendimento de que a condição afeta o negócio na sua globalidade, enquanto a álea apenas o atinge de forma parcial (ALVAREZ VIGARAY, BUTTARO, ALMEIDA COSTA, VALSECCHI); seguido do que contrapõe a acidentalidade da condição à essencialidade da álea (BOSELLI, ALMEIDA COSTA, CREMADES GARCÍA, GRUA, INÊS MARTINS, SCALFI); releva-se também que a condição afeta a eficácia do negócio e a álea a existência da obrigação (CREMADES GARCÍA, FUNAIOLI, INÊS MARTINS, SCALFI); que a condição respeita à existência do contrato e a álea ao seu resultado (BÉNABENT); ou, que a incerteza da condição se reporta à existência de uma obrigação de conteúdo predeterminado, e a da álea ao conteúdo da obrigação (GRUA).

Detenhamo-nos sobre os dois institutos para percebermos se, ou em que sentido, pode falar-se de *condição* e de *álea*, no âmbito do contrato de mediação.

5.3.2.1. Perspetivando o problema com a condição como ponto de partida

Como uma breve passagem pelo Código Civil português bem ilustra, o termo *condição* é polissémico no léxico jurídico[749]. Sem pretensão de exaustão[750], e deixando de lado as derivações adjetivas e adverbiais e os usos no plural, a condição surge ali com diferentes sentidos. Como estatuto que permite uma determinada *capacidade* de gozo e/ou de exercício: a condição jurídica dos estrangeiros, referida no art. 14; ou a condição jurídica dos menores, regulada nos arts. 122 e seguintes. Com o sentido abrangente de *condição física, social e económica*: assim no art. 80, para aferir da extensão da reserva quanto à intimidade da vida privada; ou no art. 489, nº 2, como critério negativo de cálculo da indemnização devida por não imputável. Mais restritamente, como *condição socioeconómica*: no art. 737, nº 1, a), sobre o privilégio do crédito por despesas do funeral; ou no art. 1594, nº 3, sobre a indemnização devida em caso de quebra da promessa de casamento.

---

sui contratti aleatori», pp. 140-2; EMILIO VALSECCHI, *Il giuoco e la scommessa*, p. 27. Numa perspetiva algo diferente, distinguindo entre as circunstâncias condicionais, em sentido tradicional, e as circunstâncias de eventualidade próprias dos negócios de imputação do risco (garantia e aleatórios), CARLOS FERREIRA DE ALMEIDA, *Texto...*, pp. 391-3 e 558-9.

[749] Já assim sucedia nas fontes romanas: JOÃO DE OLIVEIRA GERALDES, *Tipicidade contratual e condicionalidade suspensiva*, pp. 32-41.

[750] Outros desenvolvimentos em JOÃO DE CASTRO MENDES, «Da condição», pp. 37-42.

Com o sentido de *acontecimento futuro, mas certo*, como a morte, referida no art. 100. Com o significado de *pressuposto legalmente determinado*: a sobrevivência ou existência do ausente, referidas nos arts. 109, nº 2, e 120; ou a aprovação da deliberação pelos condóminos ausentes, mencionada no art. 1432, nº 5. Por último, mas principalmente, com o sentido de *cláusula pela qual alguém faz depender os efeitos negociais, de um acontecimento futuro e incerto*, ou significando *esse mesmo acontecimento*. Para tal cláusula e negócios a ela sujeitos, o Código estabelece um regime geral nos arts. 270 a 277. Ulteriormente e em muitas outras disposições, a condição é referida com este significado para a proibir em certos casos, para expressamente a permitir em casos onde a dúvida podia espreitar, ou para lhe atribuir efeitos especiais – assim sucede nos arts. 306, nº 2, 343, nº 3, 401, 607, 614, 790, nº 2, 796, nº 3, 848, nº 2, 925, nº 1 (no primeiro caso referido neste dispositivo, será uma condição presumivelmente tencionada), 967, 1051, *b*), 1123, 1307, nºs 1 e 3, 1536, nº 2, 1618, 1713, 1852, 2035, nº 2, 2054, 2059, 2064, 2229 a 2234, 2236 a 2238, 2242, nº 1, 2317, *b*), 2323, nº 2.

É à condição com este significado – *estipulação que sujeita a produção dos efeitos do negócio a um acontecimento futuro e incerto* – que a doutrina chama *condição em sentido próprio* ou técnico-jurídico[751]. O *acontecimento condicionante previsto naquela estipulação* também é abreviadamente designado por *condição*.

Sobre a *definição de condição* e as *características que dela emergem* – cláusula ou estipulação, incerteza do evento, caráter futuro do evento – pode afirmar-se o consenso. Estas três características servem para identificar a condição em sentido técnico e para delimitá-la de outras figuras.

O acordo doutrinário quebra-se, porém, nos seguintes aspetos do negócio condicional: *a*) na determinação do acervo de efeitos negociais que o evento condicionante afeta; *b*) no estabelecimento da relação entre a cláu-

---

[751] Sobre a condição a que ora me reporto, vejam-se as monografias de JOSÉ GABRIEL PINTO COELHO, *Das clausulas accessorias dos negocios juridicos*, I, *maxime* pp. 23-165; DURVAL FERREIRA, *Negócio jurídico condicional*; JOÃO DE OLIVEIRA GERALDES, *Tipicidade contratual e condicionalidade suspensiva*; NUNO BAPTISTA GONÇALVES, *Do negócio sob condição*; JOÃO DE CASTRO MENDES, «Da condição». Exposições mais breves em MANUEL DE ANDRADE, *Teoria geral da relação jurídica*, II, pp. 355-84; OLIVEIRA ASCENSÃO, *Direito civil, teoria geral*, II, pp. 288-99; MENEZES CORDEIRO, *Tratado de direito civil português*, I, *Parte geral*, t. I, pp. 713-25; LUÍS A. CARVALHO FERNANDES, *Teoria geral...*, pp. 409-27; HEINRICH HÖRSTER, *A parte geral do Código Civil português*, pp. 490-5; CARLOS DA MOTA PINTO, *Teoria geral...*, pp. 561-76; GALVÃO TELLES, *Manual dos contratos em geral*, pp. 258-73; PAIS VASCONCELOS, *Teoria geral...*, pp. 606-15.

sula condicional e as demais declarações negociais; *c)* na delimitação do universo dos eventos condicionantes. No primeiro campo, discute-se se o evento condicionante terá de afetar a globalidade dos efeitos do negócio ou se, pelo contrário, poderá afetar apenas parte dos seus efeitos. No âmbito do segundo, debate-se se a cláusula condicional é um elemento acidental ou um elemento essencial do negócio. No terceiro, se um efeito do próprio negócio pode ser elevado à categoria de evento condicionante, ou se, pelo contrário, este deve ser sempre um acontecimento externo ou exterior ao negócio. Em três palavras: *globalidade, acessoriedade* e *exterioridade*. A ultrapassagem destas questões é necessária à resposta à questão de saber se o contrato de mediação é um contrato sujeito a condição, e em que sentido.

Da globalidade

Tradicionalmente, tem-se entendido que a cláusula condicional, em sentido próprio, é aquela que faz depender do evento condicionante a produção ou a resolução dos *efeitos totais ou globais* do negócio.

Neste sentido, Manuel de Andrade escreve que «[p]odemos defini-la como a cláusula por virtude da qual a eficácia de um negócio (*o conjunto dos efeitos* que ele pretende desencadear) é posta na dependência dum acontecimento futuro e incerto»[752]. Para defender idêntica asserção, Durval Ferreira vale-se do regime específico do negócio condicional e afirma que ele «só é razoável e adequado quando todo o negócio fica dependente dum facto estranho, exterior, futuro e incerto»[753]. A maioria dos autores, sem se debruçar expressamente sobre a questão, enuncia definições às quais subjaz o mesmo entendimento, o qual não é contrariado nos textos que a essas definições se seguem; é o caso de Oliveira Ascensão[754], José Gabriel Pinto Coelho[755], Galvão Telles[756].

---

[752] Manuel de Andrade, *Teoria geral da relação jurídica*, II, p. 356, o itálico é meu.

[753] Durval Ferreira, *Negócio jurídico condicional*, p. 165.

[754] Oliveira Ascensão, *Direito civil, teoria geral*, II, pp. 288-9 – «Condição é a cláusula acessória pela qual as partes subordinam a eficácia dos seus negócios a um acontecimento futuro e incerto».

[755] José Gabriel Pinto Coelho, *Das clausulas acessórias...*, p. 23 – «Condição é a cláusula em virtude da qual o negócio jurídico fica pendente, pelo que respeita aos efeitos que dele devem resultar, de um facto futuro e incerto».

[756] Galvão Telles, *Manual dos contratos em geral*, p. 258 – «Pode definir-se *condição* a *cláusula acessória pela qual as partes fazem depender a vigência do contrato* (ou de outro negócio jurídico) *da verificação ou não verificação de um facto futuro e objetivamente incerto*».

No entanto, parte da doutrina que confina a condição em sentido estrito à afetação dos efeitos globais do negócio, quando confrontada com determinados tipos contratuais nos quais se estipula a dependência de apenas parte dos efeitos negociais de um evento futuro e incerto, acaba por identificá-los como condicionais. É o caso de Galvão Telles que admite condições algo diferentes, que afetam apenas parte do contrato, escrevendo, a propósito da compra e venda com reserva de propriedade, que se trata de uma venda condicional «mas com isto de característico: a condição é restrita a um único efeito contratual, apenas suspende a transferência do domínio, e consiste na execução da obrigação de uma das partes, a integral satisfação da dívida de preço»[757].

Distinguindo conceitualmente as circunstâncias que colocam a globalidade dos efeitos do negócio na dependência de um acontecimento futuro e incerto, de outras que apenas afetam um (ou parte) dos efeitos do negócio, Carlos Ferreira de Almeida diferencia as circunstâncias condicionais em sentido estrito ou tradicional, que são circunstâncias da função eficiente ou jurídica (que respeitam aos efeitos jurídicos), das circunstâncias que denomina *de eventualidade*, que são circunstâncias da função económico-social. As primeiras – circunstâncias condicionais da função eficiente, Cef_{cond} – são factos de realização futura e incerta que afetam a eficácia total do negócio jurídico. Equivalem às condições em sentido tradicional. As segundas – circunstâncias de eventualidade da função económico-social, Ces_{ev} – indicam um modo particular de realização da função económico-social, a relação entre um dos efeitos (hipotético) do negócio e um evento previsto para o desencadear. Nestas circunstâncias de eventualidade podem integrar-se factos presentes ou passados, desde que desconhecidos[758]. Mais adiante, a propósito da caracterização dos negócios jurídicos de garantia, distingue a *circunstância de eventualidade* da *condição* nos seguintes termos: «Esta circunstância de eventualidade tem evidentes semelhanças com a condição (circunstância de eficácia), porque ambas são factos futuros e incertos com influência na eficácia do negócio. Mas as diferenças são suficientes para não prevalecer qualquer confusão. (...) Quanto aos efeitos, a condição determina radicalmente a eficácia ou ineficácia de todo o ato, enquanto que a Ces_{ev} não afeta a vigência do negócio, apenas

---

[757] Galvão Telles, «Contratos civis, exposição de motivos», p. 170; também *Direito das obrigações*, p. 83.

[758] Carlos Ferreira de Almeida, *Texto...*, pp. 391-3.

O CONTRATO DE MEDIAÇÃO

desencadeia a potencialização de uma eficácia preexistente. A condição é um pressuposto de eficácia (o negócio é ou não eficaz, se...). O evento nos negócios de garantia é a causa (final) de certos efeitos (a vinculação a certos efeitos verifica-se, porque...)»[759].

A ideia de que a condição é um instituto que condiciona os efeitos de um negócio no seu todo tem servido de critério para apartar o contrato condicional do contrato aleatório: enquanto no contrato condicional, o facto futuro e incerto afeta a eficácia do negócio globalmente considerado, no contrato aleatório, apenas afeta parte dos seus efeitos[760].

Porém, a doutrina não é unânime, sendo várias as manifestações no sentido de a cláusula condicional poder afetar apenas parte do negócio. Claramente assim CARVALHO FERNANDES, quando escreve não ser «elemento essencial do conceito de *condição* a projeção do facto futuro e incerto em toda a eficácia do negócio condicional; ela pode ser apenas parcial»[761]. Pioneira neste sentido parece-me ser a noção de CASTRO MENDES que, começando por escrever «costuma definir-se condição como...», continua imediatamente a frase definindo-a como «a cláusula acessória dum negócio jurídico pela qual o seu autor faz depender os efeitos daquele, *total ou parcialmente*, da verificação dum facto futuro e objetivamente incerto». O inciso «total ou parcialmente», cujo itálico acrescentei, não se encontrava

---

[759] CARLOS FERREIRA DE ALMEIDA, *Texto...*, pp. 558-9. Já anteriormente, na nota 133 da p. 393, a mesma conceção: «Naturalmente que a condição (de eficácia) e a aleatoriedade se diferenciam, porque aquela afeta o negócio na sua globalidade e esta apenas num dos seus efeitos, (...)».

[760] ALMEIDA COSTA, *Direito das obrigações*, p. 371, nota 1, serve-se dessa faceta da condição (a par de uma outra – v. texto junto à nota 776), para distinguir contrato sob condição e contrato aleatório – «do facto futuro [no contrato aleatório] depende apenas o risco ou álea de ambas ou de uma das atribuições patrimoniais e não, como no negócio condicional, a própria eficácia ou resolução do contrato». No mesmo sentido, LUCA BUTTARO, *Del giuoco e della scommessa*, pp. 73-4; FRANÇOIS GRUA, «Les effets de l'aléa et la distinction des contrats aléatoires et des contrats commutatifs», pp. 269-70; EMILIO VALSECCHI, *Il giuoco e la scommessa*, p. 27. Para RAFAEL ÁLVAREZ VIGARAY, «Los contratos aleatorios», p. 618, esta é a forma de distinção mais segura entre contratos aleatórios e contratos condicionais: «la condición suspensiva subordina a ella todo el contrato, haciendo que no se produzcan sus efectos en tanto no se realiza, en el contrato aleatorio el evento se limita a incidir en las relaciones y proporcionalidad entre las respectivas prestaciones, determinando en definitiva la ganancia o perdida para cada uno de los contratantes».

[761] LUÍS A. CARVALHO FERNANDES, «Notas breves sobre a cláusula de reserva de propriedade», p. 348.

noutras noções, nomeadamente na do art. 114 do Código Civil brasileiro e na de José Gabriel Pinto Coelho, para as quais o Autor remete, em nota[762]. Ulteriormente, este alargamento foi partilhado por Nuno Baptista Gonçalves[763] e Pais Vasconcelos[764].

Da leitura do art. 270 do Código Civil português, epigrafado «Noção de condição», resulta que se teve em vista uma cláusula condicionadora da globalidade dos efeitos negociais[765]. Com efeito, estabelece-se ali que as partes podem subordinar a um acontecimento futuro e incerto a produção *dos efeitos* do negócio ou a sua resolução. Se se perspetivasse uma condição que afetasse apenas parte dos efeitos negociais, ter-se-ia provavelmente escrito que as partes podem subordinar a um acontecimento futuro e incerto a produção *de efeitos* do negócio ou a sua resolução.

Os dispositivos que se seguem contêm uma disciplina adequada a uma condição que desencadeia ou inibe os efeitos globais do negócio e se, nalguns casos, é adaptável a circunstâncias que apenas o afetem parcialmente, noutros não é. Designadamente, o art. 271 determina a extensão a todo o negócio da nulidade que afete a cláusula condicional – *vitiatur et vitiat*. Ora, se se tivesse concebido uma condição parcial, por certo se teria acautelado a possibilidade de a mesma respeitar a um efeito a tal ponto secundário ou lateral que tornasse inadequada a regra escolhida. Também o art. 274, nº 1, foi evidentemente escrito para um negócio globalmente afetado por uma condição, ao dispor que os atos de disposição de bens ou direitos que constituem objeto do negócio condicional, realizados na pendência da condição, ficam sujeitos à eficácia ou ineficácia do próprio negócio.

Verificam-se no comércio muitos negócios *ab initio* eficazes e não condicionados por qualquer evento futuro e incerto que globalmente os destrua, nos quais as partes estipulam que a produção de *um determinado efeito*

---

[762] Castro Mendes, «Da condição», p. 43.

[763] Nuno Baptista Gonçalves, *Do negócio sob condição*, p. 24 – «O negócio sob condição ou condicional é todo aquele que se caracteriza por os seus efeitos terem sido subordinados a uma condição, ou seja, feitos depender, total ou parcialmente, de um acontecimento futuro e de natureza incerta».

[764] Pais Vasconcelos, *Teoria geral...*, p. 606 – «A *condição* é uma cláusula negocial que tem como conteúdo típico a sujeição da eficácia do negócio ou de parte dele a um facto futuro e incerto».

[765] No sentido de que a disciplina dos arts. 270 e seguintes apenas diz respeito à condição total, manifestam-se também Assunção Cristas e Mariana França Gouveia, «Transmissão da propriedade de coisas móveis e contrato de compra e venda», pp. 57, 59 e 60.

fica dependente de uma ocorrência futura e incerta. Parte desses negócios estão contemplados na lei, como sucede com o jogo e aposta, a renda vitalícia, a venda aleatória de bens futuros, a venda de bens de existência ou titularidade incerta, o seguro, a fiança, o penhor, a hipoteca, a promessa pública, entre outros. Não são negócios condicionais, produzem imediatamente a generalidade dos efeitos em vista dos quais são celebrados. Apenas um certo efeito se produzirá ou não, ou produzir-se-á de uma maneira ou de outra, ou deixará de produzir-se, em função do tal evento futuro e, de algum modo, incerto. Assim também sucede com o contrato de mediação que, não obstante iniciar a produção dos seus efeitos com a sua celebração (incondicional), um desses efeitos (o direito à remuneração) apenas nascerá se se vier a celebrar o contrato visado (que não consiste numa prestação do contrato de mediação).

O dito não significa que algumas das normas do regime da condição não sejam adequadas na pendência das *condições impróprias* ou das *circunstâncias de eventualidade* que são próprias de alguns contratos incondicionais.

Da acessoriedade

É usual caracterizar-se a cláusula condicional como *acessória* ou *elemento acidental* do contrato. Neste sentido, entre a maioria, MANUEL DE ANDRADE quando afirma que as condições, não constituindo embora reprodução desnecessária de normas legais supletivas, também não são elemento fisionómico do tipo negocial[766]. Mais incisivo, GALVÃO TELLES escreve que «não pode admitir-se como verdadeira a ideia, por alguns defendida, de que a condição faz corpo com o negócio a que é aposta»[767]. Para justificar esta frase, porém, o Autor salta da condição como cláusula (que é aposta) para a condição como acontecimento: «O eventual acontecimento futuro previsto na condição não se encorpora no contrato, não se integra ou deixa absorver nele, nem mesmo na *condição suspensiva*, em que simplesmente *acresce* ao negócio, fechando o ciclo de um *facto complexo de produção sucessiva*, de que são peças ou elementos o *contrato condicionado* e o *facto condicionante*. Entre estes dois factos há um desnível de importância; não têm a mesma função; o elemento primordial é o contrato, verdadeira fonte dos efeitos jurídicos que a cláusula suspende e cuja livre expansão,

---

[766] MANUEL DE ANDRADE, *Teoria geral da relação jurídica*, II, p. 355.
[767] GALVÃO TELLES, *Manual dos contratos em geral*, p. 260.

COMPREENSÃO DO CONTRATO COM INCIDÊNCIA NAS PRESTAÇÕES PRINCIPAIS

até aí reprimida, se torna realidade com a verificação do evento previsto, que não tem outro papel senão esse. Tratando-se de *condição resolutiva*, menos ainda pode afirmar-se que ela constitui com o negócio um todo único (...)»[768].

Numa perspetiva diferente, Castro Mendes, no seu estudo «A condição», reconhece a acessoriedade apenas quando entendida em sentido formal, rejeitando que, materialmente, a condição possa dissociar-se do concreto negócio em que se integre: «a condição é sem dúvida uma cláusula em sentido formal (...) é uma parte diferenciada do texto, é algo de gráfica e gramaticalmente distinto (oração subordinada condicional). Sê-lo-á em sentido material?»[769]. Mais adiante, continua: «A condição não é, em rigor, uma cláusula acessória do negócio jurídico, no sentido material do termo; embora a lei, em matéria de testamentos e doações, adote para ela uma solução só própria das cláusulas desse tipo, *vitiatur sed non vitiat*. A aposição duma condição afeta a vontade negocial essencial, e reporta-se a ela. O declarante sob condição não quer a declaração mais a condição: quer a declaração condicionalmente»[770]. Refere-se, claro está, como esclarece logo de seguida, à condição aposta aos efeitos (ou a um dos efeitos) essenciais do negócio, não àquela que afete apenas uma cláusula acessória do mesmo. Segue-o Baptista Gonçalves quando escreve que, em seu entender, «não pode haver dúvidas de que se trata de uma cláusula acessória em sentido formal visto, como refere Castro Mendes, poder ser individualizável dentro do conteúdo do negócio, apesar de, como se referiu, não pôr em causa a unidade deste»[771]. Idêntico entendimento é expresso por Menezes Cordeiro: «A condição aparece, em termos formais, como algo de autónomo, isto é, como um aditivo introduzido num determinado conteúdo negocial. Mas tal deve-se, apenas, à limitação da linguagem humana, obrigada a recorrer a perífrases para traduzir algo que, afinal, tem natureza unitária»[772]. Recusando frontalmente a ideia de que a cláusula condicional seja entendida como um elemento acessório do negócio, João de Oliveira Geraldes entende-a como «um elemento

---

[768] *Idem.*

[769] Castro Mendes, «Da condição», p. 55.

[770] *Idem*, p. 60.

[771] Nuno Baptista Gonçalves, *Do negócio sob condição*, p. 26.

[772] Menezes Cordeiro, *Tratado de direito civil português*, I, *Parte geral*, t. I, p. 718.

O CONTRATO DE MEDIAÇÃO

concretamente essencial»[773] – «com a aposição de uma condição as partes estipulam um verdadeiro *subtipo contratual*. Nega-se, por isso, a fragmentação da realidade contratual que expulsa a condição para um universo *estranho* ao *corpo negocial típico*»[774].

Penso que a acessoriedade ou acidentalidade de uma cláusula condicional só pode ser afirmada, em termos genéricos, por referência ao tipo ou espécie contratual[775]. Por referência a um concreto contrato, só casuisticamente se poderá aferir o nível de compromisso entre as várias cláusulas e a sua importância na estrutura do contrato. Uma estipulação condicional reportada aos efeitos globais do contrato ou a efeitos fundamentais não pode deixar de ser entendida como essencial ao contrato em que seja estipulada. Esta essencialidade é reconhecida pela disciplina legal que impõe a nulidade ao negócio que inclua uma condição contrária à lei, à ordem pública ou aos bons costumes, ou que inclua uma condição suspensiva legal ou fisicamente impossível, *vitiat et vitiatur* (art. 271 do CC). É certo que para negócios gratuitos (doações, legados e heranças) e extrapatrimoniais (casamento e perfilhação), a opção foi a inversa, *vitiatur sed non vitiat* (cfr. arts. 967, 2230, 1618, nº 2, e 1852 do CC), mas trata-se aqui apenas das exceções confirmatórias da regra.

Em geral, as espécies contratuais identificadas e reguladas por lei e os tipos sociais que se extraem das práticas contratuais mais frequentes são incondicionais. No entanto, as pessoas são, por princípio, livres de dar aos seus contratos as configurações que entendam e, como tal, são livres de celebrar contratos que correspondem a um dado tipo, legal ou social,

---

[773] JOÃO DE OLIVEIRA GERALDES, *Tipicidade contratual e condicionalidade suspensiva*, p. 151 e *passim*.

[774] JOÃO DE OLIVEIRA GERALDES, *Tipicidade contratual e condicionalidade suspensiva*, p. 117.

[775] PIETRO RESCIGNO escreveu-o claramente há mais de meio século (e já então remetendo para FALZEA, 1941) – «La dottrina comune classifica, come si è accennato, la condizione, il termine ed il modo come gli elementi cosiddetti «accidentali» del negozio giuridico. Ma di accidentalità si parla – come viene chiarito opportunamente – soltanto con riferimento alla figura del negozio tipico. Rispetto al negozio concreto al quale ineriscono, le modalità della condizione, del termine e del modo, si atteggiano invece come elementi essenziali, costitutivi del negozio, alla pari dei requisiti indicati nell'art. 1325 (che sono il consenso, l'oggetto, la causa, la forma). Accidentalità della condizione, come del termine e del modo, deve quindi intendersi nel senso di estraneità alla struttura tipica del negozio» – «Condizione (dir. vig.)», p. 763. Outras referências a este reportar da acessoriedade ou acidentalidade da cláusula a tipos abstratos em JOÃO DE OLIVEIRA GERALDES, *Tipicidade contratual e condicionalidade suspensiva*, pp. 128 e 139.

divergindo dele pela estipulação de uma condição. O contrato celebrado é um todo novo e unitário, querido como tal, e não um simples somatório de contrato correspondente a um tipo preconcebido e cláusula condicional.

Admito que o regime dos artigos 271 a 277 tenha sido pensado, tendo em consideração a noção do art. 270, para hipóteses em que o contrato sem a condição, abstratamente considerado, tem autonomia como estrutura contratual correspondente a um tipo reconhecido ou preconcebido; e não para situações em que o próprio tipo incorpora necessariamente uma condição, sem a qual se descaracteriza. Este plano da acidentalidade ou essencialidade do evento futuro e incerto já foi chamado como critério diferenciador entre *contratos condicionais* e *contratos aleatórios*. Nos primeiros, o evento condicionante constituiria elemento *acidental ou cláusula acessória* que pode existir ou não num dado negócio, enquanto, nos segundos, a álea constitui um elemento *essencial ou intrínseco*[776]. Nesta ótica, o contrato de mediação seria um contrato aleatório, mas não um contrato sujeito a condição[777].

O que me parece é que na aplicação das normas a um contrato concreto é irrelevante se este corresponde a um tipo abstrato suscetível de se cindir em tipo base e condição, ou se corresponde a tipo que incorpore incindivelmente uma condição, sob pena de descaracterização, ou, ainda, se não corresponde a qualquer tipo.

Como quer que seja, no contrato de mediação simples, a circunstância de que depende o nascimento do direito à remuneração é um elemento essencial do tipo (no sentido, sempre utilizado nesta dissertação, de elemento caracterizador), sem o qual um concreto contrato não se qualifica como tal.

---

[776] É o que nos diz ALMEIDA COSTA, *Direito das obrigações*, p. 371, nota 1 (v. também nota 760). Assim também ALDO BOSELLI, «Alea», p. 472 – «nel primo [aleatorio], a differenza che nel secondo [condizionato], l'evento incerto non influisce tanto sull'efficacia del contrato quanto sulla strutura e funzione dello stesso, il rischio essendo appunto elemento necessario e non meramente accidentale del negozio»; GIANGUIDO SCALFI, «Considerazioni sui contratti aleatori», pp. 142 e 174– «la condizione è elemento accidentale del contratto; ha, perciò, natura marginale rispetto al tipo di contratto e da essa ne dipende l'efficacia; l'alea, invece, è elemento essenziale del negozio e da essa dipende l'efficacia di un'obbligazione o la misura di una prestazione, non l'efficacia del negozio» (p. 174); PURIFICACIÓN CREMADES GARCÍA, *Contrato de mediación...*, pp. 52-3.

[777] Neste sentido, PURIFICACIÓN CREMADES GARCÍA, *Contrato de mediación...*, pp. 51-5.

O CONTRATO DE MEDIAÇÃO

Da exterioridade

Relacionada com a questão da *acessoriedade da cláusula condicional* encontra-se a já enunciada questão da *exterioridade do evento condicionante*[778]. Alguns autores têm afirmado que o evento condicionante é necessariamente exterior ou extrínseco ao contrato, no sentido de não se identificar com os seus elementos constitutivos, nem dizer respeito à sua execução. A exterioridade serve, assim, de fundamento à inadmissibilidade de atribuir a um *comportamento prestacional*, que dá cumprimento a uma obrigação contratual, a qualidade de evento futuro e incerto, condicionante da eficácia do negócio; os efeitos contratuais não poderiam ser condicionados pela verificação ou não do cumprimento. Esta ideia tem servido para afastar a compra e venda com reserva de propriedade da esfera da condição[779].

Creio que a ideia de exterioridade é correta com o seguinte sentido: uma prestação contratual em sentido estrito, comportamento obrigatório que o credor pode exigir do devedor, não pode ser simultaneamente um evento

---

[778] Detidamente sobre este aspeto, e excluindo-o como característica necessária da condição, JOÃO DE OLIVEIRA GERALDES, *Tipicidade contratual e condicionalidade suspensiva*, sobretudo pp. 127-205.

[779] ANA MARIA PERALTA, *A posição jurídica do comprador na compra e venda com reserva de propriedade*, maxime pp. 143-7 – a Autora, reconhecendo embora que a exterioridade não era individualizada pela doutrina portuguesa como requisito da condição, entende-a subjacente à construção legal e à interpretação doutrinária, como resultado da natureza de elemento acidental da condição. Ora, na compra e venda com reserva de propriedade, o pagamento do preço, não obstante a sua aproximação funcional à condição, mantém-se como uma obrigação, não é voluntário, constitui uma prestação que o credor pode exigir coercivamente do devedor. Esta circunstância faz do pagamento do preço no contrato de venda com reserva de propriedade um elemento intrínseco, insuscetível de se qualificar como evento condicionante. No mesmo sentido de afastar a compra e venda com reserva de propriedade da alçada da condição, MENEZES LEITÃO, *Direito das obrigações*, III, pp. 56-62. CARLOS FERREIRA DE ALMEIDA, *Texto...*, p. 393, refere o cumprimento na compra e venda com reserva de propriedade não como uma circunstância condicional da função eficiente, Cef_{cond} (condição no sentido tradicional), mas como uma circunstância de eventualidade da função económico-social, Ces_{ev}; as Ces_{ev}, ao contrário das Cef_{cond}, podem condicionar apenas efeitos parciais do negócio e ser constituídas por eventos não futuros, mas desconhecidos (pp. 391-2). Lembro, no entanto, que boa parte da doutrina entende a compra e venda com reserva de propriedade até pagamento integral do preço como uma compra e venda cujo efeito translativo fica sujeito à condição suspensiva daquele pagamento – ALMEIDA COSTA, *Direito das obrigações*, p. 297; RIBEIRO DE FARIA, *Direito das Obrigações*, I, p. 223; CARVALHO FERNANDES, «Notas breves sobre a cláusula de reserva de propriedade», pp. 348-51; PIRES DE LIMA e ANTUNES VARELA, *Código Civil anotado*, I, nota 1 ao art. 409, p. 376; GALVÃO TELLES, «Contratos civis, exposição de motivos», p. 170, e *Direito das obrigações*, pp. 83 e 471.

futuro e incerto. Este, por definição, não pode estar na disponibilidade do credor nem ser por ele exigível, ainda que em sucedâneo, sob pena de faltar a incerteza. Isto não significa que o comportamento equivalente a uma possível prestação contratual não possa ser estabelecido pelas partes como não obrigatório, ficando, em alguma medida, na disponibilidade de uma delas executá-lo ou não, caso em que poderão acordar que os efeitos do contrato, ou alguns deles, fiquem dependentes desse comportamento. Castro Mendes admite expressamente a transformação de um comportamento que tipicamente é uma prestação contratual, numa condição. Designa-o por condição compulsiva, «cujo sentido é estimular outrem a um certo comportamento». E explica que um tal estímulo pode obter-se por dois meios: «fazendo desse comportamento uma prestação, objeto de uma obrigação («dou-te x e tu escreves um livro») ou então fazendo desse comportamento conteúdo duma condição («dou-te x se escreveres um livro»)»[780]. Concordando e em síntese, um comportamento que típica ou habitualmente consiste numa prestação contratual pode, por vontade das partes numa situação concreta, consistir numa condição; não pode é, em simultâneo, ser ambas as coisas[781].

No contrato de mediação, o obstáculo da exterioridade não se levanta na medida em que o evento condicionante – a celebração do contrato desejado – não constitui uma prestação do cliente.

De tudo o exposto, podemos concluir que a condição(-cláusula) é uma estipulação que subordina a produção dos efeitos negociais ou a sua resolução a um acontecimento futuro e incerto, logo, externo à prestação, sem mais requisitos, podendo dizer-se acessória perante o tipo contratual incondicional mais próximo, mas sendo fundamental no concreto contrato celebrado. A condição-evento é um acontecimento gerador ou abolidor da eficácia, externo à estrutura prestacional do contrato.

5.3.2.2. Perspetivando o problema com enfoque no contrato aleatório

Como comecei por afirmar, o contrato de mediação é frequentemente classificado como aleatório pela doutrina e pela jurisprudência nacionais. O desafio dos próximos parágrafos consiste em estabelecer em que se traduz a imputada aleatoriedade.

---

[780] Castro Mendes, «Da condição», p. 51.
[781] Contra o exposto neste parágrafo, Carvalho Fernandes, «Notas breves sobre a cláusula de reserva de propriedade», p. 348.

O CONTRATO DE MEDIAÇÃO

A palavra *álea*, apesar da sua origem latina, não tinha no direito romano um especial significado. Não que então fossem desconhecidos contratos nos quais a álea, ou, na terminologia jurídica da época, o *periculum*, assumia um papel importante, como a *emptio spei*, mas o conceito de contrato aleatório era desconhecido. Vem a ser criado na época do Iluminismo e sistematizado por POTHIER que, procedendo a várias divisões dos contratos, subdividiu os onerosos, em comutativos e aleatórios[782]. Escreveu serem onerosos (na sua terminologia, *contrats intéressés de part et d'autre*), aqueles que se fazem por interesse e utilidade recíproca das partes; comutativos, aqueles pelos quais cada uma das partes contratantes recebe, em regra, o equivalente do que dá; e aleatórios, aqueles pelos quais um dos contraentes, sem nada dar, recebe alguma coisa da outra parte, não por liberalidade, mas como preço do risco que corre[783].

A categoria dos contratos aleatórios, contraposta aos comutativos, veio a ser acolhida pelo *Code Napoléon*. Enquanto nos comutativos cada uma das partes se compromete a uma prestação que é vista como equivalente da que lhe é prometida pela contraparte; nos aleatórios, a equivalência consistiria na possibilidade de ganho ou de perda na sequência de um acontecimento incerto (é o que se lê no art. 1104 do *Code*). Mais adiante, no art. 1964, define-se o contrato aleatório como um acordo recíproco cujos efeitos, no que respeita a vantagens e perdas, ficam dependentes de um evento incerto. Acrescenta-se aí serem aleatórios os contratos de seguro, de jogo e de aposta, e de renda vitalícia.

Também no Código Civil espanhol, a categoria mereceu acolhimento, sendo o contrato aleatório apresentado como aquele em que uma das partes, ou ambas reciprocamente, se obriga a dar ou fazer alguma coisa em equivalência do que a outra dará ou fará, caso ocorra um dado acontecimento incerto, quanto à sua verificação ou ao momento dela (art. 1790). São presentemente regulados no Código Civil espanhol, como aleatórios, um contrato de alimentos oneroso e vitalício (nos artigos que antes da Lei 50/1980, de 8 de outubro, regiam sobre o contrato de seguro), o jogo e a aposta, e a renda vitalícia.

O *Codice* não define o contrato aleatório, limitando-se a determinar, no art. 1469, que não se aplicam a tais contratos as normas que possibilitam a

---

[782] Sobre a origem histórica da categoria, LUIGI BALESTRA, *Il contratto aleatorio e l'alea normale*, pp. 14-8; GIOVANNI DI GIANDOMENICO, *Il contratto e l'alea*, pp. 15-8.
[783] Consultado na obra R.-J. POTHIER, *Les traités du droit français*, I, p. 6.

resolução dos contratos duradouros, bilaterais e de execução diferida, pela parte cuja prestação se tenha tornado excessivamente onerosa por acontecimento extraordinário e imprevisível, nem as normas que permitem a redução da prestação dos contratos unilaterais, verificando-se a mesma excessiva onerosidade por motivo extraordinário e imprevisível.

As legislações alemã e suíça não identificam a categoria dos contratos aleatórios, pelo que ela tende a merecer escassa atenção das respetivas doutrinas.

Não se trata de uma categoria fácil, podendo dizer-se que os problemas começam onde acaba o consenso geral de lhe subsumir os contratos de jogo e aposta. Há quem discuta a oposição entre contratos comutativos e contratos aleatórios, vendo nestes uma subcategoria dos primeiros[784]; esta visão exige uma noção de comutatividade não fundada na certeza das prestações, mas na equivalência entre elas. Há também quem discuta a qualidade de subcategoria dos aleatórios relativamente aos contratos onerosos, admitindo também contratos aleatórios gratuitos[785]. Estes debates são

---

[784] FRANÇOIS GRUA, «Les effets de l'aléa et la distinction des contrats aléatoires et des contrats commutatifs», pp. 263-87. O Autor nega que os contratos aleatórios sejam uma categoria que se opõe aos comutativos, afirmando que são, ao invés, uma das modalidades de comutativos: «Mais le code civil n'oppose pas, quant a lui les deux catégories de contrats. D'après l'article 1104, le contrat commutatif est celui où «chacune des parties s'engage à donner ou à faire une chose qui est regardée comme l'équivalent de ce qu'on lui donne ou de ce qu'on fait pour elle». Le contrat est aléatoire lorsque l'équivalent est d'une nature particulière et consiste en une chance de gain ou de perte. Cette formulation fait du contrat aléatoire une variété de contrats commutatifs, un ensemble inclus dans celui des contrats commutatifs. Ce n'est pas parce qu'un contrat est aléatoire qu'il cesse d'être commutatif. Dès lors, les propriétés respectives ne sont plus incompatibles» (p. 287). Entre nós, a negação da contraposição entre contratos aleatórios e comutativos surge em MARGARIDA LIMA REGO, *Contrato de seguro e terceiros*, pp. 395-7 e 405-6. Fundamenta o seu entendimento na visão de que o critério que permite a classificação dos contratos como comutativos ou não comutativos é o da equivalência, no sentido de interdependência ou sinalagmaticidade, das atribuições; enquanto o critério que subjaz à classificação como aleatórios ou não aleatórios é o da incerteza do resultado económico do contrato. A origem deste entendimento remontará a DURANTON, ainda na primeira metade do séc. XIX – fazendo fé em LUIGI BALESTRA, *Il contratto aleatorio e l'alea normale*, pp. 23-4.

[785] O primeiro a defender a possibilidade de contratos aleatórios gratuitos terá sido RODOLFO SACCO, «In tema di contratto di gioco o scommessa (A proposito della competizione «Lascia o raddoppia»)», pp. 410-32. Colocando a questão ainda sem lhe dar uma resposta, GIANGUIDO SCALFI, «Considerazioni sui contratti aleatori», pp. 142-3; mais recentemente, em «Alea», p. 256, o Autor retoma o tema, defendendo a existência contratos aleatórios unilaterais. Também

O CONTRATO DE MEDIAÇÃO

praticamente estrangeiros, seguindo a doutrina portuguesa largamente a herança francesa tradicional, distinguindo, *dentro dos contratos onerosos*, os *comutativos* e os *aleatórios*[786].

Trata-se hoje no nosso país de uma categoria exclusivamente doutrinária, não havendo dela, na lei, definição nem regulação[787]. Nem sempre assim foi. No art. 1537 do Código de Seabra, em capítulo intitulado «Dos contratos aleatórios», ínsito no título «Dos contratos em particular», lia-se ser aleatório o *contrato pelo qual uma pessoa se obriga para com outra, ou ambas se obrigam reciprocamente, a prestar ou a fazer certa coisa, dado certo facto ou acontecimento futuro incerto*. De acordo com esta definição, a álea determinaria apenas a efetivação da prestação (não a sua extensão ou qualidade), permitindo alguma confusão com a condição suspensiva. Nos artigos seguintes regulavam-se, como espécies da categoria, o *contrato de risco ou seguro* e o *contrato de jogo ou aposta*, o que ajudava a perceber o que se pretendia com a definição.

GIOVANNI DI GIANDOMENICO, *Il contratto e l'alea*, pp. 80-2, admite contratos aleatórios gratuitos, afirmando que a sua admissibilidade é um problema de direito positivo. Lembro que o art. 1469 do *Codice* exclui a aplicabilidade aos contratos aleatórios das normas dos artigos que o precedem, entre os quais um que permite a redução da prestação dos contratos unilaterais, verificando-se excessiva onerosidade por motivo extraordinário e imprevisível. Entre nós, JANUÁRIO GOMES, *Assunção fidejussória de dívida*, pp. 119-20, coloca a fiança gratuita no campo dos contratos aleatórios. E só não o faz mais incisivamente por a doutrina se mostrar «ciosa da pertença dos negócios aleatórios ao universo dos contratos onerosos, que ou serão aleatórios ou comutativos».

[786] Assim, MANUEL DE ANDRADE, *Teoria geral da relação jurídica*, II, p. 57; ALMEIDA COSTA, *Direito das obrigações*, pp. 371-2; CARVALHO FERNANDES, *Teoria geral...*, II, p. 85; MENEZES LEITÃO, *Direito das obrigações*, I, pp. 211-2; CASTRO MENDES, *Teoria geral...*, II, p. 485; MOTA PINTO, *Teoria geral...*, pp. 403-5; GALVÃO TELLES, *Manual dos contratos em geral*, pp. 483-4 (ainda que com outra terminologia, mas sem outro significado: não aleatórios, ou onerosos comuns, e aleatórios); PAIS DE VASCONCELOS, *Teoria geral...*, pp. 448-9 (que distingue a par dos comutativos e dos aleatórios, ainda, os parciários).

[787] O que não significa que a álea não tenha que ser ponderada no regime contratual. Encontramos disso claro exemplo no art. 437 do CC. Este permite a resolução ou a modificação do contrato nos casos em que as circunstâncias em que as partes fundaram a decisão de contratar tenham sofrido uma alteração anormal, desde que a exigência das obrigações assumidas afete gravemente os princípios da boa fé, e os efeitos da alteração não estejam cobertos pelos *riscos próprios do contrato*. Estes riscos próprios do contrato têm de ser aferidos em cada caso concreto, podendo reportar-se a duas realidades distintas, ambas impeditivas do funcionamento do instituto: ao risco económico em sentido estrito, ou álea normal, que incide sobre a generalidade dos contratos e que naquele caso concreto se verifique; e ao risco jurídico próprio do contrato concretamente celebrado, se o comportar.

De dizer que a inserção sistemática do art. 1537 e o título do capítulo que o acolhia foram alvo de crítica, nomeadamente do Autor do anteprojeto dos contratos em especial (doação excetuada) do atual Código. «Os contratos aleatórios constituem uma categoria genérica, compreensiva de várias modalidades, umas nominadas, outras inominadas. Não devem pois figurar como tais, isto é, como *género*, no Título do Código Civil respeitante aos contratos em especial; aí, por definição, só devem inserir-se as suas *espécies* que mereçam regulamentação autónoma e não tenham cabimento mais adequado noutros lugares do corpo legislativo»[788].

Em consonância, o Código vigente mantém a alusão aos contratos de jogo e de aposta (arts. 1245 a 1247) – sobretudo para os invalidar –, mas não define contratos aleatórios, nem destina quaisquer regras comuns aos modelos da categoria. O termo *aleatório* surge em apenas três disposições: nos artigos 880, nº 2, e 881, para qualificar contratos de compra e venda de bens futuros e de bens de existência ou titularidade incerta, cuja aleatoriedade derivará de estipulação expressa (no primeiro caso) ou tácita (no segundo); e no art. 1466, para adjetivar os prémios ou outras utilidades de títulos de crédito.

Apesar de os contratos aleatórios não constituírem uma categoria legislada, vários contratos que a doutrina classifica como tal são objeto de alusão ou regulação. Para além dos já referidos – jogo e aposta, venda de bens futuros com caráter aleatório, e venda de bens de existência ou titularidade incerta –, também a renda vitalícia (arts. 1238 a 1244), e outros fora do Código Civil, com destaque para o seguro (RJCS, *maxime* art 1º). Têm em comum serem contratos onerosos nos quais, no momento da sua celebração, a existência e/ou a extensão da atribuição de uma ou de ambas as partes está, por estipulação contratual, dependente de um facto incerto quanto à sua verificação (*incertus an*) ou quanto ao momento dessa verificação (*incertus quando*), o que gera incerteza sobre o resultado económico do contrato, para ambas as partes.

Esta noção bebe da maioria das noções doutrinais contemporâneas do instituto[789]. É fundamental, na minha perspetiva, o acordo das partes

---

[788] GALVÃO TELLES, «Contratos civis, exposição de motivos», p. 219.

[789] MANUEL DE ANDRADE, *Teoria geral da relação jurídica*, II, pp. 57-8 – nos contratos aleatórios «há uma só prestação que pode recair sobre qualquer das partes, dependendo dum acontecimento incerto a determinação de qual delas terá de a realizar (aposta, certas formas de jogo), ou há uma prestação certa e outra incerta, sendo esta muito maior do que aquela (seguro contra riscos: fogos, etc.), ou há duas prestações certas em si mesmas, mas uma delas

O CONTRATO DE MEDIAÇÃO

em que uma ou mais das atribuições contratuais fique dependente de um evento incerto. A necessária incerteza relativamente ao resultado económico do contrato e o eventual desequilíbrio final entre as atribuições são consequências daquela estrutura. Nesta medida, podem caracterizar o contrato, mas não são suficientes para, por si só, o repescarem no seio das demais figuras contratuais.

Desequilíbrios entre prestações e incertezas quanto ao resultado económico do negócio podem suceder em quase todos os contratos em que exista um hiato temporal entre o acordo e a execução das prestações. Em qualquer contrato, excetuados talvez os mais simples e instantâneos contratos de troca, cada uma das partes corre o risco de que a prestação da parte contrária não venha a ser satisfeita do modo esperado (mora, cumpri-

---

é incerta no seu montante, podendo vir a ser maior ou menor que a outra (seguro de vida). (...) Nos contratos aleatórios as partes têm em vista uma possibilidade de ganho ou de perda, no sentido de possibilidade de só receber ou de só dar, ou receber mais ou menos do que se dá»; ALMEIDA COSTA, *Direito das obrigações*, pp. 371 – «nos contratos aleatórios, as partes – ambas ou uma só – correm uma possibilidade de ganho ou de perda, pois os respetivos efeitos (mas não os contratos em si) dependem de um acontecimento futuro e incerto, quanto à sua verificação, ou, pelo menos, quanto à data desta»; CARVALHO FERNANDES, *Teoria geral...*, II, p. 85 – «negócios onerosos que envolvem um risco (*álea*) para uma das partes ou para ambas, ficando as prestações (ou uma delas) na dependência de certo facto futuro, em termos de só uma ser realizada ou de não se verificar qualquer correspondência entre elas»; MENEZES LEITÃO, *Direito das obrigações*, I, pp. 211-2 – aquele em que «pelo menos, uma das atribuições patrimoniais se apresente como incerta, quer quanto à sua existência (*an*), quer quanto ao seu conteúdo (*quantum*). (...) o contrato fica dependente de uma álea, ou seja, de um risco específico, que pode residir na incerteza da verificação de um facto (*incertus an*) ou na incerteza do momento dessa verificação (*certus an, incertus quando*)»; CASTRO MENDES, *Teoria geral...*, II, pp. 485-6 – «São contratos aleatórios aqueles em que uma das atribuições patrimoniais, ou ambas, está dependente de uma álea, «ou seja, de um facto incerto quanto à sua verificação (*incertus an*) ou quanto ao momento da sua verificação (*incertus quando*)»»; MOTA PINTO, *Teoria geral...*, p. 403 – «Nos contratos aleatórios as partes submetem-se a uma álea, a uma possibilidade de ganhar ou perder. (...) Pode haver uma só prestação, dependendo de um facto incerto a determinação de quem a realizará (aposta, certos tipos de jogo), pode haver uma prestação certa e outra incerta, de maior montante do que aquele (seguro de responsabilidade civil, de incêndio, etc.), pode haver duas prestações certas na sua existência, mas uma delas é incerta no seu «quantum» (seguro de vida)»; GALVÃO TELLES, *Manual dos contratos em geral*, p. 483 – «nos *contratos aleatórios* reina a *incerteza sobre o seu significado patrimonial para cada um dos contraentes*; tem-se a *expectativa de ganhar* mas também se corre o *risco de perder*. (...) O conteúdo económico do contrato está na dependência de uma *álea*, ou seja, de um facto incerto quanto à sua verificação (*incertus an*) ou quanto ao momento dessa verificação (*incertus quando*)». Sobre as várias conceções de contrato aleatório, v. MARIA INÊS DE OLIVEIRA MARTINS, *O seguro de vida enquanto tipo contratual legal*, pp. 236-42.

mento defeituoso, incumprimento, impossibilidade), ou que, por alteração das circunstâncias económicas ou financeiras, se torne menos vantajosa que o previsto aquando da contratação, ou que a sua própria prestação se torne mais onerosa. Os primeiros são riscos compensados pela regulação contratual e que desaparecem com atuação dessa regulação. Por vezes são duplamente acautelados com o acoplamento de garantias. Os segundos são riscos sem cura, que desequilibram indelevelmente o valor das prestações contratuais mas dentro de uma esfera de normalidade, dentro da esfera de eventos externos ao contrato, que sabemos à partida que podem suceder, mas que no caso concreto esperamos que não sucedam. Riscos que assumimos, mas são malquistos; que não nos impedem de contratar, mas que gostaríamos de não correr. Daí que, por vezes, os tentemos minimizar por via de cláusulas contratuais, nomeadamente de indexação de valores. A este segundo conjunto de riscos chama-se «álea normal dos contratos» ou «risco económico em sentido estrito».

Estes riscos normais são juridicamente irrelevantes enquanto não atingirem um grau de anormalidade tal que, por via do instituto da resolução ou modificação do contrato por alteração das circunstâncias (art. 437 do CC), os torne juridicamente relevantes. Entre o risco económico em sentido estrito ou álea normal dos contratos e os riscos que permitem o funcionamento deste instituto existe uma diferença de grau, não de qualidade.

Nos contratos aleatórios, a álea tem uma diferente compleição. É desejada e incorporada no contrato por estipulação das partes (ainda que tácita) e vai influenciar a existência ou a determinação da prestação, ou de várias prestações. São as partes que querem que a prestação de uma, ou de ambas, fique dependente de um evento futuro e incerto (quanto à sua verificação ou ao momento desta), são as partes que querem correr o risco da incerteza que essa dependência vai produzir no resultado económico do contrato, querem correr o risco de ganhar e de perder. Não é que desejem perder, ou sequer que desejem o evento de que resultará a prestação aleatória, mas desejam e aceitam indubitavelmente correr o risco de que isso possa acontecer, na esperança de que o evento aleatório lhes seja favorável.

Podemos concluir que enquanto a *álea normal* é *exterior* ao contrato, *eventual* e afeta o *valor da prestação*; a *álea própria dos contratos aleatórios é intrínseca, necessária* e *afeta a existência ou a extensão* da prestação[790].

---

[790] A estas conclusões chegou GIOVANNI DI GIANDOMENICO, *Il contratto e l'alea*, pp. 293 e ss. Leiam-se os seguintes trechos: «il rischio economico in senso stretto è quello che incide

O raciocínio expendido conduziria facilmente à classificação do contrato de mediação como contrato aleatório sempre que, como é regra, a remuneração esteja dependente da celebração do contrato visado, evento externo ao contrato de mediação porque não consistente na prestação do mediador e dependente de comportamentos que não estão na sua disponibilidade. E, no entanto, algo separa o contrato de mediação dos demais contratos habitualmente classificados como aleatórios. Nestes últimos, a prestação aleatória é sempre a prestação característica e nunca a prestação de pagamento ou retribuição. Por exemplo, nas apostas mútuas e lotarias, aleatória é a prestação de pagamento do prémio do jogo, não o pagamento do preço de participação na aposta ou do bilhete ou fração de lotaria; nos seguros de risco, aleatório é o pagamento da indemnização, não o pagamento dos chamados prémios; na venda aleatória de bens futuros, aleatórias são a transmissão de propriedade e a entrega, não o pagamento do preço; o mesmo se diga na venda de bens de existência ou titularidade incerta; na renda vitalícia, aleatória é a renda a pagar, quanto à sua extensão, não a entrega e/ou a transmissão da propriedade. Na mediação, sucede o contrário. A prestação aleatória é a prestação de remuneração, não a prestação característica ou de atividade mediadora.

Esta diferença prende-se com a função económico-social de imputação do risco que está presente nos contratos comummente tidos por ale-

---

sul valore economico di uma prestazione già determinata, mentre l'alea giuridica riguarda l'esistenza stessa oppure la determinazione della prestazione» (p. 294); «L'avvenimento *può* incidere sul valore di una prestazione già determinata, nel rischio economico; *deve* determinare la prestazione, nel negozio aleatorio. In questo senso si ripete che il rischio economico è eventuale, mentre l'alea negoziale è sempre necessaria o, meglio, necessitata» (p. 295); «la prima [alea normale] è estranea all'elemento funzionale del negozio, al contrario dell'alea negoziale, che invece ne è parte» (p. 302). No mesmo sentido, MARGARIDA LIMA REGO, *Contrato de seguro e terceiros*, pp. 403-4 – «Tanto a álea contratual «normal» quanto a álea específica dos contratos aleatórios dizem respeito à incerteza quanto ao resultado económico final dos contratos. Mas a primeira respeita a variações *de valor* de prestações, ou atribuições (...). Já a álea específica dos contratos aleatórios faz parte do seu conteúdo: este inclui uma estipulação de *variabilidade* de algumas atribuições, *maxime* obrigações, em função de um facto de consequências distintas para tais atribuições. (...) Em suma, a álea normal é *extrínseca* ao contrato enquanto a álea específica dos contratos aleatórios lhes é *intrínseca*. (...) Essa álea é estipulada. Resulta do texto contratual». MENEZES CORDEIRO, *Tratado de direito civil português*, I, *Parte geral*, t. I, p. 477, aborda a diferença essencial entre as duas espécies de álea quando escreve que a álea dos contratos aleatórios «deve ser da própria natureza do contrato, em moldes tais que ele não faça sentido de outra forma».

COMPREENSÃO DO CONTRATO COM INCIDÊNCIA NAS PRESTAÇÕES PRINCIPAIS

atórios, mas não no contrato de mediação, pelo que talvez a categoria dos contratos aleatórios não deva prescindir de uma caracterização funcional, a par da estrutural.

CARLOS FERREIRA DE ALMEIDA delimita os contratos com função económico-social de risco (ou de imputação de risco), descrevendo-os como «aqueles em que o risco, previsto no próprio contrato e elemento desse contrato, constitui uma finalidade meta-jurídica, fundamental e global do contrato»[791], aqueles em que «a prestação (ou sujeição) de uma das partes, as circunstâncias dessa prestação ou a seleção da parte sobre quem recairá a obrigação dependem de um evento futuro e incerto»[792]. Logo acrescenta algo que não costuma ser evidenciado, mas que se verifica, como vimos, e que é importante para distinguir os habituais contratos aleatórios e o contrato de mediação: «os contratos de risco definem-se pelo caráter eventual da prestação característica ou da prestação única»[793].

Apesar de, quer nos contratos ditos aleatórios ou de risco, quer no contrato de mediação, estar presente uma álea intrínseca, querida no contrato, na medida em que em todos se quer que a existência ou a extensão de uma prestação fique dependente de um evento incerto (quanto à existência ou ao momento da sua verificação), apenas os contratos aleatórios têm por finalidade a cobertura de um risco preexistente – minimizar os efeitos nefastos da ocorrência do evento incerto, já possível aquando da celebração do contrato (nos contratos de garantia) –, ou a criação de um risco novo – a criação pelo próprio contrato da possibilidade do evento incerto (nos contratos aleatórios puros). Não se confunda o risco preexistente, exterior ao contrato aleatório, mas que este, quando na modalidade de contrato de garantia, visa cobrir, com a álea própria do contrato aleatório, essencial e intrínseca, consistente no facto de a prestação ficar dependente do facto incerto, coincidente com a materialização daquele risco[794].

---

[791] CARLOS FERREIRA DE ALMEIDA, *Contratos*, III, p. 150.

[792] CARLOS FERREIRA DE ALMEIDA, *Contratos*, III, p. 151. Inclui na categoria todos os contratos normalmente classificados como contratos aleatórios e, ainda, contratos de garantia, como o de constituição de hipoteca, penhor, fiança e outros, amiúde esquecidos na literatura sobre contratos aleatórios, talvez por serem tratados no nosso Código Civil no âmbito das garantias das obrigações em geral, e não sob a perspetiva dos contratos que normalmente estão na génese dessas garantias.

[793] *Idem.*

[794] Sobre a distinção entre estes dois tipos de risco, MARGARIDA LIMA REGO, *Contrato de seguro e terceiros, maxime* pp. 145-53.

O CONTRATO DE MEDIAÇÃO

A função económico-social dos contratos aleatórios reconduz-se, portanto, a uma das indicadas: cobertura de um risco exógeno e preexistente, ou criação de um risco novo. No contrato de mediação, por sua vez, a sua finalidade económico-social é a da troca de um serviço por um preço. O risco adveniente de o direito à remuneração estar dependente de um evento futuro e incerto não constitui a finalidade do contrato, mas apenas uma forma de o cliente se assegurar facilmente, sem custos, de que apenas paga se a parte contrária tiver cumprido satisfatoriamente a sua obrigação. Trata-se, a um tempo, de um mecanismo *autocoercivo*, gerador de um empenho acrescido do mediador no desenvolvimento de uma atividade eficaz, e de um mecanismo de segurança para o cliente que nada terá de pagar se não quiser aproveitar a oportunidade negocial encontrada pelo mediador, tendo em ambos os casos contrapeso no normalmente elevado valor da remuneração.

5.3.2.3. Conclusão intercalar

No contrato de mediação verifica-se, a um tempo, uma situação condicional e uma álea intrínseca, que têm pontos de semelhança com a condição em sentido técnico e com a álea própria dos contratos aleatórios, mas que não se identificam com uma nem com outra.

O contrato de mediação (sem prejuízo da eventual, e nada habitual, celebração de contratos de mediação condicionais) é plenamente eficaz desde o momento da sua celebração e não tem a sua eficácia ameaçada por qualquer ocorrência futura e incerta. O que nele se passa é que um dos seus efeitos, o nascimento do direito a uma das prestações, concretamente, a remuneração do mediador, está dependente de um evento futuro e incerto: a celebração do contrato visado (regra que comporta exceção no âmbito do contrato com cláusula de exclusividade de que adiante falarei). A celebração do contrato visado depende das atuações do cliente e de um terceiro e permanece na disponibilidade destes.

Além do dito, a circunstância de a remuneração estar dependente daquele evento não é uma cláusula acessória ou um elemento acidental, por referência a um tipo preexistente, mas um elemento caracterizador do contrato, sem o qual a qualificação se altera. O contrato de mediação, portador da referida característica, não é um «tipo normal *modificado*»[795], mas

---

[795] Assim se referia ao negócio com cláusula condicional PINTO COELHO, *Das clausulas accessorias...*, p. 20 e *passim*.

COMPREENSÃO DO CONTRATO COM INCIDÊNCIA NAS PRESTAÇÕES PRINCIPAIS

um *tipo normal*, sem mais. Imaginemos que duas pessoas acordam entre si que uma se dedicará a procurar interessado para um negócio da outra, durante determinado período, mediante uma dada remuneração. Ou que uma se compromete a encontrar um interessado, contra remuneração. Sendo indiferente, num caso e no outro, que o cliente venha a celebrar o contrato visado ou que o venha a celebrar com a pessoa encontrada pelo prestador do serviço. No primeiro caso, podemos estar perante um contrato de trabalho ou um contrato de prestação de serviço, e, no segundo, perante um contrato de prestação de serviço. Nunca os tribunais qualificaram como contratos de mediação contratos nos quais a remuneração não estivesse dependente da celebração do contrato visado.

Poderá suceder que as partes não conversem suficientemente sobre essa dependência ou que não se consiga determinar com segurança o sentido das suas declarações a esse respeito. Mas, então, estamos num plano de apuramento da matéria de facto, no qual os demais elementos provados pesarão, nomeadamente as circunstâncias de a pessoa a quem foi contratado o serviço se dedicar à prática da mediação como profissional independente, de a remuneração acordada ser uma percentagem do preço do objeto mediato do contrato desejado, entre outras.

A circunstância de a remuneração apenas ser devida com a celebração do contrato visado constitui, portanto, um elemento fundamental do conteúdo do contrato ou, noutra perspetiva, uma característica do tipo. Não estamos perante um elemento que se possa acordar ou não, com manutenção da espécie negocial.

Mesmo não se tratando de uma condição em sentido técnico, a dogmática da condição é útil à sua perceção, designadamente no que respeita à distinção entre condições casuais, potestativas e mistas. *In casu*, o evento condicionante depende das vontades do cliente e de um terceiro, podendo, por isso, dizer-se que se trata de uma circunstância condicional imprópria, mista de potestatividade e casualidade[796]. Para o mesmo evento, terá de

---

[796] A classificação das condições em casuais, potestativas e mistas não suscita discordâncias. Exemplificativamente, MANUEL DE ANDRADE, *Teoria geral da relação jurídica*, II, pp. 367-9; JOSÉ GABRIEL PINTO COELHO, *Das clausulas accessorias dos negocios juridicos*, I, p. 40; CARVALHO FERNANDES, *Teoria geral...*, II, pp. 418-9; DURVAL FERREIRA, *Negócio jurídico condicional*, pp. 174-6; NUNO BAPTISTA GONÇALVES, *Do negócio sob condição*, pp. 44-8; CASTRO MENDES, *Teoria geral...*, II, pp. 328-32; CARLOS DA MOTA PINTO, *Teoria geral...*, pp. 565-6; PAIS VASCONCELOS, *Teoria geral...*, pp. 610-2.

O CONTRATO DE MEDIAÇÃO

ter contribuído a atividade do mediador, nos termos adiante melhor explicitados, pelo que o mesmo acontecimento partilha também uma função
de compulsão ou estimulação do comportamento do mediador satisfatório para o cliente[797].

Por causa desta circunstância que coloca a remuneração na dependência da celebração do contrato visado, o mediador corre um risco específico
de não ser remunerado, mesmo tendo cumprido escrupulosamente a sua
prestação. Este risco é intrínseco ao contrato de mediação e criado por
estipulação contratual, querido pelas partes. Quer o contrato de mediação seja legalmente atípico, quer esteja configurado na lei como um contrato em que a remuneração esteja sujeita à referida álea, trata-se sempre,
em cada contrato concreto, de uma escolha das partes.

Esta aleatoriedade, muito próxima da que é própria dos contratos aleatórios, afasta-se destes por duas particularidades: por um lado, a atuação
do mediador não é totalmente estranha ao evento futuro e incerto, pelo
contrário, uma atuação bem sucedida potencia aquele evento; por outro
lado, a aleatoriedade incide sobre a prestação de remuneração e é estranha à finalidade contratual.

5.3.3. O nexo causal entre a atividade de mediação e o contrato a final celebrado

5.3.3.1. Nexo causal com a atuação do mediador

A necessidade de um nexo entre a atividade do mediador e o evento de
que depende a sua remuneração – normalmente a celebração do contrato
desejado – tem sido consistentemente afirmada pela doutrina e pela jurisprudência[798]. A atividade do mediador deve ter contribuído de forma deci-

---

[797] Sobre esta função da condição e sobre as condições que têm fundamentalmente esta
função, v. CASTRO MENDES, «Da condição», pp. 46-52.

[798] LACERDA BARATA, «Contrato de mediação», p. 203; MENEZES CORDEIRO, *Direito comercial*, p. 700-1; MARIA DE FÁTIMA RIBEIRO, «O contrato de mediação e o direito do mediador
à remuneração», pp. 100-3; MANUEL SALVADOR, *Contrato de mediação*, pp. 97, 105, 106; VAZ
SERRA, «Anotação ao Acórdão do STJ de 7 de Março de 1967», p. 346. Referindo-se a um nexo
de *causalidade adequada*: Acórdãos do STJ de 17/03/1967, BMJ 165, p. 331; de 28/02/1978, BMJ
274, p. 223; e de 15/11/2007, proc. 07B3569; do TRE de 24/03/1994, proc. 446, CJ 1994, II,
260; do TRL de 05/03/2013, proc. 824/10.0YXLSB.L1-1. Reportando-se apenas a uma *relação
causal*: Acórdãos do STJ de 29/04/2003, proc. 03A918; de 28/04/2009, proc. 29/09.3YFLSB; e
de 27/05/2010, CJASTJ 2010, II, 88. Enfatizando simplesmente que a *contribuição do mediador
não tem de ter sido única*, sendo suficiente ter-se limitado a dar o nome ou a ter posto em contacto

COMPREENSÃO DO CONTRATO COM INCIDÊNCIA NAS PRESTAÇÕES PRINCIPAIS

siva ou importante para a conclusão do contrato, não tendo, porém, que ser a sua única causa.

É visível a consciência da importância do nexo de causalidade na solução de vários problemas: desfasamento temporal entre a vigência do contrato de mediação e a conclusão do contrato visado; contribuição de vários mediadores; celebração do contrato com interessado diferente do angariado pelo mediador.

Quando o contrato visado é celebrado após o termo do contrato de mediação (seja porque decorreu o prazo a que estava sujeito, seja porque lhe foi posto termo por iniciativa das partes ou de uma delas), mas por influência da atuação do mediador ainda em vida do contrato, o mediador mantém o direito à remuneração[799].

Encontramos jurisprudência paradigmática neste sentido:

- Acórdão do STJ, de 09/03/1978, BMJ 275/183 – sumariando os factos, em 17/12/1970, autor e réu celebraram quatro contratos de mediação exclusiva, para vigorarem até 31/12/1971, para venda de quatro prédios do réu; o réu comunicou ao autor a rescisão dos contratos, com efeitos imediatos, em 29/03/1971; durante e após a

---

(desde que isso tenha influído de algum modo no negócio): Acórdãos do STJ de 18/03/97, proc. 700/96, CJASTJ 1997, I, 158; de 31/05/2001, CJASTJ 2001, II, 108; de 28/05/2002, proc. 02B1609; de 10/10/2002, proc. 02B2469; e de 20/04/2004, proc. 04A800; também os Acórdãos do TRE de 29/03/2007, proc. 2824/06-3; de 17/03/2010, proc. 898/07.1TBABF.E1, CJ 2010, II, 241. São raros, e parecem-me de rejeitar, os casos em que o comportamento exigido à mediadora é de quase impossível realização. Nesta situação, o Acórdão do STJ de 09/12/93, proc. 083924, BMJ 432, p. 332, no qual se lê que a mediadora *limitou-se* a «mostrar o imóvel ao referido casal, a identificar-lhe a vendedora e a informá-la das condições de venda – no que não foi a única -, pouco ou nada relevando o facto de ter sido ela a primeira a efetuar estas diligências». Ou o Acórdão do TRP de 21/01/2013, proc. 1646/11.7TBOAZ.P1 – tendo-se provado que, na pendência de contrato de mediação imobiliária celebrado entre a autora, mediadora, e os réus, vendedores, a primeira, em 28/11/2010, promoveu visita à fração dos réus por determinados interessados, os quais em 02/12/2010 fizeram uma proposta de compra que os réus aceitaram, vindo mais tarde os interessados a informar a autora de que não conseguiam o necessário financiamento bancário para concretizar o negócio e, ulteriormente, por escritura pública de 25/02/2011 (menos de três meses após a visita ao imóvel promovida pela mediadora), a adquirir o mesmo imóvel aos réus pelo mesmo preço proposto e aceite, o tribunal considerou que a mediadora não tinha direito à retribuição. Fundamentou a decisão nos factos, também provados, de os réus e os interessados não se terem conhecido no decurso das negociações com a autora, vindo a conhecer-se mais tarde, através de um amigo comum.

[799] Assim se pronunciou MANUEL SALVADOR, *Contrato de mediação*, pp. 96-9 e 161-3.

vigência dos contratos, o réu, aproveitando as diligências de venda levadas a cabo pelo autor, contratou a venda de andares com pessoas contactadas pessoal e diretamente por vendedores do autor, informadas por estes sobre as condições de venda e encaminhadas para o réu para celebração dos contratos. O tribunal decidiu que, quanto a estas vendas, mesmo que concretizadas após o termo dos contratos de mediação, tendo sido o efeito da atividade do mediador em cumprimento dos mesmos contratos, o autor teria direito às remunerações acordadas.

- Acórdão do TRL de 11/11/2004, processo 5439/2004-8 – resumindo os factos nucleares, a ré, dada a ação do autor, mediador, com quem contratara a mediação, a partir do momento em que teve conhecimento da pessoa que estaria interessada na aquisição dos terrenos, aproveitou-se desse conhecimento para conduzir ela própria as negociações que levaram à compra e venda dos mesmos terrenos pela quantia de 500 mil contos. Com tal propósito, a ré declarou pôr termo ao contrato de mediação procurando, assim, impedir que o autor pudesse invocá-lo para fundamentar o pedido de pagamento da remuneração. Nesta situação, o tribunal decidiu, mantendo a sentença da primeira instância, que «a denúncia não vale enquanto instrumento jurídico suscetível de considerar interrompido nexo causal entre a atividade do mediador que angariou o interessado (...) e a compra e venda dos terrenos que a [ré] pretendia alienar quando outorgou o contrato de mediação».

- Acórdão do STJ de 15/11/2007, no proc. 07B3569 – numa situação semelhante à anterior, na qual o cliente, após ter declarado cessar o contrato, veio a celebrar o contrato visado com o terceiro indicado pelo mediador, o Supremo, ao julgar improcedente o recurso, considerou que a cessação do contrato de mediação pelo cliente era insuscetível de beliscar o nexo causal e a remuneração do mediador.

- Acórdão do TRP de 06/10/2009, proc. 7586/06.4TBMAI.P1 – num caso análogo em que o contrato de mediação havia terminado, desta feita por caducidade, antes da celebração do contrato visado, a Relação do Porto, confirmando a sentença da primeira instância, concluiu que «[e]m contrato de mediação imobiliária em vista à realização de negócio de compra e venda, não poderá ser invocada a sua caducidade, pelo decurso do seu prazo de vigência – e evitar-

COMPREENSÃO DO CONTRATO COM INCIDÊNCIA NAS PRESTAÇÕES PRINCIPAIS

-se, assim, o pagamento da respetiva comissão de mediação –, se as diligências para a concretização do negócio pretendido foram efetuadas pela mediadora antes do decurso desse prazo da caducidade, ainda que a celebração definitiva da compra e venda ocorra posteriormente».

Em conclusão, o nexo causal entre a atividade do mediador e o contrato que o seu cliente vem a celebrar não é abalado pela cessação do contrato de mediação ocorrida entre aqueles dois atos.

Outro grupo de situações cuja decisão depende do nexo causal é a do contributo de vários mediadores para o mesmo contrato. Não havendo exclusividade, podem ser encarregados vários mediadores, caso em que o direito à remuneração vai depender do estabelecimento de um nexo causal entre a atividade de cada um e o resultado de que depende a remuneração[800].

Celebrando-se o contrato visado com uma pessoa diferente da indicada pelo mediador, o nexo de causalidade serve tanto para afastar o direito à remuneração, como para o afirmar. Em regra, sendo o contrato celebrado com pessoa diferente da angariada, a atividade do mediador não estará conexionada ao contrato e o mediador não terá direito a ser remunerado. Salvo acordo em contrário, o cliente pode celebrar o contrato com terceiro por si encontrado sem intervenção do mediador, sem ter de lhe pagar remuneração, mesmo nos casos em que o contrato de mediação tinha sido celebrado com cláusula de exclusividade. O fundamento da inexistência do dever de remunerar encontra-se, neste caso, na falta de nexo de causalidade entre a atuação do mediador e a celebração do contrato visado[801]. Porém, pode suceder que, apesar de celebrado com pessoa diferente da angariada pelo mediador, exista um nexo causal entre a atividade do mediador e a celebração do contrato por o novo interessado ter, graças a uma qualquer

---

[800] LACERDA BARATA, «Contrato de mediação», p. 206; sobre esta temática, também MANUEL SALVADOR, *Contrato de mediação*, pp. 149-53, limitando-se a descrever opiniões da doutrina italiana.

[801] É a posição manifestada por MANUEL SALVADOR, *Contrato de mediação*, pp. 164-75. Fundamentando a não remuneração do mediador com a ausência de relação causal numa situação em que o contrato é celebrado com terceiro não angariado pelo mediador (ainda que *in casu* o contrato não contemplasse exclusividade), o Acórdão do STJ de 27/05/2010, CJASTJ 2010, II, 88.

O CONTRATO DE MEDIAÇÃO

relação com o angariado, celebrado o contrato apenas para frustrar o direito do mediador à remuneração, beneficiando o angariado do contrato a final celebrado de modo semelhante ao que beneficiaria se o tivesse celebrado pessoalmente[802]. Neste caso, a celebração com pessoa diversa da angariada pelo mediador não é impeditiva do nascimento do direito à remuneração.

5.3.3.2. Equivalência ao contrato desejado

Para que o mediador adquira o direito à remuneração, o contrato que venha a ser celebrado pelo cliente e pelo terceiro angariado pelo mediador não tem de ser exatamente o mesmo que foi *ab initio* idealizado, mas tem de ter uma correspondência económica com ele, de modo que se possa dizer que os interesses do cliente, para satisfação dos quais recorreu aos serviços do mediador, interesses esses eventualmente adaptados durante a vida do contrato de mediação, obtêm satisfação.

O exemplo mais frequente desta correspondência, mas não identidade, reporta-se ao preço do contrato desejado. Aquando da celebração do contrato de mediação, o cliente indica um preço para o pretendido contrato, especialmente quando se trata de um ato de disposição. Muitas vezes, durante a vida do contrato de mediação, e até perante a frustração da obtenção de um terceiro interessado pelo preço ambicionado, é frequente o cliente ir adaptando o preço, diminuindo-o se se tratar de disposição, ou aumentando-o no caso de aquisição. Conseguido um interessado, se o cliente vem a celebrar com ele contrato por valor diferente do perspetivado no contrato de mediação, em princípio, não poderá usar essa diferença para se escusar ao pagamento da remuneração do mediador. A decisão poderá

---

[802] Uma tal situação subjaz ao Acórdão do TRP de 02/11/2009, proc. 1913/08.7TJPRT.P1: o imóvel veio a ser comprado por um filho da pessoa angariada, o qual se dirigiu autonomamente ao vendedor após o mediador ter mostrado o imóvel à sua mãe e de esta se interessar por ele, vivendo, para mais, a mãe no agregado familiar do filho. O tribunal decidiu que se mantém «a obrigação de remuneração ainda que no negócio objeto da mediação venha a ocorrer uma alteração subjetiva relativamente à pessoa do comprador, desde que a atividade de mediação tenha influído na concretização do negócio que, no caso, veio a ser celebrado pela potencial interessada, em representação de um filho, o qual figura no contrato de compra e venda como adquirente». Análoga é a situação do Acórdão do TRP de 03/04/2014, proc. 247773/11.9YI-PRT.P1, na qual a sociedade cliente da mediadora vendeu o imóvel a uma outra sociedade de que é sócia, e cuja gerência é comum, a qual, por sua vez vendeu às pessoas angariadas pela mediadora. O fito era, naturalmente, o de frustrar a remuneração da mediadora, intento que o tribunal impediu, condenando a ré a pagar a remuneração acordada.

ser outra se claramente resultar do contrato de mediação que o direito à remuneração está absolutamente dependente da obtenção de um interessado naquele preço, e não noutro, e se o contrato não tiver sido celebrado por diferente preço com o fito de frustrar a remuneração do mediador[803].

A equivalência entre o contrato desejado e o contrato a final celebrado tem de ser real, não bastando uma equivalência meramente formal. Se o mediador, por via de erro ou dolo, convence o terceiro a celebrar um contrato correspondente ao desejado, sabendo de antemão que o terceiro não tenciona executá-lo num específico aspeto cuja inexecução não lhe traz consequências, a remuneração não será devida. Num caso que chegou aos tribunais, o mediador foi contratado para encontrar interessado no arrendamento de certas frações, sendo a remuneração de 20% do valor da renda para contratos de duração estipulada entre 1 e 5 meses, uma renda para contratos celebrados por prazo entre 6 e 12 meses, e duas rendas para contratos celebrados por prazo entre 2 e 5 anos. O mediador encontrou estrangeiros interessados em arrendar, duas das frações, por cerca de três meses, mas convenceu-os a celebrar o contrato por dois anos, invocando tratar-se de uma formalidade legal. O tribunal reduziu as remunerações devidas a 20% das rendas das frações em causa[804].

5.4. Que relação entre as prestações das partes?

Vimos as atribuições principais das partes no contrato de mediação *per se*. Importa agora, a fechar o capítulo, analisar e caracterizar a relação que entre elas existe.

A jurisprudência portuguesa é palco frequente da classificação do contrato de mediação como *bilateral ou sinalagmático*. Vimos acima (em 5.2.2.1) que a consideração da atribuição do mediador como uma prestação obrigatória anda de mãos dadas com esta classificação do contrato.

---

[803] Neste sentido MANUEL SALVADOR, *Contrato de mediação*, p. 98 – «se o preço fixado pelo mandante não foi considerado condição *sine qua non* da atribuição da percentagem ou remuneração ao mediador, é seguro que a conclusão do negócio por preço inferior não faz perder àquele o seu direito». Sobre esta matéria, o Acórdão do TRE de 17/03/2010, proc. 898/07.1TBA-BF.E1, CJ 2010, II, 241, explicitou em sede de fundamentação: «A questão do valor, por que veio a realizar-se a compra, ser inferior ao inicialmente previsto, em nada interfere com o direito à remuneração por parte do mediador. Afinal isso é uma questão que está na livre disponibilidade do vendedor de aceitar ou não a redução de preço proposta pelo comprador, que se reporta ao contrato de compra e venda e não ao de mediação».

[804] Acórdão do TRE de 03/06/2002, proc. 564/02, CJ 2002, III, 255.

O CONTRATO DE MEDIAÇÃO

Vejamos alguns acórdãos nos quais isso se manifesta:

- Acórdão do STJ, de 09/03/1978, BMJ 275/183 – «Trata-se de um contrato (...) *bilateral e oneroso*, já que o mediador assume a obrigação de praticar uma certa atividade ou encargo e, correspetivamente, o comitente desta o de prestar uma remuneração pelo êxito dessa atividade».
- Acórdão do TRL de 11/11/2004, proc. 5439/2004-8 – Numa situação em que o contrato visado é celebrado após cessação do de mediação, mas com interessado angariado pelo mediador, conclui: «[n]ão se vê, assim, que em tais circunstâncias se possa fundadamente o cliente eximir do pagamento da retribuição estipulada que é afinal a contrapartida, o sinalagma, da obrigação de angariação de clientes».
- Acórdão do TRL de 24/05/2007, proc. 3613/2007-6 – «A mediação assume a feição de contrato bilateral: o mediador obriga-se a procurar interessado e a aproximá-lo do comitente para a realização do negócio e este último, o dador do encargo, obriga-se a pagar uma indemnização ao primeiro».
- Acórdãos do TRL de 28/06/2007, proc. 4604/2007-8, e de 17/01/2008, proc. 10606/2007-8 – «Através deste contrato de mediação imobiliária, o mediador (...) obriga-se a promover por conta de outrem (...) o negócio da venda do identificado imóvel com autonomia e de modo estável, praticando os atos normais de angariação de clientes através de publicidade, contactos e visitas adequadas, de modo a pô-los em contacto para a conclusão e formalização do negócio promovido, recebendo uma contrapartida retributiva chamada comissão sobre o preço da venda.
  Trata-se de um contrato bilateral, sinalagmático na medida em que vincula as duas partes, criando obrigações recíprocas e relacionadas entre si por um nexo de correlatividade num regime de contrapartida».
- Acórdão do TRL de 16/10/2007, proc. 7541/2007-1 – «A mediação imobiliária é então um contrato bilateral: o mediador obriga-se a procurar interessado e a aproximá-lo do comitente para a realização do negócio no sector do imobiliário, e este último, o dador do encargo, obriga-se a pagar uma indemnização ao primeiro».
- Acórdão do TRE de 03/12/2008, CJ 2008, V, 254 – «O contrato de Mediação Imobiliária é um negócio jurídico bilateral, oneroso e sinalagmático que gera para o mediador uma obrigação (...)».

COMPREENSÃO DO CONTRATO COM INCIDÊNCIA NAS PRESTAÇÕES PRINCIPAIS

– Acórdão do TRP de 02/11/2009, proc. 1913/08.7TJPRT.P1 – Após discorrer sobre a obrigação do mediador e o momento em que lhe assiste o direito à remuneração, conclui que, «[s]endo o contrato de mediação imobiliária um contrato bilateral e oneroso, a mediadora tem direito à remuneração, se prestou os serviços contratados e deles resultou o negócio que em concreto foi visado com essa atividade, incumbindo ao comitente a obrigação de pagar o preço acordado».

Também em doutrina da especialidade encontramos a mesma afirmação de sinalagmaticidade.

«A mediação é bilateral porque o mediador assume praticar um certo encargo e o comitente a remunerá-lo pelo êxito da sua atividade»[805].

«[O] contrato de mediação *obriga* o mediador a realizar uma prestação, mediante retribuição. A tanto corresponde o tipo social.

É, assim, um *contrato obrigacional bivinculante e sinalagmático*»[806].

A base da consideração do contrato de mediação como bilateral tem sido, um pouco por toda a parte, a existência de uma obrigação principal do mediador, a par da admissão implícita e apriorística da atribuição do cliente como uma prestação apta a integrar o vínculo sinalagmático. Em países como a Alemanha e a Suíça, onde a atividade contratual do mediador é entendida como uma *não-obrigação* (reporto-me, naturalmente, ao contrato de mediação simples ou legalmente típico), classifica-se o contrato como unilateral[807], ainda que eventualmente na modalidade de bilateral imperfeito, tendo em consideração os deveres laterais do mediador[808].

---

[805] MANUEL SALVADOR, *Contrato de mediação*, p. 19. Ainda que o Autor logo acrescente: «Esta característica é importante (...), mas na mediação há que contar com a peculiaridade do contrato, o que se evidenciará neste trabalho».

[806] CARLOS LACERDA BARATA, «Contrato de mediação», p. 209.

[807] HERBERT ROTH, «Mäklervertrag», p. 2169; *MÜNCHENER KOMMENTAR ZUM HANDELS-GESETZBUCH*, p. 1489.

[808] CHRISTIAN MARQUIS, *Le contrat de courtage immobilier et le salaire du courtier*, p. 46; FRANçOIS RAYROUX, «Du courtage», p. 2115; EMILE THILO, «Le courtage en immeubles et la rémunération du courtier», nº 2, pp. 35, 42-3; PIERRE TURRETTINI, *Le contrat de courtage et le salaire du courtier*, p. 42. Verifica-se nestes quatro Autores que reportam a bilateralidade imperfeita do contrato de mediação ao dever prestacional principal de remunerar, por parte do cliente, e ao dever não prestacional de fidelidade, por parte do mediador (e não necessaria-

O CONTRATO DE MEDIAÇÃO

Na Itália, onde a doutrina se divide sobre a consideração da atividade do mediador como obrigatória ou facultativa, apenas entre os que perfilham o primeiro entendimento se encontra a classificação do contrato de mediação como bilateral[809]; os restantes, quando focam a questão, atribuem-lhe natureza unilateral[810]. Em Portugal, o entendimento manifestado na doutrina e na jurisprudência, e acima exemplificado, afirma-se como decorrência da consideração da atividade de mediação como o conteúdo de uma obrigação contratual. Não tem sido objeto de discussão o facto de a

mente a deveres prestacionais secundários). Parece-me discutível que deveres de conduta não prestacionais, sejam suficientes para, em conjunto com um dever principal de prestação, se classificar o contrato como bilateral imperfeito. A conceção do *contrato bilateral imperfeito* que se aprecia naqueles autores pressupõe o entendimento dos *deveres laterais* como radicados no contrato. Sobre as doutrinas contratualistas, que alicerçam os deveres laterais nas declarações contratuais, e sua crítica, CARNEIRO DA FRADA, *Contrato e deveres de protecção*, pp. 55-114.

[809] Em representação destes, cito as seguintes passagens, uma de UMBERTO AZZOLINA, *La mediazione*, p. 77 – «nel nostro caso l'intermediato non è tenuto a compiere la sua prestazione, cioè a pagar ela provvigione se anche il mediatore non adempie la propria, facendo concludere l'affare, se ne ricava senza possibilità di dubbio il carattere di corrispettività delle due prestazione, e quindi la natura bilaterale del contratto» –, outra de CARLO VARELLI, *La mediazione*, p. 23 – «Dalle considerazione ora svolte il sinallagma appare evidente. Da una parte una promessa di un'opera (l'interposizione al fine di far concludere l'affare), dall'altra la promessa della provvigione (limitata al caso che l'affare si concluda)».

[810] ANGELO LUMINOSO, *La mediazione*, pp. 75-6 – «per quanto attiene alle obbligazione principali sembra sicuro che l'unico obbligo configurabile sia quello (per così dire, condizionato) di corrispondere la provvigione, che grava sull'intermediato. La libertà, caratteristica della posizione dell'intermediario, di attivarsi per la conclusione dell'affare impedisce infatti di riconoscere un'obbligazione principale a carico dello stesso. Deve pertanto escludersi la natura di rapporto a prestazioni corrispettive o bi-vincolante»; ANNIBALE MARINI, *La mediazione*, pp. 43-4 – «Una volta esclusa l'esistenza di una obbligazione del mediatore di far concludere l'affare intermediato si spiega, altresì, come delle due prestazioni fondamentali riferibili al contratto di mediazione, di far concludere l'affare e di pagare la provvigione, solo la seconda sia *in obligatione*, essendo l'esecuzione della prima rimessa all'iniziativa del mediatore quale atto constitutivo della sequenza del procedimento formativo del contratto. (...) Ciò che vale ad escludere la ricomprensione della mediazione nella categoria dei contratti sinallagmatici e l'applicabilità della relativa disciplina ad es. in tema di risoluzione, di eccezione di inadempimento etc.»; NICOLÒ VISALLI, *La mediazione*, p. 145 – «È evidente che la mediazione in argomento non può inquadrarsi nel sinallagma per l'assenza di una connessione fra obbligazioni, in quanto mentre le parti sono tenute a corrispondere la provvigione all'intermediario, se l'affare è concluso per effetto del suo intervento, questi svolge liberamente la sua attività la quale non è dedotta *in obligatione*. (...) La prestazione del mediatore, pur avendo la sua fonte nel contratto, dipende da un comportamento potestativo del medesimo. (...) La mediazione negoziale non è un contratto con prestazioni corrispettive, ma è un contratto unilaterale».

obrigação do cliente estar dependente de uma circunstância não apenas futura e incerta, mas também potestativa do lado do devedor.

Concordando embora com a existência de uma relação entre as atribuições acordadas num contrato de mediação, não me parece que a subsunção deste à categoria dos sinalagmáticos possa impor-se como uma evidência dogmática incontroversa.

Mesmo admitindo que o mediador se vincula a um dever principal de prestar, ou mesmo nos casos em que assim acontece (relembro que noutros ordenamentos a configuração habitual do contrato e a legislativamente prevista não contemplam uma obrigação do mediador, e lembro, ainda, que o RJAMI deixou de explicitar que a atividade de mediação contratualmente acordada corresponda a uma obrigação), o facto de a obrigação do cliente estar dependente de uma circunstância futura e incerta na qual influi a sua própria vontade, parece-me suficiente para que a afirmação da sinalagmaticidade do contrato careça de algum percurso argumentativo.

A divisão dos contratos em *bilaterais ou sinalagmáticos* e em *unilaterais ou não sinalagmáticos* não se encontra expressamente enunciada no sistema legislativo português. No entanto, várias normas destinam consequências às vicissitudes dos contratos bilaterais, permitindo identificar um regime próprio desta categoria contratual. A distinção tem, por isso, importância na prática jurídica e, consequentemente, tem sido alvo do trabalho da jurisprudência e da doutrina.

De dizer num parêntesis que a identidade de significados, aqui assumida, entre *contratos bilaterais* e *contratos sinalagmáticos*, por um lado, e entre *contratos unilaterais* e *contratos não sinalagmáticos*, por outro, é quase unanimemente aceite no nosso país, embora alguns autores prefiram evitar os termos *bilateral* e *unilateral* para não gerar confusão com a classificação dos negócios jurídicos que a eles também recorre[811]. Pessoalmente, não vejo

---

[811] Assim, José João Abrantes, *A excepção de não cumprimento do contrato*, pp. 13-4, nota 3; Pessoa Jorge, *Direito das obrigações*, I, pp. 160-2; Eduardo Santos Júnior, *Direito das obrigações*, I, pp. 180-4; Menezes Leitão, *Direito das obrigações*, I, pp. 204-7; Galvão Telles, *Manual dos contratos em geral*, pp. 485-91. Menezes Cordeiro rejeita em absoluto a utilização da dicotomia *bilateral e unilateral* por referência aos contratos, reservando-a para os negócios jurídicos – *Tratado de direito civil português*, I, *Parte geral*, t. I, p. 461, e *Tratado de direito civil português*, II, *Direito das obrigações*, t. II, pp. 195-8. Nuno Manuel Pinto Oliveira, *Princípios de direito dos contratos*, pp. 124-9, e *Direito das obrigações*, I, p. 167, contrapõe contratos bilaterais e unilaterais, subdividindo os primeiros em contratos bilaterais perfeitos (ou sinalagmáticos) e em contratos bilaterais imperfeitos (ou não sinalagmáticos). Este Autor não identifica,

O CONTRATO DE MEDIAÇÃO

razão para não usar as expressões *contratos bilaterais* e *contratos unilaterais* como sinónimas de *contratos sinalagmáticos* e *contratos não sinalagmáticos*, respetivamente, uma vez que as primeiras são de uso mais enraizado[812], sendo delas que a nossa lei se socorre (arts. 410, n.º 2, 411, 413, n.º 2, 428, n.º 1, 801, n.º 2, e 815, n.º 2, todos do CC).

A sinonímia das dicotomias em questão foi consagrada no *Code* – em cujo art. 1102 se lê que «o contrato é *sinalagmático* ou *bilateral* quando as partes se obrigam reciprocamente umas perante as outras» –, por força dos trabalhos do POTHIER[813], e é de uso comum nas doutrinas francesa e espanhola[814].

O *Codice civile* abandonou a referência ao contrato bilateral (consagrada no velho Código de 1865 que, no seu art. 1099, permitia a resolubilidade por incumprimento) e substituiu-a pela de *contrato com prestações correspetivas*. A doutrina debate, desde cedo, o conteúdo do conceito, havendo quem o identifique com o contrato bilateral, quem o equivalha ao contrato oneroso e, ainda, quem o contradistinga de ambas as referidas categorias[815].

---

portanto, bilateralidade e sinalagmaticidade, assentando a classificação dos contratos em bilaterais e unilaterais apenas no critério do número de partes obrigadas.

[812] Nos autores antigos, GUILHERME ALVES MOREIRA, *Instituições do direito civil português*, II, pp. 600 e 612; MANUEL DE ANDRADE, *Teoria geral das obrigações*, p. 329.

[813] O célebre jurisconsulto setecentista dividiu os contratos em *sinalagmáticos ou bilaterais* e em unilaterais, dizendo serem os primeiros aqueles pelos quais cada um dos contraentes se obriga perante o outro, e os segundos aqueles pelos quais apenas um dos contraentes se obriga perante o outro – R.-J. POTHIER, *Les traités du droit français*, I, p. 5.

[814] MANUEL ALBALADEJO, *Derecho civil*, II, pp. 422-3; YVAINE BUFFELAN-LANORE e VIRGINIE LARRIBAU-TERNEYRE, *Droit civil, les obligations*, pp. 231-2; JEAN CARBONNIER, *Droit civil*, I, p. 1943; AMBROISE COLIN e HENRI CAPITANT, *Traité de droit civil*, II, pp. 312-3; RENÉ DEMOGUE, *Traité des obligations en général*, I, *Sources des obligations*, II, p. 890; LUIS DÍEZ-PICAZO, *Fundamentos del derecho civil patrimonial*, II, p. 428 – «Las ideas de bilateralidad de la obligación y del contrato, de reciprocidad y de carácter sinalagmático son utilizadas de manera indistinta y en el fondo como sinónimas»; JACQUES FLOUR, JEAN-LUC AUBERT e ÉRIC SAVAUX, *Les obligations*, I, p. 72; HENRI MAZEAUD, LÉON MAZEAUD, FRANÇOIS CHABAS et al., *Leçons de droit civil*, t. II, vol. I, pp. 89-90; MARCEL PLANIOL e GEORGES RIPERT, *Traité pratique de droit civil français*, t. 6, p. 36; JOSÉ PUIG BRUTAU, *Fundamentos de derecho civil*, t. I, vol. II, pp. 110-3; ALEX WEILL e FRANÇOIS TERRÉ, *Droit civil, les obligations*, pp. 38-9.

[815] Sobre as várias posições doutrinárias acerca do conceito e crítica das que o identificam com as prévias categorias do contrato bilateral ou do contrato oneroso, GUIDO BISCONTINI, *Onerosità, corrispettività e qualificazione dei contratti...*, pp. 12-78; AUGUSTO PINO, *Il contratto con prestazioni corrispettive...*, pp. 29-138; GIANGUIDO SCALFI, «Osservazioni sui contratti a prestazioni corrispettive», pp. 452-95.

Em defesa da autonomia do instituto, é lembrado que a *bilateralidade* se reportava à interdependência de *obrigações* e que o conceito de prestação aparece na linguagem jurídica não apenas como o conteúdo da obrigação, mas também como o objeto do contrato (art. 1346 do *Codice*), abrangendo, portanto, comportamentos contratuais não obrigatórios. O alargamento do conceito de prestação no contexto do contrato com prestações correspetivas é confirmado pelos trabalhos preparatórios do *Codice* onde se afirma que o mútuo oneroso pertence à categoria. O regime agora reservado aos contratos *con prestazioni corrispettive* ultrapassa a condição resolutiva tácita, estendendo-se à exceção de não cumprimento, à restituição da prestação obtida pela parte liberada de prestar por impossibilidade superveniente da sua prestação, à resolubilidade por excessiva onerosidade superveniente nos contratos duradouros com execução diferida (arts. 1453, 1460, 1463 e 1467 do *Codice*). Trata-se de um regime justificado não apenas para contratos com obrigações interdependentes (bilaterais), mas também para contratos em que a correlação se verifica entre prestações obrigatórias e outras atribuições, embora também não abranja todos os contratos onerosos. Neste âmbito, é interessante notar que a *contraprestação monetária*, designada por «*corrispettivo*», é referida nas noções de vários contratos em que é devida essa contraprestação (por exemplo, nas noções dos contratos de venda, art. 1470, fornecimento, art. 1559, locação, art. 1571, prestação empresarial de serviço ou obra, art. 1655, transporte, art. 1678, renda perpétua, art. 1861). Quando chega, porém, a vez do capítulo dedicado à mediação, apesar de haver um artigo dedicado à comissão (*provvigione*) do mediador, não é empregada a palavra «*corrispettivo*» e não existe qualquer referência à correspetividade ou à natureza contraprestacional da remuneração do mediador.

Fechado o parêntesis, lembro que os contratos bilaterais ou sinalagmáticos são maioritariamente definidos como aqueles de que «nascem *obrigações* para ambas as partes, unidas uma à outra por um *vínculo de reciprocidade* (...). Este vínculo surge logo no momento da celebração do contrato, como ligação entre as suas obrigações típicas (sinalagma *genético*) e perdura ao longo da existência do contrato, acompanhando-o nas suas vicissitudes (sinalagma *funcional*)»[816].

---

[816] Galvão Telles, *Manual dos contratos em geral*, p. 485. Outras alusões à classificação na manualística portuguesa: Menezes Cordeiro, *Tratado de direito civil português*, II, *Direito das obrigações*, t. II, pp. 194-9; Almeida Costa, *Direito das obrigações*, pp. 360-7; Ribeiro de

O CONTRATO DE MEDIAÇÃO

Estamos, portanto, longe do conceito romano clássico de contrato bilateral, como aquele que conferia direito de ação a cada uma das partes. A interdependência entre obrigações não se concebia, pois contrariava o rigoroso sistema *a cada direito, uma ação*, funcionando as ações, correspondentes aos diversos direitos de uma mesma relação, como independentes entre si. Alguns contratos conferiam direito de ação a apenas uma das partes. Outros conferiam direito de ação a uma das partes e à outra uma *actio contraria*, na eventualidade de nascer um dado direito no decurso da relação contratual – os chamados contratos bilaterais imperfeitos[817]. Por exemplo, o mandato gerava, em princípio, apenas uma ação a favor do mandante, mas podia gerar uma ação contrária a favor do mandatário que tivesse realizado determinadas despesas na execução do mandato[818]. Presentemente, a categoria dos contratos bilaterais ou sinalagmáticos não dispensa a interdependência entre as prestações, estando o seu interesse e utilidade no recurso a um conjunto de normas que nessa interdependência radicam.

Três ideias devem ser retidas. Em primeiro lugar, o vínculo de reciprocidade ou nexo sinalagmático entre as prestações nasce da *autonomia estipuladora das partes*, constituindo um elemento interno do contrato, uma cláusula, ainda que por vezes tácita – cada parte vincula-se porque a outra também o faz e para obter a contraprestação[819].

Em segundo lugar, este vínculo respeita às *prestações principais* (ou pelo menos a atribuições principais) que se assumem no momento da celebração do contrato, e não a deveres prestacionais secundários ou derivados[820].

FARIA, *Direito das Obrigações*, I, pp. 223-38; PESSOA JORGE, *Direito das obrigações*, I, pp. 160-2; EDUARDO SANTOS JÚNIOR, *Direito das obrigações*, I, pp. 180-4; MENEZES LEITÃO, *Direito das obrigações*, I, pp. 204-7; MOTA PINTO, *Teoria geral...*, p. 388; ANTUNES VARELA, *Das obrigações em geral*, I, pp. 395-404.

[817] Embora, segundo MAX KASER, *Direito privado romano*, p. 228, as designações *contratos unilaterais, bilaterais imperfeitos* e *bilaterais perfeitos* não sejam romanas.

[818] Acerca dos conceitos de contrato bilateral e contrato unilateral na Roma clássica, JOSÉ JOÃO ABRANTES, *A excepção de não cumprimento do contrato*, pp. 13-7; LUIS DÍEZ-PICAZO, *Fundamentos del derecho civil patrimonial*, II, pp. 429-31; SANTOS JUSTO, *Direito privado romano*, II, pp. 26-7; MAX KASER, *Direito privado romano*, pp. 228-30.

[819] Sobre o sinalagma como estipulação, mais detidamente, PEDRO MÚRIAS e MARIA DE LURDES PEREIRA, «Sobre o conceito e a extensão do sinalagma», pp. 423-30.

[820] Em ilustração: JOSÉ JOÃO ABRANTES, *A excepção de não cumprimento do contrato*, p. 38 – «a relação sinalagmática não abrange estas obrigações secundárias, que têm carácter acessório ou complementar em relação à estrutura do contrato e ao escopo fundamental prosseguido pelas relações obrigacionais dele derivadas; de facto, tal estrutura tem por objeto uma «troca de

COMPREENSÃO DO CONTRATO COM INCIDÊNCIA NAS PRESTAÇÕES PRINCIPAIS

Em consequência, os chamados *contratos bilaterais imperfeitos* – contratos que nascem apenas com a vinculação de uma das partes a uma prestação principal, mas que geram durante a sua vigência deveres de prestar secundários para a parte *ab initio* não obrigada, sem correspetividade com a prestação da primeira – são contratos unilaterais ou não sinalagmáticos[821].

Em terceiro e por último, as prestações principais desde o início estipuladas como prestação e contraprestação apenas serão inteiramente sinalagmáticas se puderem *de facto* ser executadas *em simultâneo*, ainda que *de jure* – por estipulação, usos ou determinação legal – devam cumprir-se em momentos diferentes. Em consequência, uma prestação que apenas seja devida na eventualidade da ocorrência de um acontecimento futuro

---

prestações», isto é, uma troca entre as obrigações principais desse contrato (e não entre outras quaisquer)»; GALVÃO TELLES, *Manual dos contratos em geral*, p. 486 – «convém sublinhar, que nos *contratos sinalagmáticos* a *reciprocidade* em que se traduz o *sinalagma* só existe relativamente às *obrigações típicas ou específicas*, como é na locação *a obrigação do locador de proporcionar ao locatário o gozo temporário de determinada coisa* e a *obrigação do locatário de pagar a correspondente retribuição* (...). Já não está nessas condições a obrigação (quando exista) do locador de pagar ao locatário o valor das benfeitorias que este haja feito na coisa»; ANTUNES VARELA, *Das Obrigações em geral*, I, p. 398 – «O *sinalagma* liga entre si as prestações *essenciais* de cada contrato bilateral, mas não todos os *deveres de prestação* dele nascidos».

[821] É este também o entendimento da doutrina maioritária. Exemplificativamente, JOSÉ JOÃO ABRANTES, *A excepção de não cumprimento do contrato*, pp. 40-1. Esta posição é maioritária, mas não unânime. Alguns autores têm entendido que o facto de uma prestação nascer no decurso da relação contratual não impede que entre ela e a originária prestação contratual única da contraparte se estabeleça um vínculo sinalagmático. Assim, CHRISTIAN LARROUMET, *Droit civil, les obligations, le contrat*, III, pp. 157-60 – «on ne peut pas nier l'interdépendance entre l'obligation principale du mandataire et du dépositaire et l'obligation éventuelle du mandant ou du déposant d'indemniser son cocontractant. (...) Certes, ses obligations, à la différence de l'obligation principale, ne sont-elles qu'éventuelles. Mais, cella n'interdit pas de considérer qu'elles sont intégrées au contrat dès l'origine et, par conséquent, qu'elles sont interdépendantes» (p. 160). V. outros autores franceses nesta linha citados por JOSÉ JOÃO ABRANTES, p. 40. Parte da doutrina italiana entende que as realidades habitualmente designadas por *contratos bilaterais imperfeitos* se submetem ao regime dos contratos com prestações correspetivas. Neste sentido, AUGUSTO PINO, *Il contratto con prestazioni corrispettive...*, pp. 21 e 35, GUIDO BISCONTINI, *Onerosità, corrispettività e qualificazione dei contratti...*, pp. 32-3; contra manifesta-se SCALFI, «Osservazioni sui contratti a prestazioni corrispettive», p. 472. Entre nós, como já mencionei, NUNO MANUEL PINTO OLIVEIRA, *Direito das obrigações*, I, p. 167, considera os contratos bilaterais imperfeitos como subcategoria dos contratos bilaterais, em conjunto com os contratos bilaterais perfeitos ou sinalagmáticos, embora reconheça que o Código Civil português usa a expressão *contratos bilaterais* para designar em exclusivo os *contratos sinalagmáticos*.

O CONTRATO DE MEDIAÇÃO

e incerto só integrará o sinalagma funcional a partir do momento em que se dê o evento condicionante. É a suscetibilidade de execução simultânea que permite que durante a vida do contrato as prestações se condicionem mutuamente, justificando o regime jurídico destinado aos contratos sinalagmáticos. Na falta da referida suscetibilidade, poderá haver uma correlação económica entre as prestações, mas não a plena interdependência jurídica que legitima o funcionamento entrelaçado postulado pelo aludido regime. À possibilidade factual de exequibilidade simultânea não obsta a circunstância de uma prestação ser de execução continuada e a outra de execução instantânea; serão suscetíveis de execução simultânea desde que a instantânea possa ser cumprida em algum ponto do tempo de execução da continuada.

No contrato de mediação as partes estipulam *ab initio* que o cliente pagará uma remuneração ao mediador se este lhe encontrar contraparte para um desejado contrato e se este contrato vier a ser celebrado. Há sem dúvida uma relação entre a prometida *remuneração* e a *atividade* que o mediador desenvolverá: o cliente compromete-se a pagar se o mediador lhe encontrar um interessado (resultado que pressupõe o desenvolvimento da atividade de mediação) e se com este vier a celebrar contrato; o mediador, por seu turno, desenvolverá a atividade por ser essa a única forma de conseguir um dos pressupostos que contribuirá para o nascimento do direito à remuneração (interessar alguém no contrato pretendido pelo cliente). Esta relação nasce da liberdade contratual das partes, é contemporânea da formação do contrato de mediação e, mais que isso, um elemento interno do mesmo. Adiante-se, no entanto, que ela não é plena ou completa, pois a prestação, ou mais amplamente a atribuição, do mediador não é causa suficiente da prestação do cliente.

Podemos dizer que as duas atribuições referidas são principais, são as atribuições típicas do contrato em questão, que conjuntamente o caracterizam. Os casos em que a atividade do mediador não corresponda a uma obrigação, mas a uma espécie de ónus, não me levam, por si só, a afastar a bilateralidade do contrato. Nada objeto ao alargamento do conceito de sinalagma a certas relações entre obrigações e atribuições não obrigatórias[822].

---

[822] Sobre o alargamento do conceito de sinalagma, MARIA DE LURDES PEREIRA e PEDRO MÚRIAS, «Sobre o conceito e a extensão do sinalagma»; MARGARIDA LIMA REGO, *Contrato de seguro e terceiros*, pp. 355-75 – a Autora encontra o sinalagma no contrato de seguro entre «o pagamento do prémio, correspondente ou não ao cumprimento de uma obrigação, e o

COMPREENSÃO DO CONTRATO COM INCIDÊNCIA NAS PRESTAÇÕES PRINCIPAIS

Porém, apesar de haver no contrato que nos ocupa uma correlação entre as atribuições principais das partes e de essa correlação ser idealizada no momento da celebração do contrato, a obrigação de remuneração apenas ganha existência num momento em que a outra atribuição está integralmente satisfeita, e o seu nascimento não depende apenas da atribuição da parte contrária, mas também de um ato que permanece na disponibilidade do devedor (cliente). Não está em causa uma mera diferença nos prazos de execução. Trata-se, sim, de que uma das obrigações apenas nasce se, estando a outra satisfeita, se verificar ainda uma nova ocorrência – a celebração de um contrato dependente das vontades do devedor e de um terceiro. Não há, assim, uma relação direta, nem completa, entre as atribuições principais das partes, pois uma delas (a atividade de mediação) não é suficiente causa da outra (remuneração), ou, o que significa o mesmo, esta não é necessário efeito da primeira. Esta circunstância conduz a que o regime dos contratos sinalagmáticos ou bilaterais tenha escassa aplicação ao contrato de mediação simples (diferente será, em certa medida, o caso do contrato de mediação com cláusula de exclusividade).

Nos contratos bilaterais, porque dotados das características acima descritas, a correspetividade originária, habitualmente designada por sinalagma genético, reflete-se no funcionamento da relação contratual através da regulação que lhe é destinada, a saber: possibilidade de excecionar o inadimplemento (arts. 428 a 431 do CC), de resolver o contrato (art. 801, nº 2, 802 e 793, nº 2, do CC) e outros remédios para a impossibilidade de cumprimento, total ou parcial (arts. 795, 793, nº 1, 802 e 815, nº 2, do CC).

A configuração do contrato de mediação não permite a invocação de uma exceção de incumprimento. O mediador não pode deixar de agir (caso a isso esteja obrigado) invocando que ainda não obteve o pagamento, pois só terá direito a este, caso se verifiquem certas ocorrências que pressupõem o seu prévio cumprimento. Poderá contrapor-se que a situação não é distinta da de contratos bilaterais com prazos de cumprimento diferentes. Também nestes, o contraente adstrito ao primeiro cumprimento não pode excecionar o incumprimento. Pode, no entanto, recusar a respetiva prestação enquanto o outro não cumprir ou não der garantias de cumprimento, se, posteriormente ao contrato, se verificar alguma das circuns-

---

estado de vinculação consistente na mera possibilidade de constituição de uma obrigação de prestar – a cobertura» (p. 371).

313

O CONTRATO DE MEDIAÇÃO

tâncias que importam a perda do benefício do prazo (art. 429 do CC). No contrato de mediação (ressalvada, em parte, a existência de exclusividade), mesmo verificando-se alguma das circunstâncias que importam a perda do benefício do prazo, o mediador não pode aspirar ao cumprimento do cliente, numa altura em que tal obrigação ainda não existe, e pode não vir a existir. Quando muito, se posteriormente ao contrato o mediador tiver conhecimento da insolvência de facto do cliente, estará legitimado a recusar a sua prestação enquanto não obtiver garantias de que, caso venham a verificar-se todos os pressupostos, o cliente cumprirá a sua.

A obrigação de pagamento do cliente, por seu lado, só nasce num momento ulterior à plena execução da prestação do mediador, pelo que o cliente nunca está obrigado a remunerar sem que o mediador tenha cumprido, não tendo, portanto, necessidade de invocar a *exceptio*.

A resolução por incumprimento ou por impossibilidade de cumprimento da prestação do mediador, apesar de invocável pelo cliente, tem para este escasso interesse na medida em que só ficará obrigado a remunerar num momento em que a prestação do mediador esteja cumprida e se quiser tirar partido dela, celebrando o contrato desejado com o angariado. E como, além disso, o cliente é livre de contratar outros mediadores ou de celebrar o contrato final sem recurso à mediação, o exercício do seu direito de resolução do contrato não tem efeitos úteis.

Se estiver em causa a impossibilidade da prestação do cliente, importa distinguir se ela lhe é imputável ou não. Se a impossibilidade da prestação de remuneração for imputável ao cliente (imaginemos, por exemplo, que a remuneração acordada consiste no produto de uma determinada colheita e que o cliente do mediador a desleixa, não cuida de a fazer, acabando os frutos por apodrecer), uma vez que esta prestação é o último passo da relação contratual e que a restituição da prestação do mediador é por natureza impossível, nenhum benefício tem o mediador na resolução do contrato em vez de exigir a responsabilidade do cliente como se faltasse culposamente ao cumprimento da obrigação. Se, pelo contrário, a impossibilidade não for imputável ao cliente (por exemplo, a remuneração acordada consistia na pintura artística de uma tela e o cliente do mediador, depois de realizada a prestação deste e de ter celebrado o contrato final com o interessado angariado pelo mediador, fica cego), o mediador tem direito a ser ressarcido nos termos prescritos para o enriquecimento sem causa, como em qualquer contrato bilateral (art. 795, nº 1, do CC).

COMPREENSÃO DO CONTRATO COM INCIDÊNCIA NAS PRESTAÇÕES PRINCIPAIS

Podemos concluir que as atribuições principais das partes no contrato de mediação simples estão numa relação de reciprocidade ou interdependência, mas não total, plena e completa: para a prestação de contrapartida ser devida não basta o oferecimento da prestação característica, a execução desta não é suficiente para o nascimento da primeira. A circunstância de o dever de remunerar apenas nascer se o contrato visado for celebrado (ato que se mantém na esfera de disponibilidade do cliente e de um terceiro), não impede que as prestações sejam acordadas como recíprocas, mas atrofia a sua interdependência e conduz a que os remédios destinados aos contratos bilaterais tenham limitada aplicação.

5.5. O contrato com cláusula de exclusividade – remissão

O direito de o mediador promover o contrato desejado em regime de exclusividade é estipulado com frequência nos contratos de mediação imobiliária. Tal cláusula, porém, tem sido praticamente ignorada pela doutrina portuguesa, que as mais das vezes se limita à constatação da sua admissibilidade e à repetição das normas legais que a ela aludem[823]. No entanto, a sua estipulação tem dado que fazer aos tribunais, dadas as dúvidas que suscita e as particularidades que introduz na estrutura contratual. Desde logo, qual o seu âmbito, por defeito? Defende o mediador exclusivo apenas da concorrência, ou inibe a própria atividade do cliente? Que direito assiste ao mediador caso o cliente celebre o negócio desejado com recurso a outro mediador, em violação da cláusula de exclusividade, portanto? E que direito lhe assiste se, tendo cumprido com sucesso a sua parte no contrato, o cliente se recusar a celebrar o contrato visado? Que pode o cliente fazer, por seu turno, se o mediador exclusivo não exercer a atividade a que se comprometeu?

Porque se trata de uma matéria que tem tido incidência sobretudo no ramo da mediação imobiliária e porque está aí regulamentada, relego o seu tratamento para o capítulo correspondente.

---

[823] LACERDA BARATA, «Contrato de mediação», pp. 212-3; MENEZES CORDEIRO, *Direito comercial*, p. 683; RUI TAVARES CORREIA, *A mediação imobiliária*, pp. 47-8 e 65; MIGUEL CÔRTE-REAL e MARIA MENDES DA CUNHA, *A actividade de mediação imobiliária*, pp. 79 e 85. Mais detidamente, MARIA DE FÁTIMA RIBEIRO, «O contrato de mediação e o direito do mediador à remuneração», pp. 104-6.

6. Ensaio comparativo

Finda a análise do contrato nos ordenamentos eleitos, delimitada pelas questões para o efeito escolhidas, importa comparar sistematicamente as soluções conferidas, ou seja, apurar as semelhanças e as diferenças entre elas, avançar uma explicação para umas e outras, e extrair as ilações possíveis[824]. Trata-se do trabalho usualmente designado por *síntese comparativa*[825].

Advirto que a comparação tem por base as características e as regras que em cada lugar identifiquei como mais comuns, não significando o esquecimento de outras que foram referidas mas que, por serem menos frequentes, não serão atendidas neste lugar.

6.1. Aspetos gerais de enquadramento e configuração

Estudámos um contrato no qual uma das partes tem um papel de aproximação de pessoas que querem celebrar um outro contrato, no qual a primeira não intervém (nem em nome próprio, nem em nome alheio). Percebemos que contratos com tal configuração são celebrados com maior ou menor

---

[824] Poucos autores se propuseram efetuar um estudo comparativo sobre o contrato de mediação; e os que se propuseram fizeram-no de forma assaz breve e parcelar. Tal esforço surge nas obras a seguir elencadas, todas já anteriormente citadas: UMBERTO AZZOLINA, *La mediazione*, pp. 10-4 – sob o título «Cenni di diritto comparato», referências aos direitos alemão, suíço, francês, inglês, espanhol e português; MARIA HELENA BRITO, *O contrato de concessão comercial*, pp. 113-7 – estudo sobre a mediação contratual (com o fito de a distinguir do contrato de concessão) nos direitos alemão, italiano, francês e português, culminando com síntese comparativa; LAURA GÁZQUEZ SERRANO, *El contrato de mediación o corretaje*, pp. 50-65 – três exposições autónomas sobre o conceito do contrato nos direitos italiano, alemão e espanhol; DIETER REUTER, «Maklervertrag», pp. 39-40 – numa página, são feitas referências à situação na França, na Inglaterra, na Suíça, na Itália e na Áustria; SANPONS SALGADO, *El contrato de corretaje*, pp. 87-94 – considerações sobre os equivalentes nos direitos anglo-saxónico e francês, e transcrição das disposições legais sobre o contrato de mediação nos direitos alemão, suíço e italiano. A síntese comparativa surge apenas na obra de MARIA HELENA BRITO. Aparecem noutras obras curtas referências a direitos estrangeiros, sem um intuito comparativo expresso. Assim sucede nas também já citadas obras de LACERDA BARATA, «Contrato de mediação», pp. 187-90; de MILLÁN GARRIDO, «Introducción al estudio del corretaje», pp. 694-5; e de MARIA DE FÁTIMA RIBEIRO, «O contrato de mediação e o direito do mediador à remuneração», pp. 80-3.

[825] O método seguido atende, em muito, ao que foi extensamente descrito por LÉONTIN-JEAN CONSTANTINESCO, *Traité de droit comparé*, II, pp. 17-284. Para exposições mais breves de métodos comparativos, no essencial, concordantes, CARLOS FERREIRA DE ALMEIDA, *Direito comparado, ensino e método*, pp. 149-55, CARLOS FERREIRA DE ALMEIDA e JORGE MORAIS CARVALHO, *Introdução ao direito comparado*, pp. 20-37, DÁRIO MOURA VICENTE, *Direito comparado*, I, pp. 41-50.

frequência nas sociedades abrangidas pelos ordenamentos jurídicos analisados. Em três destes – alemão, suíço e italiano – o contrato foi dotado de regime legal, com assento: no BGB, em título inserido na parte sobre relações obrigacionais em especial; no Código das Obrigações suíço, em capítulo do título destinado ao contrato de mandato; e no Código Civil italiano, em capítulo inserido no título dos contratos em especial. Nos demais, a prática no comércio e os litígios que, em alguma percentagem, sempre surgem conduziram a soluções jurisprudenciais para vários problemas.

Excecionando as realidades alemã e italiana, este contrato tem relações mais ou menos privilegiadas com o contrato de mandato, ou com a *agency* na Inglaterra, quer seja visto como uma subespécie (na Suíça), espécie incompleta (do mandato comercial, na França, e da *agency*, na Inglaterra), espécie da qual se autonomizou (na Espanha), ou, ainda, como espécie à qual as regras do mandato se podem aplicar (em Portugal).

Em todos os ordenamentos estudados, uma forte maioria dos litígios apreciados nos tribunais comuns ocorre no âmbito da mediação imobiliária.

Não podemos, com este dado apenas, arriscar concluir que é no sector do mercado imobiliário que o contrato é mais utilizado. Noutras áreas, outros dados nelas presentes, mas habitualmente ausentes da mediação imobiliária, podem conduzir a um menor número de litígios. Por exemplo, na compra e venda de mercadorias, o facto de ambas as partes serem comerciantes, e de estarem normalmente assessoradas, pode influir na taxa de sucesso dos contratos. Se se tratar de compra e venda internacional, junta-se ainda a dificuldade gerada pela distância entre as partes, nomeadamente por o tribunal internacionalmente competente poder não ser o do domicílio daquela que quer intentar a ação. Acresce ser cada vez mais usual o recurso à arbitragem. Se, por outro lado, pensarmos em sectores onde a importância económica das comissões é inferior, este simples elemento pode conduzir a que o processo judicial não seja compensador. Ficamos, portanto, com a crua constatação de que a maioria dos casos judiciais sobre contratos de mediação desponta no ramo da mediação imobiliária.

Talvez por isso, em quase todos os ordenamentos analisados existe legislação reguladora da atividade de mediação imobiliária que incide sobretudo nos requisitos de acesso à profissão e nos deveres dos profissionais do ramo, numa ótica de proteção do consumidor. As regras reguladoras do contrato de mediação imobiliária são inexistentes ou parcimoniosas, sendo no diploma português que se encontra o regime mais completo.

O CONTRATO DE MEDIAÇÃO

6.2. As atribuições das partes

Em todas as ordens jurídicas analisadas, o contrato prevê o nascimento de uma obrigação de remuneração a cargo da contraparte do mediador. A previsão da remuneração do mediador é vista como um elemento necessário do tipo, conduzindo a ausência dessa previsão à descaracterização do contrato como mediação.

De mencionar ser comum a todas as ordens a liberdade reconhecida ao cliente do mediador de celebrar o contrato que originará o direito à remuneração. Ou seja, não basta que o mediador tenha feito tudo o que devia (ou tudo o que era adequado) para que o cliente deva retribuí-lo. Para que tal dever surja, é necessário um passo cuja concretização está na disponibilidade do devedor e de um terceiro.

Sobre a obrigatoriedade da atividade do mediador, as ordens jurídicas dividem-se. Em Portugal e em França, a prestação do mediador tende a ser vista como obrigatória, classificando-se o contrato de mediação como contrato bilateral. Na Espanha, a jurisprudência unânime pronuncia-se no sentido da bilateralidade do contrato, no que é acompanhada pela doutrina maioritária.

Na Itália o panorama é inverso, a jurisprudência e a doutrina maioritárias pronunciam-se no sentido da não obrigatoriedade da atividade desenvolvida pelo mediador no âmbito do contrato e por causa dele, e portanto no sentido da unilateralidade do contrato. Na Alemanha, na Suíça e na Inglaterra, a referida atividade do mediador é também entendida como não obrigatória.

Com exceção do ordenamento italiano, nas demais ordens jurídicas em que a atividade do mediador é, em geral, vista como não obrigatória, a circunstância de o mediador beneficiar de uma cláusula de exclusividade faz presumir a obrigatoriedade da sua prestação. A estipulação de exclusividade implica, portanto, a assunção de uma obrigação contratual pelo mediador, contrapartida daquele benefício.

6.3. Especificidades da remuneração
6.3.1. O devedor

Nos ordenamentos italiano e francês, o pagamento da comissão ao mediador é devido não apenas pela sua contraparte contratual, mas também pelo terceiro apresentado pelo mediador ao cliente, e com quem este vem a celebrar o desejado contrato. Enquanto na Itália esta solução decorre da lei, na França provém da prática. Em ambos os ordenamentos, a doutrina tenta várias explicações para esta solução, ímpar no mundo dos contratos.

Nos demais ordenamentos – português, espanhol, alemão (com exceções), suíço e inglês –, o pagamento da remuneração está a cargo de quem contratou os serviços do mediador (embora não se excluam as hipóteses de ambas as partes no futuro contrato o terem feito, separada ou conjuntamente).

6.3.2. A compensação das despesas efetuadas

O pagamento das despesas tem, em cinco dos ordenamentos estudados, uma resposta unânime e contrastante com a conferida aos contratos entendidos como mais próximos. Em Portugal, na Espanha, na Alemanha, na Suíça e na Inglaterra, o mediador não é, em regra, reembolsado das despesas efetuadas. O fundamento, quando procurado, é encontrado na grande desproporção entre a remuneração acordada e a atividade do mediador. As retribuições auferidas nos casos bem-sucedidos compensam amplamente as despesas normais da atividade feitas na totalidade dos casos.

A Itália vive, nesta matéria, uma situação controversa, dividindo-se a doutrina sobre a interpretação a dar à disposição do Código Civil de 1942 que diretamente visa a situação (antes do *Codice*, os tribunais diziam, com o acordo da doutrina, que as despesas não eram reembolsáveis).

6.3.3. A remuneração na dependência de um evento não prestacional

Em todas as ordens jurídicas analisadas, a remuneração do mediador torna-se devida com a ocorrência de um dado resultado que extravasa a obrigação, ou a atribuição, do mediador. Também em todas, esse resultado é, geralmente, a celebração do contrato visado, desde que eficaz, sendo indiferente a sua execução ou cumprimento.

A eficácia do contrato visado tem-se revelado importante em todos os ordenamentos, com soluções muito regulares que levam a concluir que a remuneração é devida a partir do momento em que se celebra um contrato eficaz (um contrato nulo, em regra, não gera remuneração), ou a partir do momento em que o contrato celebrado produz efeitos (ocorrência da condição suspensiva), sendo, em geral, irrelevante a ineficácia superveniente (caso da condição resolutiva na Espanha, na França, na Itália, na Alemanha e na Suíça, apesar de nos três primeiros países a regra geral ser a de que a verificação de uma tal condição produz efeitos *ex tunc*). Em Portu-

O CONTRATO DE MEDIAÇÃO

gal, a doutrina que se pronunciou sobre o problema fê-lo no sentido de o mediador ter de devolver a remuneração entretanto auferida, não havendo no entanto casos judiciais onde semelhante questão tenha sido decidida. Em Inglaterra também não.

6.4. O nexo causal entre a atividade do mediador e o evento não prestacional

Mais um elemento comum a todas as ordens sob análise: para que o mediador tenha direito à remuneração é necessária a verificação de um nexo entre a sua atividade e o acontecimento do qual a remuneração depende. Não me reporto a um nexo de imputação ao devedor do ato que incorpora o cumprimento, nexo que tem de existir em todos os contratos (mesmo quando legitimada a prestação por terceiro). O que está em causa é, sim, um nexo entre a atividade mediadora, que poderá ou não identificar-se com o cumprimento de uma obrigação (como vimos, aquela atividade pode não ter caráter obrigatório), e um acontecimento que está fora da esfera das eventuais obrigações do mediador.

São importantes dois apontamentos relativos à caracterização e à funcionalidade deste nexo. Por um lado, nos vários ordenamentos, sem prejuízo das concretas palavras através das quais o nexo tem sido descrito, tem sido expressa uma nota concordante no sentido de não ser forçoso que a atividade do mediador seja a única causa, nem uma causa imediata, da produção do acontecimento. Por outro lado, o nexo requerido, e este é mais um elemento partilhado pelas ordens jurídicas estudadas, tem tido uma função na solução de vários problemas difíceis. Efetivamente, tem sido através da sua aferição que se tem decidido do direito à remuneração e da sua medida nos seguintes casos: desfasamento temporal entre a vigência do contrato de mediação e a conclusão do contrato visado; assimetria entre o conteúdo do contrato inicialmente desejado e o conteúdo do contrato efetivamente celebrado; contribuição de vários mediadores para o contrato visado; celebração do contrato com interessado encontrado pelo cliente sem a intervenção do mediador.

6.5. Notas conclusivas

A análise e a síntese das soluções encontradas nos diversos ordenamentos selecionados, para as questões abordadas, permitem valorizar várias inferências.

A primeira relaciona-se com a frequente verificação social de um dado comportamento contratual. No comércio jurídico de todos os ordenamentos analisados, as pessoas recorrem aos serviços de um terceiro quando: pretendem celebrar um dado contrato por si próprias; não conhecem contraparte interessada para o efeito ou a que conhecem manifesta uma posição afastada dos seus interesses; pensam que, por qualquer razão (tempo, conhecimento, distância), lhes será mais produtivo recorrer a terceiro para encontrar interessado ou para harmonizar as posições contratuais, do que fazerem-no pelos seus próprios meios.

A segunda respeita à presença, em todos os ordenamentos, de traços caracterizadores comuns ao acordo de mediação, nomeadamente, a obrigação de uma remuneração se o contrato visado vier a celebrar-se na sequência do contributo da atividade do mediador.

A terceira consiste na constatação de que as diferentes ordens têm conferido soluções relativamente constantes e similares à maioria dos problemas suscitados pelos contratos de mediação[826].

Finalmente, cabe referir que as diferenças mais relevantes dos aspetos contratuais se limitam à natureza obrigatória ou não da atribuição do mediador e à(s) pessoa(s) sobre quem impende o dever de remunerar.

7. Delimitação de figuras afins

O confronto de um instituto com os seus afins fornece-nos imagens sugestivas, ainda que parcelares, para a sua caracterização. A distinção entre o contrato de mediação e outros institutos é objeto de quase todas as obras monográficas sobre o nosso contrato[827]. Entre as figuras ditas afins são,

---

[826] A similitude das soluções é, segundo ZWEIGERT, uma conclusão habitual em Direito Comparado – «if we leave aside the topics which are heavily impressed by moral views or values, mainly to be found in family law and in the law of succession, and concentrate on those parts of private law which are relatively 'unpolitical', we find that as a general rule developed nations answer the needs of legal business in the same or in a very similar way. Indeed it almost amounts to a *praesumptio similitudinis*, a presumption that the practical results are similar» – KONRAD ZWEIGERT e HEIN KÖTZ, *Introduction to comparative law*, p. 40.

[827] UMBERTO AZZOLINA, *La mediazione*, pp. 178-203; LACERDA BARATA, «Contrato de mediação», pp. 218-22; MARTA BLANCO CARRASCO, *El contrato de corretaje*, pp. 237-348; LUIGI CARRARO, *La mediazione*, pp. 86-99; ANTONINO CATAUDELLA, «Mediazione», p. 6; MENEZES CORDEIRO, *Direito comercial*, pp. 693-4; PURIFICACIÓN CREMADES GARCÍA, *Contrato de mediación o corretaje...*, pp. 55-105; PHILIPPE DEVESA, *L'opération de courtage...*, pp. 267-85; GIUSEPPE DI CHIO, «La mediazione», pp. 568-606; LAURA GÁZQUEZ SERRANO,

O CONTRATO DE MEDIAÇÃO

por vezes, tratados institutos de raiz não contratual (como, por exemplo, a representação, a gestão de negócios ou a promessa pública) ou atividades profissionais que podem ter por base vários contratos (do que são exemplos, a intermediação financeira e a mediação de seguros). Optei, neste capítulo, por cingir a análise mais aprofundada a um conjunto restrito de contratos próximos do contrato de mediação. A escolha recaiu naqueles cuja proximidade tem fundadamente conduzido a dificuldades na solução jurídica de problemas reais: o mandato, a comissão, a agência e a prestação de serviço. A referência à representação justifica-se pela sua colagem histórica ao contrato de mandato.

Proximidade significa verificação de características comuns, podendo representar-se os contratos afins como círculos secantes. As dificuldades colocam-se, em primeira linha, na descoberta da ocorrência de facto, podendo suceder que os dados disponíveis (as provas produzidas) e a interpretação que deles se faça mais não permitam que uma perceção parcelar ou/e distorcida da realidade passada. Essas dificuldades estão fora do plano deste estudo, em que apenas cuido da qualificação jurídica de descrições factuais ou de descrições gerais e abstratas.

A diferenciação entre dois conceitos depende da prévia estabilização dos conteúdos de ambos. No que respeita ao contrato de mediação, estamos em condições de avançar uma noção que engloba as suas características nucleares, sendo suficientemente aberta para compreender as suas diferentes modalidades: *contrato pelo qual uma pessoa se obriga a pagar a outra uma remuneração se estoutra lhe conseguir interessado para certo contrato e se a primeira vier a celebrar o desejado contrato com o contributo da atividade da segunda.* Se recordarmos agora os estudos antes efetuados no âmbito desta dissertação, verificamos que esta noção serve para os vários ordenamentos ana-

---

El contrato de mediación o corretaje, pp. 112-31; VALÉRIE GUEDJ, «Contrat de courtage», p. 4; ANGELO LUMINOSO, *La mediazione*, pp. 159-62; ANNIBALE MARINI, *La mediazione*, pp. 73-87; CHRISTIAN MARQUIS, *Le contrat de courtage immobilier et le salaire du courtier*, pp. 50-72; MILLÁN GARRIDO, «Introducción al estudio del corretaje», pp. 709-13; UBALDO PERFETTI, *La mediazione...*, pp. 271-85; DIETER REUTER, «Maklervertrag», pp. 16-9; MARIA DE FÁTIMA RIBEIRO, «O contrato de mediação e o direito do mediador à remuneração», pp. 86-90; HERBERT ROTH, «Mäklervertrag», pp. 2174-83; DANIEL RODRÍGUEZ RUIZ DE VILLA, *El contrato de corretaje inmobiliario...*, pp. 303-82; MANUEL SALVADOR, *Contrato de mediação*, pp. 225-51; SCHWERDTNER/HAMM, *Maklerrecht*, pp. 8-9 (apenas perante o contrato de agência); BRUNO TROISI, *La mediazione*, pp. 183-94; PIERRE TURRETTINI, *Le contrat de courtage et le salaire du courtier*, pp. 43-7; ENRIQUE VILLA VEGA, «Contrato de corretaje o mediación», pp. 662-7; NICOLÒ VISALLI, *La mediazione*, pp. 42-52.

COMPREENSÃO DO CONTRATO COM INCIDÊNCIA NAS PRESTAÇÕES PRINCIPAIS

lisados. Note-se que ela não se compromete com a natureza obrigatória ou facultativa da atividade do mediador. Tenha-se presente que, quando se entende a atividade do mediador como não obrigatória, tal circunstância é sempre invocada para distinguir o contrato de mediação dos outros com os quais vai ser confrontado. Não o referirei.

Para além deste núcleo, outras características são atribuídas ao contrato, com variações de lugar para lugar e de autor para autor. Em consequência, no estabelecimento das diferenças entre mediação e outros contratos, o elenco é variado. Acresce, ainda, serem frequentes os balanços assentes em características dos regimes. Vou ater-me, fundamentalmente, a distinguir os institutos escolhidos com base nas notas estruturais encontradas na noção estrita e amplamente consensual acima enunciada.

7.1. Mandato, comissão, representação

O contrato de mandato, sendo legalmente típico nas várias ordens trabalhadas (com exceção da inglesa), não tem nelas as mesmas notas essenciais. O seu conteúdo oscila, ainda presentemente, de ordenamento para ordenamento. Em regra, a oscilação dá-se entre as tónicas da gratuitidade, da representação e da juridicidade dos atos seu objeto. Qualquer delas serve para o distinguir do contrato de mediação. A Suíça é caso à parte, pois aí o conteúdo do contrato de mandato é de tal forma abrangente que não se caracteriza necessariamente por nenhum daqueles parâmetros.

As raízes do contrato de mandato chegam ao direito romano, no qual era um contrato essencialmente gratuito; o mandatário obrigava-se a gerir negócio do mandante, sem que lhe fosse devida qualquer remuneração[828]. A gratuitidade como elemento essencial ao contrato de mandato apenas se mantém no direito alemão. Segundo dispõe o § 662 do BGB, ao assumir um mandato (*Auftrag*), o mandatário obriga-se perante o mandante a gerir gratuitamente o negócio confiado. Esta configuração do mandato acaba por não ter grandes consequências práticas uma vez que, paralelamente à regulação deste contrato (§§ 662 a 674), o BGB regula o contrato one-

---

[828] Sobre a essencialidade da gratuitidade do contrato de mandato na Roma Antiga, entre outros, Francisco Bonet Ramón, *Naturaleza jurídica del contrato de mandato*, pp. 53-61; Januário Gomes, «Contrato de mandato comercial», p. 468, ou, do mesmo Autor, *Contrato de mandato*, p. 8; Santos Justo, *Direito privado romano*, II, p. 80; Max Kaser, *Direito privado romano*, pp. 259-61; Giuseppe Provera, «Mandato (Storia)», pp. 314-5; Puig Brutau, *Fundamentos de derecho civil*, t. II, vol. II, pp. 397-401.

roso de gestão de negócios alheios (*entgeltliche Geschäftsbesorgungsvertrag*), nos §§ 675 a 675-b. A este segundo tipo aplica-se, por via do disposto no § 675, a maior parte das disposições destinadas ao mandato[829].

Em França, Espanha, Itália e Portugal, a distinção entre mandato e mediação é feita com base, sobretudo, na juridicidade do ato a que o mandatário se obriga, por contraposição à atividade material prestada pelo mediador; e assim é, apesar de a juridicidade da prestação do mandatário não resultar em todos estes ordenamentos de forma cristalina da letra da lei.

Em França, a juridicidade ou materialidade dos atos que são objeto do contrato é fator primordial da distinção entre mandato e mediação[830]. Lembro que o mandato civil francês é sempre representativo: «O mandato ou procuração é um ato pelo qual uma pessoa dá a uma outra o poder de fazer alguma coisa para o mandante e em seu nome» (art. 1984 do *Code civil*, ainda o de Napoleão, de 1804). Só o mandato comercial na sua forma de comissão pode ter caráter não representativo: «O comissário é aquele que age em seu próprio nome ou sob um nome social por conta de um comitente. Os deveres e os direitos do comissário que age em nome de um comitente são determinados pelo Título XIII do Livro III do Código Civil» (art. L132-1 do Código de Comércio). Num caso e no outro não subsistem dúvidas sobre o cerne do objeto da prestação do mandatário como sendo constituído pela prática de atos jurídicos[831].

---

[829] Sobre esta bicefalia do mandato no direito alemão, apenas para manter a dogmática romana clássica, v. MICHAEL MARTINEK, «Auftrag und Geschäftsbesorgungsvertrag», *maxime*, pp. 131-40, 185-7 – «Das römisch-rechtliche Axiom „mandatum nisi gratuitum nullum est" hat in den benachbarten Rechtsordnungen keine Anerkennung gefunden; nirgendwo sonst als im BGB ist die Unentgeltlichkeit konstitutives Begriffsmerkmal des Auftrags. Demgemäß sind in den Nachbarrechtsordnungen die unserem Auftrags- und Geschäftsbesorgungsrecht entsprechenden Institute miteinander verschmolzen» (p. 187).

[830] PAUL-HENRI ANTONMATTEI e JACQUES RAYNARD, *Droit civil, contrats spéciaux*, pp. 351-2; ALAIN BÉNABENT, *Droit civil, les contrats spéciaux civils et commerciaux*, p. 429; PHILIPPE DEVESA, *L'opération de courtage...*, pp. 274 (mandato) e 281 (comissão); FRANÇOIS COLLART DUTILLEUL e PHILIPPE DELEBECQUE, *Contrats civils et commerciaux*, 8ª ed., p. 559; DIDIER FERRIER, *Droit de la distribution*, p. 116; VALÉRIE GUEDJ, «Contrat de courtage», p. 4; GEORGES HUBRECHT, ALAIN COURET e JEAN-JACQUES BARBIÉRI, *Droit commercial*, p. 76; JÉRÔME HUET, *Les principaux contrats spéciaux*, p. 1089; JEAN-PIERRE LE GALL, *Droit commercial*, p. 48; PHILIPPE MALAURIE, LAURENT AYNÈS e PIERRE-YVES GAUTIER, *Les contrats spéciaux*, p. 285.

[831] FRANÇOIS DUTILLEUL e PHILIPPE DELEBECQUE, *Contrats civils et commerciaux*, 6ª ed., pp. 534-5 – «Le mandataire ne fait pas quelque chose. Sa tâche est plus précise: il accomplit

Perante a letra do art. 1709 do Código Civil espanhol, o objeto do mandato é, numa primeira análise, mais lato: «Pelo contrato de mandato uma pessoa obriga-se a prestar algum serviço ou a fazer alguma coisa, por conta ou encargo de outra». Trata-se, ainda, da redação inicial do código, aprovado por Real Decreto de 24 de julho de 1889. Do artigo em causa, ou dos restantes que ao mandato respeitam (artigos 1709 a 1739), não consta, pelo menos sem necessidade de um ato hermenêutico que para além da letra perscrute, que o conteúdo do mandato tenha de ser preenchido pela prática de atos jurídicos.

Aquela noção ampla terá permitido manter sob a alçada do mandato contratos que hoje são qualificados como contratos de mediação. Recordo (remetendo para o que antes escrevi em 4.6.1.1) que até ao século XX, a jurisprudência não autonomizava dos contratos de comissão mercantil ou de mandato civil as situações hoje identificadas como mediação. Foi a partir de uma sentença do Tribunal Supremo de 10 de janeiro de 1922 que este contrato foi, cada vez com maior frequência, configurado como distinto dos demais[832]. Mesmo após a autonomização, a mediação foi entendida como subespécie do mandato[833].

Com o tempo, porém, a interpretação dada ao art. 1709 do Código Civil espanhol foi afunilando o conteúdo do mandato à prática de atos jurídicos. Aliás, como bem notam Díez-Picazo e Antonio Gullón, a prestar algum serviço ou a fazer alguma coisa também se obrigam o prestador de serviço ou o empreiteiro, pelo que terá de encontrar-se o caráter distintivo do mandato para além daquela noção[834].

---

des actes juridiques», «Quant à la nature de ces actes, il doit s'agir d'actes juridiques» – e 552-3; Philippe Malaurie, Laurent Aynès e Pierre-Yves Gautier, *Les contrats spéciaux*, p. 286 – «Le mandat ne peut avoir traditionnellement pour objet que des actes juridiques (...). Un contrat ayant pour objet principal l'accomplissement pour autrui d'actes matériels n'est pas un mandat».

[832] V. notas 495 e 496.

[833] Neste sentido, veja-se o que escreveu Sanpons Salgado, *El contrato de corretaje*, p. 56: «El mandatario o comisionista actúa por cuenta o encargo de otra persona (art. 1.709). En este sentido también lo hace el corredor; de ahí que debamos reconocer al corretaje como una subespecie del mandato (...). Aunque sea el corretaje, como decimos, subespecie del mandato, es figura autónoma, porque su objeto le ha dado naturaleza propia al consistir en la *«puesta en relación* para la conclusión de un negocio» (...). Cuando el vínculo que liga a una persona con otras tiene por objeto esta misión, podemos decir que éste es el criterio diferencial que le separa del mandato (...)».

[834] Luis Díez-Picazo e Antonio Gullón, *Sistema de derecho civil*, II, p. 420.

O CONTRATO DE MEDIAÇÃO

O dado da gratuitidade não serve para o efeito uma vez que apenas é natural, e somente no mandato não profissional[835]. Com efeito, o art. 1711 do Código Civil espanhol (à semelhança do que se passa com o art. 1158, n.º 1, do português) contém duas presunções, ambas ilidíveis: a presunção de gratuitidade do mandato não exercido a título profissional e a presunção de onerosidade do mandato executado no âmbito da profissão do mandatário.

A representação também não pode ser base incondicional da distinção, na medida em que não é essencial ao mandato – o art. 1717 do Código Civil espanhol prevê expressamente a possibilidade de o mandatário agir em seu próprio nome.

A resposta é encontrada na parte final do art. 1709 (*por conta ou encargo de outra*) e na regulação do contrato[836]. Ora se refere que a atuação por conta de outrem carrega a ideia de o resultado final da atividade do mandatário poder repercutir-se, ainda que mediatamente, na esfera jurídica do mandante. Ora se repara que, quando a lei faz concreta alusão a atos objeto do mandato, essa alusão aponta para atos com relevância jurídica: nos artigos 1713, 1727 e 1734 referem-se atos de administração, transação, alienação, hipoteca, obrigação de o mandante cumprir as obrigações contraídas pelo mandatário, mandato para contratar.

Tendo em consideração a caracterização do mandato em torno da prática de atos jurídicos, no seu confronto com o contrato de mediação, é sempre destacado o caráter material dos atos que integram a prestação do mediador, em contraste com a relevância jurídica dos que integram a prestação do mandatário[837], sem prejuízo da evidenciação de outras dicotomias mais ou menos variáveis de autor para autor.

Em Itália, «mandato é o contrato pelo qual uma parte se obriga a realizar um ou mais atos jurídicos por conta da outra» – assim o define o

---

[835] Em sentido contrário, defendendo a essencialidade da gratuitidade e, concomitantemente, o alargamento do objeto do mandato a quaisquer tipos de atos, em toda a bibliografia espanhola citada, encontramos apenas BONET RAMÓN, *Naturaleza jurídica del contrato de mandato*, *maxime* pp. 53 e 72.

[836] LUIS DÍEZ-PICAZO e ANTONIO GULLÓN, *Sistema de derecho civil*, II, pp. 420-1; PUIG BRUTAU, *Fundamentos de derecho civil*, t. II, vol. II, pp. 395-6 e 401-2.

[837] MARTA BLANCO CARRASCO, *El contrato de corretaje*, pp. 276-8; LAURA GÁZQUEZ SERRANO, *El contrato de mediación o corretaje*, p. 117; MILLÁN GARRIDO, «Introducción al estudio del corretaje», pp. 709-10; DANIEL RODRÍGUEZ RUIZ DE VILLA, *El contrato de corretaje inmobiliario...*, pp. 312-3 e, quanto à comissão, 329; ENRIQUE VILLA VEGA, «Contrato de corretaje o mediación», p. 663.

326

COMPREENSÃO DO CONTRATO COM INCIDÊNCIA NAS PRESTAÇÕES PRINCIPAIS

art. 1703 do Código Civil italiano. Pode ser acompanhado de poderes de representação (art. 1704) ou não (art. 1705). Ao contrário do que se passa em Portugal, e nos outros ordenamentos sobre os quais nos detemos, e quebrando com a tradição romana, o mandato (independentemente do seu caráter profissional ou de qualquer outra especificidade) presume-se oneroso (art. 1709).

Todos os autores situam a distinção entre mandato e mediação na dicotomia juridicidade/materialidade dos atos objeto das prestações características de um contrato e do outro[838]. Alguns recorrem também a outras diferenças, nomeadamente, para aqueles que entendem a atividade do mediador como não obrigatória, distinguem-na nessa base da prestação do mandatário[839].

No ordenamento português (*infra* melhor examinado), perante o disposto nos artigos 1157 do CC e 231 do CCom, o mandato tem o seu objeto clara e rigorosamente circunscrito à obrigação de praticar um ou mais atos jurídicos por conta de outrem. Consequentemente, a doutrina portuguesa que se pronunciou sobre a delimitação dos dois contratos não hesitou em fundar a distinção na juridicidade ou materialidade dos atos que constituem a prestação característica de cada um deles[840].

A Suíça é um caso à parte, na medida em que o mandato tem aí uma abrangência que não se encontra noutros lugares. Segundo o art. 394 do *Code des obligations*, o mandato é um contrato pelo qual o mandatário se obriga a gerir o negócio de que foi encarregado ou a prestar os serviços prometidos. Ou seja, o objeto do contrato não se cinge à prática de atos

---

[838] UMBERTO AZZOLINA, *La mediazione*, p. 179; ANTONINO CATAUDELLA, «Mediazione», p. 6; GIUSEPPE DI CHIO, «La mediazione», p. 589; ANGELO LUMINOSO, *La mediazione*, p. 159; ANNIBALE MARINI, *La mediazione*, p. 73; UBALDO PERFETTI, *La mediazione...*, p. 271; BRUNO TROISI, *La mediazione*, p. 185; NICOLÒ VISALLI, *La mediazione*, pp. 42-4.

[839] GIUSEPPE DI CHIO, «La mediazione», p. 589; ANGELO LUMINOSO, *La mediazione*, p. 159; UBALDO PERFETTI, *La mediazione...*, p. 271 (embora, para este Autor, o mediador também possa assumir a obrigação de desenvolver a atividade); BRUNO TROISI, *La mediazione*, p. 185. Para ANNIBALE MARINI, a prestação do mediador (constituída por atos materiais) é elemento integrante do contrato, e a prestação do mandatário (constituída por atos jurídicos) é o objeto obrigatório do contrato, sendo com base nesta ideia que fundamentalmente os distingue – *La mediazione*, p. 73.

[840] Assim, LACERDA BARATA, «Contrato de mediação», pp. 218-9; MENEZES CORDEIRO, *Direito comercial*, p. 693; JANUÁRIO GOMES, *Contrato de mandato*, pp. 40-1; MARIA DE FÁTIMA RIBEIRO, «O contrato de mediação e o direito do mediador à remuneração», pp. 86-7; MANUEL SALVADOR, *Contrato de mediação*, pp. 225-9.

O CONTRATO DE MEDIAÇÃO

jurídicos, embora compreenda sempre os necessários à sua execução (art. 396, nº 2), podendo integrar atos materiais, a título principal. O próprio contrato de mediação é previsto e regulado como mandato especial, nos artigos 412 a 418, inseridos no Título XIII, destinado ao mandato.

Repetindo o que antes escrevi em 4.3.1, a amplitude do mandato conduz a que, no seu confronto com a mediação, os autores coloquem ênfase no objeto limitado da mediação, no caráter não obrigatório da atividade contratual do mediador e/ou na sua necessária remuneração, desde que verificados certos pressupostos (por contraposição, respetivamente, à abrangência do objeto do mandato, à obrigatoriedade da prestação do mandatário, e à sua possível gratuitidade), e não na natureza material ou jurídica das atividades num caso e no outro[841].

Já na distinção face à comissão, acentua-se o papel do comissário de concluir contratos por conta do comitente, sem representação deste, em contraste com a atividade factual, de indicação ou de negociação, do mediador[842]. Com efeito, o contrato de comissão está previsto no Título XV do mesmo código, lendo-se no primeiro artigo que o comissário em matéria de venda ou de compra é aquele que se encarrega de efetuar em seu próprio nome, mas por conta do comitente, a venda ou a compra de coisas móveis ou valores, mediante comissão (art. 425, nº 1, do *Code des obligations*).

Aprofundemos a questão à luz do direito português.

O Código Civil de 1867 fornecia uma noção de mandato que deu azo a alguma instabilidade interpretativa. Lia-se no seu art. 1318, «dá-se o contrato de mandato ou procuradoria, quando alguma pessoa se encarrega de prestar, ou fazer alguma coisa, por mandado e em nome de outrem». Se, por um lado, parecia que a figura permitia a prática a título principal de qualquer ato, mesmo não jurídico[843], por outro, parecia que o seu objeto

---

[841] *Supra* 4.3.1 e nota 217.

[842] CHRISTIAN MARQUIS, *Le contrat de courtage immobilier et le salaire du courtier*, p. 59; PIERRE TURRETTINI, *Le contrat de courtage et le salaire du courtier*, p. 45.

[843] No sentido de que o artigo 1318 do Código de Seabra permitia ao contrato de mandato um objeto amplo, incluindo «uma simples atividade material ou intelectual», PIRES DE LIMA e ANTUNES VARELA, *Código Civil anotado*, II, nota 2 ao art. 1157, p. 706; DURVAL FERREIRA, *Do mandato civil e comercial, maxime* pp. 42-8, 53 e 268 (embora, ainda na vigência do Código de 1867, este Autor defendesse que, *de jure constituendo*, deveria limitar-se o objeto do mandato à prática de atos jurídicos – p. 52); *REVISTA DOS TRIBUNAIS*, ano 87, 1969, p. 162 (em anotação ao Acórdão do STJ de 07/03/1969, publicado em BMJ 185, pp. 296-305, também objeto da anotação referida na nota 867).

COMPREENSÃO DO CONTRATO COM INCIDÊNCIA NAS PRESTAÇÕES PRINCIPAIS

teria de ser, mais que um ato jurídico, um ato jurídico com efeitos diretos na esfera do mandante, numa colagem à representação, de clara inspiração francesa[844]. No entanto, ainda na vigência do velho Código, mas já pela metade do século XX, parte da doutrina veio a aderir à teoria da abstração da procuração, e a discernir o dever gestório do mandatário do poder de representação, não imputando o último ao primeiro[845].

Lembro que, fruto do percurso histórico das instituições e do pensamento jurídico, a articulação entre o contrato de mandato e o negócio de atribuição de poderes representativos tem, nos ordenamentos vigentes mais próximos, uma de duas abordagens. Ou a assimilação do poder de representação direta pelo contrato de mandato (França), ou a dissociação entre o mandato, como relação contratual em que uma das partes age por conta da outra, e a procuração, como negócio jurídico unilateral através do qual são conferidos poderes de representação (atualmente, Portugal, Espanha, Itália, Alemanha e Suíça). A primeira abordagem encontra raízes

---

[844] Em matéria de mandato e representação, o Código de Seabra, inspirando-se no Código francês, não autonomizou a representação voluntária, e tratou *procuração* e *mandato* como se de uma figura apenas se tratasse. A doutrina da época foi conservadora, mantendo aquela união. *V.g.*, CUNHA GONÇALVES, *Tratado de direito civil*, VII, p. 387 – o Autor, após criticar a definição legal pela suscetibilidade de confusão com a prestação de serviços, propõe a seguinte: «*mandato é um contrato pelo qual uma pessoa confere a outra o poder, que esta aceita, de a representar num ou em vários atos jurídicos, praticando estes em exclusivo nome e proveito daquela*». CABRAL DE MONCADA, *Lições de direito civil*, II, p. 334, e sua nota 1, afirma que a representação voluntária tem origem num ato jurídico especial que é o contrato de mandato ou procuradoria (*idem*, p. 336, nota 1). GUILHERME ALVES MOREIRA, *Instituições do direito civil português*, I, *maxime* p. 451 – «A representação voluntária tem a sua principal origem no *mandato* ou *procuração*, que o nosso código define» – e p. 456 – «Na representação voluntária, sendo pelo mandato que se estabelecem não só as relações de caráter obrigatório entre o mandante e o mandatário, mas se determinam os poderes que este fica tendo, em relação a terceiros, para realizar negócios jurídicos em nome do mandante, segue-se que é pelo próprio contrato de mandato que se há de verificar qual a responsabilidade do representado quanto aos atos praticados pelo representante».

[845] Assim, FERRER CORREIA, «A procuração na teoria da representação voluntária», pp. 253-93; PESSOA JORGE, *O mandato sem representação*, pp. 19-24; ADRIANO VAZ SERRA, «Anotação ao Acórdão de 17 de Março de 1961», p. 378; INOCÊNCIO GALVÃO TELLES, «Contratos civis, exposição de motivos», p. 210. Para uma panorâmica das várias posições doutrinais geradas pela redação do art. 1318 do anterior Código Civil, PEDRO DE ALBUQUERQUE, *A representação voluntária em direito civil*, pp. 485-93; JANUÁRIO GOMES, «Contrato de mandato comercial», pp. 479-89; PESSOA JORGE, obra citada nesta nota, *maxime* pp. 111 a 171; PEDRO LEITÃO PAIS DE VASCONCELOS, *A procuração irrevogável*, pp. 38-42.

O CONTRATO DE MEDIAÇÃO

no direito justinianeu e chega ao Código francês por via dos trabalhos de POTHIER[846]. A segunda é fruto da elaboração da pandectística alemã de oitocentos (nomeadamente de JHERING e LABAND) que conflui na teoria da abstração da procuração, segundo a qual, na sua expressão mais acabada, o poder de representação provém de negócio jurídico unilateral abstrato, autónomo do mandato ou de outra eventual relação subjacente que, de acordo com as posições mais extremas, pode até não existir[847]. A teoria da abstração teve o mérito de discernir duas realidades distintas, ainda que frequentemente associadas, a procuração como negócio unilateral de atribuição de poderes de representação, e o mandato como contrato mediante o qual uma das partes fica encarregada de praticar atos jurídicos por conta da outra. Esta dissociação permitiu a perceção de que os poderes de representação podem estar associados a contratos diferentes do mandato, podendo ter como negócio-base outras prestações de serviço,

---

[846] Na Época Clássica, mandatário e procurador eram figuras distintas e sem interceções. O *procurator* era pessoa da especial confiança do *dominus*, nomeadamente um escravo, um liberto ou um familiar, encarregado da administração geral (*procurator omnium bonorum*), por ato unilateral do *dominus* fundado na posição hierarquicamente superior deste. O mandato era um contrato pelo qual o mandatário se obrigava perante o mandante, e a pedido deste, a executar uma determinada tarefa, sem retribuição, mas com direito a ser ressarcido de despesas e danos. Ainda durante o mesmo período, houve uma aproximação entre os dois institutos, mas apenas na figura do *procurator ad litem*, pessoa que recebia de outra o encargo da representação em juízo, havendo entre ambos um contrato de mandato, e não um simples ato unilateral de atribuição de poder. A dada altura passam a ser utilizados estranhos como *procuratoris*, tornando-se necessário fundamentar contratualmente esse poder de representação, e encontrou-se no velho *mandatum* a figura para tanto adequada. Nas fontes, apenas no *Corpus Iuris Civilis*, o procurador aparece como mandatário, numa definição de Ulpiano provavelmente interpolada – «*Procurator est qui aliena negotia mandatu domini administrat*» (Ulp. D. 3, 3, I pr.). Sobre esta evolução e, designadamente, sobre a absorção do *procurator* pelo mandatário, PEDRO DE ALBUQUERQUE, *A representação voluntária em direito civil*, pp. 44-6, 102-3, 152-8, 167; SANTOS JUSTO, *Direito privado romano*, II, p. 81 e nota 12; GIUSEPPE PROVERA, «Mandato (Storia)», pp. 313-4; PEDRO LEITÃO PAIS DE VASCONCELOS, *A procuração irrevogável*, pp. 21-31.

[847] Sobre a teoria da abstração da procuração, PEDRO DE ALBUQUERQUE, *A representação voluntária em direito civil*, pp. 313-85; MARIA HELENA BRITO, *A representação nos contratos internacionais...*, *maxime* pp. 83-6, 106-24; ANTÓNIO MENEZES CORDEIRO, *Tratado de direito civil*, V, Coimbra, Almedina, 2011, pp. 36-9 e 47-50; FERRER CORREIA, «A procuração na teoria da representação voluntária», pp. 258-68; PEDRO CAETANO NUNES, *Dever de gestão dos administradores das sociedades anónimas*, pp. 13, 80-96, e 97-102, as últimas sobre a receção da doutrina em Portugal; PEDRO LEITÃO PAIS DE VASCONCELOS, *A procuração irrevogável*, pp. 33-5.

empreitadas, contratos de agência, administração de sociedades, contratos de trabalho. Hoje, a abstração da procuração tende a ser superada nas suas consequências mais extremas, reconhecendo-se artificiosa a operacionalidade de uma procuração desgarrada de qualquer negócio gestório[848].

Presentemente, e entre os países que nos são mais próximos, apenas a França mantém a identificação entre mandato e representação voluntária. No *Code civil*, o contrato de mandato implica sempre representação direta ou imediata, como se alcança da noção contida no artigo 1984. O BGB, pioneiro no tratamento da representação voluntária como instituto autónomo, trata a representação (*Vertretung und Vollmacht*) nos §§ 164 a 181, incluídos no Livro I, Parte geral, e o mandato (*Auftrag*) nos §§ 662 a 674, constantes do Livro II, Direito das obrigações. Também o *Codice civile* destina capítulos autónomos à representação e ao mandato. Regula a representação, a de fonte legal e a de fonte voluntária, nos artigos 1387 a 1400, que constituem o Capítulo VI (*Della representanza*) do Livro IV (*Delle obbligazioni*). E regula o mandato nos artigos 1703 a 1730, que fazem parte do Capítulo IX (*Del mandato*), prevendo aí que o mesmo possa ser acompanhado ou não de poderes de representação (arts. 1704 e 1705). No mesmo capítulo, destina uma secção (artigos 1731 a 1736) à comissão, que define como mandato para compra e venda de bens por conta do comitente e em nome do comissário. O *Code des obligations* suíço regula a representação nos artigos 32 a 34, entre as disposições gerais sobre a formação das obrigações resultantes de um contrato, e, portanto, com autonomia face ao mandato (artigos 394 e seguintes), contrato, aliás, de grande amplitude e não necessariamente dirigido à prática de atos jurídicos. O Código Civil espanhol não regula a representação voluntária como instituto autónomo, mas também não a identifica com o mandato, nem a impõe como sua consequência necessária (artigos 1709 a 1739). O artigo 1717 dispõe sobre as situações em que o mandante atua em seu nome próprio, prevendo implicitamente a inversa possibilidade de mandato representativo. O artigo 1259 (entre as disposições gerais dos contratos) prevê genericamente a validade da contratação em nome de outrem, desde que o agente esteja autorizado a tal. A doutrina

---

[848] Menezes Cordeiro, *Tratado de direito civil*, V, pp. 47-50 e 92-3; com exaustiva exposição das várias posições sobre o tema, Pedro de Albuquerque, *A representação voluntária em direito civil*, pp. 504-601, *maxime* pp. 512-6, 525-37, 544, 549-62, 577. Na última página referida, escreve: «[d]eve pois concluir-se em definitivo: a procuração surge, na sua génese, como necessariamente determinada por uma relação jurídica base e não pode subsistir sem ela».

e a jurisprudência foram construindo e separando conceptualmente, sem afrontar o Código, de um lado, um negócio unilateral, como é a procuração ou a atribuição de poderes, e do outro, o mandato, como uma das relações jurídicas subjacentes nas quais pode assentar aquela atribuição de poderes[849]. Uma última palavra para o *common law*, no âmbito do qual é o contrato de mandato que não dispõe de autonomia dogmática. Situações que identificamos dessa maneira são ali tratadas pelas regras da *agency*, que, *grosso modo*, corresponde a *representação*, podendo ter fonte legal, negocial ou contratual, e, neste caso, em contratos com várias configurações[850].

A evolução das figuras do mandato e da representação voluntária (direta ou imediata), suas interdependências e demarcações conceptuais ao longo da História – europeia ocidental, sobretudo –, é objeto de estudo aprofundado em várias das obras monográficas citadas nas notas dos últimos parágrafos.

Regressando ao Código Civil português vigente, a representação voluntária é aqui tratada, por inspiração alemã, como instituto jurídico autónomo das relações contratuais a que normalmente anda associado, colocando-se a sua fonte na procuração, negócio jurídico unilateral pelo qual são atribuídos poderes representativos (artigos 262 a 269). A previsão do mandato surge, já o sabemos, entre os contratos em especial, como «o contrato pelo qual uma das partes se obriga a praticar um ou mais atos jurídicos por conta da outra», podendo ser, ou não, acompanhado de poderes de representação.

Entretanto, o Código Comercial também já previa e regulava contratos de mandato: o mandato comercial representativo, nos artigos 231 a 247, e o mandato comercial não representativo, designado por *comissão*, nos artigos 266 a 277[851] – em ambos os casos, o mandatário é encarregado da prática de atos de comércio. Logo, a previsão do mandato civil, que quanto lida

---

[849] Luis Díez-Picazo e Antonio Gullón, *Sistema de derecho civil*, II, p. 421.

[850] Sobre a *agency*, v. as já anteriormente citadas obras *Bowstead and Reynolds on agency*, *Chitty on contracts*, II, G.H.L. Fridman, *The law of agency*, Harold Greville Hanbury, *The principles of agency*, B.S. Markesinis e R.J.C. Munday, *An outline of the law of agency*, Roderick Munday, *Agency, law and principles*, Raphael Powell, *The law of agency*. Mais resumidamente, Guentar Treitel, *The law of contract*, pp. 705-52. Em português, Maria Helena Brito, *A representação nos contratos internacionais...*, pp. 229-59.

[851] De permeio ficam os artigos 248 a 265, de um capítulo dedicado a gerentes, auxiliares e caixeiros, que, em rigor, regulam relações de representação, mas não de mandato – também assim, Coutinho de Abreu, *Curso de direito comercial*, I, pp. 139-40.

COMPREENSÃO DO CONTRATO COM INCIDÊNCIA NAS PRESTAÇÕES PRINCIPAIS

isoladamente é mais ampla, está na realidade do ordenamento limitada pelo espaço que o CCom lhe deixa livre, aplicando-se o seu regime, em primeira linha, ao contrato pelo qual uma das partes se obriga a praticar um ou mais atos jurídicos, que não sejam atos de comércio, por conta da outra parte[852].

No mandato civil tem-se admitido que o ato jurídico seu objeto seja um ato jurídico simples ou em sentido estrito, não negocial, portanto[853]. No mandato comercial, pese embora o sentido abrangente reconhecido aos atos de comércio que permite conter atos jurídicos simples[854], tendo em consideração o disposto nos artigos 266 e 234 e seguintes do CCom[855], são sobretudo contratos, os atos de comércio que estão no horizonte das

---

[852] Sobre as especificidades da formação do mandato mercantil perante o mandato civil, v. sobretudo JANUÁRIO GOMES, «Contrato de mandato comercial», pp. 478-504; PAIS DE VASCONCELOS, *Direito comercial*, I, pp. 166-9 (o Autor defende que, ao invés do que se passa com o mandato civil, o mandato mercantil pode ter na sua génese não apenas um contrato, mas também um negócio jurídico unilateral; para tanto interpreta o art. 234 do CCom, não como uma manifestação do valor de declaração negocial do silêncio, mas como a consagração da possibilidade de nascimento do mandato comercial por negócio unilateral).

[853] Assim, DURVAL FERREIRA, *Do mandato civil e comercial*, pp. 52-3; JANUÁRIO GOMES, *Contrato de mandato*, p. 15; PESSOA JORGE, *O mandato sem representação*, p. 167; PIRES DE LIMA e ANTUNES VARELA, *Código Civil anotado*, II, nota 2 ao art. 1157, p. 706 (mesmo no caso de mandato representativo, como resulta da alusão feita ao art. 295 do CC). Sobre a noção de *ato jurídico*, por contraposição a *facto jurídico em sentido estrito*, e pese embora haja diferenças entre as posições dos autores indicados, v. MANUEL DE ANDRADE, *Teoria geral da relação jurídica*, II, pp. 1-2 e 9-11; MENEZES CORDEIRO, *Tratado de direito civil português*, I, *Parte geral*, t. I, pp. 443-51; MOTA PINTO, *Teoria geral...*, pp. 355-8; GALVÃO TELLES, *Manual dos contratos em geral*, pp. 9-20. Em particular sobre as afinações a fazer de modo a isolar os atos jurídicos objeto do mandato, de outros atos jurídicos cuja execução ocorre no domínio de outros contratos, PESSOA JORGE, *O mandato sem representação*, pp. 164-79.

[854] Sobre o conceito de atos de comércio como abrangendo não apenas contratos e negócios unilaterais, mas também atos jurídicos simples e factos ilícitos (como a abalroação culposa de navio, prevista no art. 665 do CCom), v. COUTINHO DE ABREU, *Curso de direito comercial*, I, pp. 53-4; MENEZES CORDEIRO, *Direito comercial*, pp. 205-7; A. FERRER CORREIA, *Lições de direito comercial*, I, pp. 86-7; MIGUEL PUPO CORREIA, *Direito comercial*, pp. 413-4; PAULO OLAVO CUNHA, *Lições de direito comercial*, p. 43; FILIPE CASSIANO DOS SANTOS, *Direito comercial português*, I, p. 63.

[855] É a seguinte a redação do art. 266 do CCom: «Dá-se contrato de comissão quando o mandatário executa o mandato mercantil, sem menção ou alusão alguma ao mandante, *contratando por si e em seu nome*, como principal e único *contratante*» (os itálicos são meus). Os artigos 234 e seguintes estão pensados para a compra e venda de mercadorias, havendo expressa alusão à conservação e depósito das mesmas e ao contrato em si.

O CONTRATO DE MEDIAÇÃO

normas. No entanto, também em relação ao mandato comercial, a doutrina admite que os atos de comércio seu objeto possam ser «todos os suscetíveis de serem praticados através do mecanismo da representação (para o mandato comercial representativo) ou através de interposição de pessoa (para o mandato não representativo)»[856].

Quando no plano estritamente jurídico-conceptual dizemos que a prestação do mandatário (ou a do comissário) consiste na prática de um ato jurídico e que a do mediador é constituída por atos materiais, dificilmente se adivinham problemas de qualificação das concretas situações da vida numa e noutra das espécies contratuais. Porém, no confronto de situações de facto com as normas jurídicas, as dificuldades manifestam-se. Com efeito, as semelhanças entre os dois contratos não são despiciendas. Em ambos os casos, alguém desenvolve uma atuação no interesse de outrem, tendo por finalidade a efetivação de um ou vários atos jurídicos (ainda que no caso da mediação a celebração destes não faça parte da prestação). Em ambos os casos também, aquela atuação pode englobar, a título acessório, atos jurídicos e/ou atos materiais.

A circunstância de a atuação do mandatário poder englobar a do mediador – o mandatário deve praticar os atos, jurídicos ou simplesmente materiais, acessórios ou preparatórios do ato jurídico de que foi incumbido –, aliada à de o mandatário estar sujeito a não conseguir, a final, ultimar o ato jurídico para o qual foi contratado, pode conduzir a que na prática seja difícil reconduzir um contrato concreto a uma ou a outra das espécies contratuais. Essa dificuldade tem transparecido na prática judiciária[857].

---

[856] JANUÁRIO GOMES, «Contrato de mandato comercial», pp. 495-6. No mesmo sentido abrangente, JOSÉ ENGRÁCIA ANTUNES, Direito dos contratos comerciais, p. 365: «abrangem-se aqui todos os atos jurídico-comerciais em sentido amplo (simples atos, negócios unilaterais, contratos), independentemente da sua natureza (material ou formal, absoluta ou acessória, pura ou mista, etc.)». Isolada parece-me ser a posição ainda mais abrangente de LUÍS BRITO CORREIA quando admite que o mandato comercial possa ter por objeto a prática de atos materiais – «No CCom, o mandato comercial tem por objeto atos de comércio, que tanto podem ser atos jurídicos, como atos materiais, enquanto segundo o CCiv de 1966 o mandato tem caracteristicamente por objeto atos jurídicos» – Direito comercial, I, p. 197. Aparentemente restringindo o objeto a contratos comerciais, PAULO OLAVO CUNHA define o mandato comercial como o «contrato pelo qual uma pessoa atua por conta e em nome de outrem, substituindo-a na celebração de contratos comerciais» – Lições de Direito Comercial, p. 196.
[857] A título exemplificativo, v. o Acórdão do TRL de 12/03/2009, proc. 10535/2008-8, no qual o contrato celebrado entre as partes, qualificado como mandato, tinha sido qualificado como

COMPREENSÃO DO CONTRATO COM INCIDÊNCIA NAS PRESTAÇÕES PRINCIPAIS

Por outro lado, a circunstância de a atividade que constitui a prestação do mediador (atividade de promoção de um contrato ou de busca de um interessado para o mesmo) poder incluir a prática de atos jurídicos, a par de atos materiais, também gera dificuldades[858]. A verificar-se um tal caso, devemos indagar se o ato jurídico em questão tem autonomia na economia do contrato (caso em que provavelmente se verificam contratos coligados), ou se é um mero instrumento da atividade mediadora.

Poderíamos ser tentados a pensar que a diferença entre mandato (ou comissão) e mediação é apenas de grau e que esta última mais não é que um *meio-mandato* ou um *mandato incompleto*. Uma tal conceção tem despontado ocasional e dispersamente.

A propósito da expressão *mandat d'entremise* – que tem sido utilizada pela doutrina e pela jurisprudência francesas para designar o contrato mediante o qual o mediador é incumbido de publicitar um imóvel e de encontrar para ele um adquirente, sem que lhe sejam conferidos poderes para aceitar uma proposta de compra ou para concluir uma venda[859] –, NICOLAS DISSAUX, entendendo o mandato como uma estrutura aberta, cuja finalidade é a de conclusão de um ato jurídico, mas cujo objeto pode limitar-se a facilitar essa conclusão, afirma que, para além do mandatário tradicional, investido do poder de concluir o ato jurídico, existe o *mandataire d'entremise*, simplesmente encarregado de negociar esse ato. Prevendo

---

mediação em primeira instância. No Acórdão do STJ de 28/04/2009, proc. 29/09.3YFLSB, discutiu-se a possibilidade de se estar perante um ou outro dos modelos contratuais em questão.
[858] Tais dificuldades transparecem no Acórdão do STJ de 25/06/2009, proc. 1247/06.1TVPRT. S1, não publicado, mas com o registo 757 da 6ª Secção. Ao mediador tinha sido pedido que procedesse à promoção da venda de um prédio, devendo praticar os seguintes atos: «contactar organismos oficiais (...) que tenham competência para intervir na definição e autorização da viabilidade de construção»; «contactar gabinetes técnicos de arquitetura e/ou engenharia, cujos serviços sejam indispensáveis para a realização de estudos necessários à obtenção da finalidade pretendida com a promoção»; «assegurar as prestações de serviços desses gabinetes»; «procurar interessados na compra do prédio acima identificado (...) e com eles concluir e "fechar" a negociação, desde que respeitados os valores mínimos»; «praticar todos os demais atos que se mostrarem necessários ou simplesmente convenientes à prossecução dos objetivos para que os serviços são contratados». Foi estabelecida uma cláusula de exclusividade e foi fixado um prazo de vigência. As partes estipularam o pagamento de uma comissão de 3% sobre o preço de venda ou, caso esta não se efetivasse, o direito ao reembolso das despesas, até dado limite. As instâncias qualificaram o contrato como «misto de mediação imobiliária e de prestação de serviços, na modalidade de mandato». O STJ aderiu tacitamente a esta qualificação.
[859] V. 4.5.1.2 *supra*.

O CONTRATO DE MEDIAÇÃO

a objeção de que a fronteira entre mandato e mediação fica esbatida, diz: «Nada impede que o *courtage* seja analisado como uma espécie de mandato; um mandato de intermediação que, não sendo o mediador incumbido de realizar um ato jurídico, é necessariamente sem representação»[860]. A posição deste Autor, que tem por trás uma conceção muito própria e ampla do mandato, como estrutura que permite a intermediação, aparece, todavia, isolada. Em regra, a doutrina distingue, sem hesitações, os contratos de mandato e de mediação, criticando até o uso da expressão *mandat d'entremise* para contratos de mera mediação[861].

Lembro que a conceção da mediação como outra figura, mas incompleta, surge no âmbito da *agency*, em REYNOLDS, ao qualificar as situações que designamos por contratos de mediação, como *incomplete agency*[862]. A situação, ainda que com as devidas distâncias (nomeadamente porque a *agency* equivale sobretudo ao instituto da representação e não ao contrato de mandato), não deixa de ser análoga, pois também os casos que reconduzimos ao contrato de mandato têm, no *common law*, cabimento no universo da *agency*.

Entendo que os contratos de mandato e de mediação têm características que impedem o acolhimento destas conceções, quer no nosso ordenamento, quer nos demais de *civil law* que temos visitado. No que à prestação característica respeita, o ato jurídico que é objeto do mandato é mais abrangente (contrato, negócio unilateral ou até simples ato jurídico) que aquele a que se dirige o contrato de mediação (contrato). Quando o mandato não tem por objeto a celebração de um contrato, a atividade preparatória do ato jurídico não pode assemelhar-se à atividade mediadora. Mesmo quando o ato a que o mandatário se obriga consiste na celebração de um contrato, pode não carecer de atividade preparatória ou carecer apenas de uma atuação que não consiste em encontrar interessado para o contrato.

No plano da contraprestação do cliente, as diferenças não permitem a confusão dos dois contratos. Enquanto a retribuição do mandatário depende apenas da realização da sua prestação, a do mediador não depende

---

[860] NICOLAS DISSAUX, «La nature juridique du mandat d'entremise», p. 2726.
[861] V. o que escrevi acima neste subcapítulo 7.1, sobre o conceito de mandato em França, e em 4.5.1.
[862] V. nota 578 e texto que lhe corresponde.

COMPREENSÃO DO CONTRATO COM INCIDÊNCIA NAS PRESTAÇÕES PRINCIPAIS

só do sucesso da sua atividade, dependendo ainda de uma ocorrência que está na disponibilidade do devedor e de um terceiro[863].

Uma última referência é devida ao possível cruzamento entre mediação e representação. Não reportada ao contrato visado, pois a intervenção do mediador neste está fora do âmbito do contrato de mediação. Mas referida aos eventuais atos jurídicos secundários de que o mediador seja expressamente incumbido ou que, por sua conta e risco, entenda praticar. Creio que, em qualquer dos casos – no primeiro, sem prejuízo do que as partes entendam acordar, e no último definitivamente, – o contrato de mediação não comporta tipicamente poderes de representação.

Encontramos na jurisprudência acórdãos lapidares e paradigmáticos sobre a questão que nos ocupa.

- Acórdão do TRL de 12/07/2007, proc. 3635/2007-6 – Estava em causa uma mediação para contrato de utilização de loja de centro comercial, no âmbito da qual a mediadora recebeu determinadas

---

[863] É paradigmático o caso judicial do Acórdão do STJ de 06/07/1962, publicado no BMJ 119, pp. 420-8, e comentado por MANUEL SALVADOR, «Contrato de mediação», *Justiça Portuguesa*. Uma sociedade comercial tinha sido encarregada de encontrar comprador para uma quinta mediante remuneração de 3% sobre o preço. A quinta pertencia a um casal, mas apenas o marido tinha contratado os serviços da sociedade. Esta encontrou pessoa interessada em comprar. O preço foi acordado entre o potencial comprador e o dono-marido, tendo os dois redigido os termos de um contrato-promessa. A compra e venda não se materializou apenas porque a mulher do vendedor recusou-se a vender. O tribunal enquadrou a situação no mandato (que, lembro, tinha à data aquela noção legal que permitia ser interpretada no sentido de a prestação do mandatário poder consistir na prática de atos não jurídicos), e como o mandatário tinha cumprido plenamente, condenou o réu a pagar a retribuição. Comentando o acórdão, MANUEL SALVADOR entendeu que o contrato entre a sociedade comercial e o desejoso vendedor devia ter sido tido por mediação e que neste contrato «o comitente tem a mais ampla liberdade de concluir ou não o negócio de que encarregou o mediador; esta característica faz parte da natureza da mediação, contribuindo para lhe dar o *facies* inconfundível justificativo da sua autonomia perante os demais contratos» (p. 132). Na parte final sugere a relação, na economia do contrato, entre aquela liberdade e a elevada remuneração: «o entendimento do documento assinado pelo réu marido, no qual se comprometia a pagar a comissão, não podia ser outro, em princípio, senão o de que tal obrigação estaria dependente da celebração definitiva e válida da venda, pois só assim se enquadrava na economia do instituto como, por outro lado, considerar firme a obrigação era nitidamente imprudente, dado que, não tendo sequer a promessa sido firmada, não estavam os vendedores ao abrigo do repúdio do acordado, correndo o risco de pagar elevada percentagem sem tirar qualquer proveito» (p. 133).

O CONTRATO DE MEDIAÇÃO

quantias a título de *reserva*[864] do interessado angariado. Gorando--se o negócio, o terceiro interessado pede da cliente da mediadora a devolução daquelas quantias, com fundamento numa relação de representação entre mediadora e cliente. Consta da matéria de facto provada que, nas negociações, a mediadora sempre se apresentou como representante da sua cliente, com poderes para negociar os espaços (facto 27), e que a cliente da mediadora, ré no processo, sempre transmitiu a convicção que a comercialização e colocação dos espaços era tarefa da mediadora, como sua auxiliar (facto 29). Não obstante, o tribunal foi avesso a considerar uma relação de representação entre a mediadora e a sua cliente com a seguinte argumentação: «é certo que a representação aparente não é exclusiva dos contratos de agência e pode ser aplicável a outros contratos de cooperação ou colaboração. No entanto, não se pode aplicar indiscriminadamente. Efetivamente, a representação aparente pressupõe uma relação entre representante aparente e o representado aparente que mereça tutelar as expectativas de terceiros. Esta relação não existe, à partida, na mediação imobiliária, na medida em que é incompatível com a natureza própria da atividade, com

---

[864] É frequente o mediador imobiliário, quando encontra um interessado no contrato que o cliente pretende celebrar, propor a esse interessado que *reserve o imóvel* através da entrega de uma dada quantia em dinheiro e, por vezes, também da assinatura de um documento no qual se faz menção dessa entrega. Esta designada *reserva*, ao contrário do que é comum em pactos com o mesmo nome, não se assemelha a um contrato de opção. Com efeito, por via dela nenhum dos intervenientes emite uma proposta contratual irrevogável que confira ao outro o direito de, unilateralmente, por via da sua futura declaração de aceitação, concluir um contrato. As formalidades legais (forma incluída) da formação de contratos que têm imóveis por objeto impedem essa possibilidade. Acresce a ausência de poderes de representação conferidos pelo cliente ao mediador para intervir no ato, pois tais poderes transportariam o contrato para outra qualificação. Os atos de reserva (sem prejuízo de, da análise de ocorrências concretas, resultar outra coisa) não geram obrigações contratuais, constituindo apenas passos do *iter* negocial conducente ao contrato visado. Para o interessado subscritor, trata-se de declaração da intenção de negociar ou de vir a celebrar o negócio apresentado. Para o cliente do mediador, se tiver autorizado o mediador a receber tal reserva, ou se a tiver aceitado, trata--se de manifestação de idêntica intenção. Caso o contrato visado não venha a ser celebrado, a existência da reserva poderá, quando muito, ser um elemento indicador de responsabilidade pré-contratual para o interessado que a subscreveu ou para o cliente do mediador que a aceitou. A quantia em dinheiro que o interessado que solicita a reserva entrega ao mediador tem de lhe ser devolvida por este, assim que a solicite (art. 18, nº 1, do RJAMI). Enquanto na posse do mediador, tal quantia considera-se depositada gratuitamente à sua guarda (art. 18 do RJAMI).

o já referido distanciamento que a própria lei impõe às mediadoras imobiliárias. A mediação imobiliária não pode ser efetuada por um subordinado ou empresa subordinada, desde logo, vigorando o regime de incompatibilidade com o exercício de outras atividades. Por outro lado, a lei estabelece requisitos de autonomia que afastam a mediação imobiliária de qualquer tipo de representação como sucede no contrato de agência e afins».

– Acórdão do STJ de 15/05/2012, proc. 5223/05.3TBOER.L1.S1 – Os autores pediam a anulação de um contrato-promessa no qual figuravam como promitentes compradores. Dirigiram a ação contra os promitentes vendedores e a mediadora através da qual o contrato tinha sido negociado, pedindo a condenação de todos os réus na restituição do sinal pago. Provou-se que todo o processo negocial foi conduzido pela mediadora em nome dos demais réus (facto 4). A ação foi julgada improcedente, decisão que se manteve nas instâncias superiores. Sobre o pedido formulado contra a mediadora, o Supremo escreve que, «ainda que o contrato-promessa fosse anulado, nunca a sociedade Ré teria de restituir o sinal pago, na medida em que interveio como mediadora e, ao contrário do que defendem os Autores/Recorrentes, não agiu em representação». Fundamenta esta afirmação em termos gerais, com a caracterização que a doutrina faz do contrato de mediação como não representativo e conclui que o mediador «é um intermediário que aproxima as partes no negócio, põe-nas em presença e facilita o negócio, *mas não atua por conta de nenhuma das partes e nunca representa* qualquer delas no negócio que vem a ser celebrado».

Na doutrina, o casamento entre mediação e representação tem sido igualmente afastado[865].

---

[865] Lacerda Barata, «Contrato de mediação», p. 219 – «Só em sentido impróprio o mediador será dito um representante do comitente»; Menezes Cordeiro, *Direito comercial*, p. 693 – «a mediação, a sê-lo [acompanhada por poderes de representação] será uma mediação imprópria»; Pinto Monteiro, *Contratos de distribuição comercial*, p. 104 – «o mediador age com imparcialidade, no interesse de ambos os contraentes, sem estar ligado a qualquer deles por relações de colaboração, de dependência ou de representação»; Pais de Vasconcelos, *Direito comercial*, I, p. 197 – «Na sua versão mais típica – no cerne do tipo – o mediador não atua por conta de nenhuma das partes embora seja contratado por uma delas, por instrução de quem procura e encontra a outra; sucede também que atue por conta de ambas as partes.

O CONTRATO DE MEDIAÇÃO

7.2. Agência

Agência é o contrato pelo qual uma das partes se obriga a promover por conta da outra a celebração de contratos, de modo autónomo e estável e mediante retribuição, podendo ser-lhe atribuída certa zona ou determinado círculo de clientes – esta é a noção que encontramos no art. 1º do Regime do Contrato de Agência (RCA), aprovado pelo DL 178/86, de 3 de julho, com as alterações introduzidas pelo DL 118/93, de 13 de abril.

Com os contornos que hoje lhe conhecemos, apenas no decurso do século XIX o contrato de agência se autonomizou de outras figuras[866]. À data da sua tipificação legal em Portugal (com o diploma de 1986) era já um modelo de há muito utilizado na prática comercial e, consequentemente, conhecido da jurisprudência e da doutrina nacionais[867]. A sua utili-

---

Mas o mediador nunca representa qualquer delas e não intervém no negócio que vem a ser celebrado».

[866] ROBERTO BALDI, *Il contratto di agenzia*, pp. 1-11; FRANCISCO MERCADAL VIDAL, *El contrato de agencia mercantil*, pp. 37-40; FERREIRA PINTO, *Contratos de distribuição*, pp. 49-51.

[867] Sobre o contrato de agência na doutrina portuguesa anterior à sua tipificação legal, JANUÁRIO GOMES, «Da qualidade de comerciante do agente comercial»; PESSOA JORGE, *O mandato sem representação*, pp. 236-9; ANTÓNIO PINTO MONTEIRO, «Contrato de agência (Anteprojecto)», *maxime* pp. 45-52; ADRIANO VAZ SERRA, «Anotação ao Acórdão de 7 de Março de 1969»; MANUEL GOMES DA SILVA, «O «Representante comercial» e sua remuneração – proposta e aceitação de venda». Quer a anotação de VAZ SERRA, quer o parecer de GOMES DA SILVA foram reportados a duas relações contratuais reais que ambos qualificaram como contrato de agência ou de representação comercial. Assim o fizeram também os tribunais em todas as instâncias, no caso anotado (publicado na RLJ 103, pp. 216-22, e anteriormente no BMJ 185, pp. 296-305). Ambos os casos, se transportados para o ordenamento vigente, seriam, sem hesitações, qualificados como contratos de agência à luz do RCA. Lembro que, antes da tipificação legal, as expressões *contrato de agência comercial* e *contrato de representação comercial* eram tidas como sinónimas na teoria e no comércio jurídicos portugueses. A *sinonímia* aparece, para citar alguns *exemplos* apenas, em toda a doutrina e na jurisprudência já citadas nesta nota, e no preâmbulo do DL 178/86. Na doutrina posterior, JOSÉ ENGRÁCIA ANTUNES, *Direito dos contratos comerciais*, p. 45, antepenúltima linha, MARIA HELENA BRITO, *O contrato de concessão comercial*, p. 93, FERREIRA PINTO, *Contratos de distribuição*, pp. 316, 325, 543 e 765, na nota 2345; na jurisprudência ulterior, Acórdão do TRL de 23/06/1987, em CJ 1987, III, 116, no início da p. 117. De notar que, na Alemanha, o agente comercial está previsto desde a primeira versão do HGB, sendo então designado por *Handlungsagent*; na reforma de 1953, o agente comercial passou a ter a designação de representante comercial (*Handelsvertreter*). Diversas são as situações na França e na Espanha, onde *representante comercial* designa uma realidade diferente da de *agente comercial*, sendo o primeiro trabalhador da empresa que representa. Para mais pormenores, vejam-se os parágrafos *infra* sobre o contrato de agência comercial naqueles países. O que fica dito não invalida a polissemia, mesmo no seio do dicionário jurídico, da

COMPREENSÃO DO CONTRATO COM INCIDÊNCIA NAS PRESTAÇÕES PRINCIPAIS

zação no comércio de outros lugares antecipou a sua consagração legislativa em vários países, nomeadamente, na Alemanha, na Áustria, na Suíça, na Itália e na França[868].

O DL 178/86 teve, entre as suas fontes informais, a análise da prática comercial, filtrada pela jurisprudência e pela doutrina, as legislações estrangeiras sobre o tipo em questão e, ainda, a proposta de diretiva do Conselho das Comunidades Europeias sobre a agência comercial[869]. Esta deu origem à Diretiva 86/653/CEE do Conselho, de 18 de dezembro de 1986, cuja transposição foi feita entre nós pelas alterações que o DL 118/93 introduziu no RCA. A Diretiva dispõe as suas normas a partir do agente comercial, que define como «a pessoa que, como intermediário independente, é encarregada a título permanente, quer de negociar a venda ou a compra de mercadorias para uma outra pessoa, adiante designada «comitente», quer de negociar e concluir tais operações em nome e por conta do comitente» (art. 1º, nº 2). O art. 2º, nº 1, acrescenta que a Diretiva não se aplica aos agentes comerciais cuja atividade não seja remunerada.

Na Alemanha, o agente comercial está previsto e a sua atividade regulada nos §§ 84 a 92-c do HGB de 1897, vigente desde 1900. Na versão inicial era designado por *Handlungsagent*, passando à atual designação de *Handelsvertreter* (à letra, representante comercial), na reforma de 1953. Segundo o

---

expressão *representação comercial* e do termo *agência*. Com efeito, as expressões *representante comercial* e *representação comercial* são também usadas, nomeadamente em Portugal, num sentido jurídico amplo, por referência a situações em que uma das partes representa juridicamente a outra, como sucede com os mandatários comerciais, em geral, ou com os gerentes, auxiliares e caixeiros; e os termos *agente* e *agência*, por seu turno, repartiram-se, até período recente, por vários significados (sobre esta afirmação, v. o subcapítulo 3.4).

[868] §§ 84 a 92c do HGB, vigente desde 1900; a austríaca *Bundesgesetz über die Rechtverhältnisse des Handelsagenten*, de 24 de junho de 1921, primeira a criar o instituto da indemnização de clientela, que, mais tarde, o HGB vem a introduzir com a reforma de 1953; artigos 1742 a 1754 do *Codice civile* italiano, de 1942; artigos 418a a 418v, aditados ao *Code des obligations* suíço pela Lei Federal de 4 de fevereiro de 1949; artigos L134-1 a L134-17 do Código de Comércio francês (mas já anteriormente regulados neste ordenamento, desde o Decreto 58-1345, de 23 de dezembro de 1958).

[869] V. ANTÓNIO PINTO MONTEIRO, «Contrato de agência (Anteprojecto)», onde, para justificar as opções do anteprojeto, o Autor vai fazendo referências aos conteúdos das legislações estrangeiras, da proposta de diretiva, bem como da doutrina e da jurisprudência sobre contratos que no nosso comércio seguiam idêntico modelo. V. também o preâmbulo do DL 178/86, pontos 2 e 6, e o texto da «Proposta de directiva referente à coordenação das legislações dos Estados membros da CEE relativas aos agentes comerciais independentes», pp. 201-22.

O CONTRATO DE MEDIAÇÃO

§ 84, (1), é *Handelsvertreter* quem, como comerciante independente, está encarregado, de modo estável, de promover negócios para outro empresário ou de, em nome deste, os concluir; e é *independente* quem organiza a sua atividade e dispõe do seu tempo de forma essencialmente livre[870].

Na Itália, o contrato de agência está regulado no *Codice civile* de 1942, que unificou as legislações civil e comercial, nos artigos 1742 a 1753, entre os contratos de mandato e de mediação. As disposições em causa sofreram algumas alterações por via do Decreto Legislativo de 10 de setembro de 1991, nº 303, para adaptação à Diretiva. A primeira secção do art. 1742 é, porém, original, lendo-se nela que, «com o contrato de agência, uma parte assume estavelmente o encargo de promover, por conta da outra, mediante retribuição, a conclusão de contratos numa zona determinada».

Na Suíça, o contrato de agência está regulado no *Code des obligations*, em capítulo aditado pela Lei Federal de 4 de fevereiro de 1949, integrado no título dedicado ao mandato[871]. Relembro que aquele Código destina-se a todas as obrigações de direito privado, não distinguindo entre civis e comerciais. O seu artigo 418a diz ser agente «aquele que assume, a título permanente, o compromisso de negociar a conclusão de negócios para um ou mais mandantes, ou de os concluir em nome e por conta daqueles, sem a eles estar ligado por contrato de trabalho». O direito à retribuição pelos contratos negociados ou concluídos na pendência do contrato é incontornável perante o teor da 1ª parte do nº 1 do art. 418g, comparado com o teor da 2ª parte do mesmo número e artigo[872].

Em França, os agentes comerciais estavam previstos e regulados desde o Decreto 58-1345, de 23 de dezembro de 1958. A transposição da Diretiva operou-se pela Lei 91-593, de 25 de junho, entretanto revogada pela *Ordonnance* 2000-912, de 18 de setembro, que aprovou o Código de Comércio, passando a matéria a constar dos artigos L134-1 a L134-17 deste Código. No art. L134-1, 1º §, o agente comercial é definido como «um mandatário que,

---

[870] No original: «Handelsvertreter ist, wer als selbständiger Gewerbetreibender ständig damit betraut ist, für einen anderen Unternehmer (Unternehmer) Geschäfte zu vermitteln oder in dessen Namen abzuschließen. Selbständig ist, wer im wesentlichen frei seine Tätigkeit gestalten und seine Arbeitszeit bestimmen kann».

[871] Sobre o conteúdo do contrato de mandato no ordenamento suíço, v. 4.3.1 e 7.1.

[872] Art. 418g, nº 1: «L'agent a droit à la provision convenue ou usuelle pour toutes les affaires qu'il a négociées ou conclues pendant la durée du contrat. Sauf convention écrite prévoyant le contraire il y a aussi droit pour les affaires conclues sans son concours par le mandant pendant la durée du contrat, mais avec des clients qu'il a procurés pour des affaires de ce genre».

342

a título de profissão independente, sem estar vinculado por um contrato de trabalho, é encarregado, de modo permanente, de negociar e, eventualmente, de concluir contratos de venda, compra ou prestação de serviços, em nome e por conta de produtores, industriais, comerciantes ou outros agentes comerciais». Tenha-se em atenção que, naquele país, o ali designado *representante comercial* é um trabalhador dependente da empresa e, por isso, uma realidade diferente do *agente comercial*. Os *voyageurs, représentants et placiers* (vulgo, V.R.P.), cujas relações laborais estão presentemente reguladas nos artigos L7311-1 a L7313-18 do Código do Trabalho, tiveram regulação legal desde o primeiro Código do Trabalho francês (dito de 1910, mas cuja redação apenas se completou em 1922), nos seus artigos 29-k a 29-r (introduzidos naquele Código pela Lei de 18/07/1937, e posteriormente alterados pela Lei 57-277, de 07/03/1957). Curioso notar que foi no âmbito da legislação dirigida aos V.R.P., e não da destinada aos agentes comerciais juridicamente independentes, que surgiu inicialmente em França a indemnização de clientela (art. 29-o do primeiro Código do Trabalho)[873].

No país vizinho, a tipificação legal do contrato surgiu apenas na sequência da necessidade de transposição da Diretiva. A Lei 12/1992, de 27 de maio, define o contrato de agência como aquele pelo qual «uma pessoa singular ou coletiva, denominada agente, se obriga perante outra, de maneira continuada ou estável, em troca de remuneração, a promover atos ou operações de comércio por conta de outrem, ou a promovê-los e concluí-los por conta e em nome alheios, como intermediário independente, sem assu-

---

[873] De acordo com o disposto no art. L7311-3 do Código do Trabalho vigente (2007-2008), publicado pela *Ordonnance* 2007-329, de 12/03/2007, em vigor desde 01/03/2008, «Est voyageur, représentant ou placier, toute personne qui: 1.° Travaille pour le compte d'un ou plusieurs employeurs; 2.° Exerce en fait d'une façon exclusive et constante une profession de représentant; 3º Ne fait aucune opération commerciale pour son compte personnel; 4.° Est liée à l'employeur par des engagements déterminant: *a)* La nature des prestations de services ou des marchandises offertes à la vente ou à l'achat; *b)* La région dans laquelle il exerce son activité ou les catégories de clients qu'il est chargé de visiter; *c)* Le taux des rémunérations». Os artigos 29-k a 29-r do primeiro Código do Trabalho francês (dito de 1910, mas cuja redação apenas se completou em 1922), introduzidos naquele Código pela Lei de 18/07/1937, e posteriormente alterados pela Lei 57-277, de 07/03/1957, podem consultar-se, na sua redação inicial, em RENÉ DROUILLAT, GEORGES ARAGON e LOUIS JULLIEN, *Code du travail annoté*; a lei de 1957, assim como toda a legislação posterior a 1947, pode consultar-se em www.legifrance.gouv.fr. Referências às origens da indemnização de clientela naquele país, em CAROLINA CUNHA, *A indemnização de clientela do agente comercial*, pp. 16-9; e MENEZES LEITÃO, *A indemnização de clientela no contrato de agência*, pp. 16-7.

O CONTRATO DE MEDIAÇÃO

mir, salvo acordo em contrário, o risco de tais operações»[874]. De mencionar que, tal como em França, também em Espanha, a expressão *representante comercial* não é equivalente de *agente comercial*, correspondendo a uma realidade distinta de profissionais com uma relação laboral com a empresa[875].

A Diretiva 86/653/CEE do Conselho também foi transposta no Reino Unido, através de *The Commercial Agents (Council Directive) Regulations 1993*. Até então, a conceção do contrato de agência, ou agência comercial, era estranha ao direito inglês; situações correspondentes eram antes reguladas pelas regras da *agency* se, e na medida em que, o agente representasse o principal. A noção de agente comercial não estava individualizada e as regras destinadas à proteção do agente, nomeadamente a figura da indemnização de clientela, não tinham equivalente em *common law*[876]. O diploma de transposição define o agente comercial no art. 2º como «um intermediário independente que tem poderes para continuadamente negociar a venda ou a compra de bens por conta de outra pessoa (o "principal"), ou para negociar e concluir a venda ou a compra de bens por conta e em nome do principal». No mesmo artigo esclarece-se que a regulação prevista no diploma não se aplica a agentes comerciais cuja atividade não seja retribuída.

Desta resenha podemos concluir que o contrato de agência é delineado em termos semelhantes em vários países incluindo Portugal[877], apre-

---

[874] Para um estudo de direito comparado sobre o contrato de agência em Portugal e Espanha, HIGINA ORVALHO CASTELO, «Cessação do contrato de agência. Estudo comparativo: Portugal, Espanha e DCFR».

[875] A expressão *representante comercial* é aqui usada para um trabalhador dependente, presentemente regulado pelo Real Decreto 1438/1985, de 1 de agosto, publicado no BOE número 195, de 15/08/1985. No art. 1º, nº 1, deste diploma, lê-se: «El presente Real Decreto será de aplicación a las relaciones en virtud de las cuales una persona natural, actuando bajo la denominación de representante, mediador o cualquiera otra con la que se le identifique en el ámbito laboral, se obliga con uno o más empresarios, a cambio de una retribución, a promover o concertar personalmente operaciones mercantiles por cuenta de los mismos, sin asumir el riesgo y ventura de tales operaciones». Uma chamada de atenção para a distinção entre as figuras de *agente* e de *representante* comercial, em Espanha, pode ver-se em FERNANDO VALENZUELA GARACH, «El agente comercial», pp. 1146-7.

[876] *CHITTY on contracts*, II, pp. 11-3; MARKESINIS e MUNDAY, *An outline of the law of agency*, pp. 14-6; RODERICK MUNDAY, *Agency, law and principles*, pp. 6-9.

[877] Tanto não significa que as legislações dos vários Estados-membros tenham exatamente o mesmo campo de aplicação. O art. 2º, nº 2, da Diretiva concedeu aos Estados-membros a faculdade de determinarem a sua inaplicabilidade a pessoas que exerçam atividades de agente

COMPREENSÃO DO CONTRATO COM INCIDÊNCIA NAS PRESTAÇÕES PRINCIPAIS

sentando as seguintes características essenciais: obrigação do agente de exercer uma atividade de promoção da celebração de contratos; por conta do principal; estabilidade ou continuidade dessa obrigação; autonomia do agente face ao principal; obrigação do principal de retribuir o agente[878].

Ora, também o mediador, por via do contrato de mediação, desenvolve uma atividade de promoção de contratos, fá-lo no interesse do seu cliente[879], é juridicamente autónomo deste, e é por ele remunerado. Há, portanto, uma extensa área de sobreposição entre os dois contratos que, por vezes, conduz a dificuldades na qualificação das situações reais[880].

comercial consideradas como acessórias, segundo as respetivas leis internas. A França (art. L134-15 do CCom), a Alemanha (§ 92c do HGB) e o Reino Unido (2.(3) e *Schedule* anexo) usaram da referida faculdade, atribuindo a expressão *atividade acessória* a realidades distintas, permitindo uma ampla exclusão de contratos de agência (especialmente no caso do Reino Unido). Um alerta para este problema pode ler-se em SÉVERINE SAINTIER, «France, Germany and the United Kingdom's divergent interpretations of Directives 86/653 and 93/13s' exclusionary provisions: An overlooked threat to coherence?», pp. 519-44.

[878] Estas características são unanimemente reconhecidas ao contrato de agência: JOSÉ ENGRÁCIA ANTUNES, *Direito dos contratos comerciais*, pp. 440-1; CARLOS LACERDA BARATA, *Anotações ao novo regime do contrato de agência*, p. 12; MENEZES CORDEIRO, *Direito comercial*, pp. 749-50; ANTÓNIO PINTO MONTEIRO, *Contrato de agência, anotação ao Decreto-lei nº 178/86, de 3 de Julho*, 5ª ed., pp. 44-52. Na primitiva redação do art. 1º do RCA, a *zona ou círculo de clientes* aparecia como elemento essencial do contrato, e não como mera possibilidade («Agência é o contrato pelo qual uma das partes se obriga a promover por conta da outra a celebração de contratos em certa zona ou determinado círculo de clientes, de modo autónomo e estável e mediante retribuição») – neste sentido, CARLOS LACERDA BARATA, *Sobre o contrato de agência*, pp. 38-40; MARIA HELENA BRITO, «O contrato de agência», p. 114; JANUÁRIO GOMES, «Apontamentos sobre o contrato de agência», p. 15; ANTÓNIO PINTO MONTEIRO, *Contrato de agência, anotação ao Decreto-lei nº 178/86, de 3 de Julho*, pp. 18-9.

[879] Claro que a relação do agente com o seu principal é mais comprometida que a relação do mediador com o seu cliente – o agente age, mais que no interesse, por conta do principal, o que implica reflexos de uma atuação com relevância jurídica na esfera do principal. Mesmo quando o agente não tem poderes de representação para celebrar os contratos, a sua atividade incorpora outros atos jurídicos com repercussão na esfera do principal, como a receção de reclamações ou outras declarações, e o requerimento de providências urgentes indispensáveis a acautelar os direitos do principal. Já o mediador tem uma atuação material que não permite a vinculação do cliente. Tanto não significa, porém, que o mediador tenha uma atuação imparcial ou neutra – o mediador desenvolve uma atividade a pedido do seu cliente e é por ele remunerado se o interesse deste for plenamente satisfeito. A *imparcialidade*, como característica da atuação do mediador, não é confirmada por dados da prática social e comercial.

[880] Sobre a problemática da qualificação dos contratos entre agentes de seguros e seguradoras como contratos de agência ou como contratos de mediação, remeto para o subcapítulo 2.1. Num plano mais geral, veja-se o Acórdão do STJ de 31/03/1998, BMJ 475, pp. 680-9: uma

O CONTRATO DE MEDIAÇÃO

Presentemente, os contratos de agência e de mediação estão fortemente consolidados. A distinção fundamental entre eles, presente em todas as análises que deles se têm feito, situa-se na separação entre a prestação *estável, continuada, permanente* do agente, por contraposição à prestação *isolada, pontual, ocasional* do mediador. Este ponto de afastamento entre os dois tipos contratuais merece o consenso da doutrina portuguesa que sobre um ou outro dos contratos pensou – *v.g.*, ENGRÁCIA ANTUNES[881], LACERDA BARATA[882], MARIA HELENA BRITO[883], MENEZES CORDEIRO[884], JANUÁRIO GOMES[885], PINTO

relação de mediação imobiliária tinha sido estabelecida entre as partes em 1991, antes portanto da existência do primeiro regime jurídico da mediação imobiliária instituído pelo DL 285/92, de 19 de dezembro; dadas as semelhanças entre as relações de mediação e de agência, e a atipicidade legal da primeira, foi analisada a possibilidade de aplicação do regime jurídico do contrato de agência; tal análise é justificada no acórdão pela «acentuada semelhança entre estes dois contratos, ressalvada a característica da estabilidade da agência, que se contrapõe à ocasionalidade que é própria da mediação»; o regime da agência vem a ser afastado por fazer depender a retribuição do cumprimento dos contratos, o que não é adequado no contrato de mediação, que se basta com a celebração do contrato visado. De referir, ainda, que, nas fundamentações dos Acórdãos do STJ de 19/01/2004, proc. 03A4092, CJASTJ 2004, I, p. 27, e do TRL de 27/01/2004, proc. 8291/2003-7, CJ 2004, I, 87, os tribunais sentiram necessidade de distinguir os contratos de mediação dos contratos de agência.

[881] JOSÉ ENGRÁCIA ANTUNES, *Direito dos contratos comerciais*, p. 443: «Este traço [estabilidade da relação] permite, em regra e entre outros fatores, distinguir o contrato de agência (bem como outros contratos distributivos, como a concessão comercial e a franquia) do contrato de mediação: conquanto o mediador exerça também uma atividade de intermediação negocial semelhante à do agente, a verdade é que ela se traduz numa intermediação isolada ou pontual, quando solicitado para a preparação de determinado negócio em concreto».

[882] LACERDA BARATA, *Sobre o contrato de agência*, pp. 109-10: «Dois aspetos, fundamentalmente, distinguem os contratos de agência e de mediação. O primeiro tem a ver com a *estabilidade* do vínculo que une o agente e o principal, a qual não caracteriza a atividade do mediador. (...) [O] mediador não está obrigado a uma prestação duradoura, mas à prática de atos *isolados* tendentes à aproximação de contraentes». Do mesmo Autor, também «Contrato de mediação», pp. 220-1.

[883] MARIA HELENA BRITO, «O contrato de agência», p. 124: «o agente distingue-se pela estabilidade da sua colaboração (a atividade de intermediação por ele desenvolvida engloba uma pluralidade de contratos, prolonga-se no tempo e estende-se a uma zona geográfica determinada), ao passo que o mediador atua para a conclusão de atos isolados».

[884] MENEZES CORDEIRO, *Direito comercial*, p. 694: «a agência pressupõe um quadro de colaboração ou de organização duradouro, entre o principal e o agente; a mediação assenta num negócio pontual, apenas eventualmente duradouro».

[885] JANUÁRIO GOMES, «Apontamentos sobre o contrato de agência», p. 19: «Enquanto a atividade do mediador se circunscreve à intermediação num negócio determinado, a do agente traduz-se numa verdadeira relação de colaboração duradoura e estável».

MONTEIRO[886], MARIA DE FÁTIMA RIBEIRO[887] –, sem prejuízo da indicação de outras características que também separam os dois institutos. O mesmo se verifica na literatura estrangeira[888].

A estabilidade, permanência ou continuidade da prestação característica do contrato de agência observa-se de duas perspetivas: *a)* influência direta do tempo no conteúdo da prestação, pois o agente obriga-se a ir prestando ao longo de um período de tempo, não tendo forma de cumprir antecipadamente – trata-se da implicação que aglutina todos os contratos de execução duradoura, entre os quais indubitavelmente o de agência se

---

[886] PINTO MONTEIRO, *Contrato de agência, Anotação ao Decreto-lei nº 178/86, de 3 de Julho*, 5ª ed., pp. 50-1: «Não se confunde, assim, a agência com o *contrato de mediação*, visto que, apesar de em ambos alguém atuar como intermediário, aproximando os contraentes e preparando a conclusão do contrato, o mediador, ao contrário do agente, atua (...) só ocasionalmente, quando solicitado para determinado ato concreto».

[887] MARIA DE FÁTIMA RIBEIRO, «O contrato de mediação e o direito do mediador à remuneração», p. 89: «a mediação é um contrato pelo qual se estabelece uma relação ocasional, atuando o mediador com independência. Ora, o contrato de agência pressupõe estabilidade, uma verdadeira relação de colaboração estável entre o agente e o principal».

[888] UMBERTO AZZOLINA, *La mediazione*, pp. 188-90 – «Anzitutto, nel contratto di agenzia l'attività intermediaria è caratterizzata dalla stabilità dell'incarico assunto dall'agente» (p.188), «nella mediazione il rapporto è occasionale e saltuario, mentre nell'agenzia è stabile e continuativo» (p. 189); ROBERTO BALDI, *Il contratto di agenzia*, p. 47 – «l'agente si distingue per la stabilità della sua collaborazione, che comporta un'attività intermediatrice per una pluralità di contratti, che si protrae per tutta la durata del rapporto, e che viene circoscritta ad una zona determinata, mentre il mediatore si adopera soltanto per la conclusione di singoli affari»; MARTA BLANCO CARRASCO, *El contrato de corretaje*, pp. 345-6; LUIGI CARRARO, *La mediazione*, pp. 96-9; ANTONINO CATAUDELLA, «Mediazione», p. 6; PHILIPPE DEVESA, *L'opération de courtage...*, p. 269; LAURA GÁZQUEZ SERRANO, *El contrato de mediación o corretaje*, pp. 119-25; ANGELO LUMINOSO, *La mediazione*, pp. 160-1; ANNIBALE MARINI, *La mediazione*, p. 76; CHRISTIAN MARQUIS, *Le contrat de courtage immobilier et le salaire du courtier*, pp. 56-9; FRANCISCO MERCADAL VIDAL, *El contrato de agencia mercantil*, p. 113 – «La agencia es una relación de trato sucesivo mientras que la mediación es en principio una relación de trato instantáneo, nacida y agotada en virtud de un determinado encargo singular»; MILLÁN GARRIDO, «Introducción al estudio del corretaje», pp. 711-2; UBALDO PERFETTI, *La mediazione...*, p. 273; MARÍA ROCÍO QUINTÁNS EIRAS, «Problemas suscitados en la dogmática del contrato de corretaje...», pp. 120-2; DANIEL RODRÍGUEZ RUIZ DE VILLA, *El contrato de corretaje inmobiliario...*, pp. 338-69; MÁRIO ROTONDI, «Contratto di agenzia, ausiliari dipendenti dell'impresa e mediazione», pp. 549-50; PIERRE TURRETTINI, *Le contrat de courtage et le salaire du courtier*, p. 44; BRUNO TROISI, *La mediazione*, p. 186; ENRIQUE VILLA VEGA, «Contrato de corretaje o mediación», pp. 664-6; NICOLÒ VISALLI, *La mediazione*, pp. 45-7.

O CONTRATO DE MEDIAÇÃO

encontra[889]; *b)* indeterminação apriorística do número e do concreto conteúdo dos contratos que vão ser celebrados por estímulo do contrato de agência, pois a obrigação do agente é de promoção com vista à contratação indiscriminada, geral, para disseminação de bens ou serviços do principal, o que apenas se compagina com um contrato de execução duradoura.

O que está em causa no contrato de agência não é, portanto, o tempo de vigência do contrato naturalisticamente entendido, nem o concreto número de contratos para cuja celebração o agente efetivamente contribuiu. Tais circunstâncias não o distinguiriam do contrato de mediação, pois também este tem uma vida mais ou menos prolongada no tempo, podendo dois contratos, de uma espécie e da outra, ter durações semelhantes, e, além disso, podendo, ao abrigo de um e de outro, vir a ser celebrados contratos em idêntico número.

Relativamente ao período de execução do contrato, o que distingue um contrato de agência de um contrato de mediação sujeitos a idêntico prazo é que no primeiro o agente obriga-se a uma dada atuação ao longo de um lapso temporal, determinado ou indeterminado, não podendo antecipar o cumprimento. O interesse primário do principal está na execução da prestação durante um período de tempo. No contrato de mediação, pelo contrário, a duração do contrato é extrínseca à atribuição do mediador: quer o contrato esteja sujeito a um prazo de vigência (o de mediação imobiliária está sempre, funcionando, na falta de estipulação, um supletivo de seis meses – art. 16, nº 3, do RJAMI), quer não, a prestação do mediador pode extinguir-se a qualquer momento, desde que seja obtido o resul-

---

[889] Classificam-se os contratos (ou, segundo os autores e as obras, as prestações contratuais, ou as obrigações) do ponto de vista da influência do tempo no conteúdo das prestações. Sem prejuízo de algumas diferenças terminológicas, distinguem-se contratos (prestações, obrigações) de execução instantânea e de execução duradoura (podendo esta ser continuada ou periódica, esta última também dita reiterada ou de trato sucessivo). Sobre esta classificação, subclassificações, e aspetos diferenciados dos respetivos regimes jurídicos, *vide*, nomeadamente, MANUEL ALBALADEJO, *Derecho civil*, II, p. 39 (obrigação) e p. 430 (contrato); CASTAN TOBEÑAS, *Derecho civil español, comum y foral*, III, *Derecho de obligaciones*, p. 157 (obrigação), e p. 467 (contrato); MENEZES CORDEIRO, *Tratado de direito civil português*, II, *Direito das obrigações*, t. I, pp. 523-36; PESSOA JORGE, *Direito das obrigações*, I, pp. 84-8; CARLOS LASARTE, *Principios de derecho civil*, t. II, pp. 60-2 (obrigação); CARLOS LASARTE, *Principios de derecho civil*, t. III, p. 15 (contrato); CASTRO MENDES, *Teoria geral...*, II, pp. 380-1; MOTA PINTO, *Teoria geral...*, pp. 659-62; GALVÃO TELLES, *Direito das obrigações*, pp. 39-41 (prestação); GALVÃO TELLES, *Manual dos contratos em geral*, pp. 492-3 (contrato); ANTUNES VARELA, *Das obrigações em geral*, I, pp. 92-7.

tado que satisfaz o interesse final ou primário do cliente (a apresentação de um interessado disposto a celebrar o contrato visado)[890]. Na classificação que opõe *contratos de execução duradoura* e *contratos de execução instantânea*, o contrato de agência inscreve-se no primeiro termo e o contrato de mediação no segundo. Apesar de, entre a celebração do contrato de mediação e o sucesso da atividade do mediador, decorrer um tempo que pode ser longo, isso deve-se a circunstâncias naturais, e não à necessidade jurídica de realizar a prestação duradouramente. Podemos concluir que o contrato de mediação, sendo um contrato de execução instantânea, é um contrato com uma prestação de *execução prolongada*, mas não é um contrato de *execução duradoura*. Pedro Romano Martinez distingue estes dois últimos conceitos e dá como exemplo de um contrato de execução prolongada precisamente o contrato de mediação imobiliária. São contratos «cujo objeto, tradicionalmente, pressupõe a realização de prestações instantâneas», mas cuja execução se prolonga no tempo. Segundo o Autor, nos contratos «com prestações de execução prolongada, pelo menos, uma das prestações é realizada durante um lapso temporal, não sendo executada de modo instantâneo»[891]. O que me parece correto dizer-se é que nos contratos com prestações de execução prolongada, a atividade prestacional realiza-se durante um lapso temporal considerável, mas o resultado que satisfaz o interesse do credor executa-se de modo instantâneo. Já nos contratos ditos duradouros, a prestação que satisfaz o interesse do credor tem de ser executada durante todo o período contratual, sendo nessa execução duradoura que reside o interesse primário ou final do credor.

Relativamente ao número de contratos celebrados, o que distingue um contrato de agência e um contrato mediação cujas atividades promocionais vieram a resultar no mesmo número de contratos celebrados entre uma das partes e terceiros é que no primeiro caso esses contratos não estão previamente individualizados, e no segundo estão, pois o contrato de

---

[890] Esta ideia está presente na fundamentação do Acórdão do TRC de 23/03/2004, proc. 102/04, no qual se discutiu se o contrato pelo qual uma das partes se obrigou a promover a venda das frações de um condomínio fechado, recebendo uma comissão sobre o preço de cada venda realizada, era de agência ou de mediação. O tribunal optou pela última qualificação, dizendo, além do mais, «que enquanto o contrato de agência postula uma certa continuidade, constituindo-se para as relações duradouras, o contrato de mediação tem como elemento essencial, a promoção de certos e determinados negócios, cessando logo que os mesmos se concluam».

[891] Pedro Romano Martinez, *Da cessação do contrato*, p. 240.

agência celebra-se para escoamento da produção do principal, e o de mediação para promover um ou mais contratos sobre bens concretos[892]. Esta distinção prende-se com as necessidades socioeconómicas que um e outro dos modelos contratuais visam satisfazer. No contrato de agência, uma necessidade de distribuição, de colocação de bens ou serviços nos mercados, encurtando distâncias, trazendo clientela ao principal através da atuação do agente; no contrato de mediação, uma necessidade de conhecimentos específicos, de informações ou de tempo do cliente[893].

Quando no caso concreto se verifiquem dificuldades no apuramento dos elementos essenciais do contrato, existem outras notas que distanciam agência e mediação, e que podem ajudar na recondução a um dos tipos em causa. Serão características acidentais da estrutura do contrato – e que, por isso, podem não se verificar no caso concreto –, ou características naturais sobre as quais as partes podem nada ter estipulado (seja por incúria, seja por terem pretendido o regime supletivo legal ou habitualmente aplicado). Conferirão indícios, não mais que isso.

Temos, na primeira situação, os poderes de representação do agente e a sua atuação em determinada zona geográfica ou junto de determinado círculo de clientes. No contrato de mediação nunca se verificam poderes de representação para celebrar o contrato visado. Relativamente à zona ou

---

[892] No mesmo sentido, SCHWERDTNER/HAMM, *Maklerrecht*, p. 9: «Typisch für die Maklertätigkeit ist danach, dass diese auf ein **bestimmtes Objekt** begrenzt ist, dass der Makler dafür im Nachweisfall einen abschlussbereiten Käufer benennt oder im Vermittlungsfall den Abschluss eines Kaufervertrages fördert. Typisch für die Handelsvertretertätigkeit ist dagegen, dass es dem Unternehmer darum geht, mit Hilfe des Handelsvertreters immer wieder neu produzierte Objekte zu veräußern. Demgemäß, sprechen Unbestimmtheit und Vielzahl der zu veräußernden Objekte und das Interesse an der Umsatzförderung für die Zuordnung des Beauftragten zum Kreis der Handelsvertreter».

[893] MARÍA ROCÍO QUINTÁNS EIRAS, «Problemas suscitados en la dogmática del contrato de corretaje...», p. 94, coloca bem a questão quando escreve: «La función que el corretaje desempeña, en el tráfico jurídico-mercantil, responde a las necesidades de aquellos sujetos – sean o no empresarios – que desean obtener una contraparte idónea para la futura realización de un contrato determinado, cuyo contenido será discutido en su momento por las partes del mismo, sin que en este punto intervenga otra tercera persona. En cambio, el contrato de agencia responde a una necesidad económica muy distinta, debiendo ser contemplado en el ámbito de los contratos de distribución, como corresponde a su función genérica (...); actividad encaminada a la captación de clientela o al aumento de volumen de negocios con la clientela preexistente».

COMPREENSÃO DO CONTRATO COM INCIDÊNCIA NAS PRESTAÇÕES PRINCIPAIS

grupo de clientes, a sua presença num contrato que pudéssemos qualificar como de mediação seria, no mínimo, inusitada.

Entre as características dos regimes, o momento da retribuição é um elemento que separa os contratos em análise. No contrato de agência, salvo estipulação em contrário, o agente apenas adquire o direito à comissão após o cumprimento do contrato pelo principal ou pelo terceiro[894]. No contrato de mediação, em regra, a remuneração é devida ao mediador com a mera celebração do contrato visado, sendo indiferente o incumprimento do mesmo[895]. Não se pense com isto que o direito à retribuição do mediador está mais garantido que o do agente. Um outro fator impede que assim seja: em regra, o cliente do mediador mantém intacta a liberdade de celebrar o contrato visado com a pessoa que lhe é proposta pelo mediador. No contrato de agência, se é certo que o principal não está vinculado a aceitar todo e qualquer contrato que o agente angarie, não pode recusá-los a todos (injustificadamente), sob pena de incumprimento. Com efeito, do contrato de agência nasce para o agente, no mínimo, uma legítima expectativa de que o principal venha a concluir um determinado número de contratos, devendo o principal avisar o agente de que «só está em condições de concluir um número de contratos consideravelmente inferior ao que fora convencionado ou àquele que era de esperar» (art. 14 do RCA). Desta norma resulta que o principal só poderá recusar os contratos *se não estiver em condições de os aceitar*, não arbitrariamente, portanto.

7.3. Prestação de serviço

7.3.1. O contrato de mediação como modalidade do contrato de prestação de serviço – discussão

A afirmação de que o contrato de mediação é uma modalidade do contrato de prestação de serviço é frequente na nossa doutrina[896] e na nossa jurisprudência[897].

---

[894] Cfr. art. 18 do RCA. Na primitiva redação, o direito era adquirido com a celebração do contrato, mas a comissão só era exigível com o cumprimento do terceiro.

[895] Sobre esta característica do contrato de mediação, e em síntese, leia-se 6.3.3.

[896] LACERDA BARATA, «Contrato de mediação», p. 201 – «Enquanto contrato de prestação de serviços atípico, a mediação estará sujeita ao regime próprio do mandato»; MENEZES CORDEIRO, *Direito comercial*, p. 697 – «Pela nossa parte, recordamos que a mediação é, antes de mais, uma prestação de serviço. Na falta de outras regras, haverá sempre que fazer apelo ao previsto para o mandato, por via do artigo 1156º do Código Civil»; MIGUEL CÔRTE-REAL e MARIA MENDES DA CUNHA, *A actividade de mediação imobiliária*, p. 16 – «Ponto assente parece

O CONTRATO DE MEDIAÇÃO

A elucidação do significado desta afirmação passa pela prévia clarificação da estrutura do chamado *contrato de prestação de serviço*. O Código Civil português dedica-lhe um capítulo com três artigos: no primeiro, fornece uma noção; no segundo, identifica os contratos de mandato, de depósito e de empreitada como modalidades do contrato de prestação de serviço; e, no terceiro, institui o regime jurídico do mandato como supletivo das modalidades do contrato de prestação de serviço não especialmente reguladas.

O artigo 1154 do Código Civil dispõe que o *contrato de prestação de serviço* é aquele em que *uma das partes se obriga a proporcionar à outra certo resultado do seu trabalho intelectual ou manual, com ou sem retribuição*. Esta noção permite acoplar contratos muito díspares. Desde logo, os que o artigo seguinte identifica como suas modalidades, mas também outros regulados fora do Código, ou mesmo sem regulação específica. Vendo bem, encontramos ali apenas uma característica – *a obrigação de uma das partes propiciar à outra o resultado do seu trabalho* – e a sua concretização permite um universo bastante diversificado de modelos contratuais regulados e não regulados.

O *contrato de prestação de serviço* a que se reportam os artigos 1154 a 1156 do Código Civil corresponde melhor a uma categoria ou classe de contratos

ser o de que o contrato de mediação, na sua essência, mais não é do que uma modalidade do contrato de prestação de serviços»; PIRES DE LIMA e ANTUNES VARELA, *Código Civil anotado*, II, nota 3 ao art. 1156, p. 705 – «Uma outra modalidade do contrato de prestação de serviço, que não tem regulamentação geral (...) é a do contrato de mediação (...). Nos casos em que haja uma mediação que deva considerar-se de natureza civil, bastarão as disposições do mandato para regularem o que não tiver sido convencionado pelas partes»; LUÍS POÇAS, «Aspectos da mediação de seguros», p. 175 – «enquanto modalidade legalmente atípica do contrato de prestação de serviços (artigo 1154º do Código Civil), está sujeito ao regime do mandato».
[897] Vejam-se, entre outros, os Acórdãos do STJ de 21/02/2006, proc. 3644/05-1, não publicado, mas registado com o nº 142 no Livro nº 1097, da 1ª Secção, de fls. 143 a 153; de 27/05/2010, proc. 9934/03.0TVLSB.L1.S1, CJASTJ 2010, II, 88; e de 06/12/2012, proc. 370001/09.6YIPRT. L1.S1; o Acórdão do TRC de 18/03/2014, proc. 292391/11.7YPRT.C1; o Acórdão do TRE de 17/03/2010, proc. 898/07.1TBABF.E1, CJ 2010, II, 241; os Acórdãos do TRG de 15/09/2011, proc. 3442/09.2TBBRG.G1, e de 31/01/2013, proc. 356/11.0TBPVL.G1; os Acórdãos do TRL de 07/10/2003, proc. 2165/2003-7; de 24/05/2007, proc. 3613/2007-6; de 30/11/2010, proc. 3671/08.6TBALM.L1-7; de 05/03/2013, proc. 824/10.0YXLSB.L1-1; e de 12/12/2013, proc. 4588/08.OTBCSG-A.L1-1; e, ainda, os Acórdãos do TRP de 03/02/2005, proc. 0433049; de 23/09/2008, proc. 0824116; de 03/03/2009, proc. 0827745; de 15/07/2009, proc. 2187/07.2TB-VRL.P1; de 02/11/2009, proc. 1913/08.7TJPRT.P1; de 08/07/2010, proc. 156880/09.3YI-PRT.P1; de 02/06/2011, proc. 141/09.9TBMAI.P1, CJ 2011, III, 196; e de 08/09/2011, proc. 340957/10.2YIPRT.P1, CJ 2011, IV, 165. Em todos é afirmado que o contrato de mediação é um contrato de prestação de serviço, ou uma modalidade deste.

352

COMPREENSÃO DO CONTRATO COM INCIDÊNCIA NAS PRESTAÇÕES PRINCIPAIS

que a um tipo contratual. Nas palavras de PAIS DE VASCONCELOS, «[n]ão obstante lhe ter sido atribuído um capítulo próprio (...), como sucede em relação aos tipos contratuais, não consta do Código uma disciplina própria que possa ser tida como modelo regulativo típico. A remissão genérica para as regras do mandato significa a ausência de um modelo regulativo próprio. O contrato de prestação de serviço de que trata o Capítulo X do Título II do Livro II do Código não constitui um tipo contratual, mas sim uma classe de contratos»[898]. É também como categoria que ele é tratado por CARLOS FERREIRA DE ALMEIDA[899] e por INOCÊNCIO GALVÃO TELLES[900]. Este entendimento do sistema português ultrapassa as nossas fronteiras, sendo partilhado por Mª BELÉN TRIGO GARCÍA[901]. A atribuição da designação de *macrotipo* ao contrato de prestação de serviço (RUI PINTO DUARTE[902]) é também reveladora de que não estamos perante um vulgar tipo contratual. E entendê-lo, na esteira de MENEZES LEITÃO, como «um contrato atípico, que possui três modalidades típicas»[903], parece-me equivaler ao reconhecimento da inadequação da aplicação generalizada do regime do

---

[898] PAIS DE VASCONCELOS, *Contratos atípicos*, pp. 163-4.

[899] CARLOS FERREIRA DE ALMEIDA, *Texto...*, pp. 514 e ss. Sintetizando e completando sistematizações modernas (de LARENZ, ESSER/WEYERS, FIKENTSCHER, GALGANO e GALVÃO TELLES) que, com intuito pedagógico ou de elaboração legislativa, agrupam os contratos segundo critérios de índole económica ou social, identifica a seguinte subdivisão de contratos: de alienação ou translação de riqueza; de concessão do uso ou gozo de bens alheios; *de prestação de serviços ou de exercício de atividades no interesse de outrem*; de sociedade; de garantia ou de consolidação de obrigações; aleatórios e de risco; de resolução de litígios (p. 515). A nomenclatura própria do Autor é diferente e os vários contratos de prestação de serviço distribuem-se pelas grandes categorias dos contratos de troca e dos contratos de liberalidade, consoante sejam onerosos ou gratuitos. Em *Contratos* II, pp. 184 e ss., também se encontra a ideia dos contratos de prestação de serviço como categoria e não como espécie contratual, mais precisamente, trata-se nessas páginas dos contratos onerosos de prestação de serviço como subcategoria dos contratos com função de troca.

[900] INOCÊNCIO GALVÃO TELLES, «Aspectos comuns aos vários contratos», pp. 82 e 89-90. Também assim, remetendo para o anterior, em «Contratos civis, exposição de motivos», p. 209.

[901] Mª BELÉN TRIGO GARCÍA, *Contrato de servicios*, pp. 134-5 – «Esta expresión [contrato de prestación de servicios], desde nuestro punto de vista, tiene en contra el ser demasiado general, más adecuada para designar un género de relaciones contractuales – contratos relativos a la prestación de servicios – que un contrato específico. De hecho, la recogen con este sentido el Derecho portugués y el Derecho peruano». E na nota 269, «Los arts. 1154-1155 Cc. portugués de 1966 regulan la categoría genérica de *contrato de prestação de serviço*».

[902] RUI PINTO DUARTE, «Contratos de intermediação...», pp. 355, nota 6, e 373.

[903] MENEZES LEITÃO, *Direito das obrigações*, III, p. 385.

O CONTRATO DE MEDIAÇÃO

mandato às várias espécies de contratos de prestação de serviço não especialmente reguladas. Pense-se naquelas regras que têm a sua razão de ser no conteúdo jurídico do serviço – entre elas as que se reportam aos efeitos do ato jurídico na esfera do mandante, ou à transferência desses efeitos para a esfera do mandante (artigos 1178 a 1184 do CC) –, e que, por isso, não são aptas a regular contratos nos quais a prestação característica consiste num ato meramente material.

Creio ser acertado pensar que o artigo 1154 configura a categoria dos contratos de prestação de serviço – como aquela que aglutina os contratos cuja prestação característica consiste em *proporcionar à contraparte certo resultado do trabalho* intelectual ou manual –, e não mais que isso.

É com o sentido de categoria ou classe contratual que se afirma que o contrato de mediação é um contrato de prestação de serviço. Ainda assim, a bondade da afirmação carece de indagação mais aprofundada.

Quando a atividade do mediador não possa ser entendida como uma prestação obrigatória – como sucede com os contratos de mediação legalmente típicos de vários ordenamentos estrangeiros[904] e como pode suceder no nosso, pelo menos quando assim seja estipulado[905] –, não poderá classificar-se o contrato de mediação como uma modalidade da categoria dos contratos de prestação de serviço, tal como definida no art. 1154 do CC.

Mesmo quando o mediador assume uma obrigação principal, sabemos que o seu direito a ser remunerado não tem uma relação direta e exclusiva com o seu dever de prestar. O mediador só tem direito à remuneração se, e quando, o contrato desejado pelo cliente for celebrado, evento que permanece na disponibilidade do último. Esta incompleta interdependência das prestações não obsta, no nosso ordenamento, à colocação do contrato de mediação no campo da classe dos contratos de prestação de serviço, pois a previsão do art. 1154 do Código Civil contempla contratos gratuitos, a par de contratos onerosos (logo, por maioria de razão, também contratos onerosos mas não estritamente sinalagmáticos).

---

[904] São disso exemplos, o alemão, o suíço e o italiano, remetendo para o que escrevi em 4.2.2, 4.3.2 e 4.4.2.

[905] O *pelo menos* justifica-se na medida em que o RJAMI abandonou a referência, expressamente inserta nos anteriores regimes, a uma obrigação do mediador (sobre esta matéria, remeto para o que escrevo em 8.3.2). É cedo para dizer em que medida esta alteração influenciará o conceito do contrato de mediação no nosso país.

COMPREENSÃO DO CONTRATO COM INCIDÊNCIA NAS PRESTAÇÕES PRINCIPAIS

Podemos concluir que, no ordenamento português, contratos de mediação pelos quais o mediador se vincule a uma prestação, constituem uma modalidade da categoria dos contratos de prestação de serviço.

Porém, é também frequente, quer na doutrina, quer na jurisprudência, a referência ao contrato de prestação de serviço como correspondendo a um tipo social de prestação de serviço, diferente dos que estão tipificados na lei. Nele se integram contratos nos quais o prestador se obriga a realizar um trabalho – que não consiste na prática de um ato jurídico, nem na entrega de coisa para guarda, nem em transporte de coisas ou pessoas, nem na realização de uma obra, nem noutros também especialmente regulados –, com autonomia jurídica em relação à parte contrária, e mediante uma contraprestação monetária. São, principalmente, contratos associados ao exercício de várias profissões, quando exercidas com autonomia jurídica.

O contraponto entre contrato de mediação e contrato de prestação de serviço é também interessante quando se toma o último, não como categoria contratual, mas como a mencionada espécie dessa categoria. Antes de estabelecer as diferenças entre o *contrato de mediação* e o *tipo social de contrato de prestação de serviço* a que acabo de me referir, importa clarificar o sentido da característica acopladora de todos os contratos de prestação de serviço: a obrigação de proporcionar certo resultado do trabalho.

7.3.2. A obrigação de proporcionar certo resultado do trabalho

Quer nos reportemos à categoria, quer nos reportemos à espécie contratual, a prestação característica corresponde a uma *obrigação de proporcionar certo resultado do trabalho*.

A redação do artigo 1154, com a sua alusão à obrigação de proporcionar um *resultado* do trabalho, tem dado azo a que, com frequência, seja chamada à exegese do artigo a classificação doutrinária das obrigações (ou das prestações de que se constituem), em obrigações de meios e obrigações de resultado. Observa-se na fundamentação de algumas decisões jurisprudenciais – quer proferidas a propósito de contratos de mediação, quer de outros contratos –, a implicação de que um contrato de prestação de serviço incorpora sempre uma obrigação de resultado[906]. Outras, pelo contrário,

---

[906] Veja-se, exemplificativamente, o Acórdão do TRP de 15/07/2009, proc. 2187/07.2TBVRL. P1, no qual se lê que o contrato de mediação imobiliária é um «contrato de prestação de serviços e, como tal, não apenas de meios, mas também de resultado»; o Acórdão do TRP de 08/07/2010, proc. 156880/09.3YIPRT.P1, onde se lê que, «integrando a categoria dos

O CONTRATO DE MEDIAÇÃO

pressupõem que os contratos de prestação de serviço podem limitar-se a obrigações de meios, sendo esse o caso do contrato de mediação[907].

Como já antes expus[908], a aludida classificação das obrigações, gizada por DEMOGUE por volta do ano de 1925, teve por objetivo principal alicerçar nela diferentes regimes do ónus da prova do incumprimento das obrigações. O sucesso da classificação em França deve muito ao facto de ter sido aproveitada para facilitar a compatibilização da aparente contradição

contratos de prestação de serviços (cf. artº 4º, nº 1, do Decreto-lei nº 211/2004), a mediação é um contrato de resultado e não de mera atividade, compreendendo-se que, por regra, sem a obtenção do objetivo contratado não seja devida remuneração»; idêntica frase no Acórdão do TRP de 02/06/2011, proc. 141/09.9TBMAI.P1, CJ 2011, III, 196; semelhante no Acórdão do TRP de 21/03/2013, proc. 582/12.4TJPRT.P1 – «Trata-se de um contrato de prestação de serviços, pelo que para que o mediador cumpra a sua prestação contratual não é suficiente que desenvolva determinada atividade, mas que através dela proporcione à outra um determinado resultado»; no Acórdão do TRL de 05/03/2013, proc. 824/10.0YXLSB.L1-1, lê-se que, «para que o mediador cumpra a sua prestação contratual não é suficiente que desenvolva determinada atividade, mas que através dela proporcione à outra parte um determinado resultado (art. 1154º do Código Civil). Ora o resultado a que o mediador imobiliário se obriga é a concretização de um determinado negócio entre o proprietário do imóvel e o terceiro interessado». Em acórdãos proferidos a propósito de outros contratos, e nos quais se discute a sua qualificação como *contrato de trabalho* ou como *contrato de prestação de serviço*, é frequente escrever-se que a distinção entre eles assenta em dois elementos essenciais: o objeto do contrato (prestação de atividade ou obtenção de um resultado); e o relacionamento entre as partes (subordinação ou autonomia). Embora também se reconheça a dificuldade da distinção através do primeiro critério, sendo, em última análise, «o relacionamento entre as partes – a subordinação ou autonomia – que permite atingir aquela distinção». Vejam-se, a título de exemplo, os Acórdãos do STJ de 23/02/2005, proc. 04S2268, e de 15/09/2010, proc. 4119/04.0TTLSB.S1. Vejam-se também os Acórdãos do TRL de 12/01/2011, nos processos 633/08.7TTALM.L1-4 e 4879/07.7TTLSB.L1-4; os Acórdãos do TRP de 05/07/2010, de 22/02/2010, e de 23/03/2009, nos processos 317/05.8TTVFR.P1, 394/07.7TTMAI.P1 e 0845906, respetivamente; e, ainda, o Acórdão do STJ de 03/02/2010, proc. 1148/06.3TTPRT.S1 (em todos eles encontramos a frase: «A distinção tem-se operado com base na prestação de meios e na prestação de resultado»).
[907] Neste sentido, o Acórdão do TRE de 17/03/2010, proc. 898/07.1TBABF.E1, CJ 2010, II, 241 – «A doutrina e a jurisprudência têm definido o contrato de mediação imobiliária como um contrato de prestação de serviços (artigo 1145º do Código Civil), mediante o qual o mediador assume uma obrigação de meios, consubstanciada na obrigação de aproximar duas ou mais pessoas, com vista à celebração de um certo negócio, mediante retribuição». No âmbito de outros contratos, também têm sido proferidas decisões que pressupõem com clareza que contratos de prestação de serviço integrem uma prestação característica de meios, como é (em regra) o caso da prestação do advogado ou do médico. Neste sentido, o Acórdão do STJ de 15/10/2009, proc. 08B1800; e o Acórdão do TRL de 15/05/2008, proc. 3578/2008-6.
[908] V. 4.5.2 e 5.2.2.2.3.

COMPREENSÃO DO CONTRATO COM INCIDÊNCIA NAS PRESTAÇÕES PRINCIPAIS

entre dois artigos do *Code civil*. Aproveitando a classificação em causa, parte da doutrina generaliza a disciplina do art. 1137 às obrigações de meios, reservando a do artigo 1147 apenas para as obrigações de resultado (apenas nestas haveria uma presunção de responsabilidade pelo incumprimento).

No nosso país não se verificam diferenças no regime do ónus da prova assentes no objeto da obrigação. O Código Civil português determina apenas diferenças assentes na fonte, contratual ou extracontratual, da obrigação, e limitadas à prova da culpa (artigos 799 e 487 do Código Civil). Na responsabilidade contratual, quer a obrigação seja de resultado, quer a obrigação seja de meios, provada a fonte do crédito pelo credor e alegado por este o incumprimento, em sentido estrito, cabe ao devedor a prova do cumprimento (artigo 342, nºs 1 e 2, do Código Civil). É neste momento que a classificação de DEMOGUE pode ter interesse, pois o suporte fáctico do cumprimento é diferente nas obrigações de resultado e nas obrigações de meios: nas primeiras, o devedor terá de fazer a prova da consecução do resultado contratado; nas segundas, terá de provar que desenvolveu a atividade a que se comprometeu. Em ambos os casos, não tendo conseguido o resultado ou não tendo desenvolvido os meios, presume-se a sua culpa, pelo que lhe cabe a prova da sua falta de culpa no incumprimento. No cumprimento defeituoso, por seu turno, seja a obrigação de meios, seja de resultado, cabe ao credor a prova da fonte da obrigação, a qual inclui a prova dos defeitos do cumprimento, sendo estes materialmente diferentes consoante a obrigação seja de resultado ou de meios (no primeiro caso, os defeitos estão incorporados num resultado, que se mostra desajustado ao contratado, no segundo, os defeitos consistem numa atuação inadequada para produzir o resultado desejado)[909].

Apesar da singeleza da explicação abstrata, na prática, as dificuldades de encaixe das ocorrências concretas na classificação em causa são grandes, procurando os autores um critério seguro para o estabelecimento da diferenciação. Não sendo o contrato claro sobre o conteúdo da obrigação, o grau de aleatoriedade do resultado tem sido o critério mais utilizado[910].

---

[909] Explicação mais detida em 5.2.2.2.3.

[910] Sobre esta questão, v. sobretudo JOSEPH FROSSARD, *La distinction des obligations de moyens et des obligations de résultat*, pp. 128-64; ANDRÉ PLANCQUEEL, «Obligations de moyens, obligations de résultat», pp. 339-40; Mª BELÉN TRIGO GARCÍA, *Contrato de servicios*, pp. 212-29; ANDRÉ TUNC, «La distinction des obligations de résultat et des obligations de diligence», ponto 6.

O CONTRATO DE MEDIAÇÃO

Como afirmado, a classificação tem sido chamada à caracterização do conteúdo do contrato de prestação de serviço, sobretudo, acrescente-se, na sua contraposição com o contrato de trabalho. Enquanto no artigo 1154 do Código Civil se afirma que o prestador do serviço se obriga a proporcionar *certo resultado do seu trabalho intelectual ou manual*, no artigo 1152 do mesmo Código afirma-se que o trabalhador se obriga a *prestar a sua atividade intelectual ou manual a outra pessoa, sob a autoridade e direção desta*.

Ocorre indagar por que razão este par de previsões não contempla obrigações de *proporcionar certo resultado do trabalho, sob a autoridade e direção da contraparte*, nem de *prestar atividade, de forma juridicamente independente*. E o que me parece é que tais obrigações não foram contempladas porque, na linguagem impressa nos artigos em questão, não se tratam de hipóteses, mas de contradições nos termos. A atividade e o resultado contemplados naquelas normas não se reportam à classificação de DEMOGUE, mas à dependência ou independência jurídica relativamente à contraparte.

GALVÃO TELLES, explicando as opções do projeto do que viria a ser o atual Código Civil, e reportando-se ao contrato de trabalho, afirma:

> «Celebra-se tal espécie de contrato quando alguém se obriga para com outrem, mediante retribuição, a fornecer-lhe o próprio trabalho nas suas energias criadoras, e não concretamente o resultado ou os resultados dele. Promete-se a atividade na sua raiz, como processo ou instrumento posto dentro dos limites mais ou menos largos à disposição da outra parte para a realização dos seus fins; não se promete este ou aquele efeito a alcançar mediante o efeito de esforço, como a transformação ou o transporte de uma coisa, o tratamento de um doente, a condução de um litígio judicial. Nisto se distingue a *locatio operarum* ou contrato de trabalho e a *locatio operis*, a que na falta de designação mais expressiva, o signatário dá em português o nome de contrato de prestação de serviço, regulado como figura geral no Capítulo seguinte e de que são espécies com autonomia legislativa, a incluir também no Código Civil, o mandato e o depósito»[911].

Note-se que o tratamento de um doente e a condução de um litígio judicial a que o Autor alude constituem, segundo a classificação de DEMOGUE, prestações de meios, de atividade, de diligência, sem garantia de um resultado autónomo da própria atividade. O Autor continua (a ênfase é minha):

---

[911] GALVÃO TELLES, «Contratos civis, exposição de motivos», pp. 200-1.

358

«Mas como se pode verdadeiramente saber se se promete o trabalho ou um seu resultado? Todo o trabalho conduz a algum resultado e este não existe sem aquele. O *único critério legítimo está em averiguar se a atividade é ou não prestada sob a direção da pessoa a quem ela aproveita*, que dela é credora. Em caso afirmativo promete-se o trabalho em si, porque à outra parte competirá, ainda que porventura em termos bastante ténues, dirigi-lo, encaminhando-o para a consecução dos resultados que se propõe. (...) Na outra hipótese promete-se o resultado do trabalho, porque é o prestador que, livre de toda a direção alheia sobre o modo de realização da atividade como meio, a orienta por si, de maneira a alcançar os fins esperados»[912].

Sobre o contrato de prestação de serviço, afirma:

«O prestador obriga-se à realização de um serviço, que efetuará por si, com autonomia, sem subordinação à direção da outra parte, como no contrato de trabalho. (...) O que se pretende exprimir com o uso do singular [serviço] é (a exemplo da fórmula latina *opera*) o caráter *concreto* da atividade prometida, que é olhada no seu resultado, e não em si, como energia laboradora que a outra parte oriente em conformidade com os seus fins»[913].

E, nesta passagem sintetizadora:

«O trabalho é além *subordinado*, aqui *autónomo*. A subordinação ou autonomia é que permite em última análise extremar a *locatio operarum* ou contrato de trabalho e a *locatio operis* ou contrato de prestação de serviço»[914].

É clara a identificação feita por GALVÃO TELLES entre *locatio operarum*, prestação de atividade e prestação juridicamente dependente, por um lado, e entre *locatio operis*, prestação de um resultado e prestação juridicamente autónoma, por outro. Não são estes os sentidos de prestação de atividade e prestação de resultado na classificação de DEMOGUE, pese embora alguma interseção[915]. Em Espanha, por exemplo, o entendimento

---

[912] GALVÃO TELLES, «Contratos civis, exposição de motivos», p. 201.

[913] GALVÃO TELLES, «Contratos civis, exposição de motivos», pp. 207-8.

[914] GALVÃO TELLES, «Contratos civis, exposição de motivos», p. 201.

[915] Ainda que sem extrair esta conclusão, CARLOS FERREIRA DE ALMEIDA, «Os contratos civis de prestação de serviço médico», p. 111, acusa a dificuldade de cruzamento da classificação de DEMOGUE com a noção portuguesa de contrato de prestação de serviço, concluindo, a propósito do contrato de prestação de serviço médico, que a distinção acaba por ser fonte de «confusões ou imprecisões (...) pelo que é preferível renunciar a ela».

O CONTRATO DE MEDIAÇÃO

que se confere aos modelos romanos é diferente. Ali, o contrato de prestação de serviço é entendido, tal como o de trabalho, como um contrato com raízes na *locatio conductio operarum*; a *locatio operis* identifica-se com contratos, como o de empreitada, em que existe a obrigação de prestar um resultado (agora em sentido *demoguiano*)[916].

Em rigor, na Roma Antiga, a *locatio conductio operarum* correspondia a contratos pelos quais se locava uma certa quantidade de trabalho (fosse trabalho escravo, fosse trabalho fornecido pelo trabalhador livre); a *locatio conductio operis* correspondia a contratos onerosos pelos quais o *conductor* fornecia ao *locator* uma obra efetuada por si. Ambas se reportavam a ocupações manuais. Os serviços intelectuais eram prestados por via do mandato[917]. Presentemente, estes modelos romanos têm um interesse histórico de compreensão da evolução dos conceitos, mas não servem as necessidades atuais, nem têm correspondência com o direito instituído e vivido em Portugal.

Hoje, os contratos de prestação de serviço integram quer atividades manuais quer intelectuais (não me detendo na dificuldade, e em certos casos na impossibilidade, de arrumar as atividades humanas nesta dicotomia simplificada), bem como integram prestações em que o prestador se obriga a um resultado, autónomo da atividade desenvolvida ou coincidente com esta (neste último caso, por exemplo, a prestação do ator ou do cantor), e outras em que apenas se obriga a desenvolver a atividade da forma mais eficaz possível, considerando um dado resultado. Em muitos dos contratos através dos quais uma das partes se obriga a prestar um serviço, essa obrigação não abrange um resultado autónomo da atividade apta a atingi--lo, por razões várias, entre as quais avultará o grau de improbabilidade de o resultado ser atingido através da mera atividade diligente do prestador.

Podemos, assim, concluir que o *resultado do trabalho* a que se reporta o artigo 1154 não coincide com o *resultado das obrigações de resultado* a que se reporta a classificação de DEMOGUE, significando, sim, o modo juridica-

---

[916] MARÍA JOSÉ VAQUERO PINTO, *El arrendamiento de servicios, maxime* pp. 1-2 e 65-77; Mª BELÉN TRIGO GARCÍA, *Contrato de servicios*, nomeadamente, pp. 5-34 e 183-6.

[917] Sobre a origem e as modalidades da *locatio conductio*, SANTOS JUSTO, *Direito privado romano*, II, pp. 63-72; MAX KASER, *Direito privado romano*, pp. 249-55. Extensa exposição sobre o mesmo tema e suas relações com o mandato, em Mª BELÉN TRIGO GARCÍA, *Contrato de servicios*, pp. 5-34.

mente autónomo como o trabalho é realizado em vista de um dado resultado, que poderá integrar, ou não, a prestação obrigatória.

Vejamos como esta conclusão permite harmonizar o contrato de prestação de serviço do sistema nacional com os equivalentes funcionais de ordenamentos estrangeiros próximos.

No Código Civil francês, o contrato de prestação de serviço é tratado, seguindo a tradição romanista, no capítulo destinado à locação. O título dedicado ao *contrat de louage*, após um capítulo com disposições gerais (artigos 1708 a 1712), dispõe de mais três capítulos dedicados à locação de *coisas* (artigos 1713 a 1778), à locação de *obra e de indústria* (artigos 1779 a 1799-1), e à locação de *animais* (artigos 1800 a 1831). Na locação de *obra e de indústria* (*Du louage d'ouvrage et d'industrie*), distinguem-se três espécies: a locação de *serviço* (*Du louage de service* – artigo 1780), a locação de *veículos*, por terra e por mar, que se encarregam do transporte de pessoas e de mercadorias (*Des voitures par terre et par eau* – artigos 1782 a 1786), e a locação dos *arquitetos, construtores e técnicos*, por estudos, projetos e obras (*Des devis et des marchés* – artigos 1787 a 1799-1). A *locação de serviço* (*louage de service*) correspondia ao trabalho subordinado e tem o seu domínio hoje consumido pelo direito do trabalho. A secção intitulada *Des devis et des marchés* regula os contratos que designamos por empreitada. Temos, assim, no capítulo *Du louage d'ouvrage et d'industrie*, regulados três tipos contratuais: o contrato de trabalho, o contrato de transporte e o contrato de empreitada.

Muitos contratos de serviços ficam fora dos tipos regulados pelo *Code*, fator que propiciou o surgimento, por via jurisprudencial e subsequente construção doutrinária, de uma noção de *louage d'ouvrage*, também chamada *contrat d'entreprise*, como modelo amplo que abrange as prestações onerosas de serviços, efetuadas em nome próprio e de forma juridicamente autónoma, quer tenham por objeto a construção ou transformação de uma coisa material (casos a que corresponde a regulação do capítulo *Des devis et des marchés*), quer tenham um objeto imaterial[918]. Nas noções avançadas

---

[918] Jérôme Huet, *Les principaux contrats spéciaux*, pp. 1243-7 e 1281-4; Philippe Malaurie, Laurent Aynès e Pierre-Yves Gautier, *Les contrats spéciaux*, p. 405 – «D'une part, il y a toute une catégorie de contrats d'entreprise qui ont pour objet une chose matérielle; le Code civil les régit sous le nom de devis et marchés (art. 1787-1799), ce qui embrasse tous les contrats ayant pour objet la fabrication (par exemple, la construction), la transformation ou l'entretien d'une chose (...). D'autre part, il existe de nombreux contrats d'entreprise qui portent su un objet immatériel: par exemple, ceux que pratiquent les médecins, les avocats,

O CONTRATO DE MEDIAÇÃO

– que, por estas ou outras palavras, dizem tratar-se do contrato pelo qual uma pessoa se compromete, contra remuneração, a efetuar, de maneira independente, um trabalho em benefício da outra, sem a representar – faz-se frequente apelo à noção contida na sentença da *Cour de Cassation*, de 19 de fevereiro de 1968[919].

O chamado *contrat d'entreprise* abrange, assim, os contratos em que o prestador se compromete a uma prestação *de facere*, composta, a título principal, por atos que não implicam representação do cliente, executados de modo juridicamente autónomo, e quer garanta um dado resultado, quer se comprometa apenas aos seus melhores esforços para o conseguir[920]. Dos *contrats d'entreprise*, aos quais a doutrina e a jurisprudência têm feito corresponder algumas normas comuns, desprendem-se vários tipos contratuais[921], alguns com regulação legal, como o contrato de transporte instituído *ab initio* como tipo autónomo.

O Código Civil espanhol, inspirado no *Code Napoléon*, trata o contrato de prestação de serviço dentro do trinómio locação de *coisas*, locação de *obra* e locação de *serviços* (art. 1542 do CC espanhol). Na locação de obras e serviços (*arrendamiento de obras y servicios*), uma das partes obriga-se a executar uma obra ou a prestar um serviço à outra, mediante retribuição (art. 1544). Dentro deste grupo, o código regula três espécies: o serviço de criados e trabalhadores assalariados (artigos 1583 a 1587), a empreitada (artigos 1588 a 1600) e o transporte por água e terra, de pessoas e de coisas (artigos 1601 a 1603). É reconhecida a insuficiência e a inadequação das normas contidas nos artigos 1583 a 1587 para regular as várias espécies de

les agences de voyage, les conseils (juridiques, fiscaux, en organisation), les organisateurs de spectacles, les professeurs».

[919] FRANÇOIS COLLART DUTILLEUL e PHILIPPE DELEBECQUE, *Contrats civils et commerciaux*, 6ª ed., p. 595; FRANÇOISE LABARTHE e CYRIL NOBLOT, *Le contrat d'entreprise*, pp. 25-6; PHILIPPE MALAURIE, LAURENT AYNÈS e PIERRE-YVES GAUTIER, *Les contrats spéciaux*, p. 411 – «une personne (l'entrepreneur) s'engage moyennant rémunération à accomplir de manière indépendante un travail, au profit d'une autre (le maître de l'ouvrage), sans la représenter».

[920] PHILIPPE MALAURIE, LAURENT AYNÈS e PIERRE-YVES GAUTIER, *Les contrats spéciaux*, pp. 405-51 – «un contrat d'entreprise fait naître tantôt une obligation de moyens, tantôt une obligation de résultat, selon l'objet de l'obligation qu'il impose à l'entrepreneur» (p. 425).

[921] FRANÇOIS COLLART DUTILLEUL e PHILIPPE DELEBECQUE, *Contrats civils et commerciaux*, 6ª ed., p. 650 – «En un sens, le contrat d'entreprise n'existe pas. Seuls les contrats d'entreprise ont une réalité. Les contrats d'entreprise sont aussi variés que les services proposés sont diversifiés».

COMPREENSÃO DO CONTRATO COM INCIDÊNCIA NAS PRESTAÇÕES PRINCIPAIS

contratos de prestação de serviço que se praticam no comércio jurídico; como também são consensuais o anacronismo e a duvidosa vigência daqueles artigos para regular as situações a que, em primeira linha, se destinam, dado o terreno entretanto ganho pelo direito do trabalho[922]. A ineficácia daquelas normas é tal que alguma doutrina não hesita em afirmar que o contrato de serviços é nominado, mas atípico[923]. Apesar de a única espécie de *arrendamiento de servicios* regulada ser de um campo hoje dominado pelo direito laboral, entende-se, em Espanha, que a expressão abrange os contratos em que o prestador desenvolve uma atividade em benefício da parte contrária, como aqueles que servem de suporte ao trabalho independente, destacadamente os das chamadas profissões liberais[924]. A prestação característica do contrato de *arrendamiento de servicios* tem sido classificada como prestação de meios ou de mera atividade, servindo esta perspetiva como principal critério para a distinguir da do *arrendamiento de obra*, na qual o resultado está incorporado no compromisso contratual[925].

---

[922] FERNANDO MORILLO GONZÁLEZ, «El contrato de arrendamiento de servicios: su distinción de otras figuras jurídicas afines en la doctrina reciente de nuestros tribunales», p. 1620; Mª BELÉN TRIGO GARCÍA, *Contrato de servicios*, p. 127; MARÍA JOSÉ VAQUERO PINTO, *El arrendamiento de servicios*, p. 17.

[923] Mª BELÉN TRIGO GARCÍA, *Contrato de servicios*, pp. 128-32.

[924] FERNANDO MORILLO GONZÁLEZ, «El contrato de arrendamiento de servicios...», *maxime* pp. 1620 e 1634-5; Mª BELÉN TRIGO GARCÍA, *Contrato de servicios*, pp. 136-43; MARÍA JOSÉ VAQUERO PINTO, *El arrendamiento de servicios*, pp. 15-6.

[925] FERNANDO MORILLO GONZÁLEZ, «El contrato de arrendamiento de servicios...», pp. 1621-4; JOSÉ PUIG BRUTAU, *Fundamentos de derecho civil*, t. II, vol. II, p. 430; Mª BELÉN TRIGO GARCÍA, *Contrato de servicios*, pp. 178-9 – «Si el contrato de obra se caracteriza por la idea de resultado, el objeto del contrato de servicios se configura como prestación de simple actividad» –, pp. 185-6 – «se ha aceptado de modo mayoritario la dicotomía obligación de medios y obligación de resultado, tanto por la doctrina como por la jurisprudencia, utilizándola preferentemente para la delimitación entre contrato de servicios y contrato de obra» –, e sobretudo todo o capítulo destinado à distinção entre o contrato de serviços e a empreitada, nas pp. 173-280; MARÍA JOSÉ VAQUERO PINTO, *El arrendamiento de servicios*, *maxime* pp. 105-16. VAQUERO PINTO, reconhecendo embora que o critério maioritariamente utilizado para distinguir *arrendamiento de servicios* e *arrendamiento de obra* é o do conteúdo da obrigação se ficar pela mera diligência ou incorporar um resultado, apresenta um entendimento diferente, que passa por uma relação de generalidade/especialidade entre os dois institutos: «en el arrendamiento de obra (tipo especial), la actividad debida se dirige a la creación o transformación de una cosa material que debe entregarse o restituirse, una vez finalizada la creación o la transformación» (pp. 179-80).

O BGB trata o contrato de serviços (*Dienstvertrag*) nos §§ 611 a 630, imediatamente antes do contrato de empreitada (*Werkvertrag*) e depois do comodato (*Sachdarlehensvertrag*). O contrato de serviços é aquele mediante o qual uma pessoa se *obriga a desenvolver uma atividade* no interesse da outra, mediante retribuição. Tem por objeto serviços de qualquer espécie, incluindo o trabalho subordinado a par do prestado com autonomia jurídica[926]. No contrato de empreitada, pelo contrário, o empreiteiro obriga-se a conseguir um determinado resultado e é retribuído pela obtenção deste. Este resultado é, ao contrário do que se verifica com o contrato de serviços, o objeto primário da prestação devida[927].

Na Suíça, o contrato de prestação de serviço não tem autonomia face ao mandato (artigos 394 a 406 do Código das Obrigações) e à empreitada (artigos 363 a 379 do mencionado código). Como afirmam Tercier e Favre, «fundamentalmente, todos os contratos ditos de serviço podem subdividir-se em *duas categorias*, consoante o devedor prometa uma atividade em vista de um certo resultado («ein Wirken») ou garanta que a sua atividade conduzirá ao resultado («ein Werk»)»; e mais adiante, «se se excluir o contrato de trabalho, o legislador considerou dois tipos principais de contratos de serviço: o contrato de mandato quando a obrigação principal é *de meios* e o contrato de empreitada quando ela é *de resultado*»[928]. Quando o prestador se obriga simplesmente a prestar um dado serviço, a desenvolver uma atividade sem garantir um resultado autónomo – incluindo aqui os serviços médicos, os projetos de engenharia ou de arquitetura, outros serviços técnicos, os serviços de ensino, ou os contratos para prestação de

---

[926] Isso resulta claro do articulado. Na doutrina, leia-se, a título de exemplo, Karl Larenz, *Lehrbuch des Schuldrechts*, II, *Besonderer Teil*, Parte 1, p. 308 – «Gleichgültig für die Anwendbarkeit der Normen über den Dienstvertrag ist, ob die Dienste von einem selbständig Tätigen oder ob sie in „abhängiger" Stellung (...) geleistet werden. (...) Demnach unterscheiden wir solche Dienstverträgen, durch die jemand fremdbestimmte Tätigkeit verspricht, also ein Arbeitsverhältnis eingeht, und solche, durch die er eine eigenbestimmte Tätigkeit bestimmter Art, regelmäßig zum (wenigstens vermeintlichen) Nutzen des Dienstberechtigten verspricht. (...) Danach ist jeder entgeltliche Arbeitsvertrag zugleich ein Dienstvertrag (im Sinne des BGB), nicht aber jeder Dienstvertrag auch ein „Arbeitsvertrag". Vielmehr werden Dienstverträgen auch von selbständig Tätigen geschlossen (...)».

[927] Karl Larenz, *Lehrbuch des Schuldrechts*, II, *Besonderer Teil*, Parte 1, p. 342 – «Die Arbeit oder Dienstleistung wird beim Werkvertrag aber nicht als solche, sondern nur als Mittel für den herzustellenden Erfolg geschuldet. Dieser ist somit, anders als beim Dienstvertrag, der primär geschuldete Leistungsgegenstand».

[928] Pierre Tercier e Pascal G. Favre, *Les contrats spéciaux*, pp. 634 e 635.

informações[929] –, o contrato é tido por mandato. Quando o prestador se obriga a executar uma obra e garante um resultado autónomo da atividade necessária à sua realização, o contrato é de empreitada. A obra pode ser constituída por uma coisa corpórea ou incorpórea, desde que, neste caso, o resultado se materialize num suporte físico e o prestador possa garantir e garanta a sua produção e qualidades. Consequentemente, e verificando-se estes requisitos, certos contratos de serviços médicos ou técnicos podem também ser contratos de empreitada[930].

O Código Civil italiano tipifica dois contratos pelos quais uma das partes se obriga a, de modo juridicamente independente, executar uma obra ou prestar um serviço à outra, mediante retribuição: são os contratos de *appalto* (artigos 1655 a 1677) e de *opera* (disposições gerais nos artigos 2222 a 2228). O *appalto* está regulado no Capítulo VII do Título III (Dos contratos em especial) do Livro IV (Das obrigações); o contrato de *opera*, por seu turno, está regulado no Título III (Do trabalho independente) do Livro V (Do trabalho). De mencionar que o título dedicado ao trabalho independente tem dois capítulos, sendo o primeiro intitulado «Disposições gerais» e o segundo «Das profissões intelectuais». Confrontando os artigos 1655 (*appalto*) e 2222 (*opera*)[931] concluímos que ambos os tipos podem ter por objeto um serviço ou uma obra, abrangendo, portanto, quer o contrato de prestação de serviço em sentido estrito, quer a empreitada. Distinguem-se na medida em que, no primeiro, o prestador é uma empresa e, no segundo, um trabalhador independente.

Desta breve resenha podemos concluir que, pese embora a grande diversidade de formas pelas quais este contrato (ou o seu equivalente funcional) é tratado de país para país, o seu objeto abrange primordialmente obrigações de meios, podendo em alguns ordenamentos abranger também obrigações de resultado.

---

[929] Pierre Tercier e Pascal G. Favre, *Les contrats spéciaux*, pp. 803-30; Pierre Engel, *Contrats de droit suisse*, pp. 497-503.

[930] Pierre Tercier e Pascal G. Favre, *Les contrats spéciaux*, pp. 632-4.

[931] Nos termos do disposto no art. 1655, «l'appalto è il contratto col quale una parte assume, con organizzazione dei mezzi necessari e con gestione a proprio rischio, il compimento di un'opera o di un servizio verso un corrispettivo in danaro». De acordo com o artigo 2222, epigrafado «*Contratto d'opera*», o estabelecido no capítulo que ali se inicia aplica-se «quando una persona si obbliga a compiere verso un corrispettivo un'opera o un servizio, con lavoro prevalentemente proprio e senza vincolo di subordinazione nei confronti del committente».

O CONTRATO DE MEDIAÇÃO

7.3.3. Delimitação entre o contrato de mediação e o tipo social mais habitual de contrato de prestação de serviço

Conforme acima exposto em 7.3.1, a locução *contrato de prestação de serviço* pode reportar-se à *categoria contratual* que unifica todos os contratos pelos quais *uma das partes se obriga a proporcionar à outra um certo resultado do seu trabalho* (expressão que tem o significado encontrado em 7.3.2), ou pode referir-se ao *tipo social* mais frequente de contrato de serviços não especialmente regulado. Nele se integram contratos nos quais o prestador se obriga a realizar um trabalho, diverso daqueles que são objeto de contratos de prestação de serviço legalmente típicos, com autonomia jurídica em relação à parte contrária, e mediante uma contraprestação monetária. São, principalmente, contratos associados ao exercício de várias profissões, quando exercidas com autonomia jurídica.

Pressupondo agora este tipo contratual, a que podemos chamar *contrato de prestação de serviço simples*, ou em sentido estrito, importa compará--lo com o contrato de mediação. Sabemos que, no contrato de mediação, o objeto da atividade do mediador consiste na procura de interessado para um dado contrato (alargado eventualmente – e noutros ordenamentos, seguramente – também à intermediação na negociação, mesmo quando o interessado não foi angariado pelo mediador). Estando em causa outro tipo de atividade, será fácil afastar o tipo em causa[932].

Porém, o objeto da atividade do mediador não é, sem mais, suficiente para autonomizar o contrato de mediação do vulgar contrato de prestação de serviço. Ou seja, por si só, a circunstância de se pedir a uma das partes que diligencie no sentido de encontrar interessado para um contrato não determina uma diferente estrutura, nem justifica um diferente regime, face ao contrato pelo qual se pede ao explicador que diligencie no sentido de explicar determinada matéria a um aluno, ou face àquele em

---

[932] No Acórdão do TRL de 05/04/2011, proc. 700/09.0TVLSB-C.L1-7, discute-se a qualificação de um contrato como mediação ou como mera prestação de serviço, tendo-se optado por este último, dado que não estava em causa a apresentação de um interessado para um contrato, mas uma série de serviços tendentes à reclassificação de imóveis e obtenção de viabilidade construtiva, de modo a facilitar a sua transação com interessados previamente dados. Também no Acórdão do STJ de 01/04/2014, proc. 894/11.4TBGRD.C1.S1, se debateu a qualificação dos factos entre mediação e simples prestação de serviço. A primeira instância tinha-os qualificado como mediação, a Relação como contrato misto de mediação e prestação de serviço, e o Supremo qualificou-os como contrato de prestação de serviço.

366

COMPREENSÃO DO CONTRATO COM INCIDÊNCIA NAS PRESTAÇÕES PRINCIPAIS

que se pede ao cirurgião que diligencie no sentido de remover um tumor colado a uma artéria sensível sem dano nesta.

O que sucede no contrato de mediação que o distingue dos vulgares contratos de prestação de serviço é que a remuneração do mediador não é função apenas do cumprimento da sua prestação, mas também de um evento futuro e incerto que não depende da sua vontade e está na disponibilidade da contraparte. Com efeito, a característica invocada com mais frequência para contrapor os dois contratos é esta: enquanto a retribuição do prestador de serviço é devida apenas em função do serviço prestado, em função do cumprimento da sua prestação, a remuneração do mediador depende de um resultado que está fora da sua prestação contratual, embora tenha conexão com ela, e que não depende da sua vontade (neste ponto, alguns autores chamam a atenção para a álea do contrato de mediação, inexistente no contrato de prestação de serviço, e/ou para a circunstância de a remuneração do mediador estar dependente de uma condição potestativa)[933].

---

[933] Umberto Azzolina, *La mediazione*, pp. 181-8 – a mediação é entendida como subespécie do contrato de prestação de serviço (*contratto d'opera*), tendo de específico que o seu processo produtivo não depende apenas da atividade do mediador, mas também de um resultado aleatório (p. 183). Marta Blanco Carrasco, *El contrato de corretaje*, p. 300 – enquanto na prestação de serviço se retribui a atividade realizada, na mediação só há remuneração com um resultado. Purificación Cremades García, *Contrato de mediación...*, pp. 52-3 – «el contrato de corretaje inmobiliario es aleatorio porque el devengo de la comisión del corredor depende de un hecho ajeno a él mismo como es la perfección del contrato principal, y si esta circunstancia falta, es decir, si la comisión se va a recibir con independencia de que el contrato principal se perfeccione, entonces estaríamos ante otro tipo contractual (arrendamiento de obra o arrendamiento de servicios) pero no ante un verdadero contrato de corretaje inmobiliario». Millán Garrido, «Introducción al estudio del corretaje», pp. 710-1 – «el corretaje se diferencia del arrendamiento de servicios fundamentalmente en que, mientras en éste se retribuye la actividad desarrollada por el arrendador, aquél es, por decirlo con la jurisprudencia, un contrato de «resultado positivo», en el que el corredor (...) no tiene derecho a la retribución si el negocio previsto no se celebra, con independencia de cuantas gestiones haya realizado para su conclusión». Encontramos no mesmo sentido Laura Gázquez Serrano, *El contrato de mediación o corretaje*, p. 126, María Rocío Quintáns Eiras, «Problemas suscitados en la dogmática del contrato de corretaje...», p. 101, Daniel Rodríguez Ruiz de Villa, *El contrato de corretaje inmobiliario...*, p. 333, e Enrique Villa Vega, «Contrato de corretaje o mediación», p. 666. Ubaldo Perfetti, *La mediazione...*, p. 272 – a prestação obrigatória do mediador «non è controbilanciato dalla previsione del conseguimento certo del corrispettivo (provvigione) essendo questo dipendente dal se della stipula di un affare che corrisponde a vicenda governata esclusivamente dalla volontà delle parti. È in questa

O CONTRATO DE MEDIAÇÃO

Tem-se entendido, portanto, que se uma pessoa for encarregada de encontrar interessado para um negócio, acordando-se que a retribuição é devida pelo mero desenvolvimento desses esforços ou quando encontra o dito interessado, o contrato não se qualifica como mediação, mas como mera prestação de serviço. Nas doutrinas italiana e alemã, o tema tem sido extensamente abordado, remetendo aqui para o que antes escrevi em 4.4.3.2[934], 4.2.2[935] e 4.2.3.2[936].

chiara nota di aleatorietà che appunto si è individuata la distinzione dal contratto d'opera che può essere gratuito ma non aleatorio». HERBERT ROTH, «Mäklervertrag», p. 2180 – sobre a fronteira entre os dois contratos (mediação e prestação de serviço), escreve, «Entscheidend soll für die Zuordnung zum Maklervertrag wiederum die Formel sein, dass es sich um eine Nachweis-oder Vermittlungtätigkeit des „Maklers" handelt, der Vertragspartner in der Entschließung frei ist, ob er das nachgewiesene Geschäft abschließen will oder nicht, und dass eine Vergütungspflicht im Grundsatz an den erfolgreichen Nachweis oder die erfolgreiche Vermittlung anknüpft». MANUEL SALVADOR, Contrato de mediação, p. 242 – «Embora a opinião dominante seja no sentido da mediação ser uma locatio operis, o certo é que ela se destaca desta figura tradicional, dado o caráter aleatório, a interferência de elementos que escapam à influência do mediador».

[934] Neste sentido, as notas 397 a 407 e os parágrafos que as suportam.

[935] Notas 163 a 167 e parágrafos correspondentes no corpo de texto.

[936] Parágrafo correspondente à nota 180.

PARTE III
Uma utilização paradigmática do instituto

8. O contrato de mediação imobiliária no ordenamento português
8.1. Nascimento e evolução de um tipo legal

Dei notícia de que a intensificação da atividade de mediação imobiliária conduziu à autonomização pela jurisprudência portuguesa do conceito de contrato de mediação, e de como e quando assim sucedeu (subcapítulo 3.4).

Já tive também oportunidade de expressar que o diploma regulador do exercício da atividade de mediação imobiliária tem um conjunto de regras que, com suficiente clareza, permite extrair uma *noção de contrato* de mediação imobiliária e um *regime* razoavelmente pormenorizado para as ocorrências que lhe correspondem (2.2).

É tempo de aprofundar esta asserção e de testar se as características identificadas no contrato de mediação, em geral, foram incorporadas no tipo legal de contrato de mediação imobiliária.

8.1.1. Decreto-Lei nº 43.767, de 30 de junho de 1961

O primeiro diploma a regular o acesso ao exercício da atividade de mediação imobiliária e a fiscalização desse exercício – o já mencionado DL 43.767, de 30 de junho de 1961 – não tipificou o contrato de mediação. Alguns dos seus artigos tinham, é certo, incidência nos contratos a celebrar entre o mediador e os seus clientes. A disposição do art. 3º vedava às pessoas autorizadas a exercer a atividade de mediador imobiliário «celebrar em seu nome, ou de conta própria, os atos e contratos respeitantes a empréstimos com garantia hipotecária, ou ter em seu nome ou poder importâncias ou outros

O CONTRATO DE MEDIAÇÃO

bens respeitantes aos mesmos». Esta norma proibia, portanto, a atuação como comissário em contratos de mútuo garantidos por hipoteca, mas não proibia a ação como mandatário com representação nos mesmos mútuos. Ficava em aberto, assim parece, a possibilidade deste contrato, a par do de mera mediação. As pessoas singulares ou sociedades de reconhecida idoneidade, que tivessem obtido autorização prévia do Ministério das Finanças para exercer a atividade comercial de mediador na compra e venda de bens imobiliários e na realização de empréstimos com garantia hipotecária (art. 1º), e a elas se destinava a disciplina do diploma, não podiam exercer atividades estranhas à sua autorização (art. 4º), mas podiam, então, exercer a sua atividade não apenas com base em contratos de mediação, mas também com base noutros contratos. O art. 5º permitia ao Ministério das Finanças fixar as percentagens máximas das comissões a cobrar aos clientes[937]. Das várias disposições com relevância contratual não se extraía o desenho do contrato fundante da atividade.

Complementando o DL 43.767, o DL 43.902, de 8 de setembro de 1961, veio impor às pessoas autorizadas a exercer a atividade comercial de mediador na compra e venda de imóveis ou na realização de empréstimos hipotecários a obrigação de prestarem caução passível de responder pelas responsabilidades em que pudessem incorrer.

A atividade de mediação imobiliária desenvolveu-se à sombra destes diplomas durante mais de trinta anos[938]. Entretanto, foi-se formando uma jurisprudência que identificou como contrato de mediação aquele que «supõe, na sua essência, a incumbência a uma pessoa de conseguir interessado para certo negócio, a aproximação feita pelo mediador entre o terceiro e o comitente e a conclusão do negócio entre este e o terceiro em

---

[937] Tal fixação veio a ocorrer apenas para a atividade de mediação na realização de empréstimos com garantia hipotecária, regulada pelo mesmo DL 43.767 em simultâneo com a mediação na compra e venda de imóveis. Nos termos do disposto no art. 3º do DL 47.912, de 7 de setembro de 1967, eram equiparadas a juros, para efeitos de subordinação aos limites legais das taxas de juro dos empréstimos contratados com mediação das entidades referidas no DL 43.767, quaisquer comissões cobradas pelas mesmas entidades. Tanto significa que a soma da remuneração do mediador do empréstimo hipotecário com os juros desse empréstimo não podia exceder a taxa de juro máxima fixada para o mesmo.

[938] O mesmo não pode dizer-se da atividade de mediação na realização de empréstimos com garantia hipotecária, que era conjuntamente regulada com a de mediação na compra e venda de imóveis. O DL 119/74, de 23 de março, revogou os DL 43.767 e 43.902 na parte respeitante à mediação de empréstimos hipotecários, instituindo nova regulação para esta atividade.

UMA UTILIZAÇÃO PARADIGMÁTICA DO INSTITUTO

consequência da atividade do intermediário»[939]. Um contrato «meramente consensual e sem regulamentação nem classificação expressamente prevista nos Códigos e mais diplomas de direito privado, mas a que os usos, a doutrina e a jurisprudência e até, de certo modo, uma lei recente chamam «contrato de mediação»»[940].

8.1.2. Decreto-Lei nº 285/92, de 19 de dezembro

O DL 285/92, de 19 de dezembro, alterou significativamente o panorama em dois aspetos. Um, manifesto no seu preâmbulo e implementado em quase todo o seu articulado, no sentido de apertar os requisitos de organização e de idoneidade das entidades mediadoras, «tendo como principais objetivos assegurar a transparência da sua atuação e garantir a qualidade dos serviços prestados». Publicidade e informação foram as palavras-chave que perpassaram aquele diploma com vista à consecução daqueles objetivos. Outro, que veio a ser repetidamente explicitado com a aplicação do diploma, o da regulação do contrato de mediação imobiliária, podendo dizer-se que foi a partir dele instituído um tipo contratual legal[941]. Essa instituição não é cristalina nem imediata, mas alcança-se pela interpretação de vários artigos, e comporta não apenas regras pelas quais a relação contratual se vai reger, mas também a definição do pressuposto, da situação genericamente qualificável como contrato de mediação.

A noção do contrato de mediação imobiliária, com os seus elementos essenciais, retira-se do art. 2º e de parte do 10º. O art. 2º, com a epígrafe «Definição da atividade», diz-nos que se entende «por mediação imobiliária a atividade comercial em que, por contrato, a entidade mediadora se obriga a conseguir interessado para a compra e venda de bens imobiliários ou para a constituição de quaisquer direitos reais sobre os mesmos, para o seu arrendamento, bem como na prestação de serviços conexos». O art. 10º, nº 2, c), determina que a forma de remuneração consta obrigatoriamente do contrato.

Algumas notas são de assinalar.

---

[939] Acórdão do STJ de 17/03/1967, BMJ 165, pp. 331-4 (333).

[940] Acórdão do STJ de 09/02/1965, BMJ 144, pp. 174-6 (175). A identificação do contrato de mediação (para aquisição de imóvel ou para financiamento dessa aquisição) como inominado e com as características referidas encontra-se, a título de exemplo, nos seguintes acórdãos do STJ: 07/03/1967, proc. 61538, BMJ 165, pp. 318-23; 09/03/1978, BMJ 275, pp. 183-90.

[941] V. jurisprudência e doutrina da nota 47.

O CONTRATO DE MEDIAÇÃO

Em primeiro lugar, a lei associa indelevelmente o *exercício da atividade* de mediação imobiliária ao *contrato de mediação*, não perspetivando que tal atividade possa desenvolver-se sem base contratual. Esta marca perdurou nos diplomas posteriores, mais concretamente no art. 3º, nº 1, do DL 77/99, de 16 de março, no art. 2º, nº 1, do DL 211/2004, de 20 de agosto, e no art. 3º, nº 1, da Lei 15/2013, de 8 de fevereiro. Teses, como as trabalhadas por vários autores italianos, no sentido de a relação de mediação não dispor, ou poder não dispor, de sustentáculo contratual[942], não encontrariam apoio na legislação portuguesa sobre mediação imobiliária.

Em segundo lugar, estamos em presença de um contrato do qual emergem obrigações para ambas as partes: para o mediador, a *obrigação de conseguir* interessado para determinado negócio; para o cliente, a obrigação de o remunerar. Nos dois regimes imediatamente subsequentes (não no último) mantiveram-se obrigações principais a cargo de ambas as partes. Uma vez mais, não teriam arrimo, perante a nossa lei, posições no sentido de a atribuição do mediador não corresponder a uma obrigação[943].

Em terceiro lugar, são de reter os termos em que é definido o conteúdo da obrigação do mediador: conseguir um interessado para um contrato, conseguir um determinado resultado, portanto. A opção legislativa de onerar o mediador com uma obrigação de resultado vem na sequência das definições doutrinais e jurisprudenciais predominantes na época[944]. Veremos que nos diplomas posteriores esta linha foi abandonada.

É, ainda, de realçar a omissão que se verificava neste diploma relativamente ao momento da remuneração, falha que veio a ser colmatada nos diplomas seguintes.

Finalmente, é de atentar no que então dispunha o art. 6º, nº 1, *c)*: «As entidades mediadoras são obrigadas a comunicar imediatamente aos interessados todo o conteúdo dos negócios concluídos». Isoladamente considerado, o texto desta norma apontava para a possibilidade de os mediadores concluírem negócios por conta dos seus clientes. Tal, porém, era contraditório com a definição da atividade de mediação fornecida pelo art. 2º e

---

[942] Consulte-se a propósito o que escrevi em 4.4.1.

[943] Sobre tal possibilidade noutros ordenamentos, v. sobretudo 4.2.2, 4.3.2, 4.4.2, 4.6.2.1, 4.7.2 e 6.2.

[944] Vejam-se as notas 939 e 940, bem como a já citada definição de Vaz Serra, na «Anotação ao Acórdão do STJ de 7 de Março de 1967», p. 343 – «uma das partes se obriga a conseguir interessado para certo negócio e a aproximar esse interessado da outra parte».

UMA UTILIZAÇÃO PARADIGMÁTICA DO INSTITUTO

com a prática social. Decerto por estas razões, a norma desapareceu nos regimes posteriores. Acresce que, no contexto do DL 285/92, a norma parecia ainda conflituar com o disposto no art. 4º, nº 3, que determinava que as pessoas coletivas que pretendessem exercer a atividade de mediação imobiliária deviam ter por objeto social exclusivo o exercício da mesma atividade. Nos diplomas posteriores, a exigência da exclusividade do objeto social foi substituída pela do exercício a título principal (art. 2º do DL 77/99 e art. 3º, nº 1, do DL 211/2004); e nos últimos diplomas (DL 69/2011, de 15 de junho, e Lei 15/2013) caiu mesmo o qualificativo *principal*.

8.1.3. Decreto-Lei nº 77/99, de 16 de março

O DL 285/92 foi revogado pelo DL 77/99, de 16 de março. Este diploma reforça e aperfeiçoa o sistema de regras do anterior nas suas duas vertentes: *a)* requisitos de acesso à atividade e fiscalização do exercício desta; *b)* regime contratual.

É este último que nos interessa. Mantém-se a conceção da atividade de mediação fundada num contrato de que emergem obrigações principais para ambas as partes. Dois aspetos, porém, levam a uma diferente conformação do tipo legal, e um terceiro clarifica-o.

Em primeiro lugar, a atividade de mediação imobiliária passa a poder ser desenvolvida apenas por sociedades comerciais, ou outras formas de cooperação de sociedades (art. 5º, nº 1, *a)*, do DL 77/99). A natureza comercial da atividade regulada de mediação imobiliária não constitui novidade. Nos anteriores diplomas, ela era expressamente afirmada (art. 1º do DL 43.767 e art. 2º do DL 285/92). Com a restrição da prática a sociedades comerciais, a indicação deixou de ser necessária (cfr. art. 2º do CCom) e foi omitida. Nova é tão-só a restrição da atividade a pessoas coletivas. Podemos afirmar que o contrato de mediação imobiliária alicerce da atividade a que a disciplina do diploma se dirige tem como sujeito mediador uma pessoa coletiva.

O segundo aspeto inovador do diploma de 1999 consiste no facto de a obrigação da mediadora ter deixado de ser apresentada como uma obrigação de resultado. A empresa mediadora obriga-se, agora, «a diligenciar no sentido de conseguir interessado (...), desenvolvendo para o efeito ações de promoção e recolha de informações sobre os negócios pretendidos e sobre as características dos respetivos imóveis» (art. 3º, nº 1). O que antes estabelecia o diploma de 1992, no sentido de o mediador se obrigar a con-

O CONTRATO DE MEDIAÇÃO

seguir interessado (art. 2º do DL 285/92), indo, como notámos, ao encontro das palavras de doutrina e de jurisprudência, impunha ao mediador uma prestação demasiado pesada e afastada da prática dos negócios[945].

No que respeita à contrapartida, o principal aspeto a assinalar consiste na explicitação de que «só é devida com a conclusão e perfeição do negócio visado pelo exercício da mediação» (art. 19, nº 1, do DL 77/99). O tema, omitido pela legislação anterior, tinha dado azo a «inúmeras reclamações por parte dos consumidores» (assim se diz no preâmbulo). «Clarifica-se o momento», lê-se no mesmo lugar, «e estabelecem-se as condições em que é devida a remuneração». Bem utilizada a expressão *clarifica-se*, pois as regras do art. 19, nºs 1 e 2, são a consagração legal de regras da prática contratual, já anteriormente reconhecidas e aplicadas nos tribunais[946].

Finalmente são de realçar outras regras respeitantes à remuneração da mediadora. Estabelece-se que ela é devida apenas por quem contratou a mediadora, e não por ambas as partes no contrato visado. Mesmo quando ambas as referidas partes contratam a mesma mediadora, a remuneração só é devida por quem primeiro o fez, salvo acordo respeitante à divisão da remuneração (arts. 18, nº 2, *a*), e 19, nº 4).

O DL 77/99 foi objeto de alterações de pormenor, e que para o tema da dissertação não importam, introduzidas pelo DL 258/2001, de 25 de setembro.

8.1.4. Decreto-Lei nº 211/2004, de 20 de agosto

O diploma de 1999 vigorou cinco anos, vindo a ser revogado pelo DL 211/2004, de 20 de agosto. Entre as intenções plasmadas no preâmbulo

---

[945] Assim o notaram também, ainda que sem fazer o contraponto com o sistema anterior, Miguel Côrte-Real e Maria Mendes da Cunha, *A actividade de mediação imobiliária*, p. 23 – «em termos realistas, tem de dar-se por assente que o mediador só se pode obrigar a procurar interessado para o negócio e a levar a cabo todas as ações necessárias à conclusão desse negócio, mas não pode obrigar-se a mais do que isto e mormente a conseguir, de facto, um concreto interessado na definitivação do negócio pretendido, uma vez que isso não está, manifestamente, na dependência da sua vontade».

[946] Que a remuneração só é devida havendo celebração do contrato visado é afirmado ou pressuposto, entre outros, nos seguintes acórdãos anteriores a 1999: STJ de 17/03/1967, BMJ 165, pp. 331-4; TRL de 21/02/1975, BMJ 244, p. 308 (sumário); TRL de 19/12/1975, BMJ 254, p. 237 (sumário); STJ de 28/02/1978, BMJ 274, pp. 223-32; STJ de 09/03/1978, BMJ 275, pp. 183-90; TRL de 24/06/1993, proc. 5390, CJ 1993, III, pp. 139-42; TRE de 24/03/1994, proc. 446, CJ 1994, II, pp. 260-2; STJ de 18/03/1997, proc. 700/96, CJASTJ 1997, I, pp. 158-60.

UMA UTILIZAÇÃO PARADIGMÁTICA DO INSTITUTO

do DL 211/2004, avultam a intensificação da fiscalização e o reforço da exigência de capacidade profissional para acesso e permanência na atividade, em ambos os casos com a preocupação de melhor servir o consumidor.

Por força das exigências de adaptação à Diretiva 2006/123/CE, do Parlamento Europeu e do Conselho, de 12 de dezembro, relativa ao exercício da liberdade de estabelecimento dos prestadores de serviços e à livre circulação de serviços no mercado interno (e que havia sido transposta para a ordem jurídica interna pelo DL 92/2010, de 26 de julho)[947], o diploma de 2004 veio a ser alterado e republicado pelo DL 69/2011, de 15 de junho. As alterações introduzidas, de acordo com as palavras preambulares, visaram, em geral, desburocratizar os procedimentos de acesso ao exercício da atividade e garantir aos consumidores ainda maior transparência e informação, procedendo, no que à mediação e à angariação imobiliárias respeita, às adaptações exigidas pelos referidos diplomas.

Uma das alterações produzidas pelo diploma de 2011 tem particular incidência contratual: a mediação imobiliária voltou a poder ser exercida por pessoa singular, retomando-se neste aspeto a situação anterior ao diploma de 1999.

O DL 211/2004, antes ou depois das alterações, à semelhança dos seus antecessores, não forneceu uma noção direta do contrato de mediação

---

[947] Pioneira nesta matéria foi a Diretiva 67/43/CEE do Conselho, de 12/01/1967, que determinou a supressão das restrições à liberdade de estabelecimento, à livre prestação de serviços e ao acesso às atividades (entre outras) de intermediação nas transações respeitantes a imóveis ou a direitos a eles respeitantes. Por mais de uma ocasião foi decidido pelo Tribunal de Justiça que esta Diretiva 67/43/CEE não se opõe a uma regulamentação nacional que reserve certas atividades do sector dos negócios imobiliários às pessoas que exercem a profissão regulamentada de agente imobiliário (Acórdão do Tribunal de Justiça, Segunda secção, de 25 de junho de 1992, Colectânea de Jurisprudência 1992, p. I-04097, também consultável em http://eur-lex. europa.eu/pt/index.htm; no mesmo sentido, o Acórdão do Tribunal de Justiça, Sexta secção, de 7 de maio de 1992, Colectânea de Jurisprudência 1992, p. I-03003, consultável no mesmo sítio). Esta jurisprudência comunitária é de manter, até porque a Diretiva 2006/123/CE, de acordo com o seu considerando 31, é compatível com a Diretiva 2005/36/CE do Parlamento Europeu e do Conselho, de 7 de setembro de 2005 (transposta em Portugal pela Lei 9/2009, de 4 de março), que estabeleceu as regras segundo as quais um Estado-membro, que subordina o acesso a uma profissão, ou o seu exercício, a determinadas qualificações profissionais, reconhece as qualificações dos outros Estados-Membros. Entre as atividades visadas pela Diretiva 2005/36/CE e sequente lei de transposição, contam-se as do intermediário que, sem de tal estar incumbido de modo permanente, põe em contacto pessoas que desejam contratar diretamente, prepara as suas operações comerciais ou ajuda à sua conclusão (art. 19 e Lista III da Diretiva 2005/36/CE, e art. 16 e Lista III da Lei 9/2009).

O CONTRATO DE MEDIAÇÃO

imobiliária. Mas fê-lo, ainda que de forma indireta e inacabada, no art. 2º, nº 1, ao dizer que a «atividade de mediação imobiliária é aquela em que, por contrato, uma empresa se obriga a diligenciar no sentido de conseguir interessado na realização de negócio que vise a constituição ou aquisição de direitos reais sobre bens imóveis, a permuta, o trespasse ou o arrendamento dos mesmos ou a cessão de posição em contratos cujo objeto seja um bem imóvel». Temos os sujeitos e a descrição da prestação característica. Encontramos a contraprestação mais adiante, nos artigos 18 e 19, nº 2, *c*).

De mencionar que o Acórdão do Tribunal Constitucional 362/2011, de 12 de julho, publicado no Diário da República, I Série, de 14/09/2011, declarou a inconstitucionalidade com força obrigatória geral do art. 4º, nº 2, do DL 211/2004 – «É expressamente vedado aos angariadores imobiliários o exercício de outras atividades comerciais ou profissionais» – (e de outros artigos que àquele se referiam e na medida em que o faziam), por se tratar de matéria sobre a liberdade de escolha da profissão, para cuja legislação o Governo não tinha autorização parlamentar. O Acórdão não chegou a surtir efeito uma vez que o DL 69/2011 já tinha revogado o art. 4º, nº 2.

8.1.5. Lei nº 15/2013, de 8 de fevereiro

É sobre o contrato de mediação imobiliária previsto e regulado neste diploma que me debruço nas próximas páginas.

O diploma em análise, sendo uma lei da Assembleia da República, não traz preâmbulo[948]. Consultada a exposição de motivos da proposta de lei correspondente (Proposta de Lei nº 89/XII), verificamos que refere a necessidade de ajustamentos com o objetivo de aligeirar as exigências estabelecidas para a prestação de serviços de mediação imobiliária, para conformação à Diretiva 2006/123/CE do Parlamento Europeu e do Conselho, de 12 de dezembro de 2006, transposta pelo DL 92/2010, de 26 de julho. Com a lei proposta, lê-se, reduzir-se-ão «custos de contexto através da simplificação dos procedimentos administrativos e garantindo-se um acesso mais fácil ao exercício da atividade, com o objetivo de tornar o mercado de serviços mais competitivo e, desse modo, contribuir para o crescimento económico e para a criação de emprego». Salienta como principais alterações: o facto de a licença passar a ter validade ilimitada; a

---

[948] Resolução do Conselho de Ministros nº 29/2011, de 11 de julho, que, no seu Anexo II, contém as regras de legística na elaboração de atos normativos – normas que provêm, no essencial, de anteriores resoluções.

376

UMA UTILIZAÇÃO PARADIGMÁTICA DO INSTITUTO

eliminação de alguns dos requisitos de licenciamento; e a eliminação das exigências de inscrição e condições de acesso da atividade de angariação.

Lembro que as alterações que o DL 69/2011 tinha introduzido no regime anterior, instituído pelo DL 211/2004, também tinham sido justificadas com a necessidade de adaptação aos mesmos diplomas (Diretiva 2006/123/CE e DL 92/2010). Tinham, porém, sido tímidas e insuficientes as alterações então efetuadas, justificando-se o novo regime.

De todo o modo, além das alterações justificadas pela adaptação ao DL 92/2010, que transpôs a Diretiva 2006/123/CE, e que são de facto as mais visíveis, o diploma introduz alterações dispersas de relevo para a relação contratual entre o mediador e o cliente e para a relação entre o mediador e o agora designado «destinatário do serviço», e para as quais não são adiantadas explicações. Chamarei a atenção para elas mais adiante. Pelo seu especial significado, assinalo desde já que a lei deixou de referir-se a uma obrigação do mediador: onde antes se estabelecia que a atividade de mediação imobiliária é aquela em que uma empresa «se obriga a diligenciar no sentido de conseguir interessado», estabelece-se agora que a mesma atividade «consiste na procura, por parte das empresas, em nome dos seus clientes, de destinatários para a realização de negócios que visem a constituição ou aquisição de direitos reais sobre bens imóveis, bem como a permuta, o trespasse ou o arrendamento dos mesmos ou a cessão de posições em contratos que tenham por objeto bens imóveis» (art. 2º, nº 1).

Ao estilo dos anteriores regimes, o RJAMI não fornece uma noção de contrato de mediação imobiliária concentrada numa só disposição, mas sugere-a na conjugação dos arts. 2º, nº 1 (que define a atividade desenvolvida pelo mediador), e 16, nº 2, *c*), e 19 (que preveem a necessária remuneração do mediador e os pressupostos que a tornam devida). O art. 3º diz-nos que a atividade só pode ser exercida mediante contrato.

Mantém-se a possibilidade do exercício por pessoa singular, reintroduzida em 2011.

8.2. O mediador
8.2.1. Empresarialidade e comercialidade
Retomando a noção do art. 2º, nº 1, do RJAMI, e conjugando-a com a determinação do art. 3º do mesmo, constatamos que o contrato de mediação imobiliária aí previsto tem num dos sujeitos uma *empresa*. Esta é instituída como *sujeito do contrato*, induzindo o leitor a associar o atributo da persona-

O CONTRATO DE MEDIAÇÃO

lidade jurídica diretamente à *empresa*, e não à pessoa singular ou coletiva que exerce a atividade de mediação (semelhante situação verificava-se nos regimes de 1999 e de 2004).

Esta abordagem perpassa todo o diploma. Nele lê-se que a *empresa* pode prestar serviços de obtenção de documentação e de informação (art. 2º, nº 4); a *empresa* procura os destinatários para a realização de negócios (art. 2º, nº 1); a *empresa* celebra o contrato de mediação (art. 3º, nº 1); a *empresa* é licenciada (art. 4º, nº 2); a *empresa* deixa de cumprir os requisitos do licenciamento (art. 9º, nº 1); a *empresa* requer a suspensão e o cancelamento de licenças e registos (arts. 10º e 11); a *empresa* é considerada, ou não, comercialmente idónea (art. 6º, nº 1); a *empresa* é titular de seguro de responsabilidade civil (art. 7º, nº 1); a *empresa*, por sua ação ou omissão, pode provocar danos a terceiros (art. 7º, nº 4); a *empresa* utiliza uma denominação e identifica os seus estabelecimentos (art. 13); a *empresa* é remunerada (arts. 16, nº 2, *c*), e 19); a *empresa* tem obrigações para com clientes e destinatários (arts. 17 e 18) e deveres organizacionais gerais sujeitos ao controlo do InCI (art. 20); a *empresa* tem colaboradores (arts. 23 a 25); à *empresa* são aplicadas sanções (art. 32, nº 3); a *empresa* está sujeita a taxas (art. 42).

No discurso legislativo, a empresa de mediação imobiliária surge-nos, pois, diretamente como centro de imputação de direitos e deveres.

Nas últimas décadas, a *empresa* tem sido objeto de estudos jurídicos profundos[949] e verifica-se alguma tendência para transferir para ela o centro de gravidade do direito comercial, tradicionalmente assente no comerciante e no ato de comércio[950], ou, pelo menos, para lhe conferir um papel preponderante no âmbito daquele ramo do direito[951]. Esta tendência é suportada na evolução socioeconómica e é estimulada pela linguagem legislativa de que é um exemplo, entre muitos, o diploma que nos ocupa.

Não nos entusiasmemos, porém, com qualquer ideia de personificação da empresa, enquanto entidade autónoma e distinta das pessoas singulares

---

[949] Com destaque, entre nós, para as teses de doutoramento de ORLANDO DE CARVALHO, *Critério e estrutura do estabelecimento comercial*, I, *O problema da empresa como objecto de negócios*, e de COUTINHO DE ABREU, *Da empresarialidade: as empresas no direito*.

[950] Assim JOSÉ ENGRÁCIA ANTUNES, *Direito dos contratos comerciais*, pp. 27-36; e MIGUEL PUPO CORREIA, *Direito comercial*, sobretudo pp. 14, 25-8, 42-6.

[951] COUTINHO DE ABREU, *Curso de direito comercial*, I, pp. 37-8 e 201 e ss.. Sobre a evolução histórico-comparatística da empresa e o seu lugar no direito comercial português, MENEZES CORDEIRO, *Direito comercial*, pp. 291-326.

UMA UTILIZAÇÃO PARADIGMÁTICA DO INSTITUTO

e coletivas que conhecemos. Como estabelece o art. 2º, nº 3, «considera-se empresa de mediação imobiliária a pessoa singular ou coletiva cujo domicílio ou sede se situe em qualquer Estado do Espaço Económico Europeu e, sendo pessoa coletiva, tenha sido constituída ao abrigo da lei de qualquer desses Estados e se dedique à atividade de mediação imobiliária, referida nos números anteriores». Tanto significa que o termo *empresa* (ou a expressão *empresa de mediação imobiliária*) não constitui a personificação de uma entidade, mas antes contração da longa expressão *pessoa singular ou coletiva que – tendo domicílio ou sede em Estado do Espaço Económico Europeu, e, sendo coletiva, se constituiu ao abrigo da lei de qualquer Estado desse espaço – se dedica à atividade de mediação imobiliária, ou seja, àquela em que, alicerçada em contrato, procura destinatários para a realização de negócio desejado por um seu cliente.*

Empresa está, pois, no lugar de pessoa jurídica (singular ou coletiva) com determinadas características de localização, constituição e atividade.

De acrescentar que a empresa de mediação imobiliária tem natureza comercial. No nosso ordenamento, a atividade de mediação imobiliária regulada foi sempre uma atividade comercial. Os dois primeiros diplomas qualificavam-na expressamente como tal (veja-se o art. 1º do DL 43.767 e o art. 2º do DL 285/92). Com o diploma de 1999, a concessão e manutenção da licença passou a depender de a requerente *ser* sociedade comercial, ou outra forma de cooperação de sociedades (art. 5º, nº 1, *a*), do DL 77/99). Sendo as sociedades comerciais, comerciantes (art. 13 do CCom), e os atos dos comerciantes, atos de comércio (art. 2º do CCom), a atividade de mediação imobiliária era inerentemente comercial.

O diploma de 2004 trouxe uma redação um pouco diferente ao estabelecer que a concessão e manutenção da licença dependia de a requerente *revestir a forma* de sociedade comercial ou outra forma de agrupamento de empresas (art. 6º, nº 1, *a*), do DL 211/2004, na redação primitiva). Uma vez que também as sociedades civis podem revestir a forma de sociedades comerciais, poderia pensar-se que a alteração visou possibilitar a existência de sociedades civis de mediação imobiliária, ou pelo menos não implicar a necessária comercialidade da atividade. Sem razão, porém. A atividade empresarial de mediação imobiliária (e o diploma apenas a ela se dirige, pelo menos de forma direta), seja exercida por uma empresa pessoa coletiva, seja por uma empresa pessoa singular, como também se admite desde a alteração de 2011, é sempre uma atividade comercial, por via do disposto no art. 230, nº 3, do CCom, como melhor veremos em breve. De todo o

O CONTRATO DE MEDIAÇÃO

modo, a comercialidade da atividade era evidenciada pela exigência de idoneidade comercial da sociedade e dos seus administradores, gerentes ou diretores (art. 6º, nº 1, *g*), na redação originária). A acrescer, quando o art. 49, nº 2, tipificou um crime de falsificação de documento apenas previu como seus agentes o «empresário em nome individual, administrador, gerente ou diretor de sociedade comercial» (sem qualquer alusão a representantes de sociedade civil sob a forma comercial).

Nas alterações introduzidas pelo DL 69/2011 no DL 211/2004 desapareceu a referência à *forma de* sociedade comercial e, com isso, o motivo de dúvida sobre a hipótese de a empresa de mediação imobiliária poder ser uma sociedade civil sob a forma comercial.

Com o RJAMI mantém-se a necessidade de idoneidade comercial dos requerentes para obtenção da licença (arts. 5º e 6º).

De todo o modo, a atividade empresarial de mediação, de que a imobiliária é apenas uma espécie, sempre seria de entender como comercial[952]. Na defesa desta asserção é normalmente invocado o art. 230, nº 3, do CCom, segundo o qual a empresa, singular ou coletiva, que se proponha agenciar negócios por conta de outrem em escritório aberto ao público, mediante salário estipulado, é uma empresa comercial. Agenciar negócios era, à data da feitura do Código, «essencialmente, *aproximar* dois contraentes, *procurar* ou *descobrir* a uma pessoa, que deseja efetuar uma certa transação, o estipulante que lhe falta, ou que ele só por si não encontra»[953].

Ainda hoje, a doutrina maioritária reconhece que o *agenciar negócios* referido no art. 230, nº 3, do CCom se reporta (pelo menos, também) à

---

[952] Lembro que, aquando dos trabalhos de elaboração do projeto de novo Código Civil, que viriam a dar origem ao de 1966, foi propositadamente deixado de fora o contrato de mediação, invocando-se ser um contrato acessoriamente comercial, «ligado ao comércio por uma conexão normal», devendo por isso vir a ser considerado como tal pelo legislador futuro, no âmbito da legislação comercial – GALVÃO TELLES, «Aspectos comuns aos vários contratos», p. 88. Em defesa da comercialidade do contrato de mediação em geral, com exposição de vários argumentos, MARIA DE FÁTIMA RIBEIRO, «O contrato de mediação e o direito do mediador à remuneração», pp. 84-5.

[953] CUNHA GONÇALVES, *Comentário ao Código Comercial português*, I, p. 599. JOSÉ TAVARES, *Das emprezas no direito comercial*, embora sem utilizar o termo mediação, incluía nas empresas do art. 230, nº 3, entre outras, as que se propunham oferecer ao público quaisquer serviços de informações sobre negócios e as de colocação de empregados e criados (p. 145); e se excluía as agências de casamentos era apenas por as considerar imorais (p. 149). Em *Sociedades e empresas comerciais*, pp. 757 e 760, o Autor mantém o texto. Sobre o significado de *agenciar* no CCom, remeto para o subcapítulo 3.4, mormente para o parágrafo que tem as notas 123, 124 e 125.

UMA UTILIZAÇÃO PARADIGMÁTICA DO INSTITUTO

atividade de mediação, pelo que a mediação será comercial se se verificarem os requisitos previstos nesse artigo. Assim, valendo-se da citada norma, COUTINHO DE ABREU afirma que os «mediadores-empresários são comerciantes»[954]. ANTÓNIO PEREIRA DE ALMEIDA identifica claramente as empresas de agenciamento de negócios com a atividade de mediação[955]. OLIVEIRA ASCENSÃO também se pronuncia no sentido de o mediador ser comerciante «desde que exista uma empresa de mediação» a qual, acrescenta, será comercial nos termos do art. 230, 3º[956]. PUPO CORREIA integra a mediação na expressão do art. 230, 3º[957]. O mesmo se passa com LUÍS BRITO CORREIA[958], RUI PINTO DUARTE[959] e JANUÁRIO GOMES[960]. A jurisprudência raramente se pronunciou sobre a questão, mas quando o fez foi em idêntico sentido[961].

Registam-se, na doutrina, entendimentos diferentes, nomeadamente com o argumento de que a mediação pressupõe uma atividade imparcial, incompatível com o exercício por conta de outrem[962]. Sucede que a imparcialidade é característica que nunca esteve presente na disciplina legal da mediação imobiliária em Portugal, nem na prática deste contrato (posição que também já expus no que respeita à mediação geral, na parte final de 5.2.1). No que à mediação imobiliária respeita, o RJAMI acaba com o mito, ainda que de modo infeliz, ao determinar que a ati-

---

[954] COUTINHO DE ABREU, *Curso de direito comercial*, I, p. 144.

[955] ANTÓNIO PEREIRA DE ALMEIDA, *Direito comercial*, I, pp. 149-51.

[956] OLIVEIRA ASCENSÃO, *Direito comercial, parte geral*, p. 245.

[957] MIGUEL PUPO CORREIA, *Direito comercial*, p. 109.

[958] LUÍS BRITO CORREIA, *Direito comercial*, I, pp. 202-3.

[959] RUI PINTO DUARTE, *Problemas jurídicos levantados pelo trespasse de estabelecimento de pessoa singular que seja mediador imobiliário, para realização de participação em sociedade*, pp. 4-5 – «O mediador que existe na prática social e que a lei retrata é uma empresa. Isso parece verdade à luz do velhinho Código Comercial – que, no art. 230, diz que são comerciais as empresas que se propuserem "agenciar negócios... por conta de outrem em escritório aberto ao público"».

[960] JANUÁRIO GOMES, «Da qualidade de comerciante do agente comercial», pp. 29 e 44.

[961] Refere-se à comercialidade da mediação, com alusão ao art. 230, 3º, do CCom, o Acórdão do TRP de 24/11/2009, proc. 573/1999.P1.

[962] Assim, MARIA HELENA BRITO, *O contrato de concessão comercial*, p. 116 – «parece mais adequada a tese que pretendia ver aqui uma referência à agência (...) e não à mediação: a atividade que consiste em "agenciar negócios ou leilões" é, nos termos da disposição citada, exercida por conta de outrem»; «a atuação por conta de outrem é incompatível com a mediação, que pressupõe uma atividade imparcial»; LACERDA BARATA, «Contrato de mediação», p. 191 – «o preceito não pode ser entendido como abrangendo o mediador. A imparcialidade que o caracteriza não se compatibiliza com o exercício daquela atividade "*por conta de outrem*"».

O CONTRATO DE MEDIAÇÃO

vidade é exercida *em nome dos clientes*. Por certo, os mediadores imobiliários estão vinculados a um conjunto de deveres destinadas à proteção dos terceiros com quem contactam com o objetivo de os interessarem nos negócios dos seus clientes. São normas comportamentais que derivam do dever geral de boa fé nas negociações, e cuja pormenorizada explicitação legal se justifica pelo facto de o mediador ser uma ponte nas negociações entre duas pessoas com as quais não tem a mesma relação, pois, em princípio, apenas uma é sua cliente. No entanto, entre as várias concretizações positivadas (cfr. art. 17 do RJAMI) não encontramos qualquer dever de imparcialidade.

8.2.2. O significado da *empresa* no contrato

Como vimos, o art. 2º, nº 1, do RJAMI define a atividade de mediação imobiliária como aquela que consiste na procura, *por parte das empresas*, de destinatários para a realização de certo negócio, determinando o art. 3º, nº 1, que a atividade de mediação imobiliária só pode ser exercida por empresas de mediação imobiliária. É à atividade de mediação imobiliária assim definida que se dirige a disciplina do diploma (art. 1º do RJAMI); assim como é ao contrato celebrado por uma empresa com o seu cliente para o indicado fim que se aplica o regime contratual disseminado por vários artigos do RJAMI (nomeadamente, pelos arts. 2º, 16 e 19).

Ora, pode suceder, e na prática social sucede, que «pessoa-não empresa» celebre ocasionalmente contrato no mais idêntico ao previsto no RJAMI. Perante tal situação, cabe indagar da validade do contrato. Ou, colocando a questão de outra maneira, que alcance tem a norma do RJAMI que determina que a atividade de mediação imobiliária só pode ser exercida por empresas de mediação imobiliária: limita-se a conformar o tipo legal, ou proíbe a celebração de contratos de mediação imobiliária por pessoas que não se qualifiquem como empresas?

A questão não é nova e tem sido estudada, quer em termos gerais, quer a propósito de vários contratos em cujas regulações se verificam situações paralelas.

Entre os elementos caracterizadores de um tipo contratual encontra-se sempre a prestação característica, fundamental do tipo em causa por traduzir a sua função económica e social essencial. Mas não apenas. Há tipos contratuais que não ficam suficientemente caracterizados sem o recurso a outros elementos, de várias naturezas, entre eles a qualidade das partes,

UMA UTILIZAÇÃO PARADIGMÁTICA DO INSTITUTO

ou de uma delas[963]. É o que se passa com o contrato de mediação imobiliária tipificado no diploma em análise. A qualidade de *empresa* apresenta-se como uma característica do tipo legal, ao qual o regime previsto no diploma se aplica em primeira linha. Logo, celebrado um contrato que em tudo o mais se assemelha ao de mediação imobiliária descrito no diploma, mas que não tem do lado do mediador uma *empresa*, esse contrato, necessariamente ocasional, constitui um contrato legalmente atípico de mediação imobiliária, válido ao abrigo do princípio da liberdade contratual, ao qual não se aplica de forma direta o regime previsto no diploma[964].

A ideia de que a falta de um elemento essencial determina a nulidade, presente, para dar um exemplo, no aforismo romano *Mandatum nisi gratuitum nullum est* fazia sentido no sistema fechado de ações típicas do direito romano, mas não tem lugar num sistema de liberdade negocial. Se falta um elemento essencial à qualificação numa dada espécie contratual, estaremos, em princípio, perante outro contrato, atípico, e não perante um contrato nulo.

A lei poderia ter cominado com a nulidade os contratos com objeto semelhante ao do contrato de mediação imobiliária previsto no RJAMI quando não celebrados por empresa[965]. Não o fez, nem os proíbe por qual-

---

[963] Sobre os elementos de concretização ou índices dos tipos legais, RUI PINTO DUARTE, *Tipicidade...*, pp. 68-71 (no que respeita às qualidades dos intervenientes, p. 68 e nota 183); PAIS DE VASCONCELOS, *Contratos atípicos*, pp. 113-60 (especificamente sobre a qualidade das partes como índice do tipo, pp. 153-5).

[964] No mesmo sentido, sobre o caso paralelo do contrato de locação financeira, PAIS DE VASCONCELOS, *Contratos atípicos*, p. 155: «O contrato de locação financeira é celebrado, segundo a lei, entre uma sociedade de locação financeira e uma pessoa qualquer. Tal como delimitado pela lei, o tipo legal exige que uma das partes seja uma sociedade de locação financeira. O contrato que seja celebrado entre dois indivíduos não comerciantes com o conteúdo característico de um contrato de locação financeira é um contrato legalmente atípico e ao qual não são aplicáveis diretamente as regras legais respeitantes ao tipo legal. O contrato é válido, de acordo com o princípio da autonomia privada e, na concretização do seu regime, poderá a analogia ser muito importante em tudo quanto tenha a ver com a semelhança em termos de conteúdo».

[965] O regime jurídico do contrato de seguro (DL 72/2008, de 16 de abril) fá-lo. Por um lado, não inclui a «empresa seguradora» na descrição do conteúdo típico do contrato – o art. 1º, epigrafado «Conteúdo típico», descreve o contrato de seguro como sendo aquele por efeito do qual «o segurador cobre um risco determinado do tomador do seguro ou de outrem, obrigando-se a realizar a prestação convencionada em caso de ocorrência do evento aleatório previsto no contrato, e o tomador obriga-se a pagar o prémio correspondente». Por outro lado, no art. 16, norma absolutamente imperativa (art. 12), determina a nulidade do contrato

O CONTRATO DE MEDIAÇÃO

quer forma. Com efeito, o art. 32 pune como contraordenação a violação de um considerável conjunto de normas que impõem ou proíbem uma série de condutas *às empresas de mediação* imobiliária[966] e aos prestadores de serviços de mediação legalmente estabelecidos noutros Estados do Espaço Económico Europeu[967]. As contraordenações tipificadas têm sempre *por agente uma empresa* de mediação imobiliária (ou um prestador de serviços de mediação legalmente estabelecido noutro Estado do Espaço Económico Europeu).

As normas do RJAMI que implicam que a atividade (empresarial, aquela a que o diploma se destina) seja exercida por empresas destinam-se a caracterizar as relações a que se aplica o regime do diploma e não a proibir a celebração de contratos idênticos aos de mediação imobiliária, mas celebrados com caráter ocasional, por pessoa não qualificável como empresa. São normas caracterizadoras do pressuposto de aplicação da disciplina do diploma; não são normas imperativas. No nosso sistema de direito privado, que se desenvolve à luz do princípio da autonomia privada e do seu corolário no contexto contratual, o princípio da liberdade contratual, a imperatividade de uma norma há de justificar-se pela especial necessidade de proteção de terceiros ou das próprias partes, normalmente para salvaguardar uma delas de assimetrias de informação e de capacidade de antecipação das consequências do negócio[968]. Quando a atividade do mediador é pontual e não profissional, à partida, não se verificam essas assimetrias.

Ainda ao abrigo do primeiro diploma regulador da atividade de mediação imobiliária (1961), que, como vimos, classificava expressamente a atividade como comercial, levantou-se a questão de saber se o mediador

---

de seguro celebrado por segurador não autorizado (uma nulidade atípica que não exime o segurador do cumprimento das obrigações que teria se o contrato fosse válido). Dos arts. 7º e 8º do Regime de Acesso e Exercício da Atividade Seguradora e Resseguradora (DL 94-B/98, de 17 de abril, com várias alterações entretanto sofridas), resulta que só poderão obter autorização como segurador as instituições financeiras que tenham por objeto exclusivo o exercício da atividade de seguro direto e de resseguro.

[966] Violação dos arts. 4º, nºs 1 e 2, 12, nº 2, *a)* e *b)*, 13, nºs 1, 2 e 3, 14, 17, 18, nºs 1 e 2, 19, nº 3, 20, nº 1, *a)* a *e)* e *g)* a *i)*, e 25.

[967] Violação dos arts. 21, nº 4, e 22, nºs 1 e 2.

[968] Neste sentido e desenvolvendo a temática, a propósito de uma questão paralela, CÁNDIDO PAZ-ARES, «La indemnización por clientela en el contrato de concesión», pp. 1297-9. Detidas páginas sobre os critérios de identificação das normas com conteúdo imperativo podem ler-se em JORGE MORAIS CARVALHO, *Os contratos de consumo*, pp. 71-89.

UMA UTILIZAÇÃO PARADIGMÁTICA DO INSTITUTO

ocasional, não profissional, estaria abrangido pelas exigências, nomeadamente de licenciamento, impostas pela regulamentação legal. O Supremo decidiu, mantendo decisão da Relação que também havia desatendido o recurso, no sentido de a atividade de mediação não profissional não estar abrangida pela regulação e de o seu exercício não carecer de licença[969].

Em síntese: a qualidade de um dos sujeitos como pessoa, singular ou coletiva, qualificável como empresa é, no âmbito do RJAMI, um elemento conformador do tipo legal de *contrato de mediação imobiliária*. O RJAMI visa regular a atividade de mediação imobiliária exercida empresarialmente e contém um conjunto de regras que regulam os contratos que suportam essa atividade, mas não proíbe a celebração de contratos, necessariamente excecionais e ocasionais, nos quais as prestações das partes são idênticas às dos contratos que regula, quando praticados por pessoas que não são empresas. Tais contratos são legalmente atípicos, podendo justificar-se a aplicação aos mesmos de regras do RJAMI, fundamentada num juízo de analogia entre o caso concreto e o caso genérico para o qual foi ditada a regra do RJAMI que se pense aplicar-lhe.

8.2.3. O contrato celebrado por empresa não licenciada

Vimos que o RJAMI institui a *empresa* como elemento caracterizador do contrato ao qual o diploma destina o seu regime. Para além disso, é seu objetivo que a atividade de mediação imobiliária seja exercida apenas por *empresas* para o efeito *licenciadas*. Segundo o seu art. 4º, nº 1, o exercício da atividade de mediação imobiliária depende de licença a conceder pelo InCI (Instituto da Construção e do Imobiliário, I.P.)[970]. A atividade de mediação imobiliária cujo licenciamento se exige é a definida no art. 2º, nº 1, e à qual o diploma se destina (art. 1º), atividade empresarialmente exercida, portanto (tema abordado em 8.2.2).

---

[969] Entre os acórdãos publicados em texto integral, a questão foi apreciada e decidida no Acórdão do STJ de 05/11/1974, BMJ 241, pp. 265-9 – «Excluída, pois, da previsão da lei aquela prática ocasional, e dado como assente pelas instâncias, aliás com base no acordo das partes, que a discutida conduta do autor revestiu precisamente essa índole, é evidente que não lhe seriam extensíveis as consequências que para hipótese diversa ali se estabelecem».

[970] Os procedimentos administrativos relativos ao licenciamento, ao registo e ao controlo da validade do título detido pelas empresas que se dedicam ao exercício da atividade de mediação imobiliária estão regulados no Regulamento 16/2014 do Instituto da Construção e do Imobiliário, I.P., publicado no Diário da República, 2ª série, de 15 de janeiro de 2014.

O CONTRATO DE MEDIAÇÃO

A concessão dessa licença depende da idoneidade comercial do requerente e da titularidade de seguro de responsabilidade civil, garantia financeira ou instrumento equivalente (art. 5º). A licença tem validade ilimitada no tempo (uma inovação do regime de 2013), sem prejuízo do seu termo quando o InCI determine que a empresa deixou de cumprir os requisitos de licenciamento ou quando a própria empresa comunique a cessação da atividade (arts. 4º, nº 3, e 9º).

A norma do art. 4º, nº 1, que faz depender o exercício da atividade de uma licença administrativa é claramente imperativa, constituindo a sua violação, inclusivamente, previsão contraordenacional, punida com a mais grave moldura estatuída no diploma, 5.000 € a 30.000 € (art. 32, nº 1, *a*)).

Questão que se tem colocado desde cedo, aqui e noutros contextos a propósito de disposições semelhantes, é a de saber se o desrespeito desta norma imperativa tem consequências na validade do contrato. A questão foi por diversas vezes suscitada em tribunal, a propósito de contratos de mediação imobiliária, tendo as decisões sido no sentido de a validade do contrato não estar dependente do licenciamento da atividade[971].

---

[971] Entre os acórdãos publicados em texto integral, a questão foi apreciada e decidida nos seguintes: TRL de 16/11/1989, proc. 2656, CJ 1989, V, 116; STJ de 18/03/1997, proc. 700/96, CJASTJ 1997, I, 158; TRP de 20/09/2001, proc. 0131169 (o contrato objeto de litígio tinha sido celebrado ainda ao abrigo do DL 285/92); STJ de 21/01/2003, proc. 02A3281 (o contrato objeto de litígio tinha sido celebrado ainda antes da vigência do DL 285/92); TRL de 17/02/2004, proc. 8846/2003-7 (o contrato objeto de litígio tinha sido celebrado ainda ao abrigo do DL 285/92); TRC de 16/10/2007, proc. 408/05.5TBCTB.C1, CJ 2007, IV, 33 (contrato celebrado na vigência do DL 77/99); TRP de 02/06/2011, proc. 141/09.9TBMAI.P1, CJ 2011, III, 196 (contrato celebrado na vigência do DL 211/2004); TRC de 18/03/2014, proc. 292391/11.7YPRT.C1 (contrato também celebrado ao abrigo do DL 211/2004). Em todos estes acórdãos se decidiu que a falta de licenciamento do mediador não afeta a validade dos contratos que celebra. Creio que outra seria a decisão na lógica do Acórdão do STJ de 20/06/2013, proc. 1752/09.8TBABF. L1.S1. A situação era algo diferente: a angariadora desenvolveu, a pedido do advogado de um dos réus e com o assentimento do advogado dos demais réus, a atividade de que os réus aproveitaram e que lhes permitiu celebrar o desejado contrato com o terceiro apresentado pela angariadora. A angariadora apresentou-se sempre como colaboradora da mediadora, autora nos autos. À data desses factos, porém, a angariadora não estava licenciada nem tinha contrato de angariação escrito com a mediadora. Com base nisso, e tendo também como pressuposto a inexistência de um contrato de mediação, o STJ negou a remuneração à empresa de mediação afirmando ser «vedado o recurso ao instituto do enriquecimento sem causa a fim de obter o pagamento de uma remuneração pela atividade de angariação e de mediação imobiliária, quando a pessoa que agiu como angariadora imobiliária não dispunha do licenciamento obrigatório para o exercício da atividade». De referir que o acórdão aplicou o DL 211/2004;

Também assim se pronunciaram MANUEL SALVADOR[972] e MENEZES CORDEIRO[973], diretamente sobre o contrato de mediação, e RUI PINTO DUARTE sobre normas paralelas do domínio do contrato de locação financeira[974] e dos contratos de intermediação financeira[975]. Diferente posição manifestou, em tempos, VAZ SERRA, em termos gerais, sobre as leis que regulam o exercício de certas profissões com o fim de garantir o público contra a inidoneidade de quem as exerce, dizendo que são nulos os contratos que proporcionam ou favorecem o exercício delas com violação dessas leis[976]. Também em termos gerais, JORGE MORAIS CARVALHO pronunciou-se sobre a questão defendendo que «no caso de a lei não prever expressamente, a par da sanção contraordenacional, consequência ao nível do contrato celebrado (...) torna-se necessário interpretar o conteúdo imperativo do preceito, tendo em conta os interesses protegidos, para concluir se a sanção contraordenacional é suficiente para os proteger ou se é necessária e adequada a previsão de consequências civis»[977].

no quadro legislativo do RJAMI (Lei 15/2013) foram eliminadas as exigências de inscrição e de condições de acesso da atividade de angariação.

[972] MANUEL SALVADOR, *Contrato de mediação*, p. 82 – «No plano de direito privado, da validade dos atos jurídicos, dos direitos e obrigações das partes, não interessa (...) o facto de terem ou não cumprido os ditames do Decº Lei 43 767»; «Está em causa, apenas, o aspeto jurídico-penal sob o ângulo repressivo»; «A sanção legal está, aliás, de harmonia com os princípios jurídicos, segundo os quais nem toda a infração à lei produz nulidade».

[973] MENEZES CORDEIRO, *Direito comercial*, p. 696 – «na hipótese de surgir um "profissional" não autorizado: poderá haver sanções contra este mas o contrato de mediação, em si, não é nulo».

[974] RUI PINTO DUARTE, «Quinze anos de leis sobre *leasing*: balanço e perspectivas», p. 188 – «Não me parece razoável querer cativar a utilização da estrutura jurídica "locação com opção de compra" para as SLF e os bancos. O que deve ser proibido não é o recurso a tal forma jurídica, mas sim o exercício empresarial não previamente autorizado de atividade financeira. O acento tónico da proibição não deve ser posto no recurso ao tipo contratual, mas sim no conteúdo económico da atividade».

[975] RUI PINTO DUARTE, «Contratos de intermediação no Código dos Valores Mobiliários», p. 359 – «a ilegalidade consistente em um sujeito não estar autorizado a exercer uma atividade não determina a invalidade dos contratos celebrados no seu exercício. O art. 294 do Código Civil pode e deve ser interpretado no sentido de que, existindo ilegalidade no campo do Direito Administrativo (ou noutro campo que não o do Direito Privado), daí não resulta necessariamente a invalidade dos negócios jurídicos».

[976] ADRIANO VAZ SERRA, «Objecto da obrigação – a prestação: suas espécies, conteúdo e requisitos», p. 142.

[977] JORGE MORAIS CARVALHO, *Os contratos de consumo*, p. 109.

O CONTRATO DE MEDIAÇÃO

Noutros ordenamentos, a questão tem sido colocada com resultados diversos. Na vizinha Espanha, foi várias vezes suscitada entre 1969 e 2000, tendendo a jurisprudência a aceitar a validade dos contratos de mediação[978]. No ano 2000, o artigo 3º do Real Decreto-Lei 4/2000, de 23 de junho, liberalizou integralmente a atividade, expressando que a mesma pode ser exercida quer pelos Agentes da Propriedade Imobiliária (API) de acordo com os requisitos da sua qualificação profissional, quer por pessoas singulares ou coletivas sem necessidade de possuírem qualquer título, nem de pertencerem a qualquer colégio oficial. O Real Decreto 1294/2007, que regula os colégios oficiais dos API, os requisitos que estes últimos devem reunir para pertencerem aos colégios e o regime disciplinar que se lhes aplica, deixou intocada a liberalização de 2000[979].

Na Alemanha, a falta da licença profissional imposta pelo § 34-c da GewO para certos profissionais, nos quais se incluem mediadores imobiliários, constitui ilícito administrativo, punível com multa até € 50.000,00 (§ 144 da GewO). Tem-se entendido que a validade do contrato de mediação celebrado por mediador profissional não licenciado permanece intocada[980].

Na Itália, a situação é diferente. A Lei 39/1989 impôs a todos os que desenvolvam ou tencionem desenvolver a atividade de mediação (toda ela, independentemente do objeto mediato do contrato visado), ainda que com caráter descontínuo ou ocasional, o dever de prévia inscrição num registo, cumprindo antecipadamente os necessários requisitos, sob pena de não lhes assistir o direito à remuneração, além de incorrerem em sanções de caráter administrativo, e até penal, em caso de reincidência. O Decreto legislativo 59, de 26/03/2010, sem revogar a lei de 1989, suprimiu o registo dos mediadores. Na sua vez, instituiu a obrigação de declaração de início de atividade e determinou que as referências ao registo se entendam efetuadas àquela declaração. Mesmo que não se considerasse nulo o contrato de mediação celebrado por mediador não inscrito (ou, perante a lei de 2010,

---

[978] Sobre esta temática, indicando vasta jurisprudência anterior a 2000, bem como os argumentos por ela utilizados, PURIFICACIÓN CREMADES GARCÍA, *Contrato de mediación...*, pp. 136-48. Também TASENDE CALVO, «El contrato de mediación inmobiliaria en la compraventa de vivienda», p. 2314.

[979] Mais pormenores sobre a situação, reações da doutrina e panorama anterior à liberalização em 4.6.1.2.

[980] SCHWERDTNER/HAMM, *Maklerrecht*, p. 48.

por mediador que não tenha declarado início de atividade), e havia manifestações nesse sentido[981], certo é que a lei italiana determina, no mínimo, a ineficácia do contrato no que à remuneração do mediador respeita.

No nosso país, a apreciação da questão envolve o disposto no art. 294 do CC, sendo por vezes chamado à colação, na jurisprudência, também o art. 280. Impõe-se um excurso por estas normas.

Segundo a doutrina comum, o art. 280 contempla o objeto negocial com os seus dois significados: objeto imediato – conteúdo, efeitos jurídicos do negócio, considerando as declarações das partes e o direito aplicável –, e objeto mediato – objeto *stricto sensu*, *quid* sobre que incidem os efeitos do negócio[982]. Embora a propósito da possibilidade física e da determinabilidade do objeto normalmente se expresse que é o objeto mediato que está em causa, no que respeita à possibilidade legal e à não contrariedade à lei já não é feita essa restrição[983] – repare-se que estamos ainda no âmbito do nº 1, que alude expressamente ao objeto, alusão que não é feita no nº 2. Mas ainda que deixássemos o nº 1 por conta do objeto mediato e o nº 2 por conta do imediato, o relacionamento das normas com os casos concretos não seria diferente, pois um conteúdo legalmente impossível ou contrário à lei (discutível a diferença entre estas duas previsões do nº 1[984]), será também um conteúdo contrário à ordem pública (nº 2), na medida em que esta contém as disposições legais de caráter imperativo, nas quais se incluem todas aquelas cuja contrariedade pode determinar a nulidade do objeto. No art. 280 estão, pois, apenas previstas causas de invalidade do objeto do negócio, em qualquer dos seus sentidos.

O art. 294 tem um âmbito mais abrangente, cominando com a nulidade a violação de normas imperativas, mesmo quando essas normas não contêm essa direta cominação, desde que, nestes casos, não resulte da lei outra solução.

---

[981] Outras informações nos últimos parágrafos de 4.4.1.

[982] Assim Carlos Ferreira de Almeida, *Contratos*, II, p. 14; Jorge Morais Carvalho, *Os contratos de consumo*, pp. 44 e 60; Menezes Cordeiro, *Tratado de direito civil português*, I, *Parte geral*, I, p. 674; Carvalho Fernandes, *Teoria geral...*, II, p. 159; Mota Pinto, *Teoria geral...*, pp. 553-9; Pais de Vasconcelos, *Teoria geral...*, pp. 581-2; Heinrich Hörster, *A parte geral do Código Civil português*, pp. 522-3.

[983] Mota Pinto, *Teoria geral...*, pp. 554-7; Heinrich Hörster, *A parte geral do Código Civil português*, pp. 522-3.

[984] Assim, Mota Pinto, *Teoria geral...*, p. 556.

O CONTRATO DE MEDIAÇÃO

A norma do art. 280 é (a par das normas dos artigos 281, 220, e de outras espalhadas pela legislação do país) uma concretização da norma do art. 294[985]. Trata-se de disposição imperativa que prevê situações que comina com a nulidade, não deixando espaço para a verificação da parte final do art. 294. Perante normas que regem sobre casos particulares (como as dos artigos 220, 280 e 281), que de outro modo estariam contidos no art. 294, este fica com âmbito residual.

Regressando ao contrato de mediação imobiliária celebrado por empresa de mediação não licenciada, está visto que ele só pode ter salvação se não estiver abrangido pelo art. 280, ou seja, se a falta de licenciamento para o exercício da atividade de mediação não for (como não é) um aspeto do objeto negocial em qualquer dos sentidos que reconhecidamente aí se encontram.

Sendo a norma que impõe o licenciamento do exercício da atividade indiscutivelmente imperativa, a mesma só não produzirá nulidade do contrato se estiver fora dos âmbitos a que, por disposição expressa, a lei impõe essa consequência (objeto em sentido estrito, conteúdo, fins, forma), e se resultar da lei outra solução.

A primeira condição é praticamente autoevidente e, considerando o que já escrevi sobre o objeto do negócio, não me alongarei mais sobre ela.

Relativamente à segunda, importa perceber quando é que outra solução resulta da lei. A disciplina do art. 294 tem correspondente no art. 10º do Código de Seabra que estabelecia que «os atos praticados contra a disposição da lei, quer esta seja proibitiva, quer preceptiva, envolvem nulidade, salvo nos casos em que a mesma lei ordenar o contrário». Esta disposição inculcava a necessidade de disposição expressa no sentido da não *nulidade*, aqui entendida num sentido amplo, abrangente da absoluta e da relativa,

---

[985] No mesmo sentido, HEINRICH HÖRSTER, *A parte geral do Código Civil português*, p. 522. Alguns autores veem a relação entre os artigos 280 e 294 de maneira diferente, reservando o primeiro para o objeto ou elementos internos do negócio e o segundo para os elementos exteriores. Neste sentido, v. JORGE MORAIS CARVALHO, *Os contratos de consumo*, pp. 50-6, 60-1. Na prática, assim sucede. Mas não, segundo entendo, porque o art. 294 se dirija apenas aos negócios celebrados contra disposição injuntiva respeitante a elementos extrínsecos; antes porque o art. 280 rege especialmente sobre os negócios celebrados contra disposição imperativa respeitante a elementos internos do negócio. O art. 294 é mais abrangente e não distingue, nem pelo elemento literal nem pela sua inserção sistemática, o objeto das disposições legais a que se reporta. O seu âmbito fica comprimido apenas com a existência de normas que regem sobre situações particulares que, de outro modo, estariam nele previstas.

UMA UTILIZAÇÃO PARADIGMÁTICA DO INSTITUTO

pois ambas estavam globalmente consideradas naquele termo, no corpo do art.10º. No entanto, ainda na vigência daquele Código, MANUEL DE ANDRADE escrevia não ser indispensável explícita proscrição da nulidade, bastando que da interpretação da norma se concluísse com suficiente probabilidade ser esse o intuito da lei: «[n]esta ordem de ideias, é claro que reveste particular importância a consideração dos interesses em presença e do escopo presumivelmente visado pelo legislador. Se, postas as coisas neste plano, a nulidade do negócio se mostrar sanção pouco adequada, até somente por aí deverá julgar-se excluída. Os negócios contrários a uma proibição legal poderão portanto deixar de ser nulos, mesmo sem texto que assim o declare»[986].

Foi pensadamente que o Autor desta parte do projeto do novo Código Civil, RUI DE ALARCÃO, substituiu o trecho final do art. 10º do Código de Seabra pelo que agora consta no fim do art. 294: «porque se pretende afastar a ideia – que a fórmula do artº 10º mais facilmente poderia sugerir – de que a consequência da invalidade só poderá ser arredada se um texto expresso dispuser isso mesmo»[987].

É hoje claro que, nada dizendo a norma imperativa sobre a consequência da sua violação, a sanção da nulidade implica um juízo sobre a adequação da sua aplicação ao negócio jurídico em causa, uma ponderação sobre se os interesses que a norma visa proteger ficam mais salvaguardados com a nulidade ou sem ela. Quando uma norma imperativa, as palavras são de HEINRICH HÖRSTER, «não determina, ela própria, a consequência da nulidade para o caso da sua violação (mas também não consagra uma outra sanção), a nulidade pode resultar da aplicação do art. 294º, depois de feita a interpretação do preceito violado em causa. Assim, todas as normas imperativas que não determinam, elas próprias, a sanção resultante da sua violação, devem ser interpretadas quanto ao seu escopo e à sua finalidade com vista à decisão, a tomar ao abrigo do art. 294º, relativamente à nulidade ou não do negócio»[988].

A sanção da nulidade está definitivamente excluída nos casos em que está prevista outra sanção do campo da eficácia do negócio (anulabilidade, mera ineficácia, invalidade atípica). Havendo estatuição de uma sanção

[986] MANUEL DE ANDRADE, *Teoria geral da relação jurídica*, II, pp. 335-6.
[987] RUI DE ALARCÃO, «Invalidade dos negócios jurídicos: Anteprojecto para o novo Código Civil», p. 203.
[988] HEINRICH HÖRSTER, *A parte geral do Código Civil português*, pp. 520-1.

estranha ao domínio da eficácia do negócio – como sucede no caso que nos ocupa, em que o não licenciamento constitui contraordenação, punível com coima –, teremos de ponderar a adequação da nulidade ao negócio[989].

Como tese geral, tendo como pano de fundo o raciocínio expendido, parece-me acertado dizer que a falta de licenciamento de um profissional não contende necessariamente com a suficiência e a bondade estrutural e regulativa dos concretos contratos por ele celebrados.

No caso da mediação imobiliária, porém, outros dados normativos devem de ser considerados. O art. 12, nº 2, al. *c)*, do RJAMI estabelece que a caducidade, a suspensão ou o cancelamento das licenças ou registos determinam a caducidade dos contratos de mediação imobiliária em vigor celebrados pela empresa relativos ao exercício da atividade em território nacional. Ou seja, a inexistência de licenciamento superveniente ao contrato impõe a cessação do contrato de mediação (por caducidade, pois havia sido válida e eficazmente celebrado). Esta norma provém do regime de 2004 (art. 13, nº 4, do DL 211/2004, disposição que não sofreu alteração com o DL 69/2011). O regime de 1999 determinava, em caso de suspensão ou cancelamento da licença, «a nulidade dos contratos de mediação imobiliária ainda não cumpridos por causa imputável às empresas titulares» (art. 12, nº 4, do DL 77/99). Sendo a nulidade uma invalidade causada por vício contemporâneo da formação do contrato, não fazia sentido a nulidade do contrato de mediação (mesmo que não cumprido) na sequência de uma falta de licença posterior à celebração do mesmo contrato. Tal inconsistência terá estado na génese da alteração da norma em 2004, passando a estatuir-se, nessas circunstâncias de suspensão ou cancelamento da licença, a caducidade do contrato de mediação.

Ora, se o legislador impõe o termo automático de contratos de mediação imobiliária a partir do momento em que a empresa mediadora fica sem a respetiva licença por caducidade, suspensão ou cancelamento, não me parece que possam celebrar-se contratos de mediação imobiliária válidos por empresas mediadoras não licenciadas. Se os contratos válidos e eficazes, celebrados por empresa licenciada, perdem a sua eficácia a partir do momento em que a empresa perde a licença, por maioria de razão não podem surtir efeitos contratos de mediação celebrados por empresa não

---

[989] Esta é também a posição defendida por JORGE MORAIS CARVALHO, *Os contratos de consumo*, pp. 107-12.

UMA UTILIZAÇÃO PARADIGMÁTICA DO INSTITUTO

licenciada. A ineficácia total inicial, num contrato celebrado, como começámos por ver, contra disposição legal de caráter imperativo, apenas se compagina com a nulidade.

Quer a nulidade do contrato celebrado por empresa de mediação não licenciada, quer a caducidade do contrato celebrado com empresa à qual a licença vem a falhar, não impedem que, no caso de o cliente vir a celebrar o contrato desejado graças à atividade do mediador realizada no âmbito do contrato nulo ou caducado, o mediador seja ressarcido nos termos do art. 289, nº 1, do CC (em caso de nulidade), ou do art. 473 e seguintes do mesmo Código (no caso de a atividade de mediação que vem a permitir o negócio visado se desenvolver após a caducidade do contrato de mediação). Se a atividade de mediação for prestada na vigência do contrato, sendo apenas o contrato visado celebrado após a caducidade, o mediador tem direito à remuneração contratada.

8.3. A atividade contratual do mediador – ónus ou obrigação?[990]
8.3.1. Panorama anterior ao RJAMI

Até à vigência do RJAMI, a prestação característica do contrato de mediação imobiliária legalmente típico correspondia a uma *obrigação de atividade* ou *de meios*. O art. 2º, nº 1, do DL 211/2004 (no que não era materialmente diferente do anterior art. 3º, nº 1, do DL 77/99) dizia, textualmente, que a atividade de mediação imobiliária era aquela em que, por contrato, uma empresa se *obriga a diligenciar no sentido de conseguir interessado na realização de negócio* que vise a constituição ou aquisição de direitos reais sobre bens imóveis, a permuta, o trespasse ou o arrendamento dos mesmos ou a cessão de posição em contratos cujo objeto seja um bem imóvel.

Com a transcrita disposição legal, ficava arredada a possibilidade de a atividade contratual do mediador ser um *ónus de direito material*, como sucede (entendimentos maioritários) nos contratos de mediação legalmente típicos, na Itália, na Alemanha e na Suíça. Em Portugal, no contrato de mediação imobiliária legalmente típico, o mediador vinculava-se a uma prestação em sentido próprio, estrito ou técnico.

A hipótese de o mediador se obrigar (no contrato legalmente típico anterior ao RJAMI) ao resultado de encontrar interessado para o contrato que o cliente desejava celebrar estava igualmente afastada. Lembro que o

---

[990] A exposição subsequente pressupõe o texto escrito em 5.2.2.

O CONTRATO DE MEDIAÇÃO

primeiro diploma que caracterizou a obrigação do mediador imobiliário (o DL 285/92) fê-lo dizendo que a mediadora se *obrigava a conseguir interessado* para dado negócio. A redação daquele diploma integrou, neste aspeto, a definição doutrinária e jurisprudencial corrente à época[991]. Os diplomas subsequentes passaram a descrever a *obrigação* do mediador com as palavras «*diligenciar no sentido de* conseguir interessado» (art. 3º do DL 77/99 e art. 2º do DL 211/2004). Com efeito, descrever a obrigação do mediador como consistindo na efetiva descoberta de um interessado era desequilibrado e de improvável correspondência com a prática contratual. Creio que terá sido essa a razão da alteração legislativa.

Não obstante a clarificação e a clareza legislativas, o certo é que a jurisprudência e a doutrina[992] permaneceram divididas nesta matéria. Entre os acórdãos dos tribunais superiores que identificaram a obrigação do mediador como *uma obrigação de meios,* contam-se os seguintes:

- Acórdão do TRC de 23/04/2002, CJ 2002, II, 30 – «Temos, assim, que o mediador se obriga a uma atividade, que não a um resultado, embora, seja em função da realização do negócio que ele desenvolve toda a sua atividade».
- Acórdão do TRE de 29/03/2007, proc. 2824/06-3 – «nos casos mais comuns de contrato de mediação imobiliária, o mediador fica tão--somente incumbido de diligenciar no sentido de encontrar interessados para certo negócio e preparar depois a respetiva conclusão; ele obriga-se assim a uma atividade, não a um resultado».

---

[991] Como já antes mencionei, as noções escritas nas decisões dos tribunais superiores previam o contrato de mediação como aquele pelo qual uma pessoa incumbe outra de conseguir interessado para certo negócio. A título de exemplo, vejam-se os Acórdãos do STJ de 07/03/1967, BMJ 165, p. 318; de 17/03/1967, proc. 61689, BMJ 165, p. 331; de 28/02/1978, proc. 66989, BMJ 274, p. 223; e de 09/03/1978, proc. 66824, BMJ 275, p. 183. Na doutrina, Vaz Serra definia o contrato de mediação como aquele «pelo qual uma das partes se obriga a conseguir interessado para certo negócio e a aproximar esse interessado da outra parte» (RLJ 100, p. 343).
[992] No sentido de a obrigação do mediador consubstanciar uma prestação de meios, Miguel Côrte-Real e Maria Mendes da Cunha, *A actividade de mediação imobiliária,* p. 23 – «em termos realistas, tem de dar-se por assente que o mediador só se pode obrigar a procurar interessado para o negócio e a levar a cabo todas as ações necessárias à conclusão desse negócio, mas não pode obrigar-se a mais do que isto (...), o contrato de mediação mais parece ser um contrato de obrigação de meios e não de resultados». No sentido de se tratar de uma prestação de resultado, Rui Tavares Correia, *A mediação imobiliária,* pp. 12 e 47. Relativamente ao contrato de mediação geral, outras posições nas notas 710 a 713.

394

- Acórdão do TRE de 03/12/2008, CJ 2008, V, 254 – «O contrato de Mediação Imobiliária é um negócio jurídico bilateral, oneroso e sinalagmático que gera para o mediador uma obrigação de meios e não de resultado, como claramente se recorta até da própria *definitio legis* gizada pelo art. 2º».
- Acórdão do STJ de 28/04/2009, proc. 29/09.3YFLSB – «Sendo a atividade do mediador, no essencial, e durante o *iter contratual*, ao menos até à obtenção de interessado com quem o incumbente celebre o negócio visado, uma *obrigação de meios* e, uma vez que o contrato para o mediador, comporta uma certa margem de aleatoriedade (a retribuição só será paga se o negócio se concretizar em virtude da ação do mediador) correm por sua conta as despesas feitas na busca de interessado no negócio, pelo que essas despesas, a menos que diversamente tenha sido convencionado, não são autónomas, não podendo ser exigidas ao incumbente se o negócio não foi celebrado, por mor da atuação do mediador».
- Acórdão do TRP de 02/11/2009, proc. 1913/08.7TJPRT.P1 – «Por via destes normativos, que correspondem à regulação constante do regime pretérito, a doutrina e a jurisprudência têm definido o contrato de mediação imobiliária como um contrato de prestação de serviços (artigo 1145º do Código Civil), mediante o qual o mediador assume uma obrigação de meios, consubstanciada na obrigação de aproximar duas ou mais pessoas, com vista à celebração de um certo negócio, mediante retribuição».
- Acórdão do TRE de 17/03/2010, proc. 898/07.1TBABF.E1 – «A doutrina e a jurisprudência têm definido o contrato de mediação imobiliária como um contrato de prestação de serviços (artigo 1145º do Código Civil), mediante o qual o mediador assume uma obrigação de meios, consubstanciada na obrigação de aproximar duas ou mais pessoas, com vista à celebração de um certo negócio, mediante retribuição».
- Acórdão do TRL de 14/04/2011, proc. 5500/05.3TJLSB.L1-6 – «No dizer do acórdão do STJ de 28.04.2009, cuja doutrina se acompanha, "O comitente só fica constituído na obrigação de remunerar o mediador se o negócio tido em vista pelo incumbente for concretizado em virtude da atividade do mediador, ou seja, a obrigação de meios que lhe incumbe há de desembocar no resultado pretendido – a celebração do negócio para que foi mandatado o mediador (...)"».

O CONTRATO DE MEDIAÇÃO

Pelos mesmos anos, outros arestos tomaram a posição contrária:

- Acórdão do TRC de 16/10/2007, proc. 408/05.5TBCTB.C1 – «Verifica-se, assim, que a obrigação principal do mediador é a de aproximar diferentes pessoas, através da sua intermediação, na busca comum e convergente para a celebração de um contrato entre ambas (obrigação de fazer), numa relação de causa/efeito (obrigação de resultado)».
- Acórdão do TRP de 03/03/2009, proc. 0827745 – «Com efeito, o contrato de mediação imobiliária é uma modalidade do contrato de prestação de serviços definido no art. 1154º do Código Civil. Ora, quer da definição dada pelo art. 1154º do Código Civil, quer do regime legal instituído pelo Decreto-Lei nº 211/2004, designadamente os arts. 2º, nº 1, e 18º, nº 1, pode-se constatar que a obrigação do mediador é de resultado, e não de mera atividade. Resultado que se traduz "na celebração ou conclusão do negócio visado pelo exercício da mediação". E só esse resultado confere o direito à remuneração devida, como dispõe o nº 2 da cláusula 4ª do contrato e o art. 18º, nº 1, do Decreto-Lei nº 211/2004».
- Acórdão do TRP de 15/07/2009, processo 2187/07.2TBVRL.P1 – «O contrato de mediação imobiliária é um contrato de prestação de serviços. Logo, na ótica do mediador, a sua obrigação consubstancia-se em proporcionar ao comitente um certo resultado da sua atividade – art. 1154 do CC (...). Tal resultado é a obtenção ou concretização de um negócio atinente a um determinado imóvel».
- Acórdão do TRE de 15/09/2010, proc. 2439/07.1TBPTM.E1 – «Temos por isso que a obrigação do mediador se caracteriza como uma obrigação de resultado, por haver nela "perfeita coincidência entre a realização da prestação debitória e a plena satisfação do interesse do credor" (...) traduzindo-se o resultado no contrato de mediação imobiliária "na celebração ou conclusão do negócio visado pelo exercício da mediação"».
- Acórdão do TRL de 14/04/2011, proc. 761/07.6TCFUN.L1-2 – «pese embora o caráter tendencial da distinção entre obrigações de meios e de resultado, pode considerar-se que o contrato de mediação imobiliária se reconduz a uma obrigação de resultado. Esta conclusão resulta clara, quer da própria noção ínsita no citado artigo 2º do Decreto-Lei 211/2004, quer sobretudo do nº 1 do artigo 18º do

mesmo diploma, no qual se reproduz (...) a necessidade de concretização do negócio visado pelo exercício da atividade de mediação, não se podendo limitar à promoção da venda».

– Acórdão do TRP de 02/06/2011, proc. 141/09.9TBMAI.P1 – «Integrando, como se disse, a categoria dos contratos de prestação de serviços (...), a mediação é um contrato de resultado e não de mera atividade, compreendendo-se que, por regra, sem a obtenção do objetivo contratado não seja devida remuneração».

A fundamentação, em qualquer dos casos, não exorbitou as transcritas frases.

Os acórdãos que veem a prestação do mediador como uma obrigação de resultado incorrem, com frequência, cm pelo menos um dos seguintes erros: *a)* identificação entre o conteúdo da obrigação do mediador e um evento futuro e incerto do qual as partes fazem depender a remuneração; *b)* entendimento de que o *resultado* contido na noção de contrato de prestação de serviço, constante do art. 1154 do Código Civil, implica que o prestador de serviço assume uma obrigação de resultado. No entanto, os contratos de prestação de serviço, implicando sempre obrigações de *facere*, comportam quer obrigações de *resultado* quer obrigações de *meios*, sendo precisamente no campo dos contratos de prestação de serviço que a classificação se revela mais útil (remeto para o que escrevi em 7.3.2).

Uma particular referência merece o Acórdão do TRP de 23/09/2008, proc. 0824116, que, apesar de ter concluído que a prestação do mediador no contrato ali em apreço era de resultado, fê-lo na sequência da efetiva análise do clausulado do contrato, o que me parece metodologicamente acertado. E embora eu, seguindo o mesmo método, não acompanhe a conclusão do acórdão de estar ali uma obrigação de resultado (desde logo pelo que consta da primeira frase do trecho adiante transcrito), não posso deixar de o referir pela bondade do processo de qualificação. Com efeito, a configuração legalmente típica da obrigação do mediador imobiliário não belisca a liberdade de as partes estipularem uma maior responsabilidade de uma delas. A concretização das obrigações cai na esfera de liberdade contratual das partes, *dentro dos limites da lei* (como estabelecido, sem mais delongas, no início do art. 405 do CC), nomeadamente sem prejuízo do disposto nos arts. 280 e seguintes do CC. As normas que descrevem o contrato de mediação, mormente a que descreve a prestação característica, têm

O CONTRATO DE MEDIAÇÃO

por função traçar notas contratuais que, a verificarem-se nas ocorrências sociais, determinam a aplicação da disciplina legal. Não se trata, portanto, de normas imperativas que visem afastar a possibilidade ou validade de contratos em quase tudo idênticos, mas aos quais falte dada característica. Nada impede que o mediador agrave a sua posição jurídica, assegurando o resultado que incorpora o interesse primário do credor[993]. Leia-se a passagem mais relevante do acórdão por último citado:

> «Quanto ao teor do contrato celebrado entre Autora e Réu, estabelece a cláusula primeira, que corresponde à descrição constante do nº 1 do art. 2º do Decreto-Lei nº 211/2004, que "a mediadora obriga-se a diligenciar no sentido de conseguir interessado na venda de um imóvel com as características a seguir indicadas, pelo preço máximo de 142.160,00 €, desenvolvendo para o efeito, ações de promoção e recolha de informações (...)". Aparentemente, vista esta cláusula isoladamente do conteúdo restante do contrato, poderia levar a concluir que a prestação da mediadora se limitava "a diligenciar" a promoção da venda do imóvel. E que, portanto, se trataria de uma prestação de mera atividade, e não de resultado. Só que nem o teor nem o sentido da cláusula em causa permitem tal conclusão, na medida em que também diz que a mediadora se obriga a "conseguir interessado na venda". O que quer dizer que não lhe bastava desenvolver a atividade de promoção de venda do imóvel para ter direito à remuneração. Teria também que, em resultado dessa sua atividade, conseguir encontrar interessado efetivo na compra, com quem viesse a ser realizada a compra e venda do imóvel».

Como referi, não concordo com a visão de que, por via daquele concreto contrato, a mediadora se tenha vinculado a encontrar um interessado, desde logo pelo que foi escrito na cláusula primeira. A circunstância de o direito à remuneração estar dependente de conseguir interessado efetivo na compra e de com ele vir a ser realizado o contrato desejado não é suficiente para se dizer que a mediadora assumiu a obrigação de encontrar o interessado. Tal circunstância constitui apenas uma condição do nascimento do direito à remuneração.

Deste acórdão, urge ainda enfatizar a colocação do resultado *in obligatione* no comportamento que efetivamente o pode incorporar, ou seja, na angariação do interessado, e não na celebração do contrato visado.

---

[993] No sentido de, em geral, as partes serem livres de transformar obrigações de meios em obrigações de resultado, RICARDO LUCAS RIBEIRO, *Obrigações de meios e obrigações de resultado*, pp. 76-8.

UMA UTILIZAÇÃO PARADIGMÁTICA DO INSTITUTO

Segundo entendo, a obrigação que os dois regimes imediatamente anteriores ao RJAMI (2004 e 1999) descreviam como a típica do mediador imobiliário – independentemente de as partes poderem concretizar as suas obrigações de forma diferente – classificava-se como obrigação de meios. Naturalmente que, como em todas as obrigações, tinha um resultado no horizonte, sendo para a sua consecução que se orientava a prestação. Esse resultado, apto a satisfazer o interesse do credor, era o de conseguir pessoa interessada em ser contraparte do cliente no desejado contrato. A prestação típica do mediador consistia, assim, em diligenciar no sentido de alcançar aquele resultado, ou seja, em desenvolver os atos suficientes e adequados à obtenção do resultado, sendo por referência a este que se aferia a bondade dos meios empregados.

No contrato de mediação, para além da atividade suscetível de alcançar o resultado correspondente ao interesse do credor, existe um acontecimento final que desempenha um especial papel no contrato, na medida em que é condição necessária do nascimento do direito do mediador à remuneração. Este acontecimento não pode consubstanciar a obrigação do mediador uma vez que está fora da sua disponibilidade, dependendo do conjunto das vontades do cliente e do terceiro angariado.

O enquadramento da obrigação do mediador no plano que distingue obrigações de meios e obrigações de resultado, fornecendo embora uma imagem sugestiva sobre o conteúdo da obrigação, é desprovido de consequências no regime jurídico (remeto para o que escrevi em 5.2.2.2.3). Não havendo cláusula de exclusividade, quer o mediador se obrigue a diligenciar por encontrar um interessado (como sucedia nos regimes jurídicos da mediação imobiliária vigentes de 1999 a 2013), quer se obrigue a encontrá-lo, ele apenas é remunerado com a verificação de várias circunstâncias cumulativas: *a)* ter cumprido a sua obrigação – seja de diligenciar por encontrar interessado, seja de o encontrar efetivamente; *b)* ter o cliente celebrado o contrato desejado (ou, eventualmente, promessa dele) – condição atípica e característica deste contrato; *c)* haver um nexo causal entre a atividade do mediador e o contrato desejado, que implica necessariamente o bom sucesso da prestação, ou seja, que ela atingiu o resultado esperado. Havendo uma cláusula de exclusividade, o mediador pode ser remunerado independentemente da celebração do contrato visado ou independentemente da contribuição da sua atividade para aquele contrato, em circunstâncias que melhor veremos.

O CONTRATO DE MEDIAÇÃO

8.3.2. No âmbito do RJAMI

Sob a epígrafe «Definições», o art. 2º, nº 1, do RJAMI estabelece que a atividade de mediação imobiliária «consiste na procura, por parte das empresas, em nome dos seus clientes, de destinatários para a realização de negócios que visem a constituição ou aquisição de direitos reais sobre bens imóveis, bem como a permuta, o trespasse ou o arrendamento dos mesmos ou a cessão de posições em contratos que tenham por objeto bens imóveis». Esta atividade só pode ser exercida mediante contrato (explicitação que constava nos anteriores regimes, mas que passou para disposição autónoma – art. 3º), pelo que se trata da atividade que, segundo o diploma, corresponde à atribuição contratual do mediador.

O conjunto dos negócios visados pelo contrato de mediação imobiliária é bastante amplo, abrangendo qualquer contrato sobre imóvel (constituição ou aquisição de direitos reais de qualquer espécie – aquisição, gozo ou garantia –, permuta e arrendamento). Desde o regime de 1999 que se prevê também o «trespasse de bens imóveis», uma redação algo arrevesada, pois o trespasse no direito português é pacificamente entendido como a compra e venda de um estabelecimento comercial. Por certo, ter-se-á querido contemplar a compra e venda de um estabelecimento que inclua um direito real ou de arrendamento sobre um bem imóvel. Desde o regime de 2004, passou a incluir-se na descrição também a «cessão de posição em contrato cujo objeto seja um bem imóvel». Com esta alteração clarificou-se poderem ser visadas nos contratos de mediação imobiliária também cessões de posições contratuais, como as de promitente-comprador de imóvel e de locatário financeiro imobiliário[994].

Com a definição da atividade de mediação imobiliária fornecida pelo RJAMI, nomeadamente com o inciso que refere que a atividade em causa

---

[994] Para além do elenco expressamente previsto, poderá justificar-se a aplicação analógica a contratos de mediação com vista à celebração de contratos que sejam substancialmente análogos aos elencados, como a cessão da totalidade ou da maioria das participações sociais de uma sociedade titular de um estabelecimento comercial instalado em imóvel próprio ou arrendado, ou de uma sociedade cujo património seja essencialmente composto por imóveis. Noutro sentido foi a decisão do caso julgado no Acórdão do TRP de 21/03/2013, proc. 582/12.4TJPRT.P1, que, aplicando o regime aprovado pelo DL 77/99, decidiu que «[a] cessão de quotas está fora do âmbito do objeto da atividade de mediação imobiliária, pelo que não pode fundamentar um pedido de remuneração por parte do mediador». Sobre a aplicação de normas jurídicas a situações para as quais não foram diretamente destinadas, v. Higina Castelo, «As lacunas na teoria contemporânea do direito».

consiste na *procura de destinatários para a realização de negócios*, permite-se uma mudança de entendimento sobre a atividade que o mediador desenvolve no âmbito da relação contratual com o cliente e com vista à satisfação do interesse deste. Ao abandonar a referência a uma *obrigação* do mediador de efetuar dadas diligências (veja-se a definição da atividade contida no art. 2º, nº 1, do antecedente DL 211/2004), amplia o leque das ocorrências comportamentais a que destina a sua aplicação direta. A vinculação contratual do mediador e a sua intensidade terão de procurar-se casuisticamente, sem que isso afete a qualificação como contrato de mediação imobiliária legalmente típico.

A alteração legislativa não me parece inocente. Como sabemos, nos ordenamentos em que o contrato de mediação está regulado, o desenvolvimento da atividade mediadora contratualmente prevista não constitui uma obrigação. Claro que, nesses mesmos países, celebram-se no comércio jurídico contratos com grandes semelhanças ao de mediação legalmente previsto, mas nos quais o mediador assume uma obrigação de agir, como é reconhecidamente o caso do contrato de mediação com cláusula de exclusividade. No entanto, o contrato de mediação simples, descrito na previsão legal, não contempla tal estado de vinculação.

Parece-me salutar que também o legislador português tenha deixado de descrever a atribuição contratual do mediador como uma obrigação, permitindo uma convergência com o ambiente internacional e indo ao encontro do que parece ser a lógica do modelo contratual em questão. O mediador desenvolverá a atividade pretendida pelo seu cliente no interesse de ambos, sabendo que só será remunerado se for bem sucedido na procura e se, na sequência disso, o cliente vier a celebrar o contrato desejado, celebração que se mantém na disponibilidade deste. A liberdade do mediador tem como contraponto a liberdade do cliente relativamente à celebração do contrato desejado – sem prejuízo de casos especiais, como o contrato com cláusula de exclusividade ou o contrato de leilão, e da proibição do abuso de direito.

Se a definição legal da atividade de mediação imobiliária merece aplauso na parte em que libertou a previsão do tipo legal de uma necessária obrigação do mediador, já o trecho que refere que a procura se efetua *em nome dos clientes* merece a maior reserva.

No léxico jurídico, a locução *em nome de* implica a existência de *representação*, logo, da prática de atos suscetíveis de produzir efeitos jurídicos na esfera do representado. Percorrendo o Código Civil não podemos extrair outra conclusão. Alguns exemplos: o *tutor* celebra atos *em nome do interditando* (art. 142, nº 1); os *associados* assumem obrigações *em nome da associação* (art. 198, nº 1); os *representantes legais dos incapazes* não podem fazer doações *em nome destes* (art. 949, nº 2); o *mandatário a quem hajam sido conferidos poderes de representação* tem o dever de agir não só por conta, mas também *em nome do mandante* (art. 1178, nº 2); havendo impedimento de facto dos pais, o Ministério Público pode promover a nomeação de *pessoa* que, *em nome do menor*, celebre os negócios jurídicos urgentes (art. 1921, nº 2); é vedado ao *tutor* celebrar *em nome do pupilo* contratos que o obriguem pessoalmente a praticar certos atos (art. 1937, *c)*). Toda a disciplina da representação utiliza a expressão *em nome de* terceiro como sinónima de *em representação, no lugar* desse terceiro, independentemente de ter ou não poderes para tanto: o negócio jurídico realizado pelo *representante em nome do representado*, nos limites dos seus poderes, produz os seus efeitos na esfera jurídica do último (art. 258); o negócio que uma pessoa celebre *em nome de outrem*, sem poderes de representação, é ineficaz em relação ao último (art. 268, nº 1); se uma pessoa dirigir *em nome de outrem* uma declaração a terceiro, pode este exigir que o representante faça prova dos seus poderes (art. 260, nº 1) etc. Como escreve GALVÃO TELLES, é «[p]ara traduzir esta ideia de que os efeitos jurídicos se destinam ao representado, [que se diz] que o representante contrata *em nome alheio*»[995].

Como sabemos, o contrato de mediação, por definição, não autoriza o mediador a intervir no contrato desejado em representação do cliente. A verificar-se semelhante autorização estaremos no âmbito de um mandato com poderes de representação ou de um contrato atípico com notas de mediação e mandato representativo. Repare-se que a procura de destinatários para a realização de negócios, cerne da definição de atividade de mediação, deixa de fora o momento da celebração do negócio desejado, consubstanciando-se em atos materiais, como os exemplificados no art. 2º, nº 2. Lê-se neste que «[a] atividade de mediação imobiliária consubstancia-se também no desenvolvimento das seguintes ações: *a)* Prospeção e recolha de informações que visem encontrar os bens imóveis pretendidos pelos clientes; *b)* Promoção dos bens imóveis sobre os quais os clientes pretendam realizar negócios jurídicos, designadamente através da sua

---

[995] GALVÃO TELLES, *Manual dos contratos em geral*, p. 428.

divulgação ou publicitação, ou da realização de leilões». A palavra *também* introduzida no corpo da norma é uma novidade do regime de 2013 e não será a mais adequada, podendo conduzir à ideia de que as ações (prospeções, recolhas de informações e promoções) referidas no nº 2 acrescem à procura de que fala o nº 1, quando são concretizações desta. Tenho para mim que o *também*, naquele contexto, não pode deixar de ter o significado de *entre outras, nomeadamente, designadamente.*

As ações mencionadas estão descritas com elevado grau de generalização e são suscetíveis de se materializar num sem número de atos que incluem recolha de dados sobre o mercado, incluindo sobre interessados no objeto *hoc sensu* do contrato visado, visitas a locais, inspeções dos mesmos, reuniões, telefonemas e trocas de escritos para recolha e/ou fornecimento de informações, afixação de placas, contratação de anúncios, obtenção de documentos e informações junto de entidades públicas. São todos atos que se processam em momento anterior à celebração do contrato que o cliente deseja e são, quase todos, atos ditos materiais por não produzirem efeitos jurídicos, nomeadamente, não terem repercussão direta na esfera jurídica alheia, nem haver a obrigação de gerarem uma repercussão indireta.

Pode, entre eles, haver atos jurídicos, mas sempre acessórios da prestação principal ou parte integrante do processo complexo que constitui aquela prestação. A havê-los, serão eles executados em nome dos clientes, com a inerente repercussão direta na esfera jurídica destes? Por exemplo, se a empresa mediadora efetuar um contrato de inserção de anúncio num jornal para publicitar o imóvel que o cliente pretende vender, fá-lo em nome deste? É este o responsável pelo pagamento do serviço? E se pedir uma certidão para averiguar quem são os donos de um imóvel que satisfaz o desejo de aquisição do seu cliente, pede-a em nome deste? É sobre este que recai o dever de pagar o emolumento?

A resposta impõe-se negativa. E não apenas porque jamais um contrato de mediação foi entendido como conferindo ao mediador carta-branca para repercutir no cliente as despesas que entender efetuar, com vista à procura de interessado para o contrato que o cliente pretende celebrar. Não apenas porque sempre esteve subjacente a este modelo contratual que, salvo estipulação em contrário, as despesas correm por conta do mediador e a única quantia que o cliente terá de pagar é a remuneração, se vier a celebrar o contrato visado. Mas também porque o próprio RJAMI determina que tem de constar obrigatoriamente do contrato de mediação a identifi-

O CONTRATO DE MEDIAÇÃO

cação discriminada de eventuais serviços acessórios a prestar pela empresa mediadora, sob pena de nulidade do mesmo contrato (art. 16, nºs 2, *f*), e 5[996]). Os serviços acessórios, nomeadamente todos os que importem despesas para o cliente, só poderão ser efetuados em nome deste se assim tiver sido previsto no contrato de mediação, e com discriminação desses serviços. De contrário, não estando previstos, as despesas deles decorrentes correrão por conta e risco do mediador. Estando previstos sem que poderes representativos tenham sido conferidos, serão assumidos em nome do mediador[997]. Note-se que o RJAMI, à semelhança dos regimes que o antecederam, é omisso sobre o pagamento de despesas ao mediador, apesar de ter tido especial cuidado em regular a remuneração, à qual dedica um artigo com cinco números, além de num outro determinar ainda que as condições e forma de pagamento terão de constar obrigatoriamente do contrato escrito, sob pena de nulidade deste.

Por último, podemos questionar se a procura de um interessado não implica alguma atividade de negociação autónoma e autodeterminada pelo mediador e, na positiva, se ela é suscetível de vincular ou responsabilizar o cliente. A resposta impõe-se em geral, uma vez mais, negativa. A procura do interessado pode implicar, e normalmente implica, troca de informações e de outras declarações entre as futuras partes, por intermédio do mediador. Este, porém, intervém nessas trocas como *simples núncio* ou *mero transmissor* de declarações alheias[998]. Estas declarações são do cliente ou do terceiro, sendo o mediador um mero veículo físico da sua transmissão. As futuras partes respondem por essas declarações (supondo que as fizeram) como se as tivessem produzido diretamente. Sem prejuízo de o mediador também poder responder, com fundamento na violação dos deve-

---

[996] A nulidade *do contrato*, estatuída para esta eventualidade, deve ser lida *cum grano salis*, circunscrita aos serviços acessórios aludidos no art. 16, nº 2, *f*), como nulidade parcial, e não à globalidade do contrato de mediação. Creio razoável a aplicação ao caso do disposto no art. 292 do CC sobre a redução do negócio.

[997] Regimes anteriores determinavam que a prestação de serviços de obtenção de documentação e de informação necessários à concretização dos negócios objeto do contrato de mediação imobiliária deviam (sugestão cujo não acatamento não determinava a nulidade do contrato) constar do contrato, ficando a mediadora investida na qualidade de mandatária sem representação (confrontem-se os arts. 19, nº 6, e 2º, nº 3, do DL 211/2004, e os arts. 20, nº 5, e 3º, nº 2, do DL 77/99).

[998] Sobre os conceitos de representante e de núncio, e os regimes jurídicos da atuação de um e de outro, v. RAÚL GUICHARD, «Sobre a distinção entre núncio e representante».

res que lhe impõe o art. 17 do RJAMI, se conhecesse a incxatidão das suas declarações ou, rcspeitando as normas constantes daquele artigo, devessc conhecê-la. Não respeitando o que lhe foi dado transmitir, o mediador não vincula o cliente (nem o terceiro interessado), e, causando prejuízos com as suas inexatas declarações, só ele responde por eles, porque é seu dever transmitir com exatidão as declarações alheias (dever em parte positivado no art. 17, nº 1, do RJAMI).

Sobre o tema, são interessantes várias passagens do Acórdão do TRP de 01/06/2010, que manteve a absolvição da mediadora ré «desde logo porque se não pode considerar que ela tenha sido sujeito autónomo e independente da relação de negociações – ou seja, que nas negociações estivesse em posição de independência, liberdade ou autonomia que lhe permitisse determinar ou influenciar o processo negocial e que fosse, nessa medida, um sujeito autónomo da relação de negociações»[999]. O acórdão reporta-se à situação concreta, na qual «não resulta (...) apurado, e não pode ser judicialmente presumido, que à imobiliária ré tivessem sido concedidos poderes de representação»[1000]. Essa impossibilidade de presunção judicial prende-se com o facto de, em geral, o mediador não atuar nas negociações como representante:

> «Característico desta figura [representação] é o facto de o representante prestar ao representado não uma atividade material (intelectual ou técnica) mas antes uma atividade volitiva – o representante empresta ao representado, exercitando-o por ele, o seu poder de volição, de determinação de vontade (exerce o poder de autodeterminação de outrem).
>
> Por isso se distingue o representante do simples núncio, que é um simples transmissor da vontade do *dominus negotii*, que não exercita o poder de querer e deliberar da pessoa que dessa transmissão o encarrega.
>
> Também a simples colaboração material ou técnica, prestada por quem intervém em negociações com o estrito objetivo de facilitar a resolução sobre a conclusão do ato ou negócio (seja através da prestação de informações, pareceres ou fornecimento de elementos) se distingue da representação, já que também nestes casos esse colaborador não exercita o poder de autodeterminação da pessoa a quem presta a colaboração»[1001].

---

[999] Acórdão do TRP de 01/06/2010, CJ 2010, III, pp. 167-72 (172).
[1000] Acórdão do TRP de 01/06/2010, CJ 2010, III, pp. 167-72 (171).
[1001] *Idem* (nota anterior).

O CONTRATO DE MEDIAÇÃO

Em conclusão: a atividade de mediação não incorpora a celebração do contrato visado, nem em representação do cliente, nem em nome próprio; os eventuais atos jurídicos acessórios da atividade mediadora só poderão ser efetuados em representação do cliente se tiverem sido expressamente solicitados e se o poder representativo tiver sido conferido no contrato de mediação; o mediador age como simples transmissor de informações e outras declarações das futuras partes. Consequentemente, a expressão *em nome dos seus clientes* contida no art. 2º, nº 1, não pode ser entendida em sentido jurídico, mas num sentido corrente, ou talvez económico, significando que a atividade se destina à satisfação do interesse do cliente, não sendo portanto neutra ou imparcial.

8.4. A remuneração[1002]
8.4.1. Sujeito e conteúdo

A remuneração do mediador imobiliário é objeto de várias disposições do RJAMI, podendo dizer-se que se trata do aspeto contratual mais regulado.

As condições de remuneração, nomeadamente montante ou percentagem e forma de pagamento, com indicação da taxa de IVA aplicável, têm de constar obrigatoriamente do contrato (sujeito à forma escrita), sob pena de nulidade (ainda que não invocável pela empresa de mediação) – conjuguem-se as disposições do art. 16, nº 2, *c)*, e nº 5, do RJAMI.

A remuneração é, portanto, uma prestação contratual, devida por quem contrata os serviços de mediação. O contrato apresenta-se, assim, como necessariamente oneroso.

A propósito desta matéria, é vedado à empresa de mediação o recebimento de remuneração *de clientes e destinatários no mesmo negócio* (art. 17, nº 2, *a)*, do RJAMI). Creio que a norma tem apenas por objetivo evitar que a mediadora receba duas vezes pelo mesmo serviço, devendo ser interpretada a esta luz. No entanto, a sua redação dá azo a dúvidas.

Sendo a remuneração uma prestação contratualmente estipulada, ela é, por definição, devida pelo cliente, não pelo destinatário. No entanto, as partes no contrato visado (cliente da mediadora e destinatário, na terminologia do RJAMI), ou a mediadora e o destinatário, ou, ainda, os três em conjunto podem acordar numa assunção cumulativa da dívida do cliente da mediadora pelo destinatário. Apesar de o elemento literal da norma

---

[1002] A exposição subsequente tem como pano de fundo o texto do subcapítulo 5.3.

UMA UTILIZAÇÃO PARADIGMÁTICA DO INSTITUTO

parecer impedir uma tal coassunção, não creio que seja esse o seu intuito. Nenhum sentido faria proibir uma coassunção e não uma assunção liberatória (note-se que a norma diz estar vedada a receção de remuneração de clientes e destinatários, pelo que não está vedada a receção apenas do destinatário).

E se ambas as partes no mesmo contrato forem clientes da mediadora, porque ambas, através de contratos de mediação distintos, solicitaram à mediadora que encontrasse contraparte para um contrato que ambas desejavam com posições diferentes, *quid juris*? Pode a mediadora, na descrita situação, receber remuneração de ambos os clientes? O regime anterior previa diretamente o caso no art. 18, nº 6, do DL 211/2004, inalterado em 2011, destinando-lhe a seguinte regra supletiva: a remuneração só é devida por quem primeiro a contratou, exceto se houver acordo expresso de todas as partes na respetiva divisão. O RJAMI não dispõe de norma para a situação. Em meu entender, na falta de acordo das partes sobre qual delas pagará ou sobre a medida da divisão, a melhor solução será a de cada uma pagar metade do valor acordado no seu contrato. Se as retribuições acordadas não tiverem sido idênticas, esta solução importa numa desvantagem para a mediadora, relativamente à situação de ter por cliente apenas a parte com quem acordou a remuneração mais elevada. Porém, também teve o trabalho mais facilitado com a conciliação dos interesses de clientes em carteira.

Em tema de remuneração, importa ainda dilucidar se a empresa mediadora tem direito ao pagamento das despesas que eventualmente suporte em prol da promoção de um dado contrato (questão já parcialmente abordada em 8.3.2, a propósito das prestações acessórias). O RJAMI, tal como todos os seus antecessores, não dispõe sobre o pagamento das despesas suportadas no exercício da atividade de mediação. Não é, por certo, uma lacuna[1003]. A questão do ressarcimento das despesas do mediador pode dizer-se clássica, sendo tradicional o entendimento de que correm por sua

---

[1003] Em sentido contrário ao por mim defendido, MIGUEL CÔRTE-REAL e MARIA MENDES DA CUNHA, *A actividade de mediação imobiliária*, pp. 80-2. Os Autores, escrevendo na vigência do DL 77/99, entendiam que a falta de regulação das despesas do mediador constituía «um caso manifestamente omisso», a integrar com recurso ao art. 1167, *c*), do CC. Manifestaram fazer sentido que, «em futura alteração da lei», viesse a consagrar-se expressamente uma tal solução. Certo é que esse entendimento não foi acolhido no diploma de 2004, nem na sua alteração de 2011, nem com o RJAMI, em 2013. Acresce que a aplicação extensiva das disposições do mandato está afastada pelo teor do art. 1156 do CC, e analogia não se verifica, pelos motivos expostos em seguida no texto principal.

O CONTRATO DE MEDIAÇÃO

conta as despesas feitas na busca de interessado[1004]. A nossa jurisprudência tem seguido essa regra[1005]. A remuneração acordada nos contratos de mediação corresponde, em regra, a um valor consideravelmente elevado, se olharmos apenas aos esforços da atividade no caso concreto. Tal valor justifica-se pelos avultados riscos inerentes ao contrato e suportados pelo mediador, entre eles, o risco de não conseguir interessado e, principalmente, o de o cliente desistir de concretizar o negócio. Nada impede as partes, no entanto, de estipularem o pagamento de despesas.

8.4.2. Dependência da *conclusão e perfeição* do negócio visado

Lê-se no art. 19, nº 1, do RJAMI que a remuneração é devida com a *conclusão* e *perfeição* do negócio visado pelo exercício da mediação, ou com a celebração do contrato-promessa, se no contrato de mediação estiver prevista uma remuneração nessa fase.

É corrente, na prática da mediação imobiliária portuguesa (e não só – aludi em vários ordenamentos à tentativa por parte dos mediadores de anteciparem a sua remuneração através de cláusulas contratuais semelhantes), a estipulação da antecipação da remuneração ou de parte dela para o momento da celebração do contrato-promessa[1006]. Esta antecipação

---

[1004] O § 652, nº 2, do BGB, e o art. 413, nº 3, do Código das Obrigações suíço contêm regras supletivas no sentido do não reembolso das despesas. Em Espanha e na Inglaterra, a norma jurisprudencial e o entendimento doutrinário vão no mesmo sentido. Na Itália, o art. 1756 do *Codice* parece apontar no sentido inverso; no entanto, isso é tão avesso à norma tradicional que a doutrina se divide sobre a interpretação daquele artigo, argumentando parte dela com a manutenção do não reembolso. Para mais desenvolvimentos, remeto para o que escrevi em 4.2.3.1, 4.3.3.1, 4.4.3.1, 4.6.3.1, 4.7.3.1, 5.3.1 e 6.3.2.

[1005] A título exemplificativo, os Acórdãos do STJ de 28/04/2009, proc. 29/09.3YFLSB – «correm por sua conta as despesas feitas na busca de interessado no negócio, pelo que essas despesas, a menos que diversamente tenha sido convencionado, não são autónomas, não podendo ser exigidas ao incumbente se o negócio não foi celebrado, por mor da atuação do mediador» –, e do TRL de 12/07/2012, proc. 1187/11.2TBPDL.L1-7, que revogou a sentença da 1ª instância que tinha atribuído indemnização à mediadora para compensação das despesas – «traduzindo-se assim numa *fatalidade com que as empresas de mediação, que são comerciantes, que exercem uma atividade comercial numa economia de mercado, têm de viver, e é nesse pressuposto que a desempenham, sendo que as percentagens cobradas sobre o valor das vendas que ajudam a concretizar têm já em conta o risco normal, a álea que é inerente a essa atividade, acautelando as situações em que o contrato de mediação não proporciona a correspetiva remuneração e apenas redunda na realização de despesas estéreis e inúteis*».

[1006] Assim sucedeu, por exemplo, nas situações dos Acórdãos do TRE de 17/03/2005, proc. 873/04-2, e do TRP de 15/02/2012, proc. 1988/09.1TBPFR.P1. A minha experiência pessoal e

408

UMA UTILIZAÇÃO PARADIGMÁTICA DO INSTITUTO

não contende com a estrutura normal ou típica do contrato de mediação, no qual a remuneração do mediador se torna devida com a ocorrência de um evento que extravasa a sua prestação. Excecional é o caso, que adiante melhor veremos, do contrato de mediação com cláusula de exclusividade, celebrado com o proprietário do imóvel, em que a remuneração ganha alguma independência relativamente à celebração do contrato visado.

A norma do art. 19, nº 1, do RJAMI acolhe, assim, a característica observada em 5.3.2, segundo a qual, no contrato de mediação, a remuneração do mediador não depende apenas do cumprimento da sua prestação, exigindo-se, ainda, a ocorrência de um evento não prestacional e independente da sua vontade: a celebração do contrato visado (ou de um preliminar, se assim tiver sido acordado).

Não basta, porém, a celebração do contrato visado para que o mediador alcance a sua remuneração. É, ainda, necessário que esse contrato seja *perfeito*. A *perfeição do contrato* não corresponde a um momento que, com esta designação, seja trabalhado pela doutrina portuguesa. O Código Civil refere a *perfeição* apenas a propósito da declaração negocial: fá-lo no art. 35, sobre a lei reguladora do negócio internacional, e no título da secção que contém os arts. 224 a 235. Nestes contextos, *perfeição* equivale a *eficácia*. Como escreve HÖRSTER, «para que os efeitos jurídicos de uma declaração negocial se produzam é preciso que esta, depois de ter sido feita ou formulada, adquira "eficácia" (ou "perfeição")»[1007].

No Código de Seabra, observava-se semelhante equivalência no art. 678, ao determinar que «se o contrato ficou dependente de alguma condição de facto ou de tempo, verificada a condição, considera-se o contrato *perfeito* desde a sua celebração».

A ideia de que *perfeição* significa *eficácia* serve perfeitamente no âmbito do contrato de mediação. Com efeito, como vimos em 5.3.2 que aqui relembro, tem-se entendido que o direito à remuneração apenas nasce se, e quando, o contrato a final celebrado for eficaz. Assim, um contrato nulo

---

profissional indica que os modelos contratuais usados pelos mediadores contêm normalmente uma cláusula que prevê que a remuneração ou parte dela seja paga com o contrato-promessa (o que não quer dizer que sejam, todos ou na sua maioria, assinados com essa cláusula).

[1007] HEINRICH HÖRSTER, *A parte geral do Código Civil português*, p. 446. No mesmo sentido, PAIS DE VASCONCELOS, *Teoria geral...*, p. 455 – «O Código Civil, nos artigos 224º a 226º encara a perfeição da declaração negocial como o momento da sua eficácia: a tornar-se perfeita a declaração negocial alcança a sua plena eficácia».

O CONTRATO DE MEDIAÇÃO

não é hábil a gerar tal direito e um contrato sujeito a condição suspensiva só o gera com a realização do evento condicional.

Continuando a deixar à margem o contrato em regime de exclusividade, a regra de que a remuneração é devida com a conclusão e perfeição do contrato visado apenas pode ser afastada por estipulação expressa, e limitadamente, nos contratos de mediação celebrados com o potencial comprador ou o arrendatário. Nestes, caso assim resulte expressamente do contrato, a mediadora pode cobrar quantias a título de adiantamento por conta da remuneração, que terá de devolver caso o negócio não se concretize (art. 19, nº 3).

8.4.3. Necessidade de um nexo

Como vimos a propósito do contrato de mediação em geral, para que o mediador tenha direito à remuneração não basta que o cliente celebre o contrato visado. É também necessário que a atividade do mediador tenha contribuído para essa celebração, ou seja, que se verifique um nexo entre a sua atividade e o contrato a final celebrado, aferindo-se o cumprimento do mediador pela existência deste nexo. A necessidade de um tal nexo decorre dos compromissos assumidos pelas partes no âmbito da relação contratual de mediação imobiliária e é incansavelmente lembrada pela jurisprudência[1008]. Tem por função afastar a retribuição quando o nexo não se estabelece, mas também mantê-la quando, após o seu estabelecimento, atos alheios ao comportamento do mediador conduzem à sua aparente quebra[1009].

Encontramos uma concretização desta norma no art. 19, nº 4, do RJAMI, ao determinar que o direito à remuneração cujo pagamento caiba ao cliente proprietário de imóvel objeto de contrato de mediação não é afastado pelo exercício de direito legal de preferência sobre o dito imóvel. Ou seja, a mediadora mantém o direito à remuneração mesmo que no contrato final, por via do exercício por terceiro de um direito *legal* de preferência, venha a figurar como parte adquirente uma pessoa diferente da que foi por si angariada.

Não creio que a restrição da norma ao exercício de um direito legal de preferência tenha razão de ser. É certo que, em regra, depois de conclu-

---

[1008] V. a primeira nota de 5.3.3.1.
[1009] Remeto para o que escrevi nas secções com a terminação «3.3» dos países estrangeiros, em 5.3.3.1 e em 6.3.4.

ído o contrato, o preferente apenas pode exercer o seu direito, exigindo a sua substituição no contrato já celebrado, no exercício de direitos legais de preferência. Porém, esse exercício *a posteriori* não está excluído dos pactos de preferência, quando tenham sido celebrados com eficácia real. Com efeito, a substituição do adquirente pelo preterido preferente encontra-se prevista no regime do direito legal de preferência do comproprietário (art. 1410 do CC), aplicável aos demais direitos legais de preferência previstos no Código Civil (arts. 1091, 1380, 1535, 1555 e 2130), e também ao exercício de direitos convencionais de preferência com eficácia real (art. 421, nº 2, do CC).

A remuneração da empresa de mediação também não deverá ser afastada nos casos em que, com o contrato visado ainda em perspetiva, o preferente, legal ou convencional, se apresenta (*motu proprio* ou por iniciativa do obrigado à preferência, cliente da mediadora) a manifestar a sua intenção de preferir, vindo o contrato a ser com ele concluído. Com efeito, a proposta contratual a apresentar ao preferente só se tornou possível pela existência de um interessado nela, ou seja, graças à atividade de mediação. Trata-se de uma situação em que existe nexo causal entre a atividade da mediadora e o contrato a final celebrado, apesar de este não o ser com a pessoa angariada.

A norma de que falamos vale nos casos em que o cliente da mediadora é o alienante, obrigado a dar preferência a terceiro, cujo interesse fica integralmente satisfeito com a atividade de mediação, mesmo que o angariado venha a ser substituído pelo preferente. Esta previsão tornou-se clara com o RJAMI. Anteriormente, o art. 18, nº 7, do DL 211/2004, estabelecia mais genericamente que a alteração subjetiva numa das partes do negócio visado, por exercício do direito legal de preferência, não afastava o direito à remuneração da empresa de mediação. No entanto, o campo de aplicação da norma tinha de restringir-se aos casos em que o cliente da mediadora era o alienante, pois não faria sentido naqueles em que era o desejoso adquirente, preterido pelo preferente a quem o angariado estava obrigado a dar preferência. Neste caso, o contrato que se celebrava não era o desejado pelo cliente da mediadora, mas um outro no qual ele não era parte e que não satisfazia a sua pretensão. De louvar, portanto, a explicitação do RJAMI.

O CONTRATO DE MEDIAÇÃO

8.5. Normas imperativas sobre formação e conteúdo
8.5.1. Forma escrita
O contrato de mediação imobiliária é obrigatoriamente reduzido a escrito. Assim o impõe o art. 16, nº 1, do RJAMI, que neste aspeto não inovou relativamente aos precedentes regimes (2004/2011, 1999 e 1992). Trata-se claramente de forma dita *ad substantiam*, um requisito de validade, forma mínima exigida para que o contrato seja válido.

Segundo a regra geral de direito civil, a declaração negocial que careça da forma legalmente prescrita é nula, quando outra não seja a sanção especialmente prevista na lei (art. 220 do CC). A nulidade tem o significado impresso na disciplina contida nos artigos 286 e 289 a 293 do CC, sendo, nomeadamente, invocável a todo o tempo por qualquer interessado e podendo ser declarada oficiosamente pelo tribunal.

O RJAMI, porém, apesar de expressar que a não redução a escrito determina a *nulidade* do contrato, afastou o regime geral da nulidade, atribuindo à proscrição da forma escrita no contrato de mediação imobiliária uma consequência específica: *nulidade* (assim lhe chamou) *não invocável pela empresa de mediação* (16, nº 5, do RJAMI). Esta estatuição também não constitui novidade, estando prevista em idênticos termos desde o regime de 1992.

Ao longo de duas décadas, foram bastantes os contratos de mediação imobiliária não celebrados por escrito que produziram situações litigiosas levadas a tribunal. Durante esse período, os tribunais portugueses tiveram oportunidade de se pronunciar sobre o significado da designada *nulidade* do contrato de mediação imobiliária por falta da forma legalmente exigida, no seio de um quadro legislativo que, do ponto de vista material ou substantivo, se manteve inalterado. Tem-se reconhecido unanimemente que a nulidade prevista no RJAMI é *atípica* ou *sui generis*, ou seja, que não lhe corresponde o regime geral ditado pelo Código Civil para o negócio jurídico nulo. Praticamente não há acórdão sobre a matéria que não o refira.

O significado dessa atipicidade, em que medida o regime da nulidade do RJAMI ora em análise se afasta do regime geral, suscita duas questões: quem pode invocar o vício; que consequências ele tem na contraprestação pecuniária quando o contrato desejado é efetivamente celebrado na sequência da atividade do mediador.

Relativamente à primeira questão, concebem-se três respostas: qualquer interessado, com exceção da empresa de mediação, pode invocar a nulidade; além de poder ser invocada por qualquer interessado, com exceção

UMA UTILIZAÇÃO PARADIGMÁTICA DO INSTITUTO

da empresa de mediação, o vício pode ser declarado *ex officio* pelo tribunal; apenas o cliente da empresa de mediação pode invocar a invalidade.

O teor literal da norma e a sua conjugação com a regra do art. 286 do CC conduzem a que a nulidade possa ser invocada por qualquer interessado, com exceção da empresa de mediação, e a que deva também ser conhecida oficiosamente pelo tribunal[1010].

As decisões judiciais, porém, têm sido no sentido de apenas o cliente poder invocar a invalidade[1011].

[1010] Neste sentido, LACERDA BARATA, «Contrato de mediação», p. 211, referindo-se à norma paralela do DL 77/99. No sentido de que o tribunal deve conhecer oficiosamente numa situação em que tal conhecimento é desfavorável à mediadora, e com argumentos que devem ser ponderados, o Parecer de RUI PINTO DUARTE, datado de 26/01/2014, no caso julgado pelo Acórdão do STJ de 07/05/2014, proc. 7185/09.9TBCSC.L1.S1. Entre as conclusões do referido Parecer: «i) A ter existido contrato, o mesmo seria nulo, por força do nº 8 do art. 19 do Dec.-Lei 211/2004, de 20 de agosto; j) Como resulta do art. 285 do Código Civil, as disposições dos arts. 286 a 294 do mesmo diploma são aplicáveis à nulidade e à anulabilidade dos negócios jurídicos na medida em que não haja regime especial; k) O caso em apreço é de nulidade para efeitos de tais preceitos do Código Civil; l) Não só o nº 8 do art. 19 do Dec.-Lei 211/2004, de 20 de agosto, é claro como, se tal preceito não existisse, a sanção da nulidade seria à mesma a aplicável, por força do art. 220 do Código Civil; m) Do Dec.-Lei 211/2004, de 20 de agosto resulta haver um – *e só um* – desvio ao regime geral da nulidade: o consistente em a nulidade não poder ser invocada pela empresa de mediação; n) Assim, todas as regras do regime comum da nulidade à exceção da possibilidade de invocação pela empresa de mediação são aplicáveis ao caso; o) Entre tais regras está a do conhecimento oficioso da nulidade pelo Tribunal, sendo de sublinhar que, apesar da fórmula do art. 286 ("pode ser declarado oficiosamente"), na medida em que o poder em causa é um poder-dever, o tribunal *deve* conhecer da nulidade oficiosamente; p) A tese de que a nulidade atípica (incluindo a do contrato de mediação imobiliária resultante da falta da sua redução a escrito) não seria declarável oficiosamente pelo tribunal surgiu para evitar que a parte mais forte, presumível causadora da nulidade (no caso, a empresa de mediação), beneficiasse com essa declaração, razão essa que no caso não se verifica; q) Se o tribunal recusasse ter o poder-dever de declaração oficiosa da nulidade, o protegido seria a empresa de mediação e o prejudicado seria a parte em cujo favor a nulidade é estabelecida». O Acórdão não chegou a analisar as questões dos sujeitos com legitimidade para invocar nulidade e do seu possível conhecimento oficioso, uma vez que tais questões ficaram prejudicadas com a consideração prévia da inexistência do contrato de mediação (ao encontro do citado Parecer).

[1011] Acórdão do TRC de 10/07/2007, proc. 3631/05.9TBAVR.C1 – trata-se de «invalidade de caráter misto, não podendo ser conhecida oficiosamente, e apenas invocável pela pessoa singular ou coletiva que celebra o contrato de mediação com a empresa imobiliária». Neste sentido, também o Acórdão do TRC de 16/10/2007, proc. 408/05.5TBCTB.C1, CJ 2007, IV, 33, no qual o terceiro angariado, por acordo com o cliente do mediador, assumiu em exclusivo a obrigação de pagamento da remuneração. Discutiu-se se o terceiro angariado podia arguir a nulidade

O CONTRATO DE MEDIAÇÃO

O que, em qualquer caso, não se deverá permitir é que o conhecimento oficioso do tribunal ou o conhecimento por invocação de terceiros conduzam ao aproveitamento do vício pela empresa de mediação, situação que a lei quis claramente afastar. Para a invocação pelo cliente, por seu turno, deverá bastar qualquer alegação que implique não ter sido celebrado contrato escrito, o que inclui a alegação de não ter sido celebrado qualquer contrato.

À segunda questão, as respostas também não são unânimes: para uns, a compensação nos termos do art. 289, nº 1, do CC, deve corresponder ao valor dos serviços que em concreto o mediador tiver prestado[1012]; para outros, a mesma compensação deve corresponder à remuneração acordada[1013].

Quando o direito não nos conduz à manutenção do contrato, declarada a sua nulidade, haverá que ter em consideração o disposto no art. 289, nº 1, do CC – a nulidade tem efeito retroativo, devendo ser restituído tudo o

---

do contrato para se escusar à remuneração. Julgou-se negativamente com fundamento em que «só o cliente» o podia fazer. Que a nulidade em causa se trata de uma nulidade atípica, que só pode ser invocada pelo cliente da empresa mediadora, não o podendo ser por esta, nem oficiosamente pelo tribunal, foi ainda decidido nos Acórdãos do TRL de 27/02/2007, proc. 10818/2006-7, do STJ de 03/04/2008, proc. 07B4498, e do TRC de 18/03/2014, proc. 292391/11.7YPRT.C1.

[1012] Foi claramente esta a posição defendida no Acórdão do TRC de 06/03/2012, proc. 2372/10.0TJCBR.C1: declarando nulo, por fata de forma escrita, o contrato de mediação, condenou a mediadora a restituir a remuneração auferida e condenou o cliente a restituir à mediadora o valor dos serviços prestados, a apurar em ulterior liquidação. Semelhante tinha sido a decisão no caso análogo apreciado no Acórdão do TRL de 07/10/2003, proc. 2165/2003-7. Parece ser também este o entendimento de MIGUEL CÔRTE-REAL e MARIA MENDES DA CUNHA, *A actividade de mediação imobiliária*, p. 84: «no caso de haver a celebração de um contrato de mediação imobiliária sem sujeição à forma escrita e de cuja execução resultem vantagens para o cliente da sociedade de mediação (interessado), vantagens que decorram do integral cumprimento, por esta, do contrato celebrado, apesar da sua nulidade, nesta específica hipótese é certo que, através do próprio instituto do enriquecimento sem causa, sempre a sociedade prestadora de tais serviços deverá ser ressarcida pela sua prestação. Milita decisivamente neste sentido o disposto no art. 289º do CC».

[1013] No Acórdão do STJ de 20/04/2004, proc. 04A800, sobre um contrato de mediação nulo por não ter sido celebrado na forma prescrita, o tribunal decidiu que «[n]ão merece reparo o critério adotado pelas instâncias para a fixação [do valor dos serviços prestados pelo autor], ou seja, de que a ré deve pagar ao autor a comissão de 3%, que foi acordada sobre o preço da venda, pois foi aquele valor que as próprias partes fixaram como justo e adequado, do ponto de vista contratual, para a remuneração dos serviços do autor».

UMA UTILIZAÇÃO PARADIGMÁTICA DO INSTITUTO

que tiver sido prestado ou, se a restituição em espécie não for possível, o valor correspondente. Creio que o melhor critério para aferir este valor é fazê-lo corresponder à remuneração acordada, pois foi esta que o cliente entendeu que a atividade bem sucedida do mediador para si valia.

Por vezes, a invocação da nulidade do contrato de mediação celebrado sem observância da forma escrita é recusada por se considerar abusiva, contrária à boa fé que deve orientar as relações contratuais em todas as suas fases[1014]. Tal recusa vai ao encontro do que se pode considerar uma orientação jurisprudencial mais geral que, perante certos circunstancialismos, e com fundamento nas normas que exigem a boa fé na formação dos contratos e nas que proíbem o abuso de direito, afirma a validade de contratos celebrados com desrespeito da forma solene prescrita por lei[1015].

8.5.2. Formação do contrato com recurso a cláusulas contratuais gerais

A proliferação nos contratos da utilização de cláusulas previamente gizadas por apenas uma das partes, não negociadas e eventualmente insusceptíveis de negociação, conduziu a que se questionasse a efetiva igualdade de poder das partes, pressuposto natural de um conceito de contrato assente no consenso entre pessoas livres e capazes de regular as suas relações de

---

[1014] Assim o decidiu o Acórdão do TRL de 09/03/2004, proc. 7282/2003-1, no qual, graças à promoção da mediadora, a cliente logrou vender o imóvel à pessoa lhe foi apresentada pela primeira; ulteriormente, a cliente negou o pagamento com fundamento na nulidade do contrato, cuja assinatura sempre tinha protelado. O tribunal entendeu, secundando a primeira instância, que naquele caso «a invocação da nulidade resultante do vício de forma constitui abuso de direito por violar a confiança, criada pela ré na autora, de que, cumprido por esta o contrato – como aconteceu – lhe seria paga por aquela a remuneração acordada». Em idêntico sentido, o Acórdão do TRP de 20/03/2007, proc. 0720378: o contrato de mediação tinha sido verbal; após beneficiar dos serviços de mediação e de celebrar o contrato desejado, o cliente não quis pagar a remuneração invocando a nulidade do contrato; o TRP decidiu, seguindo a decisão da primeira instância, que tal invocação constituía um abuso de direito, traduzido num *venire contra factum proprium*, e manteve a remuneração; mais acrescentou que, ainda que assim não se entendesse, e se julgasse nulo o contrato, sempre haveria que proceder à reposição da situação anterior nos termos do art. 289 do CC, sendo razoável fixar o valor dos serviços prestados na percentagem sobre o valor da venda acordada como remuneração (no caso, 3%).

[1015] Diretamente sobre o tema, com resenha de posições da jurisprudência e da doutrina, PEDRO PAIS DE VASCONCELOS, «Superação judicial da invalidade formal no negócio jurídico de direito privado», pp. 313-38.

acordo com os seus melhores interesses. A constatação de que, em muitas situações, a igualdade formal dos sujeitos de direito não de materializa numa igualdade substancial dos mesmos, ou seja, de que as partes não se equiparam na liberdade de contratar e/ou no poder de conformar as suas relações contratuais, levou à reflexão sobre o conceito de contrato e à intervenção estatal tendente a garantir ou repor um equilíbrio que se entendia inerente ao contrato como autorregulação entre iguais. A referida constatação alicerça o regime legal das cláusulas contratuais gerais (LCCG), instituído pelo DL 446/85, de 25 de outubro (v. o nº 3 do preâmbulo), com as alterações introduzidas pelos DL 220/95, de 31 de agosto, 249/99, de 7 de julho, e 323/2001, de 17 de dezembro[1016]. O diploma é um *pequeno código* que extensamente regula as cláusulas contratuais gerais, «elaboradas sem prévia negociação individual, que proponentes ou destinatários indeterminados se limitem, respetivamente, a subscrever ou aceitar» e, desde a alteração de 1999, regula também expressamente as cláusulas pré-elaboradas para um contrato individual, cujo conteúdo o destinatário não pôde influenciar (leia-se o seu art. 1º, nºs 1 e 2)[1017]. Rege sobre o conhecimento

---

[1016] Na busca do fundamento e do critério da intervenção legislativa nesta área, v. a tese de doutoramento de JOAQUIM DE SOUSA RIBEIRO, *O problema do contrato*, na qual o Autor conclui que o que legitima a intervenção é o facto de haver «áreas em que se constata, de forma sistemática, uma típica lesão dos interesses de um círculo de contraentes», devendo a tutela restringir-se a essas áreas «visando apenas interditar o excesso, o que deixa uma margem, mais ou menos ampla, de liberdade de conformação» (p. 641). Leia-se a seguinte passagem elucidativa da posição defendida: «Tanto o tópico da disparidade de poder contratual como o da falta de autodeterminação exprimem, sem dúvida, pontos de vista acertados e dignos de acolhimento (...). Mas a verdade é que não se mostram adequados a fixar os pressupostos de aplicação de um regime limitativo da liberdade contratual, em proteção de uma das partes. (...) De forma que o único ponto de apoio seguro para critério de intervenção é a constatação empírica de que, em certas áreas ou processos de contratação, o conteúdo do acordo se desvia, de forma típica e sistemática, de uma conformação equilibrada de interesses, sempre em prejuízo da mesma categoria de contraentes» (pp. 170-1).

[1017] A alteração de 1999 foi a segunda motivada pela necessidade de transposição da Diretiva 93/13/CEE do Conselho, de 5 de abril de 1993. O diploma comunitário abrangia o controlo sobre cláusulas abusivas gerais e, também, individuais, nos contratos celebrados com os consumidores. A alteração de 1995 tinha deixado intocado o âmbito do DL 446/85, restringido às cláusulas contratuais gerais. No entanto, já então se entendia que as cláusulas particulares não negociadas, introduzidas nos contratos celebrados com consumidores, estavam sujeitas a idêntico controlo por via da interpretação do direito nacional conforme ao direito comunitário e do disposto no art. 9º da Lei de Defesa do Consumidor, Lei 24/96, de 31 de julho. A alteração introduzida pelo DL 249/99 veio clarificar a situação do direito nacional, passando

das cláusulas pela parte que não as elaborou, sobre a sua interpretação e integração, e sobre os conteúdos que geram a invalidade das mesmas. O controlo do conteúdo das cláusulas efetua-se através da cláusula geral da boa fé e de listas de cláusulas proibidas também decorrentes da mesma cláusula geral e que descrevem situações (provavelmente todas as que a imaginação do legislador alcançou) com amplo recurso a conceitos indeterminados.

O RJAMI, à semelhança dos regimes que o antecederam, contempla explicitamente a possibilidade de o contrato de mediação ser celebrado por adesão a modelo constituído por cláusulas contratuais gerais e controla a legalidade dessas cláusulas através da imposição da sua prévia sindicância por uma entidade pública, atualmente a Direção-Geral do Consumidor. Com efeito, dispõe o art. 16, nº 4, do RJAMI, que os modelos de contratos com cláusulas contratuais gerais só podem ser utilizados pela empresa após *validação* dos respetivos projetos pela Direção-Geral do Consumidor. O incumprimento desta disposição determina a nulidade do contrato, não invocável pela empresa de mediação (art. 16, nº 5).

Os regimes anteriores eram menos exigentes. Todos continham uma norma destinada aos contratos de mediação com uso de cláusulas contratuais gerais. Porém, limitavam-se a exigir que a empresa de mediação *enviasse cópia* dos projetos dos contratos com uso de tais cláusulas à Direção-Geral do Consumidor, ou a outros organismos de tutela dos interesses dos consumidores (v. art. 19, nº 7, do DL 211/2004, art. 20, nº 6, do DL 77/99 e art. 10º, nº 4, do DL 285/92). A prévia *validação* é uma novidade do RJAMI. A celebração de contrato de mediação com uso das ditas cláusulas, sem o prévio envio dos projetos à devida entidade, determinava, porém, como hoje, a nulidade do contrato, na mesma modalidade, não invocável pela empresa de mediação (art. 19, nº 8, do DL 211/2004, art. 20, nº 8, do DL 77/99, e art. 10º, nº 6, do DL 285/92).

---

a ser inequívoco que o regime do DL 446/85 se aplica a cláusulas predispostas por uma das partes, destinadas à generalidade dos futuros parceiros ou a uma contraparte em particular, mantendo sob a sua alçada contratos com quaisquer sujeitos, consumidores ou não consumidores. Sobre a história da transposição da diretiva em dois atos, v. NUNO MANUEL PINTO OLIVEIRA, *Princípios de direito dos contratos*, pp. 237-41; ALMENO DE SÁ, *Cláusulas contratuais gerais e directiva sobre cláusulas abusivas*, pp. 30-43 e 85-93.

O CONTRATO DE MEDIAÇÃO

As questões suscitadas pelo regime desta nulidade são idênticas às dos casos, muito mais frequentes, de nulidade por inobservância da forma escrita. As soluções encontradas, também[1018].

De dizer que a validação abstrata, pela Direção-Geral do Consumidor, das cláusulas contratuais gerais que a empresa de mediação pretende integrar em contratos concretos não cerceia a apreciação judicial da validade das mesmas, seja através da ação inibitória independente da inclusão em contratos singulares, seja após a sua inserção nesses contratos. Na sua primitiva versão, a LCCG excluía do seu âmbito de aplicação as cláusulas expressamente aprovadas por entidades públicas com competência para limitar a autonomia privada (art. 3º, nº 1, al. *c*), da versão originária). Esta norma desapareceu, com aplauso da doutrina[1019], com as alterações introduzidas pelo DL 220/95, cujo principal intuito foi o da adaptação da lei nacional aos princípios da Diretiva 93/13/CEE. Todavia, lê-se no preâmbulo, «aproveitou-se o ensejo para efetuar, independentemente da diretiva, vários retoques que pareceram oportunos». Foi neste âmbito que se eliminou a referida alínea, fundamentando-se a opção com a seguinte passagem: «Não parece que a exceção faça hoje sentido. Na verdade, assiste-se, não só à equiparação tendencial da Administração Pública, enquanto fornecedora de prestações e produtora de bens, aos profissionais da esfera privada, mas também à progressiva desregulamentação dos mercados onde intervêm as empresas abrangidas pelo condicionamento previsto na antiga alínea *c*)».

A avaliação que a administração poderá fazer das cláusulas que lhe são submetidas para validação, sendo prévia à inclusão em contratos particulares, terá o âmbito previsto no art. 25 da LCCG para a ação inibitória: resul-

---

[1018] Exemplificativamente, no Acórdão do TRE de 03/12/2008, CJ 2008, V, 254, o contrato de mediação foi julgado nulo porque, «tendo sido celebrado no âmbito de um quadro negocial padronizado, com recurso a cláusulas contratuais gerais, não foi enviada uma cópia do projeto do mesmo ao Instituto do Consumidor». O tribunal decidiu que, «aquele que receber, por força contratual, uma prestação (pecuniária ou em espécie) de outrem, prestada de boa fé e sem caráter de liberalidade, tem o dever de devolver o conteúdo da dita prestação ou o seu equivalente pecuniário em caso de posterior declaração judicial de ineficácia do acordo que lhe subjaz, sob pena de se encontrar em situação de enriquecimento sem causa (...). Assim sendo, só lhes resta, nos termos do sobredito inciso legal, restituir o valor correspondente àquela atividade prestada e este só pode ser, na falta de outro posterior em que as partes tenham acordado, aquele que convencionaram (...)».

[1019] ANA PRATA, *Contratos de adesão e cláusulas contratuais gerais*, pp. 195-6; ALMENO DE SÁ, *Cláusulas contratuais gerais e directiva sobre cláusulas abusivas*, p. 112.

418

UMA UTILIZAÇÃO PARADIGMÁTICA DO INSTITUTO

tará do confronto das cláusulas elaboradas para utilização futura, objeto de validação, com a cláusula geral da boa fé e com as listas de cláusulas absoluta e relativamente proibidas, destinadas aos contratos em geral e aos contratos de consumo, constantes dos artigos 18, 19, 21 e 22 da LCCG.

8.5.3. Menções obrigatórias no escrito contratual

O art. 16, nº 2, do RJAMI tem a seguinte redação:

> «Do contrato constam, obrigatoriamente, os seguintes elementos:
>
> *a)* A identificação das características do bem imóvel que constitui objeto material do contrato, com especificação de todos os ónus e encargos que sobre ele recaiam;
>
> *b)* A identificação do negócio visado pelo exercício de mediação;
>
> *c)* As condições de remuneração da empresa, em termos fixos ou percentuais, bem como a forma de pagamento, com indicação da taxa de IVA aplicável;
>
> *d)* A identificação do seguro de responsabilidade civil ou da garantia financeira ou instrumento equivalente previsto no artigo 7º, com indicação da apólice e entidade seguradora ou, quando aplicável, do capital garantido;
>
> *e)* A identificação do angariador imobiliário que, eventualmente, tenha colaborado na preparação do contrato;
>
> *f)* A identificação discriminada de eventuais serviços acessórios a prestar pela empresa;
>
> *g)* A referência ao regime de exclusividade, quando acordado, com especificação dos efeitos que do mesmo decorrem, quer para a empresa quer para o cliente».

As várias alíneas reportam-se a elementos muito heterogéneos. As primeiras três respeitam a elementos presentes em qualquer contrato de mediação, a saber: o objeto mediato do negócio visado; o negócio visado pelo contrato de mediação; e a remuneração. E impõem a identificação circunstanciada desses elementos. A alínea subsequente obriga à identificação do seguro de responsabilidade civil, elemento externo à estrutura contratual. As três últimas alíneas respeitam a circunstâncias eventuais mas que, a verificarem-se, têm obrigatoriamente de ser mencionadas no texto do contrato: caso tenha havido colaboração de angariador, ele tem de estar identificado; caso sejam contratados serviços acessórios, eles têm de ser discriminados; caso seja acordado o regime de exclusividade, ele tem de ser referido com especificação dos seus efeitos para cada uma das

O CONTRATO DE MEDIAÇÃO

partes. O conteúdo destas últimas alíneas é também díspar: na alínea *e)* exige-se a identificação de um interveniente – angariador – colaborador da empresa mediadora, que pode ter angariado o cliente e, até, intervir no contrato de mediação em representação da mediadora; a alínea *f)* respeita ao conteúdo secundário do contrato[1020]; a alínea *g)* respeita também ao conteúdo do contrato mas, desta vez, a uma cláusula que modifica substancialmente os deveres das partes[1021].

A consequência para o incumprimento do disposto em qualquer das alíneas é a mesma: a *nulidade* do contrato, *ininvocável pela empresa de mediação* (art. 16, nº 5), à semelhança do que sucede para as já referidas falta de forma escrita e falta de validação do modelo contratual com cláusulas contratuais gerais que tenha sido utilizado. Esta consequência para a omissão de determinados elementos no contrato já constava dos dois regimes imediatamente anteriores (2004 e 1999); os elementos obrigatoriamente constantes é que sofreram algumas alterações.

Relativamente ao regime da nulidade, colocam-se as mesmas questões que vimos acima para a inobservância da forma legalmente prescrita: quem pode invocar a invalidade; compensação do mediador caso desenvolva com sucesso a sua atividade no âmbito de um contrato nulo; circunstâncias que obstam à invocação da nulidade. Idênticas respostas têm sido fornecidas. Exemplificativamente, no Acórdão do TRE de 30/06/2011, proc. 126/09.5T2GDL.E1, o contrato de mediação, apesar de celebrado na devida forma, não especificava os ónus do imóvel, sendo certo que sobre ele recaiam duas hipotecas. O TRE decidiu, secundando a primeira instância, que a invocação da nulidade do contrato depois de o cliente ter beneficiado dos serviços e concretizado o contrato com o interessado angariado pela mediadora excedia manifestamente os limites impostos pela boa fé, constituindo abuso de direito. Mais foi referido que, ainda que nulo fosse, sempre a mediadora teria direito a ser ressarcida pelo valor correspondente aos serviços prestados, sendo razoável que a compensação fosse equivalente à remuneração acordada.

8.5.4. Prazo

O art. 16, nº 3, do RJAMI determina que, quando o contrato for omisso quanto ao respetivo *prazo de duração*, considera-se celebrado por um período

---

[1020] Questões referentes à alínea *f)* do nº 2 do art. 16 do RJAMI são tratadas em 8.3.2.
[1021] Questões referentes à alínea *g)* do nº 2 do art. 16 do RJAMI são tratadas em 8.6.1.

de *seis meses*. Pode causar alguma estranheza que eu trate de uma norma que dita o prazo supletivo do contrato num subcapítulo intitulado «Normas imperativas sobre formação e conteúdo». Com efeito, o período de vigência do contrato é deixado na disponibilidade das partes, sendo dispositiva a regra que o fixa em seis meses. A determinação temporal do contrato, porém, é injuntiva; impõe-se a celebração por tempo determinado num contrato que é configurável sem essa limitação.

O RJAMI considera, pois, essencial que o contrato de mediação imobiliária seja celebrado por determinado período de tempo. No entanto, usou, em relação ao prazo, uma técnica diferente da utilizada quanto a outras menções contratuais também consideradas essenciais. Em vez de obrigar as partes à estipulação de prazo, sob pena de nulidade (como fez com os demais elementos constantes do art. 16, nº 2, ou como determinava o DL 77/99, no seu art. 20, nº 2, al. *g*)), ou sem cominação expressa (como sucedia no DL 285/92, art. 10º, nº 2, al. *a*)), optou por fixar um prazo supletivo de seis meses. Idêntica norma constava do regime anterior, instituído em 2004.

A existência de um prazo contratual tem como consequência que não possa ser posto termo ao contrato antecipadamente por declaração discricionária de uma das partes. Trata-se de decorrência lógica da basilar regra *pacta sunt servanda*, de resto, positivada no art. 406 do CC. No entanto, no que ao contrato de mediação respeita, tem havido divergências doutrinárias nesta matéria, lendo-se, por vezes, que o contrato de mediação é livremente *revogável* (sendo o termo aqui entendido à semelhança do seu emprego, por exemplo, no regime do mandato, como possibilidade de cessação por declaração unilateral e discricionária)[1022].

[1022] Assim o afirmou Manuel Salvador, *Contrato de mediação*, p. 254, socorrendo-se para fundamentar a sua afirmação de uma citação de Carraro. Lembro que para este, no entanto, a mediação típica não tinha origem contratual, não repousava em vínculos obrigacionais assumidos pelas partes. É elucidativa a seguinte passagem: «Quando si riconosca, come qui si è creduto di fare, che la mediazione legislativamente prevista non ha natura contrattuale e quindi che è privo di significato parlare rispetto ad essa di incarico della una parte e accettato dall'altra, resulta anche chiaro, senza bisogno di ulteriori giustificazioni, come ciascuna delle parti possa impedire, in linea di fatto, che l'attività intermediatrice si svolga, o astenersi dal proseguire in tale attività, senza incorrere in alcuna sanzione» (Luigi Carraro, *La mediazione*, p. 109-10). Salvador cita, ainda, Carvalho Neto para quem o contrato de mediação pode ser revogado a qualquer momento, pela vontade exclusiva do dono do negócio, ainda que, tratando-se de contrato com prazo fixado, haja lugar a indemnização por perdas e danos (Manuel Salvador, *Contrato de mediação*, p. 255). Também para Daniel Rodríguez,

A revogabilidade do contrato de mediação tem sido ancorada em dois argumentos. Por um lado, na circunstância de a liberdade do cliente de celebrar o contrato inicialmente desejado permanecer intocada. Ainda que o mediador seja bem sucedido na sua tarefa e apresente ao cliente alguém interessado e disposto, sem mais, a celebrar o contrato visado, o cliente é livre de desistir dessa celebração, ou de celebrar o contrato com outro qualquer interessado, não lhe acarretando essa desistência (ressal-

o contrato é livremente revogável, por assentar numa relação de confiança especial entre as partes e porque a obrigação de remunerar só surge com a celebração do contrato desejado, do qual o cliente pode livremente desistir (DANIEL RODRÍGUEZ RUIZ DE VILLA, *El contrato de corretaje inmobiliario...*, p. 604). A partir das palavras de VAZ SERRA tem-se entendido possível a revogação unilateral e discricionária, mesmo em contratos celebrados por tempo determinado. Creio que sem razão. Leiam-se as frases de VAZ SERRA na anotação ao Acórdão do STJ de 07/03/1967 (RLJ 100, pp. 345-6): «salvo estipulação em contrário, o contrato de mediação deve considerar-se revogável. Não se trata de uma aplicação analógica das regras do mandato e da comissão, mas de uma consequência da própria natureza do contrato, tal como ela é de presumir ser querida pelos contraentes, pois parece de presumir que o autor do encargo, ao celebrar o contrato de mediação, não quer privar-se da faculdade de prescindir dos serviços do mediador, já que pode oferecer-se-lhe oportunidade de realizar o negócio sem intermediário, ou aparecer-lhe outro intermediário mais conveniente, ou perder a confiança que depositara no primeiro ou desistir do propósito de concluir o negócio; por outro lado, desde que o mediador só adquire direito à remuneração quando o negócio é concluído por efeito da sua intervenção (...) e a conclusão depende do autor do encargo, tem este o direito de revogação». Esta passagem de VAZ SERRA tem sido várias vezes repetida para justificar a cessação unilateral e imotivada de contratos de mediação pelo cliente do mediador, mesmo quando tais contratos são celebrados por certo período de tempo. Disso é exemplo o recente Acórdão do TRP de 17/03/2014, proc. 137/11.0TBPVZ.P1. Sucede que naquele trecho, VAZ SERRA reporta-se a um contrato sem cláusula de exclusividade, pois mais adiante vem a considerar irrevogável o contrato de mediação com tal cláusula, como era o do acórdão anotado. Não esclarece o Autor se se deve considerar que há estipulação em contrário da livre revogabilidade quando o contrato é celebrado por determinado prazo. Lembro que, à data, todos os contratos de mediação eram legalmente atípicos no nosso ordenamento e os contratos de mediação tipificados em ordenamentos estrangeiros não tinham o prazo como elemento essencial, nem natural. Ou seja, em regra, os contratos de mediação eram celebrados por tempo indeterminado, pelo que seriam esses que os autores tinham em vista quando se referiam à livre revogabilidade do contrato. Para MENEZES CORDEIRO, o contrato de mediação celebrado por tempo determinado apenas será revogável mediante justa causa: «por via do artigo 1156º do Código Civil, haverá que recorrer às regras do mandato: o solicitante poderá revogar o contrato mas, uma vez que ele também foi celebrado no interesse do mediador, terá de haver justa causa para a revogação (1170º/2) (...). A revogação indevida equivale ao incumprimento». Mais refere a admissibilidade da denúncia com a antecedência indicada nas normas do RCA (o que implica um contrato celebrado por tempo indeterminado) – MENEZES CORDEIRO, *Direito comercial*, p. 702.

vado contrato com cláusula de exclusividade) qualquer responsabilidade. Por outro lado, na aplicação extensiva do regime do mandato às modalidades do contrato de prestação de serviço que a lei não regule.

Creio que nenhum dos argumentos procede. É certo que o cliente do mediador pode desistir de celebrar o seu contrato e, caso isso suceda, deve prontamente informar o mediador, que, consequentemente, ficará legitimado a interromper a sua atividade promocional. Se o mediador se conformar, haverá uma revogação do contrato de mediação, em sentido próprio, por acordo das partes. Porém, o mediador pode não aceitar a declaração do cliente, continuar a sua atividade, apresentar um interessado. Se o cliente vier (durante ou após o prazo de vigência do contrato) a celebrar o contrato desejado graças à atividade de mediação exercida no período contratual, deve a remuneração ao mediador (não produzindo qualquer efeito a sua unilateral declaração de revogação). No contrato de mediação imobiliária simples, o prazo implica que o cliente não poderá deixar de remunerar a mediadora se vier a celebrar o contrato visado com pessoa que até si chegou graças à atividade desenvolvida pela empresa de mediação durante o prazo de vigência do contrato. Dito de outra forma, se o cliente quiser aproveitar a atividade da empresa de mediação realizada naquele período, terá de pagar a remuneração acordada. Livre desistência do contrato visado e livre revogabilidade do contrato de mediação são coisas distintas e a primeira não implica a segunda.

Com esta solução, afasto o contrato de mediação do regime do mandato. Este, mesmo com prazo, é livremente revogável, não obstante o dever de indemnizar os eventuais prejuízos – arts. 1172, al. *c*), do CC e 245 do CCom. Sucede que, estando o contrato de mediação imobiliária especialmente regulado por lei, não se verifica o pressuposto da aplicação *extensiva* do regime do mandato (art. 1156, parte final, *a contrario sensu*, do CC). Logo, a aplicação das regras do mandato a aspetos de contratos de mediação imobiliária não regulados pelo RJAMI não pode resultar de mera aplicação extensiva, mas apenas de aplicação analógica. Tanto significa que tal aplicação terá de resultar de um juízo sobre a verificação, no concreto contrato de mediação, das razões que estão na base da livre revogabilidade do mandato[1023]. E tal identidade de razões não se verificará, nesta

---

[1023] Sobre a argumentação por analogia, que fundamenta a aplicação de soluções jurídicas a casos para os quais essas soluções não foram previstas, HIGINA CASTELO, «As lacunas na teoria contemporânea do direito», pp. 92-4.

O CONTRATO DE MEDIAÇÃO

matéria. O mandato é livremente revogável, independentemente de ter sido estabelecido prazo ou cláusula em contrário, porque o ato jurídico encomendado seria praticado *pelo mandatário* (por conta e no interesse do mandante). Ora, o mandante é que sabe se o ato continua a interessar-lhe e não pode ficar nesse aspeto dependente da vontade do mandatário. O cliente do mediador não corre esse risco – o ato desejado é sempre *por si* livremente praticado. Apesar de não poder revogar o contrato de mediação (o que tem as consequências que já referi), com essa não revogação o cliente não fica sujeito à prática do contrato inicialmente visado e já não desejado. Assim, não se verificam na mediação as razões que levam a que o mandato seja sempre revogável.

No contrato de mediação com cláusula de exclusividade, a revogabilidade *ad nutum* conduziria à inutilização da cláusula. Sobre este tema remeto para o que escrevo adiante em 8.6.2.

Não estando o contrato de mediação sujeito a prazo, sendo celebrado por tempo indeterminado (o que apenas poderá suceder, face à lei portuguesa, nos contratos de mediação não imobiliária), qualquer das partes poderá pôr termo ao contrato unilateral e imotivadamente (sem prejuízo de a boa fé na execução do contrato poder justificar que a declaração seja efetuada com determinada antecedência relativamente à data em que pretende a sua cessação). Apesar de o contrato de mediação não se classificar como *contrato duradouro* propriamente dito (mas como contrato de *execução prolongada*), relevam nele as razões que levam à denunciabilidade dos contratos duradouros por tempo indeterminado – impedir a vinculação perpétua. O mediador correria o risco de estar para sempre vinculado uma vez que a completa execução do contrato de mediação não depende apenas da sua prestação, mas também de factos que, não obstante a sua diligente atuação, podem nunca vir a verificar-se. O cliente, por seu turno, caso não pudesse pôr termo ao contrato, estaria vitaliciamente obrigado a pagar a remuneração se viesse a celebrar o contrato com uma pessoa angariada pelo mediador, ainda que essa angariação viesse a ocorrer décadas após a celebração do contrato.

8.6. A exclusividade – instituição de um subtipo

Como vimos, no contrato de mediação simples (sem cláusula de exclusividade), o direito à remuneração está dependente da *conclusão e perfeição* do contrato visado pelo exercício da mediação e o cliente permanece ampla-

UMA UTILIZAÇÃO PARADIGMÁTICA DO INSTITUTO

mente *livre* de celebrar esse contrato, sem prejuízo das limitações impostas pelas normas decorrentes do princípio da boa fé.

No contrato de mediação imobiliária com regime de exclusividade, o mediador tem o direito de ser o *único* (veremos o que isto pode significar) a promover o contrato desejado e pode ter direito à remuneração independentemente da conclusão deste contrato ou mesmo que não tenha contribuído para a sua celebração, nos termos que veremos em seguida.

O primeiro diploma a consagrar um regime ao contrato de mediação imobiliária celebrado com cláusula de exclusividade foi o de 1999. Os seus preceitos foram, com alterações, acolhidos nos regimes que lhe sucederam.

As normas do RJAMI reguladoras do contrato em causa são as seguintes:

A referência ao regime de exclusividade, quando acordado, com especificação dos efeitos que do mesmo decorrem, quer para a empresa quer para o cliente, tem de constar obrigatoriamente do contrato de mediação imobiliária (art. 16, nº 2, *g)*, do RJAMI);

A violação da norma vinda de referir determina a nulidade do contrato, não podendo, contudo, ser invocada pela empresa de mediação (art. 16, nº 5, do RJAMI);

No contrato de mediação exclusiva celebrado com o proprietário do bem imóvel ou com o arrendatário trespassante, se o contrato visado não se concretizar por causa imputável ao cliente da empresa mediadora, esta tem direito à remuneração (art. 19, nº 2, do RJAMI).

8.6.1. Formação e conteúdo do contrato de mediação exclusivo – art. 16, nº 2, *g)*

O art. 16, nº 2, *g)*, do RJAMI foca dois aspetos diferentes do contrato de mediação em regime de exclusividade: por um lado a sua formação, necessariamente sujeita à forma escrita; por outro, os seus efeitos concretos, cuja especificação se deixa na disponibilidade das partes, mas que têm de constar obrigatoriamente do escrito contratual. No anterior regime, estes dois aspetos constavam de disposições separadas (art. 19, nºs 4 e 5, do DL 211/2004) e explicitava-se o efeito do regime de exclusividade, determinando-se que, com a sua instituição, só a mediadora tinha o direito de promover o negócio objeto do contrato de mediação durante o respetivo período de vigência (art. 19, nº 4, do DL 211/2004).

O art. 16, nº 5, do RJAMI comina com a *nulidade do contrato* o incumprimento do estabelecido no art. 16, nº 2, *g)*, do mesmo diploma. Esta conse-

O CONTRATO DE MEDIAÇÃO

quência, que não existia no regime antecedente, suscita várias questões. A prova do acordo sobre o regime de exclusividade, sem que a este se faça qualquer referência no contrato reduzido a escrito, conduz à nulidade do contrato de mediação imobiliária? Ou o contrato é válido como contrato de mediação imobiliária simples, sem exclusividade, portanto? E se no contrato se estipular uma cláusula de exclusividade sem, no entanto, se especificarem os efeitos que dela decorrem para ambas as partes? Teremos um contrato de mediação exclusiva nulo? Poderá o contrato celebrado valer como contrato de mediação simples? E se a omissão da especificação dos efeitos da exclusividade se referir apenas a uma das partes, a resposta é a mesma? Será que o RJAMI disse mais que o pretendido, querendo apenas estatuir a nulidade da cláusula de exclusividade não escrita ou deficientemente estipulada, e não a nulidade de todo o contrato?

Não caberá aqui a crítica da opção legislativa pela estatuição da nulidade do contrato para as previsões de violação da norma em análise. Cabe outrossim conferir sentido aos dados normativos, interpretando-os, sem perder de vista a sua finalidade de aplicação aos factos sociais. Começo por distinguir duas situações: *a)* a inexistência de estipulação de exclusividade no escrito contratual; *b)* a estipulação de exclusividade sem especificação dos efeitos que dela decorrem para ambas as partes.

No primeiro caso, o contrato de mediação imobiliária corresponde a um válido contrato de mediação imobiliária simples, sem cláusula de exclusividade. À luz do direito instituído, quer a cláusula de exclusividade se entenda acessória do contrato de mediação, quer se entenda um elemento essencial de um novo tipo, sempre o contrato escrito celebrado sem alusão a ela tem de considerar-se válido. Válido porque nula é apenas a cláusula acessória (cfr. art. 221 do CC). Ou válido porque correspondente a um modelo legalmente admissível e até regulado – o contrato de mediação imobiliária simples.

Passando à segunda situação – estipulação de exclusividade sem especificação dos efeitos que dela decorrem para ambas as partes –, creio que foi a pensar nela que o RJAMI estatuiu a nulidade do contrato. No regime anterior, o art. 19, nº 4, do DL 211/2004 (tal como o art. 20, nº 3, do precedente DL 77/99) estabelecia qual era o principal efeito da cláusula de exclusividade: apenas a mediadora exclusiva tinha «o direito de promover o negócio objeto do contrato de mediação» («durante o período de vigência do contrato», inciso supérfluo). A interpretação desta norma suscitou

426

UMA UTILIZAÇÃO PARADIGMÁTICA DO INSTITUTO

dúvidas sobre da extensão ou abrangência da cláusula: permitia afastar apenas a concorrência de outros mediadores ou inibia também o cliente de celebrar o contrato visado com interessado por si diretamente encontrado? Esta incerteza está, provavelmente, na génese na alteração legislativa.

O RJAMI absteve-se de estabelecer os efeitos da cláusula de exclusividade e proibiu o julgador de integrar a falta absoluta de estipulação das partes, fazendo recair sobre estas o ónus de explicitarem os efeitos que pretendem para a cláusula, sob pena de nulidade do contrato. De lembrar que tal nulidade, de resto não invocável pela empresa de mediação, não impede a conversão do contrato num contrato de mediação simples, ao abrigo do disposto no art. 293 do CC.

Todavia, apesar de as partes terem de estipular os concretos efeitos da cláusula de exclusividade, sempre o seu texto terá de ser interpretado, e, caso seja de teor semelhante ao da revogada norma, manterá atualidade a discussão sobre a sua abrangência – afastar apenas a concorrência ou também a atividade do próprio cliente?

A doutrina alemã tem dedicado algumas páginas a este problema. Como já referido (em 4.2.2), as normas reguladoras do contrato de mediação no BGB não preveem a exclusividade do mediador, mas a utilização frequente na prática social de um modelo contratual parecido ao contrato de mediação legalmente previsto, com a diferença de nele ser acordada uma cláusula de exclusividade, conduziu ao seu reconhecimento, e à atribuição ao mesmo de uma designação autónoma: *Alleinauftrag*. A jurisprudência e a doutrina maioritária têm ali entendido que a cláusula de exclusividade apenas proíbe o cliente de recorrer a outros mediadores, não o inibindo de contratar com interessado por si diretamente encontrado, sem prejuízo de estipulação expressa no sentido desta proibição alargada[1024].

Entre nós, o Tribunal da Relação de Guimarães já por duas vezes manifestou o entendimento de que a cláusula de exclusividade impede a contratação de outras mediadoras mas não impede o cliente de aceitar propostas que espontaneamente lhe sejam feitas por terceiros. No primeiro desses

---

[1024] Sobre o tema, JÖRN EGGERT, *Die Maklerprovision...*, pp. 30-2 e SCHWERDTNER/HAMM, *Maklerrecht*, pp. 252-5, embora os últimos ponham em questão a doutrina que reconhecem dominante, argumentando que o dever de prestar do mediador exclusivo torna-se impossível, ou pelo menos desprovido de objeto, com a atuação direta do cliente, e que essa impossibilidade imputável ao cliente não deve ficar impune.

Acórdãos (2010)[1025], o tribunal expressou que o regime de exclusividade impede não apenas a promoção de outras mediadoras, mas também a promoção direta do cliente; porém, um regime de exclusividade absoluta, impeditivo da aceitação de propostas não procuradas por parte do cliente, teria de ser expressamente convencionado. No segundo (2013)[1026], o tribunal restringiu mais o campo da exclusividade, dizendo que a sua estipulação não deve ser entendida em termos tão absolutos que limite a liberdade do próprio cliente de procurar interessados no negócio pretendido.

O Tribunal da Relação de Lisboa aflorou a questão e, sem ter que a decidir, inclinou-se no sentido de a cláusula de exclusividade impedir não apenas a intervenção de outras mediadores, mas também o negócio direto do cliente[1027].

Mais recentemente, o Tribunal da Relação de Coimbra entendeu que a cláusula de exclusividade «não afasta a possibilidade do comitente negociar diretamente com o interessado que o "descobre" e que lhe apresenta uma proposta negocial, exceto se existir estipulação contratual em contrário»[1028].

MARIA DE FÁTIMA RIBEIRO escreveu sobre o tema, expressando que, «saber se se está perante uma cláusula de exclusividade simples ou uma cláusula de exclusividade reforçada vai depender da interpretação do mesmo [contrato de mediação], considerando-se todas as circunstâncias conhecidas por ambas as partes, embora seja de considerar que, na dúvida, a exclusividade é simples»[1029].

Em meu entender, e sem prejuízo de as partes poderem manifestar claramente o seu acordo noutro sentido, a melhor interpretação de uma cláusula de teor idêntico ao do art. 19, nº 4, do revogado DL 211/2004 (só a empresa de mediação tem o direito de promover o negócio objeto do contrato de mediação) restringe a operacionalidade da cláusula ao afastamento da concorrência, não podendo ver-se como tal a iniciativa do pró-

---

[1025] Acórdão do TRG de 20/04/2010, proc. 7180/08.5TBBRG.G1, tirado na vigência do DL 211/2004.

[1026] Acórdão do TRG de 04/06/2013, proc. 1264/12.2TBBCL.G1, que também aplicou o DL 211/2004.

[1027] Acórdão do TRL de 24/05/2011, proc. 11231/08.5TMSNT.L1-6.

[1028] Acórdão do TRC de 18/02/2014, proc. 704/12.5T2OBR.C1.

[1029] MARIA DE FÁTIMA RIBEIRO, «O contrato de mediação e o direito do mediador à remuneração», p. 104.

prio cliente. Por um lado, o campo de regulação do RJAMI é o da atividade empresarial de mediação imobiliária, devendo a cláusula em causa ser lida a essa luz. Por outro lado, a interpretação mais lata contende com as normas dimanadas do princípio da autonomia privada, na sua modalidade de liberdade contratual, que tanto peso têm no âmbito do direito privado, pelo que carece de uma indicação clara das partes nesse sentido.

De dizer que a posição defendida não prescinde do cumprimento pelo cliente do seu dever de informar previamente a mediadora exclusiva da sua intenção de celebrar contrato com pessoa por si diretamente encontrada e de se assegurar que tal pessoa não chegou a si graças à atividade da mediadora.

Seja qual for a abrangência da cláusula, no contrato de mediação exclusiva, o cliente tem uma obrigação que não tem no contrato de mediação simples: fica impedido de recorrer a outras mediadoras (ou até, se for o caso, de ele próprio encontrar um interessado). Ocorre-nos perguntar qual será a contrapartida do cliente por esta obrigação. Noutros ordenamentos, como vimos, a doutrina não hesita em identificar essa contrapartida na obrigação de agir do mediador, que existe nos contratos de mediação com cláusula de exclusividade, mas não nos contratos de mediação simples, nos quais a atividade de mediação constitui uma espécie de ónus. No ordenamento nacional, parece-me que a resposta terá de se encontrar, em primeira linha, na análise casuística das ocorrências contratuais (tanto mais que o RJAMI optou por impor às partes a especificação dos efeitos do regime de exclusividade). No entanto, creio que o benefício da exclusividade terá como contrapartida mínima, e por defeito, a vinculação do mediador à obrigação de prestar a atividade de mediação.

Ainda em tema de formação e conteúdo, é de referir que a exclusividade e a determinação dos seus efeitos não têm de constar de cláusulas concretamente negociadas no decurso do processo formativo do contrato, podendo constar de cláusulas contratuais gerais – unilateralmente pré-elaboradas pela empresa de mediação (ou por entidade terceira, normalmente associações do ramo) inseridas em contratos *standard* destinados à generalidade dos clientes da mediadora –, bem como de um texto contratual não negociado, elaborado pela empresa de mediação para um cliente em particular. De um modo ou do outro, aplica-se a tais contratos a LCCG. No primeiro caso haverá, ainda, que ter em consideração que a validade do contrato depende de as cláusulas terem sido submetidas à validação da Direção-

O CONTRATO DE MEDIAÇÃO

-Geral do Consumidor (art. 16, nºs 4 e 5, do RJAMI)[1030]. Não posso, pois, concordar com a orientação expressa em acórdão de tribunal de segunda instância, segundo a qual a cláusula de exclusividade inserta em contrato de mediação imobiliária não está abrangida pelo regime da LCCG, com o argumento de que tem um regime próprio definido no RJAMI[1031]. Ora, o teor das normas que o RJAMI destina à regulação do acordo de exclusividade não impede que este acordo seja inserido em cláusula contratual geral e que os contratos de mediação com acordo de exclusividade possam ser simultaneamente contratos de adesão. As duas situações estão em planos distintos, ainda que intersetáveis: o regime de exclusividade previsto no RJAMI é estabelecido por causa do conteúdo da cláusula de exclusividade; a disciplina da LCCG é conferida por causa de um especial modo de formação do contrato (através de cláusulas contratuais gerais).

8.6.2. Nascimento do direito à remuneração – o caso especial do art. 19, nº 2

No contrato de mediação com cláusula de exclusividade vale a regra de que a remuneração é devida com a conclusão e perfeição do contrato visado. Não obstante, pode a remuneração ser devida, ainda, noutras circunstâncias que nos são descritas no art. 19, nº 2, do RJAMI. A disposição tem o seguinte teor: «É igualmente devida à empresa a remuneração acordada nos casos em que o negócio visado no contrato de mediação *tenha sido* celebrado em regime de exclusividade *e* não se concretize por causa imputável ao cliente proprietário ou arrendatário trespassante do bem imóvel». As palavras que coloquei em itálico estão manifestamente a mais. Está em causa o *contrato de mediação celebrado em regime de exclusividade* e não o *contrato visado celebrado em regime de exclusividade*. Suprimidos os lapsos, a norma em causa determina que, no contrato de mediação celebrado em regime de exclusividade, com o proprietário do bem imóvel ou com o arrendatário trespassante, se o contrato visado não se concretizar por causa imputável ao cliente da empresa mediadora, esta tem direito à remuneração.

Esta norma, que em substância vem dos dois regimes anteriores (2004 e 1999), introduz na disciplina contratual uma diferença significativa rela-

---

[1030] Tenha-se presente o que escrevi em 8.5.
[1031] Acórdão do TRE de 15/09/2010, proc. 2439/07.1TBPTM.E1.

430

UMA UTILIZAÇÃO PARADIGMÁTICA DO INSTITUTO

tivamente ao regime geral do contrato de mediação simples (imobiliária ou outra), no qual a remuneração só é devida com a conclusão e perfeição do negócio visado pelo exercício da mediação. No contrato de mediação simples, não se celebrando o contrato visado, ainda que por causa imputável ao cliente, não nasce o direito à remuneração, pois o cliente mantém intacta a sua liberdade de contratar (balizada apenas, nos termos gerais, perante o terceiro, pelo dever de boa fé nas negociações, e perante o mediador, pela proibição do abuso de direito). Tendo sido estipulada uma cláusula de exclusividade, o panorama altera-se. Na previsão do art. 19, nº 2 – contrato de mediação em regime de exclusividade celebrado com o proprietário do bem imóvel ou com o arrendatário trespassante, portanto, com vista à celebração de ato de disposição –, a remuneração da mediadora não depende do evento futuro e incerto constituído pela celebração do contrato visado, quando este evento não se concretize por causa imputável ao cliente. A remuneração da mediadora depende aqui quase unicamente do cumprimento da sua obrigação e do sucesso desta. A jurisprudência tem aplicado esta norma, atribuindo a remuneração acordada[1032].

Podemos dizer que a grande diferença entre o contrato de mediação simples e o contrato de mediação com cláusula de exclusividade reside neste particular: enquanto no contrato de mediação simples, a remuneração do mediador é condicionada pela celebração do contrato visado, evento que está na disponibilidade do cliente e de um terceiro; no contrato de

---

[1032] Exemplificativamente, o Acórdão do TRC de 23/04/2002, CJ 2002, II, 30: o cliente pretendia a venda por 7000, tendo acordado com o mediador que se este lhe conseguisse interessado por preço superior, a sua remuneração equivaleria ao excesso; o mediador encontrou interessado por 8500; o cliente desistiu do contrato; o tribunal de segunda instância condenou o cliente a pagar 1500 a título de remuneração. Na frase que melhor sintetiza a fundamentação, o tribunal diz: «Esta norma [art. 19, nº 2, *a*), do DL 77/99], não obstante a não conclusão do negócio visado, possibilita, pois, a mediadora de receber a remuneração, caso prove, cumulativamente, que o contrato de mediação foi feito em regime de exclusividade e que o negócio visado se não concretizou, por causa imputável ao cliente, enquanto factos constitutivos do direito à remuneração». De modo idêntico decidiu, em situação análoga, o Acórdão do TRG de 31/01/2013, proc. 356/11.0TBPVL.G1. Em abono da procedência do pedido de remuneração da mediadora e em aplicação do então art. 18, nº 2, *a*), do DL 211/2004, lemos: «Celebrado o contrato de mediação imobiliária, em regime de exclusividade, recusando-se a proprietária do imóvel, objeto do negócio, a celebrar contrato promessa com interessada angariada pela mediadora, sem fazer qualquer outra prova, capaz de afastar a sua culpa, fica responsável pelo pagamento da remuneração acordada».

O CONTRATO DE MEDIAÇÃO

mediação com cláusula de exclusividade, a remuneração do mediador, não se celebrando o contrato visado por causa imputável ao cliente, depende apenas do cumprimento bem sucedido da sua obrigação.

De enfatizar que a aplicação da norma contida no art. 19, nº 2, do RJAMI implica, mais que a prova do cumprimento da obrigação do mediador – diligências no sentido da obtenção de um interessado –, a prova do sucesso desse cumprimento que satisfaz o interesse do credor – efetiva obtenção de um interessado, genuinamente interessado e pronto a celebrar o contrato nos moldes em que foi concebido no âmbito do contrato de mediação. Provando a mediadora que efetuou com sucesso a sua prestação, poderá o cliente eximir-se à remuneração mediante a prova de que o contrato não se concretizou por causa que não lhe é imputável (porque, por exemplo, recebeu, entretanto e inesperadamente, uma ordem de expropriação, ou porque o terceiro não obteve o crédito necessário à realização do negócio ou desistiu por qualquer outra razão).

Exclusividade e «irrevogabilidade»

A estipulação de exclusividade significa, como já dito, que, durante o período de vigência do contrato, o cliente não pode socorrer-se de outros mediadores nem, eventualmente, celebrar o contrato visado diretamente. O contrato de mediação com uma tal cláusula tem de ser respeitado durante todo o seu prazo, sendo inadmissível a sua cessação por decisão unilateral do cliente, sob pena de total ineficácia da cláusula. Sempre que quisesse celebrar o contrato com interessado angariado por outro mediador (ou por si, no caso de exclusividade absoluta), bastaria ao cliente revogar o encargo do mediador exclusivo[1033]. Ao contrato de mediação

---

[1033] Diretamente sobre o tema da revogabilidade de um contrato de mediação exclusivo, v. a anotação de Vaz Serra ao Acórdão do STJ de 07/03/1967 (RLJ 100, pp. 343-8). O Autor concluiu pela irrevogabilidade, «pois, se o autor do encargo pudesse revogar o contrato, equivaleria isso a uma exclusão da sua obrigação de pagar a retribuição quando concluísse o negócio por si mesmo ou com a intervenção de outro mediador». Foram de igual sentido, naquele processo, as decisões do Supremo, da Relação de Lisboa e da 1ª instância. A anotação terá sido sobretudo motivada por dois votos de vencido no acórdão do STJ, de acordo com os quais o contrato de mediação seria fundamentalmente um mandato remunerado, sendo-lhe aplicável a norma que permite a revogação unilateral desse contrato. Esta posição não obteve vencimento, chamando o acórdão a atenção para as profundas diferenças que, no caso, existiam entre o contrato de mediação e os de mandato e de comissão.

UMA UTILIZAÇÃO PARADIGMÁTICA DO INSTITUTO

exclusivo não pode, portanto, ser posto termo unilateralmente e sem causa justificativa[1034].

Questão diferente é a de saber se, durante a vigência do contrato, o cliente está vinculado à celebração do contrato visado com o interessado que o mediador exclusivo lhe encontre, ou se pode desistir do contrato inicialmente desejado. A cláusula que obriga o cliente a aceitar o interessado que o mediador lhe encontre é conhecida, sobretudo em Itália, por *cláusula de irrevogabilidade*.

Tem-se debatido se a estipulação de exclusividade encerra a de irrevogabilidade, no sentido acabado de referir. Conceptualmente são cláusulas distintas. Por via da primeira, o cliente não pode, durante determinado prazo, celebrar o contrato visado com recurso aos serviços de outros mediadores; por via da segunda, o cliente não pode, durante determinado prazo, deixar de contratar com o interessado (genuinamente disposto a celebrar o contrato nas condições previstas) que o mediador lhe apresente. É na doutrina italiana que frequentemente se observa a distinção entre as duas cláusulas, não obstante o reconhecimento de que na prática elas surgem amiúde imbricadas[1035]. Segundo a *communis opinio*, escreve LUMINOSO, o *pacto de irrevogabilidade* cria uma obrigação de *pati* a cargo do cliente, por via da qual este tem de tolerar a ingerência do mediador; a cláusula em análise exclui, durante certo período de tempo, a liberdade do cliente de utilizar o produto da atividade do mediador[1036]. No *pacto de exclusividade*, ao invés, o cliente tem apenas a obrigação de, durante o período de vigência do contrato (que não pode unilateral e injustificadamente encurtar) não concluir o contrato objeto do de mediação por meio de outros mediadores, ou eventualmente também diretamente, mantendo no entanto a liberdade de contratar. «É importante sublinhar que sem a conclusão do negócio, em nenhum caso pode configurar-se uma transgressão do pacto [de exclusividade] por parte do cliente»[1037].

[1034] Pressupondo o contrário, MARIA DE FÁTIMA RIBEIRO, «O contrato de mediação e o direito do mediador à remuneração», p. 106, 1ª frase do último parágrafo.

[1035] ANGELO LUMINOSO, *La mediazione*, pp. 131-4; ANNIBALE MARINI, *La mediazione*, pp. 41-3; CARLO VARELLI, *La mediazione*, pp. 105-7; NICOLÒ VISALLI, *La mediazione*, pp. 91-2; ALESSIO ZACCARIA, «La "nuova" mediazione quale attività riservata», pp. 84-5.

[1036] ANGELO LUMINOSO, *La mediazione*, pp. 131-2.

[1037] Ainda ANGELO LUMINOSO, *La mediazione*, p. 133.

O CONTRATO DE MEDIAÇÃO

Ora, a norma do art. 19, nº 2, do RJAMI obriga o cliente (que seja proprietário ou arrendatário trespassante) a pagar a remuneração desde que, durante a vigência do contrato, o mediador lhe apresente um real interessado e o contrato não se concretize apenas por causa imputável ao cliente. Tanto significa que esta norma acopla às estipulações de *exclusividade* o efeito próprio de uma cláusula de *irrevogabilidade*. As cláusulas, embora conceitualmente divergentes, perante o regime jurídico português do contrato de mediação imobiliária celebrado com o proprietário ou o arrendatário trespassante (e verificando-se a circunstância de o contrato visado não ser celebrado apenas por causa imputável ao cliente proprietário ou trespassante) convergem necessariamente.

Em sentido inverso ao que acabo de defender, pronunciou-se o Acórdão do TRC de 08/09/2009, CJ 2009, IV, 9:

> Na situação dos autos, em 30/08/2006, e pelo prazo de 12 meses, a mediadora tinha-se obrigado, em regime de exclusividade, a encontrar interessado na aquisição de um prédio que os clientes pretendiam vender. Em abril de 2007, os clientes comunicaram à mediadora a sua decisão de fazer cessar o contrato de mediação. Em junho, a mediadora «encontrou um interessado na aquisição do prédio». O tribunal entendeu que a mediadora não tinha direito à remuneração uma vez que, apesar da estipulação de exclusividade e do disposto no art. 18, nº 2, *a)*, do DL 211/2004 (correspondente ao art. 19, nº 2, do RJAMI), os clientes, com a sua decisão unilateral e sem justa causa, puseram validamente termo ao contrato, durante o prazo de vigência do mesmo. Nas palavras do acórdão, «dar causa à não concretização do negócio, em termos aptos ao desencadear da *facti species* da norma citada, não se coloca nos casos de abandono do projeto negocial que originou a mediação, *rectius*, através da desistência da venda» (p. 11); pois a norma em causa «mais não faz que fixar o montante indemnizatório devido (o valor da remuneração) pelas situações que nesta espécie contratual específica (a mediação imobiliária) correspondem à "fraude ao mediador"» (p. 12).

Não partilho desta visão. Os casos de fraude ao mediador estão acautelados de igual modo na mediação exclusiva e na mediação simples, através das normas gerais que impõem a boa fé contratual e proíbem o abuso do direito. A regra que agora se encontra no art. 19, nº 2, não fixa uma *indemnização* para casos de incumprimento contratual do cliente (até porque o incumprimento do cliente não reside na não celebração do contrato visado, mas sim no não pagamento da remuneração quando o mediador lhe proporciona as condições necessárias à sua celebração). A regra em causa determina, sim, que a *remuneração* é devida quando há *cumprimento do contrato* de mediação por parte do mediador e tal cumprimento *conduz ao resultado* que satisfaz o interesse primário ou final do cliente no contrato de mediação (obtenção de um interessado). Por via daquela disposição legal, no contrato de mediação em regime de exclusividade, celebrado com o proprietário ou com o arrendatário trespassante, e não sendo o contrato visado celebrado por causa imputável ao cliente, a remuneração não depende não depende da circunstância de eventualidade consistente na celebração do contrato visado. Ao contrário do que se passa nos contratos de mediação simples e noutros contratos de mediação exclusiva, a remuneração, por imposição do art. 19, nº 2, do RJAMI, depende apenas do sucesso do cumprimento do mediador.

Apesar de discordar da fundamentação jurídica do acórdão, a solução do caso concreto não me parece desacertada (partindo do princípio de que não se provaram outros factos com relevo, o que se desconhece, na medida em que o acórdão foi publicado com reticências na vez de alguns factos), uma vez que o facto «a R. encontrou um interessado na aquisição do prédio» é escasso para a prova, que à mediadora incumbia, de que forneceu um interessado efetivamente disposto e pronto a adquirir nos termos oferecidos pelo cliente, de modo a poder concluir-se que o contrato visado não se concretizou por causa imputável ao último.

8.6.3. O incumprimento, por parte do cliente, da cláusula de exclusividade

Questão frequentemente colocada perante os tribunais, e cuja resposta não é fornecida pelas normas antes enunciadas, é a das consequências da violação da cláusula de exclusividade pelo cliente. Se o cliente não respeitar o direito de exclusividade da mediadora e vier a celebrar o contrato desejado com interessado angariado por outra mediadora (ou encontrado pelo próprio, no caso de exclusividade absoluta), *quid juris*?

Note-se que esta questão é independente da anteriormente tratada e respondida pelo art. 19, nº 2[1038]. Antes falámos da recusa de celebração do

---

[1038] Embora, excecionalmente, as duas questões – celebração do contrato visado com interessado angariado por outro mediador, pressupondo o incumprimento da cláusula de exclusividade pelo cliente, e não celebração do contrato com o interessado angariado pelo mediador exclusivo por causa imputável ao cliente – possam coexistir num mesmo litígio. Assim sucedeu no Acórdão do TRP de 02/06/2011, proc. 141/09.9TBMAI.P1, CJ 2011, III,

O CONTRATO DE MEDIAÇÃO

contrato visado, apesar de o mediador exclusivo ter fornecido um genuíno interessado. Agora falamos de um incumprimento da cláusula de exclusividade consubstanciado na celebração do contrato visado com um interessado angariado por um mediador concorrente (ou na celebração do contrato visado com pessoa diretamente encontrada pelo cliente, no caso de exclusividade absoluta). O art. 19, nº 2, não responde, insisto, à questão agora colocada.

Estamos perante casos em que o cliente, violando o direito de exclusividade da mediadora, contrata com outra mediadora e vem efetivamente a celebrar o contrato desejado com interessado angariado por esta última, *impossibilitando assim a prestação da mediadora exclusiva*, na medida em que faz desaparecer o objeto para o qual lhe tinha pedido que encontrasse um interessado.

Neste quadro, o cliente deve pagar à mediadora exclusiva a remuneração acordada[1039]. É a solução que, aliás, resulta da aplicação das regras

---

196, no qual a mediadora exclusiva apresentou um interessado na compra e o cliente vendeu a um terceiro angariado por outra mediadora. A condenação do cliente a pagar a remuneração foi fundamentada no art. 18, nº 2, *a*) do DL 211/2004, portanto, na não celebração por causa imputável ao cliente. Ainda que a mediadora exclusiva não tivesse apresentado interessado, entendo que a solução teria de ser a mesma por o cliente, ao vender a interessado angariado pela concorrência, ter incorrido em incumprimento da cláusula de exclusividade e ter impossibilitado culposamente a prestação da mediadora exclusiva.

[1039] Neste sentido o já referido Acórdão do STJ de 07/03/1967 e a anotação que VAZ SERRA escreveu sobre o mesmo (ambos em RLJ 100, pp. 340-8). Não podemos concordar com alguma jurisprudência que tem negado, nestes casos, a remuneração ao mediador invocando a falta de nexo causal entre a sua atividade e o contrato celebrado (com interessado angariado por terceiro) e que, por isso, não tinha sido apenas por causa imputável ao cliente que o contrato por intermédio do mediador exclusivo não tinha sido celebrado. Foi o caso dos Acórdãos do TRE de 08/07/2010, proc. 214/08.1TBPTM.E1, e do TRL de 04/10/2012, proc. 6916/10.9TBOER.L1-2. Ora, a norma (agora no art. 19, nº 2, do RJAMI, mas com equivalente em regimes anteriores) segundo a qual o mediador exclusivo tem direito à remuneração caso o contrato não se celebre apenas por causa imputável ao cliente rege para os casos de recusa de celebração do contrato com a pessoa facultada pelo mediador. Os casos de que agora tratamos, e em causa nos acórdãos citados nesta nota, são de celebração do contrato com pessoa não angariada pelo mediador exclusivo, em violação do pacto de exclusividade. São situações distintas. De igual modo não concordamos com a solução encontrada no Acórdão do TRL de 19/11/2013, proc. 4545/11.9TBALM.L1-7. Neste, o cliente da mediadora, violando o contrato de mediação com cláusula de exclusividade, celebrou o contrato desejado com interessado encontrado por outra mediadora. O tribunal julgou improcedente a pretensão da mediadora exclusiva por esta não ter provado ter sofrido prejuízos indemnizáveis.

gerais sobre o incumprimento das obrigações. Tenhamos presente que uma cláusula de exclusividade implica a assunção pelo mediador de uma obrigação principal *de facere*, mesmo nos ordenamentos em que o contrato de mediação simples não a comporta. Tal obrigação mantém uma relação de sinalagmaticidade com a obrigação de remuneração a cargo da contraparte. Nos contratos bilaterais, se a prestação se tornar impossível por causa imputável ao credor, não fica este desobrigado da contraprestação (art. 795, nº 2, do CC). É também esta a solução conferida para o caso análogo do contrato de agência exclusivo: o agente tem direito à comissão por atos concluídos durante a vigência do contrato (mesmo que não os tenha promovido nem tenham sido celebrados por clientes por si angariados), se gozar de um direito de exclusividade para uma zona geográfica ou para um círculo de clientes e se os mesmos atos tiverem sido concluídos com um cliente pertencente a essa zona ou círculo de clientes (cfr. art. 16, nº 2, conjugado com o nº 1, do RCA).

Nos casos referidos nesta secção – em que o cliente, incumprindo a cláusula de exclusividade, celebra contrato com interessado angariado por mediadora terceira (ou, sendo a exclusividade absoluta, angariado por si) –, a cláusula de exclusividade permite que se prescinda do estabelecimento do nexo causal entre a atividade mediadora e o contrato celebrado[1040].

Fora deste âmbito, perante um contrato de mediação com cláusula de exclusividade simples ou relativa (que apenas afasta a concorrência), a remuneração da mediadora exclusiva depende do sucesso do cumprimento da sua prestação, aferida pelo nexo causal entre ela e o contrato celebrado. São deste tipo as situações em que se discute se o contrato foi celebrado com interessado encontrado pelo próprio cliente se por interessado encontrado pelo mediador. Para determinar a quem é imputável a descoberta do interessado com quem o contrato visado é celebrado, há que aferir do cumprimento da prestação do mediador, verificando nomeadamente se se consegue estabelecer um nexo de causalidade entre ela e o contrato celebrado. Embora a existência de uma cláusula de exclusividade relativa faça, nestes casos, presumir a existência desse nexo[1041].

[1040] A correlação entre a cláusula de exclusividade e a dispensa do nexo causal é trabalhada sobretudo no ordenamento suíço – veja-se a nota 272 e o texto ao qual serve de apoio.

[1041] Neste sentido, embora generalizando a aplicação desta regra a todos os casos de exclusividade, exigindo, portanto, a existência do nexo em todos eles, sem excluir aqueles em que o contrato é celebrado com interessado angariado por mediadora terceira, nem aqueles em que

O CONTRATO DE MEDIAÇÃO

8.7. Conclusão intercalar

A análise do regime jurídico do contrato de mediação *imobiliária*, subsequente ao estudo que efetuámos do contrato de mediação *geral* (independente do tipo de contrato visado e do seu objeto), permite-nos concluir que o tipo legal do contrato de mediação imobiliária é estruturalmente idêntico ao tipo social do contrato de mediação geral. A divergência assenta apenas nos objetos mediatos (e, por vezes, também nos objetos imediatos) dos contratos visados. A lei delineia um contrato com raízes na prática comercial e acolhe as soluções jurisprudenciais anteriormente atribuídas a contratos correspondentes ao modelo que regula.

Esta conclusão permite-me defender que, na falta de regulação negocial de um dado aspeto de um contrato de mediação não imobiliária, se procure, em primeira linha, no RJAMI norma adequada à disciplina desse aspeto. Esta posição não contende com o disposto no art. 1156 do CC que determina que, às modalidades de contratos de prestação de serviço que a lei não regule especialmente são aplicáveis, com as necessárias adaptações, as disposições sobre o mandato. O contrato de mediação, quando a atribuição do mediador corresponde a um dever de prestação, é uma modalidade da categoria dos contratos de prestação de serviço. No entanto, se estiver em causa a necessidade de regulação de um contrato de mediação *comercial* não imobiliária, a busca de solução no RJAMI (prévia ao recurso à disciplina do mandato) impõe-se por força do disposto no art. 3º do CCom – *se as questões sobre direitos e obrigações comerciais não puderem ser resolvidas, nem pelo texto da lei comercial, nem pelo seu espírito, nem pelos casos análogos nela prevenidos, serão decididas pelo direito civil*[1042]. Nos residuais contratos de mediação civil há que ter em consideração que a norma contida no art. 1156 do

---

é celebrado com interessado angariado pelo cliente mas em que havia exclusividade absoluta, v. MARIA DE FÁTIMA RIBEIRO, «O contrato de mediação e o direito do mediador à remuneração», pp. 105-6. Na jurisprudência, v. o Acórdão do STJ de 10/10/2002, proc. 02B2469.

[1042] Defendendo esta ideia numa situação paralela, escreve FERREIRA PINTO, *Contratos de distribuição*, p. 96: «pese embora o facto de o preceito do art. 1156 do Código Civil poder inculcar solução diversa, a remissão legal para o regime do contrato de mandato tem forçosamente de ceder – em função da *precedência do direito comercial* na integração das lacunas de regulação das relações jurídico-mercantis –, perante a existência de um conjunto de normas que regulam especificamente um *contrato mercantil* (o de agência) que apresenta maiores afinidades com os restantes contratos de distribuição do que o contrato de mandato, seja ele civil ou comercial (desde logo, pelo facto de, ao contrário deste último, não implicarem a prática de atos jurídicos por conta da outra parte)».

CC foi elaborada num tempo em que a regulação especial de contratos de prestação de serviço era muito reduzida, limitando-se às espécies do CC e do CCom, pelo que não pode deixar de ceder perante regimes entretanto instituídos e que se revelem mais próximos dos concretos contratos a regular. De todo o modo, nunca será uma aplicação acrítica; identificada uma lacuna na regulação de dado contrato, a aplicação de um regime legal que não lhe é diretamente destinado passa necessariamente pela afirmação de analogia entre o caso omisso e a situação regulada, no concreto aspeto carente de regulação. O caso omisso deve partilhar características essenciais do caso regulado, não (apenas) em geral, mas no concreto aspeto cuja regulação se pretende[1043].

[1043] Nas palavras de RUI PINTO DUARTE, *Tipicidade...*, p. 144, «a procura de semelhanças não pode ser feita exclusivamente entre o tipo social em que se integre o contrato em discussão e os contratos típicos com ele aparentados; tem de ser feita (também) a propósito da questão jurídica específica do contrato, regulando o que estiver em causa».

Conclusões

O caminho percorrido permite-me validar as hipóteses da frequência social e da autonomia estrutural do contrato de mediação, como *contrato pelo qual uma pessoa se obriga a pagar a outra uma remuneração se estoutra lhe conseguir interessado para certo contrato e se a primeira vier a celebrar o desejado contrato com o contributo da atividade da segunda.*

Nesta conclusão geral culmina um conjunto de conclusões parcelares que, a um tempo, a justificam e concretizam:

Na estrutura do contrato de mediação, a atribuição característica pode não constituir o conteúdo de uma obrigação e, ao invés, corresponder apenas a uma espécie de ónus. Assim sucede nos modelos legalmente típicos de vários ordenamentos (Alemanha, Suíça, Itália). A redação do recente (2013) regime jurídico português da atividade de mediação imobiliária permite também semelhante configuração típica.

O contrato de mediação integra sempre, a par da atribuição do mediador, e seja qual for o estado jurídico em que esta se enquadre, uma obrigação de remuneração. Classifica-se, portanto, como contrato oneroso.

A obrigação de remuneração, porém, não depende apenas da realização da atribuição do mediador, nem sequer do sucesso desta. Tal obrigação só nasce verificando-se um acontecimento futuro e incerto, condição imprópria que confere ao contrato uma nota de aleatoriedade. Esse acontecimento depende das vontades do devedor e de um terceiro, é incontrolável pelo mediador mas, simultaneamente, não é alheio à sua atribuição. Pelo

O CONTRATO DE MEDIAÇÃO

contrário, o mesmo acontecimento só permite o nascimento do direito à retribuição se tiver sido potenciado pela atividade do mediador, ou seja, se esta para ele tiver contribuído.

Atentas as características das atribuições das partes, estabelece-se entre elas uma relação de reciprocidade ou interdependência incompleta: as atribuições são acordadas como recíprocas, mas o facto de a atribuição característica ser insuficiente para o nascimento da obrigação de remunerar, que, por sua vez, está dependente de um evento que se mantém nas esferas de disponibilidade do devedor e de um terceiro, atrofia a sua interdependência e conduz a que os remédios destinados aos contratos bilaterais tenham limitada aplicação.

A par da conclusão geral e das suas concretizações acima elencadas, o estudo do contrato conduziu, ainda, à conclusão de que a introdução no esquema contratual de uma cláusula de exclusividade, mediante a qual o mediador tem o benefício da não concorrência, pelo menos, de outros mediadores, é suficiente para alterar a configuração do contrato em três aspetos essenciais: *a)* o mediador, caso não o estivesse, passa a estar vinculado à prestação; *b)* o cliente passa a ter de remunerar o mediador pelo sucesso da sua prestação, independentemente da celebração do contrato visado, exceto quando este não se celebre por causa que não lhe seja imputável; *c)* havendo incumprimento da cláusula pelo cliente, o mediador tem direito à remuneração com a celebração do contrato visado, mesmo que não haja nexo causal entre a sua atividade e aquela celebração. Os dois últimos aspetos correspondem a respostas do direito positivo português (da mediação imobiliária, num caso, e geral, no outro), mas são também, fora dos referidos parâmetros, soluções tendenciais.

Finalmente, o trabalho evidenciou, ainda, um conjunto de conclusões exógenas à estrutura contratual, secundárias face ao objeto da dissertação, e que passo a explicitar:

O contrato com as características enunciadas ultrapassa largamente as nossas fronteiras, sendo utilizado no comércio jurídico de vários países, e neles reconhecido e até legislativamente regulado.

Contratos com uma função de aproximação de partes num outro contrato que estas desejam celebrar são gizados no comércio desde os tempos da Roma Imperial, encontrando-se deles vestígios em documentos histó-

CONCLUSÕES

ricos, nomeadamente, no *Corpus Iuris Civilis* e nas Ordenações do Reino. Porém, em Portugal, o seu tratamento jurídico-normativo como contrato *sui generis*, e com o nome que agora lhe atribuímos, situa-se em pleno século XX; e o percurso que, no pensamento dos juristas, conduziu à sua conceptualização foi influenciado por várias espécies contratuais (designadamente comissões e mandatos), nas quais era antes integrado.

No panorama legislativo português existem inúmeras atividades designadas por mediação ou intermediação, mas que se desenvolvem, podem desenvolver também, ou desenvolvem normalmente, com base em contratos já identificados como contratos de mandato, comissão, agência ou simples prestação de serviço. À categoria que engloba os modelos contratuais que suportam atividades com uma função de aproximação de partes com vista à celebração de outro contrato, sem mais requisitos individualizadores (sendo indiferente se o contrato visado é celebrado com ou sem intervenção do intermediário, se este vai ou não intervir como representante do cliente, se a relação entre intermediário e cliente tem caráter ocasional ou estável, se a remuneração vai ou não depender de uma ocorrência a que é alheia a vontade do mediador e que depende, pelo menos em parte, da vontade do seu cliente etc.), é apropriada a designação de *contratos de intermediação*.

No nosso ordenamento, apenas no regime jurídico da atividade de mediação imobiliária encontramos suficientemente caracterizado e regulado um tipo contratual que corresponde ao objeto da dissertação.

Resumo

A dissertação consiste num estudo jurídico de um modelo contratual, designado por *contrato de mediação*, pelo qual *uma pessoa se obriga a pagar a outra uma remuneração se estoutra lhe conseguir interessado para certo contrato e se a primeira vier a celebrar o desejado contrato com o contributo da atividade da segunda.*

Parto das hipóteses da frequência social e da autonomia estrutural do referido modelo, que entendo dotado de um conjunto único de características que permitem autonomizá-lo dos demais modelos contratuais típicos. A demonstração segue um percurso dividido em três partes.

Na primeira, procedo à delimitação e contextualização do objeto. Delimitação no tecido dos *contratos com uma função de intermediação*, contratos nos quais um intermediário desempenha uma função de ajuda à celebração de outros contratos em que não será parte ou em que apenas o será por conta alheia. Contextualização histórica, identificando as alusões que em vários documentos são feitas a relações contratuais possivelmente correspondentes ao modelo contratual em causa e procurando estabelecer o momento da sua autonomização técnico-jurídica.

Na segunda parte, aprofundo o estudo do contrato, centrado nas atribuições principais das partes. Para tanto, faço o estudo do instituto correspondente em seis ordenamentos que nos são próximos (espanhol, francês, italiano, alemão, suíço e inglês), três dos quais regulam legislativamente o contrato de mediação. Procedo a uma análise pormenorizada do contrato no nosso país e prossigo com um ensaio comparativo dos vários sistemas estudados. A terminar a segunda parte, confronto o contrato de mediação com outros contratos com os quais apresenta estreitas afinidades: o mandato, a comissão, a agência e a prestação de serviço.

A terceira parte é especialmente dedicada ao contrato de mediação imobiliária, como subespécie mais frequente, e única que mereceu do legislador português um conjunto de normas suficientes para o identificar como legalmente típico. A regulação que a lei lhe destinou tem-se por paradigmática do contrato de mediação geral socialmente típico.

A finalizar, reúno as conclusões gerais nas quais valido as hipóteses iniciais.

Abstract

This dissertation, with the Portuguese legal system as background, consists in a legal study of a contractual model, designated as *contrato de mediação* (a kind of brokerage agreement), by which a person promises a fee to another person if this one indicates a third party suitable and willing to contract with the first one and if this future contract really comes into force due to the broker's intervention, among other factors.

As working hypothesis, I assume the social frequency and the structural autonomy of the model, which I understand to have an array of unique characteristics sufficient to differentiate it from other contracts governed by law. The demonstration of the hypothesis is structured in three sections.

The main purpose of the first section is to delineate and contextualize the object of study. Delimitation within the set of contracts that pursue an intermediation aim, contracts in which the agent has a role of helping in the conclusion of other agreements where he is not a party or where he only is so on behalf of a third party. Historical contextualization, identifying the allusions (inserted in different documents) to contractual relationships, possibly corresponding to the aforementioned contractual model, and trying to establish the moment in time of its autonomy before the Law.

The second section offers an in-depth study of the contract, focusing on the parties' main acts. To do so, I have studied similar agreements in six legal systems close to the Portuguese (Spanish, French, Italian, Germany, Swiss and English), three of which govern this kind of brokerage agreement by statutory law. The detailed analysis of the contract in Portugal is then followed by a comparative analysis of the several studied legal systems. Afterwards, I confront the object of study and the contracts with which it bears largest resemblances: commission contract, commercial agency and service agreement.

The third section is especially dedicated to the estate agency agreement, as a more frequent subspecies and the only that was targeted by the Portuguese legislator with a set of norms enough to identify it as governed by statute. The regulation given it by the law is paradigmatic of the general and socially customary *contrato de mediação*.

Finally, I accomplish by presenting the general conclusions where I validate the previous propositions.

Résumé

La dissertation, en prenant comme droit de référence le portugais, consiste en une étude juridique d'un modèle contractuel, appelé *contrato de mediação* (contrat de courtage), par lequel une personne s'engage à payer une rémunération à l'autre si cette-ci trouve une personne intéressée à conclure un certain contrat et si la première célèbre le contrat souhaité à la suite de l'activité de la deuxième.

Mes points de départ sont les hypothèses de la fréquence sociale et de l'autonomie structurelle de ce modèle, doté d'un ensemble unique de caractéristiques qui lui permettent de se différencier des autres modèles contractuels typiques. La démonstration suit un parcours divisé en trois parties.

Dans un premier temps, je délimite l'objet dans le tissu des contrats avec une fonction d'intermédiation – contrats dans lesquels un intermédiaire joue une fonction d'aide à conclure d'autres contrats – et je cherche à établir le moment de l'émancipation juridique du contrat de courtage dans le contexte historique, avec l'aide de différents documents dans lesquels allusions sont faites à des relations contractuelles qui peuvent correspondre au modèle de contrat en question.

Dans la deuxième partie, je creuse une étude plus approfondie du contrat, mis l'accent sur les principales prestations des parties. Pour y parvenir, je commence par faire l'étude de l'institut correspondant dans six systèmes juridiques (espagnol, français, italien, allemand, suisse et anglais), dont trois réglementent législativement le contrat de courtage. Ensuite, je procède à une analyse détaillée du contrat au Portugal et j'accomplie une étude comparative des différents systèmes étudiés. Pour terminer la deuxième partie, je fais la mise en place des différences entre le contrat de courtage et les contrats avec lesquels il a plus de similitudes: le mandat, la commission, l'agence et l'entreprise.

La troisième partie est spécialement dédié au contrat de courtage immobilière, comme sous-espèce la plus ordinaire et l'unique qui a obtenu du législateur portugais un ensemble de normes suffisantes pour l'identifier comme légalement typique. Le règlement que la loi lui a destiné est paradigmatique du contrat de courtage socialement typique.

Pour conclure, je comprends les conclusions générales où je confirme mes hypothèses initiales.

Kurzbeschreibung

Die auf dem portugiesischen Rechtssystem als Bezugssystem basierende Dissertation ist eine juristische Studie über ein Vertragsmodell, das als «*contrato de mediação*» (Maklervertrag) bekannt ist. Durch diesen Vertrag, erhält der Makler den Auftrag, gegen eine Bezahlung, Gelegenheit zum Abschluss eines Vertrages nachzuweisen oder den Abschluss eines Vertrages zu vermitteln. Wichtig ist, dass ein Provisionsanspruch nicht nur von der Tätigkeit des Maklers abhängt, sondern auch vom Abschluss des Hauptvertrags.

Meine Annahmen sind: *a)* ein vertragliches Modell mit diesen Merkmalen, ist zwar atypisch in Gesetzbüchern, aber typisch in der Gesellschaft; *b)* der Vertrag wird mit einer einzigartigen Reihe von Eigenschaften, die ihm ermöglichen autonom von anderen typischen Verträge, ausgestattet. Die Bestätigung führt durch die drei Abschnitte der Dissertation.

Im ersten Abschnitt wird das Objekt der Dissertation beschrieben und abgegrenzt von anderen Verträgen, die ich als Vermittlerverträgen bezeichne, bei denen ein Vermittler eine Hilfefunktion bei Vertragsabschlüssen anderer spielt. Danach schreibe ich über die Entwicklung des Maklervertags im Lauf der Rechtsgeschichte und versuche die Zeit seiner rechtlichen Befestigung zu etablieren.

Im zweiten Abschnitt setze ich eine Untersuchung des Vertrages fort, in den Hauptrollen der Parteien zentriert. Dazu erstelle ich einen Vergleich des Maklervertrags in den Rechtssystemen Portugals, Spaniens, Frankreichs, Italiens, Deutschlands, der Schweiz und Englands. Obwohl dieser Vertrag eigentlich nur in Italien, Deutschland und der Schweiz gesetzlich geregelt ist, schaffen die Menschen dennoch ähnliche Verträge überall. Daher kennt der Handelsverkehr, die Lehre und die Rechtsprechung aller Länder den Maklervertrag. Darüber hinaus werden im zweiten Abschnitt auch die Abgrenzungen zwischen dem Maklervertrag und dem Auftrag, dem Kommissionsgeschäft, dem Handelsvertretervertrag und dem Dienstvertrag erarbeitet.

Der dritte Abschnitt ist insbesondere dem Immobilienmaklervertrag gewidmet. Der Vertrag des Immobilienmaklers ist der einzige, der in Portugal vollständig gesetzlich geregelt ist. Die Regelung, die das Gesetz ihm gab, ist ein Musterbeispiel von der Regulierung des sozial typischen Maklervertrag.

Zum Schluss fasse ich die allgemeinen Schlussfolgerungen zusammen.

BIBLIOGRAFIA CITADA

ABRANTES, José João – *A excepção de não cumprimento do contrato*. 2ª ed. Coimbra: Almedina, 2012.

ABREU, Jorge Manuel Coutinho de – *Curso de direito comercial*, I, *Introdução, actos de comércio, comerciantes, empresas, sinais distintivos*. 8ª ed. Coimbra: Almedina, 2011.

— *Da empresarialidade: as empresas no Direito*. Coimbra: Almedina, 1996 (reimp. 1999).

AFONSO, Ana – «O contrato de gestão de carteira, deveres e responsabilidade do intermediário financeiro». *In* Maria de Fátima Ribeiro (coord.), *Jornadas sociedades abertas, valores mobiliários e intermediação financeira*. Coimbra: Almedina, 2007. p. 55-86.

ALARCÃO, Rui de – «Invalidade dos negócios jurídicos: Anteprojecto para o novo Código Civil». BMJ. 89 (out. 1959) 199-267.

ALBALADEJO, Manuel – *Derecho civil*, II, *Derecho de obligaciones*. 12ª ed. Madrid: Edisofer, 2004.

ALBUQUERQUE, Pedro de – *A representação voluntária em direito civil (ensaio de reconstrução dogmática)*. Coimbra: Almedina, 2004.

ALMEIDA, António Pereira de – *Direito comercial: actos de comércio e comerciantes*, I. Lisboa: AAFDL, 1978-79.

ALMEIDA, Carlos Ferreira de – «As transacções de conta alheia no âmbito da intermediação no mercado de valores mobiliários». *In* AAVV, *Direito dos valores mobiliários*. Lisboa: Lex, 1997. p. 291-309.

— *Contratos*, II, *Conteúdo, contratos de troca*. Coimbra: Almedina, 2007.

— *Contratos*, III, *Contratos de liberalidade, de cooperação e de risco*. Coimbra: Almedina, 2012.

— *Direito comparado: ensino e método*. Lisboa: Cosmos, 2000.

— «Os contratos civis de prestação de serviço médico». *In* AAVV, *Direito da saúde e bioética*. Lisboa: AAFDL, 1996. p. 75-120.

— *Texto e enunciado na teoria do negócio jurídico*. Coimbra: Almedina, 1992.

ALMEIDA, Carlos Ferreira de e CARVALHO, Jorge Morais – *Introdução ao direito comparado*. 3ª ed. Coimbra: Almedina, 2013.

ALMEIDA, José Carlos Moitinho de – «O mediador na conclusão e execução do contrato de seguro». *Scientia Iuridica*. 55: 305 (janeiro-março 2006) 23-60.

ÁLVAREZ VIGARAY, Rafael – «Los contratos aleatorios». *Anuario de Derecho Civil*. 21: 3 (julho-setembro 1968) 607-42.

ALVES, Paula Ribeiro – «Intermediação de seguros». *In Intermediação de seguros e* seguro de grupo: estudos de direito dos seguros. Coimbra: Almedina, 2007. p. 7-116.

ANDRADE, Manuel A. Domingues de – *Teoria geral da relação jurídica*, II. 7ª reimp. da 1ª ed. [1960]. Coimbra: Almedina, 1992.

— *Teoria geral das obrigações*. Coimbra: Almedina, 1958.

ANGUISSOLA, Pietro Beretta – *Contratti di mediazione: profili di vessatorietà delle clausole*. Florença: Camera di commercio di Firenze, 2009.

ANSON's Law of Contract. A.G. Guest (ed.). 23ª ed. Oxford: Clarendon, 1969.

ANTHERO, Adriano – *Comentario ao Codigo Commercial portuguez*, I. 2ª ed. Porto: Companhia Portuguesa Editora, [1915].

— *Comentario ao Codigo Commercial portuguez*, II. 2ª ed. Porto: Companhia Portuguesa Editora, [1915].

ANTONMATTEI, Paul-Henri e RAYNARD, Jacques – *Droit civil: contrats spéciaux*. 6ª ed. Paris: Litec, 2008.

ANTUNES, José A. Engrácia – *Direito dos contratos comerciais*. Coimbra: Almedina, 2009.

— «Os contratos de distribuição comercial». RCEJ. 16 (2010) 9-38.

ASCENSÃO, José de Oliveira – *Direito civil: teoria geral*, II, *Acções e factos jurídicos*. Coimbra: Coimbra Editora, 1999.

— *Direito comercial: parte geral*. Lisboa: [s.n.], 1988.

ASQUINI, Alberto – «Recensione». *Rivista del Diritto Commerciale e del Diritto Generale delle Obbligazioni*. 49: 1 (1951) p. 331.

ATIYAH, P.S. – *An introduction to the law of contract*. 5ª ed. Oxford: Clarendon Press, 1996.

AZZOLINA, Umberto – *La mediazione*. Turim: Unione Tipografico-Editrice Torinese, 1957.

BAILEY, S.H. e GUNN, M.J. – *Smith & Bailey on the modern English legal system*. 3ª ed. Londres: Sweet & Maxwell, 1996.

BALDASSARI, Augusto – *I contratti di distribuzione: agenzia, mediazione, concessione di vendita, franchising*. Pádua: Cedam, 1989.

BALDI, Roberto – *Il contratto di agenzia*. 7ª ed. Milão: Giuffrè Editore, 2001.

BALESTRA, Luigi – *Il contratto aleatorio e l'alea normale*. Pádua: CEDAM, 2000.

BAR, Christian von – «Le groupe d'études sur un code civil européen». *Revue International de Droit Comparé*. 53: 1 (2001) 127-39.

BARATA, Carlos Lacerda – *Anotações ao novo regime do contrato de agência*. Lisboa: Lex, 1994.

— «Contrato de mediação». *In Estudos do Instituto de Direito do Consumo*, I. Coimbra: Almedina, 2002. p. 185-231.

— *Sobre o contrato de agência*. Coimbra: Almedina, 1991.

BARNETT, Randy E. – «Conflicting visions: a critique of Ian Macneil's Relational Theory of Contract». *Va. L. Rev.* 78 (1992) 1175-206.

BASTOS, Nuno Manuel Castello-Branco – *Direito dos transportes*. Coimbra: Almedina, 2004.

BELVEDERE, Andrea – *Il problema delle definizioni nel codice civile*. Milão: Giuffrè, 1977.

BÉNABENT, Alain – *Droit civil: les contrats spéciaux civils et commerciaux*. 8ª ed. Paris: Montchrestien-Lextenso, 2008.

— *Droit civil: les obligations*. 12ª ed. Paris: Montchrestien-Lextenso, 2010.

BERCOVITZ RODRÍGUEZ-CANO, Alberto – *Apuntes de derecho mercantil*. 8ª ed. Cizur Menor (Navarra): Aranzadi, 2007.

BERCOVITZ RODRÍGUEZ-CANO, Alberto e CALZADA CONDE, María Ángeles (coord.) – *Contratos mercantiles*. 4ª ed. Cizur Menor, Aranzadi, 2009.

BERCOVITZ RODRÍGUEZ-CANO, Rodrigo (dir.) – *Tratado de contratos*, III. Valença: Tirant lo Blanch, 2009.

BIANCA, C. Massimo – *Diritto civile*, III, *Il contratto*. Milão: Giuffrè, 1987.

BIGOT, Jean e LANGÉ, Daniel – *Traité de droit des assurances: L'intermédiation d'assurance*, II. 2ª ed. Paris: LGDJ, 2009.

BISCONTINI, Guido – *Onerosità, corrispettività e qualificazione dei contratti: il problema della donazione mista*. Nápoles: Edizioni Scientifiche Italiane, 1984.

BLANCO CARRASCO, Marta – *El contrato de corretaje*. Madrid: Colegio de Registradores de la Propiedad, 2008.

BOLAFFIO, Leone – «Dei mediatori». *In Il codice di commercio commentato*, II. Turim: UTET, 1923.

BONET CORREA, José – «El contrato de corretaje o mediación: Sentencia 3 de junio de 1950». *Anuario de Derecho Civil*. 4:4 (outubro-dezembro 1951) 1617-28.

— «El corretaje o mediación: conclusiones críticas a la obra de Azzolina». *RDN*. 4: 12 (abril-junho 1956) 305-36.

— «Stolfi, Fiorentino, D'Onofrio y Fragali: *Mediazione, deposito, conto corrente, contrati bancari, sequestro convenzionale, comodato, mutuo*». RDM. 20:57 (julho-setembro 1955) 228-31.

BONET RAMÓN, Francisco – *Naturaleza jurídica del contrato de mandato*. Barcelona: Bosch, 1941.

BORDOLLI, Giuseppe – «La provvigione nella mediazione immobiliare». *La Nuova Giurisprudenza Civile Commentata*. Pádua. 19:6, parte 2ª (novembro-dezembro 2003) 509-38.

BORGES, José Ferreira – *Diccionario jurídico-commercial*. Lisboa: Typographia da Sociedade Propagadora dos Conhecimentos Uteis, 1839.

BORNIER, Philippe – *Ordonnance de Louis XIV sur le commerce enrichie d'annotations et de décisions importantes*. Nova edição. Paris: Compagnie des Libraires-Associés, 1767.

BOSELLI, Aldo – «Alea». *In* Antonio Azara e Ernesto Eula (dir.), *Novissimo Digesto Italiano*, I. 3ª ed. Turim: UTET,1957. p. 468-76.

BOWSTEAD and REYNOLDS on agency. 16ª ed. Londres: Sweet & Maxwell, 1996.

BRITO, Maria Helena – *A representação nos contratos internacionais: um contributo para o estudo do princípio da coerência em direito internacional privado*. Coimbra: Almedina, 1999.

— «O contrato de agência». *In* AAVV, *Novas perspectivas do direito comercial*. Coimbra: Almedina, 1988. p. 105-35.

— *O contrato de concessão comercial*. Coimbra: Almedina, 1990.

BROSETA PONT, Manuel – *Manual de derecho mercantil*, II. 16ª ed. Madrid: Ed. Tecnos, 2009.

BRUSLONS, Jacques Savary des – *Dictionnaire universel de commerce*. Publicado postumamente por Philémon-Louis Savary. Amesterdão: Chez les Jansons à Waesberge, 1726.

BRUTTI, Massimo – «Mediazione (Storia)». *In Enciclopedia del Diritto*, XXVI. Giuffrè Editore, 1976. p. 12-33.

BUFFELAN-LANORE, Yvaine e LARRIBAU-TERNEYRE, Virginie – *Droit civil: les obligations*. 12ª ed. Paris: Sirey, 2010.

BUSTO LAGO, José Manuel – «Contrato de mediación o corretaje». *In* Rodrigo Bercovitz Rodríguez-Cano (dir.), *Tratado de contratos*, III. Valença: Tirant lo Blanch, 2009. p. 3076-98.

BUTTARO, Luca – *Del giuoco e della scommessa: art. 1933-1935. In* Antonio Scialoja e Giuseppe Branca, *Commentario del codice civile*, IV, *Delle Obbligazioni*. Bolonha-Roma: Nicola Zanichelli Editore – Soc. Ed. del «Foro Italiano», 1959.

CÂMARA, Paulo – *Manual de direito dos valores mobiliários*. Coimbra: Almedina, 2009.

CAMOESAS, Sheila – *Mediação de seguros: a perspectiva contratual*. Dissertação de mestrado. Lisboa: FDUL, 2008.

CAMPOS, Diogo Leite de – *Contrato a favor de terceiro*. Coimbra: Almedina, 2009.

CARBONNIER, Jean – *Droit civil*, II, *Les biens, les obligations*. Paris: Quadrige/Puf, 2004.

CARRARO, Luigi – *La mediazione*. 2ª ed. Pádua: CEDAM, 1960.

— «Mediazione e mediatore». *In* Antonio Azara e Ernesto Eula (dir.), *Novissimo Digesto Italiano*, X. 3ª ed. Turim: UTET, 1957.

CARTA, Stanislao – «Mediazione di contratto, non contratto di mediazione». *Il Foro Italiano*. 70:1 (1947) colunas 296-300.

CARVALHO, Jorge Morais – *Os contratos de consumo: reflexão sobre a autonomia privada no direito do consumo*, Coimbra, Almedina, 2012.

CARVALHO, Orlando de – *Critério e estrutura do estabelecimento comercial*, I, *O problema da empresa como objecto de negócios*. Coimbra, 1967.

CASTAN TOBEÑAS – *Derecho civil español, comum y foral*, III, *Derecho de obligaciones*. 12ª ed. Madrid: Reus, 1978.

CASTELO, Higina – «As lacunas na teoria contemporânea do direito». *In Teoria da argumentação e neo-constitucionalismo: Um conjunto de perspectivas*. Coimbra: Almedina, 2011. p. 79-99.

CASTELO, Higina Orvalho – «Cessação do contrato de agência. Estudo comparativo: Portugal, Espanha e DCFR». *In Estudos em homenagem ao Prof. Doutor José Lebre de Freitas*, II. Coimbra: Coimbra Editora, 2013. p. 105-39.

CATAUDELLA, Antonino – «Mediazione». *In Enciclopedia Giuridica*. Roma: Istituto della Enciclopedia Italiana fondata da Giovanno Treccani, 1988-1997.

— «Note sulla natura giuridica della mediazione». *Rivista del Diritto Commerciale*

e del Diritto Generale delle Obbligazioni. Pádua. 76:11-12 (novembro-dezembro 1978) parte I, 361-83.

CATRICALÀ, Antonio – «La mediazione». *In* Pietro Rescigno (dir.), *Trattato di Diritto Privato*, 12, *Obbligazioni e Contratti*, t. 4. Turim: UTET, 1992. p. 401-39.

CHITTY on contracts, I, *General principles*. 30ª ed. Londres: Sweet & Maxwell, 2008.

CHITTY on contracts, II, *Specific contracts*. 30ª ed. Londres: Sweet & Maxwell, 2008.

CÓDIGO CIVIL ALEMÁN y ley de introducción al Código Civil. Trad. por Albert Lamarca Marquès. Madrid, Barcelona, Buenos Aires: Marcial Pons, 2008.

COELHO, José Gabriel Pinto – «Anotação ao Acórdão do STJ de 14 de Janeiro de 1964». RLJ. 97:3278 (1 jan. 1965) 268-72.

— *Das clausulas accessorias dos negocios juridicos*, I, *A condição*. Coimbra: Imprensa da Universidade, 1909.

COLIN, Ambroise e CAPITANT, Henri – *Traité de droit civil*, II. Paris: Dalloz, 1959.

COMMISSION d'experts pour la révision du droit de la famille, Commission fédérale pour les questions d'état civil – *Rapport explicatif avec avant-projet (annexe) pour une révision du code civil (conclusion du mariage et divorce, état civil, filiation, dette alimentaire, tutelle, asiles de famille et courtage matrimonial)*. [Berna]: [Office central fédéral des imprimés et du matériel], 1992.

CONSTANTINESCO, Léontin-Jean – *Traité de droit comparé*, II, *La méthode comparative*. Paris: LGDJ, 1974.

CORDEIRO, António Menezes – «A modernização do direito das obrigações». ROA. 62:1, 2 e 3 (2002).

— *Direito comercial*, 3ª ed., Coimbra: Almedina, 2012.

— *Direito dos seguros*. Coimbra: Almedina, 2013.

— «Do contrato de mediação». *O Direito*. 139:3 (2007) 517-54.

— *Tratado de direito civil*, I, *Introdução, fontes do direito, interpretação da lei, aplicação das leis no tempo, doutrina geral*. 4ª ed. Coimbra: Almedina, 2012.

— *Tratado de direito civil*, V, *Parte geral, legitimidade, representação, prescrição, abuso do direito, colisão de direitos, tutela privada e provas*. 2ª reimp. da ed. de maio de 2005. Coimbra: Almedina, 2011.

— *Tratado de direito civil português*, I, *Parte geral*, t. I, *Introdução, doutrina geral, negócio jurídico*. 3ª ed. Coimbra: Almedina, 2005 (reimpressão de 2007).

— *Tratado de direito civil português*, II, *Direito das obrigações*, t. I. Coimbra: Almedina, 2009.

— *Tratado de direito civil português*, II, *Direito das obrigações*, t. II. Coimbra: Almedina, 2010.

— *Tratado de direito civil português*, II, *Cumprimento e não cumprimento, transmissão, modificação e extinção, garantias*, t. IV. Coimbra: Almedina, 2010.

CORPUS IURIS CIVILIS, I, *Institutiones, Digesta*. Paulus Krueger e Theodorus Mommsen (ed.). Dublin: Apud Weidmannos, 1973.

CORREIA, A. Ferrer – «A procuração na teoria da representação voluntária». *Boletim da Faculdade de Direito*. Coimbra: Coimbra Editora, 1949. 24 (1948) 253-93.

— *Lições de direito comercial* (com a colaboração de Manuel Henrique Mesquita e António A. Caeiro), I. Coimbra: Universidade de Coimbra, 1973.

CORREIA, Luís Brito – *Direito comercial*, I. Lisboa: AAFDL, 1987.

CORREIA, Miguel J. A. Pupo – *Direito comercial: direito da empresa*. 11ª ed. Lisboa: Ediforum, 2009.

CORREIA, Rui Tavares – *A mediação imobiliária: anotação ao Decreto-Lei 211/2004, de 30 de Agosto*. Lisboa: Abreu & Marques, 2011.

CÔRTE-REAL, Miguel de Lucena e Leme, e CUNHA, Maria Mendes da – *A actividade de mediação imobiliária: anotações e comentários ao DL nº 77/99, de 16.03 e à legislação complementar*. Porto: Vida Económica, 2000.

CORTÉS, José Miguel – «Compraventa de inmueble y contrato de mediación o corretaje inmobiliario». *Actualidad jurídica Aranzadi*. 732 (2007) 14-5.

COSTA, Ana Soares da, *et al.* – *Julgados de paz e mediação: um novo conceito de justiça*. Lisboa: AAFDL, 2002.

COSTA, Mário Júlio de Almeida – *Direito das obrigações*. 12ª ed. Coimbra: Almedina, 2009.

CREMADES GARCÍA, Purificación – *Contrato de mediación o corretaje y estatuto del agente de la propiedad inmobiliaria*. Madrid: Dykinson, 2009.

CRISTAS, Assunção e GOUVEIA, Mariana França – «Transmissão da propriedade de coisas móveis e contrato de compra e venda. Estudo comparado dos direitos português, espanhol e inglês». *In* Assunção Cristas, Mariana França Gouveia e Vítor Pereira Neves, *Transmissão da propriedade e contrato*. Coimbra: Almedina, 2001. p. 13-137.

CRUZ, Sebastião – *Direito Romano*, I, *Introdução, fontes*. 4ª ed. Coimbra, 1984.

CUADRADO PÉREZ, Carlos – «Consideraciones sobre el contrato de corretaje». RCDI. 704 (novembro-dezembro 2007) 2481-558.

CUNHA, Carolina – *A indemnização de clientela do agente comercial*. Coimbra: Coimbra Editora, 2003.

CUNHA, Paulo Olavo – *Lições de direito comercial*. Coimbra: Almedina, 2010.

DAVID, René e JAUFFRET-SPINOSI, Camille – *Les grands systèmes de droit contemporains*. 11ª ed. Paris: Précis Dalloz, 2002.

DE TILLA, Maurizio – *Il diritto immobiliare: Trattato sistematico di giurisprudenza ragionata per casi. I contratti: donazione, permuta, mediazione*, I. 2ª ed. Milão: Giuffrè, 2004.

DEKEUWER-DÉFOSSEZ, Françoise – *Droit commercial: actes de commerce, fonds de commerce, commerçants, concurrence.* 10ª ed. Paris: Montchrestien, 2010.

DEMOGUE, René – *Traité des obligations en général*, I, *Sources des obligations (Suite)*, t. II. Paris: Rousseau et Cⁱᵉ Editeurs, 1923.

DEMOGUE, René – *Traité des obligations en général*, I, *Sources des obligations (Suite et fin)*, t. V. Paris: Rousseau et Cⁱᵉ Editeurs, 1925.

DEVESA, Philippe – *L'opération de courtage: un groupe de contrats au service de la notion d'entremise.* Paris: Litec, 1993.

DIAMOND, Aubrey L. – «Estate agents' authority». MLR. 22 (1959) 437-41.

DIAS, Jorge Figueiredo e MONTEIRO, Jorge Sinde – «Responsabilidade médica em Portugal». BMJ. 332 (jan. 1984) 21-79.

DI CHIO, Giuseppe – «La mediazione». *In* Francesco Galgano (dir.), *Trattato di Diritto Commerciale e di Diritto Pubblico Dell'Economia*, XVI. Pádua: Cedam, 1991. p. 525-632.

DÍEZ-PICAZO, Luis – *Fundamentos del derecho civil patrimonial*, II, *Las relaciones obligatorias.* 6ª ed. Pamplona: Civitas, 2008.

DÍEZ-PICAZO, Luis e GULLÓN, Antonio – *Sistema de derecho civil*, II, *El contrato en general, la relación obligatoria, contratos en especial, cuasi contratos, enriquecimiento sin causa, responsabilidad extracontractual.* 9ª ed. Madrid: Ed. Tecnos, 2001, reimp. 2005.

DISSAUX, Nicolas – «La nature juridique du mandat d'entremise». Comentário ao Acórdão da *Cour de Cassation*, 3ª *chambre civile*, 17/06/2099. Paris. *Recueil Dalloz.* 40 (2009) 2724-7.

— «La notion d'intermédiaire dans les relations contractuelles». *In* AAVV, *Droit des contrats, France, Suisse, Belgique.* Bruxelas: Larcier, 2006. p. 119-32.

— *La qualification d'intermédiaire dans les relations contractuelles.* Paris: LGCJ, 2007.

D'ORS, A. *et al.* – *El Digesto de Justiniano*, III. Pamplona: Aranzadi, 1975.

DOWRICK, F.E. – «The relationship of principal and agent». MLR. 17 (1954) 24-40.

DRAFT COMMON FRAME OF REFERENCE – *v.* PRINCIPLES, DEFINITIONS AND MODEL RULES *of European private law: draft common frame of reference.*

DROUILLAT, René, ARAGON, Georges e JULLIEN, Louis – *Code du travail annoté.* Paris: Sirey, 1950.

DUARTE, I. de Sousa – *Diccionario de direito commercial.* Lisboa, Officina Typographica, [1880].

DUARTE, Rui Pinto – «Contratos de intermediação no Código dos Valores Mobiliários». *Cadernos do Mercado de Valores Mobiliários.* 7 (2000) 352-73.

— Parecer não publicado, junto ao proc. 7185/09.9TBCSC.L1 (aquando do seu recurso para o STJ). Lisboa, janeiro de 2014.

— *Problemas jurídicos levantados pelo trespasse de estabelecimento de pessoa singular que seja mediador imobiliário, para realização de participação em sociedade.* Parecer não publicado. Lisboa, agosto de 2003.

— «Quinze anos de leis sobre *leasing*: balanço e perspectivas». *In Escritos sobre Leasing e Factoring.* S. João do Estoril: Principia, 2001. p. 175-92.

— *Tipicidade e atipicidade dos contratos.* Coimbra: Almedina, 2000.

— «Uma introdução ao direito comparado». *O Direito.* 138:4 (2006) 769-92.

DURANTON, Guy – «Courtiers». *In* Louis Vogel (dir.), *Dalloz Encyclopédie Juridique. Répertoire de Droit Commercial*, II. 1999.

DÜRR, Karl – *Mäklervertrag und Agenturvertrag*. Friburgo, Berna: Dürr Verlag GmbH, 1959.

DUTILLEUL, François Collart e DELEBECQUE, Philippe – *Contrats civils et commerciaux*. 6ª ed. Paris: Dalloz, 2002.

— *Contrats civils et commerciaux*. 8ª ed. Paris: Dalloz, 2007.

EGGERT, Jörn – *Die Maklerprovision bei Hauptvertragsstörungen und Pflichtverletzungen*. Baden-Baden: Nomos, 2006.

EISENBERG, Melvin A. – «Why there is no law of relational contracts». *Nw. U. L. Rev*. 94 (2000) 805-21.

ENGEL, Pierre – *Contrats de droit suisse*. 2ª ed. Berna: Staempfli Editions, 2000.

— *Traité des obligations en droit suisse*. Neuchâtel: Ides et Calendes, 1973.

ENNECCERUS, Ludwig – *Derecho de obligaciones*, II. 11ª Revisão por Heinrich Lehmann, trad. por Blas Pérez González e José Alguer, 2ª ed., ao cuidado de Puig Brutau. Barcelona: Bosch, 1950.

ESSER, Josef e WEYERS, Hans-Leo – *Schuldrecht*, II, *Besonderer Teil*. 7ª ed. Heidelberg: Müller, 1991.

EVANGELISTA, João e Instituto Nacional de Estatística – *Um século de população portuguesa (1864-1960)*. Lisboa: Centro de Estudos Demográficos, 1971.

FARIA, Jorge Leite Areias Ribeiro – *Direito das obrigações*, I. Coimbra: Almedina, 1990.

— *Direito das obrigações*, II. Coimbra: Almedina, 1990.

— «Novamente a questão da prova na responsabilidade civil médica – reflexões em torno do direito alemão». RDFUP. 1 (2004) 115-95.

FEINMAN, Jay M. – «Relational Contract Theory in context». *Nw. U. L. Rev*. 94 (2000) 737-48.

FERNANDES, Luís A. Carvalho – «Notas breves sobre a cláusula de reserva de propriedade». *In Estudos em homenagem ao Professor Doutor Carlos Ferreira de Almeida*, II. Coimbra: Almedina, 2011. p. 321-51.

— *Teoria geral do direito civil*, II, *Fontes, conteúdo e garantia da relação jurídica*. 5ª ed. Lisboa: Universidade Católica Editora, 2010.

FERREIRA, Durval A. Fonseca e Castro – *Do mandato civil e comercial: o gerente de sociedades*. Vila Nova de Famalicão: Edição do Autor, 1967.

FERREIRA, Durval – *Negócio jurídico condicional*. Coimbra: Almedina, 1998.

FERRI, Giuseppe – *Manuale di diritto commerciale*. Turim: UTET, 1969.

FERRIER, Didier – *Droit de la distribution*. 5ª ed. Paris: Litec, 2008.

FINZI, Enrico – «Le disposizioni preliminari del codice di commercio nel progetto della commissione reale». *Rivista del Diritto Commerciale e del Diritto Generale delle Obbligazioni*. 26:1 (1928) 385-407.

FISCHER, Michael – *Die Unentgeltlichkeit im Zivilrecht*. Colónia, Berlim, Bona e Munique: Carl Heymanns Verlag KG, 2002.

FLOUR, Jacques, AUBERT, Jean-Luc e SAVAUX, Éric – *Les obligations*, I, *L'acte juridique: le contrat, formation, effets, actes unilatéraux, actes collectifs*. 14ª ed. Paris: Sirey, 2010.

FLUME, Werner – *Allgemeiner Teil des bürgerlichen Rechts*, II, *Das Rechtsgeschäft*. Berlim, Heidelberg, Nova Iorque: Springer Verlag, 1979.

FRADA, Manuel A. Carneiro da – *Contrato e deveres de protecção*. Separata do vol. 38 do Suplemento ao Boletim da Faculdade de Direito da Universidade de Coimbra, 1994.

FRIDMAN, G. H. L. – *The law of agency*. 2ª ed. Londres: Butterworths, 1966.

FROSSARD, Joseph – *La distinction des obligations de moyens et des obligations de résultat*. Paris: LGDJ, 1965.

FUNAIOLI, Carlo Alberto – *Il giuoco e la scommessa. In Trattato di Diritto Civile Italiano*, (dir. Filippo Vassalli). 2ª ed. Vol. 9, t. 2, fasc. 1. Turim: Unione Tipografico – Editrice Torinese, 1956.

GALGANO, Francesco – *Diritto civile e commerciale*, II, *Le obbligazioni e i contratti*. 2ª ed. Pádua: CEDAM, 1993.

GARCÍA GIL, F. Javier e GARCÍA NICOLÁS, Luis Angel – *Manual práctico de la intermediación inmobiliaria: contrato de mediación inmobiliaria (derechos y obligaciones de las partes, cobro de comisiones, etc.)*. [S.l.]: F. Javier García Gil, 2006.

GARCÍA-VALDECASAS Y ALEX, Fco. Javier – *La mediación inmobiliaria: la mediación, agentes de propiedad inmobiliaria: terminología, señas de identidad, contrato de mediación, protección inmobiliaria, su problemática y la de la mediación en general*. Pamplona: Aranzadi, 1998.

GARRIDO ARREDONDO, José – «Mediación y mediadores en el tráfico jurídico romano». *In Anuario de Historia del Derecho Español*, 72. Madrid: Coedición del Ministerio de Justicia y del Boletín Oficial del Estado, 2002. p. 399-427.

GASPAR, António Silva Henriques – «A responsabilidade civil do médico». CJ. 3:1 (1978) 335-55.

GAUTSCHI, Georg – «Kreditbrief und Kreditauftrag, Mäklervertrag, Agenturvertrag, Geschäftsführung ohne Auftrag, Artikel 407-424 OR». *In Kommentar zum Schweizerischen Zivilgesetzbuch*, (coord.) Max Gmuer. Berna: Staempfli, 1964.

GÁZQUEZ SERRANO, Laura – *El contrato de mediación o corretaje*. Madrid: La Ley-Actualidad, 2007.

GERALDES, João de Oliveira – *Tipicidade contratual e condicionalidade suspensiva: estudo sobre a exterioridade condicional e sobre a posição jurídica resultante dos tipos contratuais condicionados*. Coimbra: Wolters Kluwer e Coimbra Editora, 2010.

GETE-ALONSO Y CALERA, María Del Carmen – *Estudios sobre el contrato*. Barcelona: Atelier, 2008.

GIANDOMENICO, Giovanni di – *Il contratto e l'alea*. Pádua: CEDAM, 1987.

GIORDANO, Alessandro – «Struttura essenziale della mediazione». *In Studi in onore di Francesco Messineo per il suo XXXV anno d'insegnamento*. Milão: Giuffrè, 1959. p. 349-61.

GODINHO, Vicente Mendes – «Balanço da implementação do novo regime jurídico da mediação de seguros». RSISP. 12:25 (junho 2008) 45-54.

GOETZ, Charles J. and SCOTT, Robert E. – «Principles of relational contracts». *Va. L. Rev.* 67 (setembro 1981) 1089-150.

GOMES, Fátima – «Contratos de intermediação financeira, sumário alargado». *In Estudos dedicados ao Prof. Doutor Mário Júlio de Almeida Costa*. Lisboa: UCP, 2002. p. 565-99.

GOMES, Júlio Manuel Vieira – *O conceito de enriquecimento, o enriquecimento forçado e os vários paradigmas do enriquecimento sem causa*. Porto: Universidade Católica, 1998.

GOMES, Manuel Januário Costa – «Apontamentos sobre o contrato de agência». *Separata da Tribuna de Justiça*. 3 (1990) 9-39.

— *Assunção fidejussória de dívida: sobre o sentido e o âmbito da vinculação como fiador*. Coimbra, Almedina, 2000.

— *Contrato de mandato*. Reimp. da ed. de 1990. Lisboa: AAFDL, 2007. (Também em CORDEIRO, António Menezes (coord.) – *Direito das Obrigações*, III, *Contratos em especial*. Lisboa: AAFDL, 1991. p. 263-408-C).

— «Contrato de mandato comercial». *In As operações comerciais* (coord. de Oliveira Ascensão). Coimbra: Almedina, 1988. p. 465-564.

— «Da qualidade de comerciante do agente comercial». BMJ. 313 (fev. 1982) 17-49.

GONÇALVES, Luiz da Cunha – *Comentário ao Código Comercial português*, I. Lisboa: Editora J.B., 1914.

— *Dos contratos em especial*. Lisboa: Ática, 1953.

— *Tratado de direito civil*, VII. Coimbra: Coimbra Editora, 1933.

GONÇALVES, Nuno Baptista – *Do negócio sob condição (Estudo de direito civil)*. Lisboa: Edições Castilho, 1995.

GORDON, Robert W. – «Macaulay, Macneil, and the discovery of solidarity and power in contract law». Wis. L. Rev. (1985) 565-79.

GOUVEIA, Mariana França – «Meios de resolução alternativa de litígios: negociação, mediação e julgados de paz». *In Estudos comemorativos dos 10 anos da Faculdade de Direito da Universidade Nova de Lisboa*, II. Coimbra: Almedina, 2007. p. 727-58.

GREGO, Umberto – «Dei mediatori». *Archivio Giuridico*. 45 (1890) 109-248.

GRUA, François – «Les effets de l'aléa et la distinction des contrats aléatoires et des contrats commutatifs». RTDC. 82:2 (abril-junho 1983) 263-87.

GUEDJ, Valérie – «Contrat de courtage». *Jurisclasseur Contrats – Distribution*. 850:8 (2001) 1-13.

GUICHARD, Raúl – «Sobre a distinção entre núncio e representante». *Scientia Iuridica*. 44:256-8 (jul.-dez. 1995) 317-29.

HALSBURY's Laws of England. 5ª ed. Lord Mackay of Clashfern (ed.), I. [S.l.]: Lexis Nexis, 2008.

HANBURY, Harold Greville – *The principles of agency*. 2ª ed. Londres: Stevens & Sons Limited, 1960.

HÉMARD, Jean – *Traité théorique et pratique de droit commercial : les contrats commer-* *ciaux*, II, *Le mandat commercial, les transports*. Paris: Sirey, 1955.

HOFSTETTER, Joseph – «Le contrat de courtage». *In Traité de droit privé suisse*, VII, t. II, 1. Fribourg: Ed. Universitaires, 1994. p. 155-71.

HOHFELD, Wesley Newcomb – *Os conceitos jurídicos fundamentais aplicados na argumentação judicial*. Trad. por Margarida Lima Rego. Lisboa: Gulbenkian, 2008.

HÖRSTER, Heinrich Ewald – *A parte geral do Código Civil português*. Coimbra: Almedina, 1992.

HUBRECHT, Georges, COURET, Alain e BARBIÉRI, Jean-Jacques – *Droit commercial*. 10ª ed. Paris: Sirey, 1986.

HUET, Jérôme – *Les principaux contrats spéciaux*. 2ª ed. Coleção *Traité de Droit Civil* (dir. Jacques Ghestin). Paris: LGDJ, 2001.

IRRERA, Maurizio – «Mediazione». RDC. 39:1 (janeiro-fevereiro 1993) 251-8.

JANSEN, Olaf J. – *Die Nebenpflichten im Maklerrecht*. Munique: Cottbus, 2000.

JAUFFRET, Alfred – *Droit commercial: manuel*. 20ª ed. Paris: LGDJ, 1991.

JIMÉNEZ SÁNCHEZ, Guillermo J. – *Lecciones de derecho mercantil*. 9ª ed. Madrid: Tecnos, 2005.

JIMÉNEZ SÁNCHEZ, Guillermo J., *et al.* – *Derecho mercantil*. 11ª ed. Barcelona: Ariel, 2006.

JORDANO BAREA, Juan-Bautista – «Los contratos atípicos». RGLJ. 27 (julho-agosto 1953) 51-95.

JORDANO FRAGA, Francisco – «Obligaciones de medios y de resultado (A propósito de alguna jurisprudencia reciente)». *Anuario de Derecho Civil*. 44:1 (janeiro-março 1991) 5-96.

JORGE, Fernando Pessoa – *Direito das obrigações*, I. Lisboa: AAFD, 1975/76.

— *O mandato sem representação*. Reimp. da ed. de 1961. Coimbra: Almedina, 2001.

JÚNIOR, Eduardo dos Santos – *Direito das obrigações*, I, *Sinopse explicativa e ilustrativa*. Lisboa: AAFDL, 2010.

JUSTINO, David – *Origens da Bolsa de Lisboa*. [S.l.]: Bolsa de Valores de Lisboa, 1993.

JUSTO, A. Santos – *Direito privado romano*, I, *Parte geral*. 5ª ed. Coimbra: Coimbra Editora, 2011.

— *Direito privado romano*, II, *Direito das obrigações*. 4ª ed. Coimbra: Coimbra Editora, 2011.

KASER, Max – *Direito privado romano*. Trad. de *Römisches Privatrecht*, Munique, 1992. Lisboa: Fundação Calouste Gulbenkian, 1999.

KEENAN, Denis – *Smith & Keenan's English Law*. 11ª ed. Londres: Pitman Publishing, 1995.

KEMPEN, Bernd – *Der Provisionsanspruch des Zivilmaklers bei fehlerhaftem Hauptvertrag*. Colónia: Verlag Josef Eul, 1984.

KÖBLER, Gerhard – *Etymologisches Rechtswörterbuch*. Tübingen: Mohr, 1995.

LABARTHE, Françoise e NOBLOT, Cyril – *Le contrat d'entreprise*. Paris : LGDJ, 2008.

LARENZ, Karl – *Derecho de obligaciones*, II. Trad. da 2ª ed. (1957) por Jaime Santos Briz. Madrid: Editorial Revista de Derecho Privado, 1959.

— *Lehrbuch des Schuldrechts*, I, *Allgemeiner Teil*. Munique e Berlim: C.H. Beck Verlag, 1953.

— *Lehrbuch des Schuldrechts*, I, *Allgemeiner Teil*. 2ª ed. Munique e Berlim: C.H. Beck Verlag, 1957.

— *Lehrbuch des Schuldrechts*, I, *Allgemeiner Teil*. 14ª ed. Munique: C.H. Beck Verlag, 1987.

— *Lehrbuch des Schuldrechts*, II, *Besonderer Teil*, Parte 1. 13ª ed. Munique: C.H. Beck Verlag, 1986.

— *Metodologia da ciência do direito*. Trad. de *Methodenlehre der Rechtswissenschaft*, 6ª ed. (1991), por José Lamego. Lisboa: Fundação Calouste Gulbenkian, 2012.

LARENZ, Karl e WOLF, Manfred – *Allgemeiner Teil des Bürgerlichen Rechts*. 9ª ed. Munique: Beck, 2004.

LARROUMET, Christian – *Droit civil, les obligations, le* contrat, III, 1ª parte. 6ª ed. Paris: Economica, 2007.

LASARTE, Carlos – *Principios de derecho civil*, II, *Derecho de obligaciones*. 11ª ed. Madrid: Marcial Pons, 2007.

LASARTE, Carlos – *Principios de derecho civil*, III, *Contratos*. 10ª ed. Madrid, Barcelona, Buenos Aires: Marcial Pons, 2007.

LE GALL, Jean-Pierre – *Droit commercial: les effets de commerce, les contrats commerciaux, renflouement et liquidation des entreprises*. 5ª ed. Paris: Mémentos Dalloz, 1980.

LEITÃO, Luís Manuel Teles de Menezes – *A indemnização de clientela no contrato de agência*. Coimbra: Almedina, 2006.

— «Actividades de intermediação e responsabilidade dos intermediários financeiros». *In Direito dos valores mobiliários*, II. Coimbra: Coimbra Editora, 2000. p. 129-56.

— *Direito das obrigações*, I, *Introdução: da constituição das obrigações*. 9ª ed. Coimbra: Almedina, 2010.

— *Direito das obrigações*, II, *Transmissão e extinção das obrigações, não cumprimento e garantias de crédito*. 8ª ed. Coimbra: Almedina, 2011.

— *Direito das obrigações*, III, *Contratos em especial*. 8ª ed. Coimbra: Almedina, 2013.

— *O enriquecimento sem causa no direito civil: estudo dogmático sobre a viabilidade da configuração unitária do instituto, face à contraposição entre as diferentes categorias de enriquecimento sem causa*. Coimbra: Almedina, 2005.

LE TOURNEAU, Philippe, *et al.* – *Droit de la responsabilité et des contrats*. 8ª ed. Paris: Dalloz, 2010.

LEVI, Giulio – «Il diritto del mediatore, alla provvigione, nei contratti preliminari condizionali». *Rivista del Diritto Commerciale e del Diritto Generale delle Obbligazioni*. Pádua. 79:1-2 (janeiro-fevereiro 1981) 45-56.

LIEBISCH, Arnold – *Das Wesen der unentgeltlichen Zuwendungen unter Lebenden im bürgerlichen Recht und im Reichssteuerrecht*. Leipzig: Weicher, 1927.

LIMA, Fernando Andrade Pires de e VARELA, João de Matos Antunes – *Código Civil anotado*, I. 4ª ed. Coimbra: Coimbra Editora, 1987.

— *Código Civil anotado*, II. 3ª ed. Coimbra: Coimbra Editora, 1986.

LISBOA, José da Silva – *Princípios de direito mercantil e leis da marinha, para uso da mocidade portuguesa, destinada ao comércio*, V, *Dos contratos mercantis*. Lisboa: Impressão Régia, 1819.

LOBATO GÓMEZ, J. Miguel – «Contribución al estudio de la distinción entre las obligaciones de medios y las obligaciones de resultado». *Anuario de Derecho Civil*. 45:2 (abril-junho 1992) 651-734.

LUMINOSO, Angelo – *La mediazione. In Trattato di Diritto Civile e Commerciale*, vol. 31, t. 3. Milão: Giuffrè, 1993.

MACAULAY, Steward – «Relational contracts floating on a sea of custom? Thoughts about the ideas of Ian Macneil and Lisa Bernstein». *Nw. U. L. Rev.* 94 (2000) 775-804.

MACHADO, João Baptista – «Risco contratual e mora do credor». *In Obra dispersa*. Braga: Scientia Iuridica, 1991.

MACHADO, José Pedro – *Dicionário etimológico da língua portuguesa*. 8ª ed. Lisboa: Livros Horizonte, 2003.

MACNEIL, Ian R. – «Relational Contract Theory: Challenges and queries». *Nw. U. L. Rev.* 94 (2000) 877-907.

— «Values in Contract: Internal and external». *Nw. U. L. Rev.* 78 (abril 1983) 340-418.

MALAURIE, Philippe, AYNÈS, Laurent e GAUTIER, Pierre-Yves – *Les contrats spéciaux*. 4ª ed. Paris: Defrénois, 2009.

MARINI, Annibale – *La mediazione. In* Piero Schlesinger (dir.), *Il codice civile, commentario*. Milão: Giuffrè Editore, 1992.

MARKESINIS, B. S., MUNDAY, R. J. C. – *An outline of the law of agency*. 4ª ed. Londres, Edimburgo & Dublin: Butterworths, 1998.

MARQUIS, Christian – *Le contrat de courtage immobilier et le salaire du courtier: étude de droit suisse*. Lausanne: Payot, 1993.

MARTINEK, Michael – «Auftrag und Geschäftsbesorgungsvertrag». *In J. von Staudingers Kommentar zum Bürgerlichen Gesetzbuch mit Einführungsgesetz und Nebengesetzen*, II, *Recht der Schuldverhältnisse, §§ 657-704 (Geschäftsbesorgung)*. Berlim: Sellier – de Gruyter, 2006. p. 123-693.

MARTINEZ, Pedro Romano – *Da cessação do contrato*. 2ª ed. Coimbra: Almedina, 2006.

— *Direito das obrigações*. 3ª ed. Lisboa: AAFDL, 2011.

— *Direito dos seguros: apontamentos*. S. João do Estoril: Principia, 2006.

MARTÍNEZ VAL, José María – *El contrato de corretaje*. Cidade Real: Publicaciones de la Escuela de Comercio, 1955.

MARTINS, Maria Inês de Oliveira – *O seguro de vida enquanto tipo contratual legal*. Coimbra: Wolters Kluwer e Coimbra Editora, 2010.

MAZEAUD, Henri, MAZEAUD, Léon, CHABAS, François, *et al.* – *Leçons de droit civil*, t. II, vol. I, *Obligations*. 9ª ed. Paris: Montchrestien, 1998.

MENDES, João de Castro – «Da condição». BMJ. 263 (fev. 1977) 37-60.

— *Teoria geral do direito civil*, II. De harmonia com as lições de 1978-79 (ed. revista em 1985). Lisboa: AAFDL, 1995.

MENÉNDEZ, Aurelio *et al.* – *Lecciones de derecho mercantil*. 4ª ed. Cizur Menor (Navarra): Civitas, 2006.

MERCADAL VIDAL, Francisco – *El contrato de agencia mercantil*. Bolonia: Publicaciones del Real Colegio de España, 1998.

MESSINEO, Francesco – *Manuale di diritto civile e commerciale*, V. 9ª ed. Milão: Giuffrè, 1972.

MILLÁN GARRIDO, Antonio – «Introducción al estudio del corretaje». RGD. 43:510 (março 1987) 693-735.

MINASI, Marcello – «Mediazione». *In Enciclopedia del Diritto*, XXVI. Giuffrè Editore, 1976. p. 33-47.

MINOLA, Louis-Pierre – *Le contrat de courtage : spécialement au point de vue du salaire du courtier*. Lausanne: Imprimerie La Concorde, 1921.

MIRANDA, Miguel – *O contrato de viagem organizada*. Coimbra: Almedina, 2000.

MONCADA, L. Cabral de – *Lições de direito civil*, II. Coimbra: Atlântida, 1932.

MONTEIRO, António Pinto – *Contrato de agência: anotação ao Decreto-lei nº 178/86, de 3 de Julho*. Coimbra: Almedina, 1987.

— *Contrato de agência: anotação ao Decreto-lei nº 178/86, de 3 de Julho*. 5ª ed. Coimbra: Almedina, 2004.

— «Contrato de agência (Anteprojecto)». BMJ. 360 (nov. 1986) 43-139.

— *Contratos de distribuição comercial*. 3ª reimp. Coimbra: Almedina, 2009.

— *Teoria geral do direito civil* – v. PINTO, Carlos Alberto da Mota.

MOREIRA, Guilherme Alves – *Instituições do direito civil português*, I. Coimbra: Imprensa da Universidade, 1907.

— *Instituições do direito civil português*, II, *Das obrigações*. Coimbra: Imprensa da Universidade, 1911.

MORILLO GONZÁLEZ, Fernando – «El contrato de arrendamiento de servicios: su distinción de otras figuras jurídicas afines en la doctrina reciente de nuestros tribunales». *Aranzadi Civil*. 1 (1999) 1620-35.

MÜNCHENER KOMMENTAR *zum Handelsgesetzbuch*, I. Dir. Karsten Schmidt. 3ª ed. Comentário de Gerrick von Hoyningen-Huene aos §§ 93-104. Munique: Verlag C.H. Beck/Verlag Franz Vahlen, 2010.

MUNDAY, Roderick – *Agency: law and principles*. Oxford: Oxford University Press, 2010.

MÜNSTER, Oliver – *Unbenannte Zuwendungen: Rechtsgeschäfte auf der Grundlage eines atypischen unentgeltlichen Vertrages; Bestandsaufnahme und Perspektive einer Rechtsfigur*. Colónia, 2007.

MÚRIAS, Pedro – «Um conceito de atribuição para o direito do não cumprimento». *O Direito*. 140:4 (2008) 797-856.

MÚRIAS, Pedro e PEREIRA, Maria de Lurdes – «Obrigações de meios, obrigações de resultado e custos da prestação». *In Centenário do nascimento do Professor Doutor Paulo Cunha: estudos em homenagem*. Coimbra: Almedina, 2012. p. 999-1018.

MUSOLINO, Giuseppe – «La figura del mediatore fra codice civile e leggi speciali». *Rivista Trimestrale di Diritto e Procedura Civile*. Milão. 44:3 (setembro 1990) 1037-47.

NAIMI, Jean-Charles – *Le courtage d'assurance: enjeux juridiques et commerciaux*. 3ª ed. Paris: L'Argus, 2003.

NAVARRINI, Umberto – *Trattato teorico-pratico di diritto commerciale*, III, *Diritto delle obbligazioni*. Turim: Fratelli Bocca Editori, 1920.

NAVARRO VILARROCHA, Pedro – «El corretaje de los bienes inmuebles». RGD. 37:442 (julho-agosto 1981) 877-83.

NOVÍSIMA RECOPILACION DE LAS LEYES DE ESPAÑA, *dividida em XII Libros, en que se reforma la recopilación publicada por el señor Don Felipe II, en el año de 1567, reim-*

presa últimamente en el de 1775, y se incorporan las pragmáticas, cédulas, decretos, órdenes y resoluciones Reales, y otras providencias no recopiladas, y expedidas hasta el de 1804, mandada formar por el Señor Don Carlos IV, t. IV, libros VIII y IX. Madrid, 1805.

NUNES, Pedro Caetano – *Dever de gestão dos administradores das sociedades anónimas*. Coimbra: Almedina, 2012.

OLIVEIRA, Nuno Manuel Pinto – *Direito das obrigações*, I, *Conceito, estrutura e função das relações obrigacionais, elementos das relações obrigacionais, direitos de crédito e direitos reais*. Coimbra: Almedina, 2005.

— *Princípios de direito dos contratos*. Coimbra: Coimbra Editora, 2011.

ORDENAÇÕES AFONSINAS, I. Reprodução da edição da Real Imprensa da Universidade de Coimbra, 1792. Lisboa: Fundação Calouste Gulbenkian, 1984.

ORDENAÇÕES AFONSINAS, III. Reprodução da edição da Real Imprensa da Universidade de Coimbra, 1792. Lisboa: Fundação Calouste Gulbenkian, 1984.

ORDENAÇÕES FILIPINAS, I. Reprodução da edição de Candido Mendes de Almeida, Rio de Janeiro, 1870. Lisboa: Fundação Calouste Gulbenkian, 1985.

ORDENAÇÕES FILIPINAS, II e III. Reprodução da edição de Candido Mendes de Almeida, Rio de Janeiro, 1870. Lisboa: Fundação Calouste Gulbenkian, 1985.

ORDENAÇÕES MANUELINAS, I. Reprodução da edição da Real Imprensa da Universidade de Coimbra, 1797. Lisboa: Fundação Calouste Gulbenkian, 1984.

ORDENAÇÕES MANUELINAS, III. Reprodução da edição da Real Imprensa da Universidade de Coimbra, 1797. Lisboa: Fundação Calouste Gulbenkian, 1984.

PARDESSUS, Christophe, LAFIN, Isabelle Monin, LANDEL, James [*et al.*] – *L'intermédiation en assurance*. Paris: L'Argus, 2007.

PATIENT, Ingrid – «Implied authority». MLR. 35 (1972) 419-23.

PAZ-ARES, Cándido – «La indemnización por clientela en el contrato de concesión». *In Estudios de derecho mercantil: homenaje al Profesor Justino F. Duque*, II. Valhadolid: Universidad de Valladolid, 1998. p. 1287-303.

PERALTA, Ana Maria – *A posição jurídica do comprador na compra e venda com reserva de propriedade*. Coimbra: Almedina, 1990.

PEREIRA, A. Ramos – *O sistema de crédito e a estrutura bancária em Portugal*. Lisboa: ISCEF, 1969.

PEREIRA, André Gonçalo Dias – *O consentimento informado na relação médico-paciente: estudo de direito civil*. Coimbra: Coimbra Editora, 2004.

PEREIRA, Maria de Lurdes – *Conceito de prestação e destino da contraprestação*. Coimbra: Almedina, 2001.

PEREIRA, Maria de Lurdes e MÚRIAS, Pedro – «Sobre o conceito e a extensão do sinalagma». *In Estudos em Honra do Professor Doutor José de Oliveira Ascensão*, I. Coimbra: Almedina, 2008. p. 379-430.

PERFETTI, Ubaldo – *La mediazione: profili sistematici ed applicativi*. Milão: Giuffrè, 1996.

PINO, Augusto – *Il contratto con prestazioni corrispettive: bilateralità, onerosità e corrispettività nella teoria del contratto*. Padova: Cedam, 1963.

PINTO, Carlos Alberto da Mota – *Cessão da posição contratual*. Coimbra: Almedina, 1982.

— *Teoria geral do direito civil*. 4ª ed., por António Pinto MONTEIRO e Paulo Mota PINTO. Coimbra: Coimbra Editora, 2005.

PINTO, Fernando A. Ferreira – *Contratos de distribuição: da tutela do distribuidor integrado em face da cessação do vínculo*. Lisboa: Universidade Católica Editora, 2013.

PINTO, Paulo Mota – *Interesse contratual negativo e interesse contratual positivo*, I. Coimbra: Coimbra Editora, 2008.
— *Teoria geral do direito civil* – v. PINTO, Carlos Alberto da Mota.

PLANCQUEEL, André – «Obligations de moyens, obligations de résultat (Essai de classification des obligations contractuelles en fonction de la charge de la preuve en cas d'inexécution)». RTDC. 70 (1972) 334-40.

PLANIOL, Marcel e RIPERT, Georges – *Traité pratique de droit civil français*, t. 6, *Les obligations*, Paris: LGDJ, 1952.

POÇAS, Luís – «Aspectos da mediação de seguros». *In Estudos de direito dos seguros*. Porto: Almeida & Leitão, 2008. p. 117-249.

PORCHY-SIMON, Stéphanie – *Droit civil: les obligations*. 6ª ed. Paris: Dalloz, 2010.

POTHIER, R.-J. – *Les traités du droit français*, I. nova ed. por M. Dupin Ainé. Bruxelas: Chez H. Tarlier, 1831.

POWELL, Raphael – *The law of agency*. Londres: Sir Isaac Pitman & Sons, Ltd., 1952.

POZO, Luis e LOZANO ROMERAL, Diego L. – «El carácter exclusivo de la profesión de Agente de la Propiedad Inmobiliaria». *La Ley*. 5 (1996) 1477-81.

PRATA, Ana – *Contratos de adesão e cláusulas contratuais gerais: anotação ao Decreto-Lei nº 446/85, de 25 de Outubro*. Coimbra: Almedina, 2010.
— *Dicionário Jurídico*, I. 5ª ed. Com colaboração de Jorge Carvalho. Coimbra: Almedina, 2008.

PRINCIPLES, DEFINITIONS AND MODEL RULES *of European private law: draft common frame of reference*. Christian von Bar *et al.* (ed.). Munique: Sellier European Law Publishers, 2009.

«PROPOSTA DE DIRECTIVA referente à coordenação das legislações dos Estados membros da CEE relativas aos agentes comerciais independentes». RDE. 5:1 (jan.-jun. 1979) 201-22.

PROVERA, Giuseppe – «Mandato (Storia)». *In Enciclopedia del Diritto*, XXV. Giuffrè Editore, 1975. p. 311-21.

PUIG BRUTAU, José – *Fundamentos de derecho civil*, t. I, vol. II, *Derecho general de las obligaciones*. 4ª ed. Barcelona: Bosch Casa Editorial, 1988.
— *Fundamentos de derecho civil*, t. II, vol. II, *Contratos en particular*. 2ª ed. Barcelona: Bosch Casa Editorial, 1982.

QUINTÁNS EIRAS, María Rocío – «Problemas suscitados en la dogmática del contrato de corretaje, con ocasión de la promulgación de la ley 12/1992, de 27 de mayo, sobre contrato de agencia». *Cuadernos de Derecho y Comercio*. 20 (setembro 1996) 89-145.

RAMALHO, Maria do Rosário Palma – *Tratado de direito do trabalho*, II, *Situações laborais individuais*. 4ª ed. Coimbra: Almedina, 2012.

RAYROUX, François – «Du courtage». *In* Luc Thévenoz e Franz Werro (ed.), *Commentaire romand, Code des obligations* I. Genebra, Bâle, Munique: Helbing & Lichtenhahn, 2003. p. 2109-32.

REDINHA, João – «Contrato de mútuo». *In* António Menezes Cordeiro (coord.), *Direito das obrigações*, III, *Contratos em especial*. Lisboa: AAFDL, 1991. p. 185-262.

REDINHA, Maria Regina Gomes – *A relação laboral fragmentada: estudo sobre o trabalho temporário*. Coimbra: Coimbra Editora, 1995.

REGO, Margarida Lima – *Contrato de seguro e terceiros: estudo de direito civil*. Coimbra: Coimbra Editora, 2010.

RESCIGNO, Pietro – «Condizione (dir. vig.)». *In Enciclopedia del Diritto*, VIII. Giuffrè Editore, 1961. p. 762-801.
— «Note a margine dell'ultima legge sulla mediazione». *Rivista del Diritto Com-*

merciale e del Diritto Generale delle Obbligazioni. Pádua. 89:5-6 (maio-junho 1991) 243-52.

RESTATEMENT of the Law Second, Agency 2*nd*, I, *as adopted and promulgated by the* AMERICAN LAW INSTITUTE. St. Paul, Minn.: American Law Institute Publishers, 1958.

RESTATEMENT of the Law Third, Agency 3*rd*, I, *as adopted and promulgated by the* AMERICAN LAW INSTITUTE. St. Paul, Minn.: American Law Institute Publishers, 2006.

REUTER, Dieter – «Maklervertrag». *In J. von Staudingers Kommentar zum Bürgerlichen Gesetzbuch mit Einführungsgesetz und Nebengesetzen*, II, *Recht der Schuldverhältnisse, §§ 652-656 (Maklerrecht)*. Berlim: Sellier – de Gruyter, 2010.

REVISTA DOS TRIBUNAIS (em anotação ao Acórdão do STJ de 14/01/1964). 82 (junho de 1964) 278-9.

REVISTA DOS TRIBUNAIS (em anotação ao Acórdão do STJ de 07/03/1969). 87 (1969) 159-62.

RIBEIRO, Joaquim de Sousa – *O problema do contrato: as cláusulas contratuais gerais e o princípio da liberdade contratual*. Coimbra: Almedina, 1999.

RIBEIRO, Maria de Fátima – «O contrato de mediação e o direito do mediador à remuneração». *Scientia Iuridica*. 62:331 (jan.-ab. 2013) 77-106.

RIBEIRO, Ricardo Lucas – *Obrigações de meios e obrigações de resultado*. Coimbra: Wolters Kluwer Portugal, 2010.

RIERA AÍSA, Luis – «Corretaje». *In Nueva Enciclopedia Jurídica*, t. V. Barcelona: Francisco Seix Editor, 1953. p. 812-7.

RIPERT, G. e ROBLOT, R. – *Traité de droit commercial*, II. 16ª ed. Paris: LGDJ, 2000.

ROCHA, Francisco Costeira da – *O contrato de transporte de mercadorias: contributo para o estudo da posição jurídica do destinatário*

no contrato de transporte de mercadorias. Coimbra: Almedina, 2000.

RODRÍGUEZ RUIZ DE VILLA, Daniel – *El contrato de corretaje inmobiliario: los agentes de la propiedad inmobiliaria*. 2ª ed. Cizur Menor (Pamplona): Aranzadi, 2005.

— «La sentencia de la Corte Suprema di Cassazione, Sezione Terza Civile, de 5 de septiembre de 2006 (Un ejemplo para el corretaje inmobiliario español)». RDP. 19 (2007) 151-8.

ROTH, Herbert – «Mäklervertrag» (Comentário de aos §§ 652 a 655). *In Münchener Kommentar zum Bürgerlichen Gesetzbuch*, IV, *Schuldrecht, Besonderer Teil*, 2, Martin Henssler (dir.). 5ª ed. Munique: Beck, 2009. p. 2163-321.

ROTONDI, Mário – «Contratto di agenzia, ausiliari dipendenti dell'impresa e mediazione». *In Scritti giuridici: studi di diritto commerciale e di diritto generale delle obbligazioni*, III. Pádua: CEDAM, 1961. p. 521-62.

RUIZ DE VELASCO, Adolfo – *Manual de derecho mercantil*. 3ª ed. Madrid: Publicaciones de la Universidad Pontificia Comillas, 2007.

SÁ, Almeno de – *Cláusulas contratuais gerais e directiva sobre cláusulas abusivas*. 2ª ed. Coimbra: Almedina, 2005.

SÁ, Fernando Augusto Cunha de – «Transmissão das obrigações». *In Estudos em memória do Professor Doutor José Dias Marques*. Coimbra: Almedina, 2007. p. 805-70.

SACCO, Rodolfo – *Il contratto*. Turim: UTET, 1975.

— «In tema di contratto di gioco o scommessa (A proposito della competizione «Lascia o raddoppia»)». RDComm. 55:11-12, parte I (1957) 410-32.

SAINTIER, Séverine – «France, Germany and the United Kingdom's divergent interpretations of Directives 86/653 and 93/13s' exclusionary provisions: an overlooked threat to coherence?». ERPL. 19:5 (2011) 519-44.

SALVADOR, Manuel Júlio Gonçalves – «Contrato de mediação». *Justiça Portuguesa.* 30:315 (nov. 1963) 129-33.

— *Contrato de mediação.* Lisboa: [s.n.], 1964.

— «Contrato de mediação». ROA. 25 (1965) 5-24.

SÁNCHEZ CALERO, Fernando – *Instituciones de derecho mercantil,* II. 32ª ed. Navarra: Thomson-Aranzadi, 2009.

SANPONS SALGADO, Manuel – *El contrato de corretaje.* Madrid: Montecorvo, 1965.

SANTOS, Filipe Cassiano dos – *Direito comercial português,* I, *Dos actos de comércio às empresas: o regime dos contratos e mecanismos comerciais no direito português.* Coimbra: Coimbra Editora, 2007.

SAVARY, Jacques – *Le parfait négociant ou instruction générale pour ce qui regarde le commerce des marchandises de France & des pays étrangers,* I. 2ª ed. Paris: Chez Louis Billaine, 1679.

SCALFI, Gianguido – «Alea». *In Digesto delle Discipline Privatistiche,* Rodolfo Sacco (dir.), I. Turim: UTET, 1987.

— «Considerazioni sui contratti aleatori». RDC. 6:1 (1960) 135-80.

— «Osservazioni sui contratti a prestazioni corrispettive». RDComm. 56:11-12, parte I (nov.-dez. 1958) 452-95.

SCHMIDT, Karsten – *Handelsrecht.* 5ª ed. Colónia, Berlim, Bona e Munique: Carl Heymanns Verlag KG, 1999.

SCHMIDT, Reimer – *Die Obliegenheiten.* Karlsruhe: Versicherungswirtschaft, 1953.

SCHWEIGER, Werner – *Der Mäklerlohn, Voraussetzungen und Bemessung.* Zurique: Schulthess, 1986.

SCHWERDTNER, Peter e HAMM, Christoph – *Maklerrecht.* 5ª ed. Munique: Beck, 2008.

SCOTT, Robert E. – «The case for formalism in relational contract». *Nw. U. L. Rev.* 94 (2000) 847-76.

SCYBOZ, Georges e GILLIÉRON, Pierre-Robert – *Code civil suisse et Code des obligations annotés.* 2ª ed. Lausanne: Editions Payot, 1977.

SEALY, L.S. e HOOLEY, R.J.A. – *Commercial law: text, cases and materials.* 3ª ed. Oxford: Oxford University Press, 2005.

SEAVEY, Warren A. – «The rationale of agency». *YLJ.* 29 (1919-1920) 859-95.

SERRA, Adriano Vaz – «Anotação ao Acórdão de 17 de Março de 1961» RLJ. 94:3213 (15 ab. 1962) 377-83.

— «Anotação ao Acórdão do STJ de 7 de Março de 1967». RLJ. 100:3355 (15 mar. 1968) 343-8.

— «Anotação ao Acórdão de 7 de Março de 1969». RLJ. 103:3419 (10 set. 1970) 222-40.

— «Assunção de dívida – cessão de dívida, sucessão singular na dívida». BMJ. 72 (jan. 1958) 189-257.

— «Impossibilidade superveniente por causa não imputável ao devedor e desaparecimento do interesse do credor». BMJ. 46 (jan. 1955) 5-152.

— «Novação». BMJ. 72 (jan. 1958) 5-75.

— «Objecto da obrigação – A prestação – Suas espécies, conteúdo e requisitos». BMJ. 74 (mar. 1958) 15-283.

SILVA, Antonio de Moraes – *Diccionario da lingua portuguesa.* 8ª ed. revista e melhorada, II. Lisboa: Editora Empreza Litteraria Fluminense, 1891.

SILVA, João Calvão da – *Cumprimento e sanção pecuniária compulsória.* 4ª ed. Coimbra: Almedina, 2002.

SILVA, Manuel Gomes da – *O dever de prestar e o dever de indemnizar.* Lisboa: [s.n.], 1944.

— «O «Representante comercial» e sua remuneração – proposta e aceitação de venda». *Scientia Iuridica.* 2:8 (abril-junho 1953) 348-68.

SOUSA, Miguel Teixeira de – «Sobre o ónus da prova nas acções de responsabilidade civil médica». *In* AAVV, *Direito da saúde e bioética.* Lisboa: AAFDL, 1996. p. 121-44.

SPEIDEL, Richard E. – «The characteristics and challenges of relational contracts». *Nw. U. L. Rev.* 94 (2000) 823-46.

STOLFI, Mario – «Della mediazione». *In* Antonio Scialoja e Giuseppe Branca, *Commentario del codice civile,* IV, *Delle obbligazioni.* Bolonha-Roma: Nicola Zanichelli Editore – Soc. Ed. del «Foro Italiano», 1967.

TAMBORRINO, Francesco – *La professione di agente immobiliare: mediazione e mandati a titolo oneroso, mediazione creditizia, legislazione, regolamento, commento pratico, giurisprudenza, formule, aspetti fiscali, contratto di lavoro.* 11ª ed. Milão: Il sole – 24 ore, 2007.

TASENDE CALVO, Julio J. – «El contrato de mediación inmobiliaria en la compraventa de vivienda». *Actualidad Civil.* 21 (2008) 2309-41.

TAVARES, José – *Das emprezas no Direito Commercial (Estudo sobre o artigo 230º do Codigo Commercial Portuguez).* Coimbra: Typografhia França Amado, 1898.

— *Sociedades e empresas comerciais.* Coimbra: Coimbra Editora, 1924.

TELES, Eugénia Galvão – «A prestação característica: Um novo conceito para determinar a lei subsidiariamente aplicável aos contratos internacionais. O artigo 4º da Convenção de Roma sobre a Lei Aplicável às Relações Contratuais». *O Direito.* 127:1-2 (jan-jun. 1995) 71-183.

TELLES, Inocêncio Galvão – «Aspectos comuns aos vários contratos». BMJ. 23 (mar. 1951) 18-91.

— «Contratos civis: exposição de motivos». RFDUL. 9 (1953) 144-221. Mais tarde,

também publicado em BMJ. 83 (fev. 1959) 114-84.

— *Direito das obrigações.* 7ª ed. Coimbra: Coimbra Editora, 1997.

— *Manual dos contratos em geral.* 4ª ed. Coimbra: Coimbra Editora, 2002.

TERCIER, Pierre – *La partie spéciale du Code des obligations.* Zurique: Schulthess Polygraphischer Verlag, 1988.

TERCIER, Pierre e FAVRE, Pascal G. – *Les contrats spéciaux.* 4ª ed. Genebra: Schulthess, 2009.

THE ICC MODEL occasional intermediary contract: non-circumvention and non-disclosure agreement. Paris: ICC, 2001.

THÉVENOZ, Luc e PEYROT, Aude – «Le contrat de courtage immobilier». *In Servitudes, droit de voisinage, responsabilités du propriétaire immobilier.* Genebra: Schulthess, 2007. p. 115-40.

THILO, Emile – «Le courtage en immeubles et la rémunération du courtier: exposé systématique de doctrine et de jurisprudence». *JT,* I, *Droit fédéral.* 97:2 (1949) 34-47 e 97:3 (1949) 66-77.

THIOYE, Moussa – *Droit des intermédiaires immobiliers: activités et opérations d'entremise et de gestion, achats ou ventes, échanges et locations.* Paris: Litec, 2010.

TREITEL, Guentar – *The law of contract.* 11ª ed. Thomson, Sweet & Maxwell, 2003.

TRIGO GARCÍA, Mª Belén – *Contrato de servicios: perspectiva jurídica actual.* Granada: Comares, 1999.

TROISI, Bruno – *La mediazione.* Milão: Giuffrè, 1995.

TUHR, A. von – *Derecho civil,* III, *Los hechos jurídicos (cont.).* Trad. de *Der allgemeine Teil des deutschen bürgerlichen Rechts.* Madrid, Barcelona: Marcial Pons, 2005.

TUMEDEI, Cesare – «Del contratto di mediazione». *Rivista del Diritto Commerciale e del Diritto Generale delle Obbligazioni.* 21:1 (1923) 113-42.

TUNC, André – «La distinction des obligations de résultat et des obligations de diligence». *JCP – La Semaine Juridique*, I. 1945, artigo 449.

TURRETTINI, Pierre – *Le contrat de courtage et le salaire du courtier*. Genebra: Imprimerie du Journal de Genève, 1952.

URÍA, Rodrigo – *Derecho mercantil*. 28ª ed. Barcelona: Marcial Pons, 2002.

URÍA, Rodrigo *et al.* – *Curso de derecho mercantil*, t. II. Estudo colectivo coord. por Rodrigo Uría y Aurelio Menéndez. 2ª ed. Madrid: Civitas, 2007.

VALENZUELA GARACH, Fernando – «El agente comercial: algunos apuntes sobre la delimitación y la disciplina jurídica de su actividad mercantil». *La Ley*. 2377 (1989) 1144-57.

VALPUESTA GASTAMINZA, Eduardo – «Contratos de intermediación». *In* Cuesta Rute & Valpuesta Gastaminza (coord.), *Contratos mercantiles*, t. I. 2ª ed. Barcelona, 2009. p. 671-761.

VALSECCHI, Emilio – *Il giuoco e la scommessa. Trattato di Diritto Civile e Commerciale* (Dir. Tilo e Messineo), vol. 37, t. 2. Milão, 1954.

VAQUERO PINTO, María José – *El arrendamiento de servicios: propuesta de modelo general para la contratación de servicios*. Granada: Comares, 2005.

VARELA, João de Matos Antunes – *Das obrigações em geral*, I. 10ª ed. Coimbra: Almedina, 2000.

— *Das obrigações em geral*, II. 7ª ed. Coimbra: Almedina, 1997.

— *Ensaio sobre o conceito do modo*. Atlântida, 1955.

VARELLI, Carlo – *La mediazione*. Nápoles: Casa Editrice Dott. Eugenio Jovene, 1953.

VARGAS, Lúcia Dias – *Julgados de paz e mediação: uma nova face da justiça*. Coimbra: Almedina, 2006.

VASCONCELOS, Pedro Leitão Pais de – *A procuração irrevogável*. Coimbra: Almedina, 2002.

VASCONCELOS, Pedro Pais de – *Contratos atípicos*. Coimbra: Almedina, 1995.

— *Direito comercial*, I. Coimbra: Almedina, 2011.

— «Superação judicial da invalidade formal no negócio jurídico de direito privado». *In Estudos em homenagem à Professora Doutora Isabel de Magalhães Collaço*, II. Coimbra: Almedina, 2002. p. 313-38.

— *Teoria geral do direito civil*. 6ª ed. Coimbra: Almedina, 2010.

VASCONCELOS-SOUSA, José – *Mediação*. S.l.: Quimera, 2002.

VASQUES, José – *Novo regime jurídico da mediação de seguros*. Coimbra: Coimbra Editora, 2006.

VICENT CHULIÁ, Francisco – *Introducción al derecho mercantil*, II. 22ª ed. Valença: Tirant lo Blanch, 2010.

VICENTE, Dário Moura – *Direito comparado*, I, *Introdução e parte geral*. Coimbra: Almedina, 2008.

— «Mediação comercial internacional». Separata de *Homenagem ao Prof. Doutor André Gonçalves Pereira*. Edição da Faculdade de Direito da Universidade de Lisboa e Coimbra Editora, 2006. p. 1081-92.

VILLA VEGA, Enrique – «Contrato de corretaje o mediación». *In* Alberto Bercovitz Rodríguez-Cano e María Ángeles Calzada Conde (coord.), *Contratos Mercantiles*. 4ª ed. Cizur Menor: Aranzadi, 2009. p. 635-711.

VISALLI, Nicolò – *La mediazione*. Pádua: CEDAM, 1992.

VIVANTE, Cesare – *Trattato di diritto commerciale*, I, *I commercianti*. 2ª ed. Turim: Fratelli Bocca Editori, 1902.

WANDT, Manfred – *Versicherungsrecht*. 5ª ed. Colónia: Carl Heymanns Verlag, 2010.

WEILL, Alex e TERRÉ, François – *Droit civil : les obligations.* 4ª ed. Paris: Dalloz, 1986.

WERTHMANN, Frank – *Die unbenannte Zuwendung im Privatrechtssystem.* Frankfurt, Berna, Nova Iorque, Paris: Peter Lang, 1990.

WHITFORD, William C. – «Ian Macneils's contribution to contracts scholarship», Wis. L. Rev. (1985) 545-60.

WIEACKER, Franz – «Leistungshandlung und Leistungserfolg im bürgerlichen Schuldrecht». *In Festschrift für H. C. Nipperdey zum 70. Geburtstag*, I. Munique: Beck, 1965. p. 783-813.

WÜRDINGER, Markus – *Allgemeine Rechtsgeschäftslehre und Unvollkommenheiten des Hauptvertrages im Immobilienmaklerrecht.* Berlim: Duncker & Humblot, 2005.

ZACCARIA, Alessio – «La "nuova" mediazione quale attività riservata». *In* Alessio Zaccaria, *Antologia: La mediazione.* Pádua: CEDAM, 1992. p. 3-114.

ZWEIGERT, Konrad – «Des solutions identiques par des voies différentes (Quelques observations en matière de droit comparé)». *Revue Internationale de Droit Comparé.* 18:1 (1966) 5-18.

— «Méthodologie du droit compare». *In Mélanges offerts à Jacques Maury*, I. Paris: Librairie Dalloz & Sirey, 1960. p. 579-96.

ZWEIGERT, Konrad e KÖTZ, Hein – *Introduction to comparative law.* 3ª ed. Trad. por Tony Weir (da 3ª ed., 1996, de *Einführung in die Rechtsvergleichung auf dem Gebiete des Privatrechts*). Oxforf: Clarendon, 1998.

JURISPRUDÊNCIA CITADA
(diretamente consultada)

I. Jurisprudência portuguesa
(os acórdãos sem outra indicação estão disponíveis em www.dgsi.pt)

Supremo Tribunal de justiça
STJ de 09/02/1945, processo 52758, BOMJ, ano V, 27, março de 1945, p. 53
STJ de 04/11/1947, BMJ 4, p. 193
STJ de 06/07/1962, BMJ 119, p. 420
STJ de 14/01/1964, BMJ 133, p. 441
STJ de 12/06/1964, BMJ 138, p. 334
STJ de 09/02/1965, BMJ 144, p. 174
STJ de 07/03/1967, BMJ 165, p. 318
STJ de 17/03/1967, BMJ 165, p. 331
STJ de 07/03/1969, BMJ 185, p. 296
STJ de 05/11/1974, BMJ 241, p. 265
STJ de 28/02/1978, BMJ 274, p. 223
STJ, de 09/03/1978, BMJ 275, p. 183
STJ de 02/05/1978, BMJ 277, p. 171
STJ de 04/03/1980, BMJ 295, p. 356
STJ de 09/12/1993, BMJ 432, p. 332
STJ de 17/01/1995, proc. 85913, CJASTJ 1995, I, 25
STJ de 18/03/1997, proc. 700/96, CJASTJ 1997, I, 158
STJ de 31/03/1998, BMJ 475, p. 680
STJ de 31/05/2001, proc. 01B1229, CJASTJ 2001, II, 108
STJ de 19/06/2001, proc. 01A1008
STJ de 17/02/2002, proc. 02A4057

STJ de 28/05/2002, proc. 02B1609
STJ de 10/10/2002, proc. 02B2469
STJ de 21/01/2003, proc. 02A3281
STJ de 29/04/2003, proc. 03A918
STJ de 13/05/2003, proc. 03A1048
STJ de 19/01/2004, proc. 03A4092, CJASTJ 2004, I, 27
STJ de 20/04/2004, proc. 04A800
STJ, em 03/02/2005, proc. 04B4380
STJ de 23/02/2005, proc. 04S2268
STJ de 21/02/2006, proc. 3644/05-1, não publicado, registado com o nº 142 no Livro nº 1097 da 1ª Secção
STJ de 28/03/2006, proc. 228/06-6, não publicado, registado com o nº 193 no livro nº 1105 da 6ª Secção
STJ de 11/07/2006, proc. 06A1503
STJ de 19/06/2007, proc. 1449/07-1, não publicado, registado com o nº 78 no livro nº 1235 da 1ª Secção
STJ de 15/11/2007, proc. 07B3569
STJ de 18/09/2007, proc. 07A2334
STJ de 18/12/2007, proc. 4305/07
STJ de 04/03/2008, proc. 08A183
STJ de 03/04/2008, proc. 07B4498
STJ de 28/04/2009, proc. 29/09.3YFLSB
STJ de 25/06/2009, proc. 1247/06.1TVPRT. S1, não publicado, com o registo 757 da 6ª Secção
STJ de 15/10/2009, proc. 08B1800

O CONTRATO DE MEDIAÇÃO

STJ de 17/12/2009, proc. 544/09.9YFLSB
STJ de 03/02/2010, proc. 1148/06.3TTPRT.
  S1
STJ de 27/05/2010, proc. 9934/03.0TVLSB.
  L1.S1, CJASTJ 2010, II, 88
STJ de 15/09/2010, proc. 4119/04.0TTLSB.
  S1
STJ de 07/10/2010, proc. 1364/05.5TBBCL.
  G1.S1
STJ de 16/12/2010, proc. 1212/06.9TBCHV.
  P1.S1
STJ de 24/05/2011, proc. 1347/04.2TBPNF.
  P1.S1
STJ de 15/12/2011, proc. 209/06.3TVPRT.
  P1.S1
STJ de 15/05/2012, proc. 5223/05.3TBOER.
  L1.S1
STJ de 06/12/2012, proc. 370001/09.6YIPRT.
  L1.S1
STJ de 20/06/2013, proc. 1752/09.8TBABF.
  L1.S1
STJ de 01/04/2014, proc. 894/11.4TBGRD.
  C1.S1
STJ de 01/04/2014, proc. 4739/03.0TVLSB.
  L2.S1
STJ de 07/05/2014, proc. 7185/09.9TBCSC.
  L1.S1

Tribunal da Relação de Coimbra
TRC de 23/04/2002, CJ 2002, II, 30
TRC de 23/03/2004, proc. 102/04
TRC de 03/05/2005, proc. 317/05
TRC de 10/07/2007, proc. 3631/05.9TBAVR.
  C1
TRC de 16/10/2007, proc. 408/05.5TBCTB.
  C1, CJ 2007, IV, 33
TRC de 08/09/2009, CJ 2009, IV, 9
TRC de 17/01/2012, proc. 486/10.5T2OBR.
  C1
TRC de 06/03/2012, proc. 2372/10.0TJCBR.
  C1
TRC de 18/02/2014, proc. 704/12.5T2OBR.
  C1
TRC de 18/03/2014, proc. 292391/11.7YPRT.
  C1

Tribunal da Relação de Évora
TRE de 24/03/1994, proc. 446, CJ, 1994,
  II, p. 260
TRE de 03/06/2002, proc. 564/02, CJ
  2002, III, 255
TRE de 17/03/2005, proc. 873/04-2
TRE de 29/03/2007, proc. 2824/06-3
TRE de 03/12/2008, CJ 2008, V, 254
TRE de 17/03/2010, proc. 898/07.1TBABF.
  E1, CJ 2010, II, 241
TRE de 08/07/2010, proc. 214/08.1TBPTM.
  E1
TRE de 15/09/2010, proc. 2439/07.1TBPTM.
  E1

Tribunal da Relação de Guimarães
TRG de 19/12/2007, proc. 2138/07-2
TRG de 20/04/2010, proc. 7180/08.5TBBRG.
  G1
TRG de 15/09/2011, proc. 3442/09.2TBBRG.
  G1
TRG de 31/01/2013, proc. 356/11.0TBPVL.
  G1
TRG de 04/06/2013, proc. 1264/12.2TBBCL.
  G1

Tribunal da Relação de Lisboa
RL de 10/04/1935, RJ, ano XX (1935),
  p. 103
RL de 13/12/1961, JR, ano 7 (1961), p. 963
TRL de 21/02/1975, BMJ 244, p. 308
  (sumário)
TRL de 19/12/1975, BMJ 254, p. 237 (sumá-
  rio)
TRL de 23/06/1987, CJ 1987, III, 116
TRL de 16/11/1989, proc. 2656, CJ 1989,
  V, 116
TRL de 24/06/1993, proc. 5390, CJ 1993,
  III, 139
TRL de 11/11/1993, proc. 0072652
TRL de 07/10/2003, proc. 2165/2003-7
TRL de 27/01/2004, proc. 8291/2003-7, CJ
  2004, I, 87
TRL de 17/02/2004, proc. 8846/2003-7
TRL de 09/03/2004, proc. 7282/2003-1

TRL de 11/11/2004, proc. 5439/2004-8
TRL de 14/12/2006, proc. 9690/06, CJ 2006, V, 113
TRL de 09/01/2007, proc. 4849/2006-1
TRL de 27/02/2007, proc. 10818/2006-7
TRL de 24/05/2007, proc. 3613/2007-6
TRL de 28/06/2007, proc. 4604/2007-8
TRL de 12/07/2007, proc. 3635/2007-6
TRL de 16/10/2007, proc. 7541/2007-1
TRL de 13/12/2007, proc. 6576/2007-1
TRL de 17/01/2008, proc. 10606/2007-8
TRL de 15/05/2008, proc. 3578/2008-6
TRL de 12/03/2009, proc. 10535/2008-8
TRL de 30/11/2010, proc. 3671/08.6TBALM. L1-7
TRL de 12/01/2011, proc. 633/08.7TTALM. L1-4
TRL de 12/01/2011, proc. 4879/07.7TTLSB. L1-4
TRL de 05/04/2011, proc. 700/09.0TVLSB--C.L1-7
TRL de 14/04/2011, proc. 761/07.6TCFUN. L1-2
TRL de 14/04/2011, proc. 5500/05.3TJLSB. L1-6
TRL de 24/05/2011, proc. 11231/08.5TMSNT. L1-6
TRL de 09/02/2012, proc. 960/07.0YXLSB. L1-2
TRL de 28/02/2012, proc. 658/08.2TJLSB. L1-7
TRL de 04/10/2012, proc. 6916/10.9TBOER. L1-2
TRL de 12/07/2012, proc. 1187/11.2TBPDL. L1-7
TRL de 05/03/2013, proc. 824/10.0YXLSB. L1-1
TRL de 19/11/2013, proc. 4545/11.9TBALM. L1-7
TRL de 12/12/2013, proc. 4588/08.OTBCSG--A.L1-1

Tribunal da Relação do Porto
RP de 16/03/1949, RT, ano 67 (1949), nº 1599, p. 232

TRP de 22/02/1974, BMJ 234, p. 343 (sumário)
TRP de 20/09/2001, proc. 0131169
TRP de 11/07/2002, proc. 0230753
TRP de 29/04/2004, proc. 0432168
TRP de 03/02/2005, proc. 0433049
TRP de 20/03/2007, proc. 0720378
TRP de 23/09/2008, proc. 0824116
TRP de 03/03/2009, proc. 0827745
TRP de 23/03/2009, proc. 0845906
TRP de 15/07/2009, proc. 2187/07.2TBVRL. P1
TRP de 06/10/2009, proc. 7586/06.4TBMAI. P1
TRP de 02/11/2009, proc. 1913/08.7TJPRT. P1
TRP de 24/11/2009, proc. 573/1999.P1
TRP de 22/02/2010, proc. 394/07.7TTMAI. P1
TRP de 01/06/2010, CJ 2010, III, 167
TRP de 05/07/2010, proc. 317/05.8TTVFR.P1
TRP de 08/07/2010, proc. 156880/09.3YIPRT. P1
TRP de 02/06/2011, proc. 141/09.9TBMAI. P1, CJ 2011, III, 196
TRP de 08/09/2011, proc. 340957/10.2YIPRT. P1, CJ 2011, IV, 165
TRP de 15/02/2012, proc. 1988/09.1TBPFR.P1
TRP de 21/01/2013, proc. 1646/11.7TBOAZ. P1
TRP de 21/03/2013, proc. 582/12.4TJPRT. P1
TRP de 01/07/2013, proc. 2764/11.7TBVNG. P1, CJ 2013, III, 179
TRP de 11/11/2013, proc. 640/09.2TTVNF--A.P1
TRP de 17/03/2014, proc. 137/11.0TBPVZ.P1
TRP de 03/04/2014, proc. 247773/11.9YIPRT. P1

Tribunal Constitucional
Acórdão do Tribunal Constitucional 362/2011, de 12 de julho, publicado no Diário da República, I Série, de 14/09/2011

II. Jurisprudência estrangeira e da União Europeia

Espanha
(disponíveis em http://vlex.com/libraries/jurisprudencia-2)
AP de Alicante nº 229/2010, Secção 8ª, de 13/05/2010, no recurso nº 154/2010
AP de Baleares nº 294/2009, Secção 5ª, de 03/09/2009, no recurso nº 323/2009
AP de Barcelona nº 73/2008, Secção 19ª, de 19/02/2008, no recurso nº 555/2007
AP de Biscaia nº 467/2009, Secção 3ª, de 26/11/2009, no recurso nº 372/2009
AP de Cáceres nº 219/2010, Secção 1ª, de 25/05/2010, no recurso nº 224/2010
AP da Corunha nº 224/2009, Secção 4ª, de 08/05/2009, no recurso nº 100/2009
AP de Madrid nº 55/2009, Secção 14ª, de 21/01/2009, no recurso nº 636/2008
AP de Madrid nº 6/2010, Secção 10ª, de 15/01/2010, no recurso nº 514/2009
AP de Madrid nº 322/2010, Secção 12ª, de 18/05/2010, no recurso nº 301/2009
AP de Madrid nº 265/2010, Secção 21ª, de 01/06/2010, no recurso nº 7/2008
AP de Madrid nº 375/2010, Secção 12ª, de 07/06/2010, no recurso nº 421/2009
AP de Pontevedra nº 604/2009, Secção 1ª, de 09/12/2009, no recurso nº 673/2009
AP de Valência nº 525/2009, Secção 11ª, de 23/09/2009, no recurso nº 466/2009
Tribunal Supremo nº 3627/2008, de 12/06/2008, no recurso nº 1073/2001
Tribunal Supremo nº 3491/2009, Secção 1ª, de 25/05/2009, no recurso nº 283/2005
Tribunal Supremo nº 1127/2010, de 18/03/2010, no recurso nº 638/2006

França
(disponíveis em www.courdecassation.fr)
Cour de Cassation de 31/01/2008, nº 97, proc. 05-15.774 da 1ª sala civil
Cour de Cassation de 09/05/2008, nº 568, proc. 07-12.449 do plenário
Cour de Cassation de 05/06/2008, nº 639, proc. 04-16.368 da 1ª sala
Cour de Cassation de 17/06/2009, nº 796, proc. 08-13.833 da 3ª sala
Cour de Cassation de 08/04/2010, nº 386, proc. 09-14.597 da 1ª sala civil
Cour de Cassation de 25/11/2010, nº 1068, proc. 08-12.432 da 1ª sala civil
Cour de Cassation de 09/12/2010, nº 1132, proc. 09-71.205 da 1ª sala civil

Itália
(disponível em www.ricercagiuridica.com/sentenze/)
Corte di Cassazione nº 16147, de 8 de julho de 2010, da 3ª Secção Cível

Suíça
(disponíveis em http://vlex.com/source/tribunal-federal-2392)
Tribunal Federal nº 4C.367/2004, de 22 de março de 2005
Tribunal Federal nº 4C.228/2005, de 25 de outubro de 2005
Tribunal Federal nº 4C.259/2005, de 14 de dezembro de 2005
Tribunal Federal nº 4A.483/2009, de 7 de dezembro de 2009
Tribunal Federal nº 4A.45/2010, de 25 de março de 2010
Tribunal Federal nº 4A.217/2010, de 6 de julho de 2010

União Europeia
(disponíveis em http://eur-lex.europa.eu/pt/index.htm)
Acórdão do Tribunal de Justiça, Segunda secção, de 25 de junho de 1992, caso Michèle Ferrer Laderer, proc. C-147/91, Colectânea de Jurisprudência 1992, p. I-04097
Acórdão do Tribunal de Justiça, Sexta secção, de 7 de maio de 1992, caso Colégio Oficial de Agentes da Propriedade Imobiliária contra Aguirre Borrell e outros, proc. C-104/91, Colectânea de Jurisprudência 1992, p. I-03003

ÍNDICE IDEOGRÁFICO*

A

agência (contrato de): v. *contrato de agência*.

agency: 4.7.1.1, *589, 591, 592, 595, 601*, 6.1, *850, 862, 876*.

agente de seguros: 2.1 (*7, 14, 15, 17, 18, 20, 21, 22, 23, 33, 37, 39, 41*), *150, 442, 880*.

álea, aleatoriedade (v. também *contrato aleatório*): *535*, 5.3.2, *747, 760, 776*, 5.3.2.2, 1º e penúltimo §§ de 5.3.2.3, *933, 1005*.

álea normal (do contrato): *787*, §§ a seguir a *789, 790*.

Alleinauftrag: *158, 161, 162, 166, 167, 170, 174, 175, 178, 206, 207, 1024*.

assunção de dívida: *630*, § a seguir a *725, 727-728*, 5º § de 8.4.1.

atribuição (v. também *Zuwendung*): Introdução, *45*, §§ com as notas *634* a *645*, 5.2.2 (título), último § de 5.2.2.1, *714, 726*, § anterior a *789*, 2º § de 5.4, *807*, § anterior a *822, 822*, § a seguir a *822*, 1º §

---

*   Remeto para os números em que o texto se encontra dividido e nos quais os assuntos são tratados ou, quando se trate de referência mais pontual, indico, em itálico, as notas de rodapé nas quais o assunto é referido ou que se encontram nos parágrafos do texto principal em que o assunto é tratado. Não relaciono assuntos que apenas são tratados no número do índice geral que os refere no respetivo título.

---

de 6.3.3, último § de 6.5, *890, 943*, 1º e 5º §§ de 8.3.2, último § de 8.7, Conclusões.

C

categoria (de contratos): *38, 202, 490, 632, 694, 748, 782*, §§ a seguir a *783, 784, 785, 787, 788*, §§ a seguir a *788*, § anterior a *791, 792, 810*, § a seguir a *810*, § anterior a *811, 815, 818, 821, 898, 899*, §§ a seguir a *903, 905, 906*, antepenúltimo e último §§ de 7.3.1, 1º § de 7.3.2, *928*, 1º § de 7.3.3, *1042*, Conclusões.

causalidade: v. *nexo causal, nexo de causalidade*.

cláusula de exclusividade: v. *exclusividade*.

cláusulas contratuais gerais: *158, 197*, 8.5.2, § a seguir a *1021, 1030, 1031*.

Código Civil de 1867 (de Seabra): *113, 691, 787, 843, 844, 986, 987*, § a seguir a *1007*.

colocação de trabalhadores: 2.6, *726*.

comissão (contrato de): v. *contrato de comissão*.

comissão (remuneração): não se contempla por estar presente ao longo de todo o texto, e especialmente nos subcapítulos que, no título, referem a *remuneração* ou a *contrapartida*.

condição (cláusula que subordina a produção dos efeitos do negócio, ou a sua resolução, a um acontecimento futuro

O CONTRATO DE MEDIAÇÃO

e incerto / este acontecimento / cláusula que subordina a produção de efeitos do negócio a um acontecimento incerto / este acontecimento): 4.2.3.2, 242, 243, 4.3.3.2, 1º § de 4.3.3.3, 268, 4.4.3.2, 4.5.3.2, 484, 518, 4.6.3.2, 610, 632, 638, § anterior a 645, § anterior a 667, 712, 5.3.2, 5.3.2.1, 787, 5.3.2.3, 6.3.3, 933, últimos §§ de 8.3.1, §§ a seguir a 1007, Conclusões.

contrato(s) aleatório(s) (v. também *álea, aleatoriedade*): 715, 745, 746, 747, 748, 760, 776, 777, 5.3.2.2, 1º e último §§ de 5.3.2.3.

contrato(s) bilateral(bilaterais): 104, 162, 205-206, 497, 500, 518-520, 659, 660, 662, 664, 666, 715, 5.4, 3º § de 6.2, 1039, Conclusões.

contrato(s) bilateral(bilaterais) imperfeito(s): 236, 808, 811, 817, 821.

contrato(s) de agência: 2º § depois de 2, último § de 1, 14, 18, 21, 23, 2.1.3, § a seguir a 62, penúltimo § de 2.5, penúltimo § de 2.11, 150, 182, 299, 576, 734, 827, 848, 7.2, 1039, 1042, Conclusões.

contrato(s) de comissão: 1º, 8º e último §§ de 1, 2.1.3, 51, 68, 2.11, 2º § de 3.3.1, 113, 120, 124, 133, 219, 299, 426, 436, 491, 496, 511, 827, 7.1 (830, 831, 832, 837, 842, 849, 851, 855), 1022, 1033, Conclusões.

contrato(s) de execução continuada ou periódica, contrato(s) de execução duradoura, contrato(s) duradouro(s): 632, § anterior a 729, 5º § de 5.3.2.2, 815, 889, 890, último § de 8.5.4.

contrato(s) de execução instantânea: 890.

contrato(s) de execução prolongada: 891, último § de 8.5.4.

contrato(s) de garantia: 216, 792, 794.

contrato(s) de jogo e(ou) aposta: 2º § após 765, 2º § após 783, 784, 787, § anterior a 789.

contrato(s) de mandato: 8º e último §§ de 1, 24, penúltimo § de 2.1.3, 51, 53, 56,

1º § de 2.4, 3º § de 2.5, 68, 2.11, 89, § a seguir a 89, 113, 117, 120, § a seguir a 121, 122, 124, 131, 134, 135, 137, 208, 213, 216, 217, 219, § a seguir a 224, 226, 235, 256, 257, 258, 259, 263, 299, 308, 426, 442, 443, 445, 446, 448, 450, 491, 496, 511, 531, 575, 577, § anterior a 633, 633, 730, 742, 818, 1ºs §§ de 6.1, 827, 7.1, 871, 896, 2º § de 7.3.1, 898, 903, 911, 917, 928, 929, § a seguir a 995, 1003, 1022, 1023, 1033, 1042, Conclusões.

contrato(s) de prestação de serviço: 25, 54, 56, 58, § a seguir a 62, 64, 68, 70, 3º § de 2.9, § a seguir a 83, 2.11, 113, 180, 213-215, § a seguir a 278, 299, 333, 401, 406, 443, 531, 633, 661, 662, 664, 694-696, 3º § de 5.3.2.3, 7.3, 8.3.1 (9º, 10º, 14º, 15º, 19º e 21º §§), § a seguir a 1022, 1043, Conclusões.

contrato(s) de risco: 2º § de 3.3.1, 787, 793.

contrato(s) oneroso(s), onerosidade do contrato: 131, 202, 256, 380, 634, 660, 714-716, 731, 782-783, 785-789, 815, 899, § a seguir a 905, 917, 3º § de 8.4.1, Conclusões.

contrato(s) sinalagmático(s): v. *contrato bilateral*.

contrato(s) unilateral(unilaterais): 162, 202, 207, 236, 500, 514, 516, 592-595, 599, 635, 662-666, 2º § antes de 784, 785, 807, 810-813, 817-818, 821.

corretagem: 91, 97, 2º § de 3.3.1, 103-105, § anterior a 108, 113, 117, § a seguir a 121, 122, 126, 127, 129, 131.

corretor(es) de seguros: 7, § anterior a 16, 16, 21, 22, 24-26, 33-36, últimos §§ de 2.1.3, 109, 149, 428, 442-443.

D

despesas (suportadas pelo mediador): 172, 240-241, 386-388, 535, 601, 669, 730, 6.3.2, 858, 996-997, 1003-1005.

deveres laterais: Introdução, 168-170, 235, 600, 632, 647, 808.

ÍNDICE IDEOGRÁFICO

E

enriquecimento sem causa: *303, 640, 643,* § a seguir a *644,* penúltimo § de 5.4, *971, 1012, 1018.*

exceção de não cumprimento: *815,* 2º, 3º e 4º §§ a seguir a *822.*

exclusividade (contrato de mediação com cláusula de): Introdução, *46, 158-162, 166, 170, 174, 178, 205, 234, 263, 272, 357-360, 389, 445,* último § de 4.5.2, *510, 517-519, 592, 599, 616,* § posterior a *666, 682, 732, 800-801,* 5.5, último § de 6.2, *858,* último § de 8.3.1, 4º e 5º §§ de 8.3.2, 2º e último §§ de 8.4.2, *1020, 1022,* 8.6, Conclusões.

F

forma escrita: § posterior a *144,* § anterior a *151, 198,* 2º § de 8.4.1, 8.5.1, *1018,* § posterior a *1021,* 1º § de 8.6.1.

G

gestão de negócios: *81, 295, 303, 827, 829.*

I

imparcialidade: *169, 362-377, 527,* § a seguir a *649, 650-657, 721-722, 865, 879, 962.*

interesse do credor: *196, 198, 229, 521, 633,* 5.2.2.2 (incluindo 5.2.2.2.1, 5.2.2.2.2, 5.2.2.2.3 e 5.2.2.2.4), *726, 732, 890-891, 993,* antepenúltimo e penúltimo §§ de 8.3.1, 4º e penúltimo §§ de 8.6.2.

intermediação: Introdução, *1, 2, 5-7, 16,* último § de 2.2, 2.3, 2.5, *67,* 2.7, 2.8, *72,* último § de 2.9, 2.11, *101,* 1º, 5º e último §§ de 3.3.3, *218, 239, 307, 405, 431, 443, 488-489, 511, 627, 628, 827, 860-861, 881, 883, 885, 947, 975,* Conclusões.

irrevogabilidade, cláusula de irrevogabilidade: 8.6.2.

L

licença: *151, 184, 948,* 2º, 7º, 8º e 10º §§ de 8.2.1, *969, 970-971, 980,* últimos três §§ de 8.2.3.

M

Maklerdienstvertrag: *163-166, 180, 207.*

Maklerwerkvertrag: *163-164, 180.*

mandato (contrato de): v. *contrato de mandato.*

mediação imobiliária: Introdução, 2.2, 2.11, § anterior a *115, 115,* § a seguir a *121, 139, 220, 221, 397, 430, 444-450,* último § de 4.5.2, *466, 468, 472-475,* 1º § de 4.5.3.3, 4.6.1.2, *515,* último § de 4.7.1.2, 1º e último §§ de 4.7.2, *659, 662-664, 675,* 2º § a seguir a *709, 710, 715, 726,* § a seguir a *726,* § a seguir a *728, 735, 798,* 5.5, 3º, 4º e 5º §§ de 6.1, *858, 880, 891, 906, 907,* 8 (com todas as suas subsecções).

N

natureza comercial: *433, 491,* § anterior a *945,* 8.2.1.

nexo causal: Introdução, 4.2.3.3, *235,* 4.3.3.3, 4.4.3.3, 4.6.3.3, *616, 732,* 5.3.3.1, 6.4, último § de 8.3.1, 8.4.3, *1039-1041,* Conclusões.

norma imperativa: *260-264, 329, 705, 728, 965, 968,* § anterior a *971, 971, 977, 984-985,* 2º § após *985, 988,* penúltimo § de 8.2.3, *993,* 8.5.

nulidade (do contrato de mediação): *328, 329,* § a seguir a *458, 716, 775,* § a seguir a *964, 965,* 8.2.3, *996-997,* 2º § de 8.4.1, 8.5.1, § a seguir a *1017, 1018,* §§ a seguir a *1021,* 2º § de 8.5.4, 2º, 3º, 5º e 6º §§ de 8.6.1.

nulidade (do contrato visado): *192-194, 247, 250, 411, 546.*

núncio: *998, 1001.*

O

Obliegenheit: *227-233, 667-675.*

obrigações de meios (de atividade): *44, 165, 216, 343, 426, 428-430,* 4.6.2.2, *664,* 5.2.2.2, *676,* 5.2.2.2.2, 5.2.2.2.3, 5.2.2.2.4, *906,* 7.3.2, 8.3.1.

O CONTRATO DE MEDIAÇÃO

obrigações de resultado: *165, 180, 216, 428-430, 4.6.2.2, 664, 5.2.2.2, 683, 5.2.2.2.2, 5.2.2.2.3, 5.2.2.2.4, 7.3.2, 944, 945, 8.3.1.*

ónus: *46, 231, 236,* § a seguir a *333, 356, 455, 457, 522, 630, 633, 638,* 2º § a seguir a *644,* 5.2.2.1 (título e últimos três §§), *687, 689, 691, 696,* § a seguir a *698, 704-706,* dois §§ seguintes a *706, 708, 822, 908, 909,* 8.3 (título), 2º § de 8.3.1, 1º e último §§ de 8.5.3, 6º e penúltimo §§ de 8.6.1, Conclusões.

P

perfeição (do contrato visado): § anterior a *44, 103, 510,* 4.6.3.2, 1º § de 4.6.3.3, *741, 946,* 8.4.2, 1º § de 8.6, 1º e 2º §§ de 8.6.2.

prazo (do contrato de mediação): *159, 183, 206,* § a seguir a *450,* § a seguir a *504,* § a seguir a *505, 510, 663, 676, 799, 858, 890,* 8.5.4, *1033, 1035.*

prestação característica: *164, 216, 731,* § a seguir a *790, 793,* último § de 5.4, *840,* § a seguir a *862, 889, 903,* § a seguir a *903,* 1º § de 7.3.2, *907, 925,* 4º § de 8.1.4, *963,* 1º § de 8.3.1, *993.*

prestação de serviço (contrato de): v. *contrato de prestação de serviço.*

R

redução (do negócio): *190, 785, 996.*

remuneração: não se contempla por estar presente ao longo de todo o texto, e especialmente nos subcapítulos que, no título, a referem.

representação: *4,* § a seguir a *20, 21, 22, 41, 50, 51, 53,* § a seguir a *62, 68,* 2º § de 2.8, *69,* penúltimo § de 2.8, 4º § de 2.9, *89,* § a seguir a *99, 128, 130, 275, 306, 362, 445, 563, 576-577, 802,* 7, 7.1, § anterior a *894, 920, 937, 995,* § a seguir a *995, 997, 1000,* último § de 8.3.2, *1020.*

representação aparente: *19, 21,* 2.1.3, *568, 864.*

representação comercial: *127, 135, 867.*

reserva: primeiros §§ de 2.8 (reserva de serviços, de lugares, de bilhetes), *587* (deveres de reserva), *757* e *779* (reserva de propriedade), *864.*

resolução (do contrato): *188, 248, 413, 510, 630-632,* 1º § de 5.2.2.2.1, *760, 765,* último § de 5.3.2.1, 3º § a seguir a *783, 787,* 2º § a seguir a *789,* 2º § a seguir a *822,* penúltimo e antepenúltimo §§ de 5.4.

revogação (do contrato): *183, 191, 197, 206,* 8.5.4, *1033.*

risco: v. *álea.*

risco (normal do contrato): v. *álea normal (do contrato).*

S

sinalagmaticidade: v. *contrato sinalagmático.*

T

tipo (contratual): 2º e 3º §§ de 2, *8-10, 17-23,* § a seguir a *26, 29, 32, 33-38, 39, 46, 49, 69, 82,* último § de 2.11, 3.4 (título), 4.2.1 (título, *145, 148), 155, 158, 165, 198,* 4.3.1 (título, *212), 256-265,* 4.4.1 (título, último §), *407,* últimos §§ de 4.5.1, *479, 490, 495, 499, 511, 512, 515, 576,* § a seguir a *589, 658, 731, 748, 757, 766, 770, 773-777* e *passim,* último § de 5.3.2.1, *795,* § anterior a *796, 806,* 1º § de 6.2, *829, 869, 881,* § a seguir a *893, 898-903,* últimos §§ de 7.3.1, *918, 921, 928, 931,* 7.3.3 (título, *932),* 8.1, *941, 963-964,* último § de 8.2.2, *974,* 8.6 (título), 4º § de 8.6.1, 1º § de 8.7, *1043,* Conclusões.

Z

Zuwendung: 641, 642.

ÍNDICE GERAL

SIGLAS, ABREVIATURAS E OUTROS ESCLARECIMENTOS	7
INTRODUÇÃO	11

PARTE I – DELIMITAÇÃO E CONTEXTUALIZAÇÃO DO TEMA ... 15

1. Mediação e intermediação ... 15
2. Atividades de intermediação na lei portuguesa e modelos contratuais que as suportam ... 19
   2.1. Mediação de seguros ... 19
      2.1.1. Mediação de seguros na legislação portuguesa ... 19
      2.1.2. Modelos contratuais que suportam as atividades de mediação de seguros ... 25
      2.1.3. Contributos da jurisprudência ... 32
   2.2. Mediação imobiliária ... 39
   2.3. Intermediação financeira ... 41
   2.4. Mediação monetária ... 46
   2.5. Intermediação de crédito ... 46
   2.6. Agências privadas de colocação de trabalhadores ... 50
   2.7. Intermediação por transitários ... 52
   2.8. Intermediação das agências de viagens ... 54
   2.9. Mediação dos jogos sociais do Estado ... 58
   2.10. Mediação de conflitos ... 60
   2.11. Conclusão intercalar ... 64
3. Manifestações históricas até à conformação atual do contrato de mediação ... 64
   3.1. No *Corpus Iuris Civilis* ... 65
   3.2. Nas Ordenações do Reino ... 67
   3.3. Nos Códigos de Oitocentos ... 70
      3.3.1. O Código Comercial de 1833 ... 71

O CONTRATO DE MEDIAÇÃO

3.3.2. O Código Comercial de 1888	72
3.3.3. Declínio e transformação do corretor	74
3.4. O despontar do contrato de mediação como tipo social	76

PARTE II - COMPREENSÃO DO CONTRATO COM INCIDÊNCIA
NAS PRESTAÇÕES PRINCIPAIS 85

4. O instituto nalguns direitos estrangeiros	85
4.1. Justificação e objetivo	85
4.2. Alemanha	89
4.2.1. Aspetos gerais de enquadramento e configuração do tipo	89
4.2.2. A atividade contratual do mediador	94
4.2.3. A contrapartida	98
4.2.3.1. Autor do pagamento	98
4.2.3.2. Pressuposto do seu nascimento – celebração de um contrato eficaz	99
4.2.3.3. Nexo causal	106
4.2.4. Relação entre as atribuições das partes	107
4.3. Suíça	109
4.3.1. Aspetos gerais de enquadramento e configuração do tipo	109
4.3.2. A atividade contratual do mediador	115
4.3.3. A contrapartida	119
4.3.3.1. Sujeito obrigado ao pagamento	119
4.3.3.2. Evento de que depende o nascimento do direito à remuneração	121
4.3.3.3. A exigência de um nexo psicológico	128
4.4. Itália	131
4.4.1. Aspetos gerais de enquadramento e configuração – um tipo legal	131
4.4.2. A atividade contratual do mediador	148
4.4.3. A contrapartida	155
4.4.3.1. A quem incumbe a remuneração	155
4.4.3.2. Evento de que depende o nascimento do direito à remuneração	158
4.4.3.3. Exigência de um nexo entre a atividade de mediação e a ocorrência de que depende o direito à remuneração	163
4.5. França	165
4.5.1. Aspetos gerais de enquadramento e configuração	165
4.5.1.1. Tipicidade social do contrato de mediação geral	165
4.5.1.2. Alguns casos de *courtiers* e os contratos que suportam as suas atividades	168
Courtier de mercadorias	169

482

Courtier ajuramentado ou inscrito	169
Courtier intérprete e condutor de navios	170
Courtier de transporte por terra e água	170
Courtier em vinhos e espirituosos	171
Corretor de seguros	171
Mediador imobiliário	172

4.5.2. A prestação do mediador — 175
4.5.3. A contrapartida — 178
    4.5.3.1. Sujeito obrigado ao pagamento — 178
    4.5.3.2. Evento de que depende o direito à remuneração — 179
    4.5.3.3. Exigência de uma intervenção essencial ou determinante — 182

4.6. Espanha — 183
4.6.1. Aspetos gerais de enquadramento e configuração — 183
    4.6.1.1. Tipicidade social do contrato de mediação — 183
    4.6.1.2. A atividade do Agente de Propriedade Imobiliária — 188
4.6.2. A atividade contratual do mediador — 192
    4.6.2.1. Natureza tendencialmente obrigatória — 192
    4.6.2.2. Conteúdo da prestação — 195
4.6.3. A contrapartida — 198
    4.6.3.1. Sujeito obrigado ao pagamento — 198
    4.6.3.2. A celebração do contrato visado como condição necessária ao nascimento do direito à remuneração — 200
    4.6.3.3. Nexo entre a atividade contratual do mediador e o evento de que depende o direito à remuneração — 204

4.7. Inglaterra — 206
4.7.1. Aspetos gerais de enquadramento e configuração — 206
    4.7.1.1. Enquadramento e apreciação dos casos equivalentes ao contrato de mediação — 206
    4.7.1.2. Algumas atividades de mediação reguladas no *statute law* — 214
4.7.2. A atividade contratual do mediador — 216
4.7.3. A contrapartida — 219
    4.7.3.1. O sujeito devedor — 219
    4.7.3.2. Evento de que depende o nascimento do direito à remuneração — 219
    4.7.3.3. A atividade mediadora como causa efetiva da celebração do contrato desejado — 221

5. O contrato de mediação na ordem jurídica portuguesa — 223
5.1. Ideias gerais — 223

O CONTRATO DE MEDIAÇÃO

5.2. A atividade contratual do mediador	225
5.2.1. Uma visão compreensiva e algumas opções terminológicas	225
5.2.2. A atribuição do mediador	237
5.2.2.1. Obrigação ou ónus?	237
5.2.2.2. Relação entre a prestação do mediador, o interesse contratual do cliente e a finalidade do contrato de mediação	244
5.2.2.2.1. Interesse contratual do cliente e finalidade do contrato de mediação	244
5.2.2.2.2. Prestação do mediador e interesse contratual do cliente	248
5.2.2.2.3. Irrelevância prescritiva do modo mediato ou imediato como a prestação do mediador satisfaz o interesse contratual do cliente	256
5.2.2.2.4. Síntese intercalar	263
5.3. A contrapartida	265
5.3.1. Sujeito e conteúdo	265
O devedor da remuneração	266
O quantum	270
5.3.2. A remuneração na dependência da celebração do contrato visado – condição ou álea?	270
5.3.2.1. Perspetivando o problema com a condição como ponto de partida	276
Da globalidade	278
Da acessoriedade	282
Da exterioridade	286
5.3.2.2. Perspetivando o problema com enfoque no contrato aleatório	287
5.3.2.3. Conclusão intercalar	296
5.3.3. O nexo causal entre a atividade de mediação e o contrato a final celebrado	298
5.3.3.1. Nexo causal com a atuação do mediador	298
5.3.3.2. Equivalência ao contrato desejado	302
5.4. Que relação entre as prestações das partes?	303
5.5. O contrato com cláusula de exclusividade – remissão	315
6. Ensaio comparativo	316
6.1. Aspetos gerais de enquadramento e configuração	316
6.2. As atribuições das partes	318
6.3. Especificidades da remuneração	318
6.3.1. O devedor	318

ÍNDICE GERAL

6.3.2. A compensação das despesas efetuadas	319
6.3.3. A remuneração na dependência de um evento não prestacional	319
6.4. O nexo causal entre a atividade do mediador e o evento não prestacional	320
6.5. Notas conclusivas	320
7. Delimitação de figuras afins	321
7.1. Mandato, comissão, representação	323
7.2. Agência	340
7.3. Prestação de serviço	351
7.3.1. O contrato de mediação como modalidade do contrato de prestação de serviço – discussão	351
7.3.2. A obrigação de proporcionar certo resultado do trabalho	355
7.3.3. Delimitação entre o contrato de mediação e o tipo social mais habitual de contrato de prestação de serviço	366
PARTE III – UMA UTILIZAÇÃO PARADIGMÁTICA DO INSTITUTO	369
8. O contrato de mediação imobiliária no ordenamento português	369
8.1. Nascimento e evolução de um tipo legal	369
8.1.1. Decreto-Lei n.º 43.767, de 30 de junho de 1961	369
8.1.2. Decreto-Lei n.º 285/92, de 19 de dezembro	371
8.1.3. Decreto-Lei n.º 77/99, de 16 de março	373
8.1.4. Decreto-Lei n.º 211/2004, de 20 de agosto	374
8.1.5. Lei n.º 15/2013, de 8 de fevereiro	376
8.2. O mediador	377
8.2.1. Empresarialidade e comercialidade	377
8.2.2. O significado da *empresa* no contrato	382
8.2.3. O contrato celebrado por empresa não licenciada	385
8.3. A atividade contratual do mediador – ónus ou obrigação?	393
8.3.1. Panorama anterior ao RJAMI	393
8.3.2. No âmbito do RJAMI	400
8.4. A remuneração	406
8.4.1. Sujeito e conteúdo	406
8.4.2. Dependência da *conclusão e perfeição* do negócio visado	408
8.4.3. Necessidade de um nexo	410
8.5. Normas imperativas sobre formação e conteúdo	412
8.5.1. Forma escrita	412
8.5.2. Formação do contrato com recurso a cláusulas contratuais gerais	415
8.5.3. Menções obrigatórias no escrito contratual	419
8.5.4. Prazo	420
8.6. A exclusividade – instituição de um subtipo	424

O CONTRATO DE MEDIAÇÃO

8.6.1. Formação e conteúdo do contrato de mediação exclusivo
– art. 16, n.º 2, *g)* — 425

8.6.2. Nascimento do direito à remuneração – o caso especial
do art. 19, n.º 2 — 430

Exclusividade e «irrevogabilidade» — 432

8.6.3. O incumprimento, por parte do cliente, da cláusula
de exclusividade — 435

8.7. Conclusão intercalar — 438

CONCLUSÕES — 441

RESUMO — 445

ABSTRACT — 447

RÉSUMÉ — 449

KURZBESCHREIBUNG — 451

BIBLIOGRAFIA CITADA — 453

JURISPRUDÊNCIA CITADA — 473

ÍNDICE IDEOGRÁFICO — 477

ÍNDICE GERAL — 481